法考精神体系

考点覆盖　知识精讲

刑法 87 专题

体系贯通　强化应试

罗　翔◎编著 | 厚大出品

中国政法大学出版社

‹‹‹ 厚大在线 ›››

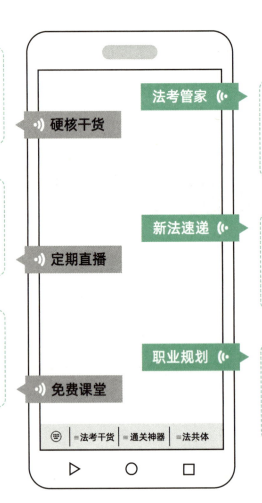

八大学科学习方法、新旧大纲对比及增删减总结、考前三页纸等你解锁。

硬核干货

法考管家 法考公告发布、大纲出台、主客观报名时间、准考证打印等,法考大事及时提醒。

备考阶段计划、心理疏导、答疑解惑,专业讲师与你相约"法考星期天"直播间。

定期直播

新法速递 新修法律法规、司法解释实时推送,最高院指导案例分享;牢牢把握法考命题热点。

图书各阶段配套名师课程的听课方式,课程更新时间获取,法考必备通关神器。

免费课堂

职业规划 了解各地实习律师申请材料、流程,律师执业手册等,分享法律职业规划信息。

法考干货 | 通关神器 | 法共体

‹‹‹‹ 更多信息
关注厚大在线

HOUDA

做法治之光

——致亲爱的考生朋友 ☆

如果问哪个群体会真正认真地学习法律，我想答案可能是备战法考的考生。

当厚大的老总力邀我们全力投入法考的培训事业，他最打动我们的一句话就是：这是一个远比象牙塔更大的舞台，我们可以向那些真正愿意去学习法律的同学普及法治的观念。

应试化的法律教育当然要帮助同学们以最便捷的方式通过法考，但它同时也可以承载法治信念的传承。

一直以来，人们习惯将应试化教育和大学教育对立开来，认为前者不登大雅之堂，充满填鸭与铜臭。然而，没有应试的导向，很少有人能够真正自律到系统地学习法律。在许多大学校园，田园牧歌式的自由放任也许能够培养出少数的精英，但不少学生却是在游戏、逃课、昏睡中浪费生命。人类所有的成就靠的其实都是艰辛的训练；法治建设所需的人才必须接受应试的锤炼。

应试化教育并不希望培养出类拔萃的精英，我们只希望为法治建设输送合格的人才，提升所有愿意学习法律的同学整体性的法律知识水平，培育真正的法治情怀。

厚大教育在全行业中率先推出了免费视频的教育模式，让优质的教育从此可以遍及每一个有网络的地方，经济问题不会再成为学生享受这些教育资源的壁垒。

最好的东西其实都是免费的，阳光、空气、无私的爱，越是弥足珍贵，越是免费的。我们希望厚大的免费课堂能够提供最优质的法律教育，一如阳光遍洒四方，带给每一位同学以法律的温暖。

没有哪一种职业资格考试像法考一样，科目之多、强度之大令人咂舌，这也是为什么通过法律职业资格考试是每一个法律人的梦想。

法考之路，并不好走。有沮丧、有压力、有疲倦，但愿你能坚持。

坚持就是胜利，法律职业资格考试如此，法治道路更是如此。

当你成为法官、检察官、律师或者其他法律工作者，你一定会面对更多的挑战、更多的压力，但是我们请你持守当初的梦想，永远不要放弃。

人生短暂，不过区区三万多天。我们每天都在走向人生的终点，对于每个人而言，我们最宝贵的财富就是时间。

感谢所有参加法考的朋友，感谢你愿意用你宝贵的时间去助力中国的法治建设。

我们都在借来的时间中生活。无论你是基于何种目的参加法考，你都被一只无形的大手抛进了法治的熔炉，要成为中国法治建设的血液，要让这个国家在法治中走向复兴。

数以万计的法条，盈千累万的试题，反反复复的训练。我们相信，这种貌似枯燥机械的复习正是对你性格的锤炼，让你迎接法治使命中更大的挑战。

亲爱的朋友，愿你在考试的复习中能够加倍地细心。因为将来的法律生涯，需要你心思格外的缜密，你要在纷繁芜杂的证据中不断搜索，发现疑点，去制止冤案。

亲爱的朋友，愿你在考试的复习中懂得放弃。你不可能学会所有的知识，抓住大头即可。将来的法律生涯，同样需要你在坚持原则的前提下有所为、有所不为。

亲爱的朋友，愿你在考试的复习中沉着冷静。不要为难题乱了阵脚，实在不会，那就绕道而行。法律生涯，道阻且长，唯有怀抱从容淡定的心才能笑到最后。

法律职业资格考试不仅仅是一次考试，它更是你法律生涯的一次预表。

我们祝你顺利地通过考试。

不仅仅在考试中，也在今后的法治使命中——

不悲伤、不犹豫、不彷徨。

但求理解。

厚大®全体老师　谨识

法考刑法的应对策略

—— "司权通" 是法考时代最安全的知识操作系统

　　刑法在法律职业资格考试中所占的比重较大，每年约占 1/8，分值在 80 分左右。很多考生朋友视刑法为 "拦路虎"，心存恐惧。但事实上，刑法并没有大家想象的那么可怕。只要了解法考刑法的命题特点和趋势，对于刑法，大家完全可以从容对待。

一、在浅海区练习游泳

　　知识的海洋当然深不可测，但是标准化的测试只需在浅海区练习游泳。如果动辄跑向深海区，就随时可能被大浪拍死、被鲨鱼咬死。

　　望洋兴叹是很多同学复习法考的第一感觉，之所以会这样，一个重要的原因就是混淆了标准化考试和学术研究的区别。法考只是一种职业入门考试，并非学术进阶考试，因此，通过是王道。只要通过，低分飞过也精彩。刚过及格线和全国第一，在我看来没有本质区别。因此，无需在复习时掌握多么高深莫测的艰深理论。否则，当大家面对知识的广袤海洋时，产生的第一念头可能就是放弃。

　　我向来都把自己当成游泳教练，只教导同学们在浅海区练习蛙泳，必要时练习狗刨。至于复杂的泳姿，我不会向大家推荐，因为这是大家通过职业入门考试之后所要做的事情。这就是为什么有时法律小白比法律专业的学生更容易通过法考，因为前者谦卑，只是按照老师的教导去学习；而后者傲慢，时刻带着挑战的态度去质疑、去否定，喜欢跳出浅海区放任自己对深海区的好奇之心。对于学生而言，一颗受教的心尤为难得。一如苏格拉底所言：承认自己的无知乃是开启智慧的大门。

因此，我们必须要回归职业化考试的本分。只有谦卑才有节制，只有谨慎才能从容。

二、法考刑法的特点

（一）基础知识

法考刑法所考查的都是本学科最重要的知识，是一个法科学生必须掌握的基础知识。且本学科历年所考查的考点高度重合，比如不作为犯、正当化事由、共同犯罪、盗窃与诈骗的区分等，均属刑法学最基础的知识。可以说，刑法试题的考查范围不偏不怪，恰到好处，基本上覆盖了整个刑法学中最基础、最核心的知识。

（二）理论深度

法考已经告别了那种填鸭式的法条中心主义。不求甚解地强记法条、司法解释，至少在刑法学上是要遭遇滑铁卢的。作为法考考查的大法，考生必须对刑法学的精神和理论有基本的了解，因为这是作为一个法律职业工作者所必须具备的基本素养，这也是我一直所强调的，在基础上追求深度。

比如财产犯罪，大家都知道每年的分值在 10 分左右，涉及盗窃、侵占、诈骗、敲诈勒索、抢劫、绑架等罪的区别，看似非常基础的知识，但这里可做的文章非常之多。例如，每年关于盗窃罪与侵占罪区别的考查，就是对刑法中"占有"这个概念的理解。这是一个理论性非常强的问题，如果光看法条、背诵概念，就很容易掉进出题人设计的陷阱。

从最近几年的考题来看，对于最重要的知识点，甚至要求考生在通说的基础上掌握多种观点，比如认识错误中的具体符合说和法定符合说、教唆未遂的教唆独立说和教唆从属说、无权处分的有效说和无效说、公开盗窃如何定性等。2009、2016、2019年三年的案例分析题甚至重复考查事前故意，要求考生至少掌握这个问题的两种立场。2020、2022 年，这个知识点在客观题又一次出现。

（三）树立体系

学习刑法，最重要的是树立刑法的体系，形成刑法的全局观，让碎片化的知识都进入体系之中。无论考生是习惯四要件，还是三阶层，甚至两要件，刑法最重要的体系都是主客观相统一学说。处理任何问题时，都要同时兼顾主观和客观。当考生能够娴熟地运用主客观相统一学说，那么就可以从容地应对一切刑法问题。

（四）一点常识

按理来说，这个问题没有什么可谈的，但是在刑法试题中，经常有考生因为常识问题失分。这里所说的常识包括两个层次的意思：一是按照一般人的思维去理解试题，不要钻牛角尖。法考只是一种标准化的测试，任何试题在语言行文上都不可能绝对完美，因此，只要按照语言通常的习惯理解即可，不要附加条件或考虑一般人不会考虑的问题。二是按照常识去做题。比如每年关于因果关系的考查，几乎都可以按照常识做题。尤其是那些最难的试题，常识可能比理论更重要。例如，2016年考查的行为人犯罪时陷入精神病案——

乙以杀人故意刀砍陆某时突发精神病，继续猛砍致陆某死亡。不管采取何种学说，乙都成立故意杀人罪未遂。这种说法对吗？（2016/2/3-B）

本选项的原型是德国的"鲜血陶醉案"。杀人犯在杀人过程中因为看见被害人的鲜血而发疯，并更加疯狂地将被害人砍死。这涉及非常复杂的理论问题，有多种观点。但是，试问任何一个普通人，如果对杀人犯按照未遂处理，这公平吗？显然不公平。法律的判断永远不能违背民众最基本的常识，任何理论与常识相违背，理论都必须让步。

总之，考生在复习的时候一定要秉持"基础知识、理论深度、树立体系、一点常识"的十六字箴言，以基础知识为铺垫，追求适当的理论深度，用体系安放知识，用常识来填补理论的不足。

三、法考刑法的趋势

最近几年的刑法试题，有三个明显的"新"趋势，使得其考查的重点很好捕捉。

（一）新热点

法律是一门与社会生活紧密相连的科学，它不是象牙塔里的阳春白雪，必须要关注社会热点，倾听普罗大众的呼声。法考也不例外，历届考试都非常关注热点案件。比如2020年考查的口罩涨价、正当防卫，这些都是当年司法机关关注的重点。又如2021年试题中依托当年的热点，即微信群抢红包、网约车跳车案等，2022年考查的快递骗术，直接考查了盗窃与诈骗的关系、过失犯罪等知识点，2023年考查了电信诈骗中黑吃黑现象，这些都是司法实践中最热点的话题。

（二）新法规

新的罪名、新的司法解释和规范性文件也是历届考试的大热门，每年的法考都不例外。2021年施行的《刑法修正案（十一）》，头号热门，因此该修正案大考特考，在当年的法考中占有不少的分值。其他年份也一样，比如2016年出台的最高人民法院、最高人民检察院《关于办理贪污贿赂刑事案件适用法律若干问题的解释》（以下简称《贪污贿赂解释》）在2017年司考中大考特考，有近10分之多；2018年法考也对这个司法解释予以了充分的考查。2022年法考，直接考查《刑法修正案（十一）》的试题也比比皆是，如高空抛物、妨害安全驾驶等。这些修改内容都曾在课堂中反复强调，考生朋友若对这些新法规保持了足够的关注，就可从容拿分。

（三）新知识

每一年的考试都是对之前考试的延续，因此，有相当比例的考点是重合的。同时，每一年的考试也都是对之前考试的超越，命题人在前人积累的经验上，会百尺竿头更进一步。基于此，法考有一个明显的趋势，那就是当年新出现的知识点，来年必考，而且还会考得越来越难。例如：

1. 片面共犯制度

片面共犯制度在2014年开始出现在司考中，首次登台亮相，题目非常简单：

> "共同犯罪是指2人以上共同故意犯罪，但不能据此否认片面的共犯。"（2014/2/10-D）

这个说法是正确的，主流观点认可片面帮助犯的成立。片面共犯的本质就是我知道我在和你一起干，但你却不知道。因此，片面共犯的犯意交流是单向的，而非像一般共犯那样是双向的。

2015年开始变得复杂：

> 15周岁的甲非法侵入某尖端科技研究所的计算机信息系统，18周岁的乙对此知情，仍应甲的要求为其编写侵入程序。关于本案，下列哪一选项是错误的？（2015/2/7-单）
> A. 如认为责任年龄、责任能力不是共同犯罪的成立条件，则甲、乙成立共犯
> B. 如认为甲、乙成立共犯，则乙成立非法侵入计算机信息系统罪的从犯
> C. 不管甲、乙是否成立共犯，都不能认为乙成立非法侵入计算机信息系统罪的间接正犯
> D. 由于甲不负刑事责任，对乙应按非法侵入计算机信息系统罪的片面共犯论处
> 本题D项是错误的，因为片面共犯是犯罪意图单向交流，而非双向交流。

2016年在卷四的案例分析题（2016/4/2）中继续要求考生区分普通的共同犯罪和片面共犯，延续了2015年的知识点，即片面共犯是犯罪意图单向交流，而非双向交流。

2017年则考得非常复杂，直接考查片面共犯与认识错误，估计很少有考生能够应对：

> 甲知道乙计划前往丙家抢劫，为帮助乙取得财物，便暗中先赶到丙家，将丙打昏后离去（丙受轻伤）。乙来到丙家时，发现丙已昏迷，以为是丙疾病发作晕倒，遂从丙家取

走价值 5 万元的财物。关于本案的分析，下列哪些选项是正确的？（2017/2/54-多）

    A. 若承认片面共同正犯，甲对乙的行为负责，对甲应以抢劫罪论处，对乙以盗窃罪论处

    B. 若承认片面共同正犯，根据部分实行全部责任原则，对甲、乙二人均应以抢劫罪论处

    C. 若否定片面共同正犯，甲既构成故意伤害罪，又构成盗窃罪，应从一重罪论处

    D. 若否定片面共同正犯，乙无须对甲的故意伤害行为负责，对乙应以盗窃罪论处

本题 ACD 项正确。本题不仅要求考生掌握通说关于抢劫罪和片面共犯的基本观点，还要求考生区分不同的学说来处理认识错误问题。这不仅对考生，也对法考的培训老师提出了很高的要求。

2. 共犯与认识错误问题

这一知识点客观题考查过多次：甲雇乙去杀丙，乙却把丁当作丙杀死；甲、乙、丙三人共谋抢劫丁，而后甲以一理由说自己不去抢劫了，乙、丙同意，后乙、丙二人开着甲之前提供的车去抢劫，结果对象错误抢了戊。甲的行为如何定性？2019 年法考又重复考查了该知识点（题目问"共同犯罪在同一构成要件范围内认识错误可能影响共犯的成立与形态"这句话是否正确）。

对真题熟悉的同学应该知道，这显然是 2017 年卷四案例分析题的翻版。2017 年卷四第 2 题考查行为人教唆他人实施绑架，但实行犯绑错了对象。这对教唆犯而言，属于何种错误？当年司法部的参考答案指出，教唆犯属于打击错误，按照法定符合说构成绑架罪的既遂，按照具体符合说构成绑架罪的未遂。这个知识点属于末代司考的新知识点，结果在 2018 年法考中又大考特考。

3. 结果加重犯与共同犯罪

2018 年法考在这个地方居然考了三次，其中客观题考了两次，主观题考了一次。例如，甲、乙、丙、丁四人共同实施犯罪，甲、乙拿木棒殴打被害人，丙徒手殴打被害人，丁拿铁棒在一旁助威，最终被害人死亡。四人的行为如何定性？又如，甲、乙入室抢劫，压制被害人反抗后，乙产生杀意，甲站在窗边抽烟看着乙杀被害人。二人的行为如何定性？2020 年法考对此知识点再次进行了考查。

结果加重犯一般可以归结为故意的基本犯加过失的加重犯，因此，只要对基本犯存在故意、对加重犯存在过失，都可以认为属于共同犯罪。显然，上述两例都属于结果加重犯的共犯。这个知识点在真题中出现的频率极高。其中一题为：

    甲、乙、丙共同故意伤害丁，丁死亡。经查明，甲、乙都使用铁棒，丙未使用任何凶器；尸体上除一处致命伤外，再无其他伤害；可以肯定致命伤不是丙造成的，但不能确定是甲造成还是乙造成的。关于本案，下列哪一选项是正确的？（2016/2/7-单）

A. 因致命伤不是丙造成的，尸体上也没有其他伤害，故丙不成立故意伤害罪

B. 对甲与乙虽能认定为故意伤害罪，但不能认定为故意伤害（致死）罪

C. 甲、乙成立故意伤害（致死）罪，丙成立故意伤害罪但不属于伤害致死

D. 认定甲、乙、丙均成立故意伤害（致死）罪，与存疑时有利于被告的原则并不矛盾

通说认为，共同犯罪人只要对基本犯罪构成存在共同故意，即便共同犯罪人对加重结果持过失之心态，也应对加重结果承担责任。本题中，甲、乙、丙对轻伤结果都存在故意，对死亡结果都存在过失，所以均构成故意伤害罪（致人死亡）。

只要对这些真题熟悉，相信同学们无论在客观题考试中，还是在主观题考试中，都能得心应手。

4. 不作为犯与监护义务（扶养义务）

2018 年法考有一道非常复杂的试题：

> 甲和乙（精神病人）系夫妻，甲是乙的监护人。一日，甲、乙一同去乙的父母家，期间发生口角，乙疯狂拿刀刺向其父母。乙行凶过程中甲未曾阻拦，并在乙行凶结束后、乙的父母一息尚存时，锁门离去。之后，甲还帮乙洗去了凶器和衣服上的血迹。甲的行为是否构成故意杀人罪？是否构成帮助毁灭证据罪？

这至少涉及相关的三道真题：

> 【2013/2/51-B】"甲为县公安局长，妻子乙为县税务局副局长。乙在家收受贿赂时，甲知情却不予制止。甲的行为不属于不作为的帮助，不成立受贿罪共犯。"（说法正确）
>
> 【2014/2/5-C】"甲看见儿子乙（8 周岁）正掐住丙（3 周岁）的脖子，因忙于炒菜，便未理会。等炒完菜，甲发现丙已窒息死亡。甲不成立不作为犯罪。"（说法错误）
>
> 【2014/2/61-A】"甲、乙共同盗窃了丙的财物。为防止公安人员提取指纹，甲在丙报案前擦掉了两人留在现场的指纹。"（甲不成立帮助毁灭证据罪）

前两道真题告诉我们，丈夫对妻子本没有监护义务，对妻子的犯罪行为也没有制止义务，但如果妻子为精神病人，丈夫就属于妻子的监护人，自然就类似父母对未成年子女一样存在监护义务，也就存在制止义务。因此，2018 年的试题中丈夫甲构成故意杀人罪。后面一道真题则告诉我们，犯罪人本人是不能构成帮助毁灭证据罪的，因此，2018 年的试题中丈夫甲不构成帮助毁灭证据罪。

2020 年法考考查的则是丈夫看到精神正常的妻子杀害岳母，没有制止，问丈夫是否构成犯罪。

总之，新热点、新法规和新知识是法考不变的重点。

四、法考刑法的建议

法考时代最安全的知识操作系统是"司权通"操作系统。"司权通"也就是司法解释、权威判例和通说观点。"司权通"——司考法考全通过。

在法考刑法主观题中，也非常注重对司法解释、权威判例和通说观点的考查。

2017 年的司考卷二刑法试题中，直接以司法解释为依据的试题的分值高达 20 分，以权威判例为依据的试题也有多道。

比如卷二第 5 题：

> 甲冒充房主王某与乙签订商品房买卖合同，约定将王某的住房以 220 万元卖给乙，乙首付 100 万元给甲，待过户后再支付剩余的 120 万元。办理过户手续时，房管局工作人员识破甲的骗局并报警。根据司法解释，关于甲的刑事责任的认定，下列哪一选项是正确的？

本题的原型是最高人民法院第 62 号指导案例"王新明合同诈骗案"。

又如卷二第 63 题 C 项：

> 律师于某担任被告人马某的辩护人，从法院复印马某贪污案的案卷材料，允许马某亲属朱某查阅。朱某随后游说证人，使数名证人向于某出具了虚假证明材料。于某构成故意泄露国家秘密罪。

本选项有许多同学误打误撞，认为律师不是国家机关工作人员，所以不能构成故意泄露国家秘密罪这种渎职罪。但是，《刑法》第 398 条第 2 款明确规定非国家机关工作人员可以构成故意泄露国家秘密罪，该罪也是渎职罪中唯一一个可由非国家机关工作人员成立实行犯的罪名。

律师属于故意泄露国家秘密罪的主体，那么其向当事人家属泄露案卷材料是否构成犯罪呢？在司法实践中，这存在很大的争议。本案的原型是"于萍故意泄露国家秘密案"，此案一审法院以故意泄露国家秘密罪判处于萍有期徒刑 1 年，二审法院改判于萍无罪，后该案登载于《最高人民法院公报》，作为权威判例供全国法院参考。只要对这个判例有所了解，本选项就会变得非常简单。当然，熟悉权威判例主要是对授课老师提出的要求。事实上，法考一般不会考查有明显争议的问题。

2018 年法考刑法主观题有三问：一问考查的是权威判例，一问考查的是司法解释，还有一问考查的是曾经的真题。具体来看：

第一问考查了诈骗罪中的处分意思（客人以为刷了 3000 元，其实店员使诈让其刷了 3 万元）。这只是对《刑事审判参考》第 1048 号案例"葛某某等诈骗案"的考查。

第二问考查了以索债为目的抢劫他人不构成抢劫罪，但其手段行为可以构成故意伤害等罪。这是对最高人民法院《关于审理抢劫、抢夺刑事案件适用法律若干问题的意见》（以下简称《两抢意见》）的直接考查。

第三问考查了涉及结果加重犯的"一个弹孔案"。这与上文所提及的2016年司考真题高度相似。这个知识点在2022年的客观题中再次考查。

总之，无论是客观题的备考，还是主观题的复习，首要的是保持对司法解释、权威判例和通说观点的尊重。标准化的测试不是学术考试，考生首先要掌握的是基础知识，如果对"司权通"都不了解，而动辄进行批判性分析，很难培养真正的法治精神。

在复习时，同学们可以按照以下这三步走：①如果有司法解释或最高法院的指导案例，按照有权解释和判例的观点答题；②如果没有司法解释或最高法院的指导案例，但考试考过，按照司法部官方答案的观点答题；③如果上述两种情况都不符合，按照通说观点答题。如果确实要考查有争议的知识，必然会采取开放性的命题方式。在选择题中如果没有采取开放性的命题方式，必须采用司法解释、权威判例或通说观点答题。

换言之，同学们在尊重司法解释、权威判例和通说观点的前提下，了解一些学术观点，是锦上添花之举（对于想得高分的考生有一定必要）。因此，大家只需掌握近十年真题中曾经出现过的观点展示类题目即可。我总结了一下，需要进行观点展示的大概只有15个知识点。普通智力水平的同学花1小时就可以轻松掌握。同时，本书还归纳了观点展示的套路，几乎可以应对任何问题。游走于事实与规范之中，对事实问题进行规范（价值）判断是法律人的基本思维方法和最基本的法律训练。2023年主观题出现了电信诈骗的黑吃黑案件，试题要求考生回答三种观点，很多考生感到茫然无助。但是这类案件本来就是这几年的讨论热点，在打击电信诈骗的大背景下，各级司法机关都在研讨此类案件如何定性更为合适。此问题的焦点无非是如何理解刑法中的占有概念。《最高人民法院公报》第179期上海市黄浦区检察院诉崔勇、仇国宾、张志国盗窃案讨论了这类案件，该案裁判要旨认为：行为人将银行卡出租给他人使用，租用人更改银行卡密码后，因使用不慎，银行卡被ATM机吞掉。行为人出于非法占有的目的，利用租用人请求其帮助取卡之机，在租用人掌握密码并实际占有、控制银行卡内存款的情况下，通过挂失、补卡等手段将银行卡内租用人的存款取出并占为己有，其行为属于秘密窃取他人财物，应以盗窃罪定罪处罚。《最高人民法院公报》的立场认为，财物应归信用卡的租用人占有。但是如果认为财物归卡主占有，则此案应该认定为侵占罪；如若认为财物归银行占有，则又应该构成诈骗罪。不同的占有观念其实就是对占有这个事实概念进行规范分析。

当然，掌握这些知识点的前提依然是了解司法解释、权威判例和通说观点。然而，即便对诸多学术观点一无所知，也不影响通过考试。毕竟考生朋友们并不需要得满分、得高分，只要通过考试即可。相反，同学们在对司法解释、权威判例和通说观点一无所知的情况下，若一味紧跟个别人的学术观点，必然要遭遇滑铁卢。

有很多同学抱怨，过分强调司法解释和通说观点会导致理论的僵化，不利于理论的发展。这种抱怨其实混淆了考试和学术研究。考试归考试，学术归学术。

一直以来，司考（法考）试题都严格地根据有权解释和主流通说来命题，从来没有出现违背有权解释和主流通说的试题。据我所知，司法部为了保证权力不被滥用，每年考试的命题人和答案提供者是两位不同的学者，以保证必要的监督，即便命题人的试题有个性化倾向，也会被答案提供者所否定。

不妨任举几例：

1. 不能犯

有论者在不能犯问题上持客观危险说，但这种观点从未在司考（法考）试题中出现。

客观危险说的宗旨主要是在行为发生后，通过科学的因果法则去客观评价行为人的行为是否具有法益侵害的危险性。有危险性的，成立未遂犯（相对不能犯）；无危险性的，就成立不可罚的不能犯（绝对不能犯）。

通俗地说，客观危险说类似"事后诸葛亮"，事后用科学家的标准来判断有无法益侵害的危险。如果将这种学说贯彻到底，会导致所有的不能犯都不再成立未遂。

事实上，考生无论按照传统的抽象危险说（用一般人的标准判断行为人之所做有无危险——结论是不能犯一律构成未遂，唯一例外是迷信犯），还是按照现在多数学者所接受的具体危险说（用行为时一般人的标准判断行为人之所做有无危险），都很容易做对与不能犯有关的试题。

但是，如果接受客观危险说，不仅在不能犯中无法得分，而且还会导致所有有关犯罪预备的试题几乎全军覆没。例如：

> 甲深夜潜入乙家行窃，发现留长发穿花布睡衣的乙正在睡觉，意图奸淫，便扑在乙身上强脱其衣。乙惊醒后大声喝问，甲发现乙是男人，慌忙逃跑被抓获。甲的行为：（2005/2/7-单）
>
> A. 属于强奸预备   B. 属于强奸未遂
>
> C. 属于强奸中止   D. 不构成强奸罪

司法部的官方答案是 B。无论按照抽象危险说，还是具体危险说，都是未遂。

每年我都会举这道试题来纠偏（有很多同学说，司法部后来改动了答案，恕我孤陋寡闻，从未听过这种说法）。课堂上，我一般会反问学生一个问题："如果甲到乙家试图强暴乙，但乙当天不在家，请问甲是否构成犯罪？"很明显，只要你参加的是中国的司法考试，而非日本的司法考试，你就必须得出构成犯罪的结论。因为甲的行为成立犯罪预备，而犯罪预备也是犯罪。

试想，连人都没有碰到都构成犯罪，而行为人不仅上了床，还把穿花布睡衣的乙吓了一跳，反而不构成犯罪，这合理吗？

每次研究生入学面试，都有很多同学在回答不能犯未遂问题的时候，只懂客观危险说，认为诸如想杀人却杀猪之类的问题绝对不构成犯罪，完全不知道法律规定和通说的观点，让在场的许多老师感到非常困惑。又如：

> 甲欲枪杀仇人乙，但早有防备的乙当天穿着防弹背心，甲的子弹刚好打在防弹背心上，乙毫发无损。甲见状一边逃离现场，一边气呼呼地大声说："我就不信你天天穿防弹背心，看我改天不收拾你！"关于本案，下列哪些选项是正确的？（2009/2/52-多）
>
> A. 甲构成故意杀人中止
> B. 甲构成故意杀人未遂
> C. 甲的行为具有导致乙死亡的危险，应当成立犯罪
> D. 甲不构成犯罪

司法部的官方答案是 BC。这几乎是一道秒杀类试题，不能犯一般都是未遂。但当年有许多考生错选了 D，令人遗憾。

类似的不能犯的试题还有 2012 年卷二第 53 题、2013 年卷二第 54 题。如果按照客观危险说来判断，都会导致简单的试题无法得分。

更为常见的是犯罪预备，几乎每年考试都有一两道试题。原本是最简单的送分题，许多考生却只会用客观危险说来判断，完全忘记了法律关于犯罪预备的规定，导致无法得分。

2. 避险限度

有论者在避险限度问题上持保全利益大于等于说，认为只要紧急避险所造成的损害不超过所避免的损害时，就可以成立紧急避险。

但主流观点一直认为，紧急避险所保全的利益必须大于所损害的利益，二者不能相等。考试中也从未采取"可以等于"的观点。比如：

> 鱼塘边工厂仓库着火，甲用水泵从乙的鱼塘抽水救火，致鱼塘中价值 2 万元的鱼苗死亡。仓库中价值 2 万元的商品因灭火及时未被烧毁。甲承认仓库边还有其他几家鱼塘，为报复才从乙的鱼塘抽水。关于本案，下列哪一选项是正确的？（2015/2/4-单）

A. 甲出于报复动机损害乙的财产，缺乏避险意图

B. 甲从乙的鱼塘抽水，是不得已采取的避险行为

C. 甲未能保全更大的权益，不符合避险限度要件

D. 对2万元鱼苗的死亡，甲成立故意毁坏财物罪

有很多同学认为，本题采取了保全利益大于等于说。这真是瞎猫碰到死耗子。事实上，司法部的官方解析明确指出，乙鱼塘鱼苗的价值和甲仓库商品的价值相当，但火灾还可能危及人身和公共安全，所以甲保护的利益大于所损害的利益，C项的说法是错误的。

2022年法考刑法客观题部分也有一道类似的试题：乙、丙共同杀甲，甲无奈之下把丙拉到自己面前，挡住了乙的一刀。甲的行为如何定性？正确答案应该是避险过当。紧急避险所保全的利益必须大于所损害的利益，以命保命只可能属于避险过当。

总而言之，法考毕竟在本质上是一种法律入门级的标准化的国家考试，而不是私塾入学考试，其标准必须明确，才能定分止争。作为国家级考试，标准当然是具有法律效力的司法解释、权威判例，而非命题人的个人学术观点。一直以来，司考（法考）都尊重司法解释、权威判例和通说观点，从未让人紧跟命题人的学术观点，过去没有，将来更不应该有。如果缺乏统一的标准，而让考生不停地根据命题人的独到见解随意摇摆，则不可能培养出法治所需的人才。先学好走路，再来谈飞翔。如果不了解司法解释、权威判例和通说观点，如何进行有效的学术研究呢？更何况，大部分参加法考的同学还只是法律行业的新手，可能还需要足够的知识积累才有讨论质疑"司权通"的资本。

边沁说："在一个法治的政府之下，善良公民的座右铭是什么呢？那就是'严格地服从，自由地批判'。这点是肯定的：一种制度如果不受到批判，就无法得到改进。"（《政府片论》第95页）但批判的前提是严格的服从。

法治的精神要求我们首先要尊重具有法律效力的有权解释，在此基础上才可以进行学术批判。而对准备迈向法律职业之门的考生朋友们而言，首先应当培养的是对规则的尊重，而不是随意放飞自己的批判精神。

综上所述，应对法考，你唯一应该安装的操作系统就是"司（法解释）、权（威判例）、通（说观点）"系统，其他任何操作系统都会让你发生根本性的崩盘。

祝各位顺利通过法律职业资格考试，成为法治社会的中流砥柱，成为法治之光。

罗 翔

2023年10月

使用说明 INSTRUCTIONS

1. 本书适用于参加客观题和主观题考试的同学，主客观虽分离考试，但在复习时主客观需统一。

2. 对于有一定基础的同学或者 2024 年只参加主观题考试的同学，需注意本书的高频考点。

3. 参加主观题考试的同学还需注意附录的知识点。观点展示类试题只需掌握附录中的 15 个知识点。

4. 本书配套有免费课程，在厚大官网和厚大 APP 可以免费观看。建议同学们每次听课前应预习。

5. 本书在正文内容中融入了所有重要的法条和司法解释，同学们无需再看其他法条和解释。

6. 更多复习资料请关注微信公众号：罗翔说刑法。

7. 本人的电子邮箱是：xiangl@ cupl. edu. cn。

CONTENTS 目录

第 **2** 编　刑法分则

高频考点索引 INDEX

01

第 一 编

刑 法 总 则

第 **1** 讲 ◄◄◄
刑法的基础知识

📁 复习提要

　　本讲讲授刑法学的基础知识，需要重点掌握刑法的解释方法、罪刑法定原则和刑法的时间效力。

🖼 知识框架

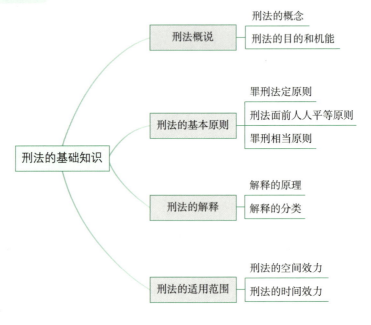

—— 刑 法 概 说 ——

一、刑法的概念

刑法是规定犯罪及其法律后果的法律规范的总称。任何法律要被称为刑法都必须符合两个基本要素：①规定何种行为属于犯罪（犯罪论）；②规定犯罪的法律后果（后果论）。例如，《刑法》第 232 条规定："故意杀人的，处死刑、无期徒刑或者 10 年以上有期徒刑；情节较轻的，处 3 年以上 10 年以下有期徒刑。"这条法律就包括犯罪论和后果论这两个要素。犯罪的法律后果主要是刑罚，但也包括一些非刑罚措施。例如，《刑法》第 37 条规定的"训诫""赔礼道歉"等。

根据刑法的定义，当前我国刑法的表现形式包括 1997 年颁布的刑法典以及 1 部单行刑法（1998 年 12 月施行的全国人大常委会《关于惩治骗购外汇、逃汇和非法买卖外汇犯罪的决定》）。其中，全国人大常委会又对 1997 年的刑法典以修正案的形式进行了 11 次修正。

？想一想

全国人大常委会 1999 年 10 月实施的《关于取缔邪教组织、防范和惩治邪教活动的决定》、2009 年 8 月修正的《关于维护互联网安全的决定》和 2015 年 8 月实施的《关于特赦部分服刑罪犯的决定》属于单行刑法吗？[1]

二、刑法的目的和机能

（一）刑法的目的

有关刑法的目的，一直存在着法益保护说和规范维护说的争论。法益保护说认为，刑法的目的在于保护法益（国家、社会和个人的利益）；规范维护说认为，刑法的目的在于维护社会规范，保护社会秩序。

对于大多数问题，两种观点得出的结论是一样的，虽然推导的路径不太相同。例如，对于故意杀人行为，法益保护说认为，这种行为侵犯了生命法益，所以需要受到刑罚处罚；规范维护说认为，对行为人适用刑罚是为了确认"不得杀人"的道德规范，从而唤醒、强化民众的道德规范意识。

但是，对于某些问题，两种观点得出的结论则可能不同。同学们会发现，几乎在所有的重要问题上，两种观点都存在一些张力。

[例1] 安乐死是否构成故意杀人罪？

（1）绝对的法益保护说认为法益主体可以放弃自己的利益，所以安乐死不构成犯罪；

（2）规范维护说认为安乐死违反了禁止杀人的规范，所以构成故意杀人罪。

---

[1] 一般认为，由于上述决定没有规定新的罪刑结构，所以不属于单行刑法。当然，对此也略有争议。不过根据考试真题的观点，本书也同意通说的观点，认为这不属于单行刑法。

[**例2**] 郭某不满1岁的孩子食用含三聚氰胺的奶粉,身体严重损害,郭某向奶粉生产商索赔200万元,郭某是否构成敲诈勒索罪?

(1) 绝对的法益保护说认为索赔金额如果明显超过应当赔偿的数额,则构成敲诈勒索罪。至于应当赔偿多少,法益保护说倾向于根据法律规定进行确定,故此案很有可能构成敲诈勒索罪。

(2) 规范维护说认为这种行为并未违反伦理道德,所以不构成犯罪。

事实上,很少有学者坚持绝对的法益保护说或绝对的规范维护说,大部分学者都兼顾这两种学说。我国的立法和司法也采取了缓和的法益保护说这种折中立场,法律职业资格考试更是如此。[1]

主流立场认为刑法的目的是保护法益,但是也要兼顾规范维护。

首先,法益的权衡要受到伦理规范的约束。例如,为了挽救自己的生命,可否牺牲国家财产?生命权和国家利益孰大孰小,显然要根据伦理规范来判断。

其次,法益的放弃也要受到伦理规范的约束。一般认为,生命权和重大身体健康权是不能放弃的,对这种利益的放弃也被认为侵犯了社会利益。因此,安乐死是构成犯罪的。

最后,对虽然侵犯了法益,但却符合伦理规范的行为,不应以犯罪论处。伦理规范具有出罪的功能,刑法永远不能超越民众朴素的良知。例如,天津老太摆摊打气球不应构成非法持有枪支罪。

> **小结** 法益作为入罪的基础,伦理作为出罪的依据。

? 想一想

特殊防卫制度(对正在进行行凶、杀人、抢劫、强奸、绑架以及其他严重危及人身安全的暴力犯罪,采取防卫行为,造成不法侵害人伤亡的,不属于防卫过当,不负刑事责任)体现了何种刑法目的观呢?[2]

💡 小提醒

1. 任何刑法问题都不能违背人们朴素的常识,因此遇到疑难问题,不妨想想街边卖菜的老太太会如何思考,也许她的思考就是答案。[3]

2. 任何原则都是有例外的,人所设计的任何理论必然有缺陷,当理论违背常识,常识自然优于理论,于是就出现了原则的例外。

3. 法考一般不会考查有明显争议的问题,毕竟这是一种标准化的国家考试,而不是

---

〔1〕 以赛亚·伯林将思想家分为刺猬与狐狸两种:刺猬之道,一以贯之,是为一元主义;而狐狸则圆滑狡诈,可谓多元主义。一元主义,黑白分明、立场鲜明,试图以一个理论、一个体系囊括世间万象。不幸的是,这种立场曾经给人类带来无数的浩劫。我们必要要承认人类理性的有限性,虽然我们费尽心机建构体系化的刑法理论,但是我们必须承认任何体系都是有缺陷的。

〔2〕 显然不是绝对的法益保护说,而是我国的主流观点——缓和的法益保护说。这种学说一般可以简单归结为:法益理论可以作为入罪依据,伦理规范可以作为出罪依据。特殊防卫虽然是为了保护较小利益牺牲了更大的利益,但是这种行为是伦理规范所允许的,是社会常识所认可的,当然不构成犯罪。

〔3〕 圣雄甘地说,有七样东西能够毁灭人类,其中有两样是:没有道德原则的政治;没有是非观念的知识。希望本书读者不要因为拥有过多的知识,而蒙蔽了基本的良知。

私塾入学考试。在复习时，同学们可以按照以下三步走：

（1）如果有司法解释和最高法院的指导案例，按照有权解释和判例的观点；

（2）如果没有司法解释，但考试考过，按照司法部官方答案的观点；

（3）如果上述两种情况都不符合，按照通说观点。

4. 如果确实要考查有争议的知识，必然会采取开放性的命题方式。对此同学们不用害怕，为师会给你们归纳出争议知识点（见附录），用几分钟看看，就可以轻松搞定。

试一试

乙以杀人故意用刀砍陆某时突发精神病，继续猛砍致陆某死亡。不管采取何种学说，乙都成立故意杀人罪未遂。这正确吗？（2016/2/3-B）[1]

（二）刑法的机能

刑法的机能是刑法可以发挥的作用。刑法的机能包括两个方面：

1. 保护机能

刑法的保护机能即刑法保护社会的机能。刑法规定了犯罪与刑罚，对社会进行保护，维护社会的正常秩序。

2. 保障机能

刑法的保障机能即刑法保障人权的机能。刑法必须保障公民的人权不受刑罚权的不当侵害，刑罚权的行使必须遵循刑法的规定，受到罪刑法定原则的限制。

在法治社会，刑法不再是刀把子，而是双刃剑，一刃针对犯罪，另一刃针对国家权力。这也就是德国学者拉德布鲁赫所说的刑法的悖论性——

"自从有刑法存在，国家代替受害人施行报复时开始，国家就承担双重责任，正如国家在采取任何行为时，不仅要为社会利益反对犯罪者，也要保护犯罪人不受被害人的报复。现在刑法同样不只反对犯罪人，也保护犯罪人，它的目的不仅在于设立国家刑罚权力，同时也要限制这一权力，它不只是可罚性的缘由，也是它的界限，因此表现出悖论性：刑法不仅要面对犯罪人以保护国家，也要面对国家保护犯罪人，不单面对犯罪人，也要面对检察官保护市民，成为公民反对司法专横和错误的大宪章。"

● 小 结　刑法的悖论体现在既要惩罚犯罪（保护机能），又要限制惩罚犯罪的权力本身（保障机能）。

小提醒

如果刑法出论述题，刑法的机能可是重要切入点喔！记住一些名人名言，一定会让你提分不少。

---

〔1〕 这是 2016 年一道非常复杂的试题，涉及一个极为复杂的理论。虽然同学们还没有学习这个知识，但是用常识，其实就可以判断。如果这种案件按照未遂处理，你会心安吗？老百姓会答应吗？显然，这一般都应该按照既遂处理。如果同学们想知道背后的具体理论，我们到时会仔细讲授。

刑法的基本原则

一、罪刑法定原则

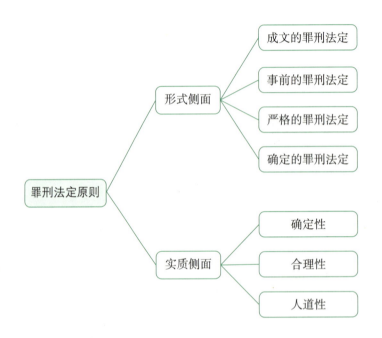

第 3 条［罪刑法定］ 法律明文规定为犯罪行为的，依照法律定罪处刑；法律没有明文规定为犯罪行为的，不得定罪处刑。

（一）理论来源

罪刑法定是法治国家最重要的原则，是法律考试的绝对重点。罪刑法定原则的本质是限制国家的刑罚权，在其发展过程中，有过许多的理论来源，其中一个非常重要的理论来源是权力分立学说。

权力分立学说来源于西方政治哲学对人性幽暗面的洞察。人性中那些天然的良善和道德，时刻面临着各种严酷的试探和特权的侵蚀，并且事实无数次地证明，我们的人性最终无法抵制这些致命的诱惑。孟德斯鸠认为，自由只存在于权力不被滥用的国家中。为了限制权力，一个很好的方法就是用权力制约权力。国家的立法权、司法权和行政权这三种权力应当分立以制衡。

根据权力分立学说，只有立法者才有把一种行为规定为犯罪并处以刑罚的权力，司法者的作用仅在于按照立法者制定的规则定罪量刑，刑罚的执行机构（行政机关）也必须根据司法机关的有效判决，依据法律执行刑罚。

小 提 醒

1. 罪刑法定原则既要限制司法权、行政权，也要限制立法权。
2. 千万不要将"罪刑法定"原则写成"罪行法定"原则，该考点在司考（2005 年卷二第 2 题）中曾经出现过，"罪刑"与"罪行"是刑法中的两个不同概念。

（二）罪刑法定原则的含义

为了限制国家的刑罚权，使得这种最可怕的国家权力在法治的轨道之下运行，罪刑法定原则有形式侧面与实质侧面两方面的内容。

> **高频考点**
>
> 1.1
>
> 罪刑法定原则的内容

1. 形式侧面

人们通常所说的法无明文规定不为罪，法无明文规定不处罚，主要说的就是罪刑法定原则形式侧面的内容，它包括：

（1）制定法原则（成文的罪刑法定）。规定犯罪及刑罚的法律必须是立法机关制定的成文的法律，行政法规、规章和习惯法不得作为刑法的渊源。同时，我国不承认判例法，判例不应作为刑法的渊源，即使是最高人民法院作出的判例也只具有参考作用，而不能由其规定犯罪和刑罚。

需要注意的是，虽然行政法规不能直接规定犯罪和刑罚，但它可以对构成要件的某些方面进行填补。例如，《刑法》第 341 条第 2 款规定："违反狩猎法规，在禁猎区、禁猎期或者使用禁用的工具、方法进行狩猎，破坏野生动物资源，情节严重的，处 3 年以下有期徒刑、拘役、管制或者罚金。"显然，认定狩猎行为是否构成非法狩猎罪，必须要借助相关行政机关制定的狩猎法规。这种空白罪状在中国刑法中大量存在，通说认为这是符合罪刑法定原则的。

另外，习惯法虽然不能规定犯罪和刑罚，但也可以对构成要件的某些方面进行填补。不作为犯中的作为义务、过失犯罪中的注意义务其实都是要考虑习惯法的。

> **• 小 结** 行政法规和习惯法不能规定犯罪构成，但可以对构成要件进行填补。

（2）禁止不利于行为人的事后法（事前的罪刑法定）。刑法不能溯及既往，否则就会侵犯公民的合理预期。但是对行为人有利的事后法可以溯及既往，这符合罪刑法定原则限制国家刑罚权的精神。

（3）禁止不利于行为人的类推解释（严格的罪刑法定）。类推解释不是适用规则，而是创造规则，是立法行为，而非司法活动。如果司法机关类推，那就违背了立法和司法的权力分立原则，是罪刑法定原则所禁止的。另外，立法解释也不能类推，因为立法解释与立法的程序是不同的，立法解释没有立法的程序那么严格，如果立法解释可以类推，那么立法机关就完全没有必要启动严格的立法程序，而可以一律通过立法解释来创造新的规则。

但是从限制刑罚权的精神出发，对行为人有利的类推解释则是允许的。所以，根据举重以明轻的方法作出的当然解释，有可能是一种对行为人有利的类推，这是符合罪刑法定原则的。

💡 **小提醒**

原则都有例外。因此在考试中，只要说对了原则，即便没有提及例外，这个选项也是正确的。当然，如果说得太过绝对，那就不正确。但是，如果法律规定了但书条款，某选项只说前款，不提后款的但书，一般是错误的。

1. 罪刑法定原则禁止类推解释。（正确）

2. 罪刑法定原则中的"法"不仅包括国家立法机关制定的法，而且包括国家最高行政机关制定的法。（错误）

3. 罪刑法定原则绝对禁止类推解释。（错误）

4. 已满75周岁的老人不能判处死刑。（错误）

最容易和类推解释相混淆的就是扩张解释。但是，两者的区别又是不能回避的，因为罪刑法定原则禁止不利于行为人的类推解释，却允许扩张解释。

扩张解释是将刑法规范可能蕴含的<u>最大含义</u>揭示出来，是在<u>一定限度内</u>的解释极限化；类推解释是将刑法规范本身没有包含的内容解释进去，是解释的<u>过限化</u>。此外，扩张解释是为了正确适用法律，它<u>并不产生新的法规，没有超越公民的合理预期</u>；而类推解释则将产生<u>新的规则</u>，也超越了公民的合理预期。

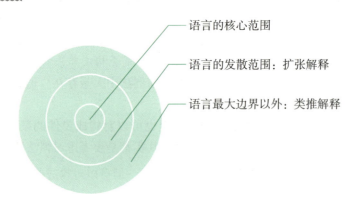

[例1] 将强奸罪中犯罪对象"妇女"解释为男性，这就是一种典型的类推解释，因为它已经超越了语言的极限。

[例2] 组织男性向男性提供性服务，解释为组织卖淫，构成组织卖淫罪，这是一种扩张解释，因为没有超越"卖淫"这个词语的极限。

[例3] 出租充气娃娃（性用品），解释为组织卖淫，构成组织卖淫罪，这是一种类推解释，因为超越了"卖淫"这个词语的极限。

❓ **想一想**

被告人董志尧单独或伙同蔡光明、沈琳等人，由董志尧寻找模特或由蔡光明、沈琳等人招募模特提供给董志尧，再由董志尧通过互联网发布人体模特私拍摄影信息，并招募参与私拍活动的摄影者，租借公寓或预订宾馆客房作为拍摄场地，安排模特分场次供摄影者拍摄，在拍摄过程中要求模特按照摄影者的需要，全裸、暴露生殖器以及摆出各种淫秽姿势。

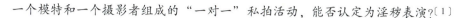

一个模特和一个摄影者组成的"一对一"私拍活动，能否认定为淫秽表演?[1]

（4）禁止绝对的不定期刑与绝对的不定刑（确定的罪刑法定）。不定期刑制度的出发点在于：罪犯是可以被矫正的，但是人却是有区别的，因此每个罪犯所需要的矫正时间是无法事先确定的。不定期刑可以分为绝对的不定期刑和相对的不定期刑。前者是法官定罪，刑罚的长短完全由刑罚执行机关决定；而后者法官不仅定罪，还要确定刑罚的幅度。例如，法官对行为人处盗窃罪，判处有期徒刑 3~10 年，刑罚执行机关根据罪犯的服刑状况在这个刑罚幅度内确定最终的刑期。绝对的不定期刑将刑罚的决定权完全交于执行机关，违背了权力分立原则，也使得服刑人员无法预知自己的刑期，因此是罪刑法定原则所禁止的。但是相对的不定期刑则是在坚持罪刑法定原则的基础上吸收了不定期刑的合理之处，因此是符合罪刑法定原则的。在我国的司法实践中，其实也存在相对的不定期刑。例如，假释、减刑制度。假释、减刑的决定机关必须是中级以上人民法院，刑罚的执行机关只具有建议权而无决定权，这都是相对的不定期刑思想的体现。

与不定期刑相关的一个概念是不定刑。不定刑是指法律本身对刑罚的规定是不确定的。它也包括相对的不定刑和绝对的不定刑，前者在中国刑法中比比皆是，也就是我们所说的相对（不）确定的法定刑；而后者只规定犯罪，而不规定刑罚，这完全违背了罪刑法定原则所要求的刑之法定，如中国古代刑法中的"伤人及盗者抵罪"。

• 小 结 绝对的不定期刑是法官定罪，监狱量刑；绝对的不定刑是立法者规定犯罪，但不规定刑罚。

2. 实质侧面

罪刑法定原则的实质侧面，其实就是要求刑法本身应是"善法"。否则，单纯符合罪刑法定形式侧面要求的刑法也可能成为压迫民众的工具，而无法对国家的刑罚权进行限制。所以罪刑法定既是司法原则又是立法原则。罪刑法定原则的实质侧面主要是对立法权的约束。

一般说来，罪刑法定原则的实质侧面包括如下内容：

（1）明确性原则。刑法关于犯罪和刑罚的规定应当尽量明确，否则就无法实现法律的指引功能，让公民形成对未来的合理预期。

当然，刑法的明确性是相对的，不可能做到绝对的明确。这里要提醒大家注意规范性的构成要件要素，它是与描述性的构成要件要素相对的概念，两者区别的关键在于是否存在价值判断。描述性的构成要件要素没有价值判断，只是纯粹对事物的描述。例如，故意杀人罪中的人、拐卖妇女罪中的妇女、贩卖毒品罪中的毒品。而规范性的构成要件要素则存在价值判断。例如，传播淫秽物品罪中的淫秽物品。判断一本书是否属于淫秽物品，就

---

[1] 权威判例认为：尽管这种淫秽表演的受众只有一人，但该受众是董志尧从网上公开招募而来，具有不特定性，该表演活动仍会危害社会的健康性风尚（笔者认为：脱衣舞是淫秽表演，一对一的脱衣服自然也是淫秽表演，这是一种扩张解释）。长宁区人民法院认为，被告人董志尧以牟利为目的，单独或伙同他人组织模特进行淫秽表演，其行为构成组织淫秽表演罪。（参见最高人民法院《刑事审判参考》指导案例第 770 号"董志尧组织淫秽表演案"）本书所引最高人民法院《刑事审判参考》案例，第 519 号之前（不含）案例均引自《刑事审判参考》的汇总本，即《中国刑事审判指导案例》，法律出版社 2010 年版；第 519 号之后案例，则引自《刑事审判参考》各集（第 66 集及之后），均由法律出版社出版。为行文方便，下文不再出现《刑事审判参考》的版权信息。

涉及价值判断,不同的人有不同的见解。通说认为,规范性的构成要件要素并不违背罪刑法定原则。

❓**想一想**

简单罪状(只规定罪名,不对罪名作任何解释)符合罪刑法定原则吗?[1]

(2)合理性原则。刑法的处罚范围与处罚程度必须具有合理性,只能将值得科处刑罚的行为规定为犯罪,禁止将轻微危害行为当作犯罪处理;处罚程度必须适应现阶段一般人的价值观念。刑罚的设计应当符合重罪重刑、轻罪轻刑、无罪不刑这个基本的公平原则,否则就是"恶法"。罪刑相适应原则本身就是罪刑法定原则的合理延伸。

(3)人道性原则。禁止不均衡的、残虐的刑罚,惩罚人不是将其看成畜生,而是依然要尊重犯罪人作为人的存在。酷刑由于完全无视人的尊严,所以也属禁止之列。

📋 **实战演习**

关于罪刑法定原则,下列哪一选项是正确的?(2006/2/1-单)[2]

A. 罪刑法定原则的思想基础之一是民主主义,而习惯最能反映民意,所以,将习惯作为刑法的渊源并不违反罪刑法定原则

B. 罪刑法定原则中的"法"不仅包括国家立法机关制定的法,而且包括国家最高行政机关制定的法

C. 罪刑法定原则禁止不利于行为人的溯及既往,但允许有利于行为人的溯及既往

D. 刑法分则的部分条文对犯罪的状况不作具体描述,只是表述该罪的罪名。这种立法体例违反罪刑法定原则

二、刑法面前人人平等原则

《刑法》第4条规定:"对任何人犯罪,在适用法律上一律平等。不允许任何人有超越法律的特权。"刑法面前人人平等原则并非一个独立的原则,它本身就是宪法法律面前人人平等原则在刑法领域中的体现,只是因为在刑事领域,对于平等的追求如此重要和迫切,才为刑法所明确规定。

三、罪刑相当原则

《刑法》第5条规定:"刑罚的轻重,应当与犯罪分子所犯罪行和承担的刑事责任相适应。"这就是罪刑相当原则,也即重罪重刑,轻罪轻刑,无罪不刑。

---

[1] 我国刑法中这种现象比比皆是。例如,故意杀人罪、伪造货币罪,采取的都是简单罪状。这符合罪刑法定原则。事实上,无论是叙明罪状、空白罪状、简单罪状,还是引证罪状,都符合罪刑法定原则。

[2] C。根据罪刑法定的制定法原则,习惯不得作为刑法的渊源,只有国家最高立法机关才能制定刑法,故 AB 项错误。需要说明的是,行政法规虽然不能规定犯罪和刑罚,但可以对犯罪构成的某些方面进行填补,空白罪状也是符合罪刑法定原则的。C 项比较简单,罪刑法定禁止不利于行为人的溯及既往,但是有利于行为人的可以溯及既往,这符合罪刑法定的限权精神,所以我国刑法采取的是从旧兼从轻原则,故 C 项正确。D 项所说的"刑法分则的部分条文对犯罪的状况不作具体描述,只是表述该罪的罪名",这其实是简单罪状,如故意杀人罪、伪造货币罪都采取了这种罪状模式,它并不违反罪刑法定原则,故 D 项错误。

罪刑相当原则包括客观相当和主观相当。客观相当，即在客观方面，刑罚与犯罪行为的社会危害性相适应，社会危害性越大，刑罚也应越重，因此犯罪结果越重，犯罪数额越大，其刑罚也应越重。例如，故意杀死 2 人一般重于故意杀死 1 人的刑罚；犯罪既遂一般重于犯罪未遂的刑罚；盗窃 1 万元一般重于盗窃 5000 元的刑罚。主观相当，即在主观方面，刑罚与犯罪人的人身危险性相适应，人身危险性越大的罪犯，其刑罚也应越重。例如，直接故意一般重于间接故意的刑罚，因为前者的人身危险性要更大些；对未成年人犯罪应当从宽，因为他们的人身危险性较之成年人要相对更小些。刑法中的自首、立功、假释、减刑、缓刑等制度都是罪刑相当原则的体现。

—— 刑法的解释 ——

英国法学家梅因说："法律一经制定，就已经滞后。"因此，一个成熟的法律人，最重要的是学会如何去解释法律。

❓ 想一想

小美想买一部新的 iPhone 14，在学校看到有收购"卵子"的广告，于是卖了一颗卵子，获款 2 万元。收购者构成组织出卖人体器官罪吗？[1]

一、解释的原理

在刑法解释中，有两组对立的观念：①形式解释和实质解释的 PK；②主观解释和客观解释的 PK。

首先，来看第一组对立。形式解释强调法条的形式逻辑，实质解释强调法律背后的精神。在解释刑法时，应当在形式解释的基础上考虑实质解释的需要，这是罪刑法定原则的要求。在对法条解释时，先考虑刑法条文字面可能具有的含义，再进行实质解释。在判断某一行为是否构成犯罪时，先对行为进行形式解释，再作实质解释，看行为是否具有严重的社会危害性。

解释是对刑法条文规则的适用，而不是创造规则；解释是司法活动，而非立法行为。因此，形式解释论是首要的，它划定了刑法权的范围。如果突破刑法条文形式上的限制，仅从社会生活需要对刑法进行实质解释，就会破坏刑法的稳定性和明确性，侵害公民的合理预期。在形式解释的基础上，才可以考虑实质解释论的要求。一个形式上符合刑法条文的行为，并不理所当然地被视为犯罪，而必须要证明它在实质上侵害了法律要保护的利益和规范，否则就不能加以处罚。只有这样才能充分体现罪刑法定原则的精神。

其次，来看第二组对立。主观解释认为在解释法律时要考虑立法者的立法原意，但客观解释认为无须考虑立法原意，而是应该根据社会生活的实际需要进行解释。例如，1997

---

〔1〕 可以把卵子解释为"器官"吗？显然不行，因为这是一种类推解释。

年立法者规定破坏计算机信息系统罪时并未意识到智能手机的出现，但是按照当前社会生活的实际发展，客观解释认为将智能手机解释为计算机也是可以的。一般认为，在解释法律时要尊重立法者给定的语言，不能脱离语言的极限，但是在这个基础上，可以考虑社会生活的实际需要。

• 小 结 在形式基础上追求实质，不能脱离形式考虑实质。在主观基础上考虑客观，不能脱离立法者给定的语言任意解释。

? 想一想

《刑法》第263条第6项规定的"冒充军警人员抢劫"，是抢劫罪的加重情节。真警察抢劫能否适用这个条款？[1]

二、解释的分类

（一）按照效力分类

1. 立法解释

这是指由立法机关所作的解释，具有与法律同等的效力。在我国，有权作出刑法立法解释的只能是全国人民代表大会常务委员会。一般认为，刑法立法解释至少包括下列两种情况：①在"法律的起草说明"中所作的解释；②在刑法施行过程中对某些问题发布的专门解释。

2. 司法解释

这是指最高人民法院和最高人民检察院就审判和检察工作中如何具体应用法律问题所作的解释，具有普遍适用的效力。

💡 小 提 醒

1. 无论是立法解释还是司法解释，都不能创设规则，不能类推。
2. 当立法解释和司法解释发生冲突时，适用立法解释。

3. 学理解释

这是指未经国家授权的机关、团体或者个人从理论上或学术上对刑法所作的解释。学理解释不具有法律的约束力，但对刑事立法以及刑事司法有重要的参考作用。

? 想一想

学理解释中的类推解释结论被纳入司法解释后，还属于类推解释吗？[2]

---

〔1〕 有学者认为：从实质上说，军警人员显示其真正身份抢劫比冒充军警人员抢劫更具有提升法定刑的理由。另外，"冒充"包括假冒与充当，其实质是使被害人得知行为人为军警人员，故军警人员显示其身份抢劫的，应认定为冒充军警人员抢劫。显然，将"冒充"解释为"假冒和充当"已经突破了语言的极限。按照这种理解，语言将不再具有基本的交流功能，任何语言都可能被强解，立法对司法的必要约束将彻底丧失，司法拥有的不再是解释权，而根本上就是一种立法权。2016年1月6日最高人民法院《关于审理抢劫刑事案件适用法律若干问题的指导意见》（以下简称《抢劫意见》）规定："军警人员利用自身的真实身份实施抢劫的，不认定为'冒充军警人员抢劫'，应依法从重处罚。"

〔2〕 当然也是类推解释，司法解释本身不能进行类推解释，创造新的规则。

（二）按照方法分类

1. 文理解释

高频考点

1.2

解释的方法

文理解释，又称文义解释，它是对法律条文的字义，包括词语、概念、标点符号等从文理上所作的解释。文理解释是首选的解释方法。

［例 1］ 按照文理解释，自杀可以构成故意杀人罪，因为《刑法》第 232 条规定的是"故意杀人的"。

［例 2］ 按照文理解释，自伤不可以构成故意伤害罪，因为《刑法》第 234 条第 1 款规定的是"故意伤害他人身体的"。

［例 3］ 按照文理解释，婚内强奸构成强奸，因为《刑法》第 236 条第 1 款规定的是"强奸妇女的"。

2. 论理解释

论理解释是按照立法精神，来阐明刑法条文的真实含义。一般而言，如果文理解释的结论合理，则没有必要采用论理解释的方法；如果文理解释的结论不合理或产生多种结论，则必须进行论理解释。

（1）解释效果

论理解释的效果可能是扩张解释，对于刑法条文的含义作出超出字面含义的解释；也可能是缩小解释，在字面含义之内进行缩小。论理解释的这两种效果在同一个法条中不可能并存。扩张解释和缩小解释都可能对行为人有利，也可能对行为人不利。例如，对自首进行缩小解释就对行为人不利。[1]

?想一想

1. 缩小解释一定符合罪刑法定原则吗？[2]

2. 根据《刑法》第 111 条的规定，为境外的机构、组织、人员非法提供国家秘密或者情报的，构成犯罪。司法解释将其中的"情报"解释为"关系国家安全和利益、尚未公开或者依照有关规定不应公开的事项"。这是一种什么解释呢？[3]

（2）解释方法

常见的论理解释方法包括体系解释、当然解释、同类解释、反对解释、补正解释、目的解释等。这些解释方法可能有重合的地方。

❶体系解释

体系解释是将刑法条文置于整个刑法之中，联系其他法条进行解释，避免断章取义，以使刑法中的各个条文互相协调的解释方法。

---

［1］ 参见曲新久：《刑法学原理》，高等教育出版社 2009 年版，第 58 页。

［2］ 在形式层面上，由于缩小解释是在字面含义之内所作的解释，因此它符合罪刑法定的形式方面的要求，但是如果解释不当，它却有可能与罪刑法定的实质侧面发生冲突。例如，将故意杀人罪中的人解释为精神正常的人，则故意杀害精神病人就不构成犯罪了，这种解释就完全偏离了法本身所要追求的公平和正义，使得法律成了"恶法"。因此，缩小解释必须坚持合理性原则，否则就不符合罪刑法定原则。

［3］ 首先，《刑法》第 111 条的"情报"二字从字面义上应该包含所有的信息，但是基于此条文的目的在于保护国家安全，所以没有涉及国家安全的信息理应排除在外；其次，已经公开的事项也不再属于情报。显然，这是一种缩小解释。

[例1] 我国《刑法》第170条规定了伪造货币罪，而《刑法》第173条规定了变造货币罪，立法者将伪造货币与变造货币视为两种不同的行为，因此《刑法》第171条第1款所规定的"明知是伪造的货币而运输"（运输假币罪）显然也就不包括变造的货币。

[例2] 根据《刑法》第241条第2款的规定，收买被拐卖的妇女，强行与其发生性关系的，依照《刑法》第236条（强奸罪）的规定定罪处罚。此处的性关系虽然从文理解释的角度是包括猥亵的，但根据体系解释，应当缩小为性交行为，否则就会导致强奸罪和强制猥亵罪发生冲突。

体系解释具有相对性。一般说来，总则的规定对于分则都有约束力，但是分则条文不同罪名中的相同语言并不一定保持相同的理解。

[例1]《刑法》第236条第2款规定："奸淫不满14周岁的幼女的，以强奸论，从重处罚。"根据《刑法》第14条第1款关于犯罪故意的规定，明知自己的行为会发生危害社会的结果，并且希望或者放任这种结果发生，因而构成犯罪的，是故意犯罪。成立奸淫幼女型强奸罪应当明知对方是幼女。

[例2] 最高人民法院《关于对变造、倒卖变造邮票行为如何适用法律问题的解释》中指出，对变造或者倒卖变造的邮票数额较大的，以伪造、倒卖伪造的有价票证罪（该罪仅规定了"伪造"和"倒卖伪造"的邮票等有价票证的行为）定罪处罚。这个解释肯定了体系解释的相对性，不能因为伪造货币犯罪明确区分了伪造与变造，就认为其他犯罪中的伪造不能包括变造。

[例3] 传播性病罪和传播淫秽物品罪中都出现了"传播"一词，但是两者所谓的传播显然不同，一个是在卖淫嫖娼的性行为中的传播，一个则无须在这种特定活动中传播。

❷ 当然解释

当然解释，是指刑法条文没有明确规定，但实际上已包含于法条的意义之中，从法条中当然（自然而然）可以推出的解释。

第一，举轻以明重的当然解释。这是一种入罪的当然解释，只有在同时符合实质上的当然和形式上的当然之时，才符合罪刑法定原则。实质上的当然是指轻者为罪，重者更应为罪；形式上的当然是指法条条文规定的对象和被解释的对象有一种种属关系或递进关系，也即不能超越文字上的极限。

[例1]《刑法》第329条第1款规定："抢夺、窃取国家所有的档案的，处5年以下有期徒刑或者拘役。"但该条文没有规定抢劫国有档案的行为，显然抢劫国有档案的行为在事理上比抢夺行为的社会危害性更大，在逻辑上可以认为抢劫是特殊的抢夺，所以将此行为解释为抢夺国有档案罪符合罪刑法定原则。

[例2] 根据《刑法》第253条之一第1款的规定，违反国家有关规定，向他人出售或提供公民个人信息，是侵犯公民个人信息罪的客观行为方式之一。通过信息网络或其他途径发布公民个人信息，基于"举轻明重"的法理，更应当认定为"提供"。这也是司法解释的规定。

[例3] 刑法规定了劫持船只、汽车罪，但没有规定劫持火车罪，劫持火车在事理上比劫持船只、汽车的社会危害性更大。但是，"船只、汽车"在逻辑上并不包括"火车"。

因此，把劫持火车解释为劫持船只、汽车罪只有实质上的当然，而无形式上的当然。这样的当然解释是违背罪刑法定原则的。

第二，举重以明轻的当然解释。这是一种出罪的当然解释。这种当然解释，即便不符合形式上之当然，只有实质上之当然（重者出罪，则轻者更应出罪），系类推解释，但只要它对行为人有利，这种类推也是符合罪刑法定原则的。

[例1]《刑法》第449条规定了战时缓刑，法律规定的适用对象只有被判处3年以下有期徒刑的犯罪军人，但是根据举重以明轻的解释方法，3年以下有期徒刑的犯罪军人也包括被判处拘役的犯罪军人。

[例2]《刑法》第389条第3款规定："因被勒索给予国家工作人员以财物，没有获得不正当利益的，不是行贿。"在对非国家工作人员行贿罪中，并无类似规定。但因被勒索给予非国家工作人员以财物，没有获得不正当利益的，显然也不构成犯罪。

[例3] 根据《刑法》第65条第1款的规定，不满18周岁的人不成立累犯。《刑法》第356条规定，因走私、贩卖、运输、制造、非法持有毒品罪被判过刑，又犯本节规定之罪的，从重处罚。（毒品再犯）由于毒品再犯可以适用缓刑和假释，所以较之累犯为轻，故根据当然解释的原理，对不满18周岁的人也不适用《刑法》第356条规定的毒品再犯。

?想一想

《刑法》第67条第2款规定："被采取强制措施的犯罪嫌疑人、被告人和正在服刑的罪犯，如实供述司法机关还未掌握的本人其他罪行的，以自首论。"据此，被处以治安拘留的违法人员，在拘留期间如实交待司法机关尚未掌握的本人的其他罪行，属于自首吗？如果属于，这是扩张解释吗？[1]

• 小 结 根据罪刑法定原则，入罪的当然解释必须同时符合形式和实质，出罪的当然解释只需要符合实质。

❸同类解释

同类解释，是指对刑法分则的"等""其他"用语，应当按照所列举的内容、性质进行解释。例如，《刑法》第114条规定，放火、决水、爆炸以及投放毒害性、放射性、传染病病原体等物质或者以其他危险方法危害公共安全，尚未造成严重后果的，处3年以上10年以下有期徒刑。此处的"其他危险方法"就必须和法条所列举的"放火、决水、爆炸以及投放毒害性、放射性、传染病病原体等物质"这些危险方法具有同等的危险性。

❹反对解释

反对解释，是指根据刑法条文的正面表述，推导出其反面含义。法条确定的条件是法律效果的全部条件而不是必要条件，才能适用这种解释方法。例如，"判处死刑缓期执行的，在死刑缓期执行期间，如果没有故意犯罪，2年期满以后，减为无期徒刑"，那么，未满2年的，不得减为无期徒刑。

---

[1] 根据举重以明轻的当然解释，这属于自首。这其实也是一种出罪的类推解释。

❺补正解释

刑法条文表述有明显错误，通过补正来阐明其真实含义。补正解释的核心在于"正"，而非"补"。例如，《刑法》第99条规定"本法所称以上、以下、以内，包括本数"，但《刑法》第63条第1款规定"犯罪分子具有本法规定的减轻处罚情节的，应当在法定刑以下判处刑罚"，后者中的"以下"就不能包括本数。

❓想一想

上例提及的补正解释和体系解释是什么关系？[1]

❻目的解释

目的解释是根据刑法的目的来阐释刑法条文的含义。目的解释是刑法解释方法中运用最广泛的方法，文义解释、体系解释和历史解释等方法得出的结论都需要接受目的解释方法的检验。如果认为刑法的目的在于规范中的法益保护，那么所有的解释都不能偏离规范所要求的法益目的。通俗地来说，在刑法的解释中，法益可以作为入罪的基础，但伦理可以作为出罪的依据。对于一个表面上符合法条规定的行为，除非可以证明它侵犯了法益，否则就不是犯罪；对于一个侵犯法益的行为，如果它是伦理道德所允许的，也不是犯罪。

[例1] 无罪的人从羁押场所脱逃不成立脱逃罪，这是一种目的解释。

[例2] 携带火柴进入电影院不能解释为携带易燃性物品进入公共场所。

[例3] 张三伪造了面额250元的人民币，这不构成伪造货币罪，因为没有侵犯货币的公共信用。

小 提 醒

1. 任何解释都不得突破法律，解释必须在法律规范的范围内进行，不能创设规则，否则就是立法了。
2. 任何解释都并不必然符合罪刑法定原则。
3. 有权机关的解释在考试时一般不要认定为类推解释。
4. 目的解释可以主要根据民众的常识进行判断。

实战演习

下列哪种说法是正确的？（2006/2/20-单）[2]

---

[1] 这其实是根据体系解释所作出的补正解释。注意解释方法有交叉，可能同时并存，但解释效果（扩张或缩小）是不可能同时存在的。

[2] D。"妇女"不可能包括男性，因此将"妇女"解释为包括男性在内的人，就属于类推解释，因为它超出了公民的预测可能性，故A项错误。但要注意《刑法修正案（九）》将强制猥亵、侮辱妇女罪修改为强制猥亵、侮辱罪，男性也可能成为强制猥亵的犯罪对象，但是强制侮辱的对象仍然是妇女。对词义限制解释不属于类推解释的范畴，将故意杀人罪中的"人"解释为"精神正常的人"，不属于类推解释，而是违背刑法目的的缩小解释，将法律变成了恶法，故B项错误。因此，缩小解释也不一定就符合罪刑法定原则。在我国《刑法》中，有伪造货币罪和变造货币罪的区别，所以不可以将伪造货币罪中的伪造解释为包括变造货币，故C项错误。缩小解释是指当刑法条文的字面通常含义比刑法的真实含义广时，限制字面含义使之符合刑法的真实含义，情报的范围包含一切信息在内，但司法解释将其限制为关系国家安全和利益、尚未公开或者依照有关规定不应公开的事项，当然属于缩小解释，故D项正确。

A. 将强制猥亵罪中的"妇女"解释为包括男性在内的人，属于扩大解释

B. 将故意杀人罪中的"人"解释为"精神正常的人"，属于应当禁止的类推解释

C. 将伪造货币罪中的"伪造"解释为包括变造货币，属于法律允许的类推解释

D. 将为境外窃取、刺探、收买、非法提供国家秘密、情报罪中的"情报"解释为"关系国家安全和利益、尚未公开或者依照有关规定不应公开的事项"，属于缩小解释

—— 刑法的适用范围 ——

一、刑法的空间效力

我国在空间效力上以属地原则为主，兼采属人原则和保护原则，并有保留地采用普遍管辖原则。另外，在空间效力问题上，要坚持司法主权原则，当我国与别国对同一犯罪都具有管辖权时，即便经过外国审判，我国仍然可以追究，但在外国已受到刑罚处罚的，可以免除或减轻处罚。

（一）属地管辖原则

第6条 ［属地管辖权］ 凡在中华人民共和国领域内犯罪的，除法律有特别规定的以外，都适用本法。

凡在中华人民共和国船舶或者航空器内犯罪的，也适用本法。

犯罪的行为或者结果有一项发生在中华人民共和国领域内的，就认为是在中华人民共和国领域内犯罪。

属地管辖原则有两个派生内容：①旗国主义；②遍在地主义。这在考试中也常有出现。

1. 旗国主义

中国的船舶和航空器属中国领域，凡在我国船舶或者航空器内犯罪的，均适用我国刑法。所谓我国的船舶或者航空器是指在我国登记的船舶或者航空器，而非购买者国籍是中国。

? 想一想

国际列车属于船舶或航空器吗？[1]

2. 遍在地主义

犯罪的行为或者结果有一项发生在中国领域内的，就认为是在中国领域内犯罪。对于这里所说的行为或结果都应作扩大理解，行为包括实行行为和非实行行为（共犯行为、未完成行为）；结果包括实际结果以及未遂犯的"可能发生结果之地"，只要其中任何一项在中国境内发生，就属于在中国境内犯罪，从而可以依据属地原则进行管辖。

---

［1］ 不属于。在国际列车上的犯罪，根据情况看是否适用属地管辖、属人管辖、保护管辖或普遍管辖。

───── 💡 小 提 醒 ─────

1. 如果部分共犯人的行为发生在中国境内，那么对所有共犯人都可认定在中国境内犯罪，这在考试中考查了多次。

2. 单纯的经过地，如果对法益没有任何侵犯，不得适用该原则。例如，张三从阿富汗乘坐飞机欲去美国杀人，国际航线途经中国领空，中国不能进行管辖。当然，若张三在中国领空上实施犯罪，如在飞机上杀人，中国自然有管辖权。

───────────────────────────

3. 例外

属地管辖存在但书条款规定的例外，因此不能武断地说只要是在中国领域内发生的犯罪，都适用我国刑法。例如，享有外交特权和豁免权的外国人，其刑事责任不适用刑法，而是通过外交途径解决。

（二）属人管辖原则

第7条［属人管辖权］ 中华人民共和国公民在中华人民共和国领域外犯本法规定之罪的，适用本法，但是按本法规定的最高刑为3年以下有期徒刑的，可以不予追究。

中华人民共和国国家工作人员和军人在中华人民共和国领域外犯本法规定之罪的，适用本法。

属人管辖原则所针对的是中国人在中国领域外的犯罪。由于它可能会与其他国家的属地管辖相冲突，所以对它有所限制，即相对重罪管辖。对于普通公民，原则上适用我国刑法，但如果不是重罪，即法定最高刑在"3年以下"的，可以不予追究。

重罪管辖有两个例外：①刑法的表述是"可以不予追究"，那其言外之意当然也包括"可以追究"；②对于军人和国家工作人员，由于他们身份特殊，法律规定他们在境外的犯罪一律适用我国刑法。基于这些例外，所以属人管辖原则叫作"相对"重罪管辖。

（三）保护管辖原则

第8条［保护管辖权］ 外国人在中华人民共和国领域外对中华人民共和国国家或者公民犯罪，而按本法规定的最低刑为3年以上有期徒刑的，可以适用本法，但是按照犯罪地的法律不受处罚的除外。

保护管辖原则针对的是外国人或无国籍人在外国对中国或中国人犯罪的情形。如果在境内犯罪，则直接依据属地原则处理。这种管辖原则更易和其他国家的管辖权相冲突，因此对保护管辖必须进行更严格的限制。这种限制体现在两个方面：

1. 绝对重罪管辖。只有当法定最低刑在"3年以上"的，才可以适用。如果法定最低刑不足3年，则不能适用，这与属人主义的相对重罪管辖有所不同。

───── 💡 小 提 醒 ─────

属人管辖的限制是就高不就低，说的是法定最高刑为3年以下；而保护管辖的限制是就低不就高，说的是法定最低刑为3年以上。

───────────────────────────

2. 双重犯罪管辖。要求我国和犯罪地法律都认为构成犯罪，如果按照犯罪地的法律不受处罚，则我国刑法也没有管辖权。

（四）普遍管辖原则

第 9 条［普遍管辖权］　对于中华人民共和国缔结或者参加的国际条约所规定的罪行，中华人民共和国在所承担条约义务的范围内行使刑事管辖权的，适用本法。

普遍管辖原则针对的是外国人或无国籍人在外国实施的并非针对中国或中国人的国际犯罪。普遍管辖原则只是一种最后的补充原则，在可以适用其他管辖原则的情况下，是不允许适用这个最后原则的。因此，在中国境内发生的国际犯罪，应依据属地管辖原则处理；中国人在境外实施的国际犯罪，也只能依据属人管辖原则处理。另外，普遍管辖原则所涉及的犯罪必须是我国缔结或者参加的国际条约所规定的罪行（国际犯罪），对于这些罪行，我国只在所承担条约义务的范围内行使刑事管辖权。在考试中，要注意常见的国际犯罪：

1. 劫持民用航空器罪（如果劫持军用航空器，则不属于国际犯罪，对此罪行是否有管辖权，要看它是否符合属地原则、属人原则或保护原则）。

2. 毒品犯罪。

3. 海盗罪（如公海上对船只实施的抢劫、杀人等暴力犯罪行为）。

4. 酷刑罪。

5. 恐怖主义的犯罪（如绑架外交官、暗杀政治家、爆炸、投放危险物质等犯罪行为）。

6. 贩奴罪（如贩卖妇女儿童、贩卖成年男子强迫劳动等）。

7. 战争罪行（如反人类罪行、种族屠杀罪）。

 小 提 醒

1. 国际犯罪只有转化为国内法所规定的犯罪，才可适用。例如，酷刑罪是国际犯罪，但在定罪量刑时，只能依据我国刑法所规定的刑讯逼供等罪，而不能直接援引国际条约。

2. 依据普遍管辖原则对国际犯罪人的处理方法是"或引渡或起诉"的规则。任何一个缔约国对于在本国逮捕的国际犯罪人，要么引渡给有关请求国，要么自行起诉、审判，而不能放任不管。

?想一想

某美国人在法国拐卖男性去希腊做奴隶，后此美国人到中国旅游，我国能否处理本案？如果能够处理，按照何种罪名呢？［1］

二、刑法的时间效力

第 12 条［刑法溯及力］　中华人民共和国成立以后本法施行以前的行为，如果当时的法律不认为是犯罪的，适用当时的法律；如果当时的法律认为是犯罪的，依照本法总则第四章第八

---

　　［1］　当然可以。虽然我国没有规定拐卖男性罪，但我国有非法拘禁罪、强迫劳动罪等罪名，可以根据情况，适用这些罪名。

节的规定应当追诉的，按照当时的法律追究刑事责任，但是如果本法不认为是犯罪或者处刑较轻的，适用本法。

本法施行以前，依照当时的法律已经作出的生效判决，继续有效。

刑法的时间效力即刑法在何时生效、在何时失效以及对其生效前的行为有无追溯效力。其中最主要的是刑法的溯及力问题。我国现行《刑法》从 1997 年 10 月 1 日起生效，对它生效以前的行为采从旧兼从轻原则。所谓"从旧"，也就是原则上对刑法生效以前的行为依照当时的法律定罪处罚，新法没有溯及力，因此，当新旧刑法对某种行为处刑完全不同时，对于旧法时代发生的案件，只能适用旧刑法的规定；所谓"兼从轻"，也就是如果新法较之旧法对行为人有利，如不认为是犯罪或者是处罚较轻，则应当适用较轻的新法。单行刑法、修正案也同样要遵循这个原则。对于从旧兼从轻原则，要注意如下知识点：

（一）既判力与溯及力的关系

所谓既判力是针对已经发生法律效力的判决。我国认为既判力的效力高于溯及力，对行为人有利的新法不能溯及已经生效的裁决。相应地，按照审判监督程序重新审判的案件，由于判决已经生效，故应适用行为时的法律。

（二）司法解释的溯及力问题

司法解释是对法律的一种理解，它的效力附属于所解释的法律，一般认为，它的效力与刑法同步，原则上不受从旧兼从轻原则的约束。2000 年通过的司法解释，对于 1999 年的犯罪行为也有溯及力，因为司法解释的效力"自发布或者规定之日起施行，效力适用于法律的施行期间"，它的效力可以一直追溯到 1997 年 10 月 1 日之后的所有行为。这叫从新原则。但是，考虑到在我国，司法解释具有事实上"准法律"的作用，因此如果存在新旧两个不同的司法解释，则应受从旧兼从轻原则的约束。例如，1999 年的犯罪行为于 2002 年被发现，如果对此行为存在 1998 年、2001 年两个司法解释，则应按照从旧兼从轻原则选择对行为人有利的司法解释。[1]

司法解释采取的是从新原则加上特殊情况下的从旧兼从轻原则，那么大致来说，司法解释的溯及力可以表述为从新兼从轻原则。

❓ 想一想

1. 2013 年，甲行贿 600 万元，行贿时的司法解释确定行贿情节特别严重的标准为 100 万元，2016 年，新的司法解释确定行贿情节特别严重的标准为 500 万元。如果甲于 2017 年被抓，应当适用何时的司法解释？[2]

2. 如果新旧两法完全一样，发生在旧法时代的犯罪，在新法时代才被发现，应当适用何时的法律呢？[3]

（三）连续犯、继续犯的法律适用问题

如果犯罪呈连续或继续状态，就有可能跨越新旧两法，如果新旧刑法都认为该行为是

---

〔1〕 最高人民法院、最高人民检察院《关于适用刑事司法解释时间效力问题的规定》第 3 条。

〔2〕 应当适用新的司法解释。因为新的司法解释对甲有利。

〔3〕 应当适用旧法的规定。因为原则上从旧，除非新法对行为人更为有利。

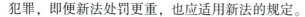

犯罪，即便新法处罚更重，也应适用新法的规定。

（四）刑法修正案的溯及力问题

1. 死刑缓期执行的限制减刑

2011 年的《刑法修正案（八）》规定了死刑缓期执行的限制减刑制度，即对被判处死刑缓期执行的累犯以及因故意杀人、强奸、抢劫、绑架、放火、爆炸、投放危险物质或者有组织的暴力性犯罪被判处死刑缓期执行的犯罪分子，人民法院根据犯罪情节等情况可以同时决定对其限制减刑。根据 2011 年修正后的《刑法》第 78 条的规定，人民法院决定限制减刑的死刑缓期执行的犯罪分子，缓期执行期满后依法减为无期徒刑的，实际执行的刑期不能少于 25 年，缓期执行期满后依法减为 25 年有期徒刑的，实际执行的刑期不能少于 20 年。

从表面上看，限制减刑制度对行为人不利，但考虑到此制度的本质是为了限制死刑，在很多时候，它其实对行为人有利，可以起到"刀下留人"、免死不杀的作用，因此，它具有相对的溯及力。[1] 例如，张三在 2010 年犯故意杀人罪，于 2012 年被抓，如果按照《刑法修正案（八）》出台之前的刑法，本应对其判处死刑立即执行，而适用《刑法修正案（八）》所规定的判处死缓并限制减刑条款对他有利，那么死缓限制减刑这个条款就可以溯及既往。

2. 死缓的终身监禁条款有相对的溯及力

2015 年 11 月 1 日起施行的《刑法修正案（九）》对贪污罪和受贿罪增加了终身监禁制度，对犯贪污、受贿罪，被判处死刑缓期执行的，人民法院根据犯罪情节等情况可以同时决定在其死刑缓期执行 2 年期满依法减为无期徒刑后，终身监禁，不得减刑、假释。从限制死刑的角度，终身监禁制度对行为人有利，因此，其也可相对地溯及既往。司法解释规定，根据修正前刑法判处死刑缓期执行不能体现罪刑相适应原则（要判处死刑立即执行），而根据修正后刑法判处死刑缓期执行同时决定在其死刑缓期执行 2 年期满依法减为无期徒刑后，终身监禁，不得减刑、假释可以罚当其罪的，适用修正后《刑法》第 383 条第 4 款的规定。根据修正前刑法判处死刑缓期执行足以罚当其罪的（只需要判处死缓，无须判处死刑立即执行），不适用修正后《刑法》第 383 条第 4 款的规定。

3. 程序性条款的修改可以溯及既往

关于告诉才处理的修改是一种程序性的修改，而程序性规则一般不受从旧兼从轻原则的约束，故可以溯及既往。《刑法修正案（九）》对侮辱罪、诽谤罪和虐待罪的告诉才处理的规则进行了一定限制，这对被害人有利，但对行为人不利。例如，《刑法修正案（九）》规定，通过信息网络实施侮辱、诽谤的行为，被害人向人民法院告诉，但提供证据确有困难的，人民法院可以要求公安机关提供协助。《刑法修正案（九）》还规定，对于虐待罪，告诉的才处理，但被害人没有能力告诉，或者因受到强制、威吓无法告诉的除外。[2]这些修改虽然对行为人不利，但依然可以溯及既往。

---

[1] 最高人民法院《关于〈中华人民共和国刑法修正案（八）〉时间效力问题的解释》。

[2] 最高人民法院《关于〈中华人民共和国刑法修正案（九）〉时间效力问题的解释》第 4、5 条。

🏆 模拟展望

1. 关于罪刑法定原则及其内容，下列哪些选项是正确的？（多选）[1]

A. 罪刑法定原则要求建立合理的刑罚体系，故罪刑相适应原则也是罪刑法定原则的体现

B. 罪刑法定原则禁止司法机关进行类推解释，但不禁止立法机关进行类推解释

C. 罪刑法定原则所要求的法必须由国家最高立法机关制定，但行政法规可以对犯罪构成的某些方面进行填补

D. 罪刑法定原则要求刑法规范的明确性，但并不完全排斥规范的构成要素

2. ①《刑法》第389条第3款规定："因被勒索给予国家工作人员以财物，没有获得不正当利益的，不是行贿。"而在《刑法》第164条第1款对非国家工作人员行贿罪中却没有类似的规定，所以，如因被勒索给予非国家工作人员以财物，即使没有获得不正当利益，仍构成对非国家工作人员行贿罪

②根据《刑法》第358条第4款的规定，为组织卖淫的人招募、运送人员的，构成协助组织卖淫罪。据此，可以将比招募、运送人员行为性质更为恶劣的行为，如充当打手的行为，也认定为协助组织卖淫罪

③将《刑法》第341条第3款规定的非法猎捕、收购、运输、出售陆生野生动物罪中的"出售"解释为"包括出卖和以营利为目的的加工利用行为"，属于刑法禁止的类推解释

④根据《刑法》第50条第1款的规定，被判处死缓，在缓期执行期间没有故意犯罪的，2年期满以后，减为无期徒刑。据此，缓期执行期间没有满2年的，不得减为无期徒刑，属于反对解释

关于上述四句话的判断，下列哪一选项是正确的？（单选）[2]

A. 第①②句正确，其他错误

B. 第③④句正确，其他错误

C. 第①③句正确，其他错误

D. 第②④句正确，其他错误

3. 关于《刑法修正案（九）》适用过程中的说法，下列哪些选项是正确的？（多选）[3]

A. 甲于2016年3月因犯贪污罪被羁押，2016年10月，法院依法对其贪污罪判处死刑缓期

---

〔1〕 ACD。罪刑法定原则有形式侧面和实质侧面两方面的要求，根据罪刑法定的实质侧面的要求，应当建立合理的刑罚体系，罪刑相适应原则正是罪刑法定原则实质方面的体现，A项正确。不利于行为人的类推解释违背罪刑法定原则，无论是司法机关，还是立法机关，均不允许作这种类推解释，B项错误。罪刑法定原则要求规定犯罪及其法律后果的法律必须是立法机关制定的成文的法律，行政法规不得规定刑罚。但是，虽然行政法规不能直接规定犯罪和刑罚，但它可以对构成要件的某些方面进行填补，空白罪状是符合罪刑法定原则的，C项正确。刑法关于犯罪和刑罚的规定应当尽量明确，但是刑法的明确性是相对的，不可能做到绝对的明确。通说认为，规范的构成要素并不违背罪刑法定原则，D项正确。

〔2〕 D。第①句错误。因被勒索给予公司、企业中的非国家工作人员以财物，没有获得不正当利益，也不构成对非国家工作人员行贿罪。这属于有利于被告人的类推解释。第②句正确。这是举轻以明重的当然解释。第③句错误。这是在规则范围内的扩大解释，而非创造规则的类推解释。第④句正确。反对解释，即根据刑法条文的正面表述，推导其反面含义的解释方法。

〔3〕 ABC。A项正确，终身监禁制度具有相对的溯及力，相比于死刑立即执行，终身监禁对行为人有利，故可溯及既往。B项正确，数罪并罚的修改可以溯及既往。C项正确，告诉才处理制度的修改可以溯及既往。D项错误，从业禁止制度对行为人不利，不可以溯及既往。

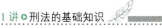

执行，鉴于按照修正前的刑法规定其行为有可能判处死刑立即执行，故决定按照修正后刑法规定判处其死缓，同时决定对该死缓适用终身监禁制度

B. 乙于 2013 年犯盗窃罪，2014 年又犯故意伤害罪，2016 年 10 月案发，法院在审理后，决定对乙之盗窃罪判处有期徒刑 3 年，故意伤害罪判处拘役，数罪并罚，决定只执行有期徒刑

C. 丙于 2014 年通过信息网络对被害人实施侮辱，被害人于 2017 年 3 月向法院告诉，但提供证据确有困难的，法院可以要求公安机关提供协助

D. 丁于 2013 年实施非法吸收公众存款罪，2016 年案发，法院决定判处其 3 年有期徒刑，同时决定禁止其自刑罚执行完毕之日或者假释之日起从事金融行业，期限为 3 年

第2讲 ◀◀◀
犯罪论体系

📁 **复习提要**

　　本讲讲授犯罪的概念和犯罪构成的基本理论，需要重点掌握犯罪构成四要件理论与阶层论的区别以及犯罪构成要件要素的分类。

👤 **知识框架**

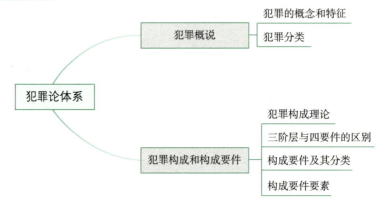

犯 罪 概 说

一、犯罪的概念和特征

第 13 条 [犯罪概念]　一切危害国家主权、领土完整和安全，分裂国家、颠覆人民民主专政的政权和推翻社会主义制度，破坏社会秩序和经济秩序，侵犯国有财产或者劳动群众集体所有的财产，侵犯公民私人所有的财产，侵犯公民的人身权利、民主权利和其他权利，以及其他危害社会的行为，依照法律应当受刑罚处罚的，都是犯罪，但是情节显著轻微危害不大的，不认为是犯罪。

根据这个规定，犯罪的概念包括三个方面的内容：

1. 在形式上，犯罪必须是违反刑法的行为，具有刑事违法性。

2. 在实质上，犯罪是危害社会的行为，具有社会危害性。犯罪的形式特征和实质特征是有机统一的。任何行为只要不违背刑法，都不是犯罪。同时，在形式上符合刑法的行为，如果不具备实质上的社会危害性，也不是犯罪。此外，《刑法》第 13 条规定了但书条款——情节显著轻微危害不大的，不认为是犯罪。可见，社会危害性必须达到比较严重的程度才可以犯罪论处，仅有轻微的社会危害性，是不构成犯罪的。

[例 1]　甲男（15 周岁）与乙女（13 周岁）系同学，两人开始恋爱，后发生过两次性关系。这种情况就属于情节显著轻微危害不大，故甲的行为不认为是犯罪。

[例 2]　某中学生丙采用轻微暴力向同学强索少量财物，也不认为是犯罪，不构成抢劫。

社会危害性这个概念可以兼容法益侵害说和规范维护说。按照法益侵害说，行为没有侵犯法益，或者侵犯法益显著轻微的，不是犯罪；按照规范维护说，行为没有违背规范，或者违背规范显著轻微，都不是犯罪。

3. 在后果上，犯罪是应当受到刑罚处罚的行为，具有应受刑罚惩罚性。应受刑罚惩罚性将犯罪和刑罚联系在一起。犯罪是刑罚的前提，刑罚是犯罪的应然后果。当然，应受刑罚惩罚性并不意味着有罪必罚，而是有罪应罚。有时，行为人的行为已经达到犯罪的标准，但有自首、立功等从宽情节，也可免予处罚。

小提醒

1. "不认为是犯罪"与《刑法》第 37 条规定的"免予刑事处罚"是两个不同的概念。前者根本不是犯罪，而后者属于定罪免刑。

2. 《刑法》中还有"不予追究刑事责任"的表述。如果不予追究刑事责任，也就是不构成犯罪，而非免予处罚。在我国《刑法》中，只有两处使用了这种表述：

（1）"中华人民共和国公民在中华人民共和国领域外犯本法规定之罪的，适用本

法，但是按本法规定的最高刑为 3 年以下有期徒刑的，可以不予追究。"（《刑法》第 7 条第 1 款，属人管辖的例外）

（2）"有第 1 款（逃税犯罪）行为，经税务机关依法下达追缴通知后，补缴应纳税款，缴纳滞纳金，已受行政处罚的，不予追究刑事责任；但是，5 年内因逃避缴纳税款受过刑事处罚或者被税务机关给予 2 次以上行政处罚的除外。"（《刑法》第 201 条第 4 款，逃税初犯不追责——相信你记得冰冰的案件）

二、犯罪分类

（一）理论分类

1. 重罪与轻罪

根据法定刑的轻重，可以将犯罪分为重罪与轻罪。一般认为，法定最低刑 3 年以上有期徒刑的为重罪，其他为轻罪。

2. 自然犯与法定犯

自然犯是指违反人类基本伦理道德的犯罪，如杀人、放火、强奸、抢劫等犯罪。自然犯具有天然的犯罪性，任何人类文明社会都会将其视为犯罪。法定犯在表面上并不违反人类的基本伦理道德，不具有天然的犯罪性，只是因为国家法律的规定才成为了犯罪，如走私罪。

3. 隔隙犯与非隔隙犯

隔隙犯是指在实行行为与犯罪结果之间存在时间、场所的间隔的犯罪。其中实行行为与犯罪结果之间存在时间间隔的犯罪称为隔时犯，存在场所间隔的犯罪称为隔地犯。实行行为与犯罪结果之间没有时间、场所的间隔的犯罪，则是非隔隙犯。

？想一想

这三种分类对我们考试有用吗？[1]

（二）法定分类

1. 身份犯与非身份犯

根据是否以特定的身份作为定罪量刑的条件，可以将犯罪分为身份犯和非身份犯。身份犯又可以分为真正身份犯和非真正身份犯。前者即定罪身份犯，该身份为特定犯罪的主体要件，不具有此身份的人不能单独构成该罪。例如，国家工作人员是贪污罪的主体身份，则非国家工作人员不能单独构成贪污罪。后者即量刑身份犯，身份是从轻或从重的处罚条件。例如，国家机关工作人员利用职权便利非法拘禁他人的，从重处罚。

2. 亲告罪与非亲告罪

亲告罪即告诉才处理的犯罪。我国刑法中有<u>五个</u>亲告罪，它们分别是<u>侮辱罪</u>、<u>诽谤罪</u>、<u>暴力干涉婚姻自由罪</u>、<u>虐待罪</u>、<u>侵占罪</u>。除此以外的犯罪，都是非亲告罪。

---

〔1〕当然有用，之后许多理论都会用到这种分类。例如，法律认识错误，自然犯不可能出现认识错误，但法定犯就经常会出现法律认识错误。

小 提 醒

这五个亲告罪，除了侵占罪是纯正的亲告罪（只能亲告），其余四个都有例外。

专题 06

犯罪构成和构成要件

一、犯罪构成理论

犯罪构成是刑法规定的，成立犯罪所必备的一切客观要件和主观要件的总和。本书采用构成要件、违法阻却、责任阻却这种三阶层递进式的犯罪构成理论，以体现原则与例外、客观与主观的层次性要求。本书的犯罪构成理论，在构成要件方面与我国传统的四要件理论有相当部分的重合，至于违法阻却事由与责任阻却事由两方面内容也基本上类似于传统的排除犯罪性事由，这样可以最大限度地兼顾我国现阶段的司法传统。

具体而言，本书所采用的犯罪构成理论（犯罪论体系）呈如下结构：

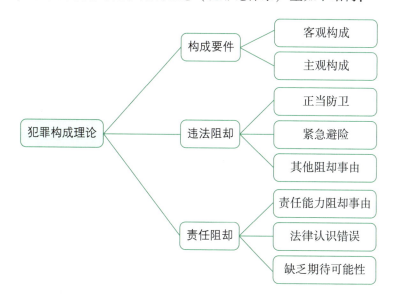

二、三阶层与传统的四要件理论的区别

我国传统的犯罪构成理论是一种平行式的结构，它由犯罪主体、犯罪主观方面、犯罪客体、犯罪客观方面四个要件构成，就如四边形一样，任何一个边坍塌，犯罪就不成立了。但三阶层是递进式的，就如同三层网，层层过滤，最后过滤下来的，才是犯罪。

小 提 醒

打上三个补丁，四要件和三阶层在考试中就没区别了。

对于法考而言，两种犯罪构成理论其实没有太大区别，无非是分析模式的不同，考生对此不用过于纠缠。如果同学们已经习惯四要件，采取四要件也未尝不可，不过要注意以下三点：

1. 关于正当防卫范围

面对精神病人和未成年人的攻击时能否进行正当防卫，这一直存在争议。按照传统的构成要件理论，由于主体要件缺乏，所以不是犯罪，于是不太好进行正当防卫；但按照三层次递进式结构，这个问题迎刃而解，精神病人和未成年人的攻击行为具备构成要件该当性，也有违法性，只是缺乏有责性，既然是违法行为，当然可以对之进行正当防卫。

2. 关于共同犯罪问题

13岁的人与17岁的人共同实施强奸行为，按照传统的构成要件理论，两人不构成共同犯罪，故17岁的人只构成基本型的强奸，而不属于轮奸。但是按照三层次递进式结构，"违法是连带的，责任是个别的"，只要在构成要件和违法性上（两者可以统称为"不法"）有共同故意和共同行为，就可认定为共同犯罪，故两人仍成立共同犯罪（轮奸），只是13岁的人由于没有达到责任年龄不负刑事责任而已。

📖 **小提醒**

在考试中，千万不要认为三层次理论导致只要有共同行为，无需共同故意，就可成立共同犯罪，这是完全错误的。因为在构成要件该当性中其实也是要考虑故意的，只是这种故意是一种一般化的判断。例如，某人预谋杀人，在构成要件该当性上当然是"故意"杀人；上述强奸案件，两人在构成要件该当性上也是"故意"实施强奸（否则就不构成犯罪，因为强奸只能由故意构成）。

---

3. 犯罪客体的去留

在三层次理论中，表面上没有了犯罪客体，但它其实为法益的概念所吸收，变成了一个解释要素。在构成要件该当性、违法性方面都要考虑是否侵害法益，如果没有侵害法益，就不可能构成犯罪，法益所起的功能与犯罪客体没有任何区别。

[例1] 15周岁的甲非法侵入某尖端科技研究所的计算机信息系统，18周岁的乙对此知情，仍应甲的要求为其编写侵入程序。如认为责任年龄、责任能力不是共同犯罪的成立条件，则甲、乙成立共犯；但如认为责任年龄、责任能力是共同犯罪的成立条件，则两人不成立共犯。

[例2] 11周岁的乙正持凶器对多名幼童实施重大暴力侵害，甲明知乙是小孩，仍使用暴力制止了乙的侵害行为，虽然造成乙重伤，但保护了多名儿童的生命。如认为正当防卫针对的"不法侵害"不以侵害者具有责任能力为前提，则甲成立正当防卫，否则只可成立紧急避险。

总之，考生不用纠缠于两种犯罪构成理论的区别，在考试中，两者的区别就如同盛菜的盘子一般，传统理论是用四个盘子来盛菜，而三层次理论是用三个盘子来盛菜。何况，最近几年的试题，对于争议知识点，一般采取开放性试题考查方法，允许多种观点并存。

想一想

二阶层是什么？[1]

实战演习

严重精神病患者乙正在对多名儿童实施重大暴力侵害，甲明知乙是严重精神病患者，仍使用暴力制止了乙的侵害行为，虽然造成乙重伤，但保护了多名儿童的生命。

观点：

①正当防卫针对的"不法侵害"不以侵害者具有责任能力为前提

②正当防卫针对的"不法侵害"以侵害者具有责任能力为前提

③正当防卫针对的"不法侵害"不以防卫人是否明知侵害者具有责任能力为前提

④正当防卫针对的"不法侵害"以防卫人明知侵害者具有责任能力为前提

结论：

a. 甲成立正当防卫

b. 甲不成立正当防卫

就上述案情，观点与结论对应错误的是下列哪些选项？（2014/2/52-多）[2]

A. 观点①②与 a 结论对应；观点③④与 b 结论对应

B. 观点①③与 a 结论对应；观点②④与 b 结论对应

C. 观点②③与 a 结论对应；观点①④与 b 结论对应

D. 观点①④与 a 结论对应；观点②③与 b 结论对应

附：犯罪构成理论的共性与区别

1. 共性

---

[1] 这其实是三阶层的简化版，即把构成要件和违法阻却合并为不法（构成要件是积极不法，违法阻却是消极不法），责任阻却变为有责，所以这种理论简称为不法有责二阶层，与三阶层完全一样。二阶层在德日算是一种新的小众理论。我国有些学者把二阶层改造成客观不法、主观有责，也即在不法中完全不考虑故意和过失，只考虑客观构成和客观违法，只在主观有责中讨论故意或过失。根据这种客观不法、主观有责的二阶层模式，即便没有共同故意，但只要在客观不法中有共同的不法行为就成立共同犯罪。这必然导致共同过失也成立共同犯罪，以及故意犯对过失犯的利用也属于共同犯罪。而这显然与我国刑法规定和传统的基本理论有巨大差异，会导致法考中大量简单的试题无法应对。

[2] ACD。如果采纳观点①"正当防卫针对的'不法侵害'不以侵害者具有责任能力为前提"，甲对精神病人乙的防卫行为仍成立正当防卫，这是三阶层犯罪构成的观点；而如果采纳观点②，甲的行为则不成立正当防卫，这是传统的四要件的观点。如果采纳观点③"正当防卫针对的'不法侵害'不以防卫人是否明知侵害者具有责任能力为前提"，那么甲的行为也属于正当防卫；但如果采纳观点④，由于甲已经知道对方为精神病人，故并非正当防卫。所以，只有 B 项对应正确，不当选；ACD 项对应错误，当选。

2. 四要件

3. 三阶层

4. 二阶层（三阶层简化版）

不法包括积极不法和消极不法

不法是连带的，而责任是个别的

本书采取的三阶层理论

构成要件	客观构成要件	主体、危害行为、行为对象、结果、行为状态、因果关系	积极不法	不 法
	主观构成要件	构成要件故意、构成要件过失、目的和动机		
违法阻却事由	法定阻却事由	正当防卫、紧急避险	消极不法	
	超法规阻却事由	法令行为、业务行为、得到被害人承诺的行为、义务冲突等其他违法阻却事由		
责任阻却事由		责任能力阻却事由、法律认识错误、缺乏期待可能性		有 责

三、构成要件及其分类

构成要件是犯罪构成理论第一个层次的内容，是指刑法所规定的具体犯罪的类型为了成立犯罪，首先需要符合构成要件。例如，在故意杀人罪中，故意杀害他人就是构成要件。构成要件本身就有证明责任的推定机能，行为一旦符合构成要件，就可推定具备违法性和有责性。

对构成要件可以从不同的角度进行不同的分类：

1. 基本的构成要件与修正的构成要件

<u>基本的构成要件是指刑法分则条文就某个具体犯罪独立个人的既遂犯所规定的构成要件</u>；<u>修正的构成要件是根据刑法总则条文对基本的构成要件予以修正</u>。例如，《刑法》第232条规定了故意杀人罪，其基本构成要件是一人所实施的造成死亡结果的故意杀人行为，如果他人仅仅实施教唆、帮助等共犯行为（非实行行为），或者犯罪出现了预备、中

止、未遂这些未完成形态，显然无法直接依据分则条文对行为人进行处理，必须根据总则有关共同犯罪、未完成罪的有关规定对相关的分则条文（基本的构成要件）进行修正，才能对行为人进行处罚。这种根据总则规定对分则所规定的基本的构成要件进行的修正就属于修正的构成要件。

 小 提 醒

> 未完成罪和共同犯罪都是修正的构成要件。

2. 封闭性的构成要件与开放性的构成要件

封闭性的构成要件，是指刑法完整地规定了犯罪所有的构成要素，无需进行补充；开放性的构成要件，是指刑法仅规定了部分要素，其他要素需要司法官员适用时进行补充。例如，不作为犯的作为义务的内容就有待司法官员的填补。《刑法》第 114 条、第 115 条第 1 款所规定的以危险方法危害公共安全罪中的危险方法也是典型的开放性的构成要件。这两种构成要件的区分意义在于：对于前者，司法官员必须严格依法适用，不得附加或减少要件；对于后者，司法官员在适用时则需要补充构成要件。

3. 积极的构成要件与消极的构成要件

积极的构成要件是入罪要件，消极的构成要件是出罪要件。例如，《刑法》第 389 条第 3 款规定，因被勒索给予国家工作人员以财物，没有获得不正当利益的，不是行贿。

四、构成要件要素

高频考点

2.1

构成要件要素
的判断

构成要件要素是组成构成要件的各种要素，构成要件要素有如下主要分类：

1. 主观的构成要件要素与客观的构成要件要素

主观的构成要件要素，如构成要件故意、构成要件过失、目的犯之目的等；客观的构成要件要素，如行为主体、危害行为、行为对象、结果等。主观与客观的区分标准是根据行为人的心理状态，而非被害人的心理状态。

2. 规范性构成要件要素与描述性（记述性）构成要件要素

两者区别的关键在于是否需要司法工作人员进行价值判断，前者需要价值判断，而后者无需价值判断。前者是一种精神上的理解，而后者只是一种感性的表象。对于描述性构成要件要素，司法者不需要借助其他规范评价；而对于规范性构成要件要素，立法者只是提供了评价的导向，或者说只是赋予了价值的形式，具体的评价需要司法者根据一定的标准完成。例如，故意杀人罪中的"杀人"就是描述性构成要件要素，司法者与行为人都不需要借助任何规范，就能认识到开枪射击的行为是"杀人"；但是行为人所实施的是否是"聚众淫乱"，司法者必须通过一定的社会观念、文化价值进行判断，因此"聚众淫乱"就是一种规范性构成要件要素。又如，说张三是个"人"，这是描述性的；但如果说张三是个"好人"，这就是规范性的。

规范性构成要件要素包括三类：①社会评价要素，如淫秽物品、猥亵；②经验法则的评价要素，如足以导致火车倾覆、毁坏；③法律的评价要素，如国家工作人员、司法工作人员、不作为犯的作为义务。

规范性构成要件要素与描述性构成要件要素的区别意义在于：

（1）规范性构成要件要素较之描述性构成要件要素具有一定的模糊性。罪刑法定原则所要求的明确性是相对的，不可能完全排斥规范性构成要件要素。

（2）描述性构成要件要素是一种纯粹的事实，如果出现认识错误，这是事实认识错误，但规范性构成要件要素含有价值判断，如果对价值判断产生认识错误，这是法律认识错误，一般根据社会一般人的价值观念进行评价，也即"行为人所属的外行人的平行判断"。例如，如果某人贩卖性交图片时，即使他本人认为是艺术品，而非淫秽物品，但一般人会认为此图片为淫秽物品，则可以认为他具有传播淫秽物品的故意。

3. 成文的构成要件要素与不成文的构成要件要素

两者的区别在于法条是否有成文的记载。例如，抢劫罪要以"非法占有"为必要，但此要素法条上并未明示，所以这是不成文的构成要件要素。

模拟展望

《刑法》第117条规定："破坏轨道、桥梁、隧道、公路、机场、航道、灯塔、标志或者进行其他破坏活动，足以使火车、汽车、电车、船只、航空器发生倾覆、毁坏危险，尚未造成严重后果的，处3年以上10年以下有期徒刑。"关于本条的理解，下列哪些选项是正确的？（多选）[1]

A. "足以……发生倾覆、毁坏危险"是规范性构成要件要素、客观的构成要件要素

B. "其他破坏活动"中的"其他"应按照该条所列举的内容、性质进行同类解释

C. 处3年以上10年以下有期徒刑属于相对不确定的法定刑

D. 轨道、桥梁、隧道、公路、机场、航道、灯塔、标志是客观的构成要素，同时也是描述性构成要件要素

来道 不考 的题目

纳粹法西斯采取的是何种犯罪构成体系？[2]

A. 四要件　　　　　　B. 三阶层

C. 八要件　　　　　　D. 无要件

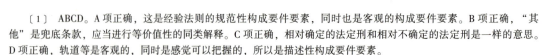

---

[1]　ABCD。A项正确，这是经验法则的规范性构成要件要素，同时也是客观的构成要件要素。B项正确，"其他"是兜底条款，应当进行等价值性的同类解释。C项正确，相对确定的法定刑和相对不确定的法定刑是一样的意思。D项正确，轨道等是客观的，同时是感觉可以把握的，所以是描述性构成要件要素。

[2]　B。千万不要过于迷信某种构成要件理论，不要认为只有三阶层才能保障人权，固执于某种理论其实只是一种偏见。

▶▶▶ 第 **3** 讲
客观构成要件

应试指导

复习提要

本讲讲授客观构成要件，需要重点掌握不作为犯的认定和因果关系的判断。

知识框架

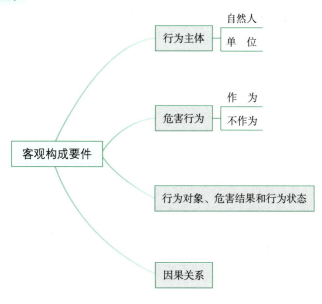

行为主体

一、自然人

实施犯罪的主体主要是自然人。它包括任何年龄和任何精神状态的人，未达责任年龄和缺乏责任能力属于责任阻却事由，不属于构成要件要讨论的问题。

一般而言，凡自然人都可成为行为主体，但身份犯比较特别。如前所述，身份犯又可以分为真正身份犯和非真正身份犯。前者即定罪身份犯，不具有此身份的人不能单独构成该罪；后者即量刑身份犯，身份是从轻或从重的处罚条件。

关于身份犯，历来存在形式说和实质说的争论。

形式说认为只有行为人在形式上具备特定的身份，才具备这种特定的身份资格。

实质说则认为无论是真正身份犯还是非真正身份犯，都不需要在形式上具备特定的身份，而只要在实质上具有该身份所赋予的法定职权即可。

在中国司法实践中，对待身份犯一般采取实质说。

• **小 结** 对于身份犯采取实质说，只要事实上具有该身份本质特征，就属于身份犯。

〔例1〕村主任虽然在形式上并非国家工作人员，但如果其在实质上协助人民政府从事特定的行政管理工作，则属于"其他依照法律从事公务的人员"，可以构成贪污贿赂罪。

〔例2〕工人等非监管机关在编监管人员虽然在形式上并非司法工作人员，但如在被监管机关聘用受委托履行监管职责的过程中私放在押人员，仍可构成渎职罪。

?想一想

足协裁判收受财物"吹黑哨"，该当何罪?[1]

二、单位

第30条〔单位负刑事责任的范围〕 公司、企业、事业单位、机关、团体实施的危害社会的行为，法律规定为单位犯罪的，应当负刑事责任。

第31条〔单位犯罪的处罚原则〕 单位犯罪的，对单位判处罚金，并对其直接负责的主管人员和其他直接责任人员判处刑罚。本法分则和其他法律另有规定的，依照规定。

根据《刑法》第30条的规定，单位也可以成为行为主体。

---

〔1〕 这利用的是技术性权力，而非公共事务管理权，所以该裁判不能认定为国家工作人员，只能构成非国家工作人员受贿罪。

（一）单位犯罪的特征

1. 单位犯罪的主体是公司、企业、事业单位、机关和团体。需要注意下列几点：

（1）单位人格否定制度。个人为进行违法犯罪活动而设立的公司、企业、事业单位实施犯罪的，以及公司、企业、事业单位设立后，以实施犯罪为主要活动的，都不属于单位犯罪，而是个人犯罪。单位犯罪的刑罚一般要轻于自然人所实施的相同犯罪，对"单位"应当采取限制解释的立场。

（2）无法人资格的独资、合伙企业犯罪的，也非单位犯罪。

（3）单位的所有制性质不影响单位犯罪的成立。

（4）依法成立的具有独立法人资格的一人公司也可以成立单位犯罪。2005 年 10 月修订的《公司法》明确规定了一人公司的法人地位。为了保持法秩序的统一，刑法中的单位犯罪应当包括一人公司主体。

小提醒

单位的内设机构可以成立单位犯罪。

2. 单位犯罪必须是以单位的名义实施的，在客观方面表现为单位决策机构决定，由直接责任人员实施。

3. 单位犯罪是为单位谋取利益而实施的，其违法所得归单位所有。因此，盗用单位名义实施犯罪，违法所得由实施犯罪的个人私分的，不属于单位犯罪。

4. 单位犯罪的主观方面多是故意，但也存在过失犯罪。例如，工程重大安全事故罪就是典型的单位过失犯罪。

5. 单位只对刑法明文规定可以由其构成的犯罪承担刑事责任。如果某种犯罪没有规定单位犯罪，即使以单位名义实施，也只能是自然人犯罪。例如，单位决定盗窃，只能对相关责任人按照自然人犯罪论处。全国人民代表大会常务委员会《关于〈中华人民共和国刑法〉第三十条的解释》规定："公司、企业、事业单位、机关、团体等单位实施刑法规定的危害社会的行为，刑法分则和其他法律未规定追究单位的刑事责任的，对组织、策划、实施该危害社会行为的人依法追究刑事责任。"

根据《刑法》的规定：

（1）暴力犯罪通常没有单位犯罪。例如，所有的税收发票犯罪都有单位犯罪，但抗税罪没有单位犯罪，妨害公务罪也没有单位犯罪。

小提醒

根据《刑法修正案（九）》的规定，拒不执行判决、裁定罪有单位犯罪喔。

（2）传统的自然犯通常没有单位犯罪。例如，杀人、伤害、放火、爆炸、抢劫、盗窃、敲诈勒索、诈骗（《刑法》第 266 条规定的普通诈骗）、强奸、拐卖等自然犯，通常没有单位犯罪。

高频考点

3.1

单位犯罪的特征

？想一想

盗伐林木罪，强迫劳动罪，掩饰、隐瞒犯罪所得、犯罪所得收益罪有单位犯罪吗?[1]

（3）货币犯罪（不含走私假币罪）没有单位犯罪。

（4）妨害国（边）境管理罪（骗取出境证件罪除外）没有单位犯罪。

（5）金融诈骗罪中有三种犯罪无单位犯罪，它们分别是贷款诈骗罪、信用卡诈骗罪、有价证券诈骗罪。

（二）单位犯罪的分类

单位犯罪可以分为两类：纯正的单位犯罪和不纯正的单位犯罪。前者是指只能由单位构成，而自然人无法构成的犯罪，如单位受贿罪、单位行贿罪、私分国有资产罪等；后者是指既可以由单位构成，也可以由个人构成的犯罪，如走私普通货物、物品罪。刑法分则规定的只能由单位构成的犯罪，不可能由自然人单独实施。

（三）处罚

在单位犯罪中，有两个受刑主体，所以单位犯罪一般采取双罚制，即既处罚单位（只能适用罚金），又处罚直接负责的主管人员和其他直接责任人员。在某些情况下采取单罚制，即只处罚自然人而不处罚单位，如《刑法》第 396 条规定的私分国有资产罪、私分罚没财物罪。

> **💡 小 提 醒**
>
> 采取双罚制的单位犯罪有两个受刑主体，一个主体消失，自然还可以处罚另外一个主体。

（四）其他

根据司法解释和相关规范性文件的规定，单位犯罪还需注意如下问题：

1. 公司实施单位犯罪后被兼并更名的，仍应当追究单位责任，直接责任人仍应受到处罚。

2. 对单位犯罪的责任人判处罚金的，数额不得高于对单位所处的罚金。

3. 单位共同犯罪的处理。两个以上单位以共同故意实施的犯罪，应根据各单位在共同犯罪中的地位、作用大小，确定犯罪单位刑罚。

📋 实战演习

关于单位犯罪，下列选项错误的是：（2008 延/2/92-任）[2]

---

[1] 全部都有单位犯罪。盗伐林木罪并非传统犯罪，后面两个罪原本都无单位犯罪，但是修正案修改了，增加了单位犯罪的规定。大家要记牢喔。

[2] ACD。公司、企业、事业单位设立后，以实施犯罪为主要活动的，不得以单位犯罪论处。故 A 项错误，当选。根据最高人民检察院《关于涉嫌犯罪单位被撤销、注销、吊销营业执照或者宣告破产的应如何进行追诉问题的批复》的规定，涉嫌犯罪的单位被吊销营业执照的，只追究直接责任人员的刑事责任。故 B 项正确，不当选。由单位的决策机构按照决策程序作出，并由具体责任人实施，为单位谋取利益的行为，是单位行为，构成单位犯罪。丙虽然成立

A. 甲注册某咨询公司后一直亏损，后发现为他人虚开增值税专用发票可以盈利，即以此为主要业务，该行为属于咨询公司单位犯罪

B. 乙公司在实施保险诈骗罪以后，因为没有年检而被工商管理局吊销营业执照。案发后对该公司不再追诉，只能对原公司中的直接负责的主管人员和其他直接责任人员追究刑事责任

C. 丙虚报注册资本成立进出口公司，主要从事正当业务经营，后经公司股东集体讨论，以公司的名义走私汽车，利益均分。由于该进出口公司成立时不符合法律规定，该走私行为属于个人犯罪

D. 丁等 5 名房地产公司领导以公司名义非法经营烟草业务，所得利益归 5 人均分。该行为属于单位犯罪

专题 08

危害行为

一、危害行为的概念和种类

构成要件中的危害行为必须是在客观上危害社会的行为，是一种类型化的法益侵害行为。这种危害是一种规范判断，即使可能对社会有危险，但系社会所允许的行为，如正常的开车行为，就不属于刑法上的危害行为。

危害行为包括作为和不作为。

[例1] 甲希望乙死亡，正好听说飞机最近经常出事，于是鼓励乙旅游，并为其购买机票，乙乘坐飞机时果然发生事故。飞机有风险，但这种风险是社会所允许的危险，因此甲的行为不属于危害行为。

[例2] 甲意欲使乙遭雷击死亡，便劝乙雨天到树林散步，因为下雨时在树林中行走容易遭雷击。乙雨天在树林中散步时果真遭雷击身亡。在这个案件中，雷击是自然风险，甲无法支配，甲所能支配的仅仅是劝说行为。诸如像劝人外出、散步、爬山、游泳等案件，即使发生事故，这种劝说本身也根本没有制造任何为社会所禁止的具有法律意义的危险。故甲并未实施危害行为。

[例3] 甲明知乙争强好胜，仍唆使乙参加摔跤比赛，且作为裁判的甲故意改变抽签顺序，导致乙和最强的对手丙比赛，乙被丙摔成重伤。让人参加摔跤比赛，安排其与最强对手对决也是社会生活所允许的，故甲并未实施符合任何犯罪构成要件的行为。

[例4] 甲女得知男友乙移情，怨恨中送其一双滚轴旱冰鞋，企盼其运动时摔伤。乙穿此鞋运动时，果真摔成重伤。甲的行为不属于危害行为。

公司时违法，但是公司只要没有被撤销，就具有单位行为的能力。故 C 项错误，当选。根据最高人民法院《关于审理单位犯罪案件具体应用法律有关问题的解释》第 3 条的规定，盗用单位名义实施犯罪，违法所得由实施犯罪的个人私分的，直接以自然人犯罪定罪处罚而不以单位犯罪论。丁等 5 名房地产公司领导以公司名义非法经营烟草业务，所得利益归 5 人均分，属于该条规定的情形，按照个人犯罪论处。故 D 项错误，当选。

💡 **小提醒**

对犯罪的利用，属于社会生活所禁止的行为，故系危害行为。

[例1] 甲知道有人在飞机安放了炸弹后，说服其情敌乙搭乘该机旅行，后该飞机被炸毁，所有乘客都遇难身亡。

[例2] 甲与乙有仇，知道乙的仇人丙参加了摔跤比赛，就唆使乙参加摔跤比赛。作为裁判的甲故意改变抽签顺序，导致乙和丙比赛，丙见到乙，非常开心，将其摔成重伤。

二、不作为犯

（一）作为犯和不作为犯的区分

1. 作为犯

作为是一种积极的行为，它违反的是刑法的禁止性规范，即不当为而为之。刑法中的规范绝大多数都是禁止性规范。例如，禁止杀人、禁止盗窃。

2. 不作为犯

不作为是一种消极的行为，它违反的是刑法中的命令性规范，即当为而不为。例如，不抚养幼子，构成遗弃罪。

作为犯和不作为犯中的积极与消极是一种规范判断，而非单纯的事实描述。不作为中的消极行为是针对刑法中的规范而言，即拒不履行刑法中的规范，而并非没有任何积极的身体举动。

[例1] 行为人在战时环球旅行逃避服兵役，表面上是一种积极行为，但针对刑法中要求服兵役的命令规范而言，仍然是一种当为而不为的消极行为，故属于不作为犯，成立战时逃避征召罪。

[例2] 拾得他人财物，拒不退还，行为人所违反的是不得占有他人财物的禁止性规范，是不当为而为之的积极行为，属于作为犯，成立侵占罪。

[例3] 甲因家中停电而点燃蜡烛时，意识到蜡烛没有放稳，有可能倾倒引起火灾，但想到如果就此引起火灾，反而可以获得高额的保险赔偿，于是外出吃饭，后来果然引起火灾，并将邻居家的房屋烧毁。甲以失火为由向保险公司索赔，获得赔偿。对于此案，就放火罪而言，甲的行为属于不作为犯；就保险诈骗罪而言，甲的行为属于作为犯。

作为与不作为的区分并不是绝对的，两者可能出现结合或竞合的现象。所谓结合，是指一个犯罪行为同时包括了作为和不作为。例如，对于抗税罪，刑法规定，以暴力、威胁方法拒不履行纳税义务的行为是抗税，从拒不履行纳税义务的角度来看，这是一种不作为犯；但从采取暴力、威胁方法的角度来看，这则是一种作为犯。另外，两者还可能出现竞合的现象，也即一个作为（或不作为）的犯罪同时又触犯一个不作为（或作为）的犯罪。例如，拒不执行判决、裁定罪本是一种不作为犯，但如果采取故意伤害等暴力手段拒不执行判决、裁定，则可能同时触犯拒不执行判决、裁定罪（不作为犯）和故意伤害罪（作为犯）。

> **小 结** 不作为犯违反的是命令，作为犯违反的是禁令。

（二）不作为犯的分类

1. 纯正的不作为犯。如果分则所规定的条文的基本形式是命令规范，那就是纯正的不作为犯。纯正的不作为犯只能通过不作为实现，其作为义务只来源于刑法本身的规定。例如，《刑法》第 311 条规定的拒绝提供间谍犯罪证据罪。

2. 不纯正的不作为犯。如果分则所规定的条文的基本形式是禁止规范，但行为人通过不作为的手段实施，那就是不纯正的不作为犯。例如，《刑法》第 232 条规定的故意杀人罪，刑法分则所规定的就是一种禁止规范，即不得杀人。故意杀人罪既可以通过作为方式实施，也可以通过不作为方式实施，如果通过不作为方式实施，就是不纯正的不作为犯。比如，妻子重病，丈夫怀着让妻子死亡的心态不予救助，就是一种不纯正的不作为犯。

（三）不作为犯的成立条件

不纯正的不作为犯可能会受到罪刑法定原则的挑战，因为在构成要件中，刑法并没有明确规定作为义务。那么不作为与构成要件所规定的作为之间是否具有等价值性，就成为一个迫切需要解决的问题，而这个问题的关键就在于如何明确不作为犯的成立条件。

> **高频考点**
>
> **3.2**
>
> 不作为犯的成立条件

1. 必须存在作为义务

在实质上，这些义务的承担者都形成了"主控支配"，它包括保护性的支配（对于法益无助状态的支配，如妈妈要喂养幼儿）和监控性的支配（对于危险来源的支配，如行为人创造了危险）。在形式上，这种主控支配有四个来源，单纯的道德义务并非作为义务的来源。

（1）法律法规明确规定的义务

不要求这些义务必须是刑法明文要求的作为义务，宪法、民商法、经济法和行政法律法规规定的义务都可以成为刑法上不作为的义务来源，但是这些法律法规规定的义务必须经过刑法的确认，即刑法对于不履行法律法规规定的义务的行为必须规定为犯罪。例如，《民法典》第 26 条规定，父母对未成年子女负有抚养、教育和保护的义务。成年子女对父母负有赡养、扶助和保护的义务。《刑法》第 261 条对于拒不履行抚养、赡养义务的行为，明确规定其构成遗弃罪，即对《民法典》第 26 条规定的义务予以了确认。又如，《刑事诉讼法》第 70 条第 2 款规定了取保候审的保证人的义务，保证人未履行保证义务，构成犯罪的，依法追究刑事责任。并且，司法解释规定，保证人在犯罪的人取保候审期间，明知犯罪的人的藏匿地点、联系方式，但拒绝向司法机关提供的，应当依照《刑法》第 310 条第 1 款的规定，对保证人以窝藏罪定罪处罚。相反，《消防法》规定，任何人发现火灾都应当立即报警。但《刑法》并没有规定相应的犯罪，因此，如果过路人甲发现火灾后没有及时报警，导致火灾蔓延，并不能成立放火罪的不作为犯。

对于法律法规明确规定的义务，比较常见的有：

[例1] 父母应对小孩喂食，应加以保护，应排除小孩在家庭内外的危险，小孩有病要送医。若父母不管不理，可能构成不作为的故意伤害罪、故意杀人罪或遗弃罪。

[例2] 继父对幼龄女儿实施性侵，母亲置之不理，母亲可以构成不作为犯。

[例3] 小孩用刀划车，父母有阻止义务。监护义务包括制止孩子的违法行为。

💡 小 提 醒

注意区分监护义务和扶助义务。配偶之间一般只有扶助义务，而无监护义务，对于妻子的犯罪行为，丈夫没有制止义务。但是妻子生病，丈夫有救助义务。

❓ 想一想

亲生儿子（成年）猥亵养女（幼女），养父母有制止义务吗？[1]

（2）职务或业务要求的义务

[例1] 值勤的消防队员有灭火的义务。

[例2] 警察在工作期间有捉拿歹徒的义务，不能袖手旁观，但其他国家工作人员则无此义务。如警察甲接到某人报案，有歹徒正在杀害某人妻。甲立即前往现场，但只是站在现场观看，没有采取任何措施。此时，县卫生局副局长刘某路过现场，也未救助被害妇女。结果，歹徒杀害了某人妻。甲和刘某都是国家机关工作人员，但前者有救助义务，成立渎职罪；而后者无此义务，不构成犯罪。

（3）法律行为产生的义务

这里的法律行为主要包括合同行为和自愿接受行为。

❶合同行为。例如，出租车司机对于男乘客强奸女乘客不管不问的，成立强奸罪的帮助犯。

❓ 想一想

如果是"黑车"司机，有阻止义务吗？[2]

💡 小 提 醒

合同即使无效或超期也不影响作为义务。例如，雇主拖欠保姆1年工资，保姆决定次日离开，离开前看到自己所看管的小孩玩火，不予理睬，导致孩子被烧死。保姆仍然成立不作为犯。

❷自愿接受行为。例如，甲捡到弃婴，收养一段时间后又嫌麻烦，将弃婴扔到原处。这也会产生作为义务，甲的行为成立遗弃罪。又如，甲带邻居小孩出门，小孩失足跌入粪塘，甲嫌脏不愿施救，小孩死亡。自愿者构成犯罪的理由在于他对于法益无助状态形成了

---

[1] 当然有制止义务。对此行为，养父母可能构成猥亵儿童罪的帮助犯（不作为）。

[2] 当然有。合同并不需要完全符合法定条件。

保护性支配。[1]

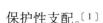

> 只有形成了保护性支配的自愿接受才会产生作为义务，如果还没有形成这种保护性
> 支配，自然就无法产生作为义务。

（4）先行行为引起的义务

所谓先行行为引起的义务，是指行为人的行为导致法益处于危险状态时，行为人负有排除危险或者防止危害结果发生的特定积极义务。

[例1] 甲因为分手，拿着一玻璃瓶硫酸准备泼女友，但因为拧不开瓶子，玻璃瓶被女友抢去。女友拧开喝水，甲没有制止，造成女友重伤。甲对此成立不作为犯罪。

[例2] 因开玩笑，甲误将朋友乙推到河中，没想到乙迅速陷入漩涡中，甲见状十分害怕，犹豫了一会逃离了现场，结果乙被淹死。甲对此成立不作为犯罪。

[例3] 甲乱扔烟头导致所看管的仓库起火，能够扑救而不救，迅速逃离现场，导致火势蔓延，造成巨大财产损失。甲不扑救的行为构成不作为犯罪。

首先，被害人自招危险无法引起作为义务。

[例1] 甲邀请乙喝酒，乙喝醉后请求甲送其回家，甲置之不理，后乙被冻死。在此案中，乙自愿喝酒，危险是其自身所致。但是，如果甲强迫乙喝酒，甲则有作为义务。

[例2] 甲将名贵折刀递给乙观看，结果乙拿着刀在自己身上乱捅。甲没有救助义务。

其次，如果行为减少了危险，而非增加危险，自然也不属于创造危险。

[例1] 荒山狩猎人发现弃婴，将其放到民政局门口离去，后因无人救助，婴儿死去。荒山狩猎人减少了危险，故不构成犯罪。

[例2] 高速公路上的司机将被前一车辆撞伤的被害人送到加油站后放置不管，后被害人死去。司机减少了危险，故不构成犯罪。

?想一想

减少危险与自愿接受矛盾吗？[2]

需要注意几种特殊的先行行为：

第一，过失犯罪。过失犯罪也可以导致作为义务。例如，甲过失致人重伤，同时产生了生命危险，但甲却故意不救助，并希望或放任被害人死去，后被害人死亡。这种行为应当直接论以故意杀人罪。

第二，故意犯罪。既然过失犯罪可以导致作为义务，那么故意犯罪也可以使行为人产生作为义务。例如，甲故意伤害致人重伤，明知不救助行为会导致他人死亡，但仍然放任

---

〔1〕 在英美法系，关于此问题有两种理论：一种是"情况更糟理论"，其认为行为人在没有救助义务的情况下，对危险状态下的他人进行救助，后又中途放弃，放弃的行为使得他人的处境比不救前更为糟糕。你给了别人一根救命的稻草，又活生生地把这根稻草抢走，让人看到了生的希望，又把希望粉碎，这太过残忍。另一种是"机会剥夺理论"，其认为自愿救助使得他人丧失了接受其他人救助的机会，因此救助者要对这种机会的丧失承担责任。

〔2〕 不矛盾。减少危险是让法益主体处于一种有利状态，而自愿接受又放弃则是让法益主体处于更不利的状态。"情况更糟理论"对此有很好的说明。

这种死亡结果的发生，对此行为应当评价为故意杀人罪，而非故意伤害（致人死亡）罪。这种处理有助于解决共同犯罪问题。例如，甲故意伤害乙，致乙重伤，后甲见乙十分可怜，准备送其去医院。途中经过的路人丙与乙有仇，故规劝甲放弃救助，甲遂离开现场，后乙死亡。在此案中，只有故意伤害导致了作为义务，甲构成不作为的故意杀人罪，才能认为丙构成不作为的故意杀人罪的教唆犯。因为不作为犯一般可以视为一种特殊身份，丙并不具备这种身份，但当甲具备此作为义务时（特殊身份），丙也就可以成立身份犯的教唆犯。

> 💡 **小提醒**
>
> 不作为犯其实是一种身份犯，拥有作为义务的人相当于保证人。因此，没有这种身份的人，虽然不能构成实行犯，但可以成为共犯。
>
> [例] 姐姐生了女娃不想要，让妹妹给扔了，妹妹将女娃扔到了菜市场门口。妹妹构成遗弃罪的共同犯罪。

另外，还需要注意罪数问题，如果数个行为侵犯了数个法益，当然应当数罪并罚，但如果只侵犯了一个法益，则不宜数罪并罚。例如，甲非法狩猎（已达犯罪标准），误伤李四，但却拒不救助，放任李四死亡。甲构成非法狩猎罪（作为犯）和故意杀人罪（不作为犯）两罪，应当数罪并罚。又如，甲故意伤害李四，致其重伤，但不予救助，放任其死亡，对此，由于生命法益包含身体法益，所以只构成故意杀人罪（不作为犯）一罪。

第三，正当化行为。正当化行为也可引起作为义务。紧急避险没有任何争议，避险人对于遭受损害的第三方负有作为义务。[1] 例如，乙系船夫，因航标（标志危险所在地）的缆绳卡住船只，船无法前行。乙迫不得已割断缆绳，船得以前行。后乙未向任何人报告此事，航标漂移他处，导致多船发生事故。乙的前行为虽然是紧急避险，但其必须履行报告义务，由于乙未履行该义务，所以构成犯罪。

但是，正当防卫的争议较大，一般认为如果正当防卫造成了伤害（该伤害本身不过当），具有死亡的紧迫危险，发生死亡结果就会过当，那么，应当肯定正当防卫人具有救助义务。[2] 例如，甲对正在实施一般伤害的乙进行正当防卫，致乙重伤（仍在防卫限度之内）。乙已无侵害能力，求甲将其送往医院，但甲不理会而离去。乙因流血过多死亡。在这个案件中，有分割说和合并说两种处理方法：前者把此行为切割成两个行为，一是正当防卫，二是致人重伤；后者则在整体上把此行为看成是防卫行为所导致的重伤。显然，后者更符合常理，在本案中，乙的死亡的确是甲的防卫行为所导致的。由于死亡结果超出了防卫限度，属于防卫过当，故可以推知甲有救助义务。

---

〔1〕 参考王仁兴破坏交通设施案，《刑事审判参考》第295号。被告人王仁兴驾驶机动渔船行至长江红花碛水域的"红花碛2号"航标船附近时，见本村渔民王云等人从渔船上撒下网后的"网爬子"挂住了固定该航标船的钢缆绳，王仁兴主动驾船帮忙时其渔船螺旋桨被该航标船的钢缆绳缠住。王仁兴持刀欲砍断缆绳未果后，又登上该航标船将缆绳解开，致使"红花碛2号"航标船漂流至下游2公里的锦滩回水沱，造成直接经济损失人民币1555.50元。

〔2〕 参见张明楷：《刑法学》（第4版），法律出版社2011年版，第156页。

合并说（符合常识）

分割说

［提示］用常识思考，防卫过当这个概念本身就是合并说的思维，这个概念也可以逆推防卫人有救助义务。防卫过当有可能是故意犯罪，也可能是过失犯罪。但是，如果发生死亡结果也没有超过防卫限度，即出现死亡结果也是正当防卫，防卫人自然没有救助义务。

• 小 结　是否存在作为义务要从两方面考虑：①四个形式来源；②是否形成法益的主控支配。

2. 必须有作为能力

如果没有作为能力，即使存在作为义务，也不构成犯罪。例如，甲带领乙（未成年人）去郊外游玩，乙不慎掉入河中，甲不会游泳，乙被水冲走死亡。在这个案件中，甲基于先行行为（带未成年人外出）有救助义务，但缺乏救助能力，不构成犯罪。

3. 有防止结果发生的可能性

在引起结果方面，不作为和作为具有同等的原因力。因此，不作为与结果之间必须存在因果关系，这种因果关系体现在如果行为人履行了作为义务就可以防止结果的发生。如果行为人履行了作为义务，但大概率仍然无法避免结果的发生，那就不成立不作为犯。

［例1］某画笔厂的厂长没有遵照规定事先消毒，就给了厂里女工们一些进口的山羊毛进行加工。4名女工因此被感染上炭疽杆菌而死亡。后来查明，规定的消毒措施对当时尚不知道的这种杆菌是没有作用的。该厂长虽然没有履行积极作为义务，但并不承担刑事责任。

［例2］交通肇事罪中的"因逃逸致人死亡"是一个加重处罚情节，但如果行为人即使不逃逸而积极救助，也不可能救活被害人，则不属于"因逃逸致人死亡"。

［例3］甲在车间工作时，不小心使一根铁钻刺入乙的心脏，甲没有立即将乙送往医院而是逃往外地。医院证明，即使甲将乙送往医院，乙也不可能得到救治。甲不送乙就医的行为不构成不作为犯罪，但构成作为的过失致人死亡罪。

? 想一想

甲和乙（精神病人）系夫妻，甲是乙的监护人。一日，甲、乙一同去乙的父母家，期间发生口角，乙疯狂地拿刀刺向其父母。在乙行凶过程中甲未曾阻拦，并于行凶结束后，在乙的父母一息尚存时，锁门离去。如果即使甲当时将乙的父母立即送医，乙的父母也无法生还，甲成立不作为的故意杀人罪既遂吗？[1]

---

〔1〕　当然成立。此处的因果关系是因为甲没有履行阻止义务导致他人死亡，而非甲的事后未救助行为导致他人死亡。

（四）不作为犯的罪过

不作为犯罪可以由故意构成，也可由过失构成。例如，玩忽职守罪就是一种比较典型的不作为过失犯罪。

三、实行行为

实行行为是与非实行行为相对应的一个概念。实行行为是按照刑法分则构成要件规定的危害行为，而非实行行为则是按照总则的规定对分则实行行为修正的一种危害行为，它包括预备行为、教唆行为和帮助行为。

📖 **实战演习**

关于不作为犯罪的判断，下列哪一选项是错误的？（2014/2/5-单）[1]

A. 小偷翻墙入院行窃，被护院的藏獒围攻。主人甲认为小偷活该，任凭藏獒撕咬，小偷被咬死。甲成立不作为犯罪

B. 乙杀丙，见丙痛苦不堪，心生悔意，欲将丙送医。路人甲劝阻乙救助丙，乙遂离开，丙死亡。甲成立不作为犯罪的教唆犯

C. 甲看见儿子乙（8周岁）正掐住丙（3周岁）的脖子，因忙于炒菜，便未理会。等炒完菜，甲发现丙已窒息死亡。甲不成立不作为犯罪

D. 甲见有人掉入偏僻之地的深井，找来绳子救人，将绳子的一头扔至井底后，发现井下的是仇人乙，便放弃拉绳子，乙因无人救助死亡。甲不成立不作为犯罪

行为对象、危害结果和行为状态

一、行为对象

行为对象是指行为所作用的人或物，它是构成要件的选择性要素，而非必备要素。大部分犯罪都有行为对象，如故意杀人罪中的"人"、盗窃罪中的"财物"，但有些犯罪没有行为对象，如伪证罪。

行为对象与法益既有联系，又有区别。行为对象反映了所保护的法益，但有时侵害同样对象的行为，所侵害的法益会有所不同。另外，任何犯罪都会侵犯法益，但却并不一定都存在行为对象。

---

[1] C。A项中，甲的宠物导致他人的法益处于危险之中，甲有阻止的义务。必须说明的是，甲让狗咬小偷本来是正当化行为，但正当化行为也可能过度，如果过度构成防卫过当，由于防卫过当是犯罪，自然可以反推行为人有作为义务，甲成立不作为犯罪，故A项正确，不当选。B项中，乙有救助义务，甲劝乙勿救，这属于不作为的教唆，故B项正确，不当选。C项中，甲的未成年孩子导致他人的法益处于危险之中，甲有救助义务，成立不作为犯罪，故C项错误，当选。D项中，救助仇人是道德义务，而非法定义务，这不属于自愿接受行为，因为还没有开始救助，还没有对法益无助状态形成主控支配，故D项正确，不当选。

二、危害结果

危害结果可以定义为行为对刑法所保护的法益所造成的实际损害或现实危险。例如，故意伤害罪的危害结果是致使他人的健康受到损害。

1. 行为犯与结果犯

一般认为，如果构成要件中包括了结果要素，那就是结果犯；如果构成要件中只规定了行为内容，那就是行为犯。按照这个分类标准，故意杀人罪是结果犯，伪证罪是行为犯。

2. 实害犯与危险犯

实害犯是指以对法益造成实际损害作为构成要件要素的犯罪。危险犯则是指以对法益造成危险作为构成要件要素的犯罪。危险犯可以区分为抽象危险犯和具体危险犯。抽象危险犯中的危险是立法推定的危险，而具体危险犯中的危险则是司法认定的危险。例如，危险驾驶罪就是典型的抽象危险犯，行为人只要实施醉酒驾车行为，在立法上就直接推定具有法益侵犯的危险，司法机关无需用证据证明危害了公共安全。又如，生产、销售、提供假药罪也是抽象危险犯，即便假药对疾病有疗效，刑法也认为生产、销售、提供的行为构成犯罪。但放火罪则是具体危险犯，在认定放火行为是否危及公共安全时，司法机关必须提供足够证据加以认定。抽象危险不是具体犯罪的构成要件的危害结果，当然具体危险则可以视为构成要件的危害结果。

 小 提 醒

1. （广义上的）结果犯包括实害犯和具体危险犯，它们都属于构成要件中的危害结果。
2. （广义上的）危险犯包括具体危险犯和抽象危险犯，抽象危险犯就是行为犯，不属于构成要件中的危害结果。

三、行为状态

行为状态是成立构成要件中所规定之行为所需具备的时间、地点和方法等状态。对大多数犯罪而言，刑法对犯罪的时间、地点、方法等状态不作特别限定。

行为状态有如下意义：

1. 对某些犯罪而言，行为状态是必备要素。法律明文要求行为必须在特定的时间、地点或以特定的方法实施。例如，《刑法》第 340 条规定的非法捕捞水产品罪与第 341 条第 2 款规定的非法狩猎罪，就将禁渔区，禁猎区，禁用的工具、方法等作为构成要素。

2. 对某些犯罪而言，行为状态是法定刑升格的条件或从重处罚的情节。例如，根据《刑法》第 236 条的规定，在通常情形下犯强奸罪的，处 3 年以上 10 年以下有期徒刑；但在公共场所当众强奸的，则处 10 年以上有期徒刑、无期徒刑，直至死刑。

3. 对大部分犯罪而言，行为状态可以成为量刑的酌定情节。例如，光天化日下杀人一般就比月黑风高下杀人刑罚要重。

因 果 关 系

刑法中的因果关系，是指危害行为与危害结果之间合乎规律的引起与被引起的联系。

一、因果关系的常见理论

（一）条件说

条件说，又称为等值理论，这种理论认为如果行为和结果存在"若无前者，就无后者"的关系（but-for test），那么前者就是后者的原因。无论在普通法系，还是在大陆法系，这都是一种最常见的理论。在日常生活中，我们对于行为和结果之间的因果关系似乎也是如此理解的。显然，条件说会导致处罚范围的无限扩大。例如，按照条件说，杀人犯的母亲与杀人行为之间似乎也有因果关系。如果当初母亲不把孩子生出来，怎会出现杀人的后果？

> **小提醒**
>
> 条件说得出的是事实上的因果关系，处罚范围非常宽，因此要受到相当性的限制。

（二）相当因果关系说

相当因果关系说是对条件说的一种限制，该说认为条件说得出的只是"事实上的因果关系"，在事实上的因果关系的前提下，还应进行相当性的判断，即"法律上的因果关系"。显然，这是借助"相当性"这个概念对条件说进行限制，筛选出对结果有作用的重要条件。按照这种理论，只有根据一般社会生活经验，行为当然地（naturally）或盖然地引起结果，才具有相当性。这种学说已经为越来越多的人所接受。

> **? 想一想**
>
> 张三叫李四来吃饭，结果李四路上遭遇车祸。张三与李四的死亡有因果关系吗？[1]

二、相当因果关系的前提和判断步骤

（一）前提

因果关系是危害行为与危害结果之间合乎规律的引起与被引起的联系。危害行为不包括社会所允许的行为。

1. 只有行为引起了社会所禁止的危险，才可能讨论刑法上的因果关系，如果行为对社

---

[1]　在经验法则中，李四是被车撞死的，而不是被张三杀害的，因此张三的邀请与李四的死亡充其量只有事实上的因果关系，而不存在法律上的因果关系。事实上，任何如张三一样的人也只会为此事略感愧疚，但不会愧疚到去公安机关投案自首的程度。

会有益无害，或者虽然危险，但利大于弊，那么即使引起危害结果的发生，也根本就不属于构成要件中的危害行为，无需讨论刑法上的因果关系。

［例1］ 怀胎生子，这是人类繁衍的需要，这种行为是社会所允许的，孩子成年之后所犯的一切罪行，都与母亲的生育行为没有干系。

［例2］ 乘坐飞机等交通工具存在一定的风险，但这种风险是人类生活必须容忍的，利大于弊。因此，即使甲希望乙死，为其购买机票，乙乘坐飞机时果然发生事故，甲的行为也非构成要件中的行为。

［例3］ 甲意欲使乙遭雷击死亡，便劝乙雨天到树林散步，因为下雨时在树林中行走容易遭雷击。乙雨天在树林中散步时果真遭雷击身亡。甲的行为不构成故意杀人罪，劝人散步不是危害行为。

2. 如果危险属于专业人员的负责范畴，无需考虑因果关系。危险行为被实施后，负责处理危险状况的人如果发生不幸，一般认为行为人不可归责，其行为与结果没有因果关系。因为专业人员自愿从事危险行业，依照职责，有监督危险源并加以排除的义务，同时他们选择危险行业，是出于自愿。

［例1］ 追逐歹徒的警察被车撞死，歹徒与死亡结果无因果关系。

［例2］ 纵火者放火，消防队员救火被烧死，纵火者与死亡结果没有因果关系。

？想一想

甲夜间驾车，车灯不亮，被交警乙拦下。为防止追撞，乙在车后方摆放闪光灯以防止追撞。开罚单后，乙收起警示灯，甲正要发动车辆，就被随后的小汽车撞上，小汽车内的司机死亡。请问甲与司机的死亡是否有因果关系？[1]

3. 只有实行行为才存在与结果的因果关系。危害行为应该是实行行为，预备行为与结果没有因果关系。

小　结 因果关系的前提是危害行为，如果不是危害行为，则无需讨论因果关系。这种危害行为仅指实行行为，不包括预备行为。

［例］ 甲为了毒死张三，向准备送给张三的红酒里面注入毒药，并将红酒放在自己家的书架上。来访的李四见到红酒，一饮而尽，当场毒发身亡。甲的故意杀人仅有预备行为，所以故意杀人行为与死亡结果没有因果关系，不成立故意杀人罪的既遂，而成立故意杀人罪的犯罪预备和过失致人死亡罪的想象竞合。

（二）相当因果关系的判断步骤

相当因果关系有两个判断步骤：

1. 根据条件说得出"事实上的因果关系"。

根据"若无前者，就无后者"的判断标准，得出前行为与后结果存在事实上的因果关系。

如果不符合条件说，则可否认刑法上的因果关系的存在。

高 频 考 点

3.3

相当因果关系的判断

---

　〔1〕　没有因果关系。甲虽然创造了危险（车灯不亮），但被交警发现后，危险就转移给了交警，交警有监控危险源的义务。

有几种特殊的因果关系，在认定上值得注意：

（1）重叠的因果关系

这是指2个以上独立的行为，独自不能导致结果的发生，但重叠在一起就会导致结果的发生，这也被认为存在因果关系。例如，甲与乙都对丙有仇，甲见乙向丙的食物中投放了5毫克毒物，且知道5毫克毒物不能致丙死亡，遂在乙不知情的情况下又添加了5毫克毒物，丙吃下食物后死亡。甲、乙的行为虽然单独不会造成死亡结果，但重叠在一起就会造成结果的发生，这也符合条件说——如果没有两人的行为，就没有结果——这种判断方法，因此两人的行为与结果存在因果关系。

（2）假定的因果关系

这是指虽然某行为导致结果发生，但如果没有此行为，其他情况也会导致结果发生。例如，乙即将被执行死刑而死亡，但甲在乙被执行死刑前1分钟将其杀害。从表面上看，如果没有甲的行为，乙也会被执行死刑，似乎不存在条件关系。但这显然是荒谬的。按照这种逻辑，任何致人死亡的因果关系都可以被否定，因为每个人都有一死。因此，假定的因果关系这个概念没有意义，它会让人误认为因果关系是假定的。事实上，在这种情况下，乙就是甲所杀害的。如果没有甲的行为，乙至少还能多存活1分钟。1分钟的生命依然是生命。条件说的真实意思是，若无前行为，被害人不会在特定的时间点死亡。相似的案件，例如，丙仅仅凭借着一根绳索悬挂在悬崖上，而这根绳索因为难以承受丙的体重正在缓慢地断裂，在丙掉下去的前1秒钟，丁剪断了这根绳索。丁的行为与死亡结果之间有因果关系，1秒钟的生命也应当尊重。这完全符合条件说的判断。又如，医生甲将毒素注入住院治疗的仇人乙体内，使其死亡，后查明乙属于特殊体质，即使按照正常的操作规范注入药物也会死亡。甲与乙的死亡具有因果关系，乙就是被甲毒死的，这是一种客观事实，因果关系不能被假定。

（3）竞合的因果关系

这是指2个或2个以上的行为分别都能够导致结果的发生，但行为人在没有犯意联络的情况下，竞合在一起造成了危害结果的发生。例如，甲、乙两人没有犯意联络，不约而同地投毒杀人，毒物都可单独导致被害人中毒身亡。甲、乙不可说如果没有自己的行为，被害人同样也会死亡，从而推脱自己的责任。因为被害人的死亡紧随两人的下毒行为，如果没有两人的下毒，被害人就不会死亡，这符合条件说。

2. 在条件说的基础上，进行相当性的判断，得出"法律上的因果关系"。只有根据一般社会生活经验，行为当然地（naturally）或盖然地引起结果，才具有相当性。

相当性的判断标准一般采取客观说。以行为时客观存在的所有事实以及行为发生之后的事实，根据一般人的生活经验进行判断。例如，甲用刀将乙砍伤，乙因血友病流血过多而死。（血友病案）根据上述学说，受害人的血友病是客观存在的事实，血友病由于出血过多而死亡是一般人都能预见到的事实，因此，不考虑行为人是否认识，都肯定存在因果关系。

（三）介入因素与相当因果关系

关于相当性的判断，比较复杂的是介入因素。所谓介入因素，是指介于先前行为与最后结果之间的因素。介入因素在因果链上的复杂性在于它不仅直接产生了结果，而且使得某些本来不会产生这种结果的先前行为和结果发生了某种联系。如果在因果关系的发展进程中，介入了其他因素，这就使得因果关系的判断变得非常复杂。总体而言，介入因素包括三类情形：自然事件、他人行为以及被害人自身行为。例如，甲故意伤害乙并致其重伤，乙被送到医院救治。当晚，医院发生火灾，乙被烧死。又如，甲故意伤害乙，乙在被送往医院过程中发生车祸死亡。在上述案件中，伤害行为（前行为）本来不会直接导致死亡结果的发生，但由于介入因素（医院的火灾、路上的车祸）使得前行为与死亡结果发生了联系。在这种情况下，就涉及前行为与危害结果之间的因果关系是否被阻断的问题，对此主要是从事后的角度以一般人的立场来看，介入因素与前行为是否具有高度的关联性。

这种高度的关联性体现在介入因素从属于前行为发生作用，介入因素不能独立地造成结果的发生。如果介入因素根本不从属于前行为，而是独立造成结果的发生，那么就要否定介入因素与前行为的高度关联性，前行为与结果无因果关系。

如果 A 代表前行为，B 代表介入因素，C 代表最后结果，那么当 A+B→C（A 和 B 共同作用导致了 C），A 与 C 之间就存在因果关系；如果是 B→C（B 单独导致了 C，与 A 无关），那么 A 与 C 之间就没有因果关系。

［例1］丙追杀情敌赵某，赵某狂奔逃命。赵某的仇人赫某早就想杀赵某，偶然见赵某慌不择路，在丙尚未赶到时，即向其开枪射击，致赵某死亡。介入因素是赫某的射击行为，此行为独立地导致了危害结果的发生。因此，丙的行为与赵某的死亡结果也就不存在因果关系。（B→C）

［例2］冬夜，甲将乙腿骨打断，乙躺在地上，当天晚上下雪，乙被冻死。介入因素是下雪，显然这个因素单独不可能造成结果发生，必须和前行为（被害人腿骨被打断，无法行走）共同导致死亡结果的发生。因此，伤害行为和死亡结果之间存在因果关系。（A+B→C）

1. 介入因素从属于前行为

这包括前行为高概率地引起了介入因素和前行为与介入因素共同导致结果发生这两种情况。

（1）前行为高概率地引起了介入因素

如果前行为高概率引起了介入因素，自然可以肯定介入因素从属于前行为，前行为与后结果也就存在刑法上的因果关系。

［例1］甲在乘车时，因未及时购票而遭到司机的指责，于是辱骂司机，并上前扇打司机耳光。司机回击，致使行驶中的公交车失控，将行人撞死。甲殴打司机的行为与死亡结果存在因果关系。从一般人的立场来看，司机回击是一种高概率的通常行为，殴打行为对最后的死亡结果自然有促进作用，也就存在刑法上的因果关系。

?想一想

如果你是那个司机，遇到上述情形，你回不回击？[1]

---

〔1〕有人会说，驾车是一种危险行为，司机应该停车才能进行回击，但从一般人的社会经验出发，大多数人在类似情况下都可能会回击，停车再反击，这需要人具有很强的克制能力，这类人在人群比例中是少数。从概率上说，殴打司机，司机回击是一种高概率事件，故在经验法则上，前行为高概率地引起了介入因素，因此前行为与结果之间存在因果关系。

───── 💡 小 提 醒 ─────

要诉诸常识来判断前行为与介入因素的关联性的大小喔！
────────────────────

[例2] 一个叫作希波特的人朝人群中扔了一个点燃的爆竹，落在甲身旁，甲为了保护自己把爆竹扔了出去，落在乙身边，乙出于同样的目的，又将爆竹扔出去，结果丙眼睛被炸瞎。在此案中，甲和乙的反应是大多数人都会选择的通常之举，故甲和乙的行为不能切断前行为与后结果之间的因果关系。

[例3] 甲为抢劫而殴打章某，章某逃跑，甲随后追赶。章某在逃跑时钱包不慎从身上掉下，甲拾得钱包后离开。甲的暴力行为和取得财物之间是否存在因果关系？

[例4] 乙欲杀其仇人苏某，在山崖边对其砍了7刀，被害人重伤昏迷。乙以为苏某已经死亡，遂离去。但苏某自己醒来后，刚迈了两步即跌下山崖摔死。

[例5] 丁持上膛的手枪闯入其前妻钟某住所，意图杀死钟某。在两人厮打时，钟某自己不小心触发扳机遭枪击死亡。

在例4、例5中都存在介入因素，分别是跌下山崖、误扣扳机，这些因素都从属于前行为。从概率法则来看，当人受伤躺在悬崖边，失足坠崖的可能性很大；枪支上膛，走火的概率也不小，所以前行为（伤害行为所致的昏迷、上膛的枪支）足以导致介入因素发生作用，如果没有前行为，介入因素不可能独立发生作用。（A+B→C）但是在例3中，却不存在因果关系，因为在人追赶过程中，钱包掉落的可能性并不大，否则大街上随处可以捡包。因此钱包掉落是被害人自己所造成的，具有一定的独立性。（B→C）

（2）前行为与介入因素共同导致结果的发生

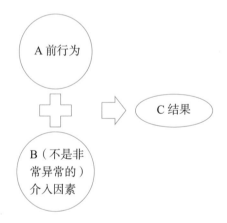

如果前行为并未引起介入因素，而是和介入因素共同导致结果的发生，只要介入因素不是非常异常，前行为与结果就存在因果关系。

[例1] 前述冬夜腿骨被打断下雪冻死案。在此情形下，介入因素出现并非极异常，故伤害行为和死亡结果存在因果关系。

[例2] 甲欲杀死乙，故邀乙攀登某原始森林，在山顶将乙推下山崖，但乙并未摔死，只是全身骨折，无法动弹，后被蛇咬，毒发身亡。由于在原始森林出现毒蛇具有经验法则的高概率性，故此介入因素从属于前行为，甲的行为与乙的死亡结果有因果关系。

[例3] 甲在商场把乙打伤在地，乙后被毒蛇咬死。由于商场出现毒蛇的概率实在太小，故介入因素具有独立性，甲的行为与乙的死亡结果无因果关系。

[例4] 甲为防止木材被盗，用铁丝将其捆绑起来，然后通电。乙偶然蹚水过河，到岸边时想拉住铁丝用力蹬上岸，结果被电死。在此案中，介入因素是乙自身的拉铁丝行为。显然，无论是因乙过河上岸需要拉扯铁丝，还是因为其他原因触碰到铁丝，这都具有经验法则的高概率性，所以，甲的行为与乙的死亡结果有因果关系。

2. 介入因素独立于前行为

如果介入因素与前行为无关，独立导致结果，那么前行为就与结果没有因果关系。比较常见的现象是介入因素使得结果明显提前，或者在经验法则上可以完全排除前行为的影响，完全独立地导致结果发生，那么前行为与结果之间也不存在因果关系。

[例1] 甲向乙食物中投毒，乙服食后剧痛，2小时后乙必死，但乙在前往医院途中，被车撞死。显然，车祸这个介入因素使得结果明显提前，在社会评价中，乙是被撞死，而非被毒死的，因此甲的投毒行为与乙的死亡结果没有因果关系。（B→C）

[例2] 甲殴打乙，致其濒临死亡，丙此时开枪射杀乙，由于乙的死亡完全是由丙的开枪行为导致的，与前行为已经没有关系，因此甲的殴打行为与乙的死亡结果就没有因果关系。

💡 小提醒

如果介入因素创造了独立的危险，结果是这种危险的展开，那么前行为和后结果就没有因果关系，但如果介入因素是对前行为危险的纯粹利用，没有制造与前行为危险不同的独立危险，则前行为和后结果存在因果关系。

[例1] 甲在乙骑摩托车必经的偏僻路段精心设置路障，欲让乙摔死。丙得知甲的杀人计划后，诱骗仇人丁骑车经过该路段，丁果真摔死。丙只是利用他人的危险，本身并未创造独立的危险，所以没有切断因果关系，甲的行为与丁的死亡结果有因果关系。

[例2] 张三将李四打昏在地，扬长而去。乞丐见到昏迷的李四，将李四手表摘走。乞丐虽然利用了张三所创造的危险，但张三并没有制造财产法益受损的危险，是乞丐自己创设了财产法益受损的独立危险，所以张三的行为与李四的财物损失没有因果关系。

[例3] 甲投毒杀乙，乙中毒后无法动弹，刚好乙的仇人丙路过，见状射杀乙，乙遂死亡。丙虽然也利用了甲的犯罪，但甲创造的是毒杀的危险，而丙创造的则是枪杀的危险，丙创造了独立的危险，乙死于被射杀，而非被毒死。（但在例1中，被害人是因为路障而摔死的，行为人所创造的危险导致了死亡结果。）甲的投毒所创造的危险并未最终导致毒死的结果，由于丙的介入切断了因果关系，故甲的行为与乙的死亡结果没有因果关系。

[例4] 甲伤害乙后，警察赶到。在警察将乙送医途中，车辆出现故障，致乙长时间得不到救助而亡。从表面上看，乙似乎死于甲所创造的危险，但是由于车辆出故障，导致乙长时间无法得到救助，这是一种非常异常的独立危险，因此乙其实是被耽误而死的。这种长时间的耽误切断了因果关系，所以甲的行为与乙的死亡没有因果关系。

3. 常见的介入因素

（1）介入被害人的因素

这又可以包括介入被害人的特异体质和被害人自身的行为。

❶ 被害人的特异体质。例如，行为人的殴打行为与被害人患有疾病等特异体质的情况（如脾肿大、心脏病、高血压、白血病、血小板缺少症）相遇，由于这些特异体质是前行为（殴打行为）所诱发的，通常应认定存在刑法上的因果关系。

❷ 被害人自身的行为。例如，被害人在毁容后跳楼自杀。关于这类行为，关键要判断被害人的行为与先前行为是否具有经验法则的高概率性。如果具备这种高概率性，被害人的行为就从属于先前行为，先前行为与后结果有刑法上的因果关系；如果不具备高概率性，则可视为介入因素独立导致结果，先前行为与后结果则无刑法上的因果关系。

> 💡 **小 提 醒**
>
> 有因果关系，不一定要承担刑事责任；没有因果关系，也不代表不承担刑事责任。

除了上文所讨论的案件，被害人的行为从属于先前行为比较常见的案例还有：

[例1] 行为人在被害人身上泼油点火，被害人跳入河中溺毙。

[例2] 被害人听从邪教首领的错误教导，有病不去就医而死。

[例3] 行为人重伤被害人，被害人倒地，后爬起来前往医院，但因站立不稳跌入身边水沟溺亡。

被害人行为独立于先前行为的常见案例有：

[例1] 行为人伤害被害人，被害人在伤口上涂满香灰，导致伤口感染而死。

[例2] 行为人进入他人住宅盗窃，被害人出门查看，在黑暗中摔断腿。

> 💡 **小 提 醒**
>
> 被害人自杀比较复杂，一般说来，自杀属于独立的介入因素，切断了前行为和后结果的因果关系。诸如被害人被毁容后自杀，一般认为生命权高于其他权利，所以介入因素具有独立性，故可否定因果关系。
>
> 但是，这也存在例外，法律的生命是经验而非逻辑，如果前行为在经验法则上足以导致被害人自杀，则行为人的行为与死亡结果存在刑法上的因果关系，这又包括两种情况：
>
> 1. 为了挽救自己的生命而迫不得已。例如，甲向湖中小船开枪，船上的乙为躲避跌入水中淹死；又如，甲持刀追杀乙，一直追至顶楼，步步紧逼，乙无奈跳楼而死。

2. 司法实践中普遍认为存在高概率关系的。

[例1] 丈夫常年虐待妻子，妻子非常痛苦上吊自杀。一般认为，丈夫与妻子的死亡有因果关系，成立虐待致人死亡。

[例2] 父亲长期暴力干涉女儿婚事，女儿痛苦不堪，跳楼自杀。司法实践中普遍认为这属于暴力干涉婚姻自由致人死亡，父亲的行为与女儿的死亡有因果关系。但是如果女方的男友跳楼自杀，女方父亲与死亡结果就没有因果关系。

[例3] 相约自杀中的欺骗自杀，男方骗女方殉情跳楼，男方与女方的自杀有因果关系，构成故意杀人罪的间接正犯。

[例4] 组织、利用邪教组织制造、散布迷信邪说，蒙骗其成员或者其他人实施绝食、自残、自虐等行为，或者阻止病人进行正常治疗，致人死亡的，构成《刑法》第300条第2款规定的组织、利用邪教组织致人死亡罪。[1]

[例5] 组织、利用邪教组织制造、散布迷信邪说，指使、胁迫其成员或者其他人实施自杀、自伤行为的，分别以故意杀人罪或者故意伤害罪定罪处罚。

[例6] 侮辱、诽谤引起被害人自杀的，属于"严重危害社会秩序"的情形，从而不再属于亲告罪。

注意例4和例5的细微区别：例4是蒙骗，构成特殊罪；例5是指使、胁迫，还是构成普通的故意杀人罪或者故意伤害罪喔。

（2）介入第三者的行为

第三者既可以包括人也可以包括物。例如，前文所提的被害人跌落山谷被蛇咬案。如果介入第三者的行为，那就要分析介入因素与前行为是否共同导致结果的发生，如果只是介入因素单独导致结果的发生，就可否认因果关系的成立。

[例1] 丁以杀人故意对赵某实施暴力，导致赵某遭受濒临死亡的重伤。赵某在医院接受治疗时，医生存在一定过失，未能挽救赵某的生命。这属于前行为与介入因素（医生的过失）共同导致死亡结果，因此丁的行为与赵某的死亡之间存在因果关系。

[例2] 上例如果医生存在重大过失，则可以认为介入因素具有独立性，切断了前行为与结果的因果关系。

❓**想一想**

介入了有作为义务的第三者的不作为，比如行为人重伤幼童离去，幼童母亲发现重伤的孩子，但不予救助，导致孩子死亡。这可以切断因果关系吗？[2]

（3）介入行为人的行为

[例1] 行为人殴打被害人致其昏迷，行为人以为被害人已经死亡，故将其抛入河中"毁尸灭迹"，后查明，被害人系溺亡。在此情况下，行为人"抛尸"的行为并非异常之举，与前行为具有伴随关系，故行为人的故意殴打行为与死亡结果有因果关系。

---

〔1〕 注意：《刑法修正案（九）》增设了"致人重伤"的情形。
〔2〕 不能。这属于行为人的作为与第三人的不作为共同导致的因果关系。

[例2] 如果行为人过失致人重伤，见其异常痛苦，为了减轻被害人痛苦将其击毙。在此案中，行为人的击毙行为与重伤行为无关，单独导致了死亡结果。

当然，还有一些介入因素可能是上述三种情况的混合，这都应该根据介入因素与先前行为是从属关系还是独立关系进行判断。

三、不作为犯中的因果关系

不作为犯罪中也是存在因果关系的，如果行为人履行义务，危害结果就不会发生，不履行义务的行为就是导致结果发生的原因。需要注意的是，只有存在作为义务的主体的不履行义务的行为才是结果发生的原因，而不应该考虑其他人的行为。

[例] 丙经过铁路道口时，遇见正在值班的熟人项某，便与其聊天，导致项某未及时放下栏杆，火车通过时将黄某轧死。项某的不履行义务行为与危害结果存在因果关系，丙的行为与死亡结果之间无因果关系。

四、因果关系与刑事责任

因果关系是一种客观判断，与刑事责任是两个不同的概念。因果关系不等于刑事责任，具有因果关系，是否承担刑事责任还要考虑其他许多因素。

[例] 甲、乙两人为同学，多年未见，久别重逢，欣喜异常，甲像学生时代那样用拳轻击对方，不料，乙当场晕倒在地，后送医院急救，抢救无效死亡。原因是乙脾肿大异常，受到甲的外力冲击，脾破裂死亡。甲的行为虽然与乙的死亡结果存在因果关系，但由于甲主观上无法预见结果，不存在故意和过失，因此不承担刑事责任。

同样，即便没有因果关系，也不一定不承担责任。

[例] 甲杀害被害人，以为被害人已死而离开现场。在被害人昏迷期间，路人张三将昏迷的被害人扔进海中，被害人被淹死。甲的杀人行为与死亡结果没有因果关系，但构成故意杀人罪的未遂，也要承担刑事责任。

📖 实战演习

关于因果关系的认定，下列哪些选项是正确的？（2013/2/52-多）[1]

A. 甲、乙无意思联络，同时分别向丙开枪，均未击中要害，因两个伤口同时出血，丙失血过多死亡。甲、乙的行为与丙的死亡之间具有因果关系

B. 甲等多人深夜追杀乙，乙被迫跑到高速公路上时被汽车撞死。甲等多人的行为与乙的死亡之间具有因果关系

---

[1]　ABC。A项考查重叠的因果关系。两个以上相互独立的行为，单独不能导致结果的发生（具有导致结果发生的危险），但两个危险行为合并在一起造成了结果时，就是重叠的因果关系。甲、乙开枪均未击中丙的要害，但因伤口同时出血，丙因失血过多死亡，构成重叠因果关系，故A项正确。B项中，乙在被甲等多人追杀，被迫跑到高速公路上时，被汽车撞死并不异常，故不能导致因果关系中断，甲等人的追杀行为和乙的死亡存在因果关系，故B项正确。C项中，甲将妇女乙强拉上车，在高速公路上欲猥亵乙，乙在挣扎中被甩出车外，被后车轧死并不异常，不能中断甲的行为和乙的死亡之间的因果关系，甲的行为和乙的死亡之间存在因果关系，故C项正确。D项中，甲对乙的住宅放火，乙冲进火海救婴儿并不异常，不能中断甲的放火行为和乙的死亡之间的因果关系，甲的放火行为和乙的死亡具有因果关系，故D项错误。

C. 甲将妇女乙强拉上车，在高速公路上欲猥亵乙，乙在挣扎中被甩出车外，后车躲闪不及将乙轧死。甲的行为与乙的死亡之间具有因果关系

D. 甲对乙的住宅放火，乙为救出婴儿冲入住宅被烧死。乙的死亡由其冒险行为造成，与甲的放火行为之间没有因果关系

📖 模拟展望

1. 关于单位犯罪的判断，下列哪些选项是正确的？（多选）[1]

A. 甲公司的主要业务为在互联网上设立奢侈品销售网站，通过互联网向客户销售假冒名牌皮包。甲公司的行为不属于单位犯罪

B. 乙公司经理张三与董事会合意，决定利用张三的人脉关系从事走私，利润由张三与公司按照四六分成。张三与乙公司属于走私罪的共同犯罪

C. 丙公司长期雇佣农民工，采取限制人身自由的方式强迫劳动。丙公司成立单位犯罪

D. 丁医院长期伙同患者骗取医疗保险。丁医院构成诈骗罪

2. 下列哪些行为属于不作为犯？（多选）[2]

A. 甲是警察，在 110 指挥中心值班期间，因为和女友聊天而未及时接听报警电话，致使事态恶化造成严重后果

B. 乙以暴力抗拒执行具有法律效力的民事裁定，对法院干警实施暴力威胁行为

C. 丙与养父发生争执，后将养父打死，在争吵过程中，养父扔向丙的带火的木材点燃了住宅内的稻草，火势蔓延开来。丙可以很容易地将火扑灭，但丙考虑到，不如就这样烧下去，正好把罪证毁灭，于是火势蔓延，将邻居的一间房屋烧毁

D. 丁因妻子离家出走，自暴自弃，整日独处家中，也不给不满 1 岁的小孩喂食，导致孩子饿死

3. 甲将乙从屋顶推下，在乙要坠地之前，丙用枪射穿乙的心脏，造成乙死亡，对于甲的行为，下列哪些说法是正确的？（多选）[3]

A. 甲的行为与乙的死亡存在刑法上的因果关系

B. 甲的行为与乙的死亡不存在刑法上的因果关系

C. 甲构成故意杀人罪既遂

D. 甲构成故意杀人罪未遂

---

〔1〕 ABC。A 项正确，公司主要业务是犯罪，不再属于单位犯罪。B 项正确，张三具有双重身份，作为个人，他和公司合作，所以属于个人与公司的共同犯罪。作为单位的员工，他的行为则属于单位犯罪的一部分。C 项正确，强迫劳动罪有单位犯罪。D 项错误，骗取医疗保险不构成保险诈骗罪，只构成诈骗罪，诈骗罪不存在单位犯罪。

〔2〕 ABCD。A 项当选，110 值班警察有接听报警电话的义务，但是却没有履行这种义务导致危害结果的发生，是不作为犯。B 项当选，拒不执行判决、裁定罪是一种纯正的不作为犯。C 项当选，是丙的殴打行为造成了火势蔓延的危险，他有防止这种危险扩大的义务，但却拒绝履行，构成放火罪的不作为犯。D 项当选，丁有喂食幼儿的义务，但却没有履行，导致死亡结果的发生，构成故意杀人罪的不作为犯。

〔3〕 BD。A 项错误，在此案中，甲的行为与乙的死亡结果之间的因果关系由于丙的射杀行为而被切断，故不存在刑法上的因果关系。B 项正确，甲的行为与乙的死亡没有刑法上的因果关系。C 项错误，甲构成故意杀人罪的未遂。D 项正确，甲构成故意杀人罪的未遂。

 来道 不 考 的题目

以下哪些文学作品体现了法律面前人人平等原则?[1]

A. 《西游记》　　　　　　　　B. 《简·爱》

C. 《汤姆叔叔的小屋》　　　　D. 《红楼梦》

---

　　[1]　BC。法律人应该多读经典，培养自己的审美情感。《西游记》《红楼梦》两者与平等都无关系。《简·爱》中最著名的一段是："我现在跟你说话，并不是通过习俗、惯例，甚至不是通过凡人的肉体——而是我的精神在同你的精神说话；就像两个都经过了坟墓，我们站在上帝脚跟前，是平等的——因为我们是平等的！"《汤姆叔叔的小屋》是为黑人奴隶发出的呐喊，同样也是对平等的追求，请记住书中的这样一段话："最长的路也有尽头，最黑暗的夜晚也会迎接清晨。"

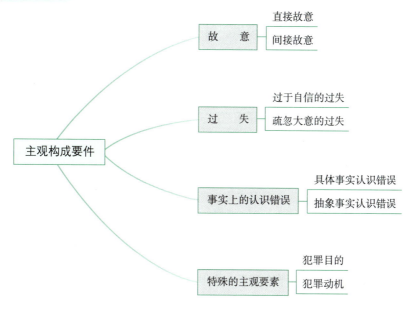

复习提要

本讲讲授主观构成要件，需要重点掌握直接故意、间接故意、疏忽大意、过于自信、意外事件和不可抗力的区别，尤其要注意事实认识错误的处理。

知识框架

	故　意	直接故意
		间接故意
主观构成要件	过　失	过于自信的过失
		疏忽大意的过失
	事实上的认识错误	具体事实认识错误
		抽象事实认识错误
	特殊的主观要素	犯罪目的
		犯罪动机

故　意

一、故意的含义

第14条〔故意犯罪〕　明知自己的行为会发生危害社会的结果，并且希望或者放任这种结果发生，因而构成犯罪的，是故意犯罪。

故意犯罪，应当负刑事责任。

故意包括认识要素和意志要素两方面的内容。

（一）认识要素

这是指明知自己的行为会发生危害社会的结果。一般说来，犯罪人对行为、行为主体、行为对象、行为状态、危害结果等构成要件客观方面的全部要素都应有明确的认识。例如，奸淫幼女行为，行为人必须对幼女的年龄有明知，否则可能就不构成强奸罪。

行为人对客观要素的认识只需要有概括性的明知，不需要有非常具体的认识。例如，成立贩卖毒品罪，只要求行为人认识到自己贩卖的是毒品，而不要求行为人认识到所贩卖毒品的具体种类。

无论是描述性构成要件要素，还是规范性构成要件要素，都是认识要素中的内容。但是，对于规范性构成要件要素的认识不同于对描述性构成要件要素的认识。对于后者，由于一般只涉及纯粹的事实问题，所以在认定行为人是否存在认识时，采取的是行为人自己的主观标准。但对于规范性构成要件要素，由于既存在事实，又存在价值判断，所以在认定故意时，应当有所区别。

〔例〕张三以为自己在发放刑法学讲义，他不知道这本讲义其实是淫秽物品，这属于对事实的认识错误，所以张三不存在传播淫秽物品罪的犯罪故意。但如果张三发放一本书籍，他看了后觉得有点黄，但依然觉得是艺术品，最后经鉴定为淫秽物品，这属于对价值判断的认识错误，属于法律认识错误，不影响犯罪故意的成立。

> 💡 **小提醒**
>
> 要注意区分事实和评价，一个事实的规范属性，不是由行为人自己决定的，而是由规范决定的。

规范性构成要件要素有社会评价要素（如淫秽物品）、经验法则的评价要素（如足以导致火车倾覆、毁坏）、法律的评价要素（如国家工作人员）这三类。其中都要注意区分对事实的认识和对评价的认识。对前者的认识是一种事实认识，如果产生错误认识，是会影响故意成立的。但对后者的认识则是一种评价认识，如果产生错误认识，那就属于评价错误，一般不影响故意的成立。对于评价性内容，应当按照一般人观念来判断行为人是否存在认识，只要一般人存在认识，就推定行为人存在认识。

[例 1] 张三在对一个"雕像"作出猥亵举动，但该雕像是一个表演行为艺术的女艺术家，张三不存在强制猥亵罪的犯罪故意。

[例 2] 乙猥亵幼女，但乙觉得这很正常，乙的错误认识属于评价错误，不影响犯罪故意的成立，构成猥亵儿童罪。

[例 3] 丁以为《金瓶梅》是淫秽小说，购置大量的盗版《金瓶梅》送给他人，丁不构成传播淫秽物品罪，因为社会一般人认为《金瓶梅》不是淫秽物品。

[例 4] 两个酒店服务员收拾客房时，发现墙角有几棵小草，就拿回家种在了花盆里。岂知这几棵"小草"是被称为"西光蜀道"的名贵兰花，市值 4000 到 6000 元。此处涉及财产性犯罪中的"数额较大"的认定，"数额较大"并非单纯的事实，它要根据社会价值观进行判断，不同的人对一件物品的价值看法并不一致，因此它是一种评价性认识。显然，按照一般人标准，作为宾馆服务员，不具备专业知识，无法断定兰花的价值，这就可以否定盗窃数额较大财产的故意。(天价兰花案)

[例 5] 行为人误认为掉在水中的并非自己的女儿，没有救助，这属于事实错误，可以排除故意。

[例 6] 行为人明知自己的幼女掉入河中，却误认为没有救助义务，这属于法律错误，不排除故意。

[例 7] 高度近视的甲帮朋友运送活鸡，但朋友在鸡笼中偷偷放置猫头鹰，这属于事实错误，可以排除故意。

[例 8] 甲从黑市购买猫头鹰并宰杀吃掉，但甲认为猫头鹰不是保护动物，这属于评价错误，不排除故意。

比较复杂的是结果加重犯。在结果加重犯中，一般认为加重结果不属于需要认识的内容，具备认识的可能性即可。换言之，如果行为人具备对基本犯罪构成的认识，那么只要对加重结果存在认识可能性，就可成立结果加重犯。例如，行为人故意伤害他人，导致被害人死亡，行为人对死亡结果不需要有认识，只要认识到行为可能伤害对方，就应对故意伤害致人死亡的结果承担刑事责任。如果行为人认识到行为会导致对方死亡，依然希望或放任这种结果的发生，那么行为人直接成立故意杀人罪，而非故意伤害罪。

• 小 结 对事实的认识错误可以否定故意，对评价的认识错误不能否定故意。

（二）意志要素

这是在认识要素上的心理决意。它包括希望和放任，前者是对结果积极追求，后者则持容忍态度，虽不积极追求，但也不加以防止，而是听之任之。

二、故意的类型

故意可以分为直接故意和间接故意。

1. 两者在认识要素和意志要素上都存在区别：

（1）在认识要素上，直接故意包括明知结果必然发生和可能发生，而间接故意则是明知结果可能发生。

（2）在意志要素上，直接故意是希望结果的发生，对结果积极追求；而间接故意是放任结果的发生，对危害结果既不积极追求也不设法避免。通说认为，直接故意存在未遂、中止、预备等修正性构成要件；而间接故意没有修正性构成要件存在的余地，如果没有发生危害结果就根本不成立犯罪。

2. 间接故意主要存在于三种情况下：

（1）行为人追求一个犯罪结果而放任另一个犯罪结果的发生。

［例］某人想毒死他的妻子，然后给妻子做了饭菜并在饭中下毒，正好儿子回家吃饭，他也未加制止，结果妻儿都被毒死。行为人毒死妻子是直接故意，而对儿子的死，则是间接故意。

（2）行为人追求一个非犯罪性的结果而放任另一个犯罪结果的发生，对发生的犯罪结果而言，是间接故意。

［例］行为人在公园里用气枪打鸟，鸟在树枝上，位置很低，公园人很多，行为人全然不顾附近游人，结果打伤游人，此种情况成立间接故意。

（3）在突发性的犯罪中，行为人不计后果，造成严重结果的发生。

［例］甲贩运假烟，驾车路过某检查站时，被工商执法部门拦住检查。检查人员乙正登车检查时，甲突然发动汽车夺路而逃。乙抓住汽车车门的把手不放，甲为摆脱乙，在疾驶时突然急刹车，导致乙头部着地身亡。这就是一种典型的突发性的间接故意。

实战演习

关于故意的认识内容，下列哪一选项是正确的？（2008/2/2-单）[1]

A. 甲明知自己的财物处于国家机关管理之中，但不知此时的个人财物应以公共财产论而窃回。甲缺乏成立盗窃罪所必需的对客观事实的认识，故不成立盗窃罪

B. 乙以非法占有财物的目的窃取军人的手提包时，明知手提包内可能有枪支仍然窃取，该手提包中果然有一支手枪。乙没有非法占有枪支的目的，故不成立盗窃枪支罪

C. 成立猥亵儿童罪，要求行为人知道被害人是或者可能是不满14周岁的儿童

D. 成立贩卖毒品罪，不仅要求行为人认识到自己贩卖的是毒品，而且要求行为人认识到所贩卖的毒品种类

专题 **12**

过　失

第 15 条 ［过失犯罪］　应当预见自己的行为可能发生危害社会的结果，因为疏忽大意而没

---

［1］　C。公共财产属于法律评价要素，行为人只要知道事实基础就推定他对规范性构成要件要素有认识，换言之，对评价的认识错误是一种法律认识错误，不影响故意的成立，故A项错误。乙明知自己的行为可能会发生危害社会的结果仍然实施，属于故意犯罪，成立盗窃枪支罪，故B项错误。行为人要成立猥亵儿童罪必须认识到犯罪对象，这包括直接故意，也包括间接故意，故C项正确。贩卖毒品罪中，对于毒品只要有概括性认识即可，故D项错误。

有预见，或者已经预见而轻信能够避免，以致发生这种结果的，是过失犯罪。

过失犯罪，法律有规定的才负刑事责任。

刑法以处罚故意为原则，处罚过失为例外。只要法律没有特别规定，就不处罚过失犯罪。

一、过失的分类

犯罪过失包括过于自信的过失和疏忽大意的过失。

（一）过于自信的过失

过于自信的过失，是指行为人预见到自己的行为可能发生危害社会的结果，但轻信能够避免，以致发生危害结果的心理态度。这种过失有两个特征：

1. 行为人预见到自己的行为可能发生危害社会的结果。这种预见是一种可能性而非不可避免性。另外，这种可能性的预见是具体的，而非抽象的畏惧感和不安感。例如，从事科学试验的人总是预见了试验失败的可能性，但只要他们遵循了科学试验规则，即使试验失败造成了损失，也不能认定为过于自信的过失，这种对失败可能性的认识其实只是一种畏惧感。

2. 行为人轻信能够避免犯罪结果的发生，违背了结果避免义务。一方面，行为人希望并且相信能够避免结果的发生，结果的发生违背了他的意愿；另一方面，行为人并没有确实可靠的根据和能力避免结果的发生。例如，驾车时看见行人，但感觉正常车速不会撞到人，于是没有减速，结果撞死行人。

（二）疏忽大意的过失

疏忽大意的过失，是指应当预见到自己的行为可能发生危害社会的结果，但因疏忽大意而没有预见，以致发生这种结果的心理态度。疏忽大意的过失的特征如下：

1. 没有预见。行为人没有预见到结果的发生，因此疏忽大意的过失又称无认识过失。

2. 应当预见。行为人应当预见自己的行为可能发生危害社会的结果，预见义务来源于法律法规、规章制度以及社会习俗。例如，护士进行青霉素注射必须先做皮试，这是规章制度所规定的义务。换句话说，行为不仅要合法还要合理。

3. 出于疏忽大意而没有预见。疏忽大意是行为人马马虎虎、粗心大意，缺乏社会责任感，违背了社会共同生活的要求。

二、注意义务与注意能力

结果回避义务与结果预见义务统称为注意义务，注意能力则是指是否拥有回避结果与预见结果的能力。根据注意义务来源的不同，可以将过失区分为一般过失和业务过失。一般过失的注意义务来源于日常生活准则，业务过失的注意义务来源于业务规则。责任事故类犯罪一般为业务过失，而过失致人死亡罪、失火罪、过失爆炸罪等为一般过失。

一般认为，注意义务应按照一般人的标准来判定。

［例］甲到本村乙家买柴油时，因屋内光线昏暗，甲欲点燃打火机看油量。乙担心引起火灾，上前阻止。但甲坚持说柴油见火不会燃烧，仍然点燃了打火机，结果引起油桶燃

烧，造成火灾，导致甲、乙及一旁观看的丙被火烧伤，乙、丙经抢救无效死亡。后经检测，乙储存的柴油闪点不符合标准。在这个案件中，按照一般人的标准，都可以预见到柴油是可以被火点着的（虽然在科学上，柴油的燃点比较高，在正常的情况下，打火机很难点着，但由于这批柴油是伪劣的，所以着火）。

三、无罪过事件

《刑法》第16条规定："行为在客观上虽然造成了损害结果，但是不是出于故意或者过失，而是由于不能抗拒或者不能预见的原因所引起的，不是犯罪。"

无罪过事件包括意外事件和不可抗力。前者是指由于不能预见的原因引起了危害结果，行为人对结果的发生没有预见，而且根据当时的主客观条件也无法预见。后者是指由于不能抗拒的原因引起了危害结果，行为人遇到了不可抗拒的力量，无法避免结果的发生。

[例1] 司机倒车，看见后面有很多孩子在玩，于是下车将孩子们赶开，不料还有个孩子故意躲在车轮下，结果被轧死。这属于意外事件。

[例2] 在车正常行驶过程中，刹车突然失灵撞伤路人，司机虽然能够预见危害结果的发生，但却无法避免，这就属于不可抗力。

四、犯罪故意、犯罪过失与无罪过事件的区别

（一）间接故意与过于自信的过失

过于自信的过失与间接故意有相似之处，二者都认识到危害结果有发生的可能性，都不希望危害结果发生。但两者仍有本质上的区别：间接故意所反映的是对合法权益的积极蔑视态度；过于自信的过失则反映的是对合法权益的消极不保护态度。它们的区别具体体现在：

1. 间接故意是放任危害结果的发生，结果的发生符合行为人的意志；而过于自信的过失是希望危害结果不发生，结果的发生违背了行为人的意志。

2. 间接故意的行为人主观上根本不考虑是否可以避免危害结果的发生，客观上也没有采取避免结果发生的措施；而过于自信的过失的行为人之所以实施其行为，是因为考虑到可以避免结果的发生。

3. 从认识要素看，间接故意的行为人认识到结果发生的可能性较大。

在司法实践中，如果有证据证明行为人不计后果、不顾死活，对危害结果不采取挽救措施，或者所采取的措施在经验法则上很难防止结果的发生，那通常是间接故意；相反，如果证据反映出行为人有积极挽救危害结果发生的举动，那通常可以判断为过于自信的过失。

[例1] 养花专业户李某为防止偷花，在花房周围私拉电网。一日晚，白某偷花不慎触电，经送医院抢救，不治身亡。在此案中，李某并无试图避免危害结果发生的举动，其私拉电网的行为其实就是"电死活该"的心态，因此属于间接故意。

[例2] 甲、乙二人住在山区，当地野猪危害庄稼的情况严重。为了避免损失，二人在野猪可能出没的山上拉上裸电线，距地面40厘米。在裸电线通过的路口上均设置了警

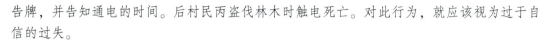

告牌，并告知通电的时间。后村民丙盗伐林木时触电死亡。对此行为，就应该视为过于自信的过失。

（二）过于自信的过失与疏忽大意的过失

　　疏忽大意的过失是一种无认识的过失；过于自信的过失是有认识的过失。也就是说，二者的区别在于一个是有认识的过失，一个是无认识的过失。疏忽大意的过失特点是疏忽大意，该知道的不知道，能想到的没想到；过于自信的过失特点是轻率、冒失，能避免的没避免，能办到的没办到。总之，只要有证据表明行为人已经预见了危险，结果的发生也违背了他的意愿，那就是过于自信，否则就是疏忽大意。

　　[例] 24岁的青年张某非常喜欢邻居家4岁的男孩小涛。一日，张某带小涛到一座桥上玩，张某提着小涛的双手将其悬于桥栏，小涛边喊害怕，边挣扎，张某手一滑，小涛掉入河中，张某急忙去救，但小涛已溺水而死。显然，张某的事后救助行为表明结果的发生违背了他的意愿，因此其主观心态不是故意。另外，小涛的叫喊声也让张某预见到了危险，因此，这是过于自信的过失。

（三）过失与无罪过事件

　　一般应当遵循禁止危险理论进行判断，即看行为人先前行为是否是为社会所禁止的危险，如果是，那么即使采取了避免措施，也应被视为过失。分述如下：

　　1. 过于自信的过失与不可抗力

　　过于自信的过失与不可抗力都表现为对危害结果有所预见，而且结果的发生都违背了行为人的意愿。二者的区别在于，前者有结果避免义务，而后者没有这种义务。

　　[例1] 王某因家庭矛盾产生杀害妻子李某之念。某日清晨，王某在给李某的早饭中投放了可以致死的毒药。王某为防止其6岁的儿子吃饭中毒，将其子送到幼儿园，并嘱咐其子等他来接。不料李某当日提前下班后将其子接回，并与其子一起吃了做好的饭。王某得知后，赶忙回到家中，其妻、子已中毒身亡。在上述案件中，行为人投放毒药是为社会所严厉禁止的危险，因此其后妻子提前接子回家的行为也不能否定行为人的结果避免义务，成立过于自信的过失。

　　[例2] 在车辆正常行驶中，也有可能出现刹车失灵导致车祸的情况。开车当然也有危险，但这种危险是社会所允许的，因此只要行为人没有违背法律法规、规章制度、社会习俗的要求，那就是不可抗力。

　　[例3] 行为人的果园经常遭窃，于是拉上电网，拉电网的时候，考虑到安全问题，行为人安装了一个漏电保护器，还亲自做试验，用手碰一下电网，被电一下，漏电保护器马上断电，不会再有危险。事后，一个孩子触电而死，原因是漏电保护器是伪劣产品，失灵导致死亡结果。由于拉电网防止盗窃事故本身也是为社会所禁止的危险，因此这也属于

过于自信的过失。

2. 疏忽大意的过失与意外事件

疏忽大意的过失与意外事件都表现为对危害结果没有预见，结果的发生也都违背了行为人的意愿。两者的区别在于，前者存在结果注意义务，而后者没有这种义务，无论是从法律法规、规章制度还是社会习俗来看，行为人都无法预见危害结果的发生。

[例1] 山民甲（善捕蛇）捕得毒蛇一条，置于家中木桶内。乙到甲家，酒醉后洗手，被蛇咬中毒，后截肢。显然，山民甲擅长捕蛇，其职业经历使其熟悉蛇的习性，社会习俗要求其应当预见到乙在桶中洗手，有可能被桶中蛇咬中毒，但甲却没有预见，这违背了结果预见义务，因此成立疏忽大意的过失。

[例2] 张某和赵某长期一起赌博。某日两人在工地发生争执，张某用大力推了赵某一把，赵某倒地后后脑勺正好碰到石头上，导致颅脑损伤，经抢救无效死亡。将人用大力推倒这当然是一种被禁止的危险，张某有义务预见这种行为的危险性，因此这属于疏忽大意的过失，成立过失致人死亡罪。

• 小 结 如果行为人创造了社会所禁止的危险，那就是有罪过事件，而非无罪过事件。

附：罪过模式的区分

罪过模式	认识要素	意志要素	注意义务	危 险	目的和动机
直接故意	明知结果必然发生或可能发生	希望，对结果投赞成票			只存在于直接故意中
间接故意	明知结果可能发生	放任（不希望），对结果投弃权票；对结果的回避未采取措施，或者措施在概率上很难防止结果发生			无
过于自信	明知结果可能发生	违背意愿（不希望），对结果投反对票	违背结果回避义务	社会不允许之危险	无
疏忽大意	无认识	违背意愿，对结果投反对票	违背结果预见义务	社会不允许之危险	无
意外事件	无认识	违背意愿，对结果投反对票	无结果预见义务	社会允许之危险	无
不可抗力	明知结果可能发生	违背意愿，对结果投反对票	无结果避免义务	社会允许之危险	无

📖 **实战演习**

下列哪些案件不构成过失犯罪？（2012/2/52-多）[1]

---

[1] ABCD。A项，老师将学生赶出教室并非危害行为。A项当选。B项，属于间接故意，对伤害结果持放任的心

A. 老师因学生不守课堂纪律，将其赶出教室，学生跳楼自杀
B. 汽车修理工恶作剧，将高压气泵塞入同事肛门充气，致其肠道、内脏严重破损
C. 路人见义勇为追赶小偷，小偷跳河游往对岸，路人见状离去，小偷突然抽筋溺毙
D. 邻居看见 6 楼儿童马上要从阳台摔下，遂伸手去接，因未能接牢，儿童摔成重伤

专题 13

事实上的认识错误

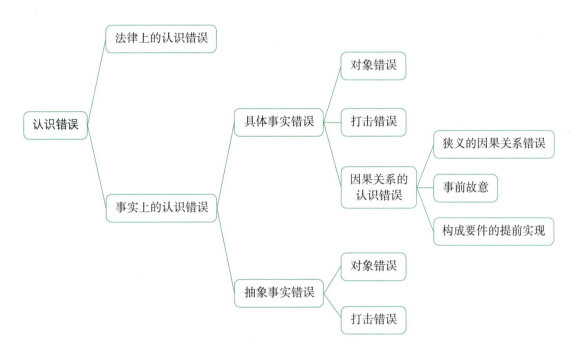

认识错误即主观认识与客观认识不统一，它包括法律上的认识错误与事实上的认识错误。法律上的认识错误属于责任阻却所要讨论的话题，此处我们只讨论事实上的认识错误。

一、事实上的认识错误的分类

（一）具体事实错误与抽象事实错误

具体的事实认识错误，是指行为人认为的事实与实际发生的事实虽然不一致，但没有超出同一犯罪构成的范围，即行为人只是在某个犯罪构成的范围内发生了对事实的认识错误。

态，不属于过于自信的过失，这是当年著名的甘肃小传旺案。B 项当选。C 项，路人对小偷抽筋溺毙既没有预见也不可能预见，既不属于过于自信的过失，也不属于疏忽大意的过失，而属于意外事件。C 项当选。D 项，邻居的行为没有犯罪的过失，也没有犯罪的行为，不属于过失犯罪。D 项当选。

[例] 黄某意图杀死张某，当其得知张某当晚在单位值班室值班时，即放火致使值班室被烧毁，其结果却是将顶替张某值班的李某烧死。

抽象的事实认识错误，是指行为人主观认识与实际事实超出同一犯罪构成的范围的认识错误。

[例] 张某非常妒忌邻居家的宝马车，一晚见宝马车停在楼下，便从窗户上往下扔了一块砖头，希望把车砸毁，但却误中旁边路人，造成其重伤。（宝马车案）

（二）对象错误、打击错误与因果关系的认识错误

如果根据构成要件要素进行分类，可以将认识错误区分为对象错误、打击错误和因果关系的认识错误。

1. 对象错误，是指行为人误把甲对象当作乙对象加以侵害。这又可分为具体的对象认识错误和抽象的对象认识错误。前者中的行为人的认识内容与客观事实属于同一犯罪构成，后者中的行为人的认识内容与客观事实不属于同一犯罪构成。

💡 **小提醒**

如果行为人对侵害对象存在概括故意，就不应适用打击错误理论。概括故意，是指行为人对于认识的具体内容不明确，但明知自己的行为会发生危害社会的结果，并希望或者放任结果发生的心理态度。

[例1] 甲欲杀乙，向在和丙、丁聊天的乙投掷炸弹，结果却将丙、丁炸死，而乙安然无恙。由于甲对丙、丁的死亡存在概括故意，这就不属于打击错误问题，甲仍构成故意杀人罪的既遂。

[例2] 甲出于恶作剧向过往行人扔雪球，但是雪球没有打中所瞄准的被害人，而是砸在了后面散步人的脸上。如果甲意识到他可能砸中其他人，而放任了这种结果的发生，这也不是打击错误问题，直接认定为故意伤害罪的既遂即可。

[例3] 警察带着警犬（价值3万元）追捕逃犯甲。甲枪中只有一发子弹，认识到开枪既可能只打死警察（希望打死警察），也可能只打死警犬，但一枪同时打中二者，导致警察受伤、警犬死亡。甲对警察构成故意杀人罪未遂，对警犬构成故意毁坏财物罪既遂，应当从一重罪论处。

2. 打击错误，又称方法错误，是指行为本身的误差导致行为人所欲攻击的对象与实际受害的对象不一致。这也分为具体的打击错误和抽象的打击错误两类。

💡 **小提醒**

认识错误只及于行为人自身，不及于共犯人。因此，共同犯罪中的认识错误应当分别判断。

[例] 张三买凶杀人，雇请李四杀害王五。张三将正在买菜的"王五"指给李四看，李四后将"王五"杀害，但事实上，张三误将王六当成了王五。显然，作为实行犯的李四并未产生认识错误，但教唆犯张三却产生了认识错误，不能认为因为教唆犯要从属于实行犯，所以教唆犯就没有认识错误。

对象错误与打击错误的区分是一个比较复杂的问题。打击错误在主观认识上并无错误，只是行为产生偏差而发生意外的结果，而对象错误在主观上存在认识错误，主观上认为自己侵害的是所欲侵害的对象，但其实不然，以致行为结果与其认识存在错误。在打击错误中，错误是在着手之后发生的，而在对象错误中，错误则与着手同时发生。

💡 小 提 醒

1. 如果把打击错误比喻为"子弹错误"，那对象错误就是"开枪错误"，当行为人开枪之时，如果对射杀对象产生错误，则是对象错误；当行为人开枪之后，如果子弹发生偏差，则是打击错误。

   [例] 甲到王五家准备将其射杀，结果在王五卧室看到三个人躺在地上，甲将躺在中间的"王五"射杀。但其实甲射杀的不是王五，而是李四。此案属于对象错误。

2. 无论是打击错误还是对象错误，它所处理的都是实行行为，不包括预备行为。

   [例] 甲配制毒酒欲次日毒杀乙，毒酒置于客厅桌上，甲外出打牌，忘关家门。当晚乙找甲聊天，误喝毒酒而死。由于甲配制毒药的行为仅为预备行为，因此本案就与打击错误或对象错误无关。（配制毒酒案）

打击错误与对象错误区分的困难主要在隔隙犯、间接正犯等对于着手认定标准有分歧的场合。这不是认识错误理论本身的问题，而是隔隙犯等特殊犯罪的着手标准应如何认定的问题。

（1）隔隙犯

当行为与结果之间存在时间或场所上的间隔，打击错误与对象错误的确存在模糊地带。

[例 1] 甲试图杀害乙，将炸弹安装在乙一直用于上下班的轿车上（偏僻路段），设置了只要用钥匙启动车辆便立即爆炸的装置，但第二天碰巧是乙的妻子丙乘坐该轿车，结果炸死了丙。（轿车爆炸案）

[例 2] 甲以胁迫乙的意思给乙家里打电话，因为电话机发生故障，串线到丙家里，丙接电话时，甲以为对方是乙，对其实施敲诈。（电话敲诈案）

隔隙犯的着手标准应该根据行为是否对法秩序有现实的危险，足以动摇民众的法安全感进行具体判断。在轿车爆炸案中，只有当被害人启动轿车才可能发生法秩序侵害的具体危险，因此此案属于对象错误；在电话敲诈案中，甲拨打电话时还未着手（比如电话始终未能接通），只有当其拨通电话开始对他人进行威胁，才可能产生对财产权现实侵犯的具体危险，因此此案也属于对象错误。

（2）间接正犯

在间接正犯中，着手标准采取投递主义还是到达主义，直接影响着打击错误和对象错误的判定。

[例] 甲欲杀乙，利用不知情的邮递员将包装成礼品的炸弹寄给乙，但因邮递员失误，将"礼品"送至丙处，丙拆开"礼品"后被炸身亡。在此案中，如果着手标准采到达主义，

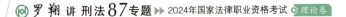

则此案属于对象错误；当然，如果采取投递主义，认为寄送时就是着手，同时甲对"礼品"在邮寄过程中可能炸死他人不存在概括性故意，此案就应该属于打击错误。

? 想一想

丙打算将含有毒药的巧克力寄给王某，但因写错地址而寄给了汪某，汪某吃后死亡。这是什么错误？[1]

💡 小 提 醒

对象错误是主观上搞错了，客观上打错了，错误发生在着手时；打击错误是主观上没有错误，客观上打偏了，错误发生在着手后。

高频考点

4.2

因果关系认识错误的处理

3. 因果关系的认识错误

这是指侵害的对象没有错误，但造成侵害的因果关系的发展过程与行为人所预想的发展过程不一致，以及侵害结果推后或者提前发生的情况。因果关系的错误主要有三种情况：狭义的因果关系的认识错误、事前故意与构成要件的提前实现。

（1）狭义的因果关系的认识错误，是指结果的发生不是按照行为人对因果关系的发展所预见的进程来实现的情况。例如，甲为了使乙淹死而将其推入井中，但井中没水，乙摔死在井中。根据通说，故意的成立所要求的对因果关系的认识，只是要求行为人对因果关系的基本部分有认识，而不要求行为人对因果关系发展的具体样态有明确的认识。也就是说，这种因果关系的认识错误不影响故意犯罪既遂的成立。

（2）事前故意，是指行为人误认为第一个行为已经造成结果，出于其他目的实施第二个行为，实际上第二个行为才导致预期结果的发生。例如，刘某基于杀害潘某的意思将潘某勒昏，误以为其已死亡，为毁灭证据而将潘某扔下悬崖。事后查明，潘某不是被勒死而是从悬崖坠落致死。在学说上，对于事前故意的处理有两种观点：第一种观点采取相当因果关系说，将前后两个行为视为一个整体，视为因果关系的认识错误处理，只要满足相当的因果关系，就成立一个故意杀人罪既遂。当前，多数学者采取这种观点。第二种观点采取区分说，把这两个行为看成互不相关的行为，刘某的第一个行为成立故意杀人罪未遂，第二个行为成立过失致人死亡罪。

如果行为人对于因果关系并无认识错误，那就不属于事前故意。例如，甲、乙出于共同杀害的故意，致丙重伤，看丙没气了，两人以为丙死亡。乙先行离开，让甲留下来处理尸体。甲处理时发现丙尚有气息，遂猛踢丙头部一脚，致丙死亡。在此案件中，甲的第二次打击致丙死亡，并非事前故意；对于乙而言，这属于因果关系的断绝。所以，乙成立故意杀人罪的未遂，甲的行为直接成立故意杀人罪的既遂（第一次的未遂被第二次吸收）。

---

〔1〕 无论是打击错误还是对象错误，它所处理的都是实行行为，不包括预备行为。写错地址只是预备行为，这种错误没有刑法意义，真正的错误必须是实行阶段的错误。显然，在本案中，与构成要件结果有关的错误发生在到达时。所以，着手标准如果采取投递主义，就属于打击错误；如果采取到达主义，就属于对象错误。

小提醒

多种观点可能会出开放性的观点展示题，事前故意的处理学说已经考了 3 次大题了。对于观点展示题，大家首先要掌握通说，然后再掌握其他观点。不过不用害怕，本书的最后也会给大家统一总结，轻轻松松就能搞定。

（3）构成要件的提前实现，是指提前实现了行为人所预想的结果。

[例] 甲准备让乙服用安眠药，待其睡着后，将其吊死，制造乙自杀的假象。但未等到甲实施吊死乙的行为，乙已经由于服用过量的安眠药而死亡。由于行为人实施第一行为时已经导致结果发生，应认定为故意犯罪既遂。

?想一想

如果张三准备让乙服用安眠药，待其睡着后，将其吊死。但张三只投放了一颗安眠药，乙由于对安眠药过敏而死亡，张三以为乙睡着了，将其"吊死"。张三的行为如何处理呢?[1]

 小提醒

关于因果关系的认识错误，一般认为只要行为与结果之间存在因果关系，那么因果关系的认识错误就不能影响故意的成立。当然，如果没有因果关系，则此认识错误会影响故意的成立。

[例1] 甲射杀乙，乙倒地，甲遂离开现场，乙随后被人送往医院，但在路上遭遇交通事故而死。在此案中，因果关系被切断，甲的杀人行为与死亡结果没有因果关系，甲只成立故意杀人罪的未遂。

[例2] 甲欲杀乙，致其重伤倒地后离开现场，而乙欲爬起来前往医院就医，却因伤重站立不稳，跌入身旁的水沟溺死。在此案中，因果关系没有被切断，甲的杀人行为与死亡结果有因果关系，甲构成故意杀人罪既遂。

[例3] 甲将乙杀"死"后，将其放在海边。但后查明，乙系昏迷中涨潮被淹死的。通说认为，构成故意杀人罪既遂。

[例4] 甲意图勒死乙，在将乙勒昏后，误以为乙已经死亡。为毁灭证据，又用利刃将所谓的"尸体"分尸。事实上，乙并非死于甲的勒杀行为，而是死于甲的分尸行为。通说认为，甲构成故意杀人罪既遂。

[例5] 甲为了毒死朋友乙，配制了一杯毒酒，放在自家客厅，准备次日端给乙喝。不料当日晚，乙到甲家串门，见毒酒放在桌上，于是一饮而尽，后死亡。由于甲没有故意杀人的实行行为，故意杀人预备行为与死亡结果没有因果关系，所以不成立故意杀人的既遂。如果有过失，可以构成故意杀人的犯罪预备与过失致人死亡罪的想象竞合。

---

[1] 由于一颗安眠药不太可能导致一般人死亡，因此张三致人死亡的心态是过失，而非故意，张三构成过失致人死亡罪和故意杀人罪的未遂。

二、具体事实错误的处理

对于具体的事实认识错误，在学说上，一直存在具体符合说与法定符合说的争论。（规范）具体符合说认为，只要行为人主观所认识的犯罪事实和客观发生的犯罪事实不具体一致，那么对于实际发生的犯罪事实，就不成立故意。法定符合说认为，行为人所认识到的犯罪事实和现实发生的犯罪事实在构成要件上一致的话，就成立故意。

（一）对象错误

在对象错误上，具体符合说与法定符合说的结论一般是一致的。例如，甲想杀乙，却误将丙当成乙进行杀害。法定符合说关注抽象的人，它认为由于乙、丙均是抽象上的"人"，就故意杀（抽象的）人的构成要件而言，主观认识和客观事实是一致的，因而并不妨碍故意的成立。具体符合说关注具体的人，就甲的认识而言，乙与丙均属于具体的"人"，并且，由于行为人杀害的也是具体的人，因而在"人"这一具体性层面上，可以认为甲的认识事实与客观事实之间是一致的。具体符合说并不要求行为人对被害人姓名、体貌这些非刑法要素存在认识，毕竟刑法只规定了故意杀人罪，而没有规定故意杀乙罪。只要行为人认识到自己在杀一个具体的人，就具备主观认识。通俗地说，如果你面前站着多个人，你却认为只有一个（抽象的）人，这就是法定符合说，但如果你面前站的是多个人，你也认为站着多个（具体的）人，这就是具体符合说。在对象错误的这个例子中，甲面前毕竟站着的是一个人，所以无论法定符合说还是具体符合说，结论都是一致的，都成立故意杀人罪的既遂。

对于同一个构成要件中的对象错误，具体符合说与法定符合说的结论一般是一致的，但是也存在例外，这里的例外就是选择罪名。

［例1］行为人主观上想拐卖妇女，客观上拐卖了儿童，由于拐卖妇女、儿童罪是选择罪名，所以可以做如下推导：行为人主观上想拐卖妇女或儿童，而客观上拐卖了儿童，按照法定符合说，自然在儿童的范围内重合，直接认定为拐卖儿童罪的既遂即可；但是如果按照具体符合说，则行为人构成拐卖妇女罪的未遂。

［例2］甲想倒卖车票，但事实上倒卖的是船票。按照法定符合说，甲的行为构成倒卖船票罪，因为倒卖车票、船票罪是选择罪名。

［例3］甲想走私武器，但却走私了弹药。按照法定符合说，甲的行为构成走私弹药罪，因为走私武器、弹药罪是选择罪名。

（二）打击错误

在打击错误上，两种学说的区别十分明显。具体而言，有以下三种情况：

［例1］甲射杀乙，但却误伤丙，致其死亡。

［例2］甲射杀乙，致乙负伤，但却误致丙死亡。

［例3］甲射杀乙，导致乙、丙二人死亡。

根据法定符合说，行为人主观上意图杀死"<u>抽象意义上的人</u>"，实际上也有（抽象的）"人"被行为人杀死。因此，上述三种情况都成立故意杀人罪的既遂。

根据具体符合说，每个具体的人的生命都应该被尊重，都是应该被分别评价的。刑法关于故意杀人罪的规范本质是"禁止杀人"，此处之"人"应是具体的人，而非抽象的人。因此，乙和丙是两个具体的人，而非抽象化概念意义的人。故此，在例1、2中，甲成立针对乙的故意杀人罪的未遂和针对丙的过失致人死亡罪的想象竞合。在例3中，甲成立故意杀人罪的既遂（针对乙）和过失致人死亡罪（针对丙）的想象竞合。

> **小提醒**
>
> 法定符合说与具体符合说最大的分歧在于客观上不同的客体能否等价。具体符合说关注具体客体，认为每个客体都有其独特的价值，不能一律等价视之。而法定符合说关注抽象客体，认为不同客体之间内在本质有相同点，在相同本质上可以等价。我国的通说是法定符合说。

三、抽象事实错误的处理

在法考中，对于抽象事实错误，采取法定符合说。

法定符合说中所谓的"构成要件重合"，既有形式重合，又有实质重合。这种重合包括如下情况：

1. 法条重合（形式重合）。法条重合也即法条竞合，在此情况下，特别法和普通法在普通法的范围内是重合的。

[例1] 行为人出于盗窃财物的目的盗窃了枪支，客观上虽然实施了盗窃枪支的行为，但主观上没有盗窃枪支的故意，不能认定为盗窃枪支罪。但主客观在盗窃罪（普通法）的范围内是重合的，故成立盗窃罪的既遂。

[例2] 行为人主观上想走私武器，客观上走私了假币，由于武器和假币都属于国家禁止进出口的物品，故主客观在走私国家禁止进出口的物品范围内重合，可以成立走私国家禁止进出口的物品罪。

2. 规范重合（实质重合）。当两种犯罪的性质相同，重罪的行为在客观上可以涵盖轻罪，重罪与轻罪在轻罪的范围内是重合的。

[例1] 盗窃和抢劫在盗窃的范围内重合，强制猥亵和强奸在强制猥亵的范围内重合。

[例2] 行为人主观上想盗窃，客观上实施了抢劫，构成盗窃罪的既遂。

[例3] 行为人主观上想销售假药，但却销售了劣药（造成了严重后果），构成销售劣药罪的既遂。

四、主客观相统一原则的判断

在认定犯罪时，不能只考虑主观，否则就是主观归罪，也不能只考虑客观，否则就是客观归罪，要同时考虑主客观两个方面。在刑法理论中，主客观相统一原则是最重要的一个思考方法。只要主观构成要件和客观构成要件可以在同一个构成要件内或者构成要件的重合部分能够统一，一般就可以该罪的既遂论之。如果不能统一，则无法成立既遂（可能成立未遂、预备或不

高频考点

4.4

抽象事实错误的处理

高频考点

4.5

主客观相统一原则的理解

构成犯罪)。如果符合数个犯罪构成,则以想象竞合,从一重罪论处。

[例1] 甲朝张三开枪,误中旁边的汽车,张三逃跑。主客观不统一,甲成立故意杀人罪的未遂。

[例2] 甲给张三的饮料中投毒,准备次日早上给张三端过去,结果当晚小偷到甲家偷东西,误食毒药而死。甲的故意杀人主客观不统一,甲对张三构成故意杀人罪的犯罪预备,对小偷成立过失致人死亡罪,从一重罪论处。

[例3] 甲将李四扔入河中,希望将其淹死,李四抓住救生圈,但李四的仇人王五从河边经过,用石头将救生圈打开,李四溺毙。王五创造了新的因果流程,甲的行为和李四的死亡结果没有因果关系,主客观不统一,成立故意杀人罪的犯罪未遂。

主观故意	客观内容	统一
·事实认识 ·规范评价	·行为 ·结果 ·因果关系	·故意的既遂

主客观相统一原则中的主观要注意区分事实和评价,行为人只能决定自己所认识到的事实,至于这种事实的规范属性并不取决于他自己的评价,而是由规范所决定的。

当行为人的评价和社会评价不一致,应当采取社会评价。所以:

1. 如果行为人认为自己的行为不是犯罪,但规范认为是犯罪,行为人当然存在主观罪过,构成犯罪。

2. 如果行为人认为自己的行为是犯罪,但规范认为不是犯罪,行为人自然也不存在主观罪过,不构成犯罪。

3. 如果行为人认为自己的行为是 A 罪,但规范认为是 B 罪,行为人自然存在 B 罪的主观罪过,构成 B 罪。

4. 当然,在大部分案件中,行为人的评价和社会评价是一致的。

[例1] 甲误以为买卖黄金的行为构成非法经营罪,仍买卖黄金,但事实上该行为不违反刑法。甲没有犯罪故意,不构成犯罪。

[例2] 甲系文盲,听说《金瓶梅》是著名的淫秽书刊,于是让人大量购置,并在多所大学门口偷偷兜售该书,后被人举报。经查,此书仅封面印着"金瓶梅"三字,但其内容并非《金瓶梅》,而是《淫姘眉》,是本真正的淫秽小说,书籍中有大量露骨描绘性行为的文字段落。甲自始至终认为自己在贩卖《金瓶梅》,也承认自己构成犯罪。甲虽然客观上在贩卖淫秽物品,但主观上认为自己在贩卖《金瓶梅》这种"淫秽物品",而《金瓶梅》在规范上不能被评价为淫秽物品,因此甲主观上没有贩卖淫秽物品的故意,不成立贩卖淫秽物品牟利罪。

[例3] 某游戏厅早上 8 点刚开门,甲就进入游戏厅玩耍,发现游戏机上有一个手机,便马上装进自己口袋,然后逃离。事后查明,该手机是游戏厅老板打扫房间时顺手放在游戏机上的,但甲称其始终以为该手机是其他顾客遗忘的财物。在这个案件中,甲知道自己拿了并非自己的手机,但却误认为是"遗忘物"。然而,甲只能决定自己所认识到的事实,即"拿了他人遗忘在游戏厅的手机",至于这个事实的法律属性则是由规范决定的,而不

取决于他的个人见解。按照刑法的规定，"遗忘"在刚开门的游戏厅中的手机，应该被推定为游戏厅管理者无因保管的财物。因此行为人的主观心态应该是盗窃，而非侵占，甲的行为应当以盗窃罪定罪。

[例 4] 甲乘坐长途公共汽车时，误以为司机座位后的提包为身边的乙所有（实为司机所有）。乙中途下车后，甲误以为乙忘了拿走提包。为了非法占有该提包内的财物（内有司机为他人代购的 13 部手机，价值 26 万元），甲提前下车并将提包拿走。司机到站后发现自己的手提包丢失，便报案。甲认为自己拿走了他人遗忘在公共汽车上的提包，他的评价是拾捡。而根据社会评价，在公共汽车上捡到他人遗忘的物品也是拾捡。因此行为人的评价和社会评价是一致的，行为人构成侵占罪。

💡 小 提 醒

确定行为人的主观心态要经过两个步骤：

1. 主观所认识到的事实（注意不是纯粹的客观事实，而是行为人所认识到的事实）。如例 2 "淫姘眉"案中，客观上是淫秽物品，但行为人认为自己在卖《金瓶梅》，所以判断的基础是"卖《金瓶梅》"。

2. 对主观所认识到的事实进行规范评价。如例 2 "淫姘眉"案中，社会评价认为《金瓶梅》是文学艺术品，所以行为人没有传播淫秽物品牟利的故意。

🏷 实战演习

刘某基于杀害潘某的意思将潘某勒昏，误以为其已死亡，为毁灭证据而将潘某扔下悬崖。事后查明，潘某不是被勒死而是从悬崖坠落致死。关于本案，下列哪些选项是正确的？（2007/2/54-多）[1]

A. 刘某在本案中存在因果关系的认识错误

B. 刘某在本案中存在打击错误

C. 刘某构成故意杀人罪未遂与过失致人死亡罪

D. 刘某构成故意杀人罪既遂

专题 14

特殊的主观要素

犯罪目的和犯罪动机也属于主观的构成要件要素。

犯罪目的是犯罪人希望通过实施犯罪行为达到某种危害社会的心理态度。犯罪目的可以分为普通的犯罪目的和特定的犯罪目的，前者即直接故意的意志要素，即主观上希望的

---

[1] AD。本题考查因果关系认识错误的处理规则。因果关系的认识错误，只要存在因果关系就不影响故意的成立。刘某构成故意杀人罪既遂。

内容；后者即通过实施直接危害作为之后进一步追求某种结果或非法利益的心理状态，这也就是所谓的目的犯。例如，《刑法》第152条第1款规定的走私淫秽物品罪中的"以牟利或者传播为目的"；《刑法》第239条第1款规定的绑架罪中的"以勒索财物为目的"；《刑法》第276条规定的破坏生产经营罪中的"由于泄愤报复或者其他个人目的"。虽然不具有故意与过失的行为不可能成立犯罪，但在某种情况下，具有故意的行为也可能不成立犯罪，因为某些犯罪的成立除了要求故意以外，还要求特定的犯罪目的。特定的犯罪目的是一种主观超过要素，不需要有相对应的客观内容。例如，绑架罪需要以"勒索财物"为目的，但若客观上没有勒索成功，这也不影响绑架罪的成立。

💡 **小提醒**

主客观相统一原则有两个例外喔！

1. 结果加重犯，对加重结果主观不需要有明知，只要有过失即可。
2. 特定的目的犯，在客观上不需要有相匹配的客观内容。

犯罪目的在某些犯罪中具有区别罪与非罪的意义，在某些犯罪中则具有区分此罪与彼罪的意义。另外，犯罪目的还影响量刑。一般认为，无论是普通的犯罪目的，还是特定的犯罪目的，只在直接故意中存在。

犯罪动机是指刺激犯罪人实施犯罪行为以达到犯罪目的的内心起因，如《刑法》第243条第1款规定的诬告陷害罪中的"意图使他人受刑事追究"。

犯罪动机与犯罪目的同样是行为人的心理活动，都是通过犯罪行为表现出来，都反映行为人的某种需求。两者的区别在于：

1. 动机产生在前，目的产生在后。
2. 动机回答行为人实施犯罪行为的心理动因何在，目的则回答行为人实施犯罪行为所希望发生的结果是什么。
3. 动机不以危害结果为内容，目的一般以危害结果为内容。
4. 同一性质的犯罪，动机可以是多种多样的，但目的只有一个，不同性质的犯罪，目的不同，但动机可以相同。

💡 **小提醒**

目的犯有两种，一种是普通的目的犯（直接故意），一种是特殊的目的犯（在直接故意的基础上又有特定的目的）。因此，故意犯罪存在有直接故意而没有间接故意的现象，但不存在有间接故意而无直接故意的现象。

📋 **模拟展望**

1. 下列案件的处理，判断正确的有：（单选）[1]

---

[1] A。A项正确，这属于因果关系的认识错误，不影响故意的成立。B项错误，这属于对象错误，接听电话为

A. 甲欲杀乙，致其重伤倒地后离开现场，而乙欲爬起来前往医院就医，却因伤重站立不稳，跌入身旁的水沟溺死。甲构成故意杀人罪的既遂

B. 乙电话敲诈李四，但电话串线至王五处，王五大骇，按照乙之要求将钱汇至乙的银行卡。这是打击错误，乙构成敲诈勒索罪的既遂

C. 丙以为硫黄加酒能致人死亡，故在赵二的酒中投入硫黄，但此行为不可能造成危害结果。丙成立故意杀人罪的未遂

D. 丁为好友李四将犯罪所得钱款汇至境外，李四告诉其此款是抢劫所得，但事实上是贩毒所得。丁构成洗钱罪

2. 下列刑事案件的处理，说法正确的有哪些？（多选）[1]

A. 甲欲杀乙而向乙开枪射击，子弹从乙的衣袖穿过，恰巧击中了与乙同行的丙，致丙轻伤，但丙系血友病患者，流血不止而死亡。按照法定符合说，甲成立故意杀人罪

B. 张三意图射杀李四，朝李四开枪致其死亡，但后来发现死者并非李四，而是酷似李四的王五。按照具体符合说，张三不构成故意杀人罪的既遂

C. 张三射杀李四，却导致李四、王五二人死亡。按照具体符合说，张三对李四成立故意杀人罪的既遂，对王五成立过失致人死亡罪

D. 甲教唆乙伤害丙，但乙去丙家打探丙的行踪时，与丙的邻居丁发生摩擦，激烈争吵，于是将丁打成重伤。乙虽然伤害的不是丙，但甲也构成故意伤害罪的教唆既遂

 来道 不 考 的题目

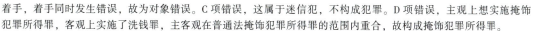

下列哪位思想家热爱抽象人类，以至于没有时间照顾孩子，将亲生的孩子送到孤儿院抚养？[2]

A. 柏拉图　　　　　　B. 亚里士多德

C. 卢梭　　　　　　　D. 雪莱

着手，着手同时发生错误，故为对象错误。C 项错误，这属于迷信犯，不构成犯罪。D 项错误，主观上想实施掩饰犯罪所得罪，客观上实施了洗钱罪，主客观在普通法掩饰犯罪所得罪的范围内重合，故构成掩饰犯罪所得罪。

〔1〕 AC。A 项正确，这属于打击错误和因果关系的认识错误，根据法定符合说，主观上想杀人，客观上抽象的人也死了，且有因果关系，故成立故意杀人罪的既遂。B 项错误，这是对象错误，具体符合说和法定符合说都认为成立故意杀人罪的既遂。C 项正确，这是打击错误，具体符合说认为人不能等价，应当分别评价。D 项错误，被教唆人并未产生认识错误，只是另起犯意，甲的教唆是失败的，无论按照教唆独立说，还是教唆从属说，都不可能构成教唆既遂。

〔2〕 C。卢梭还写了本书叫作《爱弥儿》，阐明如何教育孩子，可惜他自己无法实践。该书奠定了现代教育学的原理，认为教育是为国家培养合格的人才。不知各位同学是不是爱抽象的人类超过于爱具体的个人。看看卢梭的《社会契约论》，你会了解更多法定符合说的思想起源。

第5讲 ◀◀◀
违法阻却事由

应试指导

📁 复习提要

　　本讲讲授犯罪构成的第二个阶层违法阻却事由，应当重点掌握正当防卫的五个要素，尤其是假想防卫和特殊防卫的认定，另外，紧急避险、得到被害人承诺制度也是常考的知识点。

👤 知识框架

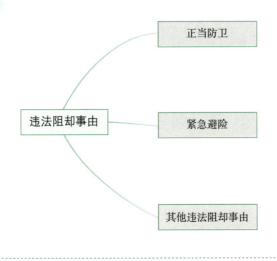

违法阻却事由，又称正当化行为。对于符合构成要件的行为，推定具有违法性，但如果这种行为按照社会伦理是正当的，那就不应以违法行为论处，而应视为正当行为。因此在违法性层次上，主要是从消极方面看是否具有阻却违法的事由。

违法阻却事由可以分为法定的违法阻却事由和超法规的违法阻却事由，前者即我国刑法规定的正当防卫和紧急避险两种违法阻却事由，后者包括具有社会相当性的法令行为、正当业务行为、被害人承诺的行为、自救行为等其他违法阻却事由。

专题 15

正 当 防 卫

第 20 条［正当防卫］ 为了使国家、公共利益、本人或者他人的人身、财产和其他权利免受正在进行的不法侵害，而采取的制止不法侵害的行为，对不法侵害人造成损害的，属于正当防卫，不负刑事责任。

正当防卫明显超过必要限度造成重大损害的，应当负刑事责任，但是应当减轻或者免除处罚。

对正在进行行凶、杀人、抢劫、强奸、绑架以及其他严重危及人身安全的暴力犯罪，采取防卫行为，造成不法侵害人伤亡的，不属于防卫过当，不负刑事责任。

正当防卫，是指为了保护国家、公共利益，本人或者他人的人身、财产和其他权利免受正在进行的不法侵害，采取对不法侵害人造成损害的方法，制止不法侵害的行为。2020年8月，最高人民法院、最高人民检察院、公安部发布了《关于依法适用正当防卫制度的指导意见》（以下简称《指导意见》），对认定正当防卫也有重要的指导作用。[1]

一、正当防卫的成立条件

（一）防卫意图

正当防卫必须具备**正当化的意图**。防卫意图包括**防卫认识**与**防卫意志**。防卫认识是指防卫人认识到不法侵害正在进行；防卫意志是指防卫人出于保护国家、公共利益，本人或他人的人身、财产和其他权利免受正在进行的不法侵害的目的。因此，为了保全他人的合法权益，也可以成立正当防卫。其中，防卫认识是基础，没有防卫认识，就不可能有防卫意志。动机不影响防卫意志的成立，出于不高尚的动机也可能成立正当防卫。

> **高频考点**
>
> 5.1
>
> 防卫认识和防卫意志的判断

赃物的持有人也可以进行防卫，否则会造成"黑吃黑"现象的猖獗，导致社会秩序大乱。国家应当保护赃物持有人对赃物事实上的占有权，防止他人的任意侵夺。

以下几种情况由于缺乏正当化的意图，不成立正当防卫：

---

［1］ 本专题内容参考了指导意见起草小组："《关于依法适用正当防卫制度的指导意见》的理解与适用"，载《人民司法》2020年第28期。

1. 防卫挑拨

防卫挑拨既无防卫认识，又无防卫意志。防卫挑拨是指故意挑逗对方对自己进行不法侵害，然后借机加害对方的行为。这是一种自招防卫，在主观上缺乏防卫意图；在客观上也不存在不法侵害，对方的攻击本身其实是一种正当防卫，对正当防卫当然不能进行正当防卫。

2. 滥用防卫权

对于显著轻微的不法侵害，行为人在可以辨识的情况下，直接使用足以致人重伤或者死亡的方式进行制止的，不应认定为防卫行为。不法侵害系因行为人的重大过错引发，行为人在可以使用其他手段避免侵害的情况下，仍故意使用足以致人重伤或者死亡的方式还击的，不应认定为防卫行为。例如，张三看到妻子与奸夫一起逛商场，持自行车U型锁砸奸夫，奸夫本可逃跑，但却持匕首将张三刺死。此种情形下，张三的加害行为事出有因，且加害对象特定，与一般的故意伤害行为在社会危害性上存在较大不同。如果不考虑事件的起因，认定奸夫的行为属于防卫过当甚至正当防卫，对其只能在10年有期徒刑以下处刑，甚至要宣告无罪，从情理上难以为人民群众所认同。因此，对于行为人在起因方面有重大过错的情形，应当认为其有退避义务，只有在无法避让的情况下才能进行防卫。

3. 相互斗殴

相互斗殴有防卫认识，但缺乏防卫意志。斗殴双方无论谁先动手，谁后动手，都是违背法律要求的，因此一般不成立正当防卫。但是在斗殴过程中或结束时，在特殊情况下也可能成立正当防卫。例如，在相互斗殴中，一方求饶或者逃走，另一方继续侵害的，前者可以出于防卫意图进行正当防卫。

《指导意见》也特别强调区分防卫行为与相互斗殴。防卫行为与相互斗殴具有外观上的相似性，准确区分两者要坚持主客观相统一原则，通过综合考量案发起因、对冲突升级是否有过错、是否使用或者准备使用凶器、是否采用明显不相当的暴力、是否纠集他人参与打斗等客观情节，准确判断行为人的主观意图和行为性质。

因琐事发生争执，双方均不能保持克制而引发打斗，对于有过错的一方先动手且手段明显过激，或者一方先动手，在对方努力避免冲突的情况下仍继续侵害的，还击一方的行为一般应当认定为防卫行为。

双方因琐事发生冲突，冲突结束后，一方又实施不法侵害，对方还击，包括使用工具还击的，一般应当认定为防卫行为。不能仅因行为人事先进行防卫准备，就影响对其防卫意图的认定。

4. 偶然防卫

行为人并无正当的防卫意图，但客观上符合了正当防卫的其他条件，制止了不法侵害。

[例1] 甲与乙素有仇隙。某日晚，甲酒后决意杀乙，便携枪到乙住处。甲从门缝见一人背影，确认是乙，于是举枪射击。而恰逢乙刚劫持了一名过路的妇女，正要对其实施暴力强奸。结果甲将乙打死，同时也阻止了其正在实施的强奸犯罪行为。在上述案例中，甲的行为客观上偶然地制止了正在进行的暴力犯罪行为，通说认为并非正当防卫。

[例2] 张某与李某有仇，欲除之而后快。一日，张某守候在李某家门口，准备用偷来的枪支射杀李某。此时李某也携带自制火药枪准备外出打猎，刚出家门，火药枪突然走火，将正在向他瞄准的张某打死。这也是典型的偶然防卫。

如果排斥主观的正当化要素，主张防卫意图不要说，那么偶然防卫也属于正当防卫。但是根据通说，防卫意图是必要的，因此偶然防卫不能成立正当防卫。一般认为，由于行为人主观上有犯罪故意，但客观上没有危害结果，主客观不统一，所以可以未遂犯论处。

> **小 提 醒**
>
> 偶然防卫可以既缺乏防卫认识，又缺乏防卫意志，如上述例 1 中甲误杀强奸犯案；也可能是有防卫认识，但却缺乏防卫意志，如甲、乙故意伤害李四，甲朝李四挥刀，但却误伤同伙乙，甲的行为属于偶然防卫，但存在防卫认识，因为他自己就是坏人，自然认识到不法侵害在进行。

（二）防卫起因

正当防卫的前提条件是存在不法侵害。因此，要注意如下知识点：

1. 精神病人与未成年人的侵害

精神病人与未成年人所实施的危害行为也属于不法侵害，故可对其进行正当防卫。当然，如果防卫人知道进行侵害的人是未成年人或者精神病人，首先应尽量采取其他方法躲避侵害，只有在迫不得已的情况下才允许实行正当防卫。《指导意见》第 7 条规定："……明知侵害人是无刑事责任能力人或者限制刑事责任能力人的，应当尽量使用其他方式避免或者制止侵害；没有其他方式可以避免、制止不法侵害，或者不法侵害严重危及人身安全的，可以进行反击。"

2. 动物侵袭

动物侵袭一般不属于不法侵害，将动物打死可按紧急避险论处。但是，如果饲养人唆使其饲养的动物侵害他人，此种情况下动物是饲养人进行不法侵害的工具，防卫人将该动物打死打伤的，事实上属于以给不法侵害人的财产造成损害的方法进行的正当防卫。当然，如果直接攻击唆使之人，由于他是不法行为的直接发出源，也可成立正当防卫。

3. 对于社会利益、国家利益的侵害，也可能属于不法侵害，但只有这种社会利益和国家利益与个人利益有密切关系，且对个人利益有紧迫的危险时才可进行正当防卫。例如，对他人偷越国（边）境的行为，就不能进行正当防卫。但是，对于小偷盗窃国有企业财产的行为，他人可以进行正当防卫，因为国有企业的财产必须有人进行监管，这同样可以理解为是对个人监管权的一种侵犯，故可以进行正当防卫。

4. 过失犯罪和不作为犯罪都属于不法侵害，自然都可以进行正当防卫。例如，张某见其幼女落水，有能力救助却不救助，甲非常生气，使用暴力将张某打伤，迫使张某救助幼女，甲的行为成立正当防卫。

5. 假想防卫的处理

如果没有发生不法侵害，行为人误以为发生了不法侵害，采取了自以为是正当防卫行为的，属于假想防卫。通说认为，假想防卫不是正当防卫，通常按过失犯罪处理；如果确实没有过失，则按意外事件处理。

高频考点

5.2

假想防卫的处理

［例 1］甲抢劫乙，甲的女友劝甲不要胡来，由于使用的是方言，乙没有听懂，反而认为甲的女友让甲杀人灭口，于是将甲和甲的女友均打成轻伤。

这是典型的假想防卫，由于轻伤害不存在过失犯罪，故乙不负刑事责任。

[例2] 王某深夜见两人向其走来，以为劫匪要袭击他，随即用手中的尖刀刺向走在前面的齐某胸部，致齐某因气血胸而发生失血性休克，当场死亡。王某的行为不构成故意杀人罪。

小 提 醒

1. 考试一般都喜欢考查假想防卫把人打成轻伤，因为过失致人轻伤不成立犯罪，所以这种假想防卫直接以意外事件论处。
2. 在防卫不适时、对第三人防卫中，也可能出现假想防卫。

(三) 防卫时间

正当防卫必须发生在不法侵害正在进行时，否则就是防卫不适时。

1. 开始时间

开始时间采取危险面临说，《指导意见》第6条指出，对于不法侵害已经形成现实、紧迫危险的，应当认定为不法侵害已经开始。

[例] 刘敬章年过六旬，孤身一人住在深山寺庙。不法侵害人在提出借住寺庙的要求被拒绝后，攀墙进入庙内，持菜刀踢门闯入刘敬章的卧室。刘敬章因听到脚步声，用手机准备向他人求救，此时借助手机屏幕光亮看到持刀闯入的不法侵害人后，拿起放在床头边的柴刀向其猛砍一刀。此种情形下，不法侵害已经形成现实、紧迫危险，故刘敬章的行为具有防卫性质，属于正当防卫。(刘敬章正当防卫案)[1]

小 提 醒

一般来说，先下手为强属于提前防卫，不成立正当防卫。如果出现认识错误，认为不法侵害已经开始，则属于假想防卫；如果明知不法侵害还未开始，则属于故意犯罪。

想一想

提前防卫中发生打击错误，应当如何处理？甲、乙密谋杀丙，丙得知此事，跑到正在密谋的甲、乙处，朝甲、乙开枪，但却误打中丁。这该当何罪？[2]

2. 结束时间

关于不法侵害结束的时间，可以采取"危险排除"的理论认定，对于不法侵害人确已失去侵害能力或者确已放弃侵害的，应当认定为不法侵害已经结束。对于不法侵害是否已经开始或者结束，应当立足防卫人在防卫时所处情境，按照社会公众的一般认知，依法作出合乎情理的判断，不能苛求防卫人。对于防卫人因为恐慌、紧张等心理，对不法侵害是否已经开始或者结束产生错误认识的，应当根据主客观相统一原则，依法作出妥当处理。这里尤其需要注意三点：

---

[1] 福建省长汀县人民法院（2013）汀刑初字第133号刑事裁定。

[2] 这是故意的提前防卫，属于故意犯罪，故意犯罪的打击错误根据法定符合说和具体符合说，处理结论并不一样。

（1）整体性判断。如果防卫行为从整体上看是一体的，应当认为不法侵害没有结束。"一体"一般指的是同一机会、同一场合、同一动机，中间没有明显中断。

（2）犯罪达到既遂状态，并不必然意味着不法侵害已经结束。就继续犯而言，犯罪既遂后，犯罪行为与不法状态在一定时间内同时处于继续状态，显然不宜以犯罪既遂作为不法侵害的结束时间。

（3）针对财产的不法侵害，侵害人取得财物后，不宜一概认定不法侵害已经结束，而应当根据案件具体情况作出判断。根据《指导意见》第 6 条的规定，<u>在财产犯罪中，不法侵害人虽已取得财物，但通过追赶、阻击等措施能够追回财物的，可以视为不法侵害仍在进行</u>。例如，盗窃犯窃得财物，盗窃罪已既遂，但当场对盗窃犯予以暴力反击夺回财物的，一般都可认定为正当防卫。

💡 **小提醒**

在判断危险是否开始与排除时，可以将自己代入防卫人的角色，根据一般人的常识进行判断，而不能从事后的角度开启理性人视角对防卫人过于苛责。

❓ **想一想**

山东辱母案中的于欢将辱母者刺死，这属于事后防卫吗？[1]

3. 防卫不适时

防卫不适时包括事先防卫和事后防卫。事先防卫是在不法侵害还未开始时进行防卫；事后防卫是在不法侵害已经结束时，继续加害不法侵害人。

防卫不适时包括两种情况：①故意的防卫。明知不法侵害尚未开始或已经结束，而故意对不法侵害人造成侵害。例如，女方被强奸后，面对扬长而去的犯罪人，非常生气，于是拾起砖头朝犯罪人头部猛击。又如，甲半夜因为听到厨房有动静遂起床，结果发现瘦弱的小偷乙上半身已经进入室内，一条腿挂在外，卡在中间，甲看见后拿起厨房的刀猛砍乙头部致重伤。这两个案件中的行为人都不构成正当防卫，而属于故意犯罪。②过失犯罪，应当预见不法侵害尚未开始或者已经结束，因为疏忽大意没有预见，对不法侵害人造成侵害。

<u>预先安装防卫装置不属于事先防卫</u>。例如，为了防止小偷，在围墙上插上玻璃碎片，当防卫效果发生时正好遭遇不法侵害，这也成立正当防卫。但是，如果预先安装的防卫装置有危害公共安全的性质，即使出于防卫动机，也不属于正当防卫。例如，为了防止他人偷窃，在果树上投毒，造成他人伤亡的，这不再属于正当防卫，因此不存在违法阻却事由，应该直接以投放危险物质罪论处。如果预想到有犯罪行为会发生，而提前准备武器防身，在遭遇不法侵害时使用武器，实质上防卫行为针对的是正在进行中的不法侵害，可以成立正当防卫。

（四）防卫对象

正当防卫只能针对不法侵害人本人的人身或财物进行防卫。当然，不能狭隘地将不法

---

[1] 一审法院认为是事后防卫，故于欢的行为不具有防卫性质，法院以故意伤害罪判处其无期徒刑；但二审法院改判，认为不法侵害仍在进行，故其行为具有防卫性质，只是超越了防卫限度，属于防卫过当。

侵害人理解为实行行为的实施者，而是也包括现场的组织者、教唆者和帮助者。例如，在"陈天杰正当防卫案"中，击打到陈天杰头部的虽然只是纪某某，但容某乙当时也围在陈天杰身边手持钢管殴打陈天杰，也属于不法侵害人，陈天杰可以对其防卫。[1]

1. 对第三人防卫的处理

如果故意针对第三者进行防卫，就应作为故意犯罪处理。如果误认为第三者是不法侵害人而进行所谓防卫，就以假想防卫来处理，即如果行为人主观上有过失，且刑法规定为过失犯罪，就按过失犯罪来处理；如果行为人主观上没有过失，就按意外事件来处理。

?·想一想

甲和女友夜晚在公园散步，遭到3个流氓的侮辱，继而3人殴打甲。甲在黑暗中持水果刀与3个流氓搏斗。这时有一个着便衣的警察，见似乎有几个人在打架斗殴，就过来拍了甲的肩膀一下。甲误以为是流氓袭击，将其扎伤。对甲的行为应如何处理？[2]

2. 损害第三人的财产

为制止正在进行的不法侵害，使用第三者的财物反击不法侵害人，对于财物的拥有者而言，这可能成立紧急避险，但是如果同时对不法侵害人造成了人身损害，是可以成立正当防卫的。

[例1] 张三殴打李四，李四拿起王五的名贵吉他还击，吉他毁损，李四成立紧急避险。

[例2] 张三殴打李四，李四拿起王五的名贵吉他还击，张三被打成轻伤，吉他毁损，李四成立正当防卫和紧急避险。

[例3] 张三殴打李四，李四拿起张三的名贵吉他还击，张三被打成轻伤，吉他毁损，李四成立正当防卫和紧急避险。

[例4] 张三抓起王五的名贵吉他向李四头部砸去，李四用手肘一挡，导致吉他损毁。这种损害结果与李四无关，不属于正当防卫，而应当由张三承担故意毁坏财物罪的责任。

?·想一想

甲被歹徒追杀，逃进了一条死胡同，无路可走，情急之下，跳上路边张三停放的尚未熄火的摩托车，然后掉头向后面挥刀追杀上来的歹徒冲撞过去，将歹徒撞倒在地，逃过一劫。但由于慌不择路，甲将摩托车撞到了路边的电线杆上，使车体受损。对甲的行为应如何处理？[3]

·小 结 正当防卫和紧急避险可能出现竞合或并存。

3. 对第三人防卫与打击错误

在正当防卫过程中，如果出现打击错误，导致不法侵害人以外的第三人伤亡，该如何

---

[1] "陈天杰正当防卫案——正当防卫与相互斗殴的界分"，载中国法院网，https://www.chinacourt.org/article/detail/2020/09/id/5436036.shtml，发布时间：2020年9月3日。

[2] 这属于对第三人防卫，可按假想防卫处理。

[3] 既属于正当防卫，又属于紧急避险。

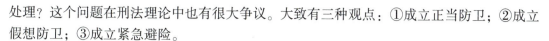

处理？这个问题在刑法理论中也有很大争议。大致有三种观点：①成立正当防卫；②成立假想防卫；③成立紧急避险。

小 提 醒

这三种观点好像很难记。怎么办？我们回忆一下处理打击错误的法定符合说和具体符合说。

第一、二种观点遵循的是法定符合说的立场。

法定符合说认为不同的具体人在人的本质上可以等价，因此不法侵害人与第三人之间在价值上具有等同性，既然对不法侵害人的攻击进行防卫成立正当防卫，那么由于打击错误对第三人进行防卫也可成立正当防卫。（攻击好人等同于攻击坏人，"正对不正"，自然是正当防卫，此乃第一种观点）

另外，法定符合说认为对象错误与打击错误的处理结论是一致的，如果防卫人出现对象错误，误认为第三者是不法侵害人而进行所谓防卫，属于假想防卫。那么，根据法定符合说，在打击错误的情况下，也宜认定为假想防卫。（法定符合说不区分打击错误和对象错误，所以把打击错误等同于对象错误，也即误认好人为坏人，自然系假想防卫）

如果采取具体符合说的立场，人身专属法益不能等价，只有非人身专属的法益才可以等价，那么，第三种观点是恰当的。防卫人的行为并非针对不法侵害人的侵犯，而是对与此无关的第三人的攻击，这完全符合紧急避险的条件。（具体符合说认为好人和坏人是不同的人，所以行为人在攻击好人，属于"正对正"，为紧急避险）

？想一想

甲、乙合谋杀害丙，计划由甲对丙实施砍杀，乙持枪埋伏于远方暗处，若丙逃跑则伺机射杀。案发时，丙不知道乙的存在。为防止甲的不法侵害，丙开枪射杀甲，子弹与甲擦肩而过，击中远处的乙，致乙死亡。该案如何处理？[1]

（五）防卫限度

正当防卫不能明显超过必要限度造成重大损害。防卫是否"明显超过必要限度"，应当综合不法侵害的性质、手段、强度、危害程度和防卫的时机、手段、强度、损害后果等情节，考虑双方力量对比，立足防卫人防卫时所处情境，结合社会公众的一般认知作出判断。在判断不法侵害的危害程度时，不仅要考虑已经造成的损害，还要考虑造成进一步损害的紧迫危险性和现实可能性。不应当苛求防卫人必须采取与不法侵害基本相当的反击方式和强度。通过综合考量，对于防卫行为与不法侵害相差悬殊、明显过激的，应当认定防卫明显超过必要限度。

"造成重大损害"是指造成不法侵害人重伤、死亡。造成轻伤及以下损害的，不属于重大损害。防卫行为虽然明显超过必要限度但没有造成重大损害的，不应认定为防卫过当。

---

〔1〕 按照法定符合说，关于抽象的人，可以把两个坏人看成一个坏人，所以这是正当防卫，因为客观上有不法侵害，主观上也有防卫认识和防卫意志。但如果按照具体符合说，人是不能被视为等价的，那就属于误伤坏人，成立偶然防卫。

正当防卫行为客观上造成了损害，如果损害不是行为人的行为所导致的，或者行为根本没有造成损害，那自然不属于正当防卫。例如，小偷偷东西，主人大叫抓小偷，小偷慌忙逃跑，掉到水沟，溺毙。主人的行为与小偷的死亡之间没有因果关系，其行为并未导致小偷死亡，所以不属于正当防卫。

二、防卫过当

符合正当防卫的前四个要件而不具备第五个要件才是防卫过当。

根据《刑法》第20条第2款的规定，认定防卫过当应当同时具备"明显超过必要限度"和"造成重大损害"两个条件，缺一不可。"明显超过必要限度"可谓行为不当，"造成重大损害"可谓结果不当，只有行为和结果都不当，才属于防卫过当。例如，相对弱小的不法侵害人徒手侵害，体格强壮的防卫人持械还击，符合"明显超过必要限度"要件，但只要没有造成重大损害，则不构成防卫过当。

防卫过当在主观上一般是过失，但也不排除故意。

[例1] 甲遭受乙正在进行的一般的不法侵害，在防卫过程中一棒将乙打倒，致乙头部跌在一块石头上而死亡。甲的防卫行为明显超过必要限度造成了重大损害，应以防卫过当追究刑事责任，构成过失致人死亡罪。防卫过当应当负刑事责任，但是应当减轻或者免除处罚。

[例2] 于欢辱母杀人案中，于欢被认定为防卫过当，二审以故意伤害罪改判于欢有期徒刑5年。[1]

三、特殊防卫

《刑法》第20条第3款规定："对正在进行行凶、杀人、抢劫、强奸、绑架以及其他严重危及人身安全的暴力犯罪，采取防卫行为，造成不法侵害人伤亡的，不属于防卫过当，不负刑事责任。"防卫人如果遭遇到某些严重危及人身安全的暴力犯罪，实施正当防卫则不存在过当问题。立法上作这样的规定一方面体现了对暴力犯罪的严厉惩治，另一方面体现了鼓励公民积极反抗暴力犯罪的态度，让防卫人放开手脚勇敢地保护合法权益。

还记得我们之前所提到的缓和的法益保护说吧，虽然在特殊防卫中，防卫人可能保全的利益大于所损失的利益，但这种行为是社会生活所允许甚至鼓励的，法益作为入罪的基础，而伦理作为出罪的依据。

? 想一想

叶某自营一饭店。某日晚6时许，王某、郑某到叶某的饭店滋事，王某拿刀朝叶某的左臂

---

[1] 最高人民法院2018年6月20日发布的指导案例第93号"于欢故意伤害案"裁判要旨指出：①对正在进行的非法限制他人人身自由的行为，应当认定为《刑法》第20条第1款规定的"不法侵害"，可以进行正当防卫。②对非法限制他人人身自由并伴有侮辱、轻微殴打的行为，不应当认定为《刑法》第20条第3款规定的"严重危及人身安全的暴力犯罪"。③判断防卫是否过当，应当综合考虑不法侵害的性质、手段、强度、危害程度，以及防卫行为的性质、时机、手段、强度、所处环境和损害后果等情节。对非法限制他人人身自由并伴有侮辱、轻微殴打，且并不十分紧迫的不法侵害，进行防卫致人死亡重伤的，应当认定为《刑法》第20条第2款规定的"明显超过必要限度造成重大损害"。④防卫过当案件，如系因被害人实施严重贬损他人人格尊严或者亵渎人伦的不法侵害引发的，量刑时对此应予充分考虑，以确保司法裁判既经得起法律检验，也符合社会公平正义观念。

及头部各砍一刀。叶某拔出自备的尖刀还击，在店门口刺中王某胸部一刀后，冲出门外侧身将王某抱住，两人互相扭打砍刺。在旁的郑某见状即拿起旁边的一张方凳砸向叶某的头部，叶某转身还击一刀，刺中郑某的胸部后又继续与王某扭打，将王某制服。王某和郑某经送医院抢救无效死亡，叶某也多处受伤。叶某的行为如何定性？[1]

需要说明的是，特殊防卫是一种特殊正当防卫，它必须具备正当防卫的四个前提条件，只不过在防卫限度要件上略有放宽。特殊防卫的实质条件是"严重危及人身安全的暴力犯罪"，因此，要注意如下几点：

1. 对于轻微暴力犯罪或者一般暴力犯罪，不适用上述规定。只有对严重危及人身安全的暴力犯罪进行正当防卫，才存在特殊防卫权的问题。这里的"行凶"，一般是指杀人与重伤界限不清楚的暴力犯罪。

《指导意见》第 15 条指出，下列行为应当认定为"行凶"：①使用致命性凶器，严重危及他人人身安全的；②未使用凶器或者未使用致命性凶器，但是根据不法侵害的人数、打击部位和力度等情况，确已严重危及他人人身安全的。虽然尚未造成实际损害，但已对人身安全造成严重、紧迫危险的，可以认定为"行凶"。

2. 并非对于任何正在进行的行凶、杀人、抢劫、强奸、绑架以及其他暴力犯罪都可以采取特殊防卫，只有当暴力犯罪达到实质标准，严重危及人身安全的，才适用上述规定。

《指导意见》第 16 条指出，《刑法》第 20 条第 3 款规定的"杀人、抢劫、强奸、绑架"，是指具体犯罪行为而不是具体罪名。在实施不法侵害过程中存在杀人、抢劫、强奸、绑架等严重危及人身安全的暴力犯罪行为的，如以暴力手段抢劫枪支、弹药、爆炸物或者以绑架手段拐卖妇女、儿童的，可以实行特殊防卫。有关行为没有严重危及人身安全的，应当适用一般防卫的法律规定。例如，对迷药型抢劫，就不应该适用特殊防卫。

3. 严重危及人身安全的暴力犯罪不限于刑法条文所列举的上述犯罪，还包括其他严重危及人身安全的暴力犯罪，如劫持航空器、组织越狱等。

《指导意见》第 17 条指出，《刑法》第 20 条第 3 款规定的"其他严重危及人身安全的暴力犯罪"，应当是与杀人、抢劫、强奸、绑架行为相当，并具有致人重伤或者死亡的紧迫危险和现实可能的暴力犯罪。

4. 注意一般防卫与特殊防卫的关系。对于不符合特殊防卫起因条件的防卫行为，致不法侵害人伤亡的，如果没有明显超过必要限度，也应当认定为正当防卫，不负刑事责任。换言之，一般防卫也可能出现致人伤亡的结果。

5. 是否属于严重危及人身安全的暴力犯罪，应当站在事中的一般人立场来看待，即站在防卫人的角度，而不能在事后站在圣人立场。

［例］2018 年 8 月 27 日 21 时许，江苏省昆山市开发区震川路、顺帆路路口发生一起刑事案件。一轿车与电动车发生轻微交通事故，双方争执时轿车内一名男子（刘海龙）拿出刀，砍向骑车人（于海明），之后长刀不慎落地，骑车人捡起长刀反过来追砍该男子，男

---

［1］ 法院认定叶某的行为属于特殊防卫，不属于防卫过当。（最高人民法院《刑事审判参考》指导案例第 40 号"叶永朝故意杀人案"）

子被砍伤倒在草丛中。该案件导致轿车内的刘海龙死亡，骑车人于海明受伤。2018 年 9 月 1 日，江苏省昆山市公安局就"昆山市震川路于海明致刘海龙死亡案"发布通报。通报称，于海明的行为属于正当防卫，不负刑事责任，公安机关依法撤销案件。（昆山反杀案）

● 小 结 是否属于特殊防卫，也是把自己代入防卫人的立场，从一般人的立场看是否遭遇严重危及人身安全的暴力犯罪。

📖 实战演习

关于正当防卫，下列哪一选项是错误的？（2009/2/3-单）[1]
A. 制服不法侵害人后，又对其实施加害行为，成立故意犯罪
B. 抢劫犯使用暴力取得财物后，对抢劫犯立即进行追击的，由于不法侵害尚未结束，属于合法行为
C. 动物被饲主唆使侵害他人的，其侵害属于不法侵害；但动物对人的自发侵害，不是不法侵害
D. 基于过失而实施的侵害行为，不是不法侵害

专题16

——— 紧急避险 ———

第 21 条 ［紧急避险］ 为了使国家、公共利益、本人或者他人的人身、财产和其他权利免受正在发生的危险，不得已采取的紧急避险行为，造成损害的，不负刑事责任。

紧急避险超过必要限度造成不应有的损害的，应当负刑事责任，但是应当减轻或者免除处罚。

第 1 款中关于避免本人危险的规定，不适用于职务上、业务上负有特定责任的人。

紧急避险，是指为了使国家、公共利益，本人或者他人的人身、财产和其他权利免受正在发生的危险，不得已对另一较小合法权益造成损害的行为。

一、紧急避险的成立条件

（一）避险意图

紧急避险也必须具备正当化的意图，具备避险认识和避险意志，必须是为了使国家、公

---

［1］ D。已经制服了不法侵害人，说明犯罪行为已经结束，此时的防卫行为明显属于防卫不适时，成立故意犯罪。故 A 项正确，不当选。在财产性犯罪中，虽然犯罪人已经取得了财物，但可能当场取回财物，对抢劫犯进行追击的，仍然成立正当防卫。故 B 项正确，不当选。动物被饲主唆使侵害他人的，动物属于工具，应当认为是人的不法侵害。因为不法意味着违法，而只有人能够成为违法的主体。动物对人的自发侵害不属于不法侵害，打死动物的，不可能成立正当防卫。注意：正当防卫中的不法侵害必须是人的不法侵害，因为正当防卫是"正"对"不正"。故 C 项正确，不当选。过失也是犯罪，同是不法侵害，可以对其进行正当防卫。故 D 项错误，当选。

共利益、本人或者其他人的人身、财产和其他权利<u>免受正在发生的危险</u>，动机在所不论。如果是为了保护非法利益，则不成立紧急避险。例如，为了躲避公安机关抓捕，闯入民宅，仍然成立非法侵入住宅罪。

（二）避险起因

紧急避险要求合法权益必须存在危险。这里的危险范围要<u>大于正当防卫中的不法侵害范围</u>。它包括：

1. 不法侵害，如在被杀人犯追杀的过程中将路人的摩托车抢走。对合法行为则不能够进行紧急避险。

2. 自然力的侵害，如台风、地震、海啸等。

3. 动物侵袭。这里需要注意的是，如果动物是他人犯罪的工具，对动物的打击行为不属于紧急避险，而是正当防卫。

如果不存在危险，而行为人<u>误认为有危险，这属于假想避险，其处理结果与假想防卫相同</u>。例如，张三在山区走路，深夜中发现背后扑来一只"狼"，张三把"狼"打倒在地，后来发现不是狼，而是自己的猎人哥哥，哥哥受轻伤。这就是假想避险，可以排除故意，由于过失对轻伤不承担责任，所以张三不构成犯罪。比较复杂的是自招危险，如果危险是行为人自己导致的，那么他可否避险呢？一般认为，在自招危险的场合，应当从社会相当性的角度分析是否可以进行避险。例如，避险挑拨，行为人为了达到某种不法目的而故意招致危险，危险发生后借口实施紧急避险而损害第三人合法权益的，这样的行为就不能认定为紧急避险。

（三）避险时间

正在发生的、迫在眉睫的危险是紧急避险的时间条件。对于尚未到来或者已经过去的危险，都不能够进行紧急避险。紧急避险的时间条件比正当防卫要松，如果不法侵害还未开始，对于犯罪预备不能进行正当防卫，但有可能进行紧急避险。例如，张三听闻房客早8 点要去杀人，就将房门锁了起来，这属于紧急避险。

（四）避险客体

紧急避险是损害一个合法权益而保全另一个合法权益，它是"<u>正对正</u>"，区别于"<u>正对不正</u>"的正当防卫。因此，法律对紧急避险的限制要远远大于正当防卫。

高频考点

5.3

紧急避险和正当防卫、义务冲突的区分

需要注意紧急避险与义务冲突的区别，紧急避险是"权利"与"权利"的冲突，当然，互相冲突的权利可以都属于一人。例如，甲看到某个房屋着火，屋里二楼有个婴儿，但已经无法正常出去，为救婴儿，只好将婴儿扔出窗外，导致婴儿重伤。这是为了挽救婴儿的生命权而损害了其健康权，构成紧急避险。

如果是"义务"与"义务"的冲突，则非紧急避险，而是另一种违法阻却事由——义务冲突。

［例1］ 律师在法庭上为了维护被告人的合法权益，不得已泄露他人隐私。这属于义务冲突。

［例2］ 甲医生对于同时送来的多位急救病人，只能救助其中一名。这也属于义务冲突

而非紧急避险。

［例3］甲喝酒后发现妻子突发疾病，在无法采取其他办法的情况下迫不得已开车送妻就医。这既是义务冲突，又是紧急避险。义务冲突和紧急避险在特殊情况下也可能竞合。

［例4］甲遭乙追杀，情急之下夺过丙的摩托车骑上就跑，丙被摔骨折。乙开车继续追杀，甲为逃命飞身跳下疾驶的摩托车奔入树林，丙1万元的摩托车被毁。甲属于紧急避险。

［例5］甲遭乙骑摩托车追杀，情急之下夺过乙的摩托车骑上就跑，乙被摔骨折。甲为逃命飞身跳下疾驶的摩托车奔入树林，乙1万元的摩托车被毁。甲针对乙的摩托车属于紧急避险，但造成乙的骨折属于正当防卫。

（五）避险可行性

紧急避险必须是在迫不得已、别无选择的情况下才允许进行。紧急避险不适用于职务上、业务上负有特定责任的人。例如，发生火灾时，消防队员就不能以有危险为由而拒绝救火。当然，这个规定也不能过于绝对，还是要考虑社会相当性的需要。例如，消防队员于火灾中，为了逃生而将他人窗户的玻璃打碎。

（六）避险限度

紧急避险所保全的利益必须大于所损失的利益。在进行利益权衡的时候，应当根据社会规范，按照社会一般观念，进行相当性的衡量。如果无视社会伦理规范的制约，单纯的利益权衡会得出许多荒谬的结论。例如，为了不让自己身上名贵的西装被雨淋湿就夺过穿着破衣烂衫的穷人的雨伞，或者为了挽救重病患者的生命而强行从旁边经过的第三者身上采血的场合，纯粹按照优越利益衡量说，都会得出紧急避险的结论，但这明显是错误的。

二、避险过当

紧急避险超过必要限度造成不应有的损害的，应当负刑事责任，但是应当减轻或者免除处罚。避险过当包括两种情况：①保护较小利益牺牲较大利益；②保护利益与牺牲利益相等或无法衡量。

避险过当和防卫过当都可以视为责任减免事由。所以，无论对防卫过当还是避险过当本身都可以进行正当防卫。

📖 实战演习

鱼塘边工厂仓库着火，甲用水泵从乙的鱼塘抽水救火，致鱼塘中价值2万元的鱼苗死亡。仓库中价值2万元的商品因灭火及时未被烧毁。甲承认仓库边还有其他几家鱼塘，为报复才从乙的鱼塘抽水。关于本案，下列哪一选项是正确的？（2015/2/4-单）〔1〕

---

〔1〕 B。避险意图是紧急避险成立的主观要件，即行为人实行紧急避险必须是为了保护合法利益。甲从乙的鱼塘抽水救火，主观上是为了救火，属于"为了使他人的人身、财产和其他权利免受正在发生的危险"，有报复动机并不影响避险意图的成立，故A项错误。紧急避险是通过损害一个合法权益而保全另一个合法权益，所以对于紧急避险的

A. 甲出于报复动机损害乙的财产，缺乏避险意图

B. 甲从乙的鱼塘抽水，是不得已采取的避险行为

C. 甲未能保全更大的权益，不符合避险限度要件

D. 对 2 万元鱼苗的死亡，甲成立故意毁坏财物罪

其他违法阻却事由

一、法令行为

法令行为，是指基于法律、法规而行使的行为。

［例 1］ 有权机构发行彩票并不构成赌博罪。

［例 2］ 将犯罪分子扭送至司法机关并不成立非法拘禁罪。

［例 3］ 人民警察执行职务的行为，也是法令行为，而非正当防卫，不可适用特殊防卫制度。正当防卫是一种权利，而非义务。但对于警察来说，执行职务是义务，而非权利。对于人民警察执行职务的行为应当严格限制。

二、正当业务行为

正当业务行为，是指虽然没有法律、法规规定，但在社会生活中属于正当的业务行为，如体育竞技运动中对他人造成的伤害。业务行为成立排除犯罪事由必须要求行为人遵守相关的业务规则。

? 想一想

医生乙见患者腿部伤情严重，若不截肢会危及生命，于是决定对其截肢。乙的行为属于紧急避险吗？[1]

三、被害人承诺的行为

对于侵害个人法益的行为，被害人的承诺在特定条件下可以否定行为的违法性。例如，经过女性同意的性行为就不是强奸。被害人承诺行为成立排除犯罪事由须具备以下条件：

1. 承诺者对被侵害的法益有处分的权限。承诺者无权处分社会利益。

高频考点

5.4

被害人承诺的
行为之认定

可行性必须严格限制。只有在不得已即没有其他方法可以避免危险时，才允许实行紧急避险。工厂仓库边虽然有其他的鱼塘，但在当时的情况下，火势紧急，无论从哪一家鱼塘抽水，都会造成损失，因此从乙的鱼塘抽水是不得已的避险行为，故 B 项正确。紧急避险的限度条件是要求避险行为不能超过其必要限度，造成不应有的损害。乙鱼塘鱼苗的价值和工厂仓库商品的价值相当，但火灾还可能危及人身和公共安全，所以保护的利益大于损失的利益，故 C 项错误。甲选择用乙鱼塘的水灭火是在不得已的情形下实施的，所以甲的行为构成紧急避险，对于 2 万元鱼苗的死亡，甲不成立故意毁坏财物罪，故 D 项错误。

〔1〕 不属于。医疗行为属于业务行为。

[例1] 得到他人同意的非法行医同样构成非法行医罪。

[例2] 得到妻子同意的重婚行为也构成重婚罪。

承诺者<u>无权处分重大的人身权利</u>。例如，生命权不得处分，因此对他人实施安乐死也构成故意杀人罪。一般认为，重大的身体健康权不得处分，但较轻的身体伤害（如轻伤）可以处分。

2. 承诺者必须有<u>承诺能力</u>。例如，不满14周岁的幼女就没有性承诺能力，即使得到她同意的性行为，也不能否定强奸罪的成立。

3. 承诺必须<u>事先作出</u>，事后承诺是无效的，否则国家的追诉权就会受到被害人意志的左右。

4. 经承诺的行为<u>不能超出承诺的范围</u>。例如，李某同意丁砍掉自己的一个小手指，而丁却砍掉了李某的大拇指。丁的行为就成立故意伤害罪。

5. 承诺必须出于承诺者的<u>真实意志</u>，强迫下的承诺是无效的。比较复杂的是欺骗与承诺的关系，只有在规范上具有实质意义的欺骗才可以否定承诺的效力。

[例1] 甲冒充某女的丈夫与其发生性关系。

[例2] 甲冒充有钱人与女方发生性关系。

[例3] 甲冒充明星与某女粉丝发生性关系。

上述案件，行为人是否构成强奸罪，这就涉及欺骗与同意。何种欺骗能够否定同意的有效性？如果一种欺骗按照社会一般人的生活经验能够高概率地让他人处分利益，这种欺骗一般就属于实质性欺骗，进而导致同意无效。但是，是否属于实质性欺骗还必须同时考虑伦理规范的需要。法律要推行良善的价值观，不能和不道德的社会现实同流合污。在法律中必须坚持只有在婚姻关系内的性行为才是正当的，其他一切性行为都不正当，都应推定为低概率事件。因此，例1属于强奸，例2、例3都不能认定为强奸。

另外，如果行为人没有意识到承诺人出现认识错误，也不影响承诺的有效性。

[例1] 甲误以为自己的爱马患了致命疾病，要求兽医乙对其进行安乐死。事后查明，市面上已经有了治疗该疾病的特效药。甲的承诺有效，乙不构成犯罪。

[例2] 城市居民甲收到乡下邻居乙的短信，问可否将乡下住宅的院墙拆除。甲本欲回复"不可以"，但漏打了"不"字，乙遂将院墙拆除。甲的承诺有效，乙不构成犯罪。

[例3] 甲误以为反射到室内的马路灯光是火光，情急之下找不到钥匙，恳请路人乙破门灭火，乙照办。甲的承诺有效，乙不构成犯罪。

6. 承诺是一种对现实性结果的承诺，不是推定承诺，也不是对可能性风险的承诺，而是对结果的承诺。对风险的承诺是一种对可能性的认可，并非现实的承诺，它属于危险的接受，与对结果的承诺是两个不同的问题。

[例1] 在互殴案件中，双方都知道打架有受伤的危险，但双方并未对结果有过承诺，这只是对风险的承诺。

[例2] 被害人明知他人酒后驾车危险但仍乘坐该车，结果发生了伤亡事故，这也只是对风险的承诺，对于该驾驶人员不能直接按照被害人同意原理而认定其行为不构成犯罪。

[例3] 同意卖淫女传播性病的，不属于得到被害人承诺，因为这只是对伤害危险的一种接受。

四、推定承诺

推定承诺，是指被害人并没有现实的同意，但是推定被害人如果知道事实真相的话，就会同意的情形。推定的承诺与被害人现实的承诺有紧密的联系，但又有很大的区别。

一般认为，推定承诺的损害，必须具备以下条件：①被害人自身没有现实的承诺，否则就是被害人承诺了。②推定存在着被害人承诺的可能性。这种推定是以合理的一般人为基准，不以被害人的实际意思为基准。③必须存在现实的、需要立即处理的紧急事项。④必须出于救助被害人及其利益的目的。⑤推定承诺的损害，必须控制在社会相当性范围之内。

? 想一想

甲把已经失去知觉的乙从已经着火的汽车上救下来，但在救援过程中造成乙轻伤，乙事后强调他宁愿死也不希望得到甲的救援。

甲的行为构成犯罪吗？为什么？[1]

 小 提 醒

推定承诺也是一种违法阻却事由，但它不是得到被害人承诺这种违法阻却事由。

五、自救行为

自救行为，是指法益受到侵害之人，在公权力救济不可能或明显难以恢复的情况下，依靠自己的力量来救济法益。例如，行为人的车被盗，次日在路上发现，于是将车抢回。自救行为所采取的救济手段应当具有适当性，所造成的侵害与救济的法益应当具有相当性。

⊜ 模拟展望

1. 甲遇到狼群，慌不择路闯入乙家，乙要求甲立即离开，甲向其解释说外有狼群，但乙执意让甲出去，甲下跪求情，但乙仍将甲推出，最后甲被狼咬死。对乙的行为应当如何定性？（单选）[2]

   A. 乙的行为属于正当防卫，不负刑事责任

   B. 乙的行为属于防卫过当，构成故意杀人罪，但应当减轻或免除处罚

   C. 乙的行为属于防卫过当，构成过失致人死亡罪，但应当减轻或免除处罚

   D. 乙的行为构成故意杀人罪

---

〔1〕 不构成犯罪。这属于推定承诺。

〔2〕 D。甲遭遇狼群，其生命安全处于危险之中，不得已闯入他人住宅，这属于紧急避险。正当防卫必须针对不法侵害进行，而紧急避险是一种合法行为，对于合法行为是不能进行正当防卫的，乙的行为不属于正当防卫，也非防卫过当。乙明知他让甲出去的行为有可能造成甲被狼咬死的后果，但放任了这种结果的发生，故应当追究其故意杀人罪的责任。

2. 关于被害人的承诺，下列哪些说法正确？（多选）[1]

A. 甲女为寻求刺激，同意 10 余名男子在公园同时与其发生性关系。因为该女的有效承诺，10 余名男子不构成任何犯罪

B. 张三在自己家中喂养了一头狮子。在张三某日外出时，乙打电话谎称："你喂养的狮子冲破栅栏跑出来了，不知道什么时候会咬死人，情况紧急，可以将其射杀吗？"于是张三同意乙射杀狮子。乙的行为构成故意毁坏财物罪

C. 医生丙欺骗女患者，想治好自己的病，除了与自己发生性关系，别无他法。女方遂与丙发生性行为。丙的行为不构成强奸罪

D. 妇女乙以为与监狱狱警甲发生性关系，对方便可以将其丈夫从监狱释放。但发生关系后甲并没有释放其丈夫。乙的承诺有效，甲的行为不构成强奸罪

---

〔1〕 BD。A 项错误，构成聚众淫乱罪，公共法益不得承诺。B 项正确，欺骗下的承诺无效，张三的承诺无效。C 项错误，这种欺骗属于实质性欺骗，排除承诺的有效性，丙构成强奸罪。D 项正确，这种欺骗并非实质性欺骗，承诺有效，不构成强奸罪。

责任阻却事由

📁 复习提要

本讲讲授犯罪构成的第三个阶层责任阻却事由，需要重点掌握年龄与责任能力、原因自由行为和法律认识错误。

💬 知识框架

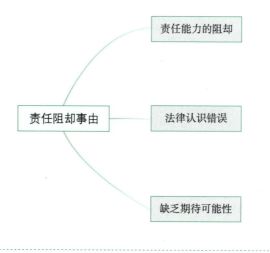

责任阻却事由
- 责任能力的阻却
- 法律认识错误
- 缺乏期待可能性

一个符合构成要件的行为，就可以推定具有违法性和责任性。构成要件该当性和违法性的判断是一种一般人的客观判断。如果行为具备构成要件该当性、违法性，那么就要进行有责性的判断，即要判断行为人是否有责任阻却事由，这种责任判断显然是一种个别化判断。毕竟一般人都是有辨认能力和控制能力的，缺乏辨认能力或控制能力的人是少数。

^{专题}**18**

── 责任能力的阻却 ──

第 17 条 ［刑事责任年龄］ 已满 16 周岁的人犯罪，应当负刑事责任。

已满 14 周岁不满 16 周岁的人，犯故意杀人、故意伤害致人重伤或者死亡、强奸、抢劫、贩卖毒品、放火、爆炸、投放危险物质罪的，应当负刑事责任。

已满 12 周岁不满 14 周岁的人，犯故意杀人、故意伤害罪，致人死亡或者以特别残忍手段致人重伤造成严重残疾，情节恶劣，经最高人民检察院核准追诉的，应当负刑事责任。

对依照前三款规定追究刑事责任的不满 18 周岁的人，应当从轻或者减轻处罚。

因不满 16 周岁不予刑事处罚的，责令其父母或者其他监护人加以管教；在必要的时候，依法进行专门矫治教育。

第 17 条之一 ［刑事责任年龄］ 已满 75 周岁的人故意犯罪的，可以从轻或者减轻处罚；过失犯罪的，应当从轻或者减轻处罚。

责任能力，是指主体构成犯罪和承担刑事责任所必需的辨认和控制自己行为的能力。不具备刑事责任能力的人不能被追究刑事责任，刑事责任能力减弱者，其刑事责任相应地适当减轻。

一、年龄与责任能力

1. 无刑事责任年龄阶段
未满 14 周岁的人不构成犯罪，一般不负刑事责任。

──── 小提醒 ────

不要说成 14 周岁"以下"的人不负刑事责任，因为法律中的以上、以下都含本数。

2. 相对刑事责任年龄阶段
已满 14 周岁而未满 16 周岁的人仅对故意杀人、故意伤害致人重伤或者死亡、强奸、抢劫、贩卖毒品、放火、爆炸、投放危险物质八种犯罪负刑事责任。这里需要注意的是八种犯罪是指具体犯罪行为而不是具体罪名。已满 14 周岁不满 16 周岁的人实施《刑法》第 17 条第 2 款规定以外的行为，同时触犯了《刑法》第 17 条第 2 款规定的，应当依照《刑法》第 17 条第 2 款的规定确定罪名，定罪处罚。因此，15 周岁的孩子绑架他人后杀死被绑架人的，可以直接定故意杀人罪。

 小 提 醒

1. 相对刑事责任能力人不构成《刑法》第 269 条规定的抢劫罪，其他抢劫都能构成。这是因为司法解释有特别规定。（最高人民法院《关于审理未成年人刑事案件具体应用法律若干问题的解释》第 10 条第 1 款规定，已满 14 周岁不满 16 周岁的人盗窃、诈骗、抢夺他人财物，为窝藏赃物、抗拒抓捕或者毁灭罪证，当场使用暴力，故意伤害致人重伤或者死亡，或者故意杀人的，应当分别以故意伤害罪或者故意杀人罪定罪处罚）

2. 相对刑事责任能力人只构成《刑法》第 347 条规定的贩卖毒品罪，对于走私、运输、制造毒品行为不承担刑事责任。

3. 完全刑事责任年龄阶段

已满 16 周岁的人犯罪，应当负刑事责任，无论是故意犯罪还是过失犯罪，都应当承担刑事责任。

4. 减轻刑事责任年龄阶段

未满 18 周岁的人犯罪，应当从轻或减轻处罚，同时不能适用死刑。《刑法修正案（八）》增加了对老年人犯罪的从宽规定。已满 75 周岁的人故意犯罪的，可以从轻或者减轻处罚；过失犯罪的，应当从轻或者减轻处罚。同时，《刑法修正案（八）》还规定，审判的时候已满 75 周岁的人，不适用死刑，但以特别残忍手段致人死亡的除外。

 小 提 醒

应当从轻或者减轻处罚，在我国刑法中只有两个，那就是一老（过失）一小。

5. 恶意年龄补足制度

《刑法修正案（十一）》吸收了恶意年龄补足制度，作为刑事责任年龄的一种例外性下调。

已满 12 周岁不满 14 周岁的人，对于特定的犯罪，经过特定的程序，应当负刑事责任。

这里的特定犯罪是犯故意杀人、故意伤害罪，致人死亡或者以特别残忍手段致人重伤造成严重残疾，同时要达到情节恶劣的程度。

特定的程序是经最高人民检察院核准追诉。

在刑事责任年龄中，还需要注意几个问题：

（1）《刑法》第 17 条规定的"周岁"，按照公历的年、月、日计算，从周岁生日的第 2 天起算。另外，在起算时应从行为时，而非结果时计算年龄。

 小 提 醒

行为包括作为和不作为。

📖试一试

甲在不满14周岁时安放定时炸弹，炸弹于甲已满14周岁后爆炸，导致多人伤亡。甲对此负刑事责任吗？（2015/2/2-A）

丁在14周岁生日当晚故意砍杀张某，后心生悔意将其送往医院抢救。张某仍于次日死亡。应追究丁的刑事责任吗？（2016/2/3-D）[1]

（2）对于没有充分证据证明被告人实施被指控的犯罪时已经达到法定刑事责任年龄且确实无法查明的，应当推定其没有达到相应法定刑事责任年龄。相关证据足以证明被告人实施被指控的犯罪时已经达到法定刑事责任年龄，但是无法准确查明被告人具体出生日期的，应当认定其达到相应法定刑事责任年龄。

（3）未达刑事责任年龄之人，虽不负刑事责任，但要责令他的家长或者监护人加以管教，必要时依法进行专门矫治教育。《刑法修正案（十一）》与《预防未成年人犯罪法》保持一致，取消了收容教育制度，改为矫治教育制度。可见，这些人所实施的危害行为虽非犯罪行为，但系不法侵害，可以进行正当防卫。

二、生理与责任能力

第18条［特殊人员的刑事责任能力］　精神病人在不能辨认或者不能控制自己行为的时候造成危害结果，经法定程序鉴定确认的，不负刑事责任，但是应当责令他的家属或者监护人严加看管和医疗；在必要的时候，由政府强制医疗。

间歇性的精神病人在精神正常的时候犯罪，应当负刑事责任。

尚未完全丧失辨认或者控制自己行为能力的精神病人犯罪的，应当负刑事责任，但是可以从轻或者减轻处罚。

醉酒的人犯罪，应当负刑事责任。

第19条［又聋又哑的人或盲人犯罪的刑事责任］　又聋又哑的人或者盲人犯罪，可以从轻、减轻或者免除处罚。

刑事责任能力，是指行为人对自己行为的辨认和控制能力。除了年龄要素，有些群体还可能由于生理等方面的特殊原因，导致刑事责任能力的丧失或减弱。

1. 精神病人

精神病人在不能辨认或者不能控制自己行为的时候造成危害结果，经法定程序鉴定确认的，不负刑事责任。但是应当责令他的家属或者监护人严加看管和医疗；在必要的时候，由政府强制医疗。[2]

间歇性精神病人，在精神正常的时候犯罪，应当负刑事责任，而且从法律规定看，属于完全刑事责任能力人；如果实施行为时精神不正常，不具

高频考点

6.1

精神病人与责任

---

［1］　甲的行为（不作为）发生在有责任能力阶段，故要承担责任；丁的行为（作为）发生在无责任能力阶段，故不承担责任。

［2］　最高人民法院指导案例第63号"徐加富强制医疗案"（最高法审委会2016年6月发布）。裁判要旨：审理强制医疗案件，对被申请人或者被告人是否"有继续危害社会可能"，应当综合被申请人或者被告人所患精神病的种类、症状、案件审理时其病情是否已经好转，以及其家属或者监护人有无严加看管和自行送医治疗的意愿和能力等情况予以判定。必要时，可以委托相关机构或者专家进行评估。

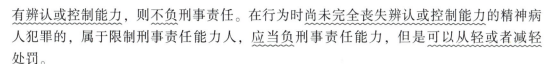

有辨认或控制能力，则不负刑事责任。在行为时尚未完全丧失辨认或控制能力的精神病人犯罪的，属于限制刑事责任能力人，应当负刑事责任能力，但是可以从轻或者减轻处罚。

关于精神病人，还需注意以下问题：

（1）精神病人的鉴定必须由精神病专家经过法定程序确认，然后由司法工作人员进行最后判断。并非所有的精神病人都不负刑事责任，只有当某种精神病导致行为人完全丧失辨认能力或控制能力时，才不负刑事责任。精神病人由于患病程度不同，他们并不必然缺乏辨认能力或控制能力。因此，不能一律认为精神病人都缺乏理解能力，更不能纯粹从医学上来看待责任能力问题。精神病人是否有责任能力不是一个单纯的事实问题，而是一个需要法官进行规范判断的问题。

（2）注意：精神病人在"不能辨认或者不能控制"自己行为的时候造成危害结果的，不负刑事责任，而非"不能辨认和不能控制"，因此，只要丧失辨认能力或控制能力中的任何一种能力均可导致无刑事责任能力。

（3）精神病人必须是在实施犯罪行为时无辨认能力或控制能力才无刑事责任能力，在犯罪时是正常人，但在犯罪后成为精神病人的，不能免除其刑事责任。

• 小　结　精神病人并非一律不负刑事责任。

（4）行为人（如间歇性精神病人）在精神正常时犯罪，实行犯罪过程中精神病发作，丧失责任能力，该如何处理？关于这个问题，可以按照因果关系的错误来处理：在陷入无责任能力状态前，就已经存在犯罪的未遂，对行为人是否适用既遂的刑罚，取决于无责任能力状态的出现是否对因果关系有重大偏离，如果有，那就不属于既遂。一般认为，在这类案件中，偏离不重大，一般都成立既遂。

　小 提 醒

1. 如果行为人欲实施 A 罪，但在实施 A 罪过程中突发精神病，丧失责任能力，最后实施了 A 罪，这个偏离不重大，行为人构成 A 罪的既遂。
2. 如果行为人欲实施 A 罪，但在实施 A 罪过程中突发精神病，丧失责任能力，最后实施了 B 罪，这个偏离重大，行为人构成 A 罪的未遂，但对 B 罪不承担责任。
3. 如果 AB 两罪有重合部分，在重合部分内成立既遂。

　试一试

乙以杀人故意刀砍陆某时突发精神病，继续猛砍致陆某死亡。不管采取何种学说，乙都成立故意杀人罪未遂。这种说法正确吗？（2016/2/3-B）

乙在精神正常时着手实行故意伤害犯罪，伤害过程中精神病突然发作，在丧失责任能力时抢走被害人财物。对乙应以抢劫罪论处。这种说法正确吗？（2015/2/2-B）[1]

----

　〔1〕 两种说法都不正确。在案例一中，偏离不重大，成立既遂；在案例二中，偏离重大，成立故意伤害罪的未遂，对抢劫罪不承担责任。

🅿️ 想一想

张三在实施伤害时，突然陷入无责任能力状态，在此状态下连砍被害人头部50刀，被害人死亡，张三的行为构成故意伤害罪，且对死亡结果应当承担责任。这个说法正确吗？[1]

📘 实战演习

甲患抑郁症欲自杀，但无自杀勇气。某晚，甲用事前准备的刀猛刺路人乙胸部，致乙当场死亡。随后，甲向司法机关自首，要求司法机关判处其死刑立即执行。对于甲责任能力的认定，下列哪一选项是正确的？（2011/2/4-单）[2]

A. 抑郁症属于严重精神病，甲没有责任能力，不承担故意杀人罪的责任

B. 抑郁症不是严重精神病，但甲的想法表明其没有责任能力，不承担故意杀人罪的责任

C. 甲虽患有抑郁症，但具有责任能力，应当承担故意杀人罪的责任

D. 甲具有责任能力，但患有抑郁症，应当对其从轻或者减轻处罚

2. 醉酒

醉酒的人虽然辨认能力或控制能力可能有所减弱，但这属于自招危险，一般不能减轻其刑事责任。需要注意的是，醉酒有两种：

（1）生理性醉酒，即我们通常说的喝醉酒，这应负刑事责任。但在特殊情况下，其也可以作为酌定的从宽情节加以考虑。

（2）病理性醉酒，这是一种精神病，如果非自愿地导致这种疾病发作，不负刑事责任；但如果明知自己有此种精神病，仍然自愿醉酒，这属于原因自由行为，即虽然在行为时无辨认能力或控制能力，但导致该种情况的原因是可控的（自由的），属于自招危险，也要承担刑事责任。

一般认为，故意或过失导致自己陷入无责任能力状态，应当追究行为人故意或过失的刑事责任。

3. 又聋又哑的人、盲人可以从轻、减轻或者免除处罚

这些人由于生理上的原因，无法像正常人一样形成辨别是非的观念，因此可以从宽处理。又聋又哑的人仅指既聋且哑的人，盲人仅指双目失明的人，通常是天生的聋哑人、盲人或从小就失聪、失明的人。如果生理因素对其是非辨认能力没有影响，则不宜从宽处理。

💡 小提醒

聋哑人、盲人的刑事责任既非限定刑事责任，也非相对刑事责任，而是减轻刑事责任。14~16周岁的未成年人只对八种犯罪负责，这属于相对刑事责任。尚未完全丧失辨认或者控制自己行为能力的精神病人犯罪的，可以从轻或者减轻处罚，这属于限定刑事责任。

---

[1] 正确。杀人和伤害在伤害范围内重合，对死亡结果存在过失，所以属于故意伤害致人死亡的结果加重犯。

[2] C。精神病是否负刑事责任，要看其是否丧失了辨认能力或控制能力。本题并未对此有交代。抑郁症不属于严重的精神病，从题干可以看出，行为人具有一定的辨认或控制能力。

4. 原因自由行为

原因自由行为，是指行为人实施犯罪行为时，虽然没有辨认能力或控制能力，但是导致能力丧失的原因是自身罪过。原因自由行为与醉酒犯罪有密切的关系。

原因自由行为可以分为故意的原因自由行为和过失的原因自由行为。

（1）故意的原因自由行为

这是指行为人故意让自己陷入无责任能力状态，并决定利用自己的无责任能力状态，追求一个犯罪行为的发生（直接故意）或放任一个犯罪行为的发生（间接故意）。对于这种现象，应当直接以故意犯罪论处。

（2）过失的原因自由行为

这是指行为人故意或过失地陷入无责任能力状态，预见自己有可能在无责任能力的状态下实施犯罪，但轻信能够避免；或者应当预见而没有预见。例如，前者如故意喝醉，但轻信自己不会去驾驶车辆，或者预见自己即便驾车，也不会出事；后者如因为身体状况不能喝酒，但疏忽大意喝酒，然后过失肇事。对此情况，应当以过失犯罪论处。

想一想

原因自由中的假想防卫的处理：

情形 1：甲经常吸毒，一次吸毒产生幻觉，以为李四要攻击自己，遂将李四打成重伤。

情形 2：甲第一次吸毒产生幻觉，以为李四要攻击自己，遂将李四打成重伤。

这两个案件应当如何处理？[1]

法律认识错误

法律认识错误一般不影响故意的成立。

一、法律认识错误的类型

1. 误认为无罪为有罪

这是指行为人误认为自己的合法行为是违法行为，又被称为幻觉犯，这种错误不构成犯罪。

2. 对刑法概念的理解错误

这是指行为人对于某种事实是否属于刑法上某个概念产生了错误认识。比如对自己实施的犯罪行为在罪名、罪数、量刑等方面有不正确的理解，归类性错误（对事物法律归属的错误）一般也可以认为属于这种错误。对于这种认识错误，一般不影响故意的成立。换

---

[1] 假想防卫其实是一种责任减免事由，它符合故意伤害的构成要件，且具有违法性，只是在责任论上具有责任减免事由，可以否定故意，如果有过失则以过失犯罪论处，如果没有过失则属于意外事件。在情形 1 中，甲属于故意让自己陷入无责任能力状态实施了故意犯罪的故意的原因自由行为，所以故意不能被否定，成立故意伤害罪；在情形 2 中，甲属于过失的原因自由行为，其过失让自己陷入无能力状态，所以成立过失致人重伤罪。

言之，只要求行为人知道自己在干什么，至于其行为的法律属性，则是由法律规范所决定的，而不取决行为人的自我认识。

[例1] 将他人汽车轮胎的气放掉，但却不认为这是刑法上所说的"毁损"财物。显然，行为人知道自己在干什么，也知道毁损财物是法律所禁止的，但却不认为自己的行为属于刑法上的"毁损"。

[例2] 张三在一幅名画上签上自己的名字，认为这是在效法古人的高雅作为，构成故意毁坏财物罪。

[例3] 甲以为生面粉加酒能致人死亡，欲在赵二的酒中投入生面粉，但却误拿了砒霜，赵二死亡。甲主观上认为自己在用生面粉加酒毒杀他人，或许他主观上认为自己在实施"故意杀人"，但这种用生面粉加酒"杀人"的方法按照刑法规范并非法律上的"故意杀人"，故甲的行为不构成故意杀人罪。如果他有过失，可以考虑构成过失致人死亡罪。

？想一想

80岁老太坐飞机时往飞机发动机抛撒硬币，以此祈福。这构成犯罪吗？

农民甲醉酒在道路上驾驶拖拉机，其认为拖拉机不属于《刑法》第133条之一规定的机动车。这构成危险驾驶罪吗？[1]

3. 禁止错误

禁止错误即违法性的认识错误，行为人误认为自己的行为不是刑法所规定的犯罪行为，而实际上刑法规定该行为是犯罪行为。这是对法律是否禁止某种行为出现了错误认识，是一种主要的法律认识错误。

二、违法性认识错误的处理原则

高频考点
6.2
法律认识错误的处理

原则上，违法性认识错误不能阻却责任的成立，行为人不能以不知法而免责，但是在特殊情况下，如果违法性的认识错误是无法避免的，可以阻却责任。

作为一种责任阻却事由，可否避免应当是一种行为人主观内心的个别化的判断，而非客观外在的一般人的判断。一般认为，可以从以下三个方面来判断可否避免：①行为人本来有机会去思考或者询问自己的行为是否可能具有违法性；②行为人在存在这个机会时，没有努力去查明真相，或者没有进行充分的努力；③行为人在具备这个机会时，只是在非常狭窄的范围内来认识法律（比如只是上网查阅资料），而未尽到足够的努力，如果他足够尽力是可以避免发生这种认识错误的。[2]

总之，违法性的认识错误一般不妨碍犯罪故意的成立，除非这种认识错误是无法避免的，即没有违法性认识的可能性。

[例1] 甲男明知乙女只有13周岁，误以为只要征得了女性的同意，没有强迫，即使是与幼女发生性关系也不犯法，于是在征得乙女的同意后与乙女发生了性行为。甲男的行为属于法律认识错误，这种认识错误是可以避免的，不能排除故意的成立，构成强奸罪。

---

〔1〕 法律认识错误，不影响故意犯罪的成立。

〔2〕 ［德］克劳斯·罗克辛：《德国刑法学总论》（第1卷），王世洲译，法律出版社2005年版，第625页。

　　[例2] 甲在从事生产经营的过程中，不知道某种行为是否违法，于是以书面形式向法院咨询，法院正式书面答复该行为合法。于是，甲实施该行为，但该行为实际上违反刑法。行为人已经努力去询问行为的合法性，也已尽到最大努力。这种认识错误是无法避免的。因此，甲不具备违法性认识的可能性，不成立故意犯罪。

> **小提醒**
>
> 　　简单而言，自然犯（反道德伦理的犯罪）不会出现违法性的认识错误。换言之，在自然犯中，违法性认识错误不否定故意。只有在法定犯中，这类错误才有可能排除故意。如果这种错误一般人无法避免，那么就可以否定故意。当然，同学们不需要用太复杂的理论，只要用常识就可判断哪些错误是无法避免的。一般说来，对于法定犯，只要是因为官方答复而从事某种行为，都可以法律认识错误为由豁免罪责。

专题20 缺乏期待可能性

　　期待可能性，是指根据具体情况，有可能期待行为人不实施违法行为而实施其他适法行为。如果完全缺乏期待可能性，则可以排除责任的成立，所以缺乏期待可能性可谓一种责任阻却事由。期待可能性的基本理念是建立在法律不强人所难的观念上的。

　　[例] 德国帝国法院的癖马案可以算是此理论的第一次运用。被告是一位被雇的马夫，因马有以尾绕缰的恶癖，非常危险，故要求雇主换掉该马，雇主不允，反以解雇相威胁。后被告驾驶马车在行驶过程中，马之恶癖发作，被告无法控制，致马狂奔，将一铁匠撞伤。检察官以过失伤害罪提起公诉，但原审法院宣告被告无罪，德国帝国法院也维持原判，驳回抗诉。其理由是：违反义务的过失责任，不仅在于被告是否认识到危险的存在，而且在于能否期待被告排除这种危险。被告因生计所逼，很难期待其放弃职业拒绝驾驭该马，故被告不负过失伤害罪的刑事责任。

> **小提醒**
>
> 　　缺乏期待可能性是作为故意或过失的一种排除事由。换言之，缺乏期待可能性并非故意本身的内容，具备故意或过失，也可能缺乏期待可能性。

　　我国的司法实践中也有期待可能性理论的体现。

　　[例1] 在重婚罪中，有一些由于特殊原因引起的重婚行为，比如遭受自然灾害外出谋生而重婚的，因配偶长期下落不明造成家庭生活困难又与他人结婚的，可不以重婚罪论，这就是考虑到在这种情况下妇女没有实施合法行为的期待可能性。

　　[例2] 盗窃之后的销赃行为一般不可罚，因为几乎无法期待小偷不去销赃。但是，销赃行为如果侵犯新的法益，比如盗窃毒品后又销售、盗窃假币后又使用，当然应该数罪

并罚。

值得注意的是,《刑法修正案(十一)》增加了洗钱罪的自洗钱规定,所以毒贩洗钱的,不再适用期待可能性理论,应该以贩卖毒品罪和洗钱罪数罪并罚。

模拟展望

1. 张某与人发生口角,后将其打死,张某非常害怕此事被发觉,每日心神不宁,夜不能寐,后张某被抓获,但此时张某已患上精神分裂症,经鉴定,张某为无刑事责任能力人。关于张某的刑事责任,下列哪种说法正确?(单选)[1]

   A. 张某不负刑事责任

   B. 张某应负刑事责任

   C. 对张某应当从轻、减轻处罚

   D. 对张某可以从轻、减轻处罚

2. 下列哪些说法是错误的?(多选)[2]

   A. 甲认为自己贩卖淫秽物品的行为只是一种个人的生活方式,不属于犯罪,故其行为不构成犯罪

   B. 乙认为通奸行为构成犯罪,仍然实施通奸行为,故其行为可以犯罪论处

   C. 丙认为自己的盗窃行为属于侵占,按照主客观相统一原则,其行为应当以侵占论处

   D. 丁虚构事实在互联网发布对某企业的否定性评价,严重损害该企业商业信誉。在发布之前,丁为此事特意咨询某政法院校的体育教授,该教授认为此举系合法行为,故丁的行为不可能构成犯罪

---

〔1〕 B。行为人只有在实施行为时由于精神病不能辨认或不能控制自己行为时才不负刑事责任,但在此案中,张某在实施行为时并未患上精神病,因此B项是正确的。

〔2〕 ABCD。A说法错误,当选,违法性的认识错误一般不影响故意的成立。B项说法错误,当选,这是幻觉犯,不构成犯罪。C项说法错误,当选,对法律属性的认识错误不影响故意的成立,对此行为仍应当认定为盗窃罪。D项说法错误,当选,体育教授的解答并无权威性,不能排除行为的犯罪性。

▶▶▶ 第**7**讲
犯罪的未完成形态

复习提要

本讲讲授未完成形态这种特殊的构成要件，需要重点掌握犯罪预备、犯罪未遂和犯罪中止的区分和处理。

知识框架

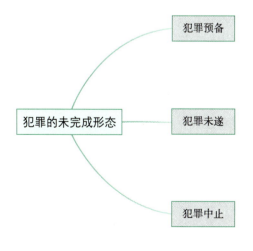

犯罪的未完成形态 —— 犯罪预备

犯罪的未完成形态 —— 犯罪未遂

犯罪的未完成形态 —— 犯罪中止

专题 **21**

── 未完成形态概述 ──

一、完成形态与未完成形态

直接故意犯罪存在完成形态和未完成形态。完成形态，即既遂，是指完全实现了刑法分则所规定的全部构成要件的行为；而未完成形态，包括犯罪未遂、犯罪中止、犯罪预备，它们都未能完全实现刑法分则所规定的全部构成要件，只是因为刑法总则条文对刑法分则的修正才具有可罚性。

只有在直接故意犯罪中才存在未完成形态；在间接故意、过失犯罪中不存在未完成形态，它们只有犯罪成立与否的问题，也即是否成立既遂的问题。如果没有达到既遂，那就不构成犯罪。

二、犯罪形态与犯罪阶段（见下图）

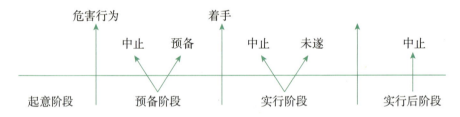

一个标准的直接故意犯罪有如下几个阶段：起意阶段、预备阶段、实行阶段、实行后阶段。起意阶段没有刑法意义，它只是一种思想的流露。起意阶段和预备阶段的临界点也就是危害行为。在预备阶段中如果出于意志以内的原因放弃犯罪，属于犯罪中止（预备中止）；如果出于意志以外的原因放弃犯罪，属于犯罪预备。预备阶段与实行阶段的临界点为"着手"。在实行阶段中，如果出于意志以外的原因放弃犯罪，属于犯罪未遂；如果出于意志以内的原因放弃犯罪，属于犯罪中止（实行中止）。在实行后阶段，如果自动有效地防止犯罪结果的发生，也可以成立犯罪中止（实行后中止）。

> • **小 结** 形态之间是<u>不可互逆</u>的，成立中止之后就不可能成立未遂、预备和既遂，成立既遂之后也不能成立中止、未遂和预备。

可见，犯罪阶段是一个时间跨度概念，而犯罪形态则是在犯罪阶段中的一种静止状态，两者不能混淆。例如，预备阶段是时间概念，而犯罪预备却是一种静止的形态，在预备阶段中既存在犯罪预备，又存在犯罪中止。又如，对于预备阶段的中止犯，只能适用中止犯的规定减免刑罚，不能同时适用犯罪预备的刑罚减免规定。

犯罪预备

第 22 条 ［犯罪预备］ 为了犯罪，准备工具、制造条件的，是犯罪预备。

对于预备犯，可以比照既遂犯从轻、减轻处罚或者免除处罚。

一、概念

犯罪预备，是指为了犯罪，准备工具、制造条件，但由于行为人意志以外的原因而未能着手实行犯罪的情形。

二、特征

1. 主观上具有犯罪的目的。犯罪目的对于决定预备行为的性质具有非常重要的作用。例如，为了实施杀人犯罪，行为人购买刀具，这就是杀人的预备行为；如果购买刀具是为了实施抢劫，那就是抢劫的预备行为，因此主观意图对行为的性质具有很大的主导作用。如果他没有犯罪的意图，买刀只是为了做饭，那这就是一个合法的行为。总之，一个行为之所以成为犯罪的预备行为，取决于支配行为的犯罪意思。

2. 客观上有犯罪预备行为。犯罪预备行为，是指为了犯罪，<u>准备工具、制造条件</u>的行为。

［例1］ 准备工具，如为杀人而买刀，为盗窃而配钥匙。

［例2］ 练习犯罪的手段，如练习射击技术。

［例3］ 进行犯罪前的调查，如踩点、了解被害人作息起居情况。

［例4］ 排除实行犯罪的障碍，如为了盗窃，先把看门的狗毒死。

［例5］ 前往犯罪现场或诱骗被害人去犯罪现场。

［例6］ 尾随和守候行为。

［例7］ 勾引共犯，其中也包括为了实施某种犯罪而组织犯罪集团，这种组织、参加犯罪集团的行为也是犯罪的一个预备行为。

3. 事实上未能着手实行犯罪。犯罪预备必须在预备阶段停顿下来，行为人由于<u>意志以外的原因</u>而没有能够"着手"。假如行为人已经着手犯罪，由于意志以外的原因没有既遂的，是犯罪未遂，不是犯罪预备。

4. 未能着手实行犯罪是由于行为人意志以外的原因。如果是出于意志以内的原因，则属于预备阶段的犯罪中止。

三、预备行为与犯意表示的区别

犯意表示是一种思想流露，还没有表现为行为，不属于刑法打击范围。犯意表示一般是以口头、书面或者其他方法，将真实犯罪意图表现于外部的行为。例如，某人说："我真恨某某，我真想把他给杀了！"但是他没有任何行动。这本身不是行为，不是犯罪预备。

犯罪预备与犯意表示的最本质区别在于：犯罪预备行为是为犯罪准备工具、制造条件，对实行犯罪起到促进作用，对法益构成了威胁；犯意表示并没有对实行犯罪起到促进作用，只是单纯流露犯意的行为，对法益没有现实的威胁。

需要注意的是，虽然犯意表示是通过言语、文字的形式流露出来，但如果这种流露是为了实施某一个犯罪或是为了实施某种犯罪而采取的预备行为，那就不是犯意流露。例如，某人为了犯罪，通过写信和电话邀请、联络、勾结共同犯罪人，商定犯罪计划、方案，这就不是犯意流露，而是实实在在的预备行为。有时，言语表示本身还是一种实行行为。例如，对他人口头威胁："你给我钱，否则就把你通奸的事情曝光。"这种语言就不再是犯意流露，而是一个敲诈勒索的威胁行为，而且还是犯罪的实行行为。总之，没有实际的准备行为，仅仅有犯意流露的，这不能算是犯罪；但是，人们通过语言、文字表示出来的东西并非都是犯意的流露，有可能本身就是一个犯罪行为，那么这种场合就应该认定为犯罪行为。

❓ 想一想

甲想杀乙，按照计划需要先买一支枪，但其没钱，为挣钱而打工。其打工的行为是杀人的预备行为吗？[1]

四、预备行为与实行行为的区别

实行行为是在实行阶段中的行为，而预备行为是在预备阶段中的行为，两者的临界点是着手。至于着手的判断，在下文中会仔细讨论。

五、处罚

对于预备犯，可以比照既遂犯从轻、减轻或者免除处罚。

—— 犯 罪 未 遂 ——

第23条 [犯罪未遂] 已经着手实行犯罪，由于犯罪分子意志以外的原因而未得逞的，是犯罪未遂。

对于未遂犯，可以比照既遂犯从轻或者减轻处罚。

一、概念

《刑法》第23条第1款规定："已经着手实行犯罪，由于犯罪分子意志以外的原因而未得逞的，是犯罪未遂。"

---

[1] 当然不是，这没有威胁任何法益。

二、特征

（一）已经着手实行犯罪

着手是犯罪实行行为的起点。关于着手的标准，在学界存在争议，一如任何问题都有正说、反说、折中说三种立场，关于着手的标准也至少有三种观点：

第一种观点采取行为说，只要实施了构成要件的行为就属于着手。例如，为了骗保，将被保险人杀害，还未去保险公司理赔，按照这种观点就属于着手。

第二种观点是结果说，只有当对法益产生紧迫的威胁时，才能成立着手。按照这种观点，上述骗保案就还没有着手。

第三种观点是居于两者之间的行为危险说，这种学说认为开始实施具有现实危险性的行为时就是着手。

在绝大多数案件中，结果说和行为危险说的结论是一样的，两者只是在隔隙犯中，结论可能不同。例如，甲通过邮局将毒药寄给李四，希望将其毒死。按照结果说，只有当李四收到毒药才属于着手（到达主义），但按照行为危险说，只要寄送毒药，就存在致人死亡的现实危险，故属于着手（投递主义）。又如，间接正犯中，甲教唆10周岁的小孩去盗窃，按照行为危险说，只要小孩接受教唆即为间接正犯的着手，但按照结果说，只有当小孩着手盗窃时，甲才属于间接正犯的着手。

 小 提 醒

结果说和行为危险说在大部分问题上没有区别，只是在隔隙犯中有区别。

我国的主流观点采取折中说，也即行为危险说。判断着手，可以从形式和实质两个角度进行：①行为人开始实施了刑法分则条文规定的行为，体现他的法敌对意识；②对法益有现实侵害的危险性，足以动摇民众的法安全感。不同的犯罪，其实行行为是不同的，所以着手的特点也不一样。即使是相同的犯罪，由于方式或场合的不同，"着手"的表现形式也有所不同。例如，同样是故意杀人罪，枪杀和刀杀的着手标准就不一样。在枪杀的情况下，一般认为举枪瞄准，正要扣动扳机的时候是杀人的着手。在刀杀的情况下，一般认为举刀要砍的时候是杀人的着手，因为此时才对法益有现实侵害的危险性。

（二）犯罪未得逞

"未得逞"不等于不发生任何损害结果，它是指没有具备刑法分则条文规定的某一犯罪构成的全部要件。这是未遂和既遂区别的关键。如果由于意志以外的原因没有完全实现刑法分则所规定的犯罪构成的全部要件，就是未遂；如果完全实现了，就是犯罪既遂。

关于犯罪未得逞，一般可以概括为以下三类：

1. 结果犯。其以法定的危害结果是否发生作为犯罪是否得逞的标志。例如，故意杀人罪，刑法分则规定以死亡结果发生作为完成的标志，如果行为人实施了故意杀人行为，但被害人未死，就属于犯罪未遂。

2.（具体）危险犯。其以是否发生了法定的具体危险状态作为犯罪是否得逞的标志。这在危害公共安全的犯罪中比较常见，如放火、爆炸、投放危险物质罪等。需要说明的是，具体危险犯中的危险是一种司法机关必须加以证明的具体危险，这种具体危险是可以验证的。例如，破坏交通工具罪中的交通工具倾覆、毁坏的危险，如果行为人刚开始动手破坏就被抓，根本没有产生具体危险，则只能成立犯罪未遂。

3. 行为犯。以行为是否完成作为犯罪是否得逞的标志，它基本上等同于抽象危险犯。例如，生产、销售有毒、有害食品罪，只要实施完生产、销售有毒、有害食品的行为，无论是否出现了危害结果，都构成既遂。

💡 小 提 醒

行为犯也有未完成形态。行为犯从着手到行为完成也是有一个时间阶段的，在这个阶段中当然可以成立犯罪中止和犯罪未遂。例如，强奸罪，绑架罪，拐卖妇女、儿童罪都是典型的行为犯，但也存在犯罪中止和犯罪未遂。

❓ 想一想

具体危险犯和抽象危险犯如何区分呢？[1]

（三）由于意志以外的原因而没有既遂

这是未遂犯和中止犯的区别。意志以外的原因，是指并非出于行为人的意愿而是遭遇客观障碍，被迫停止于既遂之前。比较常见的意志以外的原因有：①被害人强烈的反抗。例如，行为人抢劫时，反而被被害人打昏。②第三人的出现、制止、抓获。例如，警察的制止。③自身能力的不足。例如，行为人晕血，杀人时一见血就晕倒了。④自然力的破坏。例如，行为人放火时突然下雨导致无法点着目的物。⑤认识错误。例如，由于对象的错误、工具的错误而没能够既遂的；把男人当成女人予以强奸的。

三、犯罪未遂的种类

（一）实行终了的未遂与未实行终了的未遂

根据犯罪人自认为的犯罪行为是否实施完毕，犯罪未遂分为实行终了的未遂和未实行终了的未遂。实行终了的未遂，是指犯罪人自以为把完成犯罪所必要的行为都已实行完毕，但却没有能够既遂的情形。例如，行为人在他人碗里投毒然后离去，但被害人在欲吃饭时因饭被狗打翻而未吃。从行为人的主观想法来看，他认为其犯罪行为已经实施完了。未实行终了的未遂，是指犯罪人还未将他欲实施犯罪所必需的全部行为实施终了，就归于未遂的情形。例如，正在杀人时被抓获。

这两种未遂的分类标准是犯罪人的主观想法，以犯罪人自认为是否实施完毕为标准，但是犯罪人的主观想法不能超越犯罪构成的限制。

❓ 想一想

行为人杀人后想碎尸，正在实施碎尸行为时就被警察抓获，这是未实施终了的未遂吗？[2]

---

[1] 在专题9的危害结果中讲过，具体危险犯中的危险是司法认定的危险，抽象危险犯中的危险是立法推定的危险。

[2] 不能认为是未实施终了的未遂，应是故意杀人罪的既遂。

（二）能犯未遂与不能犯未遂

我国刑法通说认为，以犯罪行为实际上能否达到既遂状态为标准，犯罪未遂可分为能犯未遂与不能犯未遂。能犯的未遂，就是有既遂可能，只是由于遇到了意志以外的原因而没有既遂。不能犯的未遂，是指犯罪在具体情况下根本就不可能既遂的情况。不能犯未遂可以分为两种情况：①工具不能犯的未遂；②对象不能犯的未遂。

一般认为，不能犯分为绝对不能犯和相对不能犯。绝对不能犯不可罚，不成立犯罪；但相对不能犯则成立未遂，属于可罚的不能犯。迷信犯是一种公认的绝对不能犯，但其他的不能犯，如何区分绝对与相对，则有较大争议。

高频考点

7.1

相对不能犯与绝对不能犯的区分

> 💡 **小 提 醒**
>
> 迷信犯一般是对客观规律产生了误解，所以给人愚昧可笑的感觉。
>
> ［例1］ 甲以为菊花茶可以让孕妇堕胎，遂偷偷地放在怀孕的朋友李四的杯子中，甲的行为是迷信犯，不构成犯罪。
>
> ［例2］ 乙妄图用石块击中天空中的飞机，不构成犯罪。

依据不同的未遂犯根据，有不同的立场：

1. 抽象的危险说。该说以行为人认识的情况为基础，然后根据社会上一般人的认识来判断，如果行为人认识的情况是真实的，是否对法秩序有侵犯的危险。一般人认为行为人的行为有可能实现犯罪意图的，就成立未遂犯（相对不能犯）；反之，没有可能实现犯罪的，就成立不可罚的不能犯（绝对不能犯）。通俗来说，是根据一般人的观点来看行为人之所想是危险的还是荒谬可笑的。

2. 具体的危险说。该说以行为人认识的情况为基础，根据行为时社会上一般人的认识来判断是否有侵犯法秩序的危险。有危险的，成立未遂犯（相对不能犯）；无危险的，成立不可罚的不能犯（绝对不能犯）。通俗来说，是根据事前的一般人的观点来看行为人的行为是危险的还是荒谬可笑的。

3. 客观的危险说。该说的宗旨主要是在行为发生后，即事后再通过科学的因果法则，由社会上一般人针对当时的情况，去客观评价行为人的行为是否具有法益侵害的危险性。有危险性的，成立未遂犯（相对不能犯）；无危险性的，就成立不可罚的不能犯（绝对不能犯）。通俗来说，是站在事后根据理性人的观点来看行为人之所为有无危险。

根据这三种观点，我们来分析下列案例：

［例1］ 行为人误将尸体当活人而向其开枪，如果根据当时的情况，社会上一般人也会认为该尸体有可能是活人。（尸体案）

［例2］ 行为人误将白糖当毒药投毒杀人。（白糖案）

［例3］ 行为人认为啤酒加白糖本身能毒死人，在他人啤酒中投放白糖。（啤酒案）

抽象危险说以行为人认识的情况为基础，也就是说，如果行为人认识的是真实的，一般人是否觉得有危险。显然，在例1、2中，如果行为人认识的事实是真实的（枪杀活人、投毒杀人），一般人都会觉得有危险，故都成立未遂犯。事实上，按照抽象危险说，除了迷信犯以外，几乎所有的不能犯都属于相对的不能犯，应以未遂犯论处。例3是典型的迷信犯。迷信犯是公认的绝对不能犯，它的本质是行为人对手段与结果的因果法则产生了误解，是对规律的误解。根据行为人的认识，用啤酒加白糖毒人，一般人不可能感受到危险，故不成立犯罪，不可罚。

💡 小 提 醒

当咖啡店的店员给你的咖啡加"白色粉末"时，你会觉得在投毒吗？当然不会，我们这个社会还是比较正常的社会吧。

根据具体危险说，在例1中，行为人所认识到的事实是枪杀活人，如果在行为时，一般人也会把被害人当成活人，显然有侵犯法秩序的危险，故为可罚的未遂犯。但是如果在行为时，一般人都会把被害人当成死人，则不可罚。在例2中，一般人不会把白糖当成砒霜，故从一般人的角度，没有侵犯法秩序的危险，因此不可罚。在例3中，显然也没有危险，不可罚。

根据客观危险说，危险的判断应当按照事后的科学法则来判断，显然在上述三个案件中，按照事后的科学法则，都不可能侵犯法秩序，故都不可罚。事实上，按照这种观点，所有的不能犯几乎都是绝对不能犯，不构成犯罪未遂。

💡 小 提 醒

纯粹的客观危险说其实就是事后诸葛亮！

	抽象危险说： 一般人判断行为人之所想	具体危险说： （事前）一般人判断行为人之所做	客观危险说： （事后）科学家的判断
尸体案	相对不能犯	相对不能犯	绝对不能犯
白糖案	相对不能犯	绝对不能犯	绝对不能犯
啤酒案	绝对不能犯	绝对不能犯	绝对不能犯

抽象危险说与客观危险说针锋相对，而具体危险说则是一种折中立场。抽象危险说是我国传统的学说，但现在也有不少学者主张具体危险说，很少有人主张客观危险说。法考的试题从未采取客观危险说，对于考生而言，无论采取具体危险说，还是抽象危险说都是可以接受的，但是如果采取客观危险说，则会导致整个刑法体系的崩溃，很容易导致犯罪预备概念的消解。

💡 小 提 醒

在法考中，一般采取具体危险说。其结论是：迷信犯是绝对不能犯，不可处罚。对于其他不能犯而言，如果一般人在事前觉得有危险，也是相对不能犯，应该以未遂论处。

📖 试一试

甲深夜潜入乙家行窃，发现留长发穿花布睡衣的乙正在睡觉，意图奸淫，便扑在乙身上强

脱其衣。乙惊醒后大声喝问，甲发现乙是男人，慌忙逃跑被抓获。甲的行为如何定性？[1]

四、刑事责任

犯罪未遂，可以比照既遂犯从轻或减轻处罚。

实战演习

因乙移情别恋，甲将硫酸倒入水杯带到学校欲报复乙。课间，甲、乙激烈争吵，甲欲以硫酸泼乙，但情急之下未能拧开杯盖，后甲因追乙离开教室。丙到教室，误将甲的水杯当作自己的杯子，拧开杯盖时硫酸淋洒一身，灼成重伤。关于本案，下列哪些选项是错误的？（2012/2/53-多）[2]

A. 甲未能拧开杯盖，其行为属于不可罚的不能犯

B. 对丙的重伤，甲构成过失致人重伤罪

C. 甲的行为和丙的重伤之间没有因果关系

D. 甲对丙的重伤没有故意、过失，不需要承担刑事责任

犯罪中止

第24条 [犯罪中止]　在犯罪过程中，自动放弃犯罪或者自动有效地防止犯罪结果发生的，是犯罪中止。

对于中止犯，没有造成损害的，应当免除处罚；造成损害的，应当减轻处罚。

一、概念

犯罪中止，是指在犯罪过程中，自动放弃犯罪或者自动有效地防止犯罪结果发生的形态。

二、特征

（一）及时性

犯罪中止必须发生在犯罪过程中，即自开始实施犯罪预备行为到犯罪既遂之前（预备阶段、实行阶段、实行后阶段都可成立中止）。需要注意如下几个问题：

---

〔1〕　无论按照抽象危险说，还是具体危险说，都是未遂。按照客观危险说，不成立未遂，但现在主张该学说的学者开始撤退，认为虽然不成立未遂，但成立犯罪预备。

〔2〕　ACD。本题中，甲将硫酸倒入水杯带到学校，和乙争吵时，欲以硫酸泼乙，虽然情急之下未能拧开杯盖，但甲的行为仍具有使乙受到伤害的紧迫危险，故不属于不可罚的不能犯，而是犯罪未遂。故A项错误，当选。在考试中，一般说来，除了迷信犯外，不能犯绝大多数都是未遂。甲将装有硫酸的杯子放在教室，应当预见到自己的行为可能伤害到别人，因为疏忽大意而没有预见，致使丙被灼成重伤，甲的行为和丙的重伤之间存在因果关系，构成过失致人重伤罪。故B项正确，不当选；CD项错误，当选。

1. **犯罪既遂以后不成立中止**。例如，某人盗窃之后非常后悔，又把原物返还的，只能算犯罪后的悔罪表现，不能成立犯罪中止。

2. **未遂之后不可能再成立中止**。在犯罪阶段停下来，就不会再向前发展，因此如果在犯罪过程中遭遇客观障碍，行为明显地告一段落归于未遂的，就不再成立中止。例如，丙对仇人王某猛砍20刀后离开现场。2小时后，丙为寻找、销毁犯罪工具回到现场，见王某仍然没有死亡，但极其可怜，即将其送到医院治疗。丙的行为就不属于犯罪中止，而是犯罪未遂。

3. **自动放弃可重复加害的行为，成立中止**。例如，甲欲杀死乙，第一发子弹击中乙的腿部，第二发子弹打中乙的腹部，乙随即倒地，痛苦不堪，甲见状，未再继续枪杀。在这种情况下，数个枪击的举动都属于一个整体的故意杀人行为，在这个行为过程中自动停止，是可以成立犯罪中止的。自动放弃可重复加害行为与未遂之后不能成立中止的区别在于，前者行为并未中断，开枪行为与事后的放弃行为没有时空的阻断；而后者在行为的发展进程中时空有明显的阻断。

[例1] 王某4年前结识了杜某，一日两人因琐事发生争执，王某遂产生杀死杜某再自杀的念头，并趁夜深无人之际从枕下取出预先准备的一把平时修理拖拉机用的三棱刮刀刺向杜某的胸部，王某刺第二刀时，因杜某躲闪只伤及杜某的左侧肋骨。随后，杜某一把夺过三棱刮刀将之扔在地上。杜某流血不止，要求王某送其去医院，王某称："不要去了，去了也没有用。"杜某仍要去医院，王某告之："你已被我刺了两刀了，没有用了。"杜某即称其怕冷，要王某去另一房间为其抱被取暖，趁王某去另一房间抱被之际，杜某逃离现场，被邻居送往医院救治。后经鉴定，杜某的伤构成轻微伤。王某成立犯罪未遂。

[例2] 甲使用驾车撞人的方法追杀被害人乙，但由于乙躲闪较快，汽车始终不能撞到乙。随后，甲跳下车追上乙后猛掐乙的脖子，乙求情后，甲松开双手，放弃杀人行为。甲成立犯罪中止。

[例3] 甲以杀人故意将郝某推下过街天桥，随后见郝某十分痛苦，便拦下出租车将郝某送往医院。但郝某未受致命伤，即便不送医院也不会死亡。未受致命伤是一个事后查明的事实，在行为当时并不知道，所以杀人行为还没有中断，故成立犯罪中止。

（二）有效性

犯罪中止必须是没有发生既遂标志的犯罪结果。行为人虽然自动放弃犯罪或者自动采取措施防止结果发生，但如果发生了作为既遂标志的犯罪结果，就不成立犯罪中止。

1. 在未实行终了的情况下（预备阶段和实行阶段），自动放弃犯罪行为。由于犯罪行为还没有实行终了，因此只要消极地不再继续犯罪，就可以避免结果发生，成立犯罪中止，这种中止是消极中止。

2. 在实行终了但犯罪结果还未发生的情况下（实行后阶段的中止），由于行为和结果有一段时间差，此时如果要成立中止，必须积极地防止犯罪结果的发生，这种中止是积极中止。例如，妻子欲毒死丈夫，投毒之后见丈夫非常痛苦，于是将丈夫送往医院，但到医院时，丈夫已经死亡。这就不是中止，而是犯罪既遂。

3. 采取的防止措施必须具备有效性。在消极中止的情况下，只要放弃犯罪就可成立中止。例如，张三在投毒路途中放弃犯罪，这就成立犯罪中止。在积极中止的情况下，因为行为和既遂结果的发生还有一个时间差，行为人必须采取积极措施防止结果发生，这种积极措施必须是在经验法则上可以高概率防止结果发生的措施。

[例1] 甲欲放火烧毁邻居的房子，点火之后，感到害怕，于是对邻居大叫"我放火了，请赶快灭火"，然后慌忙逃离现场，后邻居及时将火扑灭。火并非甲扑灭，故此措施并非有效措施，甲不成立犯罪中止。

[例2] 李四给妻子投毒，见其万分痛苦，遂拨打120急救电话，但在救护车赶来之前逃跑，后医生赶到，将妻子救活，但妻子成为植物人。叫救护车的行为属于积极措施，故李四成立犯罪中止（造成损害结果的中止，应当减轻处罚）。

比较复杂的是在中止行为之后出现了介入因素，由于介入因素导致了犯罪结果。对此情况，应当区分介入因素是否独立导致结果的发生。若介入因素独立导致结果发生，为中止；否则，应当成立既遂。

高频考点
7.2
中止与
介入因素

[例1] 妻子投毒后，送丈夫去医院，路上遭遇堵车，导致无法及时送往医院。介入因素并未独立导致结果的发生，在社会观念上，丈夫仍然可看成是被妻子毒死的，故送医院的措施不具备有效性。

[例2] 如果妻子将丈夫送往医院，路上遭遇车祸，丈夫被他人撞死。在此案件中，丈夫并非被毒死，而是被撞死，那妻子送丈夫去医院的措施应当视为有效措施，成立中止。在这种情况下，显然无法判断如果送往医院是否能够防止结果的发生，存在疑问时应当做有利于行为人的推定，故此情况下也应推定是有效措施，成立犯罪中止。

[例3] 妻子投毒后离开，隔壁邻居送被害人去医院，路上出车祸。妻子成立故意杀人罪的犯罪未遂。

行为类型	主观意愿	客观结果	性质
消极中止 （单纯放弃）	自愿放弃	未出现既遂结果	中止
		出现既遂结果	既遂
积极中止 （采取积极措施防止结果发生；积极措施必须是在经验法则上可以高概率防止结果发生之措施）		未防止结果发生	（1）若介入因素独立导致结果发生，为中止 （2）若介入因素并非独立导致结果发生，为既遂
		防止结果发生	中止

（三）自动性

中止必须是自动放弃犯罪，是行为人在认为能够完成犯罪的情况下，出于本人意志自动停止犯罪。自动性是犯罪中止与犯罪预备、犯罪未遂最大的区别。

关于中止"自动性"的判断标准，比较有代表性的理论有主观心理说和规范回转说。

主观心理说的代表人物是德国刑法学家弗兰克，"能达目的而不欲"是中止，"欲达目的而不能"是未遂。行为人在没有心理强迫的情况下放弃犯罪，属于自动中止，而在强大的心理压力下放弃犯罪，则属于被迫放弃，不能认定为犯罪中止。

高频考点
7.3
中止自动性
的判断

规范回转说则从规范的角度来认定行为人是否属于自愿放弃，代表人物是德国刑法学家罗克辛。这种理论认为，尽管危害行为在客观上还能够实施，但当存在不利状态时，如果从一名普通的理性罪犯的眼光来看，再去行为是不理智的，那么这就属于被迫放弃，而非自动中止。只有行为人的行为表现为从犯罪道路上的回转，体现为"对合法性的回归"时，才能被评判为自动中止。

因此，一般认为，自动性的判断可以综合采取主观心理说和规范回转说。

第一步，根据主观心理说，只有行为人主观上认为可以继续犯罪，但放弃犯罪的，才可能成立中止。如果行为人主观上认为无法继续犯罪，虽然在客观上还可以继续犯罪，显然也不成立中止。

[例1] 甲盗窃保险柜，他误认为保险柜中没有钱，所以放弃。但事实上保险柜里有很多钱。这不成立中止。

[例2] 甲盗窃保险柜，见门外秋风萧瑟，顿觉无趣，遂放弃。但事实上保险柜中没有钱。这成立中止。

[例3] 甲为了杀乙而向乙的食物中投放毒药，见乙神态痛苦而反悔，将乙送往医院抢救脱险。即使甲投放的毒药没有达到致死量，不送往医院也不会死亡，甲也成立犯罪中止。

> 💡 **小提醒**
>
> 毒物达到致死量但放弃犯罪都成立中止，没有达到致死量而放弃犯罪更成立中止，这叫作举重以明轻。

第二步，在此基础上，从规范的角度来看行为人的放弃是否在向合法秩序回归，也即对心理事实再进行规范上的筛选。具体而言就是根据理性犯罪人标准，由司法人员对行为人是否有从犯罪"回转"的"合法性回归"进行规范评价。这其实是对行为人的主观心理事实进行规范评价。在这种规范评价中，只有从规范上看，行为人具有向"合法性回归"的决心，才能成立中止。

> 💡 **小提醒**
>
> 做此类题时，把自己看成犯罪人，看看你所处的情境对你而言是大障碍还是小障碍，如果是小障碍，那就是中止。注意，把你自己看成一般犯罪人，而非一般的守法公民，也不是变态犯罪人。

[例1] 行为人雇佣钟点工，见其年轻貌美，遂将其按倒在床上，意欲奸淫。钟点工与其周旋，让其先去洗澡，不要着急。行为人同意前去洗澡，钟点工于是逃走并报警。在本案中，行为人从表面上放弃了暴力行为，但他并没有尊重被害人的性自治权，向合法秩序回归。行为人认识到被害人仍处于不同意中，只是试图采取一种更为便捷的方式来侵犯对方的性自治权，当然不能认定为中止。（钟点工案）

[例2] 甲因父仇欲重伤乙，将乙推倒在地举刀便砍，乙慌忙抵挡，喊道："是丙逼我把你家老汉推下粪池的，不信去问丁。"甲信以为真，遂松开乙，乙趁机逃走。如果是你，

你应该不会放过乙吧？甲显然不是一个合格的犯罪人，所以这是典型的中止。

[例3] 甲欲射杀仇人乙，在瞄准"乙"时，突然发现被瞄准的并非"乙"，而是丙，于是放弃。在此情况下，甲并未向合法秩序回归（一个理性的犯罪人同样也不会开枪，因为冤有头，债有主，只有变态杀手才会开枪，甲并未朝着尊重生命的法秩序回归），所以依然成立犯罪未遂。

常见的自动放弃的情况有：

1. 真诚悔悟，良心发现而停止。

2. 因被害人的哀求、对被害人怜悯、第三人的劝说而停止。

3. 因为敬畏而放弃，如害怕宗教报应，毕竟有敬畏之心是在向合法秩序回归。

[例1] 杀人时突然打雷了，行为人以为自己的行为遭雷劈遂放弃。

[例2] 杀人时听到教堂的钟声而放弃。

4. 基于嫌弃厌恶而放弃。

[例1] 性侵时嫌弃对方长相而放弃。

[例2] 杀人时，嫌对方血太腥臭而放弃。

5. 基于非即时的法律后果而放弃。

[例1] 看到严打宣传标语，害怕事后被抓而放弃。

[例2] 丙在实施抢劫行为时听到警车声便逃走，但事实上此车是救护车。在丙主观看来，他可能被马上（即时）抓获，而不是可能事后（非即时）被抓获，所以这属于抢劫的未遂。

6. 发现被害人是熟人而放弃，但若为关系极其密切之人，一般为未遂。

[例1] 抢劫遇到同事而放弃，是中止。

[例2] 抢劫遇到亲爹而放弃，是未遂。

• 小 结　如果基于强伦理而放弃，则是未遂；但如果基于弱伦理而放弃，则是中止。

三、处罚

《刑法》第24条第2款规定："对于中止犯，没有造成损害的，应当免除处罚；造成损害的，应当减轻处罚。"例如，妻子欲毒死丈夫，投毒之后见丈夫非常痛苦，于是将丈夫送往医院，后丈夫被抢救活了，但却成了植物人。这是故意杀人罪的犯罪中止，应当减轻处罚，而非故意伤害罪的既遂。因为行为人的本意是想杀害丈夫，而非伤害丈夫。

高频考点

7.4

中止的处罚

关于中止的处罚，还应注意下列问题：

1. 中止的转化。例如，行为人实施强奸行为，因女方怀孕，行为人改而实施猥亵行为。这其实是两个不同的犯罪，强奸罪成立中止，由于没有造成损害，应当免除处罚；但强制猥亵罪成立既遂。

2. 中止犯的"造成损害"必须达到刑法评价的严重程度，换言之，必须具备某种轻罪的既遂标准。

[例1] 甲在伤害他人时，良心发现，放弃犯罪，但之前的伤害结果仅造成轻微伤。由

于轻微伤不属于犯罪，故不是"造成损害"的中止，而是"没有造成损害"的中止。但如果造成了轻伤的结果，则属于"造成损害"的中止，应当减轻处罚。

［例2］甲为了抢劫而对楼梯上的乙实施暴力，乙在急速逃往楼下时摔倒，造成轻微伤。此时，甲顿生悔悟，放弃了抢劫行为。甲的行为成立抢劫罪的犯罪中止，应当免除处罚。

同学们可以思考两个案件：

［例1］张三是个变态，把女方衣服剥光实施猥亵。

［例2］李四也变态，准备性侵女方，把女方衣服剥光，女方求饶，李四放弃了强奸。

这两个变态，哪个更变态？

应该是张三吧。虽然李四准备实施重罪，但毕竟浪子回头金不换。这就是为什么对张三的处罚一定要重于李四，所以造成损害结果的中止必须是符合了一个轻罪的既遂。

还想请同学们思考一下，李四的行为属于强奸罪的中止，由于其剥衣服的行为符合了强制猥亵的构成要件，所以属于造成损害结果的中止，应当减轻处罚，那么对他需要以强奸罪的中止和强制猥亵罪的既遂从一重罪处理吗？

显然不需要，因为对于李四的处罚一定要轻于对张三这种单纯强制猥亵的处罚，所以对于李四只需要以强奸罪的中止处罚，而无需和强制猥亵罪从一重罪。如果从一重罪，那么很有可能张三和李四的处罚是相同的，那这是不公平的，也没有体现浪子回头金不换的朴素情感。

3. "造成损害"的行为必须是中止前的犯罪行为，而不应是中止行为本身所导致的，因为中止行为本身所造成的结果是要独立评价的。

💡 **小提醒**

中止行为本身造成结果可能会被评价为一个独立的犯罪，所以不能再为中止所评价，否则就是一个情节数次评价。

［例1］甲给妻子投毒，见其万分痛苦，将其送往医院，由于超速驾驶撞向防护栏，妻子因此受重伤。在本案中，甲的肇事行为是一个独立的介入因素，独自导致了重伤结果，应当单独评价，与之前的投毒行为无关。因此，如果没有证据证明之前的投毒行为已经导致轻伤以上结果，甲投毒杀人的行为就属于没有造成损害的中止。

［例2］赵某黑夜进入某仓库盗窃时，已经将价值3000余元的金属工具扛在肩上，正要搬出仓库时顿生悔悟，在将金属工具还回原处时，不小心导致金属工具砸死了熟睡的管理人员。赵某的行为成立盗窃罪的中止（没有造成损害结果）与过失致人死亡罪。

［例3］甲架好枪支准备杀乙，见已患绝症的乙跌跄走来，顿觉可怜，认为已无杀害必要。甲收起枪支，但不小心触动扳机，乙中弹死亡。甲构成故意杀人罪的中止和过失致人死亡罪，但故意杀人罪的中止显然是没有造成损害结果的中止。

［例4］赵某闯入吴某家里，欲伤害正在卧室睡觉的吴某。吴某苦苦哀求赵某放过自己，赵某动了恻隐之心遂放弃。赵某的中止前行为若已符合非法侵入住宅罪的构成要件，则其故意伤害罪属于造成损害结果的中止。

实战演习

关于犯罪中止，下列哪些选项是正确的？（2010/2/57-多）[1]

A. 甲欲杀乙，埋伏在路旁开枪射击但未打中乙。甲枪内尚有子弹，但担心杀人后被判处死刑，遂停止射击。甲成立犯罪中止

B. 甲入户抢劫时，看到客厅电视正在播放庭审纪实片，意识到犯罪要受刑罚处罚，于是向被害人赔礼道歉后离开。甲成立犯罪中止

C. 甲潜入乙家原打算盗窃巨额现金，入室后发现大量珠宝，便放弃盗窃现金的意思，仅窃取了珠宝。对于盗窃现金，甲成立犯罪中止

D. 甲向乙的饮食投放毒药后，乙呕吐不止，甲顿生悔意急忙开车送乙去医院，但由于交通事故耽误1小时，乙被送往医院时死亡。医生证明，早半小时送到医院乙就不会死亡。甲的行为仍然成立犯罪中止

模拟展望

1. 张女为毒死丈夫，在丈夫茶杯里投毒，后见丈夫非常痛苦，于是将丈夫送往医院，经抢救，丈夫存活，但成了植物人。对于张女的行为，应该如何定性？（单选）[2]

A. 构成故意杀人罪，但应当免除处罚

B. 构成故意杀人罪，但应当减轻处罚

C. 构成故意伤害罪的既遂

D. 构成故意伤害罪的未遂

2. 甲将女友从山顶推下，2小时后，感觉在女友身上留下了某些可能被发现的线索，于是下山寻找，结果发现女友没有摔死，奄奄一息，突然觉得女友可怜，于是将其送到医院治疗，后女友康复。关于甲的行为，下列哪一选项是正确的？（单选）[3]

A. 犯罪中止   B. 犯罪未遂

C. 犯罪既遂   D. 犯罪预备

---

〔1〕 AB。A项是放弃本可继续重复加害的行为，成立犯罪中止。虽然第一枪没有打中被害人，但在还可以继续开枪的情况下停止下来，成立犯罪中止。故A项正确。B项中，行为人所害怕的并非眼前的而是将来的不利局面，即其担心的刑罚处罚并非马上起作用，对法律的敬畏是在向合法性回归，故成立犯罪中止。故B项正确。C项中，无论是巨额现金还是珠宝，都属于财产，属于盗窃罪的法定对象（财物），财产是可以等价的，其行为应成立盗窃罪的犯罪既遂，而非犯罪中止。故C项错误。D项中，介入因素并未切断危害行为与结果的因果关系，路上出现交通意外导致车辆拥堵在城市中是高概率事件，所以成立犯罪既遂。故D项错误。

〔2〕 B。《刑法》第24条规定："在犯罪过程中，自动放弃犯罪或者自动有效地防止犯罪结果发生的，是犯罪中止。对于中止犯，没有造成损害的，应当免除处罚；造成损害的，应当减轻处罚。"在本题中，张女在投毒之后、丈夫死亡之前，主动将丈夫送往医院，并且防止了死亡结果的发生，属于实行后阶段的中止，但是由于造成了丈夫成为植物人的伤害结果，故应以故意杀人罪追究其刑事责任，但应当减轻处罚。

〔3〕 B。根据《刑法》第24条第1款的规定，犯罪中止必须发生在犯罪过程中。但是在未遂之后不可能再成立中止，犯罪过程中遭遇客观障碍，明显地告一段落归于未遂的，属于未遂，而不成立中止。

第8讲
共 同 犯 罪

应试指导

📁 复习提要

共同犯罪是犯罪论中最复杂的问题，因此大家要在主客观相统一的思路上对共同犯罪理论进行整合，主要掌握部分犯罪共同说、共犯从属说、间接正犯、片面共犯、承继共犯和共犯的脱离等问题。

👤 知识框架

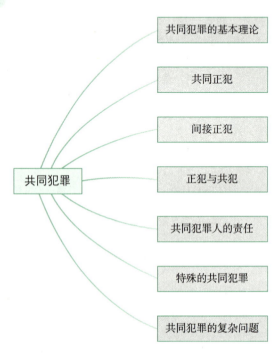

共同犯罪 —— 共同犯罪的基本理论

共同正犯

间接正犯

正犯与共犯

共同犯罪人的责任

特殊的共同犯罪

共同犯罪的复杂问题

专题 **25**

共同犯罪的基本理论

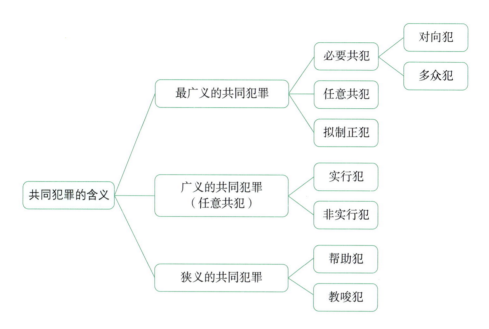

第 25 条 ［共同犯罪的概念］ 共同犯罪是指 2 人以上共同故意犯罪。

2 人以上共同过失犯罪，不以共同犯罪论处；应当负刑事责任的，按照他们所犯的罪分别处罚。

我国《刑法》第 25 条第 1 款规定，共同犯罪是指 2 人以上共同故意犯罪。共同犯罪有最广义、广义和狭义之分。

最广义的共同犯罪包括必要共犯、任意共犯和拟制正犯（非实行行为的实行化）。必要共犯必须由 2 人以上共同实施，如聚众斗殴罪。任意共犯 1 人也能单独实施，如故意杀人罪。

广义的共同犯罪包括作为任意共犯的共同正犯、教唆犯和帮助犯。

💡 **小 提 醒**

最广义的共同犯罪既包括刑法总则中规定的共同犯罪，也包括刑法分则中规定的共同犯罪。广义的共同犯罪（即任意共犯）仅限于刑法总则中规定的共同犯罪。

狭义的共同犯罪则是与正犯相对应的一个概念，它只包括教唆犯和帮助犯。

一、必要共犯与任意共犯

任意共犯 1 人也能单独实施，其处罚依据是刑法总则中共同犯罪条款对刑法分则条文的修正，为修正的构成要件。

必要共犯必须由2人以上共同实施，它并不属于刑法总则所说的共同犯罪。必要共犯包括对向犯和多众犯，前者是指以存在2人以上相互对向的行为为要件的犯罪，如贿赂罪、重婚罪等；而后者指多数人以实施指向同一目标的行为为要件的犯罪，如聚众犯罪和集团犯罪（组织、领导、参加恐怖活动组织罪）。对于对向犯而言，由于每个行为人都有独立的目的，行为人仅就其行为负责。对向犯的意义在于，当一行为人由于某种事由导致犯罪不成立，并不妨碍相对人犯罪的成立。例如，行贿人必须为谋取不正当利益才构成行贿罪，若为谋取正当利益而行贿，行贿人不构成行贿罪，但受贿人仍构成受贿罪。

对于对向犯，要注意共同对向犯与片面对向犯的分类。

共同对向犯是所对向的双方都被刑法规定为犯罪，而片面对向犯是只有一方被规定为犯罪。

共同对向犯又包括两种情况：一种是双方罪名相同。例如，重婚罪，无论是重婚者（有配偶而与他人重婚），还是相婚者（无配偶而与他人重婚），都构成重婚罪。又如，代替考试罪，替考者和雇请替考者都构成代替考试罪。另一种是双方罪名不同。例如，受贿罪与行贿罪、拐卖妇女罪与收买被拐卖的妇女罪。对于后一种情况，要注意不能把双方按相同罪名处理，对向一方并非另外一方的帮助犯或教唆犯。

片面对向犯只有一方构成犯罪。例如，销售假药罪，销售者构成犯罪，购买者不构成犯罪。片面对向犯不是共同犯罪。一般认为，不能把所对向一方看成另一方的共同犯罪。例如，购买假药者并非销售假药行为人的帮助犯。当然，如果销售者原本无意销售假药，但购买者竭力唆使，这显然属于销售假药罪的教唆犯。

❓ 想一想

出售和购买结婚证构成犯罪吗？出售和购买大学毕业证构成犯罪吗？[1]

💡 小提醒

从立法政策来看，立法者对共同对合的打击力度要强于片面对合。共同对合，双方都构成犯罪；而片面对合，一般只有一方构成犯罪。

在多众犯中，首要分子不一定是主犯。例如，在聚众犯罪中，有时只处罚首要分子，

---

[1] 买卖国家机关证件属于共同对合，罪名是买卖国家机关证件罪，所以买卖双方均构成犯罪。但买卖事业单位印章属于片面对合，罪名是伪造事业单位印章罪，购买者一般不构成犯罪。

如《刑法》第 291 条规定的聚众扰乱公共场所秩序、交通秩序罪，只处罚首要分子。如果首要分子只有一个，那就根本不属于刑法总则所规定的共同犯罪（任意共犯），自然也就无所谓主犯一说。

💡 小 提 醒

如果可以成立刑法总则所说的共同犯罪，聚众犯罪中的首要分子就一定是主犯。例如，组织、领导、参加黑社会性质组织罪中的首要分子一定是主犯。

二、正犯与共犯

正犯是与狭义共犯（教唆犯和帮助犯）相对应的一个概念。关于共犯与正犯的区分标准，有许多种学说。多数见解认为，应当以构成要件为标准来区分共犯与正犯。正犯是指实施了符合构成要件行为的人，亲自直接实施构成要件行为的是直接正犯，把他人作为工具加以利用，但在法律上可以被评价为与亲手实施具有相同性质的是间接正犯。而共犯则是指没有亲手实施符合构成要件的行为，只是通过教唆或帮助正犯的方式来参与正犯行为的人。根据这种标准，正犯是一种实行犯，而共犯则是通过正犯的实行行为来参与犯罪的非实行犯，对于共犯的处罚依据显然是一种修正的构成要件。

三、共同犯罪的本质

关于共同犯罪的本质，存在犯罪共同说和行为共同说的争论。

犯罪共同说认为，2 人以上共同实施符合同一构成要件的行为才可成立共同犯罪。这又可以分为严格的犯罪共同说和部分犯罪共同说。前者认为，同一构成要件行为必须在罪名上完全相同；而后者认为，如果构成要件有重合部分，就可以在重合部分肯定共同犯罪的成立。例如，甲以盗窃之意图，乙以抢劫之意图，共同实施犯罪行为。按照严格的犯罪共同说，两人不成立共同犯罪；但按照部分犯罪共同说，由于盗窃和抢劫在盗窃的范围内有重合部分，两人可以在盗窃的范围内成立共同犯罪。部分犯罪共同说是当前的主流观点。

行为共同说认为，只要 2 人以上共同实施行为，即便各自的意图不同，也可以成立共同犯罪。例如，根据行为共同说，甲以伤害的故意，乙以强奸的故意，一同殴打某女，甲、乙可以成立共同犯罪。同时，按照行为共同说，共同过失也成立共同犯罪，这和我国刑法规定有冲突。因此，部分行为共同说是多数人支持的观点，也为法考所采纳。

根据部分犯罪共同说，只要 2 人以上就部分犯罪具有共同的行为与共同的故意，那么在重合范围内，可以成立共同犯罪。但在此前提下，又可分别定罪。

归纳而言，部分犯罪共同说存在于如下几种情况中：

1. 法条重合。这主要指的是法条竞合关系。当刑法的 2 个条文之间存在法条竞合关系时，其条文所规定的犯罪便存在重合性质。例如，盗窃罪和盗窃枪支罪在盗窃罪的范围内重合。

2. 规范重合。当两种犯罪的性质相同，那么在规范上重罪与轻罪在轻罪的范围内重

高频考点

8.2

部分犯罪
共同说

合，能够在重合范围内成立共同犯罪。例如，故意杀人罪与故意伤害罪、绑架罪与非法拘禁罪、抢劫罪与抢夺罪、抢劫罪与敲诈勒索罪。

3. 在转化犯中，如果数人共同实施了转化前的犯罪行为，而部分犯罪人实施了转化行为，但他人不知情，应就转化前的犯罪成立共同犯罪。

［例］甲、乙二人共谋去丙家盗窃，甲偷次卧室，乙偷主卧室，并约好偷完后在甲家分赃。甲窃得 1 万元财物，离去。乙在主卧室窃得现金 1 万元，准备离去时被丙发现，后乙将丙打成轻伤。根据《刑法》第 269 条的规定，犯盗窃、诈骗、抢夺罪，为窝藏赃物、抗拒抓捕或者毁灭罪证而当场使用暴力或者以暴力相威胁的，依照《刑法》第 263 条（抢劫罪）的规定定罪处罚。因此，乙的行为构成抢劫罪，而甲并没有抢劫的故意，因此不构成抢劫罪。但是根据部分犯罪共同说，甲、乙的盗窃罪是重合的，故二人在盗窃罪的范围内成立共同犯罪。因此甲的盗窃数额是 2 万元，二人应当分别定罪，甲的行为构成盗窃罪，乙的行为构成抢劫罪。

💡 **小提醒**

按照部分犯罪共同说理解共同犯罪问题，只要主观上在构成要件的重合部分有共同的故意，客观上在重合部分有共同的行为，就可以成立共同犯罪，遵循"部分行为之整体责任"的规则。

📖 **实战演习**

甲、乙共谋行抢。甲在偏僻巷道的出口望风，乙将路人丙的书包（内有现金 1 万元）一把夺下转身奔逃，丙随后追赶，欲夺回书包。甲在丙跑过巷道口时突然伸腿将丙绊倒，丙倒地后摔成轻伤，甲、乙乘机逃脱。甲、乙的行为构成何罪？（2009/2/7–单）[1]

A. 甲、乙均构成抢夺罪

B. 甲、乙均构成抢劫罪

C. 甲构成抢劫罪，乙构成抢夺罪

D. 甲构成故意伤害罪，乙构成抢夺罪

专题26

共 同 正 犯

一、共同正犯的概念和成立条件

共同正犯，是指 2 人以上出于共同的故意，共同实施实行行为。共同正犯的成立有三个条件：

---

〔1〕 C。甲、乙两人在抢夺的范围内成立共犯，但甲单独转化为抢劫罪。

（一）2 人以上

这里所说的 "人"，既包括自然人，也包括单位。因此，单位与单位、自然人与自然人、自然人与单位都可以成立共同正犯。

（二）共同犯罪的故意

共同犯罪的故意是一种意思联络，它有两个因素：

1. 认识因素，即共同正犯人不仅认识到自己在故意地实施犯罪，而且还认识到有其他犯罪人和自己一起共同配合实施犯罪。

2. 意志因素，即共同正犯人明知共同犯罪行为会造成危害社会的结果，仍然希望或放任结果的发生。这种共同犯罪的故意，使他们之间的行为彼此联系，相互配合。

共同犯罪的故意只需有概括的故意即可，不需要有非常明确具体的故意。例如，甲在被害人卧室偷了 5 万元，但对在客厅偷窃的丁说只偷了 3 万元。即便丁 1 分钱都未偷到，其盗窃数额仍是 5 万元，这也即所谓 "部分行为之整体责任"。

（三）共同犯罪的行为

各共同正犯人的行为都指向同一目标，彼此联系、互相配合，成为一个犯罪行为整体，彼此对对方的行为有因果影响力，这种影响力既包括物理性的影响力，也包括心理上的影响力，而且应当以符合同一个犯罪构成要件为前提。如果双方的行为在构成要件上没有重合，则无法成立共同犯罪。

二、不构成共同正犯的几种情况

（一）过失的共同正犯

这是指 2 人以上共同过失犯罪，虽然外表上有共同行为，但行为人无共同犯意的交流。例如，甲、乙为搬运工人，共同负责从高处将一块巨石丢往下方，因不注意而砸死路过之行人。甲、乙的行为就是过失的共同正犯，应根据各人过失犯罪的情况分别认定为过失致人死亡罪，不需要以共同犯罪论处。

由于共同过失在现行刑法中不属于共同犯罪，因此不能适用部分行为之整体责任的理论，要对各行为人分别定罪量刑。根据疑罪从无原则，如两人出于共同过失而致人死亡，但无法查明死亡结果是两人中何人所为，在法律中就只能推定两人中任何一人的行为都没有造成死亡结果，两人都不构成犯罪。

（二）故意犯与过失犯

这是指过失犯罪人与故意犯罪人的行为相互连接或联系，但因为其相互之间无共同故意，也无意思联络，不成立共同犯罪。例如，看守所值班武警擅离职守，重大案犯趁机脱逃。

> **小 提 醒**
>
> 如果按照 "客观不法，主观有责" 的二阶层体系，"共同过失" 和 "故意与过失" 共犯都可以成立共同犯罪。但这不符合我国刑法的规定，若按此体系分析解题，会导致在客观题中严重失分。

（三）同时正犯

这是指2人以上同时以各自行为侵犯同一对象，但彼此之间无意思联络的情况。即使有相同的犯罪故意，但却无共同故意。同时犯只在各自实行的犯罪行为的范围内负刑事责任。

[例1] 甲、乙二人趁商店失火之机，不谋而合地同时到失火地点窃取商品。这是同时犯，分别定性。

[例2] 如果两人有共谋，则不成立同时犯，而属于共犯。例如，甲发现某商店失火后，便立即对乙说："现在是趁火打劫的好时机，我们一起去吧！"乙便和甲一起跑到失火地点，窃取了商品后各自回到自己家中。这就是典型的共同犯罪。

[例3] 2015年《全国法院毒品犯罪审判工作座谈会纪要》规定，2人以上同行运输毒品的，应当从是否明知他人带有毒品，有无共同运输毒品的意思联络，有无实施配合、掩护他人运输毒品的行为等方面综合审查认定是否构成共同犯罪。受雇于同一雇主同行运输毒品，但受雇者之间没有共同犯罪故意，或者虽然明知他人受雇运输毒品，但各自的运输行为相对独立，既没有实施配合、掩护他人运输毒品的行为，又分别按照各自运输的毒品数量领取报酬的，不应认定为共同犯罪。

（四）实行过限行为

这是指在共同犯罪过程中，有的共同正犯人超出了共同犯罪故意的范围，单独地实施其他犯罪。由于其他共犯人对此缺乏共同故意，故应由行为人单独承担超出共同犯罪故意范围部分的责任。例如，甲、乙将某女骗来，准备卖掉。拘禁过程中，在甲外出找买主时，乙将该女强奸。甲、乙虽然在拐卖妇女罪的基本犯罪构成中成立共同犯罪，但乙的强奸行为是一种实行过限行为，他应独立对拐卖妇女罪的加重情节承担责任，甲对此加重情节不承担责任。

三、共谋的共同正犯

这是指仅参与共谋，未参与犯罪实行行为的人，仍以共同正犯负其责任。例如，甲、乙二人共谋于某日晚共同前往丙家盗窃，并为此准备了必要的作案工具。但届时，乙因肚子不舒服未能前往，甲独自一人盗窃成功。在本案中，甲、乙均为共同正犯。

我国传统刑法理论中的组织犯就是一种典型的共谋正犯。

专题 **27**

——— 间 接 正 犯 ———

间接正犯，也就是间接实行犯，是指利用不成立共犯的第三人实行犯罪。严格说来，间接正犯并未有实行行为，只是利用他人的实行行为，但由于缺乏与他人共同犯罪的故意，不成立共犯，而由利用者对被利用者的行为独立负责。例如，甲利用幼童或精神病人实施犯罪行为，实行犯其实是没有刑事责任能力之人，所以在法律中把利用者甲拟制为实行犯，即间接正犯。

一、间接正犯的类型

1. 利用无刑事责任能力人实施犯罪。

2. 利用他人的合法行为。

[例1] 让邮递员将炸药寄给他人。行为人并未实施故意杀人罪的实行行为，真正的实施者（递包者）是邮递员，但邮递员的行为是合法的。如果因此就不追究行为人的责任显然是不合常理的，因此可将其视为间接正犯，独立对故意杀人罪承担责任，邮递员对于行为人而言只是一个工具。

[例2] 利用他人的正当防卫、紧急避险等正当化行为而犯罪。

[例3] 乙诬告陷害张三杀死他人，后张三被判处死刑。乙构成诬告陷害罪和故意杀人罪（间接正犯）的想象竞合。

3. 利用他人的过失行为。

[例1] 医生指示护士打毒针，护士有过失。虽然故意和过失不成立共同犯罪，医生也没有真正的实行行为，但护士的过失行为其实是医生故意杀人的工具。因此，医生是故意杀人罪的间接正犯，护士独立构成医疗事故罪。

[例2] 甲与乙一起狩猎，甲明知前方是人，却对乙说："前面有只熊。"乙信以为真，没有确认就开枪，导致被害人死亡。甲利用了不知情的乙的过失行为造成被害人死亡的结果，因而成立间接正犯。

4. 利用有故意的工具。这又可以包括三类：

第一类是利用非重合的他罪的故意。

[例] 甲唆使乙向丙家的屏风射击，因为甲知道丙在屏风后面，乙对此并不知情。乙射击，屏风被打碎，丙也中弹身亡。甲、乙在故意毁坏财物罪的范围内成立共同犯罪。乙构成故意毁坏财物罪和过失致人死亡罪的想象竞合，甲成立故意杀人罪的间接正犯，甲的行为既可以视为利用有过失的工具（利用他人的过失致人死亡行为），又可以看成是利用他人的故意行为（利用故意毁坏财物的行为）。（日本的屏风案）

第二类是利用有特殊目的的工具。

[例1] 甲用头痛粉冒充海洛因欺骗乙，让乙卖出，然后二人分钱。乙卖出后获得4000元，但是还未分赃就被公安机关查获。本案中，由于诈骗罪的成立需要有非法占有的目的，但乙并无这种目的，因此甲与乙不可能成立共同犯罪。乙只是甲用于诈骗的一个有故意的工具，甲成立诈骗罪的间接正犯。

[例2] 甲欲通过传播淫秽物品来牟利，遂对乙隐瞒牟利目的，利用乙传播淫秽物品。乙因为没有牟利目的，所以只构成传播淫秽物品罪，而甲则构成传播淫秽物品牟利罪的间接正犯，二人在传播淫秽物品罪范围内成立共同犯罪（甲成立传播淫秽物品牟利罪和传播淫秽物品罪的想象竞合）。

[例3] 甲知道妻子乙有血友病，便教唆丙轻伤乙。丙接受教唆后轻伤乙，但却导致乙流血不止而死。丙的行为成立故意伤害致人死亡，但甲的行为属于故意杀人罪的间接正犯（甲成立故意杀人罪和故意伤害致人死亡的想象竞合）。

第三类是在身份犯的情况下，利用无身份的工具。

[例] 国家工作人员利用不知情的非国家工作人员来收受贿赂，国家工作人员成立受贿罪的间接正犯。

5. 利用他人的不为罪的行为。这包括利用他人的无罪过行为（不可抗力和意外事件），还包括利用他人的其他不为罪行为。

[例1] 甲将邻居家的孩子（3岁）带至楼顶，骗孩子说楼下有糖果，让孩子往下跳。孩子果然跳下，当场摔死。

[例2] 乙与张女为恋人，双方约好一同投河自尽。乙让张女先跳，张女跳后，乙非常高兴，确认张女被淹死，遂扬长而去。

💡 **小提醒**

间接正犯的本质就是把他人当成自己的工具，而利用人和被利用人不成立共犯。因此，间接正犯在所利用之罪范围内与共犯是排斥的。

换言之，成立 A 罪之共犯，就不成立 A 罪之间接正犯。但是，成立 A 罪之间接正犯，可能同时成立 B 罪之共犯。例如，上文的屏风案中，甲、乙在故意杀人罪范围内不可能成立共同犯罪，甲成立故意杀人罪之间接正犯，但甲、乙在故意毁坏财物罪范围内可以成立共同犯罪。

二、间接正犯的限制

一般认为，无身份者不能成立身份犯的间接正犯，这可以看成是对间接正犯的限制。间接正犯是正犯的一种，而非（狭义）共犯，故当缺乏身份，就不应成立正犯，而只能成立狭义共犯。例如，非国家工作人员在国家工作人员不知情的情况下，利用国家工作人员职务便利为他人谋利并收受财物，非国家工作人员不构成受贿罪的间接正犯。

小 结 间接正犯就是把他人当枪使，但是和"枪"不成立共犯，所以他在幕后要起到支配作用。同时，没有身份者不能成立身份犯的间接正犯。

专题28

——正犯与共犯——

狭义的共犯包括帮助犯和教唆犯，它是与正犯相对应的一个概念。

一、共犯的基本理论——共犯从属说

（一）共犯从属说

高频考点

8.4

共犯从属说

该说认为只有当正犯着手实施犯罪，共犯才有成立的可能。例如，甲为乙杀人提供刀具，乙在预备阶段停止犯罪。由于乙未着手实施犯罪，故甲的帮助行为不构成犯罪。这种学说是一种比较主流的观点。

然而，共犯对正犯的从属，从属到何种程度，这也是一个值得讨论的问题。一般采取限制从属说，该说认为，共犯的可罚性只需从属于正犯的构成要件与违法性，而不必要求正犯具有有责性（责任能力）。

[例1] 甲教唆 15 岁的乙实施盗窃，甲、乙在盗窃罪的构成要件和违法性层面上成立共犯，但乙出现责任阻却事由，故甲单独对盗窃罪承担责任。

[例2] 15 岁的少年甲让 16 岁的少年乙为其盗窃望风。甲、乙也在盗窃罪的构成要件和违法性层面上成立共犯，但甲出现责任阻却事由，故乙单独对盗窃罪承担责任。

[例3] 甲教唆盗窃犯乙销赃。甲、乙在掩饰、隐瞒犯罪所得罪的构成要件和违法性层面上成立共犯，但是乙出现责任阻却事由（缺乏期待可能性），故甲单独构成掩饰、隐瞒犯罪所得罪。

（二）共犯的处罚依据

关于共犯的处罚根据，刑法理论的通说是因果共犯论，也即共犯人通过正犯的实行行为，引起了法益的侵害。一般认为，直接引起法益侵害的是正犯，介入正犯行为间接引起法益侵害的是共犯。

二、帮助犯

帮助犯是在共同犯罪中，基于帮助正犯的故意，实施帮助行为的人。

（一）帮助犯的成立条件

1. 存在正犯的行为。根据共犯从属说，只有当正犯着手实施犯罪，帮助犯才有成立的可能。

2. 在主观上，有帮助正犯的故意。这种故意是认识到正犯在实施犯罪，仍然希望或放任通过自己的帮助行为促进正犯行为的顺利进行。过失帮助不成立共犯。根据部分犯罪共同说，帮助犯的认识只要和正犯的认识有重合部分，那么在重合范围内就可以成立共同犯罪。例如，甲以为自己在为乙的盗窃提供帮助，但事实上却在为乙的抢劫提供帮助。甲在盗窃的范围内成立帮助犯。

？ 想一想

甲欲杀丙，假意与乙商议去丙家"盗窃"，由乙在室外望风，乙照办。甲进入丙家将丙杀害，出来后骗乙说未窃得财物。乙信以为真，怅然离去。甲、乙的行为如何定性？（2017/2/7）[1]

---

〔1〕 甲、乙在非法侵入他人住宅罪的范围内成立共同犯罪，但是甲单独构成故意杀人罪。由于甲没有实施盗窃行为，所以乙的帮助行为不构成犯罪。

3. 在客观上，帮助行为必须是实行行为以外的行为，对实行行为起促进作用。这种促进作用只要求具有帮助可能性即可，不要求实际起到帮助作用。帮助行为包括物理性帮助和心理性帮助。前者如提供凶器、排除障碍，后者如改进作案方针、撑腰打气、呐喊助威。例如，甲实施盗窃，乙为其望风，但甲并没有遇到任何困难便顺利地窃取了他人的财物。在此案中，乙的帮助行为至少对甲有心理性的促进作用，所以乙成立帮助犯。

如果主观上意欲帮助，但在客观上却对正犯没有物理性或心理性的促进作用，那就只成立犯罪未遂。

（二）事前通谋的事后帮助

事前通谋，事后窝藏、包庇、窝赃、销赃等行为，成立共同犯罪。当然，如果事前只是单纯知情，并未参与通谋，事后提供帮助的，不能成立共同犯罪。如果事前没有通谋，事后提供帮助，也只单独成立掩饰、隐瞒犯罪所得、犯罪所得收益罪，窝藏、包庇罪或者洗钱罪等。

事前通谋的事后帮助对于实行犯的实行行为至少存在心理上的促进作用，因此以共同犯罪论处是恰当的。

❓想一想

如果行为人在盗窃实行犯不知情的情况下，与销赃人事先约定，事后出资收购赃物。该人的行为是否应该以盗窃罪的共犯论处呢？[1]

（三）中立的帮助行为

中立的帮助行为，是指日常生活或者业务行为中的惯常现象，但也可能对正犯的实行行为起到促进效果的行为。例如，餐饮店为组织卖淫者提供饭食，五金店销售刀具给犯罪分子。对于这类帮助行为，应当根据社会相当性的理论来判断其可罚性。一般说来，大部分的中立的帮助行为都不应以犯罪论处，除非对法益造成了紧迫的危险。

三、教唆犯

第 29 条 ［教唆犯］ 教唆他人犯罪的，应当按照他在共同犯罪中所起的作用处罚。教唆不满 18 周岁的人犯罪的，应当从重处罚。

如果被教唆的人没有犯被教唆的罪，对于教唆犯，可以从轻或者减轻处罚。

教唆犯，即造意犯，是指以授意、怂恿、劝说、利诱或者其他方法故意唆使他人犯罪的人。

（一）教唆犯的成立条件

1. 教唆犯所教唆的对象一般是达到刑事责任年龄、具有刑事责任能力的人，否则一般不成立教唆犯，而成立间接正犯。例如，唆使 5 岁的孩子盗窃。需要说明的是，教唆者所教唆的人，虽然未达刑事责任年龄，但具备规范上的辨认能力和控制能力的，根据限制从属说，也可成立教唆犯。例如，教唆 15 岁的少年盗窃。

---

〔1〕 行为人的帮助销赃行为在客观上对实行行为没有心理上和物理上的促进作用，只是在实行行为结束之后才起到了帮助作用。因此，对行为人不应以盗窃罪的共同犯罪论处，而只能论之以掩饰、隐瞒犯罪所得罪。

小 提 醒

教唆无刑事责任能力人犯罪，一般成立间接正犯。但如果教唆限制刑事责任能力人实施犯罪（包括《刑法》第 17 条第 2 款规定的限制刑事责任能力人承担责任的八种犯罪），一般都成立教唆犯。

2. 在客观上，有教唆他人犯罪的行为。教唆行为在客观上创造了他人的犯罪意图。

3. 在主观上，有教唆他人犯罪的故意。这种故意必须认识到自己的教唆行为可能创造了他人的犯罪意图。如果行为人没有教唆他人犯罪的故意，仅仅是因为说话不注意，客观上引起了他人犯罪的意念，这属于过失教唆，不能认定为教唆犯。

（二）教唆未遂

《刑法》第 29 条第 2 款规定，如果被教唆的人没有犯被教唆的罪，对于教唆犯，可以从轻或者减轻处罚。这种情况属于教唆未遂。

对于教唆未遂的处理，刑法理论有两种观点：

1. 教唆从属说。非实行犯（教唆犯、帮助犯）必须从属于实行犯，只有实行犯进入实行阶段（着手后），对于非实行犯才可以进行处罚。

2. 教唆独立说。教唆犯是共犯从属说的例外，具有独立性，只要行为人实施教唆行为，被教唆者未达到所教唆罪的既遂，一律认定为教唆未遂，也即教唆本身没有成功。

我国传统的观点采教唆独立说。例如：①张三教唆李四杀人，但李四在预备阶段中止犯罪；②张三教唆李四杀人，但李四却实施了盗窃。按照教唆独立说，张三均成立教唆未遂；但按照教唆从属说，张三不构成犯罪。

上述两种观点都认为：①甲教唆乙杀人，乙着手实行犯罪，但最终未达既遂，可以适用教唆未遂的从宽条款；②甲教唆乙实施 A 罪，但乙实施了 B 罪，如果 A、B 两罪有重合部分，甲可以在重合部分成立教唆既遂。

（三）教唆犯的罪名

对于教唆犯应当根据教唆的内容定罪，没有"教唆罪"这个罪名。教唆他人盗窃的，定盗窃罪；教唆他人杀人的，定故意杀人罪。

? 想一想

教唆帮助犯是什么犯？[1]

· **小 结** 教唆犯的本质是创造犯意，而帮助犯的本质是强化犯意。对于已经具备犯意的人进行劝说和鼓励，都属于帮助犯。

---

〔1〕 这是在创造犯意，所以是教唆犯。

共同犯罪人的责任

我国刑法将共同犯罪人分为主犯、从犯、胁从犯和教唆犯。这是在作用分类法的基础上考虑了分工分类法。所谓作用分类法，就是考虑共同犯罪人在共同犯罪中的作用，将其分为主犯、从犯、胁从犯。所谓分工分类法，就是按照共同犯罪人在共同犯罪中的分工，将其分为正犯与共犯。正犯即实行犯，而共犯（狭义共犯）是非实行犯，它包括帮助犯、教唆犯。实行犯有可能是主犯，也可能是从犯或胁从犯；帮助犯不可能是主犯，但有可能是从犯或胁从犯；教唆犯有可能是主犯，也可能是从犯。

 小提醒

作用分类法与分工分类法是不同的。

一、主犯

第26条 [主犯] 组织、领导犯罪集团进行犯罪活动的或者在共同犯罪中起主要作用的，是主犯。

3人以上为共同实施犯罪而组成的较为固定的犯罪组织，是犯罪集团。

对组织、领导犯罪集团的首要分子，按照集团所犯的全部罪行处罚。

对于第3款规定以外的主犯，应当按照其所参与的或者组织、指挥的全部犯罪处罚。

主犯，是指在共同犯罪中起主要作用的犯罪分子，通常包括三种人：

1. 集团犯罪的首要分子，即组织、领导犯罪集团的人。犯罪集团是3人以上为共同实施犯罪而组成的较为固定的犯罪组织。有两种犯罪集团是刑法分则专门规定的：①恐怖活动组织；②黑社会性质组织。

2. 其他起主要作用的犯罪分子。

3. 聚众性犯罪的首要分子。这里要注意的是，如果刑法分则明确规定对某聚众性犯罪仅仅处罚首要分子而不处罚其他参加者时，若首要分子只有一个，就不存在所谓的主犯问题。因此，聚众性犯罪的首要分子并非一定都是主犯。但如果聚众性犯罪可以成立刑法总则所规定的共同犯罪，首要分子自然就是主犯。例如，在聚众持械劫狱罪中，由于法律惩罚首要分子和其他所有参与者，因此聚众犯罪也可成立刑法总则所规定的共同犯罪，即任意的共同犯罪，其中的首要分子就属于主犯。

对于共同犯罪中的主犯，要坚持"部分行为之整体责任"的原则。也就是说，作为主犯，他的行为虽然只是共同犯罪的一部分，但是他承担的责任却是全部责任。

具体说来，对于集团犯罪的首要分子，应当按照集团所犯的全部罪行处罚。但是必须说明的是，如果集团犯罪的参与者实施了明显超出首要分子概括故意的行为，根据共同犯

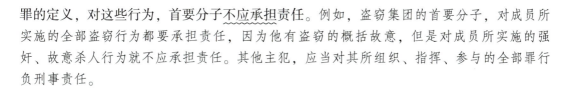

罪的定义，对这些行为，首要分子不应承担责任。例如，盗窃集团的首要分子，对成员所实施的全部盗窃行为都要承担责任，因为他有盗窃的概括故意，但是对成员所实施的强奸、故意杀人行为就不应承担责任。其他主犯，应当对其所组织、指挥、参与的全部罪行负刑事责任。

二、从犯

第 27 条 ［从犯］ 在共同犯罪中起次要或者辅助作用的，是从犯。

对于从犯，应当从轻、减轻处罚或者免除处罚。

从犯，是指在共同犯罪中起次要或者辅助作用的犯罪分子。

从犯通常有两种：①起次要作用的实行犯；②本人没有实行行为，仅仅是提供帮助的帮助犯。帮助犯一般是从犯，实行犯如果起的作用较小，也可以是从犯。区分主犯和从犯是根据作用之大小来划分的，因此在没有主犯的情形下，当然不可能有从犯。

从犯的刑事责任，是"应当从轻、减轻处罚或者免除处罚"。从犯具有一定的独立性，因此不能够说"应当比照主犯从轻、减轻处罚或者免除处罚"。试想，如果主犯未满 18 周岁，而从犯是成年人，从犯要比照主犯从宽，那么对未成年人的从宽处罚也可及于从犯，这是不合情理的。

> **💡 小 提 醒**
>
> 从犯的处罚不需要比照主犯。

三、胁从犯

第 28 条 ［胁从犯］ 对于被胁迫参加犯罪的，应当按照他的犯罪情节减轻处罚或者免除处罚。

胁从犯，是指被胁迫参加犯罪的人。对胁从犯，应当减轻或者免除处罚。注意受引诱参加犯罪的不是胁从犯，胁从犯只能是被胁迫参加的。另外，胁从犯也可能转化为主犯。例如，某人起初被胁迫，但后来却积极主动参与犯罪，就可直接以主犯论处。

> **💡 小 提 醒**
>
> 胁从犯与间接正犯中被利用的工具存在区别。胁从犯中的被胁迫者仍有一定的选择自由，所以胁从犯和胁迫者成立共同犯罪；间接正犯中被利用的工具没有选择自由，所以他和间接正犯人不成立共同犯罪。

［例 1］ 甲偷拍李某的裸照，以此强迫李某将公司的商业秘密窃出，否则就要将裸照在网上公布，李某无奈，遵照甲的指示将商业秘密偷出交与甲。李某属于胁从犯，与甲成立侵犯商业秘密罪的共同犯罪。

［例 2］ 乙用枪逼迫李某去盗窃，李某无奈实施盗窃。李某属于紧急避险，不成立胁从犯；乙属于盗窃罪的间接正犯。

四、教唆犯

对于教唆犯，应当按照他在共同犯罪中所起的作用处罚。如果起主要作用，按主犯处罚；如果起次要作用，按照从犯处罚。

教唆不满18周岁的人犯罪，从重处罚。这也应该包括间接正犯的情况。

实战演习

《刑法》第29条第1款规定："教唆他人犯罪的，应当按照他在共同犯罪中所起的作用处罚。教唆不满18周岁的人犯罪的，应当从重处罚。"对于本规定的理解，下列哪一选项是错误的？（2013/2/9-单）〔1〕

A. 无论是被教唆人接受教唆实施了犯罪，还是2人以上共同故意教唆他人犯罪，都能适用该款前段的规定

B. 该款规定意味着教唆犯也可能是从犯

C. 唆使不满14周岁的人犯罪因而属于间接正犯的情形时，也应适用该款后段的规定

D. 该款中的"犯罪"并无限定，既包括一般犯罪，也包括特殊身份的犯罪，既包括故意犯罪，也包括过失犯罪

专题30
特殊的共同犯罪

一、承继的共同犯罪

高频考点

8.6

承继的共同犯罪的处理

承继的共同犯罪，又称事中共犯，是指在行为人实施犯罪的过程中，他人在行为人知情的情况下参与进来，实施犯罪。事中共犯包括事中实行犯和事中帮助犯。

事中共犯与事后独立犯罪的界限何在呢？这个界限一般是犯罪行为是否实行终了。如果犯罪行为已经实行终了，他人再参与犯罪，那就不是共同犯罪，而应单独定罪；如果犯罪行为还未实行终了，则可成立共同犯罪。

[例]甲从某厂的车间偷了大量的机器零件，搬到厂外的树林中，由于东西太重，于是找车。这时，甲遇见了司机乙，遂让乙帮忙将东西拉走。乙也知道是赃物。在此案中，

---

〔1〕D。教唆他人犯罪的，应当按照他在共同犯罪中所起的作用处罚。如果教唆犯在共同犯罪中起主要作用，则以主犯论处；如果教唆犯在共同犯罪中起次要作用，则以从犯论处。A项说的是，无论是甲教唆乙实施了犯罪，还是甲、丙二人共同故意教唆乙实施了犯罪，对甲、乙、丙都应当按照他们在共同犯罪中所起的作用处罚，这显然是正确的，不当选。如前所述，教唆犯既可能是主犯，也可能是从犯，B项正确，不当选。教唆不满18周岁的人犯罪的，应当从重处罚。教唆不满14周岁的人犯罪因而属于间接正犯时，也属于教唆未满18周岁的人犯罪的情形，对教唆者也应当从重处罚，C项正确，不当选。教唆属于共犯的一种。只有教唆他人实施故意犯罪，才成立教唆犯，D项错误，当选。

由于盗窃行为已经既遂（行为人控制了财物），因此乙的行为就不属于共同犯罪，而应独立评价为掩饰、隐瞒犯罪所得、犯罪所得收益罪（《刑法》第 312 条第 1 款）。

但是，如果所参与的犯罪是继续犯，犯罪虽然已经既遂，但由于其不法状态和不法行为仍然处于继续过程中，则此时的加入行为也可以成立共同犯罪。

[例 1] 甲绑架乙，并将其关在自己家中，被前来串门的丙看见，甲于是让丙给乙的妻子打电话勒索赎金。绑架罪是行为犯，因此甲绑架乙的行为已经构成既遂。但同时，绑架罪是继续犯，在既遂之后，绑架的不法行为和不法状态仍然处于继续过程中，因此丙的行为也可构成绑架罪的共同犯罪。

[例 2] 甲以出卖为目的，将乙女拐骗至外地后关押于一地下室中，并曾强奸乙女。甲在寻找买主的过程中因形迹可疑被他人告发。国家机关工作人员前往该地下室解救乙女时，甲的朋友丙却聚众阻碍国家机关工作人员的解救行为。丙的行为应当构成拐卖妇女罪的共同犯罪。

关于承继的共犯，还要注意后行为人对于参与前的犯罪行为承担刑事责任的范围问题。一般认为，如果前行为是单一行为，那么后行为人虽然是在实施犯罪过程中介入的，仍应当对全部犯罪承担责任；如果前行为是复合行为（如结果加重犯、多次犯），那么后行为人只对其介入行为承担责任。

[例 1] 甲绑架丙后，向丙的妻子丁勒索财物。由于丁没有按时交付赎金，甲将丙打成重伤。此时，甲的朋友乙来找甲，得知实情后，乙与甲一起向丁勒索财物。丁迫于无奈，只好到约定地点，将 10 万元交给了甲、乙二人。二人回来准备释放丙时，发现丙因伤势过重、流血过多已经死亡。甲、乙成立绑架罪的共犯，甲对丙的死亡结果负责，乙对丙的死亡结果不承担责任。

[例 2] 甲实施三次盗窃，每次盗窃 4000 元。乙在第三次加入，则乙只对第三次承担责任，盗窃数额为 4000 元。

比较复杂的是不作为的承继共犯。如果共同犯罪人创造了某种法益侵害的危险，同案犯利用这种危险实施其他犯罪，那他就有制止的义务；如果其主观上存在故意，那就会和同案犯所实施的其他犯罪成立共同犯罪。

[例 1] 甲、乙二人共同去李四家盗窃，甲偷东屋，乙偷西屋。乙发现主人李四，起意杀人，甲没有制止。由于甲只创造了财产法益侵害的危险，没有创造生命法益的威胁，因此乙单独对杀人行为承担责任，构成抢劫致人死亡，但甲只构成盗窃罪。

[例 2] 甲、乙入户抢劫，乙将李女捆绑。甲后产生奸淫之念，对李女实施奸淫，乙置之不理。由于乙的捆绑行为让女方陷入无法反抗的状态，因此乙有义务制止，如果不制止，乙也构成强奸罪。

• 小 结　承继共犯就是事中共犯，都是在犯罪进行中加入。对于作为犯而言，关键是看犯罪行为是否结束；对于不作为犯而言，关键是看行为人是否创造了危险。

二、结果加重犯的共同犯罪

高频考点

8.7

结果加重犯的
共同犯罪

对于大部分结果加重犯而言，其构造是故意的基本犯加过失的加重犯。例如，故意伤害致人死亡，对于轻伤结果，行为人的主观心态是故意；但对于死亡结果，行为人的主观心态则是过失。因此，共同犯罪人只要对基本犯罪构成存在共同故意，即便共同犯罪人对加重结果持过失之心态，也应对加重结果承担责任。必须说明的是，在共同犯罪中，对于特定的加重结果是否承担共同犯罪的责任，取决于法律是否将此结果规定为结果加重犯。

[例1] 甲向乙提议"报复"丙，乙同意，二人进而共同对丙实施暴力，造成丙死亡。事后查明，甲具有杀人的故意，而乙仅具有伤害的故意。在这种场合，甲与乙在故意伤害的范围内成立共同犯罪，甲对丙的死亡持故意的心态，乙对丙的死亡持过失的心态。因此，乙对死亡结果要承担构成故意伤害致人死亡的责任。

[例2] 甲、乙两人预谋抢劫，甲望风，乙进屋抢劫，不料主人拼死反抗，乙将主人打成重伤。甲、乙两人成立抢劫罪的共犯，都要对重伤结果承担结果加重犯的责任。虽然甲对被害人的重伤只持过失的心态，但由于法律将此过失结果规定为抢劫罪的结果加重犯，因此甲的行为属于抢劫致人重伤。

[例3] 甲、乙两人预谋盗窃，甲望风，乙进屋行窃，不料被主人发现，乙将主人打成重伤。甲、乙两人在盗窃的范围内成立共犯，但由于法律并未规定盗窃致人重伤这种结果加重犯，故甲只构成盗窃罪，对重伤结果不承担责任。

💡 小提醒

结果加重犯一般是故意的基本犯加上过失的加重犯，因此只要客观上对加重结果有贡献力，主观上对加重结果有过失，就成立结果加重犯的共犯。一般说来，只要参与犯罪，对加重结果主观上都有过失，客观上都有贡献力。

❓想一想

根据存疑有利于被告人的原则，下列各种情况（"一个弹孔案"），应如何处理？[1]

[案1] 甲、乙共谋伤害丙，进而共同对丙实施伤害行为，导致丙身受一处重伤，但不能查明该重伤由谁的行为引起。

---

〔1〕 案1是结果加重犯的共犯，甲、乙成立共同犯罪，根据部分行为之整体责任的理论，不需要区分是谁干的，甲、乙成立故意伤害（重伤）罪的共犯。

案2是共同过失，不成立共同犯罪，所以要分别定性。甲主观上有过失，但客观上没有证据证明是其所为，所以在法律上推定其没有客观行为，主客观无法统一。由于过失犯罪不惩罚未遂，所以甲不构成犯罪。同理，乙也不构成犯罪。

案3是同时犯，不成立共同犯罪，所以要分别定性。甲主观上有故意，但客观上没有证据证明是其所为，所以在法律上推定其没有客观行为，主客观无法统一，甲构成故意杀人的未遂。同理，乙也构成故意杀人的未遂。

案4是结果加重犯的共犯，双方在故意伤害的范围内成立共同犯罪，甲、乙都对死亡结果承担责任。

案5是承继共犯，两人在抢劫罪中成立共犯，所以数额都是15 000元。如果死亡结果是乙所致，后参与者丙不承担责任；如果死亡结果是丙所致，乙属于结果加重犯的共犯，也要承担责任。所以由乙承担责任，丙不承担责任。

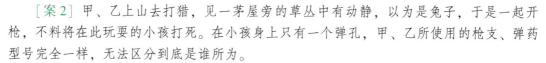

［案2］甲、乙上山去打猎，见一茅屋旁的草丛中有动静，以为是兔子，于是一起开枪，不料将在此玩耍的小孩打死。在小孩身上只有一个弹孔，甲、乙所使用的枪支、弹药型号完全一样，无法区分到底是谁所为。

［案3］甲、乙不约而同去杀丙，甲从东边开枪，乙从西边开枪，丙被击毙。但之后发现丙身上只有一个弹孔，无法区分是何人所为。

［案4］甲、乙共谋教训丙，但乙试图剥夺丙之生命，甲朝丙的非要害部位射击，乙朝丙的要害部位射击，丙因心脏中弹而死。虽然两人都称子弹是自己所射，但丙身上只有一处弹孔。

［案5］乙为抢劫路人，用脚猛踢路人腰部将其踢昏。在旁边偷窥的丙也走向案发现场，在乙的示意下，用重拳猛击该路人的腰部。乙将该路人的手表（价值1万元）强行摘走，丙拿走其手机（价值5000元）。后该路人因脾脏破裂而死，但无法查明脾脏到底系谁打破。

三、单位犯罪的共同犯罪

在单位犯罪中，直接负责的主管人员及其他直接责任人员，与该单位本身不成立共同犯罪，其单位内部直接参与实施犯罪的人之间也不是共同犯罪的关系，而是作为单位有机整体内部诸要素相互联系、相互作用的关系。但是单位与其他单位、单位与自然人是可以成立共同犯罪的。

四、片面共同犯罪

片面共同犯罪，是指参与同一犯罪的人中，一方认识到自己是在和他人共同犯罪，而另一方没有认识到有他人和自己共同犯罪。片面共同犯罪可能存在三种情况：

1. 片面的共同实行犯，即实行的一方没有认识到另一方的实行行为。

［例1］乙正欲对丙实施抢劫行为，甲在乙不知情的情况下，使用暴力将丙打伤，乙得以顺利实施抢劫行为。

［例2］甲知道乙准备用毒药毒死丙，并知道乙准备的毒药数量不足以致丙毙命，便在乙准备投毒之前也准备了一定数量的毒药（和乙所准备的毒药一起投放足以致人死亡，但单独投放仍无法致人死亡），待乙在丙的食物中下毒后，甲随即暗中将自己事先准备的毒药加入丙的食物中。丙吃了甲、乙二人投毒的食物后死亡。

2. 片面的教唆犯，即被教唆者没有意识到自己被教唆。

［例］甲与丙有仇，故意让乙看到乙妻手机中乙妻与丙亲热的图片，乙以为是自己无意看到的，立即产生杀人故意，将丙杀死。

3. 片面的帮助犯，即实行的一方没有认识到另一方的帮助行为。

［例1］甲明知乙正在追杀丙，由于其与丙有仇，便暗中设置障碍物将丙绊倒，从而使乙顺利地杀害丙。

［例2］甲与乙有仇，计划某日晚上趁乙返回家的途中将乙杀死。丙为乙的商业竞争对手，早已对乙嫉恨在心，当其得知甲欲杀乙的详情后，暗中在乙返回家中的路上设置一陷阱，最后使乙掉入陷阱，甲顺利将乙杀死。对于丙的暗中帮助，甲并不知情。

对于上述情况，刑法理论上都存在较大争议。有人否认片面共犯的概念，认为片面共犯不成立共同犯罪；有人肯定片面共犯的概念，认为所有片面共犯都成立共同犯罪；有人只承认片面教唆犯与片面帮助犯；有人仅承认片面帮助犯。我国刑法理论的通说肯定片面帮助犯，对于片面教唆犯和片面实行犯，则有肯定说和否定说两种。

否定说不承认片面教唆犯和片面实行犯，认为在这种情况下，属于利用非共犯的他人犯罪，可以间接正犯论处。

肯定说则认为片面教唆犯和片面实行犯属于共同犯罪，但这又可区分为全面肯定和部分肯定。前者认为片面教唆犯和片面实行犯分别属于教唆犯和实行犯，但后者认为两者都只能降格以片面帮助犯论处。部分肯定说其实是一种折中说，这也是当前的主流观点。

需要说明的是，成立片面帮助犯，帮助者不仅在主观上有帮助的故意，在客观上也必须实际起到了帮助作用（物理上或心理上的促进作用）。

❓想一想

片面共犯与标准的共同犯罪有何区别？片面共犯与间接正犯有什么区别？[1]

［例1］15岁的甲实施盗窃，让18岁的乙帮其望风。乙是盗窃罪的片面共犯吗？

［例2］甲设置陷阱，想让途经此地的李四跌入其中摔死。但乙利用此陷阱，让仇人王五跌入摔死。乙是片面共犯吗？

五、非实行行为实行化

高频考点

8.8

非实行行为
实行化

刑法分则规定的是实行行为，对非实行行为的处罚依据的是修正的构成要件（刑法总则对刑法分则的修正）。在刑法理论中，共犯行为和预备行为都属于非实行行为。但是在刑法分则中，可能会把某些非实行行为单独规定为犯罪，使其变成刑法分则规定的实行行为，我们把这称为非实行行为的实行化。

（一）非实行行为实行化的种类

1. 预备行为的实行化

这是将某些犯罪的预备行为予以既遂化。例如，组织、领导、参加恐怖活动组织罪以及组织、领导、参加黑社会性质组织罪。为了实施杀人、绑架等恐怖活动或者为了实施抢劫、绑架等具有黑社会性质的活动而成立犯罪集团本身是一种预备行为，但现在刑法将其既遂化，如果实施了组织、领导、参加恐怖活动组织或黑社会性质组织，又实施了故意杀人等行为，就应该以两罪数罪并罚，对于组织黑社会性质组织或者恐怖主义组织的行为，无须再评价为故意杀人罪的犯罪预备。

2. 共犯行为的实行化

这在刑法分则中更为普遍。例如，煽动分裂国家罪（《刑法》第103条第2款规定，煽

---

[1] 片面共犯是犯意单向交流，而标准的共同犯罪的犯意是双向交流。
在例1中，甲、乙属于标准的共同犯罪，乙不是片面共犯。
在例2中，甲的行为属于对象错误，无论按照法定符合说，还是具体符合说，都构成故意杀人罪的既遂。但是对于乙的行为，法定符合说和具体符合说会得出不同的结论。如果根据法定符合说的思维，人与人可以等价，甲想杀一个抽象的人，客观上也杀了一个抽象的人，乙所起的作用就是帮助作用，那么乙成立片面帮助犯；但如果按照具体符合说的思维，人与人不能等价，乙其实是利用了甲，乙属于间接正犯。

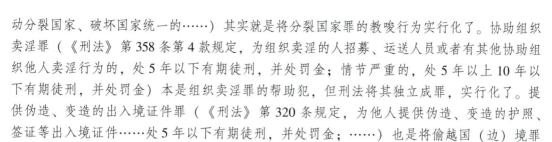

动分裂国家、破坏国家统一的……）其实就是将分裂国家罪的教唆行为实行化了。协助组织卖淫罪（《刑法》第 358 条第 4 款规定，为组织卖淫的人招募、运送人员或者有其他协助组织他人卖淫行为的，处 5 年以下有期徒刑，并处罚金；情节严重的，处 5 年以上 10 年以下有期徒刑，并处罚金）本是组织卖淫罪的帮助犯，但刑法将其独立成罪，实行化了。提供伪造、变造的出入境证件罪（《刑法》第 320 条规定，为他人提供伪造、变造的护照、签证等出入境证件……处 5 年以下有期徒刑，并处罚金；……）也是将偷越国（边）境罪的帮助犯实行化了。共犯行为的实行化可以看成一种拟制正犯，它属于最广义的共同犯罪。

（二）非实行行为实行化与总则的关系

当某种特定犯罪的非实行行为实行化后，一般也就无须再适用刑法总则有关预备犯、帮助犯、教唆犯的处罚规定。

［例 1］甲帮助恐怖活动组织，但被帮助的组织还没有开始进行恐怖活动，甲构成帮助恐怖活动罪的既遂。不能按照共犯从属说的规定，认为甲不构成犯罪，也不能认为其成立帮助恐怖活动罪的未遂，当然也无须适用组织恐怖组织罪的从犯的处罚规定。

［例 2］丁为实施恐怖犯罪活动准备工具，构成准备实施恐怖活动罪，不需要适用组织恐怖组织罪的犯罪预备的处罚规定。

但是，如果某种非实行行为实行化并非某种特定犯罪的预备、帮助或教唆的实行化，而是针对非特定的犯罪，那么就并未完全排除刑法总则的相关处罚规则，这可以称为不纯正的非实行行为实行化。

［例 1］甲为他人的网络诈骗提供支付结算帮助，使得他人骗取多名被害人 100 余万元的金钱。此时，甲的行为不仅构成《刑法》第 287 条之二第 1 款规定的帮助信息网络犯罪活动罪，而且构成诈骗罪的从犯，应当从一重罪处罚。

［例 2］丁明知黄某在网上开设赌场，仍为其提供互联网接入服务。丁触犯开设赌场罪（从犯）与帮助信息网络犯罪活动罪，构成想象竞合犯。

［例 3］中介组织提供虚假证明，帮助他人骗取财物，中介组织的行为构成《刑法》第 229 条第 1 款规定的提供虚假证明文件罪，还构成诈骗罪的从犯（帮助犯），应从一重罪论处。

［例 4］网上出售迷药，网店老板具体传授用法用量让他人实施强奸，老板的行为构成强奸罪的教唆犯和传授犯罪方法罪的想象竞合。

💡 小提醒

不纯正的非实行行为的实行化并未排除刑法总则的适用。最常见的例子就是《刑法》第 287 条之一、之二规定的非法利用信息网络罪、帮助信息网络犯罪活动罪，第 295 条规定的传授犯罪方法罪以及第 229 条规定的提供虚假证明文件罪。还有一个例外现象是量刑规则的正犯化。例如，协助组织卖淫罪，这其实是立法者将组织卖淫罪的从犯独立成罪，规定了较轻独立的法定刑。因此，协助组织卖淫行为不再按照组织卖淫罪的帮助犯（从犯）来处理，但却依然要遵循共犯从属说。

［例］甲误以为某宾馆总经理 B 将要组织他人卖淫，为了讨好 B，便在没有通谋

的情况下，主动向妇女发短信、发微信，以介绍宾馆服务工作之名为 B 招募了 5 名妇女，并介绍给 B。但 B 没有打算组织他人卖淫，而是将 5 名妇女作为宾馆服务员而接收。甲不构成协助组织卖淫罪。

实战演习

乙成立恐怖组织并开展培训活动，甲为其提供资助。受培训的丙、丁为实施恐怖活动准备凶器。因案件被及时侦破，乙、丙、丁未能实施恐怖活动。关于本案，下列哪些选项是正确的？（2016/2/56-多）[1]

A. 甲构成帮助恐怖活动罪，不再适用《刑法》总则关于从犯的规定
B. 乙构成组织、领导恐怖组织罪
C. 丙、丁构成准备实施恐怖活动罪
D. 对丙、丁定罪量刑时，不再适用《刑法》总则关于预备犯的规定

专题 31
—— 共同犯罪的复杂问题 ——

一、共犯与身份

高频考点

8.9

共犯与身份的处理

（一）真正身份犯的共同犯罪

真正身份犯，也即定罪身份犯，只有具备此身份的人才能成立此罪的实行犯（直接正犯和间接正犯），没有此身份的人不能成立实行犯，可构成共犯（教唆犯和帮助犯），但不能独立成立此罪。例如，贪污罪是真正身份犯，国家工作人员才能构成实行犯，非国家工作人员可以成立共犯，但不能独立构成贪污罪。

另外一个问题是，双方都是特殊身份犯的情况下，共同犯罪应当如何处理？司法实务采主犯决定说定罪处罚。最高人民法院 2000 年 6 月 30 日发布的《关于审理贪污、职务侵占案件如何认定共同犯罪几个问题的解释》第 3 条规定："公司、企业或者其他单位中，不具有国家工作人员身份的人与国家工作人员勾结，分别利用各自的职务便利，共同将本单位财物非法占为己有的，按照主犯的犯罪性质定罪。"

 想一想

如果无法区分主从犯，又该如何处理呢？[2]

----

〔1〕 ABCD。《刑法修正案（九）》将资助恐怖活动罪修改为帮助恐怖活动罪，这是一种帮助犯的实行化，作为一种实行行为，不再适用从犯的规定。行为人即使没有帮助具体实施恐怖活动的个人，但帮助培训恐怖活动的机构招募、运送人员，同样构成该罪，而不论该培训机构培训的人员是否实施了恐怖活动。AB 项正确。《刑法修正案（九）》增加了准备实施恐怖活动罪，这是预备行为的实行化，也不再适用刑法总则关于犯罪预备的规定。CD 项正确。
〔2〕 可以按照想象竞合原理处理，以两种身份犯从一重罪论处。

（二）不真正身份犯的共同犯罪

不真正身份犯，也即量刑身份犯。例如，未成年人的身份可以导致从宽处罚。这种身份只及于自身，不及于共同犯罪人。例如，国家机关工作人员与非国家机关工作人员一起非法拘禁他人。根据《刑法》第 238 条第 4 款的规定，国家机关工作人员利用职权犯非法拘禁罪的，从重处罚。因此，对于非法拘禁罪而言，国家机关工作人员就属于一种不真正的身份，这种身份不能及于非国家机关工作人员。同样，像自首、立功、累犯等量刑情节也只能及于自身，不能及于其他共同犯罪人。

二、共同犯罪的脱离

共同犯罪与犯罪形态常常交织在一起，从而导致十分复杂的情况。一般说来，共同犯罪与预备、未遂和既遂的关系比较简单。例如，2 人以上为了实施犯罪而准备工具，但由于意志以外的原因未能着手，均成立犯罪预备；2 人以上已经着手实施犯罪，但由于意志以外的原因未得逞，均成立犯罪未遂；2 人以上已经着手实施犯罪，但仅有部分人的行为导致结果发生，根据"部分行为之整体责任"的规则，所有人都成立既遂。

但是，共同犯罪与中止之间的关系则非常复杂。共犯中的中止，是指一名共犯者在犯罪途中中止继续犯罪而从共犯关系中脱离。成立犯罪中止必须具备有效性，即须有效地防止犯罪结果的发生。因此，若要有效地脱离共犯，行为人必须"消灭"或"切断"自己对共同犯罪的作用或影响。否则，单独的脱离仍然不能成立中止，根据"部分行为之整体责任"的规则，如若他人成立既遂，脱离人仍应成立既遂。

💡 小提醒

对于共同犯罪，"一人既遂，全体既遂"是一个基本的原则。共同正犯、教唆犯一般都应该遵循这个原则。但是，由于帮助犯对共同犯罪的贡献力比较弱，如果帮助犯切断了对共同犯罪在物理上和心理上的影响力，可能在实行犯既遂的情况下，单独成立中止。

（一）行为人不仅要切断对共犯的物理性影响，还需切断对共犯的心理性影响

1. 行为人的单独脱离行为，若没有向其他共犯者表示，并得到他们的明示认可，就无法消灭对共犯的心理性影响，因此不成立犯罪中止。

[例 1] 甲与乙共谋次日共同杀丙，但次日甲因腹泻未能前往犯罪地点，乙独自一人杀死丙。

[例 2] 甲和乙合谋盗窃一电器仓库，由乙先配制一把"万能钥匙"。数日后，乙将配制好的钥匙交给甲，二人约定当晚 12 点在仓库门口见面后盗窃。晚上，乙因害怕案发后受惩，未到现场。甲如约到现场后，因未等到乙，便用"万能钥匙"打开库房，窃得手提电脑 2 部，价值人民币 2 万元。销赃后得赃款 13 000 元。事后，甲分 3000 元给乙，乙推脱后分文未取。

在这两个案件中，脱离者的脱离行为并没有消除其对共犯的心理性影响，因此都成立

既遂。

2. 行为人如果消除了对共犯的物理性影响，只有当其对共犯不再有正面的心理促进作用，才可视为切断了心理性影响。

[例1] 甲知道孙某想偷车，便将盗车钥匙给孙某，后又在孙某盗车前要回钥匙。但孙某用其他方法盗窃了轿车。在本案中，甲已经消除了他对共犯的物理性的影响。同时，甲取回车钥匙不仅对孙某没有正面的心理性促进作用，反而会有负面的心理影响，故可以单独成立犯罪中止。

[例2] 甲将凶器交给想去杀人的李某，但在李某着手杀人之前劝其放弃，并取回凶器。甲成立犯罪中止。

(二) 如果主观上无脱离之意，但客观上产生脱离之效果，则可以成立犯罪未遂

[例1] 甲欲到张三家盗窃，请熟悉张三家的乙帮其绘制一张户型图，乙详细地为甲绘制了一张户型图，但甲后误入李四家，发现其布局与乙所提供的户型图完全不同，心中大骂乙混蛋。甲只能靠自己行窃，后窃得3万元财产。在本案中，乙主观上希望帮助甲盗窃，但在客观上产生了脱离的效果，没有起到帮助作用，乙的行为属于盗窃罪的未遂。

[例2] 甲欲盗窃，让乙为其配钥匙，乙答应配好后给甲寄过去，但却寄到他人处。甲后单独去盗窃，窃取了数额较大的财物。乙的行为属于盗窃罪的未遂。

[例3] 甲决意入户盗窃，乙知情并提供了入户的钥匙。但是，甲出门时忘了带乙提供的钥匙，非常懊恼。到现场后，甲翻窗入户窃取了财物。乙的行为属于盗窃罪的未遂。

试一试

甲欲前往张某家中盗窃。乙送甲一把擅自配制的张家房门钥匙，并告诉甲说，张家装有防盗设备，若钥匙打不开就必须放弃盗窃，不可入室。甲用钥匙开张家房门，无法打开，本欲依乙告诫离去，但又不甘心，思量后破窗进入张家窃走数额巨大的财物。乙的行为如何定性？(2017/2/6)[1]

(三) 脱离者成立中止，对其他共犯者没有影响，其他共犯者仍可成立各种犯罪形态

这里要说明的是，如果脱离者本人是实行犯，若他成立中止导致整个犯罪未能既遂，那么其他非实行犯可能成立各种未完成形态，但必须从属于实行犯所处的阶段。

[例1] 王某（男）与周某（女）长期通奸。王某为了达到与周某结婚的目的，与周某共同谋害其丈夫赵某。王某提出由他提供毒药，由周某趁赵某吃饭时，把毒药放在赵某碗内，将赵某毒死。周某虽然同意，并已把王某提供的毒药准备好，但她担心3岁的女儿会被毒死，于是没有按照计划实行。后王某欲继续通奸，遭到周某拒绝。周某揭发了王某的罪行。在本案中，周某自动放弃了犯罪，成立犯罪中止，但是这对王某而言是一种意志以外的原因，由于周某的中止发生在预备阶段，王某的行为成立犯罪预备。

[例2] 甲实施杀人，乙望风，但甲在挥刀杀人时突然良心发现而放弃。甲成立犯罪中止，乙成立犯罪未遂。

---

[1] 乙主观上想帮助，但客观上最终没有强化犯意（物理性和精神性贡献均无），所以成立未遂的帮助犯。

想一想

1. 在上例 1 中，如果王某教唆周某投毒，周某自己买来毒药，左思右想后放弃，周某成立中止，那么王某的行为如何定性呢?[1]

2. 教唆犯有可能单独成立中止吗?[2]

3. 未遂的帮助犯和帮助犯的未遂这两个概念有什么区别?[3]

试一试

金某欲杀其商业上的竞争对象宋某，在打探宋某行踪后，叫来其表弟覃某，令其带刘、黄二人在途中将宋某干掉。覃某闻言色变，说此举恐有杀身之虞，劝金某放弃。金某诡称只要覃某将自己的一封亲笔信带给刘、黄二人，并随其找到宋某，不必覃某动手。覃某默许，于是金某当着覃某面写了信，并给覃某 3 万元，打发覃某上路。覃某在途中将金某的信交给刘、黄二人，假说自己另有急事，一切事情可与金某直接联络，遂于中途下车。刘、黄二人寻至宋某，欲施毒手，经宋某苦苦哀求并许以重金，遂放过宋某。返回后，刘、黄二人谎称事毕，各从金某处得"赏金"1 万元。后案发。

请分析本案中上述行为人的刑事责任。[4]

三、共同犯罪的认识错误

共同犯罪的认识错误非常复杂，涉及共犯理论与认识错误理论的交叉部分。由于共犯理论本身就有许多的理论争议，认识错误理论也有法定符合说、具体符合说和抽象符合说的争议，所以两者的交叉部分就显得更为复杂。由于法定符合说是我国刑法的通说，所以在此部分，本书主要讨论法定符合说。

高频考点

8.11

共犯的
认识错误

附：共同犯罪中的认识错误

同一个构成要件中的错误	对于同一个构成要件中的认识错误，按照法定符合说，并不影响故意的成立	
不同构成要件中的错误	也应按照法定符合说，看能否在构成要件的重合部分实现主客观相统一	教唆（造意）和帮助（强化犯意）在帮助犯中重合
		教唆（造意）和间接正犯（利用非共犯的工具）在教唆犯中重合
		帮助犯和间接正犯在帮助犯中重合

---

〔1〕 教唆与共谋不同，前者是单独创造犯罪意图，后者是相互创造犯罪意图。在教唆犯的情况下，如果采取教唆独立说，王某成立教唆未遂；如果采取教唆从属说，王某不构成犯罪。

〔2〕 在实行犯既遂的情况下，教唆犯一般不可能成立中止。但是，如果实行犯未达既遂，教唆犯撤回了犯意的创造，如电话告知被害人逃跑、报警保护被害人、力阻被教唆人行凶，则可能成立中止。

〔3〕 帮助犯的未遂这个概念不合理，因为帮助犯必须从属于实行犯，所以如果没有着手实行，帮助失败根本不构成犯罪。如果对未遂犯进行帮助，帮助犯可以进行处理，属于未遂的帮助犯。但如果是对既遂犯进行帮助，则属于犯罪既遂。

〔4〕 在这个故意杀人案中，实行犯是刘某、黄某，金某是教唆犯，覃某是帮助犯。实行犯在被害人的哀求下放弃了犯罪，属于故意杀人罪犯罪中止（但其还构成对金某的诈骗罪），这对金某、覃某而言都是意志以外的原因，由于实行犯已经着手实施犯罪，属于实行中的中止，因此金某和覃某都成立故意杀人罪犯罪未遂。

（一）正犯中的认识错误

1. 同一个构成要件中的错误（具体错误）

（1）对象错误。例如，甲、乙二人以杀人之意图朝丙开枪，致其死亡，后来才发现被害人是丁。无论按照法定符合说，还是具体符合说，甲、乙均成立故意杀人罪的既遂。

（2）打击错误。例如，甲、乙二人以杀人之意图朝丙开枪，没有击中丙，乙误击中旁边的丁，致其死亡。按照法定符合说，甲、乙均构成故意杀人罪的既遂；按照具体符合说，甲、乙都对丙成立故意杀人罪的未遂，由于过失没有共同犯罪，乙还单独对丁成立过失致人死亡罪。又如，甲、乙共同杀丙，误击中旁边的丁，致其死亡。如果按照法定符合说，甲、乙都构成故意杀人罪的既遂；但如果按照具体符合说，两人都对丙构成故意杀人罪的未遂，两人都对丁存在过失，如果丁只中一弹，无法区分系谁所射，则按照具体符合说，只能认为两人对丁的死亡都不承担责任。

2. 不同构成要件中的错误（抽象错误）

这主要出现在打击错误中。例如，甲、乙共谋杀害在博物馆工作的丙。两人潜入博物馆同时向丙各开一枪，甲击中丙身边的国家重点保护的珍贵文物，造成文物毁损的严重后果；乙未击中任何对象。根据法定符合说，甲、乙在故意杀人的未遂中成立共同犯罪，其中甲还单独成立过失毁坏文物罪，两罪为想象竞合，应当从一重罪论处。

（二）共犯中的认识错误

共犯中的认识错误主要是在教唆犯中。同一构成要件中的错误如下：

1. 对象错误。 例如，甲教唆乙杀丙，乙误认丁为丙，将其杀害。甲属于打击错误，根据法定符合说，甲成立故意杀人罪的教唆既遂。需要说明的是，教唆者并不从属于实行犯的认识错误，一般认为是打击错误。教唆犯与实行犯的认识错误应当分别讨论。例如，甲教唆乙杀丙，但甲误把丁指认为丙，乙后把丁杀害。在本案中，乙并无认识错误，但甲显然出现了认识错误，一般认为是打击错误。

2. 打击错误。 例如，甲教唆乙杀人，乙出于打击错误将丙杀害。按照法定符合说，甲仍构成故意杀人罪的教唆既遂。

3. 教唆犯与帮助犯的认识错误。 例如，甲主观上想教唆乙犯罪，但乙早有犯罪意图，所以甲客观上只起到了帮助作用。对此类案件，由于教唆的本质是创造犯意，帮助的本质是强化犯意，教唆和帮助在帮助的范围内重合。例如，丙以为张三要去杀王五，故送给张三一把尖刀，并大骂王五，认为其死有余辜。张三本无任何犯意，但误认为丙唆使其去杀王五，为报答丙，将王五杀害。丙主观上想帮助，客观上是教唆，其行为属于故意杀人罪的帮助犯。

（三）其他共同犯罪中的认识错误

1. 教唆犯与间接正犯。 例如，甲以为乙才10岁，教唆其盗窃，但乙已经16岁，或者甲以为乙已满16岁，教唆其盗窃，但乙才10岁。在这两个案件中，就属于教唆与间接正犯的认识错误。由于教唆犯和间接正犯在利用他人犯罪这个方面有重合之处，可以把间接正犯视为特殊的教唆犯。在这两个案件中，甲主观上是唆使他人犯罪，客观上也起到了利用的效果。因此，主客观在教唆犯中重合，甲成立教唆犯的既遂。

想一想

1. 甲教唆乙说:"丙是坏人,你将这个毒药递给他喝。"乙却听成了"丙是病人,你将这个土药递给他喝",于是将毒药递给了丙。丙喝下毒药后死亡,但乙并无杀人故意。甲的行为如何定性?[1]

2. 甲将毒药谎称为治病药物交给乙,让乙喂给患病的丙吃。乙明知是毒药,仍然喂给丙吃,导致丙死亡。甲的行为如何定性?[2]

2. 间接正犯与帮助犯

行为人主观上想帮助他人犯罪,但客观上起到了间接正犯的效果。例如,咖啡店店主李四某日突生杀害王五之念,遂将有毒饮料交给店员张三保管,并对张三说:"王五下次来店时,你就将此有毒饮料递给我。"时隔多日,王五来到咖啡店。张三以帮助的故意将有毒饮料递给李四,但李四此时完全忘了饮料有毒的事情,在缺乏杀人故意的情况下将有毒饮料递给王五喝,导致王五死亡。[3] 间接正犯和帮助犯在帮助犯的强化犯罪中是重合的,因此张三的行为成立故意杀人罪的帮助犯的既遂。

模拟展望

1. 张三唆使李四去杀害王五,李四口头答应,并购买了刀具,但后来又决定放弃。对于张三的行为,下列哪些说法是正确的?(多选)[4]

A. 如果认为教唆犯应当从属于正犯而成立,由于李四并无实行行为,张三不构成犯罪

B. 如果认为教唆犯应当独立于正犯而成立,张三属于教唆未遂,可以从轻或减轻处罚

C. 如果认为教唆犯应当从属于正犯而成立,张三属于故意杀人罪的犯罪预备

D. 如果认为教唆犯应当从属于正犯而成立,张三属于故意杀人罪的犯罪中止

2. 下列哪些说法是错误的?(多选)[5]

A. 甲为李四杀人提供刀具,李四在去杀人途中遭遇车祸,被撞成重伤,无法再去犯罪。甲成立故意杀人罪的犯罪预备

B. 乙长期为娱乐城送饭,明知该娱乐城经常有提供卖淫的服务小姐,依然为该小姐送饭。乙的行为构成协助组织卖淫罪

C. 丙应张三之邀,为其盗窃提供望风服务,但丙不知情的是,张三实施了杀人行为。丙成立故意杀人罪的帮助犯

D. 丁在李四殴打王五时,在现场为李四喝彩助威,李四倍感振奋,将王五打成重伤。因为

---

〔1〕 甲主观上想教唆,客观上是间接正犯,构成教唆犯。

〔2〕 甲主观上想间接正犯,客观上是教唆,成立故意杀人罪的教唆犯。

〔3〕 张明楷:"共犯对正犯故意的从属性之否定",载《政法论坛》2010 年第 5 期。

〔4〕 AB。如果采取教唆从属说,即教唆犯应从属于正犯而成立,由于李四并无实行行为,张三不构成犯罪,A 项正确。如果采取教唆独立说,即认为教唆犯应当独立于正犯而成立,那么只要实施教唆就具有可罚性,若实行犯不成立既遂,皆为教唆未遂,可以从轻或减轻处罚,B 项正确。CD 项都是错误的。

〔5〕 ABCD。A 项中,甲的帮助行为必须从属于实行行为,由于李四没有进入实行行为,帮助犯不构成犯罪。B 项属于日常生活意义上的帮助,不构成犯罪。C 项中,盗窃与杀人没有重合部分,所以丙不构成故意杀人罪的帮助犯。D 项中,丁属于精神性帮助,构成故意伤害罪的共犯。故 ABCD 项均错误,当选。

丁没有提供实际的帮助，所以丁不构成犯罪

3. 下列哪些说法是正确的？（多选）[1]

A. 甲、乙、丙三人共谋对丁女实施轮奸，共同对丁女实施暴力后，甲、乙实施了奸淫行为，但丙由于害怕，没有实施奸淫行为。丙属于犯罪中止

B. 甲教唆李四杀人，李四接受教唆后，购买了刀具。后甲觉得内心不安，电告李四放弃杀人计划，但李四不听，执意将被害人杀害。甲属于犯罪中止

C. 甲将凶器交给想去杀人的李某，但在李某着手杀人之前取回凶器。甲成立犯罪中止

D. 甲教唆自称13岁的李某杀人，李某将他人杀害。后甲才发现李某其实已经16岁。甲成立故意杀人罪的教唆犯

⭐ **来道 不 考 的题目**

下列哪些事件促进了法治理念的形成？[2]

A. 米兰主教安波罗修斥责罗马皇帝狄奥多西并令其悔改

B. 英王约翰签署《大宪章》

C. 成吉思汗攻陷北京

D. 洛克出版《政府论》

---

[1]　CD。对于共同正犯而言，一部分正犯放弃犯罪但并未阻止他人犯罪，不能成立犯罪中止，A项错误。甲对他人实施了教唆，这种心理性影响如果没有消除就不可能成立犯罪中止，B项错误。甲对他人实施了帮助行为，但在正犯着手之前消除了因果影响，可以成立犯罪中止，C项正确。间接正犯的故意也是一种特殊的教唆故意，根据主客观相统一学说，两者在教唆范围内重合，故成立教唆犯，D项正确。

[2]　ABD。法治的本质在于限制权力，包括世俗政府的最高权力都要受到法律的限制。例如，4世纪末的安波罗修主教，因罗马皇帝狄奥多西屠杀帖撒罗尼迦数千无辜百姓而不准其领圣餐，迫使皇帝公开认罪，这是法治理念形成的一个重要事件。1215年在人类历史上有两件大事：①英王约翰签署《大宪章》，申明王权有限，非经法律规定，不得逮捕审讯；②蒙古人攻陷北京（金朝中都），南宋即将覆灭，中国历史再一次周而复始。

▶▶▶ 第**9**讲

罪 数 形 态

应试指导

📁 复习提要

本讲主要掌握从行为和法益两个维度判断罪数的标准，同时还需重点掌握想象竞合与法条竞合的区别。

知识框架

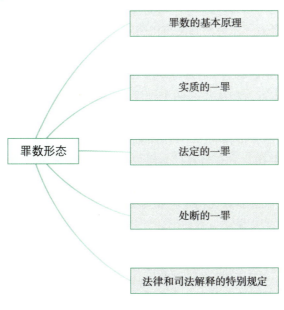

罪数形态 ── 罪数的基本原理

实质的一罪

法定的一罪

处断的一罪

法律和司法解释的特别规定

专题 32

罪数的基本原理

罪数形态主要涉及的问题是同一行为人所实施的行为是认定为一罪还是数罪。在刑法理论中，罪数理论是非常复杂且混乱的部分。刑法及相关司法解释也有大量关于罪数的特别规定。

一、传统罪数的分类

关于罪数的分类，有许多理论，我国传统的罪数理论将罪数分为下列三类：

1. 实质的一罪，即本来就应该看成一罪，包括继续犯、想象竞合犯和结果加重犯。

2. 法定的一罪，即本来是数罪，但由于法律的特别规定而成为一罪，包括结合犯与集合犯。

3. 处断的一罪，即本来是数罪，但为了司法裁判的方便而看成一罪，包括连续犯、牵连犯和吸收犯。

但是这个分类标准比较混乱，对于区分一罪还是数罪并无可操作性的指导意义。

二、罪数的判断标准

<table><tr><td>

高频考点

9.1

罪数的判断

</td></tr></table>

关于罪数的判断标准，在刑法理论中，有行为标准说、法益标准说和犯罪构成标准说，在法考中可以在构成要件标准的基础上考虑行为说和法益说。

（一）基本步骤

具体说来，罪数的判断可以遵循下列步骤：

［步骤1］构成要件标准，即看其行为符合几个构成要件，符合一个就是一罪，符合两个或者两个以上的就是数罪。

［步骤2］综合考虑行为和法益这两个维度。一个行为侵犯一个法益，这自然只能以一罪论处；当一个行为侵犯数个法益，原则上也应该评价为一罪，因为如果评价为数罪，这与数行为侵犯数法益的评价相同，不符合罪刑均衡原则。当数个行为侵犯一个法益（如吸收犯），也不应数罪并罚；只有当数行为侵犯数个法益，才可数罪并罚。

［步骤3］法律是否有特别规定。如果法律有特别规定，当然从其规定。例如，在绑架过程中故意杀人，按照道理来说，这符合两个构成要件，且是数行为侵犯数法益，但法律将其规定为一罪，自然只能以一罪处理。

（二）例外规定

1. 高度伴随行为。对于经验法则上高度伴随的行为，无论是将其评价为一个行为，还是评价为数个行为，根据社会观念，一般不宜以数罪论处。

［例1］杀人之后毁尸灭迹，盗窃之后的销赃。如果数行为之间在经验法则上具有高度的伴随性，即便侵犯了数法益，一般也不宜数罪并罚，这可以看成是数行为侵犯数法益实施数罪并罚的例外。

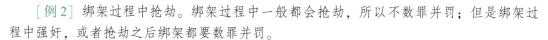

〔例2〕绑架过程中抢劫。绑架过程中一般都会抢劫，所以不数罪并罚；但是绑架过程中强奸，或者抢劫之后绑架都要数罪并罚。

〔例3〕参加间谍组织为境外收集国家秘密，不应数罪并罚。

2. 可被切割的行为。一个行为不能数罪并罚，但如果该行为可被完整地切割为数个构成要件，并且侵犯了数个法益，这一般都应数罪并罚。

〔例1〕在一起走私行为中，走私的物品有毒品、枪支和假币。虽然这是一个行为，但该行为可被完整地切割为数个不同的构成要件，故应该数罪并罚。这可以看作是一行为不并罚的例外。（混合走私行为）

〔例2〕骗税过程中有逃税行为，数罪并罚。根据《刑法》第204条第2款的规定，纳税人缴纳税款后，又以骗取国家出口退税款的方法，骗取所缴纳的税款的，构成逃税罪；骗取税款超过所缴纳的税款部分，依照骗取出口退税罪处理。对这两个罪要实施数罪并罚。

〔例3〕甲在道路上醉酒驾驶机动车，行驶20公里后，不慎撞死路人张某。甲构成危险驾驶罪和交通肇事罪，数罪并罚。

行　为	法　益	典型的罪数形态	结　论	例外规则
一　个	一　个	法条竞合	一　罪	无
一　个	数　个	想象竞合	一　罪	当行为可以被切割，可数罪并罚
数　个	一　个	吸收犯	一　罪	无
数　个	数　个	数　罪	数　罪	当数行为高度伴随，定一罪，如类型化的牵连犯及不可罚之后行为

（三）法条的关系

法条关系一般可以区分为包容关系、交叉关系、中立关系和排斥关系。

通说认为，包容关系和交叉关系可能成立法条竞合。中立关系不可能成立法条竞合，但可能成立想象竞合。排斥关系不可能出现竞合，但在排斥关系的两个罪名中，往往一个罪名可以作为另外一个罪名的兜底。例如，贪污罪和挪用公款罪，前者有非法占有的目的，后者无非法占有的目的，两者不可能出现竞合。但是，如果一种行为不构成贪污罪，那就有可能构成挪用公款罪。

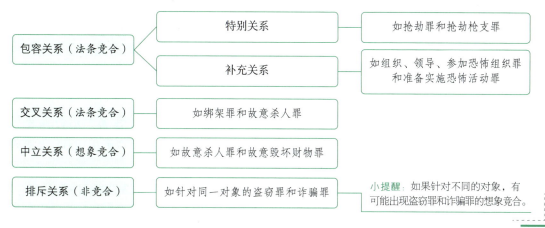

实质的一罪

一、继续犯

（一）继续犯的定义

继续犯，又称持续犯，是指犯罪行为与不法状态在一定时间内处于持续状态的犯罪。非法拘禁罪是最典型的继续犯，在非法拘禁既遂后，非法拘禁的行为和侵犯他人人身自由的不法状态一直处于一个持续过程中。

（二）继续犯的特征

1. 犯罪行为和不法状态同时继续。继续犯的关键之处就在于不法行为和不法状态你中有我，我中有你，不可分离。与继续犯相对应的概念是状态犯，状态犯的不法状态也处于一个持续过程中。例如，盗窃罪既遂之后，其对财产占有的状态一直处于持续过程中。但状态犯与继续犯最大的区别在于，状态犯在既遂之后，不法行为就没有了，只有不法状态处于持续过程中；而继续犯中不法行为和不法状态须臾不离。

> 小 结 继续犯的本质就是不法行为与不法状态你中有我，我中有你。

2. 犯罪既遂后，犯罪状态仍然持续。
3. 一个行为，一个罪过。
4. 行为侵犯了同一具体的法益。

（三）常见的继续犯

1. 侵犯人身权利的某些犯罪。例如，非法拘禁罪，绑架罪，拐卖妇女、儿童罪，重婚罪。
2. 持有型犯罪。
3. 不作为的犯罪往往具有继续犯的特点。例如，遗弃罪，拒不执行判决、裁定罪，战时逃避服役罪。

（四）继续犯的意义

1. 继续犯是单纯的一罪。尽管既遂后，犯罪行为还在继续，但仍然是一罪。
2. 追诉时效从犯罪行为结束之日起计算。

[例] 某人1999年结婚，2000年又与他人结婚，2004年与原妻离婚，2007年案发被抓。在计算重婚罪追诉时效的时候应该从2004年开始计算，而不能从2000年开始计算。

3. 行为时间的确定。继续犯的行为在继续期间内，都认为是犯罪发生的时间。

[例1] 甲15岁时拘禁他人，17岁时将他人释放，认为其在15~17岁之间都有犯罪

行为，属于年满 16 周岁的犯罪行为，应当负刑事责任。一般的犯罪行为不具有这种持续性。

[例 2] 甲 15 岁时盗窃，无论其持有赃物到何时，都认为是在不满 16 周岁时的盗窃行为，不负刑事责任。

4. 继续犯跨越新旧两法，一般从新法。

二、想象竞合犯

（一）想象竞合犯的定义

想象竞合犯，是指一行为同时触犯了数罪名的罪数形态。例如，行为人开一枪击中他人，致人当场死亡，子弹穿过他人身体后又把另一人打成重伤。一行为同时触犯故意杀人罪和过失致人重伤罪。

（二）想象竞合犯的特征

1. 行为人实施了一个行为。

2. 同时触犯数罪名。

[例 1] 行为人盗窃电力设施的，同时构成盗窃罪和破坏电力设备罪。

[例 2] 丙为杀人而盗窃枪支，未及实施杀人行为即被抓获。丙的行为构成故意杀人（预备）罪与盗窃枪支罪的想象竞合。

[例 3]《刑法》第 329 条第 3 款规定，犯抢夺、窃取国有档案罪或擅自出卖、转让国有档案罪，同时又构成本法规定的其他犯罪的，依照处罚较重的规定定罪处罚。

[例 4]《刑法》第 307 条之一第 3 款规定，构成虚假诉讼罪，非法占有他人财产或者逃避合法债务，又构成其他犯罪的，依照处罚较重的规定定罪从重处罚。

（三）想象竞合犯的处罚

对于想象竞合犯，从一重罪论处，即按照所触犯罪名中的一个重罪处罚。

 小 提 醒

注意一个例外，如果行为可被完整地切割，想象竞合也可以数罪并罚。

三、法条竞合

（一）法条竞合的定义

法条竞合，是指一行为触犯数法条，而数法条之间存在着包容或者交叉关系的情况。

[例 1] 故意泄露国家秘密罪和故意泄露军事秘密罪是包容关系的法条竞合。

[例 2] 绑架罪与故意杀人罪是交叉关系的法条竞合。

（二）法条竞合的类型

1. 包容关系。例如，《刑法》第 266 条规定的诈骗罪与《刑法》第 192~198 条规定的八种金融诈骗罪，在概念上呈现出一种包容与被包容的关系。它们在对法益的保护上是同一的，诈骗罪所要保护的是公私财产的所有权，而特殊的金融诈骗罪所要保护的也是公私

财产的所有权。换句话说，对金融诈骗罪所要保护的法益的侵害必然会造成对诈骗罪所要保护的法益的侵害，这是因为金融诈骗罪的构成要素已经包含了诈骗罪描述的全部要素，而且还增加了一些要素。

2. 交叉关系。例如，《刑法》第382条规定的贪污罪与《刑法》第264条规定的盗窃罪，由于在贪污罪的构成要素中已经明确把国家工作人员监守自盗、侵犯国家财产监管权的行为规定为贪污，《刑法》第382条所描述的监守自盗情况也已经涵盖了盗窃罪的所有要素，二者在对国家财产监管权的保护上是同一的，因而也无数次评价的必要。

（三）想象竞合与法条竞合的区别

想象竞合与法条竞合的区别表现为两点：

1. 在形式上，想象竞合是罪名在事实上的交叉，因此导致一行为触犯数罪名；但法条竞合必须是犯罪在法律上的交叉或包容，也就是在一个法条中可以读到另一个法条。很多犯罪在事实上都有可能交叉，而形成想象竞合。例如，盗窃数额较大的、正在使用中的通讯设备，同时构成盗窃罪与破坏公用电信设施罪的，它们在法律上并没有交叉，而只是一种事实上的交叉，所以属于想象竞合，应从一重罪论处。

2. 在实质上，法条竞合的特别法可以涵盖普通法的法益，从而实现法益的全面保护；而想象竞合的重法并不能涵盖轻法的法益。因此，招摇撞骗罪和诈骗罪并非法条竞合，而是想象竞合。

（四）法条竞合的处理

对于法条竞合，应该采取特别法优于普通法的处理原则。但是，在刑法中也有例外，采取重法优于轻法的处理原则。这种例外通常是因为按照特别法优于普通法处理不符合罪刑均衡原则。例如，生产、销售伪劣产品罪与其他九种特殊的生产、销售伪劣商品犯罪虽然存在包容关系的法条竞合，但依照处罚较重的规定定罪处罚。

（五）常见的法条竞合

常见的法条竞合包括：合同诈骗罪与诈骗罪；重婚罪与破坏军婚罪；传播淫秽物品牟利罪与传播淫秽物品罪；过失致人死亡罪与医疗事故罪、重大责任事故罪、交通肇事罪、失火罪、过失投放危险物质罪；等等。

• **小 结** 法条竞合是法律竞合，想象竞合是事实竞合；法条竞合是一行为侵犯同一法益，想象竞合是一行为侵犯数法益。

四、结果加重犯

（一）结果加重犯的定义

结果加重犯，是指故意实施一个基本犯罪构成要件的行为，由于发生了严重结果，而加重其法定刑的情况。例如，故意伤害罪，其基本犯罪构成是发生轻伤结果，但如发生重伤结果，就要适用加重刑罚。

（二）结果加重犯的特征

1. 犯罪人必须实施了基本犯罪行为。

2. 基本犯罪行为外发生了特定的加重结果。

3. 基本犯罪与加重结果间存在因果关系。例如，乙入户抢劫，得手后仓皇出逃，过程中不小心将被害人家中的婴儿踩死。乙不构成抢劫致人死亡。

4. 行为人对加重结果主观上有罪过。如果行为人对加重结果既无故意也无过失，那就不是结果加重犯。

5. 加重结果必须有法律的明确规定，这是结果加重犯与想象竞合犯的一个重要区别。例如，侮辱罪、诽谤罪、遗弃罪、强制猥亵罪、拐骗儿童罪、抢夺罪都不存在结果加重犯，因为法律没有规定加重结果。暴力干涉婚姻自由罪存在结果加重犯，但法律所规定的加重结果是"致使被害人死亡"，因此如果仅仅是致使被害人重伤，就不属于结果加重犯。这种情况可以想象竞合犯理论来处理，如果行为人是出于故意造成人重伤，成立暴力干涉婚姻自由罪和故意伤害（致人重伤）罪的想象竞合，从一重罪论处；如果行为人是出于过失造成人重伤，成立暴力干涉婚姻自由罪和过失致人重伤罪的想象竞合，从一重罪论处。

> **小提醒**
>
> 虐待罪，强奸罪，拐卖妇女、儿童罪，抢劫罪都存在结果加重犯。绑架罪的结果加重犯被取消，所以绑架致人死亡，如果只有一个行为，那么属于绑架罪和过失致人死亡罪的想象竞合。

（三）常见的结果加重犯

常见的结果加重犯包括：故意伤害致人重伤、死亡的；抢劫致人重伤、死亡的；强奸致人重伤、死亡的；非法行医致人重伤、死亡的；非法拘禁致人重伤、死亡的；虐待致人重伤、死亡的；暴力干涉婚姻自由致人死亡的；拐卖妇女、儿童造成被拐卖的妇女、儿童或者其亲属重伤、死亡或者其他严重后果的；放火、爆炸、投放危险物质、破坏交通工具、破坏交通设施、破坏电力设备等造成人身伤亡或者重大财产损失的；等等。

（四）结果加重犯与转化犯的区别

在罪数理论中，有一种罪数叫作转化犯，它是由于出现了某种结果或情节，而从一种犯罪转化为另一种犯罪。例如，根据《刑法》第 269 条的规定，犯盗窃、诈骗、抢夺罪，为窝藏赃物、抗拒抓捕或者毁灭罪证而当场使用暴力或者以暴力相威胁的，依照抢劫罪的规定定罪处罚。转化犯又包括情节转化犯和结果转化犯。《刑法》第 269 条的规定就是情节转化犯；《刑法》第 247 条规定的刑讯逼供、暴力取证致人伤残、死亡的，以故意伤害、故意杀人罪定罪，就是结果转化犯。

结果加重犯与转化犯都是由于法律的特别规定而形成的，但区别在于前者是在本罪中加重刑罚，而后者是转化为他罪。

> **小提醒**
>
> 1. 千万不要把结果加重犯和转化犯混淆喔。
>
> 2. 结果加重犯与情节加重犯：前者是小概念，后者是大概念。结果加重犯是以结果作为加重处罚的情节，而情节加重犯不仅仅包括结果加重，还包括场所（如入

户抢劫）加重，手段（如持枪抢劫）加重等情节。根据法律和司法解释的规定，结果加重犯一般不会有未完成罪现象，但其他的情节加重犯可能出现未完成罪现象。例如，入户抢劫有未遂的可能，但抢劫致人死亡没有未遂的可能。

专题34 法定的一罪

一、集合犯

集合犯，是指犯罪构成预定了数个同种类行为的犯罪，主要包括常习犯、职业犯与营业犯。犯罪构成预定具有常习性的行为人反复多次实施行为的，称为常习犯；犯罪构成预定将一定的犯罪作为职业或业务反复实施的，称为职业犯；犯罪构成预定以营利为目的反复实施一定犯罪的，称为营业犯。我国刑法中没有规定常习犯。营业犯与职业犯具有相同点：①都要求行为人主观上具有反复、多次实施犯罪行为的意思；②都将犯罪行为作为一种业务、职业而反复、多次实施；③都不要求行为人将犯罪行为作为唯一职业；④都不要求具有不间断性。营业犯与职业犯的关键区别在于，刑法是否要求行为人主观上出于营利目的。《刑法》第303条第1款规定的"以赌博为业"的行为，属于营业犯；《刑法》第336条第1款规定的非法行医罪，属于职业犯。

对于集合犯，法律规定将数行为作为一罪处理，按独立一罪定罪量刑。

［例］吴某好读医书，但从未亲自实践。一日，邻居张某女儿偶感风寒，找到吴某。吴某开了张药方，让张某抓药，并保证药到病除。张某听后非常高兴，付给吴某200元钱，吴某推托，但后来还是收下了。张某女儿服用此药后，病情加重，当晚即陷入昏迷，后在送往医院的途中死亡。经查，张某女儿系药物中毒而死。吴某不构成非法行医罪，只构成过失致人死亡罪。

二、结合犯

结合犯，是指原为刑法上数个独立的犯罪，依照法律的规定，结合成为一个犯罪的情况。例如，甲罪+乙罪=丙罪。一般认为，我国刑法没有结合犯。

三、包容犯

包容犯与结合犯类似，它是我国刑法中特有的一种罪数形态。

所谓包容犯，是指行为人在实施某一犯罪行为的过程中，又出现了另一罪行，但后者被前者包容，成为前罪的加重处罚情形。其公式是甲罪+乙罪=特殊的甲罪。包容犯实质上属于数罪，但法律上将其规定为一罪，即法定的一罪。

比较常见的包容犯如下：

1. 绑架并杀害或故意伤害被绑架人，致人重伤、死亡的，为绑架罪的情节加重犯。（《刑法》第 239 条）

2. 拐卖妇女又奸淫被拐卖的妇女的，定拐卖妇女罪。（《刑法》第 240 条）

3. 拐卖妇女又诱骗、强迫被拐卖的妇女卖淫的，定拐卖妇女罪。（《刑法》第 240 条）

4. 组织他人偷越国（边）境又非法拘禁被组织者的，定组织他人偷越国（边）境罪。（《刑法》第 318 条）

5. 组织、运送他人偷越国（边）境中使用暴力、威胁方法抗拒检查的，定组织他人偷越国（边）境罪、运送他人偷越国（边）境罪。（《刑法》第 318、321 条）

6. 走私、贩卖、运输、制造毒品时，武装掩护的，或者以暴力抗拒检查、拘留、逮捕，情节严重的，定走私、贩卖、运输、制造毒品罪。（《刑法》第 347 条）

> **小提醒**
>
> 除了上述第 5、6 点中的三种罪名，其余犯罪场合中的妨害公务如果构成犯罪，都要以妨害公务罪和其他犯罪数罪并罚。

[注意] 根据《刑法修正案（十一）》的规定，提供虚假证明文件罪与受贿罪不再属于包容犯。承担资产评估职责的人员故意提供虚假证明文件，情节严重，同时索取他人财物或者非法收受他人财物构成犯罪的，应当以提供虚假证明文件罪和受贿罪从一重罪论处，不再属于提供虚假证明文件罪的加重情节。（《刑法》第 229 条第 2 款）

? 想一想

包容犯、情节加重犯和结果加重犯有什么区别呢？[1]

专题 35

处断的一罪

一、连续犯

（一）连续犯的定义

连续犯，是指基于一个犯罪故意连续实施数个性质相同的行为，触犯同一罪名的情况，如连续性的贪污行为。

---

[1] 《刑法修正案（九）》取消了绑架致人死亡这种结果加重犯，取而代之的是绑架中故意伤害（重伤、致人死亡）、故意杀人这种绑架罪的情节加重犯。

之前说过，情节加重犯是大概念，而结果加重犯是小概念。同时，结果加重犯和包容犯其实也有交叉。

结果加重犯是结果（情节）加重犯，也是一种特殊的包容犯。例如，故意伤害致人死亡就是把故意伤害罪和过失致人死亡罪加在一起，过失致人死亡的情节为故意伤害罪所包容，变成了故意伤害罪的结果加重犯。

同时，包容犯也可以看成是一种特殊的情节加重犯。例如，绑架中故意伤害致人死亡，就是绑架罪中出现了故意伤害致人死亡这种情节，从而在绑架罪的基本构成以外加重其法定刑。

（二）连续犯的特征

1. 行为人主观上基于同一的或者概括的犯罪故意。

2. 行为人客观上实施了性质相同的数个行为，而继续犯是一个犯罪行为。例如，经常性地使用他人的身份证件，成立使用虚假身份证件罪，这就是典型的连续犯。

3. 时间上数行为具有连续性。

4. 法律上数行为触犯的都是同一个罪名。

（三）连续犯的意义

1. 犯罪行为有连续状态的，追诉时效从行为终了之日起计算。

2. 连续犯跨越新旧两法，一律从新法。

（四）连续犯的处罚

连续犯应以一罪论处，刑法分则中有许多关于连续犯的规定。例如，数额犯采取的都是累加计算制度；《刑法》第318条规定的"多次组织他人偷越国（边）境"；《刑法》第263条规定的"多次抢劫"。连续犯按照法律规定的一罪及相应的法定刑处罚。

二、吸收犯

（一）吸收犯的定义

吸收犯，是指行为人的某个犯罪行为，是其他犯罪行为当然或盖然性（可能性很大）地经过过程或者结果，被其他犯罪行为吸收，不独立成罪的情况。例如，盗窃枪支后持有的行为，持有枪支是盗窃枪支当然性的结果，持有行为为盗窃枪支行为所吸收，只定盗窃枪支罪一罪。

（二）吸收犯的特征

1. 实施了数个犯罪行为。如果只有一个行为是不可能出现吸收犯的。

2. 数个行为必须触犯数个罪名。如果触犯的是同一罪名，不可能是吸收犯，而有可能是连续犯。

3. 数行为具有吸收关系，即前行为是后行为发展的所经阶段，后行为是前行为的当然或盖然性的结果。一般认为吸收犯包括两种情况：

（1）重行为吸收轻行为。例如，伪造货币后又出售或运输的，由于伪造货币后很有可能（盖然性）会出售或运输假币，因此后行为为前行为所吸收，只以重罪伪造货币罪论处。

（2）主行为吸收从行为。例如，在共同犯罪中，行为人分别起了主要作用、次要作用，主犯就吸收了从犯。

4. 侵害的法益是相同的。吸收犯之所以不能够数罪并罚，最重要的原因就在于前行为和后行为所侵害的法益是相同的。

（三）吸收犯的处理原则及主要情况

吸收犯的处理原则是重罪吸收轻罪，不能数罪并罚。比较常见的吸收犯有：伪造货币并出售或者运输伪造的货币的，依照伪造货币罪的规定定罪从重处罚（《刑法》第171条第3款）；假冒注册商标后又销售该假冒注册商标的商品的，只定假冒注册商标罪，销售假冒注册商标的商品罪被吸收；侵犯著作权后又销售该侵权复制品的，只定侵犯著作权罪，销售侵权复制品罪被吸收。

> **小提醒**
>
> 吸收犯与吸收关系是两个不同的概念。在罪数理论中，有许多种罪数现象都是按照吸收关系处理，比如想象竞合是重法吸收轻法，法条竞合是特别法吸收普通法。吸收犯也是按照吸收关系处理，不过吸收犯中的两种罪行高度伴随，侵犯法益相同。

三、不可罚之后行为

在刑法理论中，存在不可罚之后行为，它与吸收犯比较相似，处理结论也是一样的，都不能数罪并罚。它是指在状态犯的过程中，对不法状态的利用可能又成立其他犯罪，但只以前行为定罪，后行为不可罚。最典型的是实施财产犯罪后销赃，只成立财产犯罪一罪，销赃行为不可罚。

在不可罚之后行为中，前后行为所侵犯的法益是不同的，后行为所侵犯的法益一般是比较轻微的法益。如果前后行为侵犯的法益相同，那可能是吸收犯，而非不可罚之后行为。

[例1] 盗窃枪支后又持有，这是典型的吸收犯。

[例2] 盗窃之后销赃，由于销赃行为侵犯了司法机关的正常秩序，这才是不可罚之后行为。

这里需要注意的是，如果后行为侵害了新的严重法益，那就必须数罪并罚。例如，盗窃毒品后又贩卖的，盗窃假币后又出售的，盗窃文物后又倒卖的，由于后行为已经侵害了新的严重法益，所以应以盗窃罪和贩卖毒品罪、出售假币罪、倒卖文物罪实施数罪并罚。

后行为乃行为人利用前行为的不法状态实施的行为。如果行为人盗窃财物后，第三人毁损了财物，那么第三人的毁损行为就不能属于后行为，应当独立定罪。

另外，如果行为人没有参与前行为的实施，而仅仅对后行为予以教唆、帮助或共同实施，对于前行为的实施者而言，后行为不可罚，但是对于没有参与前行为的行为人而言，则应以后行为之罪，评价为共同犯罪。例如，行为人盗窃财物后，在第三人的帮助下进行销赃，虽然行为人的销赃行为无须评价，但是对于第三人的销赃行为则构成独立的犯罪。

> **? 想一想**
>
> 行为人与第三人成立共犯吗？[1]

> **小提醒**
>
> 不可罚之后行为属于数行为侵犯数法益，但由于数个行为在经验法则上高度伴随，很难期待前行为人不伴随实施后行为，所以一般没有必要数罪并罚。但吸收犯是数行为侵犯一法益。

---

[1] 在阶层论的犯罪构成理论中成立共同犯罪，在不法（构成要件和违法性）上成立共同犯罪。

四、牵连犯

（一）牵连犯的定义

牵连犯，是指犯罪的手段行为或者结果行为，与目的行为或者原因行为分别触犯不同罪名的情况。例如，以伪造公文的方法（手段行为）骗取财物（目的行为）；又如，挪用公款（原因行为）以后又实施非法活动（结果行为）。

（二）牵连犯的特征

1. 数个行为必须触犯不同罪名，侵犯不同法益。
2. 数行为之间为手段行为与目的行为或原因行为与结果行为的关系。
3. 必须出于一个犯罪目的。

（三）牵连犯与吸收犯的区别

1. 吸收犯的前后行为的联系较之牵连犯要更为紧密，因为吸收犯的后行为是前行为当然或盖然的发展结果。

2. 牵连犯的前后两罪所侵害的法益大多是不同的，而吸收犯前后行为侵害的法益是相同的。因此，吸收犯不可能数罪并罚，而牵连犯却经常性的数罪并罚（尤其是在法益不同的情况下）。

[例1] 盗窃枪支而后私藏的，之所以不是原因和结果的牵连而是吸收犯，最重要的原因就在于前后行为所侵害的法益是相同的。

[例2] 为了杀人而盗窃枪支就并非吸收犯，因为盗窃罪所侵害的是财产权，而杀人侵犯了生命权。因此这是牵连犯。

（四）牵连犯与数罪的区别

牵连犯必须是在一个犯罪目的支配下实施了数个具有牵连关系的行为，如果在前行为实施之后基于新的目的而实施了后行为，就不属于牵连犯，而是两个独立的犯罪。例如，盗窃枪支后杀人，如果偷枪就是为了杀人，那可以说是牵连犯；但如果开始没有杀人的意图，在盗窃枪支后才产生杀人的意图，那就是两个独立的犯罪。

（五）牵连犯的处理原则

在理论上，牵连犯采取从一重罪处理原则。在法律中，还有其他处理原则，如直接规定以一罪从重论处、数罪并罚。事实上，在法律和司法解释中，越来越倾向于对牵连犯实施数罪并罚。一般说来，当牵连犯的手段行为与目的行为在经验法则上具有高度的伴随性，具有一种类型化的关系时，从一重罪处断才可以被接受。但当二者的伴随性不强时，一般都应该数罪并罚。

[例1] 甲为冒充国家机关工作人员招摇撞骗而盗窃国家机关证件，并持该证件招摇撞骗。甲成立盗窃国家机关证件罪和招摇撞骗罪，数罪并罚。

[例2] 为了实施保险诈骗行为，杀人后去保险公司骗取保险金的，应当以保险诈骗罪和故意杀人罪数罪并罚。

• 小 结 只有类型化（高度伴随）的牵连犯才可能从一重罪处罚，其他牵连犯一般都应该数罪并罚。

[提示] 受贿后又渎职的，一般都数罪并罚。但《刑法》第 399 条第 1~3 款规定的犯罪（如徇私枉法罪）与受贿罪发生牵连关系，应当从一重罪论处。

专题36
—— 法律和司法解释的特别规定 ——

对于符合数个构成要件的行为，应当从行为和法益这两个维度分析是否应该数罪并罚。一般说来，一行为侵犯一法益是典型的一罪；一行为侵犯数法益，也只能以一罪论处（如想象竞合）；数行为侵犯一法益也是一罪（如吸收犯）；只有当数行为侵犯数个法益时，才可能数罪并罚。但是，如果数行为之间在经验法则上具有高度的伴随性（如不可罚之后行为），即便侵犯了数法益，也不宜数罪并罚，这可以看成是数行为数法益数罪并罚的例外。

本书将法律或司法解释规定不数罪并罚的情况总结如下：

一、想象竞合的规定（一行为侵犯数法益）

1. 犯抢夺、窃取国有档案罪，同时又构成其他犯罪的，依照处罚较重的规定定罪处罚。（《刑法》第 329 条第 3 款）

2. 犯擅自出卖、转让国有档案罪，同时又构成其他犯罪的，依照处罚较重的规定定罪处罚。（《刑法》第 329 条第 3 款）

3. 根据司法解释的规定，使用破坏性手段盗窃数额较大财物，又毁坏大量财物的，以盗窃罪从重处罚。

4. 根据司法解释的规定，实施生产、销售伪劣商品犯罪，同时构成侵犯知识产权、非法经营等罪的，依照处罚较重的规定定罪处罚。

5. 实施抗税行为，同时妨害公务或致人伤害的，以抗税罪一罪处罚。但如果致人重伤或死亡，则应转化为故意伤害罪或故意杀人罪。

6. 犯危险驾驶罪，同时构成其他犯罪的，依照处罚较重的规定定罪处罚。（《刑法》第 133 条之一第 3 款）

7. 犯妨害安全驾驶罪，同时构成其他犯罪的，依照处罚较重的规定定罪处罚。（《刑法》第 133 条之二第 3 款）

8. 犯妨害药品管理罪，同时又构成生产、销售、提供假药罪，生产、销售、提供劣药罪或者其他犯罪的，依照处罚较重的规定定罪处罚。（《刑法》第 142 条之一第 2 款）

9. 实施猥亵儿童罪，造成儿童轻伤以上后果，同时符合《刑法》第 234 条或者第 232 条的规定，构成故意伤害罪、故意杀人罪的，依照处罚较重的规定定罪处罚。

10. 犯负有照护职责人员性侵罪，同时又构成强奸罪的，依照处罚较重的规定定罪处罚。（《刑法》第 236 条之一第 2 款）

11. 犯虐待被监护、看护人罪，同时构成其他犯罪的，依照处罚较重的规定定罪处罚。（《刑法》第260条之一第3款）

12. 犯非法利用信息网络罪、帮助信息网络犯罪活动罪，同时构成其他犯罪的，依照处罚较重的规定定罪处罚。（《刑法》第287条之一、二）

13. 实施高空抛物行为，情节严重，同时构成其他犯罪的，依照处罚较重的规定定罪处罚。（《刑法》第291条之二第2款）

14. 有虚假诉讼行为，非法占有他人财产或者逃避合法债务，又构成其他犯罪的，依照处罚较重的规定定罪从重处罚。司法工作人员利用职权，与他人共同实施虚假诉讼行为的，从重处罚；同时构成其他犯罪的，依照处罚较重的规定定罪从重处罚。（《刑法》第307条之一第3、4款）

15. 承担资产评估职责的人员故意提供虚假证明文件，情节严重，同时索取他人财物或者非法收受他人财物构成犯罪的，应当以提供虚假证明文件罪和受贿罪（或非国家工作人员受贿罪）从一重罪论处。（《刑法》第229条第2款）

二、数行为具有高度伴随性，以一罪处理

1. 伪造货币并出售或者运输伪造的货币的，依照伪造货币罪的规定定罪从重处罚。（《刑法》第171条第3款）

2. 司法解释规定，行为人购买假币后使用，构成犯罪的，以购买假币罪定罪，从重处罚。

3. 邮政工作人员私自开拆或者隐匿、毁弃邮件、电报从中窃取财物的，以盗窃罪一罪从重处罚。（《刑法》第253条第2款）

4. 为走私而骗购外汇，或为骗购外汇而伪造有关公文的，如果实行了走私行为，以走私罪一罪处罚；如果尚未实行走私行为，以骗购外汇罪一罪处罚。

5. 司法解释规定，诬告陷害后又作伪证的，依照处罚较重的规定处理。

三、法律规定的转化犯

1. 非法拘禁他人，使用暴力致人重伤、死亡的，以故意杀人罪、故意伤害罪论处。
2. 刑讯逼供致人伤残、死亡的，以故意杀人罪、故意伤害罪论处。
3. 虐待被监管人造成重伤、死亡的，以故意杀人罪、故意伤害罪论处。
4. 聚众斗殴造成重伤、死亡的，以故意杀人罪、故意伤害罪论处。
5. 非法组织卖血、强迫卖血，对他人造成伤害的，以故意伤害罪论处。
6. 在盗窃、诈骗、抢夺过程中使用暴力、威胁转化为抢劫罪的，以抢劫罪论处。
7. 携带凶器抢夺的，以抢劫罪论处。

四、法律（或司法解释）规定应当数罪并罚的情况

以下情况，除第4种之外，均为数行为侵犯数法益，其中大部分属于牵连犯。

1. 组织他人偷越国（边）境，运送他人偷越国（边）境，对被组织人、被运送人有杀害、伤害、强奸、拐卖等犯罪行为，或者对检查人员有杀害、伤害等犯罪行为的，依照

数罪并罚的规定处罚。(《刑法》第 318 条第 2 款、第 321 条第 3 款)

2. 以暴力、威胁方法抗拒缉私的,以走私罪和妨害公务罪,依照数罪并罚的规定处罚。(《刑法》第 157 条第 2 款)需要说明的是,除了走私毒品,组织、运送他人偷越国(边)境,使用暴力抗拒检查的,属于这些罪的加重情节外,其他所有犯罪,如果又有妨碍公务行为,均应以各该罪与妨碍公务罪实行数罪并罚。例如,生产、销售伪劣产品又暴力抗拒工商人员检查的,应以生产、销售伪劣产品罪和妨碍公务罪实行数罪并罚。

3. 投保人、被保险人故意造成财产损失的保险事故或者投保人、受益人故意造成被保险人死亡、伤残或者疾病,骗取保险金,同时构成其他犯罪的,依照数罪并罚的规定处罚。(《刑法》第 198 条第 2 款)

4. 纳税人缴纳税款后,采取假报出口或者其他欺骗手段,骗取所缴纳的税款的,以逃税罪定罪处罚;骗取税款超过所缴纳的税款部分的,以骗取出口退税罪定罪处罚。(《刑法》第 204 条第 2 款)这是想象竞合犯数罪并罚的特例。

5. 犯组织、领导、参加恐怖组织罪,并实施杀人、爆炸、绑架等犯罪的,数罪并罚。(《刑法》第 120 条第 2 款)

6. 收买被拐卖的妇女,又强奸被收买的妇女的,数罪并罚;收买被拐卖的妇女、儿童,又有非法拘禁、故意伤害、侮辱等犯罪行为的,数罪并罚。(《刑法》第 241 条第 4 款)

7. 组织、领导、参加黑社会性质的组织,境外的黑社会组织的人员到中国境内发展组织成员,国家机关工作人员包庇黑社会性质的组织或者纵容黑社会性质的组织进行违法犯罪活动,又有其他犯罪行为的,依照数罪并罚的规定处罚。(《刑法》第 294 条第 4 款)

8. 司法解释规定,行为人通过伪造国家机关公文、证件担任国家工作人员职务以后,又利用职务上的便利实施侵占本单位财物、收受贿赂、挪用本单位资金等行为,构成犯罪的,应当分别以伪造国家机关公文、证件罪和相应的贪污罪、受贿罪、挪用公款罪等追究刑事责任,实行数罪并罚。

9. 司法解释规定,因挪用公款索取、收受贿赂构成犯罪的,依照数罪并罚的规定处罚。挪用公款进行非法活动构成其他犯罪的,数罪并罚。

10. 司法解释规定,行为人出售、运输假币构成犯罪,同时又使用假币的,数罪并罚。

11. 雇用童工从事危重劳动,造成事故,又构成其他犯罪的,依照数罪并罚的规定处罚。(《刑法》第 244 条之一第 2 款)

12. 司法解释规定,行为人实施抢劫后,为灭口而故意杀人的,以抢劫罪和故意杀人罪定罪,实行数罪并罚。

13. 司法解释规定,为实施抢劫以外的其他犯罪劫取机动车辆的,以抢劫罪和实施的其他犯罪实行数罪并罚。

14. 犯组织卖淫罪、强迫卖淫罪,并有杀害、伤害、强奸、绑架等犯罪行为的,依照数罪并罚的规定处罚。(《刑法》第 358 条第 3 款)

15. 司法解释规定,行贿人谋取不正当利益的行为构成犯罪的,应当与行贿犯罪实行数罪并罚。

16. 司法解释规定,国家机关工作人员实施渎职犯罪并收受贿赂,同时构成受贿罪的,除刑法另有规定外(如《刑法》第 399 条),以渎职犯罪和受贿罪数罪并罚。

模拟展望

下列哪一说法是正确的？（单选）〔1〕

A. 甲购买多把猎枪，多次持枪抢劫过往汽车司机财物，其行为构成抢劫罪、非法持有枪支罪，应当数罪并罚

B. 乙抢夺他人手机，并将该手机变卖，其行为构成抢夺罪和掩饰、隐瞒犯罪所得罪，应当数罪并罚

C. 丙闯入他人家中，将他人电视、冰箱砸毁，其行为构成故意毁坏财物罪和非法侵入住宅罪，从一重罪论处

D. 丁在绑架过程中，因被害人反抗而杀死被害人，应当以绑架罪和故意杀人罪数罪并罚

---

〔1〕 C。根据《刑法》第263条的规定，持枪抢劫属于抢劫罪的加重情节，不再另定非法持有枪支罪，A项错误。抢夺财物之后再销赃的，在刑法理论中属于不可罚之后行为，销赃行为不再另处犯罪，B项错误。闯入他人家中，将财物砸毁，属于一行为触犯数罪名的想象竞合犯，应当从一重罪论处，C项正确。根据《刑法》第239条的规定，绑架中杀害被绑架人，直接以绑架罪定罪量刑，D项错误。

📁 **复习提要**

本讲讲授刑罚中的主刑和附加刑，主要掌握死刑、剥夺政治权利和从业禁止。

💬 **知识框架**

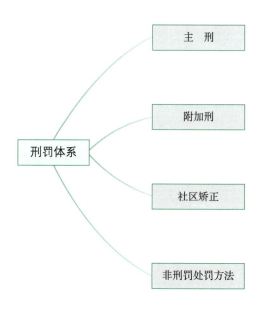

刑罚是刑法规定的由国家审判机关依法对罪犯适用的限制和剥夺其某种权益的最为严厉的强制措施。刑罚是犯罪行为最主要的法律后果。刑罚的根据是惩罚，无罪不罚是刑罚的底线。在这个基础上，刑罚追求积极的目的，即犯罪的预防。预防包括一般预防和特殊预防，前者是针对犯罪人以外的所有人，威慑普罗大众使其不敢犯罪；后者是针对犯罪人本人，剥夺其再犯能力。刑罚可以分为主刑和附加刑，主刑是只能独立适用的主要刑罚方法，不能附加适用，对一种罪行一次只能适用一个主刑。主刑包括管制、拘役、有期徒刑、无期徒刑、死刑。附加刑是指补充主刑适用的刑罚方法，又称从刑，既可作为主刑的附加刑适用，又可独立适用。但是需要注意的是，按照罪刑法定原则，附加刑中的没收财产是不可以单独适用的，因为没有任何条文规定单独适用没收财产的刑罚。

专题37 ── 主 刑 ──

一、管制

管制是对罪犯不予关押，但限制其一定自由，依法实行社区矫正的刑罚方法。管制是主刑中最轻的刑种。其特征如下：

1. 适用的对象都是罪行较轻、人身危险性较小，不需要关押执行刑罚的犯罪分子。

2. 对犯罪分子不予关押，在社会上服刑。

3. 限制犯罪分子的一定自由。犯罪分子的自由被限制，这主要包括：遵守法律、行政法规，服从监督；未经执行机关批准，不得行使言论、出版、集会、结社、游行、示威自由的权利；按照执行机关规定报告自己的活动情况；遵守执行机关关于会客的规定；离开所居住的市、县或者迁居，应当报经执行机关批准；法院在对被告人判处管制时，可以根据犯罪情况，同时禁止犯罪分子在执行期间从事特定活动，进入特定区域、场所，接触特定的人。但是，被判处管制的犯罪分子，在劳动中应当同工同酬。

> 📗 小 提 醒
>
> 管制最早是针对反革命罪设立的，所以六大政治自由被限制。除此以外，它和缓刑、假释要遵循的规定是相同的。

4. 管制的期限较短。管制的期限为 3 个月以上 2 年以下，数罪并罚时不得超过 3 年。管制的刑期，从判决执行之日起计算；判决执行以前先行羁押的，羁押 1 日折抵刑期 2 日。管制期满时，执行机关应向本人和其所在单位或者居住地的群众宣布解除管制。如果同时附加剥夺政治权利，应同时宣布恢复政治权利。

5. 由社区矫正部门对其实行社区矫正。《刑法修正案（八）》将管制刑的执行机关由公安机关调整为社区矫正机构，由于管制是一种开放性的刑罚执行方法，故离不开社区的参与、群众的监督。

二、拘役

拘役是短期剥夺犯罪分子人身自由，就近实行关押改造的刑罚方法。在我国的刑罚体系中，拘役是介于管制与有期徒刑之间的一种主刑，是一个较轻的刑种。拘役的特征如下：

1. 适用对象是犯罪性质比较轻微但仍需关押执行的犯罪分子。

2. 是短期的剥夺自由刑。拘役剥夺了犯罪分子的自由，这与管制有明显区别，但这种剥夺的期限较短。拘役的期限为 1 个月以上 6 个月以下，数罪并罚时不得超过 1 年。拘役的刑期，从判决执行之日起计算；判决执行以前先行羁押的，羁押 1 日折抵刑期 1 日。

3. 由公安机关就近执行。一般由公安机关在就近的拘役所、看守所或者其他监管场所执行。在执行期间，被判处拘役的犯罪分子每月可以回家 1~2 天；参加劳动的，可以酌量发给报酬。

三、有期徒刑

有期徒刑是剥夺犯罪人一定期限的人身自由，并在监狱内执行刑罚，强制进行教育改造的刑罚方法。有期徒刑在我国是适用面最广的一种刑罚方法，可谓名副其实的主刑。有期徒刑具有以下主要特点与内容：

1. 适用对象具有广泛性

有期徒刑是我国刑罚中适用范围最为广泛的一种刑罚方法，可以适用于各种犯罪。

2. 是跨度很广的剥夺自由刑

监狱是执行有期徒刑的最主要场所。另外，根据《刑事诉讼法》第 264 条第 2 款的规定，对被判处有期徒刑的罪犯，在被交付执行刑罚前，剩余刑期在 3 个月以下的，由看守所代为执行。

有期徒刑的期限为 6 个月以上 15 年以下，数罪并罚时一般不超过 20 年，但总和刑期在 35 年以上的，最高不超过 25 年。有期徒刑的刑期，从判决执行之日起开始计算；判决执行以前先行羁押的，羁押 1 日折抵刑期 1 日。

3. 对犯罪人实行劳动改造和教育改造

对被判处有期徒刑的犯罪分子，不是消极地实行关押和监禁，而是通过生产劳动和积极教育的方式，使犯人改过自新，实现特殊预防的目的。

四、无期徒刑

无期徒刑是剥夺犯罪分子终身自由，并在监狱内执行刑罚，强制进行教育改造的刑罚方法。无期徒刑是剥夺自由刑中最严厉的刑罚方法，在所有刑罚方法中，其严厉性仅次于死刑。根据我国刑法的规定，无期徒刑有以下主要特点与内容：

1. 无期徒刑的适用对象，只能是那些罪行严重但尚不必判处死刑而又需要与社会永久隔离的犯罪分子。无期徒刑介于有期徒刑和死刑之间。

2. 无期徒刑是剥夺犯罪分子终身自由的刑罚方法。判决前的先行羁押期间不存在折抵刑期的问题。当然，并非所有的被判处无期徒刑的犯罪分子都会被终身关押，被判处无期徒刑的犯罪分子，在服刑期间的表现符合法定条件的，可以适用减刑、假释。

3. 对犯罪人实行劳动改造。这一点与有期徒刑基本相同。

附：主刑（死刑以外）的主要内容

管　制★

剥夺权益	限制自由刑。
适用对象	罪行较轻，人身危险性较小的刑事犯罪分子，需要给予刑事处罚但又不必关押。
执行机关和场所	对判处管制的犯罪分子，由社区矫正部门依法对其实行社区矫正。
期　限	3个月以上2年以下，数罪并罚不超过3年。
刑期计算	从判决执行之日起计算；判决执行前先行羁押的，羁押1日折抵刑期2日。管制期满，执行机关应即向本人和其所在单位或者居住地的群众宣布解除管制。
待　遇	劳动中实行同工同酬。
限　制	（1）限制自由的内容包括： ①遵守法律、行政法规，服从监督； ②未经执行机关批准，不得行使言论、出版、集会、结社、游行、示威自由的权利； ③按照执行机关规定报告自己的活动情况； ④遵守执行机关关于会客的规定； ⑤离开所居住的市、县或迁居，应报执行机关批准。 （2）社区矫正 禁止令：判处管制，可以根据犯罪情况，同时禁止犯罪分子在执行期间从事特定活动，进入特定区域、场所，接触特定的人。

拘　役★

剥夺权益	短期剥夺自由刑。
适用对象	罪行较轻，但又必须实行短期关押的犯罪分子。
执行机关和场所	由公安机关在拘役所就近执行。
期　限	1个月以上6个月以下，数罪并罚不超过1年。
刑期计算	从判决执行之日起计算；判决执行以前先行羁押的，羁押1日折抵刑期1日。刑满释放之日为判决书确定的刑期终止之日。
待　遇	劳动中酌量发给报酬，每月可回家1~2天。

有期徒刑★

剥夺权益	剥夺自由刑。
适用对象	既可适用于罪行较重，又可适用于罪行较轻的犯罪分子。
执行机关和场所	由公安机关将该罪犯交付监狱执行。但在交付执行前，剩余刑期在3个月以下的，由看守所代为执行。

期　　限	6 个月以上 15 年以下。数罪并罚，有期徒刑总和刑期不满 35 年的，最高不能超过 20 年；总和刑期在 35 年以上的，最高不能超过 25 年。
刑期计算	同上。
待　　遇	强制劳动改造。

无期徒刑 ★

剥夺权益	剥夺自由刑。
适用对象	罪行严重，需要与社会永久隔离，又不必判处死刑。
执行机关和场所	在监狱执行。
期　　限	终身。
刑期计算	从判决确定之日起计算，判决执行前先行羁押日期不予折抵刑期。
待　　遇	强制劳动改造。

> **小提醒**
>
> 刑期计算从确定之日还是执行之日起计算关键看先前羁押是否折抵刑期，如果折抵就从执行之日起计算，否则就从确定之日起计算。
>
> 1. 从执行之日起计算的有：管制、拘役、有期徒刑、独立适用的剥夺政治权利、禁止令（从管制、缓刑执行之日起计算）。
>
> 2. 从确定之日起计算的有：无期徒刑、死缓、缓刑。

五、死刑

第 48 条［死刑、死缓的适用对象及核准程序］　死刑只适用于罪行极其严重的犯罪分子。对于应当判处死刑的犯罪分子，如果不是必须立即执行的，可以判处死刑同时宣告缓期二年执行。

死刑除依法由最高人民法院判决的以外，都应当报请最高人民法院核准。死刑缓期执行的，可以由高级人民法院判决或者核准。

第 49 条［死刑适用的例外］　犯罪的时候不满 18 周岁的人和审判的时候怀孕的妇女，不适用死刑。

审判的时候已满 75 周岁的人，不适用死刑，但以特别残忍手段致人死亡的除外。

死刑是剥夺人生命的刑罚方法，包括死刑立即执行和缓期二年执行两种情况。我国对死刑的基本政策是限制死刑，少杀、慎杀。死刑立即执行由人民法院执行。

《刑法修正案（八）》《刑法修正案（九）》在刑罚论上的重要修改，就是进一步限制死刑，《刑法修正案（八）》取消了 13 个经济性非暴力犯罪的死刑，《刑法修正案（九）》取消了 9 个死刑罪名。同时，为了实现限制死刑的政策，也提高了生刑的严厉性，以减少生刑与死刑之间的悬殊。

（一）对死刑的限制

1. 条件上的限制

《刑法》第48条第1款明文规定死刑只适用于罪行极其严重的犯罪分子。

高频考点

10.1

对死刑的限制

2. 对象上的限制

犯罪时不满18周岁的人和审判时怀孕的妇女不适用死刑。这里需要注意的是：①不适用死刑是指既不能判处死刑立即执行，也不能判处死缓。②审判时应当作扩张解释，它指的是从侦查羁押时起至判决执行时的刑事诉讼全过程。在这个过程中，不管是怀孕，还是发生人工流产或自然流产的，都被视为孕妇，不能判处死刑。如果因被告人怀孕，未予羁押，在其生产结束之后再进行羁押，也不可判处死刑。③犯罪时怀孕但审判时没有怀孕的妇女是可以判处死刑的。④如果流产的妇女因为另外一个事实被起诉，则有可能适用死刑。例如，甲因为故意杀人被逮捕，在羁押期间流产，流产后在看守所故意伤害他人，对故意伤害行为有可能适用死刑。

《刑法修正案（八）》增加了一种对象的限制：审判的时候已满75周岁的人，不适用死刑，但以特别残忍手段致人死亡的除外。需要说明的是，75周岁以上的老人犯罪并非一律免死，如果采取特别残忍手段致人死亡，是可以判处死刑的。另外，法律规定的是，审判时已满75周岁的人，不适用死刑。犯罪时已满75周岁的，自然也不适用死刑。所以，可以笼统地说，审判时、犯罪时的老人和未成年人原则上都不适用死刑。

💡 **小提醒**

一老一小不区分，怀孕妇女审判时。

3. 程序上的限制。 不得违反法定程序适用死刑。

（1）管辖限制。死刑案件只能由中级以上人民法院进行一审。

（2）死刑除依法由最高人民法院判决的以外，都应该报请最高人民法院核准。这里要注意，如果最高人民法院作为一审或二审法院，就无须再核准了。

4. 死刑执行上的限制

保留死缓制度，对死刑进行限制。另外，死刑的执行采取枪决或注射等方法，不能够任意采用死刑执行方法。

（二）死刑缓期执行

第50条 ［死缓变更和减刑］ 判处死刑缓期执行的，在死刑缓期执行期间，如果没有故意犯罪，2年期满以后，减为无期徒刑；如果确有重大立功表现，2年期满以后，减为25年有期徒刑；如果故意犯罪，情节恶劣的，报请最高人民法院核准后执行死刑；对于故意犯罪未执行死刑的，死刑缓期执行的期间重新计算，并报最高人民法院备案。

对被判处死刑缓期执行的累犯以及因故意杀人、强奸、抢劫、绑架、放火、爆炸、投放危险物质或者有组织的暴力性犯罪被判处死刑缓期执行的犯罪分子，人民法院根据犯罪情节等情况可以同时决定对其限制减刑。

死缓不是独立的刑种，只是死刑适用的制度。

1. 条件。罪当处死，但不是必须立即执行的犯罪分子。因此，死缓也必须符合"罪行极其严重"的条件。

2. 死缓的有关机关

死缓由监狱部门在监狱等场所执行，由高级人民法院判决或核准。

3. 死缓的处理办法

死缓的考验期为2年，对判处死缓的犯罪人，有三种处理办法：

（1）在死刑缓期执行期间，没有故意犯罪，2年期满以后，减为无期徒刑。

（2）在死刑缓期执行期间，如果确有重大立功表现，2年期满以后，减为25年有期徒刑。

（3）根据《刑法修正案（九）》的规定，在死刑缓期执行期间，如果故意犯罪，情节恶劣的，报请最高人民法院核准后执行死刑；对于故意犯罪未执行死刑的，死刑缓期执行的期间重新计算，并报最高人民法院备案。根据修正案的修改，死缓执行期间，故意犯罪必须达到情节恶劣的程度才撤销死缓，执行死刑。如果故意犯罪没有达到情节恶劣的程度，虽然不立即执行死刑，但根据数罪并罚的吸收原则，死缓可以吸收新判处的刑罚，死缓期间要重新计算。

> **高频考点**
>
> **10.2**
> 死缓的
> 处理及限制

4. 死缓的限制减刑条款[1]

《刑法修正案（八）》增加了死缓的限制减刑条款。对被判处死刑缓期执行的累犯以及因故意杀人、强奸、抢劫、绑架、放火、爆炸、投放危险物质或者有组织的暴力性犯罪被判处死刑缓期执行的犯罪分子，人民法院根据犯罪情节等情况可以同时决定对其限制减刑。

💡 **小提醒**

这八种犯罪不包括故意伤害罪和贪污贿赂犯罪，因此对这两类犯罪判处死缓的，不得限制减刑。

根据《刑法》第78条第2款第3项的规定，人民法院决定限制减刑的死刑缓期执行的犯罪分子，缓期执行期满后依法减为无期徒刑的，其减刑后实际执行的刑期不能少于25年；缓期执行期满后依法减为25年有期徒刑的，减刑后实际执行的刑期不能少于20年。

需要说明的是，对于累犯以及因故意杀人等犯罪被判处死缓的犯罪分子是否限制减刑，是由人民法院根据情况决定的，而非一律要限制减刑。

5. 死缓期间的计算

死刑缓期执行的期间，从判决确定之日起计算；先前羁押的，不折抵刑期。这里所说

---

〔1〕 参考最高人民法院指导案例第4号"王志才故意杀人案"的裁判要点：因恋爱、婚姻矛盾激化引发的故意杀人案件，被告人犯罪手段残忍，论罪应当判处死刑，但被告人具有坦白悔罪、积极赔偿等从轻处罚情节，同时被害人亲属要求严惩的，人民法院根据案件性质、犯罪情节、危害后果和被告人的主观恶性及人身危险性，可以依法判处被告人死刑，缓期二年执行，同时决定限制减刑，以有效化解社会矛盾，促进社会和谐。参考最高人民法院指导案例第12号"李飞故意杀人案"的裁判要点：对于因民间矛盾引发的故意杀人案件，被告人犯罪手段残忍，且系累犯，论罪应当判处死刑，但被告人亲属主动协助公安机关将其抓捕归案，并积极赔偿的，人民法院根据案件具体情节，从尽量化解社会矛盾角度考虑，可以依法判处被告人死刑，缓期二年执行，同时决定限制减刑。

的判决确定之日，是指判决或裁定核准死刑缓期二年执行的法律文书宣告或送达之日。而死缓减为有期的，从死缓执行期满之日起计算，而不是从裁定之日起计算。

6.《刑法修正案（九）》规定的终身监禁

《刑法修正案（九）》增加了终身监禁条款。对犯贪污、受贿罪，被判处死刑缓期执行的，人民法院根据犯罪情节等情况可以同时决定在其死刑缓期执行二年期满依法减为无期徒刑后，终身监禁，不得减刑、假释。

终身监禁不是独立的刑种，它是对罪该处死的贪腐罪犯的一种不执行死刑的刑罚执行措施，是死刑的一种替代性措施。它不同于传统的无期徒刑，因为无期徒刑符合条件是可以减刑和假释的，而终身监禁是不得减刑和假释的。同时，并非所有被判处死缓的贪污受贿罪犯都要"终身监禁"。是否"终身监禁"，应由人民法院根据犯罪情节等情况来决定。另外，人民法院是在判处死缓的同时决定终身监禁，而不是在死缓执行二年期满以后减刑的"同时"。

? 想一想

判终身监禁的死缓犯在死缓期间有重大立功的，如何处理?[1]

—— 附 加 刑 ——

一、罚金

罚金是指人民法院判处犯罪分子向国家缴纳一定数额金钱的刑罚方法。

1. 罚金的数额

（1）没有规定确定的数额。在这种情况下，罚金的最低数额不能少于1000元。但对未成年人犯罪应当从轻或者减轻判处罚金，罚金的最低数额不能少于500元。

（2）规定了相当确定的数额。例如，《刑法》第196条第1款规定的信用卡诈骗罪（有下列情形之一，进行信用卡诈骗活动，数额较大的，处5年以下有期徒刑或者拘役，并处2万元以上20万元以下罚金；……）。

（3）以违法所得或者犯罪涉及的数额为基准，处以一定比例或者倍数的罚金。例如，《刑法》第228条规定的非法转让、倒卖土地使用权罪。

2. 罚金数额的确定原则

确定罚金数额要根据犯罪情节，即根据犯罪手段、对象、后果、时间、地点等决定。此外，根据司法解释的规定，除了犯罪情节外，还应考虑犯罪人的经济状况与承受力，不然，判处的罚金无法执行。

3. 罚金的缴纳方式

（1）一次或分期缴纳。根据司法解释的规定，应从判决发生法律效力的第2日起，最

---

[1] 终身监禁的本质就是把牢底坐穿，所以不能减为有期徒刑。

长不超过 3 个月缴纳。

（2）强制缴纳。期满不缴纳的，要强制缴纳。

（3）随时缴纳。对于不能全部缴纳罚金的，人民法院一旦发现被执行人有可以执行的财产，应随时追缴。

（4）延期或减免缴纳。《刑法修正案（九）》在两个方面对此项进行了调整：①在程序上，必须经过人民法院的裁定。②在实体上，增加了延期缴纳这种形式。此种缴纳方式适用于犯罪分子由于遭到<u>不可抗拒的灾祸</u>，按原判决的罚金缴纳<u>确有困难</u>，经犯罪人申请，人民法院查证属实后，可以延期缴纳、减少或免除缴纳。这里的"困难"，主要指：因遭受火灾、水灾、地震等灾祸而丧失财产；罪犯因重病、伤残等而丧失劳动能力；需要罪犯抚养的近亲属患有重病，需支付巨额医药费等确实没有财产可供执行的情形。

 小提醒

这个修改对行为人有利，所以可以溯及既往。另外，文书形式是裁定，而不是决定。

4. 罚金刑的执行机关

罚金刑和没收财产都属于财产刑，由第一审人民法院执行。

5. 民事优先原则

承担民事赔偿责任的犯罪分子，同时被判处罚金，其财产不足以全部支付的，或者被判处没收财产的，应当先承担对被害人的民事赔偿责任。

二、剥夺政治权利

剥夺政治权利是指剥夺犯罪分子参加国家管理和政治活动权利的刑罚方法。剥夺政治权利由公安机关执行。

（一）剥夺权益

1. 选举权和被选举权。这里的选举权和被选举权按理来说，应该只限于选举各级<u>人民代表大会代表和国家机关领导人员</u>。但是根据《村民委员会组织法》第 13 条第 1 款的规定，<u>被剥夺政治权利的人没有村民委员会主任、副主任和委员的选举权和被选举权</u>。因此，被剥夺政治权利的人，既不能选举村民委员会成员，也不能当选为村民委员会成员。

2. 六大政治自由。言论、出版、集会、结社、游行、示威自由的权利。这里需要注意的是，尽管出版自由被剥夺，但并非没有著作权，出版权只是著作权中的一个内容。

3. 担任国家机关职务的权利。

4. 担任国有公司、企业、事业单位和人民团体领导职务的权利。

（二）适用对象

1. 应当剥夺政治权利：判处死刑、无期徒刑的，应当附加剥夺政治权利终身；对危害国家安全的罪犯，应当附加剥夺政治权利。但是对于外国人和无国籍人，虽然判处死刑或无期徒刑，也无法剥夺政治权利。

2. 可以剥夺政治权利：对于故意杀人、强奸、放火、爆炸、投毒、抢劫等严重破坏社会秩序的犯罪分子，可以附加剥夺政治权利。另外，最高人民法院《关于对故意伤害、

盗窃等严重破坏社会秩序的犯罪分子能否附加剥夺政治权利问题的批复》规定："对故意伤害、盗窃等其他严重破坏社会秩序的犯罪，犯罪分子主观恶性较深、犯罪情节恶劣、罪行严重的，也可以依法附加剥夺政治权利。"

> **小提醒**
>
> 严重犯罪都可以附加剥夺政治权利。

3. 独立适用。依刑法分则的规定，对较轻的犯罪可独立适用剥夺政治权利。当法律规定主刑与剥夺政治权利可以选择适用时，选择剥夺政治权利，就不能再适用主刑。

（三）刑期及起算

高频考点

10.3

剥夺政治权利的起算

1. 判处死刑、无期徒刑附加剥夺政治权利终身的，刑期从判决发生法律效力之日起计算。

2. 对有期徒刑、拘役附加剥夺政治权利的，期限为 1 年以上 5 年以下，从主刑执行完毕或假释之日起算。在主刑执行期间，当然没有政治权利，但如果是被判有期徒刑、拘役、管制而没有附加剥夺政治权利的犯罪人，在执行期间仍然享有政治权利。例如，某人被判处有期徒刑 10 年，附加剥夺政治权利 3 年，则实际有 13 年没有政治权利。

> **小提醒**
>
> 1. 假释犯是从假释之日起计算剥夺政治权利的期限，而非"假释期满"之日。
> 2. 一般犯罪剥夺政治权利的期限也不是从赦免日起算，一旦赦免，主刑、附加刑就都赦免了。
> 3. 独立判处的剥夺政治权利，从判决执行之日起计算，其期限也为 1 年以上 5 年以下。
> 4. 判处管制附加剥夺政治权利的，期限与管制相同，二者同时执行。
> 5. 死刑缓期执行或无期徒刑减为有期徒刑的，剥夺政治权利的期限要改为 3 年以上 10 年以下，从有期徒刑执行完毕或假释之日起算。

三、没收财产

没收财产是指将犯罪分子个人所有财产的部分或全部强制无偿收归国有的刑罚方法。没收财产，由人民法院执行；必要时，可会同公安机关执行。

需要注意的是，没收的是犯罪人合法所有的并且没有用于犯罪的财产，它不是追缴犯罪所得财物。

（一）没收财产的范围

没收财产可以没收犯罪分子个人所有财产的全部或部分，但是不能株连，因此只准没收犯罪分子个人所有的财产，不得没收归其家属所有的财产。同时，从人道主义考虑，应当为犯罪分子个人及其扶养的家属保留必需的生活费用。

（二）没收财产的适用方式

1. 与罚金选择并处。在判处主刑的同时，附加适用没收财产或罚金。例如，《刑法》第 195 条规定的信用证诈骗罪（……数额特别巨大或者有其他特别严重情节的，处 10 年以上有期徒刑或者无期徒刑，并处 5 万元以上 50 万元以下罚金或者没收财产……）。在判处主刑后，就可以根据情况并处罚金或没收财产。根据相关规范性文件的规定，对法律规定主刑有死刑、无期徒刑和有期徒刑，并处罚金或没收财产的，如决定判处死刑，只能判处没收财产；判处无期徒刑的，可以并处没收财产，也可并处罚金；判处有期徒刑的，只能并处罚金。

2. 应当并处。在判处主刑的同时，必须并处没收财产。例如，《刑法》第 383 条第 1 款第 3 项规定的贪污罪（……数额特别巨大，并使国家和人民利益遭受特别重大损失的，处无期徒刑或者死刑，并处没收财产）。

3. 可以并处，由人民法院选择适用。根据《刑法》第 113 条第 2 款的规定，犯危害国家安全罪，可以并处没收财产。

（三）没收财产与正当债务的偿还

《刑法》第 60 条规定："没收财产以前犯罪分子所负的正当债务，需要以没收的财产偿还的，经债权人请求，应当偿还。"这里需要注意以下条件：

1. 必须是犯罪分子在没收财产前所负债务（而非在立案前）。
2. 必须为正当债务，赌债等非法债务不受保护。
3. 必须经债权人提出请求，并查证属实。
4. 只限于在没收财产的数额内按一定次序偿还。

（四）追缴违法所得

《刑法》第 64 条规定，犯罪分子违法所得的一切财物，应当予以追缴或者责令退赔。没收财产与没收违禁品、没收犯罪所得等措施有着本质的区别：没收财产的对象是犯罪分子个人所有的合法财产，这是没收财产作为一种刑罚方法所应具有的惩罚属性所决定的；而没收违禁品、没收犯罪所得属于非刑罚方法，针对的对象并非罪犯个人所有的合法财产，而是法律禁止个人所持有的物品、犯罪所得或者供犯罪所用的财物、工具等，这些属于依法追缴的范畴。

 小提醒

罚金和没收财产都是财产刑，只能针对贪利性犯罪来适用；对于非贪利性犯罪，则不能适用财产刑。但是有两个例外：①危险驾驶罪可以适用罚金；②危害国家安全罪可以没收财产。

四、驱逐出境

驱逐出境是指强迫犯罪的外国人或无国籍人离开中国国境的刑罚方法。驱逐出境由公安机关执行。它仅对外国人、无国籍人适用。另外，驱逐出境既可以独立适用，也可以附

加适用。附加适用时须待主刑执行完毕，才能执行驱逐出境。

社区矫正

一、社区矫正概述

社区矫正，是一种不使罪犯与社会隔离并利用社区资源教育改造罪犯的方法，是所有在社区环境中管理教育罪犯方式的总称。国外较常见的包括缓刑、假释、社区服务、暂时释放、中途之家、工作释放、学习释放等。

社区矫正是与监禁矫正相对的行刑方式，是指将符合社区矫正条件的罪犯置于社区内，由专门的国家机关在相关社会团体和民间组织以及社会志愿者的协助下，在判决、裁定或决定确定的期限内，矫正其犯罪心理和行为恶习，并促进其顺利回归社会的非监禁刑罚执行活动。社区矫正是积极利用各种社会资源、整合社会各方面力量，对罪行较轻、主观恶性较小、社会危害性不大的罪犯或者经过监管改造、确有悔改表现、不致再危害社会的罪犯在社区中进行有针对性管理、教育和改造的工作，是当今世界各国刑罚制度发展的趋势。

二、社区矫正中的禁止令[1]

> **高频考点**
>
> 10.4
>
> 禁止令的适用

《刑法修正案（八）》规定，对于判处管制和缓刑的犯罪分子，可以同时适用禁止令，禁止犯罪分子在管制执行期间、缓刑考验期限内从事特定活动，进入特定区域、场所，接触特定的人。注意，对于假释不能适用禁止令。禁止令的目的是教育矫正，维护社会秩序，不能影响受罚者的日常生活。例如，对医闹者禁止就医就不合适。

💡 **小提醒**

管制和缓刑可以适用禁止令，假释不能适用禁止令，但三者都可以社区矫正。

---

1. 禁止令的内容

禁止令包括三项内容：①从事特定活动；②进入特定区域、场所；③接触特定的人。在判处禁止令时，可以禁止犯罪分子从事其中一项或几项内容。

2. 禁止令的期限

禁止令的期限，既可以与管制执行、缓刑考验的期限相同，也可以短于管制执行、缓

---

[1] 参考最高人民法院指导案例第14号"董某某、宋某某抢劫案"的裁判要点：对判处管制或者宣告缓刑的未成年被告人，可以根据其犯罪的具体情况以及禁止事项与所犯罪行的关联程度，对其适用"禁止令"。对于未成年人因上网诱发犯罪的，可以禁止其在一定期限内进入网吧等特定场所。

刑考验的期限，但判处管制的，禁止令的期限不得少于 3 个月，宣告缓刑的，禁止令的期限不得少于 2 个月。

判处管制的犯罪分子在判决执行以前先行羁押以致管制执行的期限少于 3 个月的，禁止令的期限不受前述规定的最短期限的限制。被宣告禁止令的犯罪分子被依法减刑时，禁止令的期限可以相应缩短，由人民法院在减刑裁定中确定新的禁止令期限。禁止令的执行期限，从管制、缓刑执行之日起计算。

3. 违反禁止令的后果

被判处管制的犯罪分子违反禁止令，或者被宣告缓刑的犯罪分子违反禁止令尚不属情节严重的，由负责执行禁止令的社区矫正机构所在地的公安机关依照《治安管理处罚法》第 60 条的规定处罚。

被宣告缓刑的犯罪分子违反禁止令，情节严重的，应当撤销缓刑，执行原判刑罚。原作出缓刑裁判的人民法院应当自收到当地社区矫正机构提出的撤销缓刑建议书之日起 1 个月内依法作出裁定。人民法院撤销缓刑的裁定一经作出，立即生效。

4. 禁止令的执行机关

禁止令由司法行政机关指导管理的社区矫正机构负责执行。

专题 40

非刑罚处罚方法

第 37 条 ［非刑罚性处置措施］ 对于犯罪情节轻微不需要判处刑罚的，可以免予刑事处罚，但是可以根据案件的不同情况，予以训诫或者责令具结悔过、赔礼道歉、赔偿损失，或者由主管部门予以行政处罚或者行政处分。

非刑罚处罚方法是指对于免予刑事处罚的犯罪人，给予刑罚以外的处罚方法。

一、几个概念的区分

（一）赔偿损失和赔偿经济损失

《刑法》第 36 条第 1 款规定："由于犯罪行为而使被害人遭受经济损失的，对犯罪分子除依法给予刑事处罚外，并应根据情况判处赔偿经济损失。"这是针对刑事附带民事赔偿中，对犯罪人既判刑又判赔偿的情况。

"赔偿损失"的前提性条件是免予刑罚处罚，也即只赔钱，不判刑。

（二）免予刑事处罚和免除处罚

两者的共同点都是定罪免刑。但其区别在于法律依据不同，前者的依据是《刑法》第 37 条的规定，而后者的依据是其他条文的规定。前者可以针对所有犯罪，只要"犯罪情节轻微"就可能导致"免予刑事处罚"；而后者是针对一定的法定情节，必须是法律明确规定"免除处罚"。

［例1］对于犯罪中止，法律明确规定，没有造成损害结果的，应当免除处罚。

［例2］犯罪分子犯罪既遂之后有悔改表现，但又不属于中止，此时如果考虑他"犯罪情节轻微"，就可以作出"免予刑事处罚"的决定，而不是"免除处罚"。

二、从业禁止

高频考点

10.5

从业禁止

第37条之一 [禁止规定] 因利用职业便利实施犯罪，或者实施违背职业要求的特定义务的犯罪被判处刑罚的，人民法院可以根据犯罪情况和预防再犯罪的需要，禁止其自刑罚执行完毕之日或者假释之日起从事相关职业，期限为3年至5年。

被禁止从事相关职业的人违反人民法院依照前款规定作出的决定的，由公安机关依法给予处罚；情节严重的，依照本法第313条的规定定罪处罚。

其他法律、行政法规对其从事相关职业另有禁止或者限制性规定的，从其规定。

《刑法修正案（九）》增加了禁止从事相关职业的规定。关于这个条款，要注意下列几点：

1. 适用条件

行为人必须是因为利用职业便利实施犯罪，或者实施违背职业要求的特定义务的犯罪被判处刑罚。利用职务上的便利实施犯罪的，均属于"利用职业便利"实施犯罪。离开了职业，就不会有职务，职务是职业中具有管理性的工作，职务便利是在职业便利的基础上形成的，因此职务便利是职业便利的下位概念。

［例1］金融机构工作人员利用职务便利违法发放贷款的，人民法院可以决定行为人在刑罚执行完毕之后，5年内禁止从事金融职业。

［例2］甲系某小学教师，长期对班上的女生进行猥亵，后以猥亵儿童罪被判处6年有期徒刑。人民法院可以决定行为人在刑罚执行完毕之后，5年内禁止从事教师职业。

2. 适用根据

法院在作出从业禁止的决定时，既要考虑已经犯下的罪行，也要考虑再犯的可能性。换言之，要同时兼顾报应和预防的需要。

3. 适用期限

从业禁止从刑罚执行完毕之日或者假释之日起开始计算，期限为3~5年。其他法律、行政法规对其从事相关职业另有禁止或者限制性规定的，从其规定。例如，按照《证券法》的规定，对于某些证券犯罪，可以规定终身从业禁止。管制犯被判从业禁止，也是从管制刑执行完毕之日起计算；但管制犯附加剥夺政治权利，剥夺政治权利和管制同时执行，同时结束。

2022年11月公布并施行的最高人民法院、最高人民检察院、教育部《关于落实从业禁止制度的意见》第1条、第2条第1款规定，依照《刑法》第37条之一的规定，教职员工利用职业便利实施犯罪，或者实施违背职业要求的特定义务的犯罪被判处刑罚的，人民法院可以根据犯罪情况和预防再犯罪的需要，禁止其在一定期限内从事相关职业。其他法律、行政法规对其从事相关职业另有禁止或者限制性规定的，从其规定。《未成年人保护法》《教师法》属于前款规定的法律，《教师资格条例》属于前款规定的行政法规。依照

《未成年人保护法》第 62 条的规定，实施性侵害、虐待、拐卖、暴力伤害等违法犯罪的人员，禁止从事密切接触未成年人的工作。即行为人终身不得从事密切接触未成年人的工作。

对实施性侵害、虐待、拐卖、暴力伤害等犯罪的教职员工判决从业禁止，并不要求其必须利用职业便利实施犯罪或者实施违背职业要求的特定义务。例如，行为人奸淫幼女构成犯罪，即便奸淫的对象并非自己的学生，也应判决从业禁止。

4. 执行机关和后果

从业禁止的决定由人民法院作出，如果违反从业禁止的决定，公安机关应依法给予处罚；情节严重的，构成拒不执行判决、裁定罪。

📖 模拟展望

1. 关于死刑的说法，下列哪一选项是正确的？（单选）[1]

　　A. 在死缓期间故意犯罪，应当一律核准死刑立即执行

　　B. 审判时不满 18 岁的人不能判处死刑，也不能判处死缓

　　C. 所有的死刑立即执行案件，都应该报请最高人民法院核准

　　D. 在死刑缓期执行期间，对于故意犯罪未执行死刑的，死刑缓期执行的期间重新计算，并报最高人民法院核准

2. 关于剥夺政治权利的说法，下列哪一选项是正确的？（单选）[2]

　　A. 对于拐卖妇女、儿童罪不能附加剥夺政治权利

　　B. 被判处有期徒刑的犯罪分子，附加剥夺政治权利的刑期，从有期徒刑执行完毕之日或从假释之日起计算

　　C. 被判处拘役的犯罪分子，附加剥夺政治权利的刑期，从拘役执行完毕之日或从假释之日起计算

　　D. 被判处管制的犯罪分子，附加剥夺政治权利的刑期，从管制期满之日起计算

---

〔1〕 B。在死刑缓期执行期间，故意犯罪，情节恶劣的，应报请最高人民法院核准后执行死刑；对于故意犯罪未执行死刑的，死刑缓期执行的期间重新计算，并报最高人民法院备案。故 AD 项错误。《刑法》第 49 条第 1 款规定："犯罪的时候不满 18 周岁的人和审判的时候怀孕的妇女，不适用死刑。"审判时不满 18 周岁，在犯罪时必然也未满 18 周岁，因此不能适用死刑。故 B 项正确。《刑法》第 48 条第 2 款规定："死刑除依法由最高人民法院判决的以外，都应当报请最高人民法院核准。死刑缓期执行的，可以由高级人民法院判决或者核准。"故 C 项错误。

〔2〕 B。《刑法》第 56 条第 1 款规定，对于故意杀人、强奸、放火、爆炸、投毒、抢劫等严重破坏社会秩序的犯罪分子，可以附加剥夺政治权利。拐卖妇女、儿童罪也是一种严重破坏社会秩序的犯罪，可以附加剥夺政治权利。故 A 项错误。《刑法》第 58 条第 1 款规定，附加剥夺政治权利的刑期，从徒刑、拘役执行完毕之日或者从假释之日起计算。故 B 项正确。根据《刑法》第 81 条的规定，被判处拘役的犯罪分子不能被假释。故 C 项错误。《刑法》第 55 条第 2 款规定，判处管制附加剥夺政治权利的，剥夺政治权利的期限与管制的期限相等，同时执行。故 D 项错误。

第11讲 ◀◀◀
刑罚的裁量

📁 **复习提要**

本讲讲授量刑制度，主要掌握累犯、自首、坦白、立功、数罪并罚和缓刑制度。

📣 **知识框架**

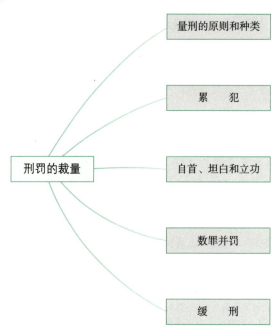

量刑的原则和种类

累　犯

刑罚的裁量　　自首、坦白和立功

数罪并罚

缓　刑

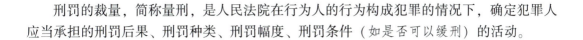

刑罚的裁量，简称量刑，是人民法院在行为人的行为构成犯罪的情况下，确定犯罪人应当承担的刑罚后果、刑罚种类、刑罚幅度、刑罚条件（如是否可以缓刑）的活动。

—— 量刑的原则和种类 ——

一、量刑的指导原则

第 61 条 ［量刑的一般原则］ 对于犯罪分子决定刑罚的时候，应当根据犯罪的事实、犯罪的性质、情节和对于社会的危害程度，依照本法的有关规定判处。

这是关于量刑的法定原则。根据这一规定，我国刑法量刑的法定原则可以概括为：以事实为根据，以法律为准绳。

二、量刑情节的种类

量刑情节有从重处罚、从轻处罚、减轻处罚、免除处罚。

1. 从重处罚。在法定刑幅度内，适用相对于没有从重处罚情节的情况较重的刑罚。

2. 从轻处罚。在法定刑幅度内，适用相对于没有从轻处罚情节的情况较轻的刑罚。

需要注意的是，从重处罚并不意味着一定在法定刑的"中间线"以上判处刑罚，从轻处罚也不意味着在法定刑的"中间线"以下判处刑罚。正确的做法是，先暂时排除犯罪人所具有的从重、从轻处罚情节，综合考虑犯罪的事实、性质、情节及对社会的危害程度，根据刑法估量应当判处什么刑罚，再考虑从重情节与从轻情节，从而确定应当宣告的刑罚。

💡 **小 提 醒**

从重处罚和从轻处罚都不能划"中间线"。

---

3. 减轻处罚

即在法定刑以下（不含本数）判处刑罚。减轻处罚有两种：

（1）法定的减轻处罚情节。这又分为两种情况：

❶在刑法分则条文规定的刑罚只有一个量刑幅度的情况下，减轻处罚就是判处低于该条文规定的量刑幅度最低刑的刑罚。

❷在刑法分则条文规定的刑罚有几个量刑幅度的情况下，减轻处罚就是判处低于与犯罪人所犯之罪具体相对应的该条文规定的量刑幅度最低刑的刑罚。

《刑法修正案（八）》规定，《刑法》规定有数个量刑幅度的，应当在法定量刑幅度的下一个量刑幅度内判处刑罚。例如，《刑法》第 227 条第 2 款规定，倒卖车票、船票，情节严重的，处 3 年以下有期徒刑、拘役或者管制，并处或者单处票证价额 1 倍以上 5 倍以下罚金。甲倒卖火车票，其犯罪情节应判处 3 年以下有期徒刑，现若有减轻处罚情节，应该减为拘役，而不能直接减为管制。

> 💡 **小提醒**
>
> 减轻处罚都不能跨档减，只能逐级减。

（2）法外减轻处罚。犯罪分子虽然不具有法定的减轻处罚情节，但根据案件特殊情况，经最高人民法院核准也可以在法定刑以下判处刑罚。

> ❓ **想一想**
>
> 减轻处罚不含本数，这是何种解释方法和效果？[1]

4. 免除处罚。作有罪宣告，但免除其刑罚。

三、法定情节

法定情节，是指刑法明文规定的、量刑时必须要考虑的各种事实情况。

（一）刑法总则常见的法定量刑情节

量刑规则	量刑情节	备注
应当从轻或减轻处罚	不满 18 周岁的人犯罪的；已满 75 周岁的人过失犯罪的。	一老一小。
应当减轻或免除处罚	防卫过当；避险过当；胁从犯；中止。	对于中止犯，没有造成损害的，应当免除处罚；造成损害的，应当减轻处罚。
可以从轻、减轻或免除处罚	盲人、又聋又哑的人犯罪；预备犯；自首。	对于自首的犯罪分子，可以从轻或者减轻处罚。其中，犯罪较轻的，可以免除处罚。
应当从轻、减轻或免除处罚	从犯。	无需比照主犯。
可以从轻或减轻处罚	一般立功；教唆未遂；尚未完全丧失辨认或者控制自己行为能力的精神病人犯罪；未遂犯可以比照既遂犯从轻、减轻处罚；已满 75 周岁的人故意犯罪的；坦白。	如实供述自己罪行的，可以从轻处罚；因其如实供述自己罪行，避免特别严重后果发生的，可以减轻处罚。
可以减轻或免除处罚	重大立功；在国外犯罪，已在外国受过刑罚处罚的。	后者是可以免除或者减轻处罚。
应当从重处罚	累犯；教唆不满 18 周岁的人犯罪的。	

---

[1] 这是根据体系解释和补正解释得出的缩小解释。

（二）刑法分则常见的法定量刑情节

1. 武装掩护走私的，从重处罚。（《刑法》第 157 条第 1 款）

2. 伪造货币并出售或者运输伪造的货币的，以伪造货币罪从重处罚。（《刑法》第 171 条第 3 款）

3. 奸淫不满 14 周岁的幼女的，以强奸罪从重处罚。（《刑法》第 236 条第 2 款）

4. 非法剥夺他人人身自由，具有殴打、侮辱情节的（非法拘禁罪），从重处罚。（《刑法》第 238 条第 1 款）

5. 国家机关工作人员利用职权犯非法拘禁罪的，从重处罚。（《刑法》第 238 条第 4 款）

6. 国家机关工作人员犯诬告陷害罪的，从重处罚。（《刑法》第 243 条第 2 款）

7. 司法工作人员滥用职权非法搜查他人身体、住宅，或者非法侵入他人住宅的，从重处罚。（《刑法》第 245 条第 2 款）

8. 司法工作人员刑讯逼供或者暴力取证致人伤残、死亡的，以故意伤害罪、故意杀人罪从重处罚。（《刑法》第 247 条）

9. 邮政工作人员私自开拆、隐匿、毁弃邮件、电报，从中窃取财物的，以盗窃罪从重处罚。（《刑法》第 253 条第 2 款）

10. 冒充人民警察招摇撞骗的，以招摇撞骗罪从重处罚。（《刑法》第 279 条第 2 款）

11. 司法工作人员犯妨害作证罪或者犯帮助毁灭、伪造证据罪的，从重处罚。（《刑法》第 307 条第 3 款）

12. 利用、教唆未成年人走私、贩卖、运输、制造毒品，或者向未成年人出售毒品的，从重处罚。（《刑法》第 347 条第 6 款）

13. 引诱、教唆、欺骗或者强迫未成年人吸食、注射毒品的，从重处罚。（《刑法》第 353 条第 3 款）

14. 因走私、贩卖、运输、制造、非法持有毒品罪被判过刑，又犯毒品犯罪的，从重处罚。（《刑法》第 356 条）

15. 有关单位的主要负责人，利用本单位的条件，组织、强迫、引诱、容留、介绍他人卖淫的，从重处罚。（《刑法》第 361 条第 2 款）

16. 制作、复制淫秽的电影、录像等音像制品组织播放的，从重处罚。（《刑法》第 364 条第 3 款）

17. 向不满 18 周岁的未成年人传播淫秽物品的，从重处罚。（《刑法》第 364 条第 4 款）

18. 挪用用于救灾、抢险、防汛、优抚、扶贫、移民、救济款物归个人使用的，从重处罚。（《刑法》第 384 条第 2 款）

19. 犯受贿罪且索贿的，从重处罚。（《刑法》第 386 条）

20. 行贿人在被追诉前主动交待行贿行为的，可以从轻或者减轻处罚。其中，犯罪较轻的，对侦破重大案件起关键作用的，或者有重大立功表现的，可以减轻或者免除处罚。（《刑法》第 390 条第 2 款）

四、酌定情节

酌定情节，是指人民法院从审判经验中总结出来，在刑罚裁量时可以灵活掌握、酌情适用的情况。

这主要包括：①犯罪的动机；②犯罪的手段；③犯罪的时间、地点；④犯罪结果；⑤犯罪对象；⑥犯罪分子的一贯表现；⑦犯罪后的态度；⑧前科；等等。

五、量刑情节的竞合

如果犯罪人有数个量刑情节，应当分别予以考虑，而不能任意改变量刑情节的功能。例如，犯罪人具有几个从轻情节，应该对犯罪人在法定幅度内数次从轻，而不能减轻处罚；相应地，如果有数个从重情节，也不能对其加重处罚；如果犯罪人既有从宽情节，又有从严情节，则应先考虑从严情节，再考虑从宽情节。

累　犯

累犯可以分为一般累犯和特别累犯。

一、一般累犯

高频考点

11.1

累犯的判断

第 65 条 ［一般累犯］ 被判处有期徒刑以上刑罚的犯罪分子，刑罚执行完毕或者赦免以后，在 5 年以内再犯应当判处有期徒刑以上刑罚之罪的，是累犯，应当从重处罚，但是过失犯罪和不满 18 周岁的人犯罪的除外。

前款规定的期限，对于被假释的犯罪分子，从假释期满之日起计算。

一般累犯，是指因故意犯罪被判处有期徒刑以上刑罚，并在刑罚执行完毕或赦免后，5 年内再犯应当判处有期徒刑以上刑罚之故意犯罪的犯罪人。

其构成条件有：

1. 前后罪都是故意犯罪。

2. 前后罪都应当判处有期徒刑以上刑罚。

3. 后罪发生在前罪刑罚执行完毕或赦免后 5 年内。这里的刑罚执行完毕指的是主刑执行完毕，附加刑是否执行完毕不影响累犯的成立。被假释的罪犯在考验期内犯罪的，不构成累犯。对于被假释的罪犯，要在假释期满之后，而非从假释之日起计算 5 年。因为只有在假释期满后，刑罚才执行完毕。

值得注意的是累犯与有期徒刑和管制的数罪并罚。如果行为人犯两罪，分别被判处有期徒刑和管制，在有期徒刑执行完毕后，开始执行管制，无论是在管制执行期间，还是管制执行完毕之后又犯可以判处有期徒刑以上之罪，都可能属于累犯。换言之，"在 5 年以内再犯……罪"，应当从有期徒刑执行完毕或者赦免之日起计算，而不是从管制执行完毕之日起开始计算。当然，如果在管制期间再犯罪，不仅成立累犯，而且应将未执行的管制与新罪并罚。

想一想

在假释考验期间直至期满后连续实施犯罪的，能否成立累犯？[1]

💡 **小提醒**

累犯后不适用缓刑，缓刑后也不适用累犯。被判处缓刑的罪犯，在缓刑考验期内犯罪的，不构成累犯。在缓刑考验期结束后，再犯罪的，也不成立累犯。因为缓刑结束后，原判刑罚根本就没有执行，也就谈不上刑罚执行完毕一说。

---

4. 消极条件，过失犯罪和不满 18 周岁的人犯罪不适用累犯。只要有一个罪是在 18 周岁前实施的，就不成立累犯。

二、特别累犯

第 66 条 [特别累犯]　危害国家安全犯罪、恐怖活动犯罪、黑社会性质的组织犯罪的犯罪分子，在刑罚执行完毕或者赦免以后，在任何时候再犯上述任一类罪的，都以累犯论处。

特别累犯，是指犯过危害国家安全罪、恐怖活动犯罪、黑社会性质的组织犯罪的犯罪分子受过刑罚处罚，在刑罚执行完毕或赦免后的任何时候再犯上述任一类罪的犯罪人。

1. 前后罪都是危害国家安全犯罪、恐怖活动犯罪、黑社会性质的组织犯罪。
2. 后罪发生在前罪刑罚执行完毕或赦免以后，不论刑罚轻重和间隔长短。

另外，如果前罪是危害国家安全罪、恐怖活动犯罪、黑社会性质的组织犯罪，且判处有期徒刑以上，而后罪是上述三类犯罪以外的其他故意犯罪，只要符合时间条件，也可以成立一般累犯。例如，乙犯间谍罪被判有期徒刑，刑罚执行完毕后第 2 年又犯抢劫罪，乙成立一般累犯。

💡 **小提醒**

1. 无论是一般累犯，还是特别累犯，前提条件都是前罪刑罚执行完毕，如果前罪被免除处罚，自然不构成累犯。
2. 特别累犯是 2011 年 5 月 1 日实施的《刑法修正案（八）》修改的条款，原来的特别累犯前后罪都必须是危害国家安全罪，修正案予以了修改。这个修改显然对行为人不利。但是，只要有一个罪发生在新法年代，就可以适用新法。例如，甲 1990 年犯间谍罪被判有期徒刑 3 年，2017 年又犯组织黑社会性质组织罪，应当判处徒刑以上，甲成立累犯。

---

〔1〕　虽然连续犯罪中有一部分罪行是在假释考验期结束之后所犯，但由于在假释期间犯罪的，要撤销假释，前罪的余罪仍需执行，这不属于"前罪刑罚已经执行完毕"，故不成立累犯。被告人丁立军 1992 年因强奸罪被判处有期徒刑 9 年，1997 年 9 月 5 日被假释，假释考验期至 1999 年 5 月 2 日。丁立军 1998 年 6 月至 2001 年 4 月期间，先后入户强奸作案近 40 起，对代某某、倪某某、姜某某等 32 名妇女实施强奸，其中强奸既遂 21 人，强奸未遂 11 人。在入户强奸作案的同时，被告人丁立军还抢劫作案 5 起，盗窃多起。法院最终认为不属于累犯。（丁立军强奸、抢劫、盗窃案，载《刑事审判参考》第 202 号，卷 3，第 390 页）

三、处罚

1. 应当从重处罚。
2. 对累犯不得适用缓刑和假释。

四、毒品再犯

《刑法》第356条规定，因走私、贩卖、运输、制造、非法持有毒品罪被判过刑，又犯本节规定之罪（毒品犯罪）的，从重处罚。此条并不属于刑法总则规定的累犯，因此它无需时间限制条件。但是，如果既是累犯又是毒品再犯，对其不能适用假释和缓刑的规定。

 想一想

如果既是累犯，又是毒品再犯，应当从重处罚几次呢？[1]

专题 43
——自首、坦白和立功——

一、自首

（一）自首的定义

第67条 [自首] 犯罪以后自动投案，如实供述自己的罪行的，是自首。对于自首的犯罪分子，可以从轻或者减轻处罚。其中，犯罪较轻的，可以免除处罚。

被采取强制措施的犯罪嫌疑人、被告人和正在服刑的罪犯，如实供述司法机关还未掌握的本人其他罪行的，以自首论。

犯罪嫌疑人虽不具有前两款规定的自首情节，但是如实供述自己罪行的，可以从轻处罚；因其如实供述自己罪行，避免特别严重后果发生的，可以减轻处罚。

自首，是指犯罪分子犯罪后自动投案，如实供述自己罪行或被采取强制措施的犯罪嫌疑人、被告人和正在服刑的罪犯，如实供述司法机关尚未掌握的本人其他罪行的行为。自首包括一般自首和特别自首。

> **高频考点**
>
> 11.2
>
> 一般自首的认定

（二）一般自首

一般自首，是指犯罪分子犯罪后，自动投案，如实供述自己罪行的行为。其成立条件是：

1. 自动投案

自动投案即自愿、主动地接受司法处置。经查实犯罪嫌疑人确已准备投案，或者正在投案途中，被司法机关捕获的也属于自首。

---

[1] 虽然可以同时适用这两个条文，但只能从重处罚一次。

（1）自动投案的时机

1998 年最高人民法院《关于处理自首和立功具体应用法律若干问题的解释》第 1 条第 1 项规定，自动投案，是指犯罪事实或者犯罪嫌疑人未被司法机关发觉，或者虽被发觉，但犯罪嫌疑人尚未受到讯问、未被采取强制措施时，主动、直接向公安机关、人民检察院或者人民法院投案。因此，在被司法机关采取强制措施（如拘传）之后，就不能再成立一般自首。

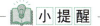 小 提 醒

自首的最后时机是讯问和强制措施。

想一想

甲在犯罪过程中与警察对峙，经警察劝说放弃了犯罪。这是否成立自首呢？[1]

（2）自动投案的情形

❶亲首。主动、直接向公检法机关投案的。

❷托首。因病、伤或者为了减轻犯罪后果，委托他人先代为投案的，或者先以信电投案的。

❸陪首。并非出于犯罪嫌疑人主动，而是经亲友规劝、陪同投案的。

❹代首和送首。代首，是指亲友报案，并控制犯罪嫌疑人，然后带领公安人员去抓获。送首，是指司法机关通知犯罪嫌疑人的亲友或者亲友主动报案后，将犯罪嫌疑人送去投案。根据 2010 年最高人民法院《关于处理自首和立功若干具体问题的意见》（以下简称《自首立功意见》）第 1 条第 4 款的规定，犯罪嫌疑人被亲友采用捆绑等手段送到司法机关，或者在亲友带领侦查人员前来抓捕时无拒捕行为，并如实供认犯罪事实的，虽然不能认定为自动投案，但可以参照法律对自首的有关规定酌情从轻处罚。总之，根据《自首立功意见》的规定，对于代首和送首这两种自首类型的认定必须受到自愿主动接受司法处置原则的限制。如果在代首和送首中，行为人不是自愿主动接受司法处置，而是被迫的，均不认定为自首。

小 提 醒

捆绑式送首不再属于自首。

❺通缉后自首。犯罪后逃跑，在通缉、追捕的过程中，主动投案的。

❻形迹可疑型自首。罪行未被有关部门、司法机关发觉，仅因形迹可疑被盘问、教育后，主动交待了犯罪事实的，应当视为自动投案；在司法机关未确定犯罪嫌疑人，尚在一般性排查询问时主动交待自己罪行的，也属于自动投案。但有关部门、司法机关在其身上、随身携带的物品、驾乘的交通工具等处发现与犯罪有关的物品的，不能认定为自动投案。因此，形迹可疑和犯罪可疑的区分点在于司法机关是否足以获得认定犯罪的证据。如果还不足以获得认定犯罪的证据，一般应该理解为形迹可疑，可以成立自首；如果足以获

---

〔1〕 虽然甲是在"犯罪过程中"而不是"犯罪以后"自动投案，但根据举重以明轻的原理，自然也成立自首。

得认定犯罪的证据，一般都属于犯罪可疑，不再成立自首。

[例1] 公安机关设卡例行检查时发现某人神色慌张，形迹可疑，遂对其进行盘问，此人即交待了运输毒品的犯罪事实。公安人员随后在其随身携带的行李箱内查获了毒品。这类情形就不能认定为自动投案。

[例2] 某人运输毒品时发现前方500米处有检查站，即将毒品埋在路边。该人在检查站因神色慌张而被盘问，即交待了犯罪事实并带领公安人员找到了埋藏的毒品。此时的主动交待对确定犯罪嫌疑人就具有实质意义，可以认定为自动投案。因为与犯罪有关的物品是通过正常工作方法难以发现的。[1]

💡小提醒

现场足以发现犯罪证据，不能再认定为形迹可疑，而是犯罪可疑，不再成立自首。

❼ 现场候捕型自首（能逃而不逃）：①犯罪后主动报案，虽未表明自己是作案人，但没有逃离现场，在司法机关询问时交待自己罪行的；②明知他人报案而在现场等待，抓捕时无拒捕行为，供认犯罪事实的。

❽ 向非司法机关自首。向所在单位、城乡基层组织或者其他有关负责人员投案的。

❾ 双规、双指[2]案件中的自首。根据2009年最高人民法院、最高人民检察院《关于办理职务犯罪案件认定自首、立功等量刑情节若干问题的意见》的规定，犯罪事实或者犯罪分子未被办案机关掌握，或者虽被掌握，但犯罪分子尚未受到调查谈话、讯问，或者未被宣布采取调查措施或者强制措施时，向办案机关投案的，是自动投案。在此期间如实交代自己的主要犯罪事实的，应当认定为自首。没有自动投案，在办案机关调查谈话、讯问、采取调查措施或者强制措施期间，犯罪分子如实交代办案机关掌握的线索所针对的事实的，不能认定为自首。此处的"办案机关"包括纪检、监察、公安、检察等法定职能部门。

💡小提醒

双规和双指后交待问题，一般不成立自首。

❿ 向被害人投案。一般不成立自首，但如果案件的性质是亲告罪，向被害人投案可以成立自首。

📗试一试

下面这两个案件都成立自首吗？[3]

1. 赵某（杀人后）觉得罪行迟早会败露，于6月29日向公安机关投案，如实交代了上述全部犯罪事实，并将勒索的20万元交给公安人员（公安人员将20万元退还孙某，孙某于8月

---

[1] 参见周峰、薛淑兰、孟伟：《〈关于处理自首和立功若干具体问题的意见〉的理解和适用》，载《刑事审判参考》2011年第3集（总第80集）。

[2] 注意，2016年《检察人员纪律处分条例》和2018年《监察法》中已经取消双规、双指的说法，采用留置措施替代。

[3] 案例1成立自首，因为通缉后走投无路投案也成立自首。案例2不成立自首，因为拘传是强制措施，甲第一次到案是在强制措施之后，过了自首的最后时机。

3 日将 17 万元还给公司)。公安人员李某听了赵某的交代后随口说了一句"你罪行不轻啊",赵某担心被判死刑,逃跑至外地。在被通缉的过程中,赵某身患重病无钱治疗,向当地公安机关投案,再次如实交代了自己的全部罪行。(2010/4/2)

2.(甲犯罪)案发后,公安机关认为甲有犯罪嫌疑,即对其实施拘传。甲在派出所乘民警应对突发事件无人看管之机逃跑。半年后,得知甲行踪的乙告知甲,公安机关正在对甲进行网上通缉,甲于是到派出所交待了自己的罪行。(2009/4/2)

(3)不属于自动投案的情形

如果不符合自愿主动接受司法处置的情形,就不属于自首。

[例1]犯罪嫌疑人先投案交待罪行后又潜逃的,不属于自首。

[例2]以不署名或化名的方式将非法所得寄给司法机关或报纸、杂志的,不能认定为自首。

2. 如实供述自己的罪行

自首者必须如实供述自己的罪行,节约司法资源。如果没有如实供述,即便有其他的悔改表现,如积极抢救被害人,也不属于自首。一般认为,自首不考虑主观动机,即便缺乏真诚悔改的动机,也可能成立自首。

⑦ 想一想

甲杀人之后,提着人头去派出所投案。这成立自首吗?[1]

(1)时间限度。犯罪嫌疑人自动投案时虽然没有交待自己的主要犯罪事实,但在司法机关掌握其主要犯罪事实之前主动交待的,应认定为如实供述自己的罪行。

(2)如实供述的范围。自首者只要交待主要罪行即可成立自首。由于客观因素,不能交待所有的犯罪事实,但如实供述自己的主要犯罪事实的,也应属于如实供述自己的罪行。

❶ 如实供述必须包括对基本身份信息的交待。如实供述自己的罪行,除供述自己的主要犯罪事实外,还应包括姓名、年龄、职业、住址、前科等情况。犯罪嫌疑人供述的身份等情况与真实情况虽有差别,但不影响定罪量刑的,应认定为如实供述自己的罪行。犯罪嫌疑人自动投案后隐瞒自己的真实身份等情况,影响对其定罪量刑的,不能认定为如实供述自己的罪行。

💡 小提醒

对身份的隐瞒,不影响定罪量刑的,可以成立自首。

❷ 犯有数罪的犯罪嫌疑人仅如实供述所犯数罪中部分犯罪的,只对如实供述部分犯罪的行为认定为自首。此处的数罪不包括同种数罪。犯罪嫌疑人多次实施同种罪行的,必须交待更重部分方成立自首。

[例1]被告人抢劫作案三起,其中第三起致人死亡。被告人投案后如实交待了前两起,隐瞒了第三起。由于致人死亡的该第三起犯罪对量刑有决定性的影响,如实交待的犯罪情节轻于未交待的犯罪情节,故不应认定为如实供述主要犯罪事实。

---

[1] 成立自首,但可以不从宽处理。

[例2] 甲盗窃5次，前4次每次盗窃2000元，第5次盗窃5万元，甲仅供述第5次盗窃，成立自首。

❸在共同犯罪案件中，必须交待自己所知的同案犯的共同犯罪行为。同案犯包括对向犯，受贿者必须交待行贿人的行贿行为才可成立自首。

?想一想

受贿者必须交待行贿人的行贿行为才可成立自首。这是为什么？[1]

（3）如实供述与翻供。如实供述后又翻供的，不能认定为自首，但在一审判决前又能如实供述的，应当认定为自首。

（4）如实供述与辩解。如实供述并不能否定犯罪嫌疑人有为自己辩解的权利。被告人对行为性质的辩解不影响自首的成立，但如果对基本事实进行否认，如主张自己不在现场、自己并非犯罪人，则不属于辩解，不成立自首。

（三）特别自首

> **高频考点**
>
> 11.3
>
> 特别自首
> 的认定

特别自首，是指被采取强制措施的犯罪嫌疑人、被告人和正在服刑的罪犯，如实供述司法机关尚未掌握的本人其他罪行的行为，亦称准自首。

1. 特别自首的主体是被采取强制措施的犯罪嫌疑人、被告人以及正在服刑的罪犯。《自首立功意见》规定，因特定违法行为被采取劳动教养、行政拘留、司法拘留、强制隔离戒毒等行政、司法强制措施期间，主动向执行机关交代尚未被掌握的犯罪行为的，也成立自首。

?想一想

上述规定的内容是什么类型的解释？[2]

2. 如实供述司法机关还未掌握的本人其他罪行。"司法机关还未掌握的本人其他罪行"是指与司法机关掌握的或者判决确定的罪行属不同种的罪行。因为在司法实践中，量刑阶段交待的是同种罪行，这为之前的罪行所吸收，不会以新罪论处。因此，所交待的其他罪行必须是可以另开一罪的新罪。

交待已在通缉令范围内的信息不属于未掌握信息。如果该罪行已被通缉，一般应以该司法机关是否在通缉令发布范围内作出判断，不在通缉令发布范围内的，应认定为还未掌握，在通缉令发布范围内的，应视为已掌握；如果该罪行已录入全国公安信息网络在逃人员信息数据库，应视为已掌握。如果该罪行未被通缉、也未录入全国公安信息网络在逃人员信息数据库，应以该司法机关是否已实际掌握该罪行为标准。

💡小提醒

1. 特别自首应交待异种罪行，但有例外：根据《自首立功意见》的规定，办案机关所掌握线索针对的犯罪事实不成立，在此范围外犯罪分子交代同种罪行的，可以成立自首。

---

[1] 孤证不能定案，如果不交待所对合的同案犯，其受贿行为很难定罪。

[2] 属于举重以明轻的当然解释，是出罪性的解释，属于对行为人有利的类推，符合罪刑法定原则。

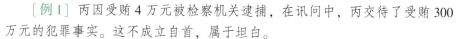

[例 1] 丙因受贿 4 万元被检察机关逮捕，在讯问中，丙交待了受贿 300 万元的犯罪事实。这不成立自首，属于坦白。

[例 2] 甲被他人举报受贿 4 万元，被检察机关逮捕，在讯问中，甲交待了受贿 4 万元的犯罪事实，但与举报线索完全不同。后查明举报有误。这成立自首。

2. 特别自首所交待的异种罪行，如果不能独立成立一个新罪，也不成立自首。

[例 1] 如实供述的其他犯罪与司法机关已掌握的犯罪为选择罪名，如已掌握的是走私毒品罪行，又供述了制造毒品罪行，仍属同种罪行，不成立自首。

[例 2] 如实供述的其他犯罪与司法机关已掌握的犯罪在法律、事实上密切关联，如因伪造货币被采取强制措施后，又交待使用假币的行为，由于伪造货币罪和使用假币罪是吸收关系，所以不成立自首。

（四）单位自首

单位与其内部自然人可分别成立自首。其中单位自首的效力一般可以及于自然人，但自然人自首的效力一般不及于单位。最高人民法院、最高人民检察院《关于办理职务犯罪案件认定自首、立功等量刑情节若干问题的意见》第 1 条第 5 款指出，单位犯罪案件中，单位集体决定或者单位负责人决定而自动投案，如实交代单位犯罪事实的，或者单位直接负责的主管人员自动投案，如实交代单位犯罪事实的，应当认定为单位自首。单位自首的，直接负责的主管人员和直接责任人员未自动投案，但如实交代自己知道的犯罪事实的，可以视为自首；拒不交代自己知道的犯罪事实或者逃避法律追究的，不应当认定为自首。单位没有自首，直接责任人员自动投案并如实交代自己知道的犯罪事实的，对该直接责任人员应当认定为自首。

（五）自首的处罚

对于自首的犯罪分子，可以从轻或减轻处罚；犯罪情节较轻的，可以免除处罚。共同犯罪时，自首的法律效果只适用于自首的共犯人，不能适用于没有自首的其他共犯人。

二、坦白

坦白，是指犯罪分子被动归案之后，如实交待自己犯罪事实的行为。《刑法修正案（八）》将坦白从酌定从宽情节变为法定从宽情节。"归案"有三种情况：①被采取强制措施而归案；②被司法机关传唤而归案；③被群众扭送而归案。

1. 一般自首和坦白的区别要点是是否自动投案：自动投案、如实交待的是自首；被动归案、如实交待的是坦白。

2. 特殊自首与坦白的区别要点：所交待的罪行是否可以独立成立一个新罪。如果上述在案在押人员，主动交待司法机关尚未掌握的并且与被审查处理的犯罪属于不同种罪行的，以自首论；反之，不能独立成立一个新罪的，是坦白。

3. 坦白的处理。《刑法修正案（八）》规定，犯罪嫌疑人虽不具有自首情节，但是如实供述自己罪行的，可以从轻处罚；因其如实供述自己罪行，避免特别严重后果发生的，可以减轻处罚。

三、立功

第 68 条 ［立功］ 犯罪分子有揭发他人犯罪行为，查证属实的，或者提供重要线索，从而得以侦破其他案件等立功表现的，可以从轻或者减轻处罚；有重大立功表现的，可以减轻或者免除处罚。

立功包括一般立功和重大立功。

（一）一般立功

一般立功，是指犯罪分子揭发他人犯罪行为，查证属实的，或者提供重要线索，从而得以侦破其他案件的，或者协助司法机关抓捕其他犯罪嫌疑人，或者具有其他有利于国家和社会的突出表现的行为。一般立功共有四种情形：

1. 检举、揭发他人犯罪行为。这又包括共同犯罪人供述同案犯共同犯罪以外的罪行。如果供述的是同案犯共同犯罪之内的罪行，属于自首或坦白中的如实供述，不属于检举、揭发他人罪行的立功表现，不存在立功问题。一般认为，这里所说的"他人犯罪行为"不包括对向犯和连累犯。一方对对向犯的交代，如受贿人交待行贿人的行贿行为，是如实供述，而非检举揭发。连累犯是在本犯既遂以后参与其中，和本犯有着密切联系的事后帮助型犯罪，窝藏、包庇都是典型的连累犯。连累犯的犯罪行为总是基于本犯的犯罪行为，没有本犯的犯罪行为，就不会有连累犯的帮助行为。因此，本犯对连累犯的交待也不属于检举、揭发"他人犯罪行为"，不成立立功。[1]

> **？ 想一想**
>
> 甲因非法持有毒品罪被公安机关拘传。如果甲向公安机关说明自己所持毒品是从乙处购买，因而揭发了乙贩卖毒品的事实，属于立功吗？[2]

2. 提供其他案件的重大线索，查证属实的。

3. 协助司法机关抓捕其他犯罪嫌疑人（包括同案犯）的。这里的同案犯包括共同犯罪中的同案犯，也包括非共同犯罪中的同案犯。根据规范性文件的规定，认定被告人是否构成此项立功，应当根据被告人在公安机关抓获同案犯中是否确实起到了协助作用。如经被告人当场指认、辨认抓获了同案犯；带领公安人员抓获了同案犯；被告人提供了不为有关机关掌握或者有关机关按照正常工作程序无法掌握的同案犯藏匿的线索，抓获了同案犯等情况，均属于协助司法机关抓获同案犯，应认定为立功。

《自首立功意见》第 5 条第 1 款规定，犯罪分子具有下列行为之一，使司法机关抓获其他犯罪嫌疑人的，属于"协助司法机关抓捕其他犯罪嫌疑人"：①按照司法机关的安排，以打电话、发信息等方式将其他犯罪嫌疑人（包括同案犯）约至指定地点的；②按照司法机关的安排，当场指认、辨认其他犯罪嫌疑人（包括同案犯）的；③带领侦查人员抓获其他犯罪嫌疑人（包括同案犯）的；④提供司法机关尚未掌握的其他案件犯罪嫌疑人的联络方式、藏匿地址的；等等。

---

〔1〕 蔡勇、李光等故意伤害、窝藏案（《刑事审判参考》第 223 号）。
〔2〕 这超出了"如实供述自己的罪行（非法持有毒品）"的范围，宜另认定为立功。

犯罪分子提供同案犯姓名、住址、体貌特征等基本情况，或者提供犯罪前、犯罪中掌握、使用的同案犯联络方式、藏匿地址，司法机关据此抓捕同案犯的，属于如实供述，而不能认定为协助司法机关抓捕同案犯。

💡 **小 提 醒**

如果交待的是犯罪后所掌握的新的信息（如同案犯新的藏身之处），对抓捕罪犯起到实质作用，可以认定为协助抓捕。

［例1］ 甲被抓获后，向侦查机关提供同案犯的体貌特征，同案犯由此被抓获。这不成立立功。

［例2］ 乙被抓获后，向侦查机关提供同案犯案发后去韩国整容后的体貌特征，同案犯由此被抓获。这成立立功。

［例3］ 丙被抓获后，向侦查机关交代同案犯因为另外的罪行在监狱服刑的事实，导致同案犯的罪行被追究。这成立立功。

4. 具有其他有利于国家和社会突出表现的。

💡 **小 提 醒**

自首、坦白和立功的区别

1. 对自己罪行和同案犯共同犯罪的交待，属于"如实供述"[1]，而非立功中的"检举、揭发"。

2. 协助抓捕同案犯，可以成立立功。但对同案犯基本信息的交待，属于"如实供述"，而非立功中的"协助抓捕"。当然，如果交待的是案发后的新信息，属于"协助抓捕"。

3. 交待同案犯长相属于"如实供述"，但按照司法机关的安排指认、辨认同案犯属于"协助抓捕"。

4. 通缉后可以成立自首，但羁押期间交待已被通缉的他罪不成立特别自首。

5. 自首对事不对人，立功对人不对事。自首是对所交待的罪从宽处理，而立功是针对这个人从宽处理。

6. 立功要起到实际效果，如果没有起到实际效果，不成立立功。

> **高频考点**
>
> 11.4
>
> 自首、坦白和立功的区别

（二）重大立功

重大立功与一般立功的区别在于是否是"重大犯罪""重大案件""重大犯罪嫌疑人"。所谓"重大"，是指犯罪嫌疑人、被告人可能被判处无期徒刑以上刑罚或者在本省、自治区、直辖市或者全国范围内有较大影响的情形。可能被判处无期徒刑以上刑罚，是指根据犯罪行为的事实、情节可能判处无期徒刑以上刑罚。案件已经判决的，以实际判处的刑罚为准。但是，根据犯罪行为的事实、情节应当判处无期徒刑以上刑罚，因被判刑人有法定

---

[1] 如果是自动投案，那就成立自首。如果是被动归案，所交待的是可另开的新罪的，成立特别自首；不能另开新罪的，成立坦白。

情节经依法从轻、减轻处罚后判处有期徒刑的，应当认定为重大立功。

高频考点

11.5

对立功的限制

（三）对立功的限制

立功制度是功利主义哲学的典型体现，它并不一定符合法律所倡导的良善价值，因此，对立功制度必须进行限制。

1. 代为立功不成立立功

立功必须是犯罪分子本人实施的行为。为使犯罪分子得到从轻处理，犯罪分子的亲友直接向有关机关揭发他人犯罪行为，提供侦破其他案件的重要线索，或者协助司法机关抓捕其他犯罪嫌疑人的，不应当认定为犯罪分子的立功表现。

2. 抽象立功不成立立功

据以立功的他人罪行材料应当指明具体犯罪事实；据以立功的线索或者协助行为对于侦破案件或者抓捕犯罪嫌疑人要有实际作用。犯罪分子揭发他人犯罪行为时没有指明具体犯罪事实的；揭发的犯罪事实与查实的犯罪事实不具有关联性的；提供的线索或者协助行为对于其他案件的侦破或者其他犯罪嫌疑人的抓捕不具有实际作用的，不能认定为立功表现。例如，王五被抓后，向侦查机关提供赵某形迹可疑，鬼鬼祟祟，极有可能实施犯罪的线索，但无法提供具体罪行，后侦查机关果然在赵某家搜出大量毒品。王五不成立立功。

3. 立功的来源必须正当

据以立功的线索、材料来源有下列情形之一的，不能认定为立功：①本人通过非法手段或者非法途径获取的；②本人因原担任的查禁犯罪等职务获取的；③他人违反监管规定向犯罪分子提供的；④负有查禁犯罪活动职责的国家机关工作人员或者其他国家工作人员利用职务便利提供的。

（四）立功的刑事责任

一般立功的，可以从轻、减轻处罚；重大立功的，可以减轻、免除处罚；自首又有重大立功的，不再应当减轻处罚或免除处罚，而是直接按照法律规定，可以2次适用从宽处罚的规定。

❓ 想一想

甲先后实施了抢劫和盗窃两罪，慑于新一轮"严打"压力，其自动投案，但仅如实交待了其中较轻的盗窃行为。不久后，甲抢劫的事实也被公安机关侦破。为争取从宽处罚，甲又交待了邻居余某的抢劫杀人行为，并经查证属实。对于甲的抢劫罪，依法可以减轻或免除处罚，这个说法正确吗？[1]

📖 试一试

甲（民营企业销售经理）因合同诈骗罪被捕。在侦查期间，甲主动供述曾向国家工作人员乙行贿9万元，司法机关遂对乙进行追诉。后查明，甲的行为属于单位行贿，行贿数额尚未达到单位行贿罪的定罪标准。甲的主动供述如何定性？[2]

---

〔1〕 正确。甲对盗窃的交待成立自首，针对盗窃罪从宽处理。但甲的检举揭发成立重大立功，立功对人不对事，对他所犯的所有罪行都可从宽。由于这成立重大立功，所以对抢劫可以减轻或免除处罚。

〔2〕 在本案中，由于甲的行贿行为不构成犯罪，所以甲与乙并非共同犯罪，甲交待的不属于同案共犯以内的罪行，而是共犯以外的其他罪行，属于检举揭发，故为立功。

数罪并罚

第 69 条[数罪并罚的一般原则] 判决宣告以前一人犯数罪的，除判处死刑和无期徒刑的以外，应当在总和刑期以下、数刑中最高刑期以上，酌情决定执行的刑期，但是管制最高不能超过 3 年，拘役最高不能超过 1 年，有期徒刑总和刑期不满 35 年的，最高不能超过 20 年，总和刑期在 35 年以上的，最高不能超过 25 年。

数罪中有判处有期徒刑和拘役的，执行有期徒刑。数罪中有判处有期徒刑和管制，或者拘役和管制的，有期徒刑、拘役执行完毕后，管制仍须执行。

数罪中有判处附加刑的，附加刑仍须执行，其中附加刑种类相同的，合并执行，种类不同的，分别执行。

数罪并罚，是指对一人所犯数罪合并处罚的制度。

一、适用条件

1. 必须是一行为人犯有数罪。这里的数罪既包括同种数罪，也包括异种数罪，但对判决宣告前的同种数罪，通说认为不并罚。

2. 行为人所犯数罪，必须发生在法定的时间界限之内。

3. 必须在对数罪分别定罪量刑的基础上，依照法定的并罚原则、范围与方法，决定执行的刑罚。

另外，要注意数罪并罚与罪数理论的关系。罪数理论是基础，在这个基础上再决定是否数罪并罚，如果判断出是想象竞合犯，则无需进行数罪并罚。当然，如果有法律的特别规定，则需要按照法律的特别规定处理。

二、数罪并罚的原则

根据刑法的规定可以看出，我国刑法关于数罪并罚的原则是综合原则，兼采吸收原则、限制加重原则和并科原则。

> **高频考点**
>
> 11.6
>
> 数罪并罚的原则

（一）吸收原则

数罪中有判处死刑或无期徒刑的，其他主刑被死刑、无期徒刑吸收，只执行死刑或无期徒刑，其他刑罚不再执行。《刑法修正案（九）》规定，数罪中有判处有期徒刑和拘役的，执行有期徒刑。

[例] 张三犯甲罪与乙罪，分别定罪量刑时，应分别判处甲罪有期徒刑 10 个月、乙罪拘役 5 个月，然后在并罚时由有期徒刑吸收拘役，不再执行拘役。法官不能因为这一并罚结局有利于犯罪人，就将甲罪的有期徒刑改判为 10 个月拘役，然后实行限制加重的并罚，也不能基于同样的理由或者其他个人动机，将乙罪判处管制。

（二）限制加重原则

对一人所犯数罪分别判处有期徒刑、拘役、管制的，在数刑中最高刑期以上、总和刑期以下，酌情决定执行的刑期。但管制最高不能超过3年，拘役最高不能超过1年；有期徒刑总和刑期不满35年的，最高不能超过20年，总和刑期超过35年的，最高不能超过25年。《刑法修正案（八）》对数罪并罚制度的最大修改就是提高了有期徒刑的最高限度。当数个有期徒刑总和刑期在35年以上的，最高刑从以前的20年提高到25年；总和刑期不满35年的，最高刑仍为20年。

［例］某人犯故意杀人罪被判处有期徒刑12年，犯盗窃罪被判处有期徒刑10年，两罪的最高刑期是12年，总和刑期是22年，在这个幅度内确定刑罚。但由于总和刑期没有超过35年，有期徒刑最长不能超过20年，所以最后可以决定执行有期徒刑18年，这符合限制加重原则。

（三）并科原则

数罪中有判处附加刑的，附加刑仍须执行。其中附加刑种类相同的，合并执行；种类不同的，分别执行。另外，根据最高人民法院《关于适用财产刑若干问题的规定》第3条第1款的规定，依法对犯罪分子所犯数罪分别判处罚金的，应当实行并罚，将所判处的罚金数额相加，执行总和数额。这里要说明的是，如果数罪中有判处没收全部财产和罚金，仍应采取并科原则，分别执行。因为罚金可以针对将来的财产，而没收财产针对既往的财产，两者属于种类不同的刑罚。

另外，根据《刑法修正案（九）》的规定，数罪中有判处有期徒刑和管制，或者拘役和管制的，有期徒刑、拘役执行完毕后，管制仍须执行。

三、数罪并罚的具体情况

（一）判决宣告以前一人犯数罪的并罚

判决宣告以前一人犯数罪，且均已被发现，根据《刑法》第69条的规定数罪并罚。根据通说，在此情况下的同种数罪不并罚。

（二）刑罚执行过程中发现漏罪的并罚（先并后减）

第70条 ［判决宣告后发现漏罪的并罚］ 判决宣告以后，刑罚执行完毕以前，发现被判刑的犯罪分子在判决宣告以前还有其他罪没有判决的，应当对新发现的罪作出判决，把前后两个判决所判处的刑罚，依照本法第69条的规定，决定执行的刑罚。已经执行的刑期，应当计算在新判决决定的刑期以内。

上述规定叫作先并后减。

1. 前判决针对一罪，在执行期间发现漏罪。

［例1］某人犯盗窃罪被判处有期徒刑10年，在执行了3年后发现以前还犯有抢劫罪，该抢劫罪应当判处有期徒刑12年。先并后减，10年和12年，数罪中的最高刑为12年，总和刑期为22年，由于总和刑期未超过35年，有期徒刑最长不能超过20年，所以最后决定判处有期徒刑17年。由于已经执行了3年，因此还需要执行有期徒刑14年。

［例2］乙犯故意伤害罪被判处有期徒刑8个月，执行5个月时发现危险驾驶（如追

逐竞驶）的漏罪，漏罪应当判处拘役 6 个月。对此，人民法院对乙按照数罪并罚的原则判决后，仍只执行有期徒刑的剩余刑罚。

2. 前判决针对数罪，在执行期间发现漏罪。

[例] 某人犯诈骗罪被判处有期徒刑 10 年，犯故意伤害罪被判处有期徒刑 11 年，最后决定执行有期徒刑 18 年，在执行了 3 年后发现以前还犯有抢劫罪，应当判处有期徒刑 12 年。在这种情况下先并后减，数罪中的最高刑应为 18 年，而非 11 年，这是为了维护判决的稳定性。本应在 18 年以上、30 年以下决定执行具体刑期，但由于总和刑期未超 35 年，有期徒刑最长不能超过 20 年，所以最后决定判处有期徒刑 20 年。由于已经执行了 3 年，因此还需要执行有期徒刑 17 年。

3. 前罪假释，在假释期间发现漏罪。

被假释的犯罪分子，在假释考验期内发现漏罪，应当撤销假释，按先并后减的方法实行数罪并罚。

[例] 某人犯盗窃罪被判处有期徒刑 10 年，在执行 6 年后被假释，假释考验期为剩余刑期 4 年，在假释之日起的第 2 年，又发现其以前还犯有诈骗罪，应当判处有期徒刑 6 年。于是先要撤销假释，先并后减，10 年和 6 年，数罪中的最高刑为 10 年，总和刑期为 16 年，最后决定判处有期徒刑 15 年。由于已经执行了 6 年，因此还需要执行有期徒刑 9 年。这里要特别注意的是，假释考验期经过的时间不能计算在刑罚执行期内。

4. 在二审的审理过程中发现漏罪。

应当裁定撤销原判，发回重审。此时，只能适用《刑法》第 69 条规定的原则，不能先并后减，因为刑罚并未执行。

（三）刑罚执行过程中又犯新罪的并罚（先减后并）

第 71 条 [判决宣告后又犯新罪的并罚] 判决宣告以后，刑罚执行完毕以前，被判刑的犯罪分子又犯罪的，应当对新犯的罪作出判决，把前罪没有执行的刑罚和后罪所判处的刑罚，依照本法第 69 条的规定，决定执行的刑罚。

上述规定叫作先减后并。

[例] 某人犯盗窃罪被判处有期徒刑 10 年，在执行 3 年后又犯故意伤害罪，应当判处有期徒刑 12 年。先减后并，10 年已经执行了 3 年，还有 7 年，在 7 年和 12 年中根据《刑法》第 69 条规定的数罪并罚原则来确定刑罚，数罪中的最高刑为 12 年，总和刑期为 19 年，最后决定执行判处有期徒刑 17 年。

如果前判决针对数罪，在执行期间再犯新罪，在进行先减后并时，也是用前判决确定的执行刑来进行减，而不应该再分拆。如果前罪假释，在假释期间再犯新罪，无论新罪是否在考验期内被发现，都要撤销假释，先减后并，假释考验期不能计算在刑罚执行期内，不能被减。

[例] 丁犯诈骗罪被判处有期徒刑 8 年，犯使用虚假身份证件罪被判处管制 1 年 6 个月。执行有期徒刑 6 年后被假释，假释考验期满后，开始执行管制。执行 1 年管制后，发现丁在假释考验期内犯盗窃罪，应当判处有期徒刑 2 年。据此，应当将诈骗罪没有执行的 2 年有期徒刑、使用虚假身份证件罪没有执行的 6 个月管制，与盗窃罪的 2 年有期徒刑实

行并罚。倘若决定执行 3 年有期徒刑、6 个月管制，那么，应当在 3 年有期徒刑执行完毕后，再执行 6 个月管制。

四、"先减后并" 与 "先并后减" 的区别

一般说来，前者比后者对于犯罪人而言更为严厉，尤其是在刑期较长并已经执行的刑期较长的情况下。

1. 前者合并时的实际起刑点可能高出数刑中的最高刑期。

[例] 某人犯一罪被判处有期徒刑 15 年，执行 8 年后，又犯另一个应当判处 14 年的新罪，适用先减后并原则，在 14 年和 7 年（15-8）中根据《刑法》第 69 条规定的数罪并罚原则决定刑期。此时起点刑表面上是 14 年，但由于已经执行了 8 年，其实际的起点刑是 22 年，实际执行的刑期突破法定数罪并罚最高刑期的限制。但如果使用先并后减原则，则永远和判决宣告前的数罪并罚的效果一样，其实际执行的最高刑期不可能突破法定的限制。

2. 越临近刑满释放，再犯新罪，前者实际起点刑可能越高。

[例] 某人犯一罪被判处有期徒刑 10 年，假设其分别在第 3 年、第 8 年、第 9 年犯另一新罪被判处有期徒刑 8 年。在第一种情况下，表面上起点刑为 8 年（8 年和 7 年之间决定执行刑罚），但实际上已经执行了 3 年，所以实际起点刑是 11 年；在第二种情况下，表面上起点刑也是 8 年（8 年和 2 年之间决定执行刑罚），但实际上已经执行了 8 年，所以实际起点刑是 16 年；在第三种情况下，表面上起点刑还是 8 年（8 年和 1 年之间决定执行刑罚），但实际上已经执行了 9 年，所以实际起点刑是 17 年。

💡 小 提 醒

注意决定执行的刑罚幅度和实际执行幅度这两个概念的区别。在发现新罪的情况下，两个概念并不一样。

[例1] 李某因犯抢劫罪被判处有期徒刑 8 年，执行 5 年后被假释，假释 2 年后，李某又犯放火罪，应判处有期徒刑 10 年。对李某应在 10 年以上 13 年以下决定应执行的刑罚。

[例2] 苏某因甲罪被判处有期徒刑 15 年，在刑罚执行 6 年以后，又犯乙罪，被人民法院判处有期徒刑 14 年。苏某实际执行的刑期的幅度是 20~26 年。

附：数罪并罚的常见情况

[第 1 种] 漏罪问题

高频考点	所判之刑	执行期间	假释之日起	漏 罪	决定执行	还需执行
11.7 数罪并罚 的运用	10	5	×	6	15	10
	5、6 合并为 10	5	×	6	15	10
	10	5（假释）	2	6	15	10
	10	5（假释）	7	6	0	0

说明：

1. 原判 10 年有期徒刑，执行期间第 5 年发现漏罪，判 6 年有期徒刑，应当先并后减。10 年与 6 年并罚，在 10 年以上、16 年以下量刑，最后决定执行 15 年有期徒刑，然后再减去已经

执行的 5 年，最后还需执行 10 年。

2. 原犯两罪，一罪被判 5 年有期徒刑，一罪被判 6 年有期徒刑，数罪并罚，决定执行 10 年有期徒刑，在执行期间第 5 年发现漏罪，判 6 年有期徒刑。为了维护判决稳定，以原判 10 年与漏罪 6 年并罚，在 10 年以上、16 年以下量刑，最后决定执行 15 年有期徒刑，然后再减去已经执行的 5 年，最后还需执行 10 年。

3. 原判 10 年有期徒刑，执行期间第 5 年假释，假释之日起第 2 年发现漏罪，应当判处 6 年有期徒刑。需要撤销假释，先并后减。10 年与 6 年并罚，在 10 年以上、16 年以下量刑，最后决定执行 15 年有期徒刑，假释考验期不能计算在执行期内，因此只能减去已经执行的 5 年，最后还需执行 10 年。

4. 原判 10 年有期徒刑，执行期间第 5 年假释，假释之日起第 7 年发现漏罪，应当判处 6 年有期徒刑。此时无需撤销假释，只能直接处理漏罪，但是要注意追诉时效的问题。

[第 2 种] **缓刑问题**

所判之刑	缓 刑	缓刑考验期	漏 罪	新 罪	被发现
3	5	3	3	×	×
3	5	3	×	3	×
3	5	×	3	×	考验期结束后
3	5	3	×	3	考验期结束后

说明：

1. 原判 3 年有期徒刑，缓期 5 年执行，在缓刑考验期第 3 年发现漏罪。需要撤销缓刑，直接数罪并罚（没有可减的刑期，因为原判刑罚没有执行）。

2. 原判 3 年有期徒刑，缓期 5 年执行，在缓刑考验期第 3 年又犯新罪应判 3 年有期徒刑。需要撤销缓刑，直接数罪并罚（没有可减的刑期，因为原判刑罚没有执行）。

3. 原判 3 年有期徒刑，缓期 5 年执行，在缓刑考验期结束后发现漏罪。无需撤销缓刑，单独处理漏罪（要注意漏罪是否还在追诉时效之内）。

4. 原判 3 年有期徒刑，缓期 5 年执行，在缓刑考验期第 3 年又犯新罪应判 3 年有期徒刑，在缓刑考验期结束后被发现。需要撤销缓刑，数罪并罚。

[第 3 种] **新罪问题**

所判之刑	执行期间	假释之日	新 罪	漏 罪	被发现	最后执行	实际执行（效果）
10	5	×	6	×	×	10	15
10	5（假释）	2	6	×	×	10	15
10	5（假释）	7	6	×	×	×	累犯
10	5	×	6	5	×	×	×
10	5（假释）	2	6	×	假释之日起第 7 年	10	15

说明：

1. 原判 10 年有期徒刑，执行期间第 5 年犯新罪，应当判处 6 年有期徒刑。需要先减后并，

10 年减去执行的 5 年，还剩 5 年，与 6 年并罚，在 6 年以上、11 年以下量刑，最后决定执行 10 年有期徒刑（算上已经执行的 5 年，实际要执行 15 年有期徒刑）。

2. 原判 10 年有期徒刑，执行期间第 5 年假释，假释之日起第 2 年犯新罪，应当判处 6 年有期徒刑。需要撤销假释，先减后并。10 年减去执行的 5 年（假释考验期不能计算在刑期之内），还剩 5 年，与 6 年并罚，在 6 年以上、11 年以下量刑，最后决定执行 10 年有期徒刑（实际执行 15 年有期徒刑）。

3. 原判 10 年有期徒刑，执行期间第 5 年假释，假释之日起第 7 年犯新罪，应当判处 6 年有期徒刑。此时无需撤销假释，属于假释期满后的 5 年内犯新罪，系累犯，应当从重处罚。

4. 原判 10 年有期徒刑，执行期间第 5 年犯新罪，应当判处 6 年有期徒刑，同时又发现漏罪，应当判处 5 年有期徒刑。此时应当先处理漏罪，再处理新罪。

5. 原判 10 年有期徒刑，执行期间第 5 年假释，假释之日起第 2 年犯新罪，应当判处 6 年有期徒刑，但在假释之日起第 7 年才发现此事。这种情况也属于在假释期间内犯新罪，应当撤销假释，实际执行效果与第一种情况相同。

缓　刑

缓刑是对原判刑罚附条件暂不执行，但在一定期限内仍保持执行可能性的刑罚制度。缓刑包括一般缓刑和战时缓刑。

一、一般缓刑

第 72 条［适用条件］　对于被判处拘役、3 年以下有期徒刑的犯罪分子，同时符合下列条件的，可以宣告缓刑，对其中不满 18 周岁的人、怀孕的妇女和已满 75 周岁的人，应当宣告缓刑：

（一）犯罪情节较轻；

（二）有悔罪表现；

（三）没有再犯罪的危险；

（四）宣告缓刑对所居住社区没有重大不良影响。

宣告缓刑，可以根据犯罪情况，同时禁止犯罪分子在缓刑考验期限内从事特定活动，进入特定区域、场所，接触特定的人。

被宣告缓刑的犯罪分子，如果被判处附加刑，附加刑仍须执行。

第 74 条［累犯不适用缓刑］　对于累犯和犯罪集团的首要分子，不适用缓刑。

一般缓刑，是指人民法院对于判处拘役、3 年以下有期徒刑的犯罪分子，符合法定条件的，规定一定的考验期，暂不执行原判刑罚的制度。

（一）适用条件

1. 犯罪分子被判处拘役或者 3 年以下有期徒刑的刑罚。数罪并罚决定执行 3 年以下有期徒刑、拘役的罪犯，也是可以适用缓刑的。

2. 犯罪分子**不是累犯**。同样，缓刑之后也不可能成立累犯。

3. 符合法定条件。按照《刑法修正案（八）》的规定，适用缓刑必须符合下列条件：①犯罪情节较轻；②有悔罪表现；③没有再犯罪的危险；④宣告缓刑对所居住社区没有重大不良影响。

💡 **小提醒**

1. 数罪并罚如果符合缓刑条件，也可以适用缓刑。

2. 故意杀人罪、强奸罪等暴力犯罪符合缓刑条件的，也可以适用缓刑。

3. 被宣告缓刑的犯罪分子，在考验期内再犯罪的，应当数罪并罚，即便刑罚在 3 年以下，也不得再次宣告缓刑，因为这属于有再犯罪的危险。

4. 如果在考验期内发现漏罪，数罪并罚，刑罚在 3 年以下，可以再次宣告缓刑。

📖 **试一试**

丙犯为境外非法提供情报罪，被单处剥夺政治权利，执行完毕后又犯帮助恐怖活动罪，被判处拘役 6 个月。对丙可以宣告缓刑吗？（2017/2/56-C）[1]

4. 三类人符合条件应当适用缓刑。不满 18 周岁的人、怀孕的妇女和已满 75 周岁的人，符合上述适用条件的，应当适用缓刑。

💡 **小提醒**

老幼孕符合条件才应当缓刑，不是说必须缓刑喔！

5. 禁止缓刑。按照《刑法修正案（八）》的规定，对于累犯和犯罪集团的首要分子，不适用缓刑。

（二）缓刑考验期

第 73 条 [考验期限]　拘役的缓刑考验期限为原判刑期以上 1 年以下，但是不能少于 2 个月。

有期徒刑的缓刑考验期限为原判刑期以上 5 年以下，但是不能少于 1 年。

缓刑考验期限，从判决确定之日起计算。

缓刑考验期是对被宣告缓刑的犯罪分子进行考察的一定期限。拘役的考验期是原判刑期以上 1 年以下，但不能少于 2 个月。有期徒刑的考验期是原判刑期以上 5 年以下，但不能少于 1 年。判决以前先行羁押的期限，不能折抵考验期。但根据司法解释的规定，在缓刑考验期内，有重大立功表现的，可以对原判刑期予以减刑，再缩短考验期。

（三）考验期遵守的规定

缓刑犯要遵循两种规定。

1. 监管规定

被宣告缓刑的犯罪分子，应当遵守下列规定：①遵守法律、行政法规，服从监督；②按

---

〔1〕　不可以。这是特别累犯，有严重再犯罪危险。

照考察机关的规定报告自己的活动情况；③遵守考察机关关于会客的规定；④离开所居住的市、县或者迁居，应当报经考察机关批准。

💡 小提醒

与管制几乎完全相同，唯一不同的是管制的六大政治自由被限制。

2. 社区矫正之禁止令

《刑法修正案（八）》增加了社区矫正制度。对宣告缓刑的犯罪分子，在缓刑考验期限内，依法实行社区矫正。人民法院宣告缓刑，可以根据犯罪情况，作出禁止令，即禁止犯罪分子在缓刑考验期限内从事特定活动，进入特定区域、场所，接触特定的人。

（四）缓刑的法律后果

> **高频考点**
>
> 11.8
>
> 缓刑的法律
> 后果

第76条 ［缓刑的考验及其积极后果］ 对宣告缓刑的犯罪分子，在缓刑考验期限内，依法实行社区矫正，如果没有本法第77条规定的情形，缓刑考验期满，原判的刑罚就不再执行，并公开予以宣告。

第77条 ［缓刑的撤销及其处理］ 被宣告缓刑的犯罪分子，在缓刑考验期限内犯新罪或者发现判决宣告以前还有其他罪没有判决的，应当撤销缓刑，对新犯的罪或者新发现的罪作出判决，把前罪和后罪所判处的刑罚，依照本法第69条的规定，决定执行的刑罚。

被宣告缓刑的犯罪分子，在缓刑考验期限内，违反法律、行政法规或者国务院有关部门关于缓刑的监督管理规定，或者违反人民法院判决中的禁止令，情节严重的，应当撤销缓刑，执行原判刑罚。

1. 对宣告缓刑的犯罪分子，在缓刑考验期限内，依法实行社区矫正，如果没有《刑法》第77条规定的撤销缓刑的情形，缓刑考验期满，原判的刑罚就不再执行，并公开予以宣告。

2. 撤销缓刑，实行数罪并罚或执行原判刑罚。撤销的情形有三：

（1）犯新罪，撤销缓刑，原判刑罚与新罪所判处的刑罚按《刑法》第69条的规定并罚。

（2）发现漏罪，撤销缓刑，原判刑罚与漏罪所判处的刑罚按《刑法》第69条的规定并罚。必须说明的是，在缓刑考验期间无论犯新罪还是发现漏罪，均只能按照《刑法》第69条的规定数罪并罚，先前羁押的，可以在数罪并罚之后的执行刑中按照规定折抵。

（3）违反法律、行政法规、国务院有关部门关于缓刑的监督管理规定，或者违反人民法院判决中的禁止令，情节严重的，撤销缓刑，执行原判刑罚。

撤销缓刑的，经过的考验期不能折抵刑期，但先前羁押的日期应当折抵刑期。

3. 缓刑与附加刑。被宣告缓刑的犯罪分子，如果被判处附加刑，附加刑仍须执行。

二、战时缓刑

战时缓刑，是指在战时，对被判处3年以下有期徒刑没有现实危险宣告缓刑的犯罪军人，允许其戴罪立功，确有立功表现时，可以撤销原判刑罚，不以犯罪论处。

战时缓刑的适用条件：

1. 必须在战时。若在平时，军人犯罪可以适用普通缓刑。

2. 只能是判处 3 年以下有期徒刑的犯罪军人。

3. 必须没有现实危险性。这是战时适用缓刑最关键的条件。

与一般缓刑相比，战时缓刑的特点在于：①无考验期限；②撤销原判刑罚，不以犯罪论处。

🏛 模拟展望

1. 下列构成累犯的是：（单选）[1]

  A. 甲 15 岁时因犯抢劫罪被判处 5 年有期徒刑，刑满释放后不久，甲再次犯抢劫罪，时年 21 岁

  B. 乙因侵犯著作权罪被判处 3 年有期徒刑，提前 1 年被假释。在假释期间，乙犯非法出借枪支罪，应判处有期徒刑

  C. 丙因组织黑社会性质组织罪被判处 8 年有期徒刑，附加剥夺政治权利 3 年。在刑满释放后、执行剥夺政治权利期间，丙犯资助危害国家安全活动罪

  D. 丁犯间谍罪被判处 5 年有期徒刑，刑满释放后 5 年以内犯危险驾驶罪

2. 以下行为人成立自首的是：（单选）[2]

  A. 甲、乙共同实施盗窃行为，甲经亲友规劝去公安机关投案，供述了自己实施盗窃的过程，但没有供出乙

  B. 甲因抢劫乙被公安机关抓获后，又如实供述出公安机关尚未掌握的其实施的抢劫丙的犯罪事实

  C. 甲故意杀人后自动投案并如实供述自己的罪行，在检察院审查起诉阶段甲又翻供矢口否认，但其在法院一审期间又如实供述

  D. 甲实施了抢劫罪和强奸罪，公安机关对其发出通缉令后，其自动到公安机关投案，如实供述了抢劫行为。对于其没有供述的强奸罪成立自首

---

  〔1〕 C。未满 18 岁的人不适用累犯，故 A 项不当选。在假释期间内犯新罪不适用累犯，故 B 项不当选。累犯的适用条件是前罪主刑执行完毕的 5 年内犯新罪，而非附加刑执行完毕，故 C 项当选。危险驾驶罪的刑罚是拘役，不符合累犯的条件，故 D 项不当选。

  〔2〕 C。共同犯罪必须要交待同案犯方成立如实供述，故 A 项不当选。特别自首必须交待司法机关尚未掌握的本人的其他罪行，故 B 项不当选。只要在一审期间如实供述就属于自首，故 C 项当选。对于没有供述的强奸罪不成立自首，故 D 项不当选。

第 *12* 讲 ◀◀◀
刑罚的消灭

复习提要

本讲主要掌握减刑的限度条件、假释的条件以及追诉时效。

知识框架

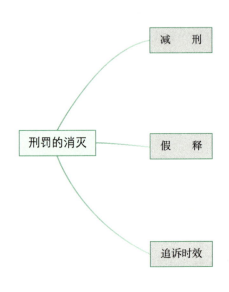

专题 46

减 刑

一、减刑的定义

第 78 条 ［减刑条件与限度］ 被判处管制、拘役、有期徒刑、无期徒刑的犯罪分子，在执行期间，如果认真遵守监规，接受教育改造，确有悔改表现的，或者有立功表现的，可以减刑；有下列重大立功表现之一的，应当减刑：

（一）阻止他人重大犯罪活动的；

（二）检举监狱内外重大犯罪活动，经查证属实的；

（三）有发明创造或者重大技术革新的；

（四）在日常生产、生活中舍己救人的；

（五）在抗御自然灾害或者排除重大事故中，有突出表现的；

（六）对国家和社会有其他重大贡献的。

减刑以后实际执行的刑期不能少于下列期限：

（一）判处管制、拘役、有期徒刑的，不能少于原判刑期的 1/2；

（二）判处无期徒刑的，不能少于 13 年；

（三）人民法院依照本法第 50 条第 2 款规定限制减刑的死刑缓期执行的犯罪分子，缓期执行期满后依法减为无期徒刑的，不能少于 25 年，缓期执行期满后依法减为 25 年有期徒刑的，不能少于 20 年。

减刑，是指司法机关依法对服刑人员通过变更原判刑罚，减轻其刑罚的行刑制度。减刑有狭义与广义之分：狭义的减刑即刑法总则部分第四章第六节（《刑法》第 78~80 条）所规定的减刑，仅指对被判处管制、拘役、有期徒刑、无期徒刑的犯罪人的减刑。广义的减刑则不仅包括上述狭义减刑在内，还包括死刑缓期执行二年期满后的减刑（《刑法》第 50 条第 1 款）、附加剥夺政治权利期限的缩减（《刑法》第 57 条第 2 款）、罚金的减免（《刑法》第 53 条第 2 款）以及缓刑犯的减刑。本专题所讨论的"减刑"一般指的是狭义减刑，也即对被判处管制、拘役、有期徒刑、无期徒刑的犯罪分子，在刑罚执行期间有悔改或立功表现，而适当减轻其原判刑罚的行刑制度。

二、减刑的条件

1. 对象条件

被判处管制、拘役、有期徒刑、无期徒刑的犯罪分子。

2. 实质条件

（1）确有悔改或立功表现的，可以减刑。

根据《刑法》和 2017 年 1 月 1 日实施的最高人民法院《关于办理减刑、假释案件具体应用法律的规定》的规定，具备下列情形之一，可以适用减刑：

❶犯罪分子在执行期间，认真遵守监管法规，接受教育改造，确有悔改表现的。"确有悔改表现"是指同时具备四个方面的情形：a. 认罪悔罪；b. 遵守法律法规及监规，接受教育改造；c. 积极参加思想、文化、职业技术教育；d. 积极参加劳动，努力完成劳动任务。

其中，对职务犯罪、破坏金融管理秩序和金融诈骗犯罪、组织（领导、参加、包庇、纵容）黑社会性质组织犯罪等罪犯，不积极退赃、协助追缴赃款赃物、赔偿损失，或者服刑期间利用个人影响力和社会关系等不正当手段意图获得减刑、假释的，不认定其"确有悔改表现"。

💡 小提醒

1. 司法解释特别规定，罪犯在刑罚执行期间的申诉权利应当依法保护，对其正当申诉不能不加分析地认为是不认罪悔罪。

2. 前文波浪线部分以外的其他犯罪（如盗窃罪），不积极退赃，并不影响减刑。

---

❷犯罪分子在执行期间，认真遵守监管法规，接受教育改造，有立功表现的。"立功表现"是指具有下列情形之一：a. 阻止他人实施犯罪活动的；b. 检举、揭发监狱内外犯罪活动，或者提供重要的破案线索，经查证属实的；c. 协助司法机关抓捕其他犯罪嫌疑人的；d. 在生产、科研中进行技术革新，成绩突出的；e. 在抗御自然灾害或者排除重大事故中，表现积极的；f. 对国家和社会有其他较大贡献的。技术革新或者其他较大贡献应当由罪犯在刑罚执行期间独立或者为主完成，并经省级主管部门确认。

（2）有重大立功，应当减刑。

重大立功表现包括：①阻止他人实施重大犯罪活动的；②检举监狱内外重大犯罪活动，经查证属实的；③协助司法机关抓捕其他重大犯罪嫌疑人的；④有发明创造或者重大技术革新的；⑤在日常生产、生活中舍己救人的；⑥在抗御自然灾害或者排除重大事故中，有突出表现的；⑦对国家和社会有其他重大贡献的。第4项中的发明创造或者重大技术革新应当是罪犯在刑罚执行期间独立或者为主完成并经国家主管部门确认的发明专利，且不包括实用新型专利和外观设计专利；第7项中的其他重大贡献应当由罪犯在刑罚执行期间独立或者为主完成，并经国家主管部门确认。

💡 小提醒

量刑期间的重大立功是可以从宽处理，但行刑期间的重大立功是应当减刑。

高频考点

12.1

减刑的限度

3. 限度条件

为了进一步限制死刑，提高生刑的严厉性，《刑法修正案（八）》对减刑进行了限制。减刑以后实际执行的刑期不能少于下列期限：

（1）判处管制、拘役、有期徒刑的，不能少于原判刑期的1/2（起始时间应当从判决执行之日起计算）。

（2）判处无期徒刑的，不能少于13年（起始时间应当自无期徒刑判决确定之日起计算），但是特别严重的犯罪（被判处无期徒刑的职务犯罪罪犯，破坏金融管理秩序和金融诈骗犯罪罪犯，组织、领导、参加、包庇、纵容黑社会性质组织犯罪罪犯，危害国家安全犯罪罪犯，恐怖活动犯罪罪犯，毒品犯罪集团的首要分子及毒品再犯，累犯以及因故意杀人、强奸、抢劫、绑架、放火、爆炸、投放危险物质或者有组织的暴力性犯罪的罪犯，确有履行能力而不履行或者不全部履行生效裁判中财产性判项的罪犯，数罪并罚被判处无期徒刑的罪犯）符合减刑条件的，减刑后的刑期最低不得少于 20 年有期徒刑。

（3）人民法院依照《刑法》第 50 条第 2 款规定限制减刑的死刑缓期执行的犯罪分子，缓期执行期满后依法减为无期徒刑的，不能少于 25 年，缓期执行期满后依法减为 25 年有期徒刑的，不能少于 20 年。死缓减为无期徒刑或有期徒刑的实际执行刑期不包含死刑缓期执行的 2 年。

（4）被判处死刑缓期执行（普通死缓，非限制减刑）的罪犯经过一次或者几次减刑后，其实际执行的刑期不得少于 15 年，死刑缓期执行期间不包括在内。

附：被限制减刑的死缓和普通死缓实际服刑期之比较

	死缓期间	效 果	实际服刑期	与未被限制减刑的区别
死缓被限制减刑（1+8）	故意犯罪且情节恶劣	执行死刑	死 刑	
	没有故意犯罪，2 年期满	减为无期徒刑	不能少于 25 年（不含死缓二年）	至少多 10 年
	有重大立功，2 年期满	减为 25 年有期徒刑	不能少于 20 年（不含死缓二年）	至少多 5 年
死缓未限制减刑	故意犯罪	执行死刑	死 刑	
	没有故意犯罪，2 年期满	减为无期徒刑	不得少于 15 年（不含死缓二年）	
	有重大立功，2 年期满	减为 25 年有期徒刑	不得少于 15 年（不含死缓二年）	

4. 程序条件

对于犯罪分子的减刑，由执行机关向中级以上人民法院提出减刑建议书。人民法院应当组成合议庭进行审理，对确有悔改或者立功事实的，裁定予以减刑。非经法定程序不得减刑。根据有关司法解释的规定，无期徒刑犯的减刑，应当由罪犯服刑地的高级人民法院审理；而有期徒刑犯、拘役犯、管制犯的减刑，则应由罪犯服刑地的中级人民法院审理。

三、减刑与数罪并罚

1. 罪犯被裁定减刑后，刑罚执行期间因故意犯罪而数罪并罚时，经减刑裁定减去的刑期不计入已经执行的刑期。原判死刑缓期执行减为无期徒刑、有期徒刑，或者无期徒刑减为有期徒刑的裁定继续有效。

2. 罪犯被裁定减刑后，刑罚执行期间因发现漏罪而数罪并罚的，原减刑裁定自动失效。如漏罪系罪犯主动交待，对其原减去的刑期，由执行机关报请有管辖权的人民法院重新作出减刑裁定，予以确认；如漏罪系有关机关发现或者他人检举、揭发，由执行机关报请有管辖权的人民法院，在原减刑裁定减去的刑期总和之内，酌情重新裁定。

─── 小提醒 ───

服刑期间犯新罪或发现漏罪，可能导致减刑裁定的失效，但有例外。

专题 47

────── 假　释 ──────

一、假释的定义

第81条 ［假释的适用条件］　被判处有期徒刑的犯罪分子，执行原判刑期 1/2 以上，被判处无期徒刑的犯罪分子，实际执行 13 年以上，如果认真遵守监规，接受教育改造，确有悔改表现，没有再犯罪的危险的，可以假释。如果有特殊情况，经最高人民法院核准，可以不受上述执行刑期的限制。

对累犯以及因故意杀人、强奸、抢劫、绑架、放火、爆炸、投放危险物质或者有组织的暴力性犯罪被判处 10 年以上有期徒刑、无期徒刑的犯罪分子，不得假释。

对犯罪分子决定假释时，应当考虑其假释后对所居住社区的影响。

假释，是指对被判处有期徒刑、无期徒刑的犯罪分子，在执行一定刑罚后，因认真遵守监规，接受教育改造，确有悔改表现，没有再犯罪的危险，因而附条件地将其提前释放的制度。

二、假释的条件

1. 对象条件

被判处有期徒刑、无期徒刑的犯罪人。对于被判处死刑缓期二年执行的，虽然不能直接适用假释，但死刑缓期二年执行依法被减为无期徒刑或者有期徒刑后，符合条件的，也可以适用假释。

2. 执行刑期条件

有期徒刑必须执行了原判刑期 1/2 以上，无期徒刑必须执行了 13 年以上。被判处有期徒刑的罪犯假释时，执行原判刑期 1/2 的时间，应当从判决执行之日起计算。判决执行以前先行羁押的，羁押 1 日折抵刑期 1 日。被判处无期徒刑的罪犯假释时，实际执行刑期不得少于 13 年的时间，应当从判决生效之日起计算。判决生效以前先行羁押的时间不予折抵。被判处死刑缓期执行的罪犯减为无期徒刑或者有期徒刑后，实际执行 15 年以上，方可假释，该实际执行时间应当从死刑缓期执行期满之日起计算。死刑缓期执行期间不包括在内，判决确定以前先行羁押的时间不予折抵。

特殊情况可不受此限，但须经最高人民法院核准，这称为法外假释。"特殊情况"是指有国家政治、国防、外交等方面特殊需要的情况。

小提醒

法外假释只是针对《刑法》第81条第1款的时间不足等情况，不适用该条第2款的禁止假释情况。

3. 实质条件

在执行期间认真遵守监规，接受教育改造，确有悔改表现，没有再犯罪的危险，同时对所居住社区没有不利影响的。

判断"没有再犯罪的危险"，除符合《刑法》第81条规定的情形外，还应根据犯罪的具体情节、原判刑罚情况，在刑罚执行中的一贯表现，罪犯的年龄、身体状况、性格特征，假释后生活来源以及监管条件等因素综合考虑。

罪犯既符合法定减刑条件，又符合法定假释条件的，可以优先适用假释。

4. 程序条件

和减刑一样，都应由执行机关向中级以上人民法院提出假释建议书，人民法院应当组成合议庭进行审理，对符合假释条件的，裁定予以假释。

5. 消极条件

高频考点 12.2 假释的限制

对累犯以及因故意杀人、强奸、抢劫、绑架、放火、爆炸、投放危险物质或者有组织的暴力性犯罪被判处10年以上有期徒刑、无期徒刑的犯罪分子，不得假释。因上述情形和犯罪被判处死刑缓期执行的罪犯，被减为无期徒刑、有期徒刑后，也不得假释。

只要行为人因上述八种犯罪中的一个罪单罚或者数个罪并罚被判处10年以上有期徒刑、无期徒刑的，都不得假释。[1] 但是，如果行为人所犯的八种犯罪之一并未判处10年以上有期徒刑，而是和其他犯罪数罪并罚判处10年以上有期徒刑，是可以假释的。

[例1] 甲犯抢劫罪被判处有期徒刑9年，犯盗窃罪被判处有期徒刑5年，数罪并罚后，决定执行有期徒刑13年，对甲可以假释。

[例2] 甲因强奸罪被判处有期徒刑6年，因抢劫罪被判处有期徒刑7年，两罪并罚，执行有期徒刑11年，现正在监狱服刑，对甲不得假释。

小提醒

故意伤害罪判10年以上，可以假释。

[1] 1997年最高人民法院《关于办理减刑、假释案件具体应用法律若干问题的规定》第12条规定："根据刑法第81条第2款的规定，对累犯以及因杀人、爆炸、抢劫、强奸、绑架等暴力性犯罪中的一罪被判处10年以上有期徒刑、无期徒刑的犯罪分子，不得假释。"但该解释为2012年最高人民法院《关于办理减刑、假释案件具体应用法律若干问题的规定》所废止，新的解释第18条第1款规定："对累犯以及因故意杀人、强奸、抢劫、绑架、放火、爆炸、投放危险物质或者有组织的暴力性犯罪被判处10年以上有期徒刑、无期徒刑的罪犯，不得假释。"其取消了原解释"一罪"的表述。2017年1月1日实施的最高人民法院《关于办理减刑、假释案件具体应用法律的规定》保持了2012年的修改。因此，无论是在理论上，还是按照司法解释的规定，只要行为人因上述八种犯罪中的一个罪单罚或者数个罪并罚被判处10年以上有期徒刑、无期徒刑的，都不得假释。

同时，《刑法修正案（九）》规定，对于贪污贿赂犯罪，被判处死刑缓期执行的，人民法院根据犯罪情节等情况可以同时决定在其死刑缓期执行二年期满依法减为无期徒刑后，终身监禁，不得减刑、假释。对被判处终身监禁的罪犯，在死刑缓期执行期满依法减为无期徒刑的裁定中，应当明确终身监禁，不得再减刑或者假释。

三、假释的考验和撤销

1. 假释的考验期

有期徒刑的考验期限为没有执行完的刑期，无期徒刑的考验期限为 10 年。

2. 考验期应遵守的规定

这和缓刑一样，但与管制相比，六大政治自由没被限制。

（1）遵守法律、行政法规，服从监督；

（2）按照监督机关的规定报告自己的活动情况；

（3）遵守监督机关关于会客的规定；

（4）离开所居住的市、县或者迁居，应当报经监督机关批准。

根据《刑法修正案（八）》的规定，对假释的犯罪分子，在假释考验期限内，依法实行社区矫正。

💡 **小提醒**

假释遵循的规定与缓刑相同，但假释不可实施禁止令。

3. 假释的撤销

第 86 条 ［假释的撤销及其处理］ 被假释的犯罪分子，在假释考验期限内犯新罪，应当撤销假释，依照本法第71条的规定实行数罪并罚。

在假释考验期限内，发现被假释的犯罪分子在判决宣告以前还有其他罪没有判决的，应当撤销假释，依照本法第70条的规定实行数罪并罚。

被假释的犯罪分子，在假释考验期限内，有违反法律、行政法规或者国务院有关部门关于假释的监督管理规定的行为，尚未构成新的犯罪的，应当依照法定程序撤销假释，收监执行未执行完毕的刑罚。

根据《刑法》第86条的规定：

（1）考验期内犯新罪，应当撤销假释，"先减后并"。假释后所经过的考验期，不得计算在新判决确定的刑期内。需要说明的是，即使在考验期满后才发现，且没超过追诉时效的，也应撤销假释，"先减后并"。

（2）考验期内发现漏罪，应当撤销假释，"先并后减"。假释后所经过的考验期，不得计算在新判决确定的刑期内。与前面不同，如果在考验期满后才发现在判决宣告前还有其他罪没有判决，不得撤销假释，只能对新发现的犯罪另行处理，不得与前罪数罪并罚。

（3）考验期内违反法律、行政法规或国务院有关部门关于假释的监督管理规定，尚未构成新的犯罪的，应当依照法定程序撤销假释，执行未执行完的刑罚。有期徒刑未执行完的刑罚就是"余刑"，无期徒刑未执行完的刑罚还是无期徒刑。

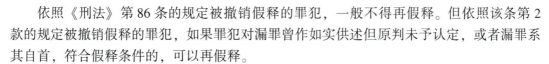

依照《刑法》第 86 条的规定被撤销假释的罪犯，一般不得再假释。但依照该条第 2 款的规定被撤销假释的罪犯，如果罪犯对漏罪曾作如实供述但原判未予认定，或者漏罪系其自首，符合假释条件的，可以再假释。

4. 假释与减刑

被假释后除有特殊情形，一般不得减刑，其假释考验期限也不缩短。但减刑后是可以假释的，罪犯减刑后又假释的，间隔时间不得少于 1 年；对一次减去 1 年以上有期徒刑后，决定假释的，间隔时间不得少于 1 年 6 个月。罪犯减刑后余刑不足 2 年，决定假释的，可以适当缩短间隔时间。

追诉时效

时效，是指刑法规定的对犯罪分子追究刑事责任和执行刑罚的有效期限。它分为追诉时效和行刑时效。我国仅规定了追诉时效，而没有规定行刑时效。

一、追诉时效的具体规定

第 87 条 [追诉时效期限]　犯罪经过下列期限不再追诉：

（一）法定最高刑为不满 5 年有期徒刑的，经过 5 年。

（二）法定最高刑为 5 年以上不满 10 年有期徒刑的，经过 10 年。

（三）法定最高刑为 10 年以上有期徒刑的，经过 15 年。

（四）法定最高刑为无期徒刑、死刑的，经过 20 年。如果 20 年以后认为必须追诉的，须报请最高人民检察院核准。

追诉时效，是指刑法规定的对犯罪分子追究刑事责任的有效期限。

犯罪经过下列期限不再追诉：

1. 法定最高刑为不满 5 年有期徒刑的，经过 5 年。

2. 法定最高刑为 5 年以上不满 10 年有期徒刑的，经过 10 年。

3. 法定最高刑为 10 年以上有期徒刑的，经过 15 年。

4. 法定最高刑为无期徒刑、死刑的，经过 20 年。如果 20 年以后认为必须追诉的，须报请最高人民检察院核准。

> 💡 小提醒
>
> 根据《刑法》第 99 条的规定，本法所称"以上""以下"和"以内"均包括本数，而"不满"是不包括本数的。所以，如果某罪的法定最高刑为 10 年有期徒刑，则其追诉时效为 15 年而非 10 年。

追诉时效期限以法定最高刑为标准，不是以实际应当判处的刑罚为标准。以法定最高刑为标准，是指根据行为人所犯罪行的轻重，判定应当适用的刑法条款与相应的量刑幅度，按其法定最高刑来计算追诉期限。如果其行为所触犯的罪名，刑法条文只规定了单一的量刑幅度，则按此条的法定最高刑计算；如果其行为所触犯的罪名，刑法条文规定了数个量刑幅度，则按其罪行应当适用的具体量刑幅度中的法定最高刑计算。

二、追诉期限的计算

1. 一般犯罪的追诉期限的计算。其指没有连续或继续状态的犯罪的追诉期限从犯罪之日起算。犯罪之日是指犯罪成立之日。由于刑法对各种犯罪规定的构成要件不同，因而认定犯罪成立的标准也就不同。对不以危害结果为要件的犯罪而言，实施行为之日即是犯罪之日；对以危害结果为要件的犯罪而言，危害结果的发生之日，才是犯罪之日。

2. 连续或继续犯罪追诉期限的计算。对连续犯、继续犯的追诉期限，从行为终了之日起算。

3. 共同犯罪中的追诉时效，应当根据主犯和从犯分别计算。某个共犯人出现追诉时效的中断，对其他共犯人并不适用。

三、追诉时效的中断

高频考点

12.3

追诉时效的中断与延长

第89条 [追诉期限的计算与中断]　追诉期限从犯罪之日起计算；犯罪行为有连续或者继续状态的，从犯罪行为终了之日起计算。

在追诉期限以内又犯罪的，前罪追诉的期限从犯后罪之日起计算。

追诉时效的中断，是指在时效进行期间，因发生法律规定的事由，而使以前所经过的时效期间归于无效，法律规定的事由终了之时，时效重新开始计算。我国时效中断的事由是犯新罪，致使前罪已经过的时效归于无效，从新罪终了之日，重新计算前罪的追诉时效。至于"又犯新罪"是故意还是过失犯罪，是罪重还是罪轻等都没有限制。

需要说明的是，在注意前罪的追诉时效时，不应忽视后罪的追诉时效。若在两个罪的追诉期内，对两个罪都可以追诉，则实行数罪并罚。

❓**想一想**

张某1998年犯甲罪（该罪一直没被发现），法定刑为7年以上有期徒刑，2004年犯乙罪，法定刑为5年以下有期徒刑。在哪年之前，可以追究其甲罪与乙罪？[1]

四、追诉时效的延长

第88条 [追诉期限的延长]　在人民检察院、公安机关、国家安全机关立案侦查或者在人民法院受理案件以后，逃避侦查或者审判的，不受追诉期限的限制。

被害人在追诉期限内提出控告，人民法院、人民检察院、公安机关应当立案而不予立案的，不受追诉期限的限制。

追诉时效的延长，是指在追诉时效进行期间，因发生法律规定的事由而使追诉期限延

---

[1] 甲罪的追诉时效与乙罪的追诉时效分别是15年和10年，2014年之前，既可以对甲罪也可以对乙罪进行追诉。

长。我国时效延长的事由是：

1. 在公、检、国安机关立案侦查或者法院已经受理案件以后，逃避侦查、审判的，不受追诉期限的限制。如果在司法机关立案侦查或者受理案件以后，行为人并未逃避侦查与审判，则仍受追诉期限的限制。

2. 被害人在追诉期限内提出控告，公、检、法机关应当立案而不予立案的，不受追诉时效的限制。

模拟展望

下列哪一说法是正确的？（单选）[1]

A. 甲因故意伤害罪被判处无期徒刑，对其不能假释，但可以减刑

B. 乙因故意杀人罪被判处有期徒刑 9 年，在执行 6 年后被假释。假释第 7 年，乙又犯雇佣童工从事危重劳动罪，被判处有期徒刑 5 年，对此行为不能再假释

C. 丙因诈骗罪被判处有期徒刑 6 年，在第 4 年被假释。假释考验期内，丙参加游行，应当撤销假释，继续执行未执行完的刑罚

D. 丁因强奸罪被判处有期徒刑 8 年，由于重大立功被减刑，此后不能再被假释

---

[1] B。故意伤害罪可以假释，故 A 项错误。B 项中的行为成立累犯，不能假释，故 B 项正确。《刑法》第 84 条规定，被宣告假释的犯罪分子，应当遵守下列规定：①遵守法律、行政法规，服从监督；②按照监督机关的规定报告自己的活动情况；③遵守监督机关关于会客的规定；④离开所居住的市、县或者迁居，应当报经监督机关批准。其中并未限制游行自由，故 C 项错误。减刑之后是可以假释的，故 D 项错误。

第二编

刑法分则

分则概说和危害国家安全罪

📖 复习提要

本讲主要掌握以下知识点：选择罪名、注意规定和拟制规定、间谍罪。

👤 知识框架

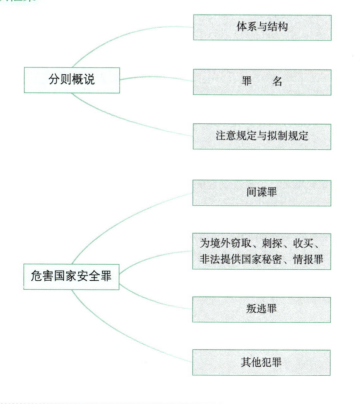

专题 49

── 分 则 概 说 ──

一、分则的体系和结构

刑法分则根据同类客体不同，分为 10 类。刑法分则条文通常由罪状和法定刑两部分内容构成。

（一）罪状

1. 罪状是刑法分则条文对具体犯罪的基本构成的描述，它可以分为以下五种：

（1）叙明罪状

叙明罪状，是指刑法分则条文比较详细地描述具体的犯罪构成。这种罪状完全符合罪刑法定明确性的要求，是刑法中最主要的罪状形式。

（2）简单罪状

简单罪状，是指刑法分则条文对某种犯罪的具体状况不作任何描述，只是列出罪名。例如，《刑法》第 232 条规定的故意杀人罪（故意杀人的，处……）。

（3）引证罪状

引证罪状，是指刑法分则条文对某种犯罪的具体状况不作任何描述，但需要引用刑法的其他条款来确定和说明该犯罪构成的具体条件。例如，《刑法》第 119 条第 1 款规定："破坏交通工具、交通设施、电力设备、燃气设备、易燃易爆设备，造成严重后果的，处10 年以上有期徒刑、无期徒刑或者死刑。"《刑法》第 119 条第 2 款规定："过失犯前款罪的，处 3 年以上 7 年以下有期徒刑；……" 对于该条第 2 款所规定的过失损坏交通工具罪、过失损坏交通设施罪、过失损坏电力设备罪、过失损坏易燃易爆设备罪，其确定和说明就必须参考该条第 1 款所规定的罪状。

（4）空白罪状

第 96 条 ［违反国家规定之含义］　本法所称违反国家规定，是指违反全国人民代表大会及其常务委员会制定的法律和决定，国务院制定的行政法规、规定的行政措施、发布的决定和命令。

空白罪状，是指刑法分则条文只规定了某种犯罪行为，但是具体的犯罪构成条件需要参照其他法律、法规的规定才能确定。例如，《刑法》第 341 条第 2 款规定的非法狩猎罪（违反狩猎法规，在禁猎区、禁猎期或者使用禁用的工具、方法进行狩猎，破坏野生动物资源，情节严重的，处 3 年以下有期徒刑、拘役、管制或者罚金），在确定具体犯罪构成时，就必须考虑狩猎法规的规定。

（5）混合罪状

大部分的罪状都是叙明罪状、引证罪状或空白罪状的混合体。例如，非法狩猎罪就是空白罪状和叙明罪状的混合。

2. 对于罪状要注意如下几个问题：

（1）简单罪状、空白罪状也是符合罪刑法定原则的。

（2）空白罪状参照的是其他法律、法规，而引证罪状参照的是刑法本身的条文。

（3）空白罪状有可能会使用"违反国家规定"的表述。根据《刑法》第 96 条的规定，本法所称违反国家规定，是指违反全国人民代表大会及其常务委员会制定的法律和决定，国务院制定的行政法规、规定的行政措施、发布的决定和命令，而不包括行政规章和地方性法规。

（4）对于某些犯罪而言，罪状只是规定了部分的犯罪构成，要确定全部的犯罪构成还需结合刑法总则的一般性规定。例如，《刑法》第 236 条第 2 款规定的奸淫不满 14 周岁的幼女以强奸罪论处，其中对于幼女的年龄是否需要存在明知的问题，就必须按照刑法总则关于犯罪故意的定义而认定为需要明知。

（二）法定刑

1. 法定刑的种类

（1）绝对确定的法定刑。例如，《刑法》第 121 条规定："……劫持航空器……致人重伤、死亡或者使航空器遭受严重破坏的，处死刑。"

（2）绝对不确定的法定刑，即绝对不定期刑，违反了罪刑法定原则。

（3）相对确定的法定刑，是指在刑法条文中规定了一定的刑种和刑度，并确定了最高刑或最低刑，司法机关可以在法定幅度内选择相应的刑罚。这种法定刑在我国刑法中占绝大多数。

2. 法定刑与宣告刑

宣告刑是人民法院对具体犯罪判决宣告的应当执行的刑罚。法定刑是立法上的规定，它是立法机关在制定刑法时确定的。宣告刑是司法中的适用，它是司法机关在审理具体案件时确定的。

二、罪名

（一）具体罪名与类罪名

具体罪名是由刑法分则各条文所确立的犯罪罪名，而类罪名则是某一类犯罪的名称，刑法分则各章节就是类罪名。类罪名和具体罪名不能混淆。例如，"危害公共安全罪"是类罪名，而"以危险方法危害公共安全罪"则是具体罪名，放火罪、爆炸罪与后者是并列关系，而非从属关系。

（二）单一罪名与选择罪名

单一罪名，是指只包括一种犯罪行为，概括一个犯罪构成的罪名。例如，故意杀人罪、故意伤害罪。

选择罪名，是指包括多种行为或者多种行为对象，可拆分使用的罪名。例如，非法制造、买卖、运输、邮寄、储存枪支、弹药、爆炸物罪。如果只是非法制造枪支，那么只能定非法制造枪支罪；如果还同时运输了爆炸物，就应该定非法制造、运输枪支、爆炸物罪。

对于选择罪名，无论犯罪对象同一，还是不同一，都不能够数罪并罚。在同一的情况下，数量不可累加；在不同一的情况下，数量可以累加。

高频考点

13.1
选择罪名
的运用

[例1] 甲制造毒品200克，后又将此毒品运输至他地，并贩卖给张三。《刑法》第347条规定的走私、贩卖、运输、制造毒品罪为选择罪名，因此，对于甲的行为只能认定为制造、运输、贩卖毒品罪，数额为200克，不能累加。

[例2] 甲制造毒品200克，又运输他人制造的毒品300克，同时又购买300克毒品贩卖给张三。此时不能将罪名分拆，甲的罪名仍为制造、贩卖、运输毒品罪，然后数量累加，认定甲毒品犯罪数额为800克。

[例3] 张三出售假人民币100万元，运输假欧元10万元，购买假美元50万元。张三构成出售、购买、运输假币罪一罪，但数额可以折合成人民币累加计算。

选择罪名不能数罪并罚，这是因为数个行为侵犯的法益是相同的，类似的数行为侵犯相同法益不能数罪并罚的还有吸收犯。但必须注意的是，吸收犯只限于<u>对象同一</u>的情况，在对象不同一时，是要数罪并罚的。

[例1] 甲制造毒品200克，后又持有此毒品，制造毒品罪与非法持有毒品罪是两个不同的罪名，两者具有吸收关系，故只定制造毒品罪（数额为200克）。

[例2] 甲制造毒品200克，又持有他人制造的毒品200克，此时需以制造毒品罪和非法持有毒品罪两罪数罪并罚。

? 想一想

张三因为贩卖毒品200克被捕，在审讯过程中，又交待了司法机关尚未掌握的走私毒品100克的事实，张三的行为构成自首吗？[1]

💡 小 提 醒

吸收犯的对象是同一的，如果对象不同一，则要数罪并罚，但是选择罪名无论对象同一还是不同一，都不能数罪并罚。

三、注意规定与拟制规定

高频考点

13.2

注意规定与拟制规定的区分

所谓<u>注意规定</u>，是指提醒司法实践部门注意，以免他们忽略，但并没有改变相关法律的规定，在没有这些规定的情况下，也可得出同样的结论的提示性规定。例如，《刑法》第259条第2款规定："利用职权、从属关系，以胁迫手段奸淫现役军人的妻子的，<u>依照本法第236条（强奸罪）的规定定罪处罚</u>。"在没有这种规定时，利用职权、从属关系，以胁迫手段奸淫现役军人的妻子的，也应该构成强奸罪。

所谓<u>拟制规定</u>，则是指由于法律的特别规定导致原来不符合某种规定的行为也按该规定处理的例外规定。例如，最典型的是《刑法》第269条的规定，即犯盗窃、诈骗、抢夺罪，为窝藏赃物、抗拒抓捕或者毁灭罪证而当场使用暴力或者以暴力相威胁的，依照本法第263条（抢劫罪）的规定定罪处罚。

---

[1] 选择罪名并非交待新罪，不成立自首。

小提醒

本书第 9 讲专题 36 中的转化犯均属拟制规定。

 想一想

《刑法》第 384 条第 2 款规定，挪用用于救灾、抢险、防汛、优抚、扶贫、移民、救济款物归个人使用的，以挪用公款罪从重处罚。这是什么规定？[1]

专题 50
危害国家安全罪

刑法分则第一章是危害国家安全罪，它所侵犯的法益是国家安全，基于中国传统法律思维，诸恶以谋逆为首，故本专题罪名列刑法分则第一章。本专题犯罪都由故意构成，过失不成立本专题之罪。

在本专题犯罪中，有大量的非实行行为实行化的规定。例如，煽动分裂国家罪、煽动颠覆国家政权罪本是分裂国家罪、颠覆国家政权罪的教唆犯，但现在刑法将这种非实行行为实行化，独立成罪；资助危害国家安全犯罪活动罪本是各种危害国家安全罪的帮助犯，但也被独立成罪。

 想一想

甲资助林某从事危害国家安全的犯罪活动，但林某尚未实施相关犯罪活动即被抓获。甲属于未遂吗？[2]

一、间谍罪

本罪是指参加间谍组织或者接受间谍组织及其代理人的任务，或者为敌人指示轰击目标的行为。只要具备下述三种行为之一，即构成本罪：

1. 参加间谍组织。
2. 接受间谍组织及其代理人的任务。
3. 为敌人指示轰击目标。

叛逃后又参加间谍组织或者接受间谍任务的，应当按照数罪并罚的原则处理。

二、为境外窃取、刺探、收买、非法提供国家秘密、情报罪

本罪是指为境外的机构、组织、人员窃取、刺探、收买、非法提供国家秘密、情报的行为。本罪是故意犯罪，其犯罪对象是国家秘密、情报。国家秘密，是指关系国家安全和利益，依照法定程序确定，在一定时间内只限一定范围内的人员知悉的事项，具体包括：

---

[1] 挪用公款罪的对象是款，因此针对"款"是注意规定，针对"物"是拟制规定。
[2] 资助危害国家安全犯罪活动罪是非实行行为的实行化，不再适用总则的相关规定，所以成立既遂。

①国家事务重大决策中的秘密事项；②国防建设和武装力量活动中的秘密事项；③外交和外事活动中的秘密事项以及对外承担保密义务的秘密事项；④国民经济和社会发展中的秘密事项；⑤科学技术中的秘密事项；⑥维护国家安全活动和追查刑事犯罪中的秘密事项；⑦经国家保密行政管理部门确定的其他秘密事项。情报，是指关系国家安全和利益、尚未公开或者依照有关规定不应公开的事项。[1]

[例1] 没有标明密级但上有"内部使用，严禁外传"之类文字的文件、统计资料、电话本等，属于情报。

[例2] 收集人民法院公告栏的死刑名单，汇总后向境外提供的行为不构成本罪，因为这种信息已经公开，所以不属于情报。

1. 本罪与间谍罪

间谍罪通常与间谍组织有密切联系，而本罪一般表现为个人行为。另外，间谍罪的犯罪对象不只是国家秘密或情报，还包括其他破坏活动。参加间谍组织，为间谍组织窃取、刺探、收买、提供国家秘密、情报的，只以间谍罪一罪论处即可。

2. 法条竞合

如果犯罪对象是军事秘密，犯罪主体是军人，则构成《刑法》第431条第2款规定的"为境外窃取、刺探、收买、非法提供军事秘密罪"。

3. 本罪与故意泄露国家秘密罪

通过互联网将国家秘密或者情报非法发送给境外的机构、组织、个人的，以本罪定罪处罚；将国家秘密通过互联网予以发布，情节严重的，以故意泄露国家秘密罪定罪处罚。

三、叛逃罪

本罪是指国家机关工作人员在履行公务期间，擅离岗位，叛逃境外或者在境外叛逃的行为。

《刑法修正案（八）》取消了原罪状中的（叛逃）"危害中华人民共和国国家安全的"一语，因此本罪不再是具体危险犯，而是抽象危险犯，即只要有叛逃行为就推定危害了国家安全。

掌握国家秘密的国家工作人员犯本罪的，以本罪从重处罚。

本罪无死刑。

？ 想一想

有关国家工作人员这个规定是拟制规定，还是注意规定？[2]

💡 小提醒

1. 危害国家安全罪中的各罪都可并处没收财产（不可处罚金），这是一个非常特别的规定，因为财产刑一般只针对贪利性犯罪。

---

〔1〕 2001年1月17日最高人民法院《关于审理为境外窃取、刺探、收买、非法提供国家秘密、情报案件具体应用法律若干问题的解释》第1条第1、2款。

〔2〕 这是拟制规定，因此掌握国家秘密的国家工作人员不需要在履行公务期间叛逃，就可以构成叛逃罪。

2. 除煽动分裂国家罪、颠覆国家政权罪、煽动颠覆国家政权罪、资助危害国家安全犯罪活动罪、叛逃罪外，危害国家安全罪中的其他犯罪都有死刑。

🏛 模拟展望

关于刑法分则条文的理解，下列哪一选项是错误的？（单选）[1]

A. 即使没有《刑法》第 259 条第 2 款的规定，对于利用职权、从属关系，以胁迫手段奸淫现役军人的妻子的，也应以强奸罪定罪处罚

B. 即使没有《刑法》第 287 条的规定，对于利用计算机实施金融诈骗、盗窃、贪污、挪用公款、窃取国家秘密或者其他犯罪的，也应依照相关犯罪定罪处罚

C. 即使没有《刑法》第 382 条第 3 款的规定，对于与国家工作人员勾结，伙同贪污的，也能认定为贪污罪的共犯

D. 即使没有《刑法》第 384 条第 2 款的规定，对于挪用用于救灾、抢险、防汛、优抚、扶贫、移民、救济款物归个人使用的，也能一律认定为挪用公款罪

---

〔1〕　D。ABC 项的规定都是注意规定，D 项是拟制规定。如果没有这个规定，挪用特定物则不构成挪用公款罪，但实际上挪用特定款是可以构成挪用公款罪的，所以说一律认定为挪用公款罪这种说法是错误的。

第 *14* 讲 ◀◀◀
危害公共安全罪

复习提要

本讲讲授危害公共安全犯罪，主要掌握下列知识：公共安全的认定、投放危险物质罪、以危险方法危害公共安全罪、枪支犯罪、恐怖犯罪中非实行行为的实行化、交通肇事罪、危险驾驶罪。

知识框架

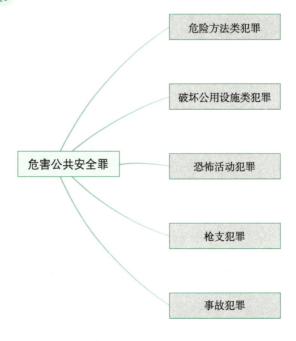

危害公共安全罪
- 危险方法类犯罪
- 破坏公用设施类犯罪
- 恐怖活动犯罪
- 枪支犯罪
- 事故犯罪

本讲讲授危害公共安全罪，包括危险方法类犯罪、破坏公用设施类犯罪、恐怖活动犯罪、枪支犯罪和事故犯罪等。

本讲犯罪所侵犯的法益是公共安全。公共安全，是指<u>不特定多数人的生命健康或者重大财产</u>的安全。因此，财产的重大性和生命、健康的不特定性是危害公共安全罪的特征。所谓"不特定"，是指犯罪行为不是针对某一个、某几个特定的人或者某一项具体的财产，其侵害的对象和造成的危害结果常常是事先无法确定的，具有相当的严重性和广泛性，即使是行为人自身对此也难以预料和控制。"不特定"是一种客观判断，<u>不依行为人主观上是否有确定的侵害对象为转移</u>。因此，如果行为人意欲侵害特定的个人，但在客观上这种方法可能导致不特定多数人的生命健康或重大财产遭受危险，即侵害了公共安全。

> **高频考点**
>
> 14.1
> 公共安全和
> 危险方法类
> 犯罪

[例1] 甲家被盗，一口放置大量宝石的箱子被偷，甲非常生气。后甲在偏僻处看到一个新垒的沙堆，甲试着刨开沙堆，果然看见丢失的箱子，宝石分文未少。原来小偷因为箱子太重，暂埋此处，准备日后来取。甲遂将箱子中的财物转移，然后在空箱子中填上石块，并安装了一个拉式炸弹。当晚，小偷来取箱子时，被当场炸死。甲为了报复小偷，在箱子中安放炸弹，因其位处偏僻，故其行为不足以危害公共安全，甲的行为应当以故意杀人罪论处。

[例2] 陈某与陆某因琐事多次发生口角，陈某怀恨在心，决意报复。某日晚，陈某找来一支一次性注射器，抽取半针筒农药，潜行至陆某门前丝瓜棚处，将农药打入瓜藤上所结的多条丝瓜中。次日晚，陆某及其外孙女食用丝瓜后，出现上吐下泻等中毒症状，后陆某被抢救存活，而陆某外孙女因抢救无效死亡。农民种植的蔬菜、瓜果不排除被其左邻右舍摘食，或被用于招待来客，故陈某的行为构成投放危险物质罪。[1]

专题 51
——— 危险方法类犯罪 ———

危险方法类犯罪包括五种故意犯罪（放火罪、决水罪、爆炸罪、投放危险物质罪、以危险方法危害公共安全罪）和五种相应的过失犯罪（失火罪、过失决水罪、过失爆炸罪、过失投放危险物质罪、过失以危险方法危害公共安全罪）。

第114条 [放火罪、决水罪、爆炸罪、投放危险物质罪、以危险方法危害公共安全罪] 放火、决水、爆炸以及投放毒害性、放射性、传染病病原体等物质或者以其他危险方法危害公共安全，尚未造成严重后果的，处3年以上10年以下有期徒刑。

第115条 [放火罪、决水罪、爆炸罪、投放危险物质罪、以危险方法危害公共安全罪] 放火、决水、爆炸以及投放毒害性、放射性、传染病病原体等物质或者以其他危险方法致人重伤、死亡或者使公私财产遭受重大损失的，处10年以上有期徒刑、无期徒刑或者死刑。

---

[1] 陈美娟投放危险物质案（《刑事审判参考》第 276 号）。

[失火罪、过失决水罪、过失爆炸罪、过失投放危险物质罪、过失以危险方法危害公共安全罪]过失犯前款罪的，处3年以上7年以下有期徒刑；情节较轻的，处3年以下有期徒刑或者拘役。

一、五种故意的危险方法类犯罪

这五种危险方法类犯罪侵犯的都是公共安全，这是它们与故意杀人罪、故意伤害罪、故意毁坏财物罪、破坏生产经营罪的区别。本类犯罪都是具体危险犯，只要对公共安全有具体的危险就构成既遂。这里的具体危险必须是司法上用证据证明的危险，而不是立法上推定的危险。

[例1] 甲对拆迁不满，在高速公路中间车道用树枝点燃一个焰高约20厘米的火堆，将其分成两堆后离开。火堆很快就被通行车辆轧灭。甲的行为不构成放火罪。

[例2] 丁因其劳动争议没有得到解决，为引起相关部门关注，便携带汽油、菜刀、打火机等工具，来到某市十字路口，趁一辆公交车等红灯之际，拦在车前，在自己身上倒上汽油，并手持打火机、菜刀准备自焚。后经民警劝说，丁放弃自焚。丁的行为不构成以危险方法危害公共安全罪。

《刑法》第114条规定的是具体危险犯，而第115条规定的是结果加重犯。如果没有出现结果，但产生了第114条规定的危害公共安全的具体危险，应当认定为第114条的犯罪，而不能认定为第115条的未遂。对于第115条规定的加重结果，行为人可以持故意心态，也可持过失心态。

💡 小提醒

这可以看成一个例外规则，本属加重犯的未遂但按基本犯论处。

[例1] 甲试图放火烧毁某学生宿舍，后造成3名学生死亡，无论其对死亡结果是出于故意还是过失，都可以结果加重犯论处。

[例2] 若甲放火希望造成人员死亡，最后没有造成该结果，但达到了危害公共安全的具体危险，那么只能以《刑法》第114条的规定追究其刑事责任，而不能认定为第115条的未遂。

(一) 放火罪

本罪是指故意纵火焚烧公私财物，危害公共安全的行为。

1. 犯罪构成

(1) 客观构成。行为人实施了放火行为。放火，是指引起对象物燃烧的行为，只要足以引起对象物燃烧，就属于着手，这不仅包括向对象物直接点火，也包括向媒介物（如纸张）点火，甚至还包括倾洒汽油等引火性很高的物质。放火行为包括作为与不作为。放火焚毁自己的财物，甚至自焚，只要足以危及公共安全，就成立此罪。如果是放火烧毁他人财物不足以危及公共安全，则不构成放火罪，但可能成立故意毁坏财物罪。是否足以危及公共安全，应当以相关具体状况下的一般人的判断为标准。例如，在前一天夜里下了小雨的情况下，于离家300米以上的山腰上，砍掉周围的杂木，并监视不让火蔓延烧到附近，而烧损了烧炭的无人小屋，这就没有侵犯公共安全。

（2）主观罪责。本罪由故意构成，包括直接故意与间接故意，动机不影响定性。例如，为了成为救火英雄而放火，危害公共安全的，依然构成放火罪。

2. 既遂标准

本罪不是抽象危险犯，而是具体危险犯。实施了放火行为，足以危害公共安全的，即使实际上没有造成危害，也是既遂。

（二）投放危险物质罪

本罪是指故意投放毒害性、放射性、传染病病原体等物质，危害公共安全的行为。

1. 犯罪构成

（1）客观构成。实施投放毒害性、放射性、传染病病原体等物质，足以危害公共安全的行为。

［例］古某、方某两人为报复刘某，在刘某办公室内的暗室安装铱射线工业探伤机，使用铱源对刘某的身体进行照射，致使刘某及其他 70 位工作人员受到放射源的辐射伤害。经鉴定，刘某为重伤，其他工作人员有 13 人为轻伤。古某、方某两人的行为就不再只是单纯侵害刘某身体健康，而是危及了公共安全，故构成投放危险物质罪。[1]

（2）主观罪责。明知行为会造成他人伤亡或公私财产重大损失，仍持希望或放任之心态。

2. 认定

（1）与投放虚假危险物质罪的区别

如果明知是虚假危险物质而投放，制造恐慌，则应以《刑法》第 291 条之一第 1 款规定的投放虚假危险物质罪定罪。

［例］肖某因被某公司除名，欲报复，遂用包裹寄送石灰粉给该公司人事经理，并谎称系炭疽粉。肖某的行为造成该公司停业，公司所在大楼也被封闭，造成重大经济损失。

（2）与生产、销售有毒、有害食品罪的区别

生产、销售有毒、有害食品也会危害公共安全，但该罪是在有关食品的生产、销售过程中发生的，目的通常是营利，而不是追求毒害他人的结果。

［例］甲为获利，于某日晚向乙家的羊圈内（共有 29 只羊）投放毒药，待羊中毒后将羊运走，并将羊肉出售给他人。甲的投毒行为毒死的是特定的 29 只羊，不足以危害公共安全，不构成投放危险物质罪，只构成盗窃罪。同时，甲出售有毒羊肉的行为构成生产、销售有毒、有害食品罪。

（三）以危险方法危害公共安全罪

本罪是指故意使用放火、决水、爆炸、投放危险物质以外的其他危险方法危害公共安全的行为。

本罪是个罪，而非类罪（危害公共安全罪）。另外，本罪是兜底罪名，只有在无法构成其他的危害公共安全的犯罪时，才可以以此罪论处。对于"其他危险方法"必须进行同

---

〔1〕 古计明、方振华投放危险物质案（《刑事审判参考》第 358 号）。

类解释，它必须具有危险方法的等同性，即其他危险方法要和放火、决水、爆炸、投放危险物质的危险性质相当。

常见的以危险方法危害公共安全的行为如下：①私拉电网，危害公共安全；②故意传播突发性传染病病原体，危害公共安全（如果传播非突发性传染病病原体，还是构成投放危险物质罪）；③邪教组织人员以自焚、自爆或者其他危险方法危害公共安全；④醉驾肇事后继续驾驶肇事。

? 想一想

甲从50楼往楼下跳广场舞的人群投掷自制的土炸弹，致多人被炸伤。乙在高速路上撒满钉子，过路车辆车胎多被扎破。两人该当何罪呢？[1]

💡 小提醒

以危险方法危害公共安全罪是兜底罪，和放火罪、爆炸罪的危险性具有相当性。如果没有危及公共安全，则不构成此罪；如果侵犯的对象是可以特定化的，如恐怖分子随机杀人，则只构成故意杀人罪；如果符合特定的具体犯罪，如破坏交通设施罪，则不构成此兜底罪。

二、五种过失的危险方法类犯罪

这五种过失犯罪都是一般过失，而非业务过失，这是它们和责任事故类犯罪的区别所在。如果在生产作业过程中，违反规定，发生火灾、爆炸等，则应该以责任事故类犯罪论处。

[例] 甲到本村乙家买柴油，因屋内光线昏暗，甲欲点燃打火机看油量。乙担心引起火灾，上前阻止。甲坚持说柴油见火不会燃烧，点燃了打火机，结果引起油桶燃烧，造成火灾，导致甲、乙及一旁观看的丙被火烧伤，乙、丙经抢救无效死亡。后经检测，乙储存的柴油闪点不符合标准。甲的行为只是一种一般过失，故构成失火罪。

另外，根据司法解释的规定，患有突发传染病或者疑似突发传染病而拒绝接受检疫、强制隔离或者治疗，过失造成传染病传播，情节严重，危害公共安全的，应按照过失以危险方法危害公共安全罪定罪处罚。

💡 小提醒

如果违反的是老百姓的生活准则，则是一般过失。例如，侵害特定人构成过失致人死亡罪、过失致人重伤罪，侵犯公共安全构成过失的危险方法类犯罪。如果违反的是业务规则，则是业务过失，如重大责任事故罪、危险物品肇事罪、医疗事故罪。一般说来，看到有事故、肇事之类的罪，都是业务过失。

---

[1] 甲构成爆炸罪，乙构成破坏交通设施罪。

破坏公用设施类犯罪

破坏公用设施类犯罪侵犯的法益是公共安全，如果没有侵犯公共安全，则不构成破坏公用设施类犯罪，有可能构成盗窃罪、故意毁坏财物罪等。另外，五种故意犯罪是具体危险犯，无需出现实害结果，破坏行为只要具有危害公共安全的具体危险，就可成立既遂。如果出现实害结果，则为结果加重犯，要加重其法定刑。

★**第 116 条**［破坏交通工具罪］ 破坏火车、汽车、电车、船只、航空器，足以使火车、汽车、电车、船只、航空器发生倾覆、毁坏危险，尚未造成严重后果的，处 3 年以上 10 年以下有期徒刑。

第 117 条［破坏交通设施罪］ 破坏轨道、桥梁、隧道、公路、机场、航道、灯塔、标志或者进行其他破坏活动，足以使火车、汽车、电车、船只、航空器发生倾覆、毁坏危险，尚未造成严重后果的，处 3 年以上 10 年以下有期徒刑。

第 119 条［破坏交通工具罪；破坏交通设施罪；破坏电力设备罪；破坏易燃易爆设备罪］ 破坏交通工具、交通设施、电力设备、燃气设备、易燃易爆设备，造成严重后果的，处 10 年以上有期徒刑、无期徒刑或者死刑。

［过失损坏交通工具罪；过失损坏交通设施罪；过失损坏电力设备罪；过失损坏易燃易爆设备罪］ 过失犯前款罪的，处 3 年以上 7 年以下有期徒刑；情节较轻的，处 3 年以下有期徒刑或者拘役。

一、五种故意的破坏公用设施类犯罪

破坏公用设施类犯罪，分别为破坏交通工具罪，破坏交通设施罪，破坏电力设备罪，破坏易燃易爆设备罪，破坏广播电视设施、公用电信设施罪。

（一）破坏交通工具罪

本罪是指故意破坏火车、汽车、电车、船只、航空器，危害公共安全的行为。

1. 犯罪构成

（1）客观构成

客观方面是实施破坏火车、汽车、电车、船只、航空器的行为，足以危害公共安全。这里的破坏，是指以拆卸、碰撞、在燃料中掺以杂质等各种手段和方法破坏交通工具，足以使其发生倾覆、毁坏之危险。如果破坏行为不可能引发这种危险，则不构成此罪。

火车、汽车、电车、船只、航空器可以作扩张解释。例如，对汽车（包括大型拖拉机或者乘载多人的农用手扶拖拉机）进行破坏也可能发生危害公共安全的结果，故可构成此罪。电车可以包括电瓶车和缆车。破坏畜力车不构成此罪。

小 提 醒

要注意区分交通工具和交通设施喔！轨道、桥梁、隧道、公路、机场、航道、灯塔、标志是交通设施。

（2）主观罪责。本罪是故意犯罪。

2. 处罚

根据《刑法》第116条之规定，犯本罪，尚未造成严重后果的，处3年以上10年以下有期徒刑。根据《刑法》第119条第1款之规定，犯本罪，造成严重后果的，处10年以上有期徒刑、无期徒刑或者死刑。

小 提 醒

本专题中的故意犯罪也有一个例外规则，本属加重犯的未遂但按基本犯论处（破坏广播电视设施、公用电信设施罪除外）。

（二）其他犯罪

其他四种故意犯罪都有可能和其他罪发生竞合关系。

1. 破坏公用设施类犯罪与盗窃罪、故意毁坏财物罪的想象竞合

关键看犯罪对象是否是"正在使用的"，如果是"尚未交付使用或已废弃的"，则不侵害公共安全，应该以盗窃罪等罪论处；但如果是"正在使用的"，则侵害了公共安全，为想象竞合。例如，司法解释规定，破坏电力设备罪中的电力设备，是指处于运行、应急等使用中的电力设备；已经通电使用，只是由于枯水季节或电力不足等原因暂停使用的电力设备；已经交付使用但尚未通电的电力设备。不包括尚未安装完毕，或者已经安装完毕但尚未交付使用的电力设备。

［例1］行为人盗窃尚未安装完毕的电力设备，只构成盗窃罪。

［例2］行为人盗窃运行中的电力设备，属于盗窃罪与破坏电力设备罪的想象竞合，应该从一重罪论处。

［例3］行为人采用破坏性手段盗窃正在使用的油田输油管道中的油品，构成破坏易燃易爆设备罪、盗窃罪等犯罪，也应从一重罪论处。

2. 破坏公用电信设施罪与破坏军事通信罪的法条竞合

如果破坏的是军用通信，则应该定破坏军事通信罪。另外，铁路的通信线路属于交通设施，而非公用电信设施，因此，如果偷割的是铁路正在使用中的通信线路，则应该以盗窃罪和破坏交通设施罪从一重罪论处。

二、五种过失的破坏公用设施类犯罪

与五种故意犯罪相对应，有五种过失犯罪，分别为过失损坏交通工具罪，过失损坏交通设施罪，过失损坏电力设备罪，过失损坏易燃易爆设备罪，过失损坏广播电视设施、公用电信设施罪。

恐怖活动犯罪

第 120 条［组织、领导、参加恐怖组织罪］ 组织、领导恐怖活动组织的，处 10 年以上有期徒刑或者无期徒刑，并处没收财产；积极参加的，处 3 年以上 10 年以下有期徒刑，并处罚金；其他参加的，处 3 年以下有期徒刑、拘役、管制或者剥夺政治权利，可以并处罚金。

犯前款罪并实施杀人、爆炸、绑架等犯罪的，依照数罪并罚的规定处罚。

★第 120 条之一［帮助恐怖活动罪］ 资助恐怖活动组织、实施恐怖活动的个人的，或者资助恐怖活动培训的，处 5 年以下有期徒刑、拘役、管制或者剥夺政治权利，并处罚金；情节严重的，处 5 年以上有期徒刑，并处罚金或者没收财产。

为恐怖活动组织、实施恐怖活动或者恐怖活动培训招募、运送人员的，依照前款的规定处罚。

单位犯前两款罪的，对单位判处罚金，并对其直接负责的主管人员和其他直接责任人员，依照第 1 款的规定处罚。

第 120 条之二［准备实施恐怖活动罪］ 有下列情形之一的，处 5 年以下有期徒刑、拘役、管制或者剥夺政治权利，并处罚金；情节严重的，处 5 年以上有期徒刑，并处罚金或者没收财产：

（一）为实施恐怖活动准备凶器、危险物品或者其他工具的；

（二）组织恐怖活动培训或者积极参加恐怖活动培训的；

（三）为实施恐怖活动与境外恐怖活动组织或者人员联络的；

（四）为实施恐怖活动进行策划或者其他准备的。

有前款行为，同时构成其他犯罪的，依照处罚较重的规定定罪处罚。

一、组织、领导、参加恐怖组织罪

本罪是指组织、领导或者积极参加恐怖活动组织的行为。

组织、领导、参加并利用该组织去实施杀人、爆炸、绑架等恐怖活动犯罪的，应数罪并罚。

二、帮助恐怖活动罪

本罪是将恐怖活动犯罪的帮助行为独立成罪，因此无需再适用恐怖活动犯罪从犯的量刑规则。

三、准备实施恐怖活动罪

本罪是将组织、领导、参加恐怖组织罪的预备行为独立成罪，因此无需再适用犯罪预备的量刑规则。它包括下列行为：①为实施恐怖活动准备凶器、危险物品或者其他工具的；②组织恐怖活动培训或者积极参加恐怖活动培训的；③为实施恐怖活动与境外恐怖活动组织或者人员联络的；④为实施恐怖活动进行策划或者其他准备的。

如果构成本罪，同时又构成其他犯罪的，则依照处罚较重的规定定罪处罚。

？想一想

为准备实施恐怖活动罪做准备，应如何处理？为帮助恐怖活动罪提供帮助，应如何处理？[1]

四、其他与恐怖主义相关的犯罪

1. 宣扬恐怖主义、极端主义、煽动实施恐怖活动罪。
2. 利用极端主义破坏法律实施罪。
3. 强制穿戴宣扬恐怖主义、极端主义服饰、标志罪。
4. 非法持有宣扬恐怖主义、极端主义物品罪。

五、劫持航空器罪

本罪是指以暴力、胁迫或者其他方法劫持航空器的行为。

（一）犯罪构成

暴力、胁迫或者其他方法可以针对航空器上的驾驶人员、机组人员或者其他人员。劫持，是指按照劫持者的意志强行控制航空器。

劫持航空器罪的对象是正在飞行和使用中的航空器。如果劫持的是正在装配或正在维修中的航空器，则不会危害航空运输安全，不能构成本罪。

（二）与暴力危及飞行安全罪的区别

暴力危及飞行安全罪，是指对飞行中的航空器上的人员使用暴力，危及飞行安全的行为。暴力危及飞行安全罪与本罪的区别有三：

1. 暴力危及飞行安全罪没有"劫持"目的，但本罪有。
2. 暴力危及飞行安全罪只是在正在飞行中的飞机上实施行为，而本罪不仅包括在飞行中的飞机，还包括在停机待用中的飞机上实施行为。
3. 暴力危及飞行安全罪是具体危险犯，而本罪是抽象危险犯。

小提醒

暴力危及飞行安全罪的犯罪对象是人，而破坏交通工具罪的对象是交通工具。因此，如果直接对航空器进行破坏，足以危及公共安全，则构成破坏交通工具罪。

（三）管辖

航空器分为民用和军用两种，对前者的劫持属于国际犯罪，而对后者的劫持属于国内犯罪。因此，外国人在外国劫持外国的军用航空器，我国无管辖权；但如果劫持的是外国的民用航空器，我国有管辖权（普遍管辖）。

---

[1] 这分别属于准备实施恐怖活动罪的犯罪预备和帮助恐怖活动罪的帮助犯。

（四）处罚

犯本罪的，处 10 年以上有期徒刑或者无期徒刑；致人重伤、死亡或者使航空器遭受严重破坏的，处死刑。

 小提醒

此处的死刑条款是绝对确定的法定刑。

六、劫持船只、汽车罪

本罪侵害的是公共交通运输安全，如果劫持船只或汽车没有侵害公共交通运输安全，则不能构成此罪。

［例］ 行为人劫持运煤车参加姐姐婚礼，到达目的地给了司机 200 元，不构成劫持汽车罪，因为没有侵犯公共交通运输安全，但可能构成强迫交易罪。

? 想一想

劫持火车如何定性？[1]

专题54

—— 枪支、弹药、爆炸物、危险物质犯罪 ——

第 125 条 ［非法制造、买卖、运输、邮寄、储存枪支、弹药、爆炸物罪］ 非法制造、买卖、运输、邮寄、储存枪支、弹药、爆炸物的，处 3 年以上 10 年以下有期徒刑；情节严重的，处 10 年以上有期徒刑、无期徒刑或者死刑。

［非法制造、买卖、运输、储存危险物质罪］ 非法制造、买卖、运输、储存毒害性、放射性、传染病病原体等物质，危害公共安全的，依照前款的规定处罚。

单位犯前两款罪的，对单位判处罚金，并对其直接负责的主管人员和其他直接责任人员，依照第 1 款的规定处罚。

★第 128 条 ［非法持有、私藏枪支、弹药罪］ 违反枪支管理规定，非法持有、私藏枪支、弹药的，处 3 年以下有期徒刑、拘役或者管制；情节严重的，处 3 年以上 7 年以下有期徒刑。

［非法出租、出借枪支罪］ 依法配备公务用枪的人员，非法出租、出借枪支的，依照前款的规定处罚。

［非法出租、出借枪支罪］ 依法配置枪支的人员，非法出租、出借枪支，造成严重后果的，依照第 1 款的规定处罚。

单位犯第 2 款、第 3 款罪的，对单位判处罚金，并对其直接负责的主管人员和其他直接责任人员，依照第 1 款的规定处罚。

---

〔1〕 不构成劫持汽车罪。如果把劫持解释为破坏，则可能构成破坏交通工具罪；如果认为劫持不能构成破坏，则构成以危险方法危害公共安全罪。

一、非法制造、买卖、运输、邮寄、储存枪支、弹药、爆炸物罪

1. 本罪的主体既可以是自然人，也可以是单位。
2. 本罪的对象既包括军用枪支，也包括民用枪支。
3. 介绍买卖的，以共同犯罪论处。

二、盗窃、抢夺枪支、弹药、爆炸物、危险物质罪，抢劫枪支、弹药、爆炸物、危险物质罪

1. 与盗窃罪的区别

这多发生在认识错误问题上，例如，行为人想偷包，但却偷了枪。根据主客观相统一原则，枪也是财物的一种，因此，应该以盗窃罪的既遂论处，事后对枪的占有还应该定非法持有枪支罪。

2. 与抢劫罪的区别

抢劫枪支、弹药、爆炸物、危险物质罪与抢劫罪是法条竞合，相对刑事责任年龄人实施抢劫枪支等行为的，可以以抢劫罪定罪量刑。

3. 军人盗窃、抢夺部队枪支、弹药、爆炸物的，应定盗窃、抢夺枪支、弹药、爆炸物罪，而不构成盗窃、抢夺武器装备、军用物资罪。

三、非法持有、私藏枪支、弹药罪

1. 非法持有与私藏的区别

根据司法解释的规定，"非法持有"，是指不符合配置、配备枪支、弹药条件的人员，违反规定擅自持有枪支、弹药的行为；而"私藏"，是指依法配备、配置枪支、弹药的人员，在配备、配置枪支、弹药的条件消除后，违反规定私自藏匿所配备、配置的枪支、弹药且拒不交出的行为。例如，张某原系军人，退伍后，仍保留以往的枪支，张某的行为构成非法私藏枪支罪。

2. 与非法储存枪支、弹药、爆炸物罪的区别

非法储存，是指明知是他人非法制造、买卖、运输、邮寄的枪支、弹药、爆炸物而为其存放的行为，或者非法存放爆炸物的行为。例如，甲抢劫爆炸物，乙帮其保管，乙的行为就构成非法储存爆炸物罪。

? 想一想

非法持有爆炸物如何定罪？[1]

3. 罪数

非法制造后又持有、私藏的属于吸收犯，以非法制造枪支、弹药罪论处。

四、违规制造、销售枪支罪

本罪是指依法被指定、确定的枪支制造企业、销售企业，违反枪支管理规定，非法制

---

[1] 刑法中没有非法持有爆炸物罪，所以构成非法储存爆炸物罪。

造、销售枪支的行为。

 小 提 醒

本罪的主体只能是单位，且只能是合法的枪支制造企业或枪支销售企业。如果是非法的枪支制造企业或销售企业，则应该定非法制造、买卖枪支罪。

五、非法出租、出借枪支罪

1. 两类枪支与两类行为模式

依法配备公务用枪的人员，只要非法出租、出借枪支，即构成非法出租、出借枪支罪（抽象危险犯）；而依法配置枪支的人员，非法出租、出借枪支，要想构成犯罪，还需要具有严重后果的条件（结果犯）。赠与可以扩张解释为出借。

2. 共同犯罪

如果行为人明知他人从事故意犯罪活动还出租、出借枪支，则不定此罪，而应认定其与他人构成他罪的共同犯罪。例如，甲是某生态保护区的森林警察，配置有枪支。一日，乙向甲借枪打猎，甲碍于情面，将枪借给乙用，后乙用此枪射杀了 3 只金丝猴（一级保护动物），甲的行为应以危害珍贵、濒危野生动物罪的共同犯罪论处。

3. 特殊规定

根据司法解释的规定，依法配备公务用枪的人员，违反法律规定，将公务用枪用作借债质押物，使枪支处于非依法持枪人的控制、使用之下，严重危害公共安全的，构成非法出借枪支罪。接受枪支质押的人员，可能构成非法持有枪支罪。

六、丢失枪支不报罪

1. 本罪是指依法配备公务用枪的人员，丢失枪支不及时报告，造成严重后果的行为。
2. 本罪的对象是公务用枪。

七、其他罪名

本专题还包括非法制造、买卖、运输、储存危险物质罪[1]，非法携带枪支、弹药、管制刀具、危险物品危及公共安全罪。

 小 提 醒

违规制造、销售枪支罪的主体是枪支的合法制售企业；非法出租、出借枪支罪的主体是枪支（公务用枪和民用枪支）的合法持有人；丢失枪支不报罪的主体是公务用枪的合法配置者。

---

〔1〕 参考最高人民法院指导案例第 13 号"王召成等非法买卖、储存危险物质案"的裁判要点：①国家严格监督管理的氰化钠等剧毒化学品，易致人中毒或者死亡，对人体、环境具有极大的毒害性和危险性，属于《刑法》第 125 条第 2 款规定的"毒害性"物质；②"非法买卖"毒害性物质，是指违反法律和国家主管部门规定，未经有关主管部门批准许可，擅自购买或者出售毒害性物质的行为，并不需要兼有买进和卖出的行为。

事 故 犯 罪

高频考点

14.2

交通肇事罪
的认定

一、交通肇事罪

第133条 ［交通肇事罪］ 违反交通运输管理法规，因而发生重大事故，致人重伤、死亡或者使公私财产遭受重大损失的，处3年以下有期徒刑或者拘役；交通运输肇事后逃逸或者有其他特别恶劣情节的，处3年以上7年以下有期徒刑；因逃逸致人死亡的，处7年以上有期徒刑。

（一）犯罪构成

1. 行为构成

本罪表现为三个方面：①在交通运输过程中。水上运输人员以及其他相关人员造成公路、水上交通事故，也构成交通肇事罪。②违反交通法规。③发生重大事故。违反交通法规与发生重大事故之间必须存在因果关系。在因果关系的判断中，要注意交通法规的规范保护目的，如果因果关系不在规范保护目的之内，则不得认为存在因果关系。

［例1］ 甲正常行驶，正在停靠于路边收割机后玩耍的乙童突然跑到马路对面，并横穿公路来到甲的车前。虽然集中注意力驾驶的甲立即刹车，但仍未能阻止乙童被汽车撞伤死亡。而在此之前的半小时，甲驾驶的汽车曾在限速110公里每小时的路段以130公里每小时的车速高速行驶。本案中，虽然甲曾在事故发生半小时前违章超速行驶，但是，如果认为甲半小时前不超速行驶就可能错过乙童横过马路的时间点从而不会撞上乙童并致其死亡，进而追究甲交通过失犯罪的责任，这样的做法无疑是错误的。交通法规对汽车时速限制的意义和目的，在于使驾驶人员在出现突然情况时能够有足够时间做出刹车、避让或者停车等反应，从而防止造成他人死伤结果的出现。这种目的与结果之间的关联性，也仅仅在于违规行为当场、当时，也就是甲在事故前半小时内，而不能及于半个小时后、远在超速地段之外的几十公里的乙童玩耍之地。甲对自己半小时前的超速行为与半小时后发生的乙童死亡的结果之间的因果关系无法预见，二者之间不具有规范保护目的的关联性。[1]

［例2］ 丁在繁华路段飙车，道路旁边的2名老妇受到惊吓致心脏病发作死亡，丁与老妇的死亡无因果关系，不构成交通肇事罪。法律对飙车的禁止是为了保护道路上人员的安全，而非路边行人的安全。

2. 行为主体

从事交通运输人员或者非交通运输人员都可构成此罪。如果是航空人员、铁路人员，则分别构成"重大飞行事故罪""铁路运营安全事故罪"。根据司法解释[2]的规定，单位

---

〔1〕 参见刘艳红："注意规范保护目的与交通过失犯的成立"，载《法学研究》2010年第4期。

〔2〕 2000年11月最高人民法院《关于审理交通肇事刑事案件具体应用法律若干问题的解释》第7条。

主管人员、机动车辆所有人或者机动车辆承包人指使、强令他人违章驾驶造成重大交通事故，具有法律规定的情形的，以交通肇事罪定罪处罚。

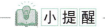 小 提 醒

不包括开飞机、开火车，但包括开轮船。

3. 主观罪责

本罪是过失犯罪，由于非交通运输人员也可构成此罪，因此不再属于业务过失。

（二）罪与非罪

1. 交通肇事具有下列情形之一的，构成犯罪：①死亡 1 人或者重伤 3 人以上，负事故全部或者主要责任的；②死亡 3 人以上，负事故同等责任的；③造成公共财产或者他人财产直接损失，负事故全部或者主要责任，无能力赔偿数额在 30 万元以上的。财产损失不包括行为人自己的财产。

2. 交通肇事致 1 人以上重伤，负事故全部或者主要责任，并具有下列情形之一的，以交通肇事罪定罪处罚：①酒后、吸食毒品后驾驶机动车辆的；②无驾驶资格驾驶机动车辆的；③明知是安全装置不全或者安全机件失灵的机动车辆而驾驶的；④明知是无牌证或者已报废的机动车辆而驾驶的；⑤严重超载驾驶的；⑥为逃避法律追究逃离事故现场的。

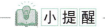 小 提 醒

把人撞成重伤不一定构成犯罪，除非负主要责任以上，且符合六种情形之一。

（三）加重犯罪构成

本罪的基本刑是 3 年以下有期徒刑，但有两种加重犯罪构成，其刑罚也加重。

1. 第一种加重犯罪构成，其刑罚幅度是 3 年以上 7 年以下有期徒刑，即交通运输肇事后逃逸或者有其他特别恶劣情节的。"交通运输肇事后逃逸"，是指在发生交通事故后，为逃避法律追究而逃跑的行为，此处的交通事故必须达到犯罪程度。需要说明的是，如前所述，交通肇事致 1 人以上重伤，负事故全部或者主要责任，并为逃避法律追究逃离事故现场的，构成本罪。此处的"为逃避法律追究逃离事故现场"与"交通运输肇事后逃逸"不同。后者必须是在达到犯罪程度的事故发生后逃避法律追究，而前者是在发生交通事故且未达到犯罪程度的情况下逃离现场。因此，交通肇事致 1 人以上重伤，负事故全部或者主要责任，并为逃避法律追究逃离事故现场，只能评价为交通肇事罪的基本犯罪构成，不能被评价为"交通运输肇事后逃逸"这种加重犯罪构成，否则就是对一次行为进行了两次评价。

逃避法律追究不能简单理解为逃离事故现场，有的肇事人并未在肇事后立即逃离现场，而是在将伤者送往医院后或者在等待交通管理部门处理的时候逃跑，这同样属于"交通肇事后逃逸"。

［例］刘本露在未取得机动车驾驶证的情况下，驾驶越野轿车，在高速公路上超速行驶，导致其驾驶的越野轿车与刘中州驾驶的挂车发生碰撞，造成越野车上的乘客郭明亮受

伤并经医院抢救无效而死亡。经鉴定，刘本露在此事故中负主要责任。事故发生后，刘本露即被送往医院接受治疗。其在交警询问时，谎称自己姓名为刘路，并编造了虚假的家庭成员情况，且拒不交代肇事经过。当日，刘本露离开医院。次日，刘本露主动联系公安交警部门，表示愿意到公安机关交代犯罪事实。刘本露的行为也属于"交通运输肇事后逃逸"。[1]

> **小提醒**
>
> 升格法定刑中的"逃逸"不需要离开事故现场，但（致人重伤）入罪型的"逃逸"需要"为逃避法律追究逃离事故现场"。

交通肇事具有下列情形之一的，属于"有其他特别恶劣情节"，处 3 年以上 7 年以下有期徒刑：

（1）死亡 2 人以上或者重伤 5 人以上，负事故全部或者主要责任的；

（2）死亡 6 人以上，负事故同等责任的；

（3）造成公共财产或者他人财产直接损失，负事故全部或者主要责任，无能力赔偿数额在 60 万元以上的。

2. 第二种更为加重的犯罪构成，其刑罚幅度为 7 年以上有期徒刑，即"因逃逸致人死亡"。"因逃逸致人死亡"，司法解释规定为"行为人在交通肇事后为逃避法律追究而逃跑，致使被害人因得不到救助而死亡的情形"。如果不是为逃避法律追究而逃跑，则不构成"逃逸"。

交通肇事后，行为人有两个义务：①积极报告，接受处罚的义务；②救助义务。"因逃逸致人死亡"，是指因为这种双义务的违反导致的死亡结果。

如果履行了报告义务，但没有履行救助义务（例如，报警、自首或者害怕遭到村民的殴打而离开现场而后又自首的，或者不逃避法律责任的），此时被害人死亡，不属于逃逸致人死亡。

如果履行了救助义务，但没有履行报告义务（例如，肇事后把人送往医院，缴纳费用后逃跑），被害人在治疗时死亡，也不属于逃逸致人死亡。

在判断逃逸致人死亡时，要注意两点：

（1）在主观上，行为人对死亡结果持过失心态，当然行为人对逃避法律追究是故意的。如果行为人对死亡结果持故意心态，则不属于本罪。

> **小提醒**
>
> 单纯的不救助一般只能推定为过失，只有以积极地转移伤者等作为手段才可能推定为故意。

（2）在客观上，逃逸与死亡之间必须存在因果关系，即行为人因为没有履行报告义务

---

[1] "刘本露案"（《刑事审判参考》第 788 号指导案例）裁判要旨指出：行为人违反道路交通运输管理法规，在未取得机动车驾驶证的情况下，驾驶机动车在高速公路上超速行驶，致发生 1 人死亡的重大交通事故的，构成交通肇事罪。事故发生后，行为人因受伤而未从事故现场逃离，其在医院治疗时，谎报身份，且拒不向公安机关如实交代肇事经过，说明其具有逃避法律追究的主观目的。后行为人擅自离开医院的，应认定其在交通肇事后逃逸。

和救助义务导致他人死亡。如果即便履行了救助义务，被害人也不可能救活，自然就不成立逃逸致人死亡。例如，张三肇事逃跑，被害人5分钟后被送往医院，在治疗中死亡，由于没有耽误救助，即便张三履行救助义务，人也无法救活。

因果关系是一种客观判断，把人撞伤，但误认为已经撞死，逃逸，后被害人因无法得到救助而死亡的，这依然属于逃逸致人死亡；把人撞死，但误认为只是撞伤，逃逸的，这是死亡后逃逸，而非逃逸致人死亡，可能属于第一种加重犯罪构成"交通运输肇事后逃逸"。

（四）共同犯罪

本罪是过失犯罪，但司法解释规定，交通肇事后，单位主管人员、机动车辆所有人、承包人或者乘车人指使肇事人逃逸，致使被害人因得不到救助而死亡的，以交通肇事罪的共犯论处。这可以看成共同犯罪由故意构成的一个例外。另外，单位主管人员、机动车辆所有人或者机动车辆承包人指使、强令他人违章驾驶造成重大交通事故，以本罪定罪处罚，这并非共同犯罪，故应该单独定罪。

？想一想

乙开车将正在穿行人行道的林某撞成重伤，打算送林某去医院。此时，乙接到女友电话，乙女友劝其不要送医，乙遂将林某放在繁华路段的马路旁边。后被害人林某因得不到及时救助而死亡。乙成立交通肇事罪中的逃逸致人死亡。乙女友如何处理呢？[1]

（五）此罪与彼罪

1. 与故意杀人罪、故意伤害罪的区别

本罪中的逃逸致人死亡与故意杀人罪、故意伤害罪最大的区别就在于主观上是否有故意杀人或故意伤害的心态，如果没有证据证明行为人有故意的心态，那就只能作出对行为人有利的推定。根据司法解释的规定，行为人在交通肇事后为逃避法律追究，将被害人带离事故现场后隐藏或者遗弃，致使被害人无法得到救助而死亡或者严重残疾的，应当分别以故意杀人罪或者故意伤害罪定罪处罚。因此，如果行为人在肇事后，只是消极地不救助，则一般推定行为人没有故意的心态，只能认定为交通肇事罪；但如果行为人在肇事后，有抛弃被害人等积极的行动，则一般推定为具有故意心态。

需要说明的是，醉驾肇事后继续驾驶肇事车辆离去而导致他人死亡的，如南京的张明宝案、四川的孙伟铭案，应当直接以以危险方法危害公共安全罪论处。

2. 与事故犯罪和过失致人死亡罪的区别

本罪必须是在"实行公共交通管理的范围内"发生的重大交通事故。如果在公共交通管理的范围外，驾驶机动车辆或者使用其他交通工具致人伤亡或者致使公共财产或者他人财产遭受重大损失，构成犯罪，则应分别依照《刑法》第134条第1款（重大责任事故罪）、第135条（重大劳动安全事故罪）、第233条（过失致人死亡罪）等规定定罪处罚。

---

〔1〕 构成逃逸致人死亡的共犯仅限单位主管人员、机动车辆所有人、承包人或者乘车人，所以乙女友不构成交通肇事罪。其行为是一种帮助逃跑的窝藏行为，但我国的窝藏罪处罚的是物理窝藏，不包括精神窝藏，所以乙女友很难构成犯罪。

[例1] 行为人在工厂作业开车把人撞死，构成重大责任事故罪。

[例2] 行为人在小区内练习开车导致他人死亡，构成交通肇事罪。

[例3] 甲回家，准备将车倒进商场的地上车位，此时正好手机响起，于是甲边接听电话边倒车，不慎将在旁边玩耍的儿童碾死，甲的行为构成交通肇事罪。商场的车位属于公共交通运输场所。

3. 偷开机动车

在偷开机动车辆过程中发生交通肇事构成犯罪，又构成其他罪的，应当以交通肇事罪和其他罪实行数罪并罚。

（六）交通肇事逃逸案件的常见类型

1. 交通肇事当场致人死亡，且被告人明知被害人已经死亡的，即使转移尸体，也只定交通肇事罪；若有逃逸情节，则属于交通肇事罪的加重构成。例如，甲开货车在拐弯时颠簸一下，以为只是压了一块石头。回家后，甲发现轮胎上有血，于是驱车立即前往车颠簸之地，发现有许多警察，非常害怕，遂逃离现场。被害人当时就被碾压致死，甲负事故主要责任。甲是在被害人死亡后逃逸，构成交通运输肇事后逃逸这种加重情节。

2. 交通肇事当场没有死亡的，无论被告人是否明知，只要是逃逸使被害人得不到及时救治而死亡，就属于交通肇事逃逸致人死亡（消极不作为）。

[例1] 甲将他人撞成重伤（负全责），误以为被害人已死，遂逃离事故现场。被害人在事故发生2小时后因无人救助死亡，甲属于交通肇事逃逸致人死亡。

[例2] 甲夜晚驾车经过无照明路段时，不小心撞倒丙后继续前行，随后的乙未注意，驾车从丙身上轧过，导致丙死亡。甲属于交通肇事逃逸致人死亡。

❓想一想

连环肇事中的第一撞需要达到犯罪程度吗？如无法鉴定为撞成重伤，行为人构成逃逸致人死亡吗？[1]

💡小提醒

连环肇事案的定性问题：

1. 甲在速度非常快的道路撞了人，被害人躺在路上。5分钟后乙从此经过，再次碾压被害人，致其死亡。甲的行为构成故意杀人罪，因为上述情形下被害人死亡具有极高概率，甲存在放任的故意。

2. 甲在普通道路撞了人，被害人躺在路上。半小时后乙从此经过，再次碾压被害人，致其死亡。甲属于交通肇事罪中的逃逸致人死亡。

---

〔1〕 在绝大多数类似案件中，鉴定结果很难确定第一撞导致被害人身受重伤，更不用说还会具备《关于审理交通肇事刑事案件具体应用法律若干问题的解释》第2条第2款所规定的六种情节。于是，类似情况几乎都只能论以"交通运输肇事后逃逸"，处3~7年有期徒刑，而无法论以7年以上的"逃逸致人死亡"。这种处理意见明显违背民众的基本道德情感。然而，《关于审理交通肇事刑事案件具体应用法律若干问题的解释》第5条第1款规定："'因逃逸致人死亡'，是指行为人在交通肇事后为逃避法律追究而逃跑，致使被害人因得不到救助而死亡的情形。"该解释并不要求逃逸前的行为构成交通肇事罪。同时，最高人民法院《刑事审判参考》发布的第1118号指导案例"邵大平交通肇事案"也明确指出，"因逃逸致人死亡"的认定，不以逃逸前的交通肇事行为构成犯罪为前提。

3. 甲在普通道路撞了人，被害人躺在路上。半小时后乙从此经过，再次碾压被害人。如果查明，乙碾压之前被害人已经死亡，甲属于交通运输肇事后逃逸，不属于逃逸致人死亡。

4. 甲在普通道路撞了人，被害人躺在路上。半小时后乙从此经过，再次碾压被害人。如果区分不出死亡时间，则甲不属于逃逸致人死亡，而属于交通运输肇事后逃逸。

3. 行为人在交通肇事后为逃避法律追究，将被害人带离事故现场后隐藏或者遗弃，致使被害人无法得到救助而死亡或者严重残疾的，应当分别以故意杀人罪或者故意伤害罪定罪处罚（积极作为）。例如，胡某醉酒后在市政公路上驾驶汽车，将正常行进的行人韩某撞成重伤。胡某害怕，将韩某带到一处隐蔽的树林扔掉后逃走。一天后，韩某被路人发现，送往医院，因未得到及时救治而死亡。胡某构成故意杀人罪。

4. 交通肇事当场没有死亡，但被告人误以为已经死亡，将被害人转移并予以遗弃后逃跑，最终致被害人死亡的，由于肇事行为与死亡结果没有因果关系，而且行为人对死亡结果并无故意心态，故构成过失致人死亡罪与交通肇事罪（如果前面的交通肇事致人伤害构成犯罪，如酒后驾车肇事致人重伤，则行为人负事故全部责任）。例如，甲驾驶车辆时违章将乙撞成重伤。甲下车后观察，以为乙已经死亡。为逃避刑事责任，甲将乙丢入池塘，后乙溺水而亡。甲不属于逃逸致人死亡，构成交通肇事罪的基本犯和过失致人死亡罪。

？ 想一想

倪庆国在交通肇事后即将被害人抱送至附近诊所求治，但诊所说必须送县医院，倪庆国速送被害人去县医院抢救。后倪庆国认为被害人已死，遂将被害人抛弃在河滩上。尸检结果无法确定被害人死于抛弃之前，还是抛弃之后。该案如何处理？[1]

（七）交通肇事的自首认定

交通肇事后保护现场、抢救伤者，并向公安机关报告的，应认定为自动投案。构成自首的，因上述行为同时系犯罪嫌疑人的法定义务，对其是否从宽、从宽幅度如何要适当从严掌握。交通肇事逃逸后自动投案，如实供述自己罪行的，应认定为自首，但应依法以较重法定刑为基准，视情况决定对其是否从宽处罚以及从宽处罚的幅度。

💡 小 提 醒

逃逸致人死亡在主观上对死亡结果是过失，在客观上逃逸（报告义务、救助义务双义务的违反）和死亡结果有因果关系。

---

〔1〕 本案现有证据无法证明被害人在被遗弃前确没有死亡，也无法证明被害人的死亡是因被遗弃无法得到救助而造成，故其行为不符合司法解释关于交通肇事转化为故意杀人的条件。本着疑情从轻的原则，对倪庆国只能以交通肇事罪定罪处罚。倪庆国先前虽能积极送被害人去医院救治，但在认为被害人已死亡的情况下，为逃避法律追究又将被害人遗弃后逃跑，符合交通肇事后逃逸的特征（交通运输肇事逃逸）。后倪庆国以交通肇事罪，被判处有期徒刑4年。（倪庆国交通肇事案，载《刑事审判参考》第220号）

二、危险驾驶罪

> **高频考点**
>
> **14.3**
>
> 危险驾驶罪
> 的认定

　　第133条之一 ［危险驾驶罪］　在道路上驾驶机动车，有下列情形之一的，处拘役，并处罚金：

　　（一）追逐竞驶，情节恶劣的；

　　（二）醉酒驾驶机动车的；

　　（三）从事校车业务或者旅客运输，严重超过额定乘员载客，或者严重超过规定时速行驶的；

（四）违反危险化学品安全管理规定运输危险化学品，危及公共安全的。

机动车所有人、管理人对前款第3项、第4项行为负有直接责任的，依照前款的规定处罚。

有前两款行为，同时构成其他犯罪的，依照处罚较重的规定定罪处罚。

　　本罪是指在道路上驾驶机动车追逐竞驶，情节恶劣的，或者在道路上醉酒驾驶机动车等行为。

（一）犯罪构成

1. 行为构成

根据《刑法修正案（八）》《刑法修正案（九）》的规定，有下列危险驾驶行为之一的，构成犯罪：

　　（1）追逐竞驶，情节恶劣的。例如，张三、李四各驾驶一辆车，在路上开斗气车，互相别车，情节恶劣，两人构成危险驾驶罪的共同犯罪。[1] 又如，在城镇街道人多车多的地方飙车。

　　（2）醉酒驾驶机动车的。醉酒不包括吸毒，吸毒后驾车不构成本罪。"醉酒"的认定应以血液中的酒精浓度为标准。车辆驾驶人员血液中的酒精含量大于或等于20毫克/100毫升、小于80毫克/100毫升为饮酒驾车，血液中的酒精含量大于或者等于80毫克/100毫升为醉酒驾车。

　　❓**想一想**

为了规避法律，当着查车警察的面喝酒，这构成犯罪吗？[2]

　　（3）从事校车业务或者旅客运输，严重超过额定乘员载客，或者严重超过规定时速行驶的。

　　（4）违反危险化学品安全管理规定运输危险化学品，危及公共安全的。

　　同时，危险驾驶罪中的"道路""机动车"，适用《道路交通安全法》的有关规定。根

---

　　〔1〕　参考最高人民法院指导案例第32号"张某某、金某危险驾驶案"的裁判要点：①机动车驾驶人员出于竞技、追求刺激、斗气或者其他动机，在道路上曲折穿行、快速追赶行驶的，属于《刑法》第133条之一规定的"追逐竞驶"；②追逐竞驶虽未造成人员伤亡或财产损失，但综合考虑超过限速、闯红灯、强行超车、抗拒交通执法等严重违反道路交通安全法的行为，足以威胁他人生命、财产安全的，属于危险驾驶罪中"情节恶劣"的情形。

　　〔2〕　当然构成。司法解释规定，血液酒精含量检验鉴定意见是认定犯罪嫌疑人是否醉酒的依据。犯罪嫌疑人经呼气酒精含量检验达到醉酒标准，在抽取血样之前脱逃的，可以呼气酒精含量检验结果作为认定其醉酒的依据。犯罪嫌疑人在公安机关依法检查时，为逃避法律追究，在呼气酒精含量检验或者抽取血样前又饮酒，经检验其血液酒精含量达到醉酒标准的，应当认定为醉酒。

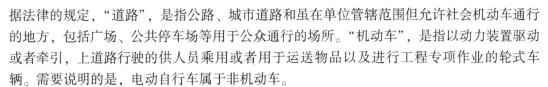

据法律的规定，"道路"，是指公路、城市道路和虽在单位管辖范围但允许社会机动车通行的地方，包括广场、公共停车场等用于公众通行的场所。"机动车"，是指以动力装置驱动或者牵引，上道路行驶的供人员乘用或者用于运送物品以及进行工程专项作业的轮式车辆。需要说明的是，电动自行车属于非机动车。

2. 行为主体

本罪是一般主体。《刑法修正案（九）》规定，机动车所有人、管理人对《刑法》第133条之一第1款第3、4项行为负有直接责任的，依照危险驾驶罪的规定处罚。

3. 主观罪责

本罪是故意犯罪，行为人系故意在道路上从事危险驾驶行为。过失犯本罪的，不构成犯罪。例如，甲欺骗马上开车的乙喝下含酒精的饮料，后乙被抓。乙不构成危险驾驶罪，甲构成危险驾驶罪的间接正犯。

（二）想象竞合

《刑法修正案（八）》规定，犯本罪，同时构成其他犯罪的，依照处罚较重的规定定罪处罚。这是想象竞合理论的体现。

［例1］在道路上醉酒驾车导致严重事故，如果对事故持过失心态，就可能构成危险驾驶罪与交通肇事罪的想象竞合。

［例2］如果醉酒驾车和交通肇事具有明显的时空间隔，那就应该数罪并罚。甲醉酒驾车50公里后把他人撞死，就应该数罪并罚。

［例3］如果对事故持故意心态，就可能构成本罪与故意杀人罪或以危险方法危害公共安全罪的想象竞合。总之，本罪并未改变交通肇事、故意杀人等罪的犯罪构成。

［例4］如果醉酒驾车运输毒品，同样属于想象竞合，应当以危险驾驶罪和运输毒品罪从一重罪论处。

（三）处罚

构成本罪，处拘役，并处罚金。行为人因醉酒驾驶被行政处罚，后又因此受到刑事追究的，先前的拘留期间可以折抵刑期，拘留1天折抵拘役1天，先前的罚款也应折抵罚金。

醉酒驾驶机动车，以暴力、威胁方法阻碍公安机关依法检查，又构成妨害公务罪等其他犯罪的，依照数罪并罚的规定定罪处罚。

（四）酒后驾车案件的总结

	普通的违反交规	醉　驾	逃　逸	醉驾且逃逸
无人重伤	无　罪	危险驾驶罪	不构成犯罪	危险驾驶罪
1人重伤 （负主要责任以上）	无　罪	普通型 交通肇事罪	普通型交通肇事罪	3~7年加重型 交通肇事罪
1人死亡 （负主要责任以上）	普通型 交通肇事罪	普通型 交通肇事罪	死亡后逃逸：3~7年加重型交通肇事罪 死亡前逃逸：7年以上，逃逸致人死亡	死亡后逃逸：3~7年加重型交通肇事罪 死亡前逃逸：7年以上，逃逸致人死亡

三、妨害安全驾驶罪

第133条之二 [妨害安全驾驶罪] 对行驶中的公共交通工具的驾驶人员使用暴力或者抢控驾驶操纵装置，干扰公共交通工具正常行驶，危及公共安全的，处1年以下有期徒刑、拘役或者管制，并处或者单处罚金。

前款规定的驾驶人员在行驶的公共交通工具上擅离职守，与他人互殴或者殴打他人，危及公共安全的，依照前款的规定处罚。

有前两款行为，同时构成其他犯罪的，依照处罚较重的规定定罪处罚。

本罪是《刑法修正案（十一）》增加的罪名。本罪包括两种情况：①乘客对驾驶人员使用暴力或者抢控驾驶操纵装置，干扰公共交通工具正常行驶，危及公共安全的。例如，乘客在公交车上打司机。②驾驶人员在行驶的公共交通工具上擅离职守，与他人互殴或者殴打他人，危及公共安全的。例如，司机和乘客吵架，离开驾驶室和乘客对打。

本罪使用的危及公共安全的表述以及其刑罚表明它是抽象危险犯，并不需要达到以危险方法危害公共安全罪的具体危险（危害公共安全）。

如果符合其他犯罪构成，自然可以按照想象竞合的原理来处理。例如，对行驶中的公共交通工具的驾驶人员使用暴力进行劫持，就同时构成妨害安全驾驶罪和劫持汽车罪，从一重罪论处。又如，干扰公共交通工具行驶的行为造成了危害公共安全实害结果，如致人伤亡或者造成其他严重后果，那就同时构成以危险方法危害公共安全罪的结果加重犯，从一重罪，应当以以危险方法危害公共安全罪定罪处罚。

四、重大责任事故罪

本罪是指在生产、作业中违反有关安全管理的规定，因而发生重大伤亡事故或者造成其他严重后果的行为。

1. 犯罪构成

（1）行为构成

本罪是业务过失，它必须发生在生产、作业过程中，由于违反有关安全管理的规定而造成重大事故。

（2）行为主体

本罪的犯罪主体可以是任何单位。根据司法解释的规定，犯罪主体包括对生产、作业负有组织、指挥或者管理职责的负责人、管理人员、实际控制人、投资人等人员，以及直接从事生产、作业的人员。

2. 与失火罪、过失爆炸罪的区别

失火罪、过失爆炸罪都是普通过失，而重大责任事故罪是业务过失。如果是在生产、作业过程中，由于违反相关操作规定导致火灾或爆炸，则应以重大责任事故罪论处。

五、强令、组织他人违章冒险作业罪

第134条第2款 [强令、组织他人违章冒险作业罪] 强令他人违章冒险作业，或者明知存在重大事故隐患而不排除，仍冒险组织作业，因而发生重大伤亡事故或者造成其他严重后果

的，处 5 年以下有期徒刑或者拘役；情节特别恶劣的，处 5 年以上有期徒刑。

本罪是《刑法修正案（十一）》改动的罪名，增加了一个罪状——明知存在重大事故隐患而不排除，仍冒险组织作业。

根据司法解释的规定，实施责任事故犯罪，同时构成《刑法》第 389 条行贿罪、第 393 条单位行贿罪等犯罪的，依照数罪并罚的规定处罚。[1]

六、危险作业罪

第 134 条之一 [危险作业罪]　在生产、作业中违反有关安全管理的规定，有下列情形之一，具有发生重大伤亡事故或者其他严重后果的现实危险的，处 1 年以下有期徒刑、拘役或者管制：

（一）关闭、破坏直接关系生产安全的监控、报警、防护、救生设备、设施，或者篡改、隐瞒、销毁其相关数据、信息的；

（二）因存在重大事故隐患被依法责令停产停业、停止施工、停止使用有关设备、设施、场所或者立即采取排除危险的整改措施，而拒不执行的；

（三）涉及安全生产的事项未经依法批准或者许可，擅自从事矿山开采、金属冶炼、建筑施工，以及危险物品生产、经营、储存等高度危险的生产作业活动的。

本罪是《刑法修正案（十一）》新增加的罪名，本罪虽然属于事故犯罪，但并非过失犯罪，而是故意犯罪，从本罪的刑罚设置来看，本罪应该是抽象危险犯。因此，企业违反规定擅自从事矿山开采，储存爆炸物等危险物质，不宜再认定为非法储存爆炸物罪这种重罪，而应该认定为轻罪。破坏矿井的救生设备也不能再认定为以危险方法危害公共安全罪这种兜底罪，而应以本罪论处。

七、其他事故类犯罪

除了重大责任事故罪，本专题还有重大劳动安全事故罪，危险物品肇事罪，工程重大安全事故罪，教育设施重大安全事故罪，消防责任事故罪，不报、谎报安全事故罪等多种事故类犯罪。

💡 小 提 醒

事故犯罪都是业务过失，其中重大责任事故罪是普通罪，其他罪名如危险物品肇事罪是特别罪，两者属于典型的法条竞合关系。

🏛 模拟展望

以下说法正确的有：（多选）[2]

---

〔1〕 2022 年 12 月 15 日最高人民法院、最高人民检察院《关于办理危害生产安全刑事案件适用法律若干问题的解释（二）》第 3 条第 2 款。

〔2〕 AB。A 项正确，司法解释规定，交通肇事后，单位主管人员、机动车辆所有人、承包人或者乘车人指使肇事人逃逸，致使被害人因得不到救助而死亡的，以交通肇事罪的共犯论处。甲的行为属于交通肇事罪，乙的行为属于交

A. 甲搭乘同村乙的汽车进城，途中由于乙违章超车，将一骑自行车的人轧成重伤，乙本想下车处理，甲劝其趁无人看见，赶快逃走。后骑车人因未得到及时治疗而死亡。甲的行为构成交通肇事罪，乙的行为属于交通肇事罪的加重情节

B. 乙吸毒后驾车，违章造成交通事故，导致一人重伤（负有主要责任）。乙的行为构成交通肇事罪

C. 丙雇佣张三为自己开车送货。某日，二人送货时，为赶时间，丙强令张三违章超车，结果将一骑自行车的人轧死。丙的行为构成交通肇事罪，张三的行为缺乏期待可能性，所以不构成犯罪

D. 丁为某工厂运送砂石，在卸完砂石后倒车离开时，因天色昏暗，误将在工厂内干活的同村王某轧死。丁的行为构成过失致人死亡罪

★ 来道 不 考 的题目

下列思想家与相关论述的匹配关系恰当的是：[1]

①如果政府的主要目的不在于使整个国家拥有强大的力量和最高的荣耀，而在于使每一个人享有更多的福利或免遭涂炭，那么，你就得使人们的身份平等和建立民主政府。

②如果一国中的主要能手都在政府工作的话，对于政府的智力活动和进步而言，是致命的。

③遵照道德准则生活就是幸福的生活。

④道德不是教导我们怎样才能幸福，是教导我们怎样才能配得上我们的幸福。

A. ①托克维尔　②洛克　③奥古斯丁　④亚里士多德

B. ①托克维尔　②穆勒　③亚里士多德　④康德

C. ①梅因　②洛克　③柏拉图　④康德

D. ①伯克　②洛克　③奥古斯丁　④康德

通肇事逃逸致人死亡，系加重情节。B项正确，交通肇事致1人以上重伤，负事故全部或者主要责任，并具有吸食毒品后驾驶机动车辆情形的，以交通肇事罪定罪处罚。C项错误，单位主管人员、机动车辆所有人或者机动车辆承包人指使、强令他人违章驾驶造成重大交通事故，以交通肇事罪定罪处罚，这并非共同犯罪，两方都应该单独定罪。D项错误，丁的行为构成重大责任事故罪。

〔1〕　B。法律作为社会科学，一定有其哲学依据。愿同学们能够阅读经典，让人类伟大的思想激荡你的灵魂，真正明白学习的意义，清楚法律真正的根基。

>>> 第**15**讲
# 破坏社会主义市场经济秩序罪

📗 复习提要

　　本讲讲授经济犯罪，主要掌握下列知识：生产、销售伪劣商品罪的既遂模式，《刑法》第149条的罪数运用，单向走私，走私罪的认识错误，走私普通货物、物品罪，非国家工作人员受贿罪，货币犯罪的罪数，出售、购买假币罪与使用假币罪的区别，洗钱罪，金融诈骗罪的目的，贷款犯罪的认定，非法集资犯罪的认定，信用卡诈骗罪，保险诈骗罪，侵犯著作权罪，侵犯商业秘密罪，非法经营罪。

🗂 知识框架

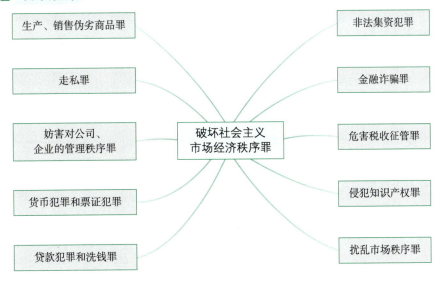

本讲是为了保护正常的市场经济秩序而设立的犯罪，是商法、经济法的最后保障手段。由于我国市场经济制度还处于一个不断发展的过程，因此本讲犯罪也处于一个不断变化的过程，不少刑法修正案都对本讲内容有过修改。本讲中包括生产、销售伪劣商品罪，走私罪，妨害对公司、企业的管理秩序罪，破坏金融管理秩序罪，金融诈骗罪，危害税收征管罪，侵犯知识产权罪，扰乱市场秩序罪。

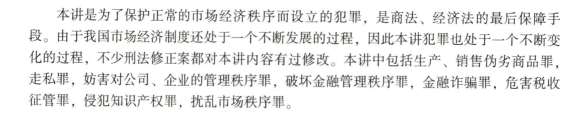

生产、销售伪劣商品罪

高频考点

15.1

生产、销售伪劣商品罪

《刑法》第140条至第148条共规定了十种犯罪。第140条规定的"生产、销售伪劣产品罪"与其他九种犯罪是普通法与特别法的法条竞合关系。这一类型犯罪的主体必须是生产者与销售者，既包括自然人也包括单位，主观方面均为故意，通常以非法牟利为目的，客观方面只需具备生产或销售中任一行为即可构成犯罪。

 小提醒

本专题犯罪属于片面对向犯，生产、销售伪劣商品构成犯罪，明知是伪劣商品购买的行为，不构成生产、销售伪劣商品罪的共犯。但明知是伪劣商品，购买后再销售的行为，则可能单独构成销售伪劣商品罪。

这十种犯罪的既遂标准是不一样的。

- 三个具体危险犯：生产、销售不符合安全标准的食品罪，生产、销售不符合标准的医用器材罪，妨害药品管理罪是具体危险犯，构成这些犯罪，必须达到足以危及人体健康的危险。
- 两个抽象危险犯：生产、销售有毒、有害食品罪，生产、销售、提供假药罪是抽象危险犯，只要在生产、销售的食品中掺入有毒、有害的非食品原料的，或者销售明知掺有有毒、有害的非食品原料的食品的，或者明知是假药而生产、销售、提供的，就构成犯罪。
- 五个结果犯：生产、销售伪劣产品罪，生产、销售、提供劣药罪，生产、销售不符合安全标准的产品罪，生产、销售伪劣农药、兽药、化肥、种子罪，生产、销售不符合卫生标准的化妆品罪是结果犯，必须出现法定结果，才成立犯罪既遂。

 小提醒

生产、销售、提供假药罪和生产、销售有毒、有害食品罪有死刑。

一、生产、销售伪劣产品罪

第 140 条 ［生产、销售伪劣产品罪］ 生产者、销售者在产品中掺杂、掺假，以假充真，以次充好或者以不合格产品冒充合格产品，销售金额 5 万元以上不满 20 万元的，处 2 年以下有期徒刑或者拘役，并处或者单处销售金额 50% 以上 2 倍以下罚金；销售金额 20 万元以上不满 50 万元的，处 2 年以上 7 年以下有期徒刑，并处销售金额 50% 以上 2 倍以下罚金；销售金额 50 万元以上不满 200 万元的，处 7 年以上有期徒刑，并处销售金额 50% 以上 2 倍以下罚金；销售金额 200 万元以上的，处 15 年有期徒刑或者无期徒刑，并处销售金额 50% 以上 2 倍以下罚金或者没收财产。

本罪是指生产者、销售者故意在产品中掺杂、掺假，以假充真，以次充好或者以不合格产品冒充合格产品，销售金额在 5 万元以上的行为。

（一）客观构成

生产者、销售者故意在产品中掺杂、掺假，以假充真，以次充好或者以不合格产品冒充合格产品，销售金额在 5 万元以上的行为：

1. 掺杂、掺假。这里的掺杂、掺假，是指在产品中掺入杂质或者异物，致使产品质量不符合国家法律、法规或者产品明示质量标准规定的质量要求，降低、失去应有使用性能的行为。

2. 以假充真。这里的以假充真，是指以不具有某种使用性能的产品冒充具有该种使用性能的产品的行为。

3. 以次充好。这里的以次充好，是指以低等级、低档次产品冒充高等级、高档次产品，或者以残次、废旧零配件组合、拼装后冒充正品或者新产品的行为。

4. 以不合格产品冒充合格产品。这里的不合格产品，是指不符合《产品质量法》第 26 条第 2 款规定的质量要求的产品。

生产、销售伪劣产品罪的数量要素是销售金额 5 万元以上。这里的销售金额，既非利润，也不是违法所得，而是指生产者、销售者出售伪劣产品后所得和应得的全部违法收入。多次实施生产、销售伪劣产品行为，未经处理的，伪劣产品的销售金额或者货值金额累计计算。

（二）未完成罪

伪劣产品尚未销售，但货值金额达到 15 万元以上的，虽然不构成既遂，但可以以生产、销售伪劣产品罪（未遂）定罪处罚。例如，甲销售假的东北大米，卖出 10 万元，但还未回款，同时在库房仍存有价值 100 万元的假东北大米。未回款也属于销售金额。甲构成销售伪劣产品罪（10 万元）的既遂和销售伪劣产品罪（110 万元）的未遂，从一重罪论处，因为销售金额也属于货值金额。

二、生产、销售、提供假药罪

第 141 条 ［生产、销售、提供假药罪］ 生产、销售假药的，处 3 年以下有期徒刑或者拘役，并处罚金；对人体健康造成严重危害或者有其他严重情节的，处 3 年以上 10 年以下有期徒刑，并处罚金；致人死亡或者有其他特别严重情节的，处 10 年以上有期徒刑、无期徒刑或者死刑，并处罚金或者没收财产。

药品使用单位的人员明知是假药而提供给他人使用的，依照前款的规定处罚。

《刑法修正案（八）》对本罪有重大改动，将本罪从以往的具体危险犯修改为抽象危险犯，降低了入罪门槛。而《刑法修正案（十一）》修改了第 141 条第 2 款的规定，增加"药品使用单位的人员明知是假药而提供给他人使用"的情形。故只要有<u>生产、销售、提供假药的行为</u>，就可构成本罪。

2019 年 12 月 1 日生效的《药品管理法》第 98 条第 2 款规定："有下列情形之一的，为假药：①药品所含成份与国家药品标准规定的成份不符；②以非药品冒充药品或者以他种药品冒充此种药品；③变质的药品；④药品所标明的适应症或者功能主治超出规定范围。"因此，<u>未经批准生产、进口的仿制药品、代购药品</u>都不再属于假药。根据从旧兼从轻原则，在新法生效前未审结的案件，都应该适用新法的规定。

药品使用单位的人员明知是假药而提供给他人使用的，也构成本罪。

三、妨害药品管理罪

第 142 条之一 ［妨害药品管理罪］ 违反药品管理法规，有下列情形之一，足以严重危害人体健康的，处 3 年以下有期徒刑或者拘役，并处或者单处罚金；对人体健康造成严重危害或者有其他严重情节的，处 3 年以上 7 年以下有期徒刑，并处罚金：

（一）生产、销售国务院药品监督管理部门禁止使用的药品的；

（二）未取得药品相关批准证明文件生产、进口药品或者明知是上述药品而销售的；

（三）药品申请注册中提供虚假的证明、数据、资料、样品或者采取其他欺骗手段的；

（四）编造生产、检验记录的。

有前款行为，同时又构成本法第 141 条、第 142 条规定之罪或者其他犯罪的，依照处罚较重的规定定罪处罚。

本罪是《刑法修正案（十一）》规定的新罪，犯罪对象是假药和劣药以外的违禁药品，但是为了和行政违法相区别，成立本罪必须出现足以严重危害人体健康的具体危险。这里要特别注意《我不是药神》中所涉及的海外代购药品（未取得药品相关批准证明文件生产、进口药品或者明知是上述药品而销售的），按照修正案的规定，销售这些药品不再一律构成犯罪，除非可以证明上述药品足以严重危害人体健康，才构成本罪。

2022 年 3 月 3 日最高人民法院、最高人民检察院《关于办理危害药品安全刑事案件适用法律若干问题的解释》第 7 条第 1 款规定，实施妨害药品管理的行为，具有下列情形之一的，应当认定为《刑法》第 142 条之一规定的"足以严重危害人体健康"：①生产、销售国务院药品监督管理部门禁止使用的药品，综合生产、销售的时间、数量、禁止使用原因等情节，认为具有严重危害人体健康的现实危险的；②未取得药品相关批准证明文件生产药品或者明知是上述药品而销售，涉案药品属于本解释第 1 条第 1 项至第 3 项规定情形[1]

---

〔1〕 ①涉案药品以孕产妇、儿童或者危重病人为主要使用对象的；②涉案药品属于麻醉药品、精神药品、医疗用毒性药品、放射性药品、生物制品，或者以药品类易制毒化学品冒充其他药品的；③涉案药品属于注射剂药品、急救药品的。

的；③未取得药品相关批准证明文件生产药品或者明知是上述药品而销售，涉案药品的适应症、功能主治或者成分不明的；④未取得药品相关批准证明文件生产药品或者明知是上述药品而销售，涉案药品没有国家药品标准，且无核准的药品质量标准，但检出化学药成分的；⑤未取得药品相关批准证明文件进口药品或者明知是上述药品而销售，涉案药品在境外也未合法上市的；⑥在药物非临床研究或者药物临床试验过程中故意使用虚假试验用药品，或者瞒报与药物临床试验用药品相关的严重不良事件的；⑦故意损毁原始药物非临床研究数据或者药物临床试验数据，或者编造受试动物信息、受试者信息、主要试验过程记录、研究数据、检测数据等药物非临床研究数据或者药物临床试验数据，影响药品的安全性、有效性和质量可控性的；⑧编造生产、检验记录，影响药品的安全性、有效性和质量可控性的；⑨其他足以严重危害人体健康的情形。

小提醒

1. 未经批准的进口药品不再是假药，但是销售行为如果达到具体危险，也可能构成妨害药品管理罪；如果没有达到具体危险，不能以非法经营罪兜底适用，否则就严重违反了罪刑均衡原则。

2. 疫苗成分不足是劣药而非假药，但若疫苗变质则是假药。

3. 生产、销售、提供劣药罪是实害犯，必须出现对人体健康造成严重危害的实害结果方构成犯罪。和生产、销售、提供假药罪相同，《刑法修正案（十一）》也规定，药品使用单位的人员明知是劣药而提供给他人使用的，依照生产、销售、提供劣药罪的规定处罚。

4. 《刑法修正案（十一）》增加了妨害药品管理罪，这属于具体危险犯。生产、销售、提供假药罪是抽象危险犯，生产、销售、提供劣药罪是实害犯。

5. 在药品申请时进行数据造假，不再构成生产、销售假药罪，如果足以严重危害人体健康，则构成妨害药品管理罪。

想一想

乙用生理盐水冒充青霉素注射液，生产该注射液 10 万余支，未及售出即被查获，货值金额 20 万元，没有造成危害人体健康的后果。乙构成何罪？[1]

四、生产、销售不符合安全标准的食品罪

第 143 条 [生产、销售不符合安全标准的食品罪] 生产、销售不符合食品安全标准的食品，足以造成严重食物中毒事故或者其他严重食源性疾病的，处 3 年以下有期徒刑或者拘役，并处罚金；对人体健康造成严重危害或者有其他严重情节的，处 3 年以上 7 年以下有期徒刑，并处罚金；后果特别严重的，处 7 年以上有期徒刑或者无期徒刑，并处罚金或者没收财产。

本罪是指生产、销售不符合食品安全标准的食品，足以造成严重食物中毒事故或者其他严重食源性疾病的行为。

---

〔1〕 本罪是抽象危险犯，既然有生产行为，就成立生产、销售假药罪的既遂，同时还触犯了生产、销售伪劣产品罪（未遂），从一重罪论处。

本罪是具体危险犯,必须要具备"足以造成严重食物中毒事故或者其他严重食源性疾病"的危险,才构成本罪。根据司法解释的规定,经省级以上卫生行政部门确定的机构鉴定,食品中含有可能导致严重食物中毒事故或者其他严重食源性疾患的超标准的有害细菌或者其他污染物的,应认定为"足以造成严重食物中毒事故或者其他严重食源性疾病"。

根据2021年12月30日最高人民法院、最高人民检察院《关于办理危害食品安全刑事案件适用法律若干问题的解释》第1条的规定,具有下列情形之一的,应当认定为"足以造成严重食物中毒事故或者其他严重食源性疾病":①含有严重超出标准限量的致病性微生物、农药残留、兽药残留、生物毒素、重金属等污染物质以及其他严重危害人体健康的物质的;②属于病死、死因不明或者检验检疫不合格的畜、禽、兽、水产动物肉类及其制品的;③属于国家为防控疾病等特殊需要明令禁止生产、销售的;④特殊医学用途配方食品、专供婴幼儿的主辅食品营养成分严重不符合食品安全标准的;⑤其他足以造成严重食物中毒事故或者严重食源性疾病的情形。

在食品生产、销售、运输、贮存等过程中,违反食品安全标准,超限量或者超范围滥用食品添加剂,足以造成严重食物中毒事故或者其他严重食源性疾病的,以生产、销售不符合安全标准的食品罪定罪处罚。

在食用农产品种植、养殖、销售、运输、贮存等过程中,违反食品安全标准,超限量或者超范围滥用添加剂、农药、兽药等,足以造成严重食物中毒事故或者其他严重食源性疾病的,也以本罪定罪处罚。

五、生产、销售有毒、有害食品罪

第 144 条 [生产、销售有毒、有害食品罪] 在生产、销售的食品中掺入有毒、有害的非食品原料的,或者销售明知掺有有毒、有害的非食品原料的食品的,处5年以下有期徒刑,并处罚金;对人体健康造成严重危害或者有其他严重情节的,处5年以上10年以下有期徒刑,并处罚金;致人死亡或者有其他特别严重情节的,依照本法第141条的规定处罚。

本罪是指在生产、销售的食品中掺入有毒、有害的非食品原料的,或者销售明知掺有有毒、有害的非食品原料的食品的行为。

本罪是抽象危险犯,只要有生产、销售有毒、有害食品的行为,即构成本罪。根据司法解释的规定,在食品生产、销售、运输、贮存等过程中,掺入有毒、有害的非食品原料,或者使用有毒、有害的非食品原料生产食品的,以生产、销售有毒、有害食品罪定罪处罚。在食用农产品种植、养殖、销售、运输、贮存等过程中,使用禁用农药、食品动物中禁止使用的药品及其他化合物等有毒、有害的非食品原料,也以本罪定罪处罚。[1]

下列物质应当认定为"有毒、有害的非食品原料":①因危害人体健康,被法律、法

---

〔1〕 参考最高人民法院第70号指导案例"北京阳光一佰生物技术开发有限公司、习文有等生产、销售有毒、有害食品案"的裁判要旨:行为人在食品生产经营中添加的虽然不是国务院有关部门公布的《食品中可能违法添加的非食用物质名单》和《保健食品中可能非法添加的物质名单》中的物质,但如果该物质与上述名单中所列物质具有同等属性,并且根据检验报告和专家意见等相关材料能够确定该物质对人体具有同等危害的,应当认定为《刑法》第144条规定的"有毒、有害的非食品原料"。

规禁止在食品生产经营活动中添加、使用的物质；②因危害人体健康，被国务院有关部门列入《食品中可能违法添加的非食用物质名单》《保健食品中可能非法添加的物质名单》和国务院有关部门公告的禁用农药、《食品动物中禁止使用的药品及其他化合物清单》等名单上的物质；③其他有毒、有害的物质。

"有毒、有害的非食品原料"难以确定的，司法机关可以依据鉴定意见、检验报告、地市级以上相关行政主管部门组织出具的书面意见，结合其他证据作出认定。必要时，专门性问题由省级以上相关行政主管部门组织出具书面意见。

根据司法解释的规定，明知是使用盐酸克仑特罗（即瘦肉精）等禁止在饲料和动物饮用水中使用的药品或者含有该类药品的饲料养殖的供人食用的动物，而提供屠宰等加工服务，或者销售其制品的，构成本罪。

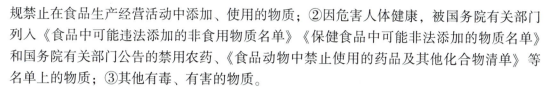

小提醒

有毒、有害食品和不符合安全标准的食品的区分：绝对不能吃的是有毒、有害食品，相对不能吃的是不符合安全标准的食品。死猪肉是不符合安全标准的食品，但吃农药而死的猪的肉是有毒、有害食品。在食品中含有下列物质的，属于有毒、有害食品：地沟油、瘦肉精、三聚氰胺。

？想一想

甲使用工业松香加热的方式对生猪头进行脱毛，并将加工后的猪头分离出猪头肉、猪耳朵、猪舌头、肥肉等销售给当地菜市场内的熟食店，销售金额达 61 万余元。乙明知甲所销售的猪头系用工业松香加工脱毛分离得到仍予以购买，并做成熟食在其经营的熟食店进行销售。经鉴定，被扣押的松香系工业松香，属食品添加剂外的化学物质，内含重金属铅，经反复高温使用后，铅等重金属含量升高，长期食用工业松香脱毛的禽畜类肉可能会对人体造成伤害。甲、乙的行为如何定性？两人成立共同犯罪吗？[1]

六、本专题犯罪的法条竞合

第 149 条［对生产、销售伪劣产品犯罪的法条适用原则］ 生产、销售本节第 141 条至第 148 条所列产品，不构成各该条规定的犯罪，但是销售金额在 5 万元以上的，依照本节第 140 条的规定定罪处罚。

生产、销售本节第 141 条至第 148 条所列产品，构成各该条规定的犯罪，同时又构成本节第 140 条规定之罪的，依照处罚较重的规定定罪处罚。

（一）法条竞合的兜底

生产、销售《刑法》第 141 条至第 148 条所列产品，不构成各该条规定的犯罪，但是销售金额在 5 万元以上的，依照《刑法》第 140 条的规定定罪处罚。这个条款应该理解为

---

［1］ 最高人民检察院第 13 号指导案例"徐孝伦等人生产、销售有害食品案"裁判要旨指出：在食品加工过程中，使用有毒、有害的非食品原料加工食品并出售的，应当认定为生产、销售有毒、有害食品罪；明知是他人使用有毒、有害的非食品原料加工出的食品仍然购买并出售的，应当认定为销售有毒、有害食品罪。所以，甲、乙二人均构成生产、销售有害食品罪，鉴于本罪是片面对向犯，所以二人分别成罪，不构成共同犯罪。

特别规定。例如，生产、销售不符合食品安全标准的食品，但没有造成严重食物中毒事故或其他严重食源性疾病的危险，故不构成生产、销售不符合安全标准的食品罪，但如果该行为销售金额在 5 万元以上，可以以生产、销售伪劣产品罪定罪。同样，如果销售金额未达 5 万元，但货值金额在 15 万元以上，可以生产、销售伪劣产品罪（未遂）论。

（二）法条竞合的处理

法条竞合本应实施特别法优于普通法原则，但《刑法》第 149 条第 2 款却规定了重法优于轻法的原则，这是一个例外规定。

[例1] 甲饲养生猪时在饲料中添加大量对人体有害的"瘦肉精"，销售金额达 6 万元。甲的行为构成生产、销售伪劣产品罪（既遂）和生产、销售有毒、有害食品罪，应当从一重罪论处。

[例2] 杨某生产假冒避孕药品，其成分为面粉和白糖，货值金额达 15 万多元，尚未销售即被查获。杨某的行为构成生产假药罪与生产、销售伪劣产品罪（未遂），应当从一重罪论处。

[例3] 某生物科技公司生产、销售劣药的行为既构成生产、销售劣药罪，又构成生产、销售伪劣产品罪，从一重罪论处。

七、本专题犯罪的其他问题

1. 实施本专题犯罪行为，同时又构成侵犯知识产权、非法经营等罪的，应该从一重罪论处。

2. 实施本专题犯罪行为，同时又以暴力、威胁方法抗拒查处的，以本专题犯罪和妨害公务罪数罪并罚。

3. 国家机关工作人员实施本专题犯罪的，从重处罚，这是司法解释规定的酌定从重情节。

4. 知道或者应当知道他人实施生产、销售伪劣商品犯罪，而为其提供贷款、资金、账号、发票、证明、许可证件，或者提供生产、经营场所或者运输、仓储、保管、邮寄等便利条件，或者提供制假生产技术的，以生产、销售伪劣商品犯罪的共犯论处。

5. 认识错误与重合。普通法和特别法在普通法范围内是重合的。同类法益，重法和轻法在轻法的范围内也是重合的。

[例1] 行为人主观上想生产、销售假药，客观上销售了劣药（造成严重后果），可以直接构成生产、销售劣药罪。

[例2] 不符合安全标准的食品与有毒、有害食品在前者的范围内是重合的。行为人主观上想生产销售不符合安全标准的食品，客观上销售了有毒、有害食品，可以构成生产、销售不符合安全标准的食品罪。

[例3] 张三想销售伪劣的农药，但却销售了伪劣的兽药。这属于选择罪名（生产、销售伪劣农药、兽药、化肥、种子罪）的认识错误，张三构成销售伪劣兽药罪。

[例4] 张三想销售伪劣的兽药，但却销售了人用的劣药，销售金额达 5 万元。兽药和劣药在伪劣产品的范围内重合，张三构成销售伪劣产品罪。

—————— 走 私 罪 ——————

走私罪是指违反海关法规，逃避海关监管，进行走私活动，破坏国家海关监管制度，情节严重的行为。破坏海关监管制度是本专题犯罪所侵犯的同类法益。本专题共 10 个罪名，它们分别为走私武器、弹药罪，走私核材料罪，走私假币罪，走私贵重金属罪，走私文物罪，走私珍贵动物、珍贵动物制品罪，走私国家禁止进出口的货物、物品罪，走私淫秽物品罪，走私废物罪，走私普通货物、物品罪。除了本专题的走私罪，《刑法》第 347 条还规定了走私毒品罪，该罪在有些方面可以适用本专题走私罪的规定。走私罪都可由单位构成。本专题中的走私罪都不再有死刑。

高 频 考 点

15.2

走私罪的认定

按照走私对象的不同，走私罪可以分为三类：

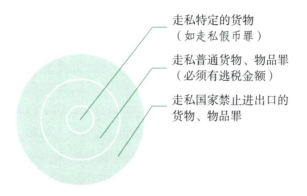

走私特定的货物
（如走私假币罪）

走私普通货物、物品罪
（必须有逃税金额）

走私国家禁止进出口的
货物、物品罪

- 走私普通货物、物品罪，构成这种走私罪必须有逃避应缴税额。
- 走私特定的货物，刑法具体列举了武器、弹药、核材料、淫秽物品等法律禁止或限制出入境物品，构成这些犯罪，无需有逃避应缴税额的要素，只要违反国家规定，走私这些刑法列举的对象，就构成犯罪。
- 走私国家禁止进出口的货物、物品罪。这是《刑法修正案（七）》规定的兜底罪名，用来填补前两类走私罪之间的空白。以前，刑法以具体列举的方式对第 2 类走私犯罪作了专门规定，走私所列举的违禁货物、物品以外的普通货物、物品的，按照偷逃关税的数额定罪量刑（走私普通货物、物品罪）。但在司法实践中，除了刑法所具体列举的禁止进出口的货物、物品外，还有许多禁止进出口的货物、物品，如进口来自疫区的动植物及其制品，出口古植物化石，走私报废车辆、盗版书籍等，并没有偷逃关税的具体数额规定，因此修正案规定了一个兜底条款，增加了走私国家禁止进出口的其他货物、物品的犯罪及刑事责任的规定。

一、走私武器、弹药罪

本罪是指违反海关法规，逃避海关监管，非法运输、携带、邮寄武器、弹药进出国

（边）境的行为。

根据司法解释的规定，走私枪支散件，走私各种弹药的弹头、弹壳，构成犯罪的，以走私武器、弹药罪定罪处罚。走私报废或者无法组装并使用的各种弹药的弹头、弹壳，构成犯罪的，以走私普通货物、物品罪定罪处罚；属于废物的，以走私废物罪定罪处罚。弹头、弹壳是否属于"报废或者无法组装并使用"或者"废物"，由国家有关技术部门进行鉴定。

本罪对象<u>不包括仿真枪</u>。对于走私仿真枪，司法解释规定，<u>走私国家禁止或者限制进出口的仿真枪</u>、管制刀具，构成犯罪的，以走私国家禁止进出口的货物、物品罪定罪处罚。走私的仿真枪经鉴定为枪支，构成犯罪的，以走私武器罪定罪处罚。不以牟利或者从事违法犯罪活动为目的，且无其他严重情节的，可以依法从轻处罚；情节轻微不需要判处刑罚的，可以免予刑事处罚。

走私武器、弹药后又<u>销售</u>的，应当以本罪和非法买卖枪支、弹药罪<u>数罪并罚</u>。

💡 **小 提 醒**

走私仿真枪根据情况构成走私武器罪或走私国家禁止进出口的货物、物品罪。但走私无法组装并使用（不属于废物）的弹头、弹壳可以构成走私普通货物、物品罪。

二、走私普通货物、物品罪

本罪是指走私其他走私犯罪以外的一切货物、物品，包括可以自由进出口的货物、物品，国家限制进出口的货物、物品，国家禁止进出口的货物、物品，进出国（边）境，偷逃关税，情节严重的行为。

1. 客观构成

《刑法修正案（八）》对本罪有较大修改，以往只要走私货物、物品偷逃应纳税额在5万元以上就构成犯罪，此次修改取消了具体数额的规定并增加了一种新的罪状，即"1年内曾因走私被给予2次行政处罚后又走私的"。因此，有两种客观行为可以构成本罪：一种是走私货物、物品<u>偷逃应缴税额较大</u>的，具体的数额标准法律没有规定，司法解释将其规定为"偷逃应缴税额在10万元以上不满50万元的"。另一种是俗称"蚂蚁搬家"的走私，即1年内曾因走私被给予2次行政处罚后又走私的，构成这种走私没有数额较大的要求。"1年内"，以因走私第一次受到行政处罚的生效之日与"又走私"行为实施之日的时间间隔计算确定；"被给予2次行政处罚"的走私行为，包括走私普通货物、物品以及其他货物、物品；"又走私"行为仅指走私普通货物、物品。例如，丙因走私假币、走私文物分别于2014年4月、10月被给予2次行政处罚，2015年3月又因走私笔记本电脑被查获。丙的行为属于1年内曾因走私被给予2次行政处罚又走私的情形，构成走私普通货物、物品罪。

2. 后续走私

在走私普通货物、物品罪中，有两种后续走私行为：①保税物品未经许可而内销：未经海关许可并且未补缴应缴税额，擅自将批准进口的来料加工、来件装配、补偿贸易的原材料、零件、制成品、设备等保税货物，在境内销售牟利的；②擅自销售特定减免税货物：未经海关许可并且未补缴应缴税额，擅自将特定减税、免税进口的货物、物品，在境内销售牟利的。这里的销售牟利可以是行为人为了追求更大利润而擅自销售的，也可以是行为人为了避免经营上的更大损失而擅自销售的，因此，无论行为人是否获利，都不影响走私罪的成立。例如，洪某系独资企业老板，因欠他人巨额债务，私自将免税购买的两辆进口轿车以市场价 160 万元充抵债务。这就属于此种走私，洪某将免税车抵债，偷逃了国家的关税。

> **小提醒**
>
> 后续走私发生在中国境内，没有通关的过程。同时，这两种后续走私会和逃税罪发生竞合关系。

3. 间接走私

《刑法》第 155 条规定了两种间接走私行为，它不仅对走私普通货物、物品罪适用，对于其他走私罪也适用。

（1）直接向走私人非法收购国家禁止进口物品的，或者直接向走私人非法收购走私进口的其他货物、物品，数额较大的。例如，直接向走私人购买走私枪支的，就应该直接以走私枪支罪论，而不能再以非法买卖枪支罪论。

（2）在内海、领海、界河、界湖运输、收购、贩卖国家禁止进出口物品的，或者运输、收购、贩卖国家限制进出口货物、物品，数额较大，没有合法证明的。

根据间接走私的规定，要注意如下问题：

（1）如果间接走私行为同时触犯非法买卖、运输、邮寄、储存枪支、弹药罪，非法买卖、运输、储存危险物质罪，出售、购买、运输假币罪等罪名，不再以这些犯罪论处，直接定走私罪。

（2）间接走私的罪名应该以所走私的对象进行定性。例如，直接向走私人收购假币，就应该构成走私假币罪。

> **小提醒**
>
> 明知是走私物而收购的，构成走私罪。收购是为了销售，因此明知是走私物而收藏的不构成走私罪。

三、其他问题

1. 单向走私

本专题中大部分犯罪既包括出口走私，也包括进口走私，但走私文物罪和走私贵重金属罪为单向犯罪，即在"进口"时不构成该罪。《刑法修正案（十一）》增加的走私人类遗传资源材料罪是禁止出口。走私废物罪正相反，"入境"时构成该罪。但根据法条竞合的兜底作用，如果走私贵重金属入境，偷逃应缴税额较大，虽然不构成走私贵重金属罪，但可以构成走私普通货物、物品罪。

2. 走私淫秽物品罪需以牟利或传播为目的。

3. 根据立法解释的规定，具有科学价值的古脊椎动物化石、古人类化石属于文物。走私上述物品出境的，可以构成走私文物罪。

？想一想

走私古无脊椎动物该当何罪?[1]

4. 走私的辅助行为

与走私罪犯通谋，为其提供贷款、资金、账号、发票、证明，或者为其提供运输、保管、邮寄或者其他方便的，以走私罪的共犯论处。构成共同犯罪在主观方面必须有事先通谋，客观方面也必须提供了方便。

5. 走私罪的既遂

实施走私犯罪，具有下列情形之一的，应当认定为犯罪既遂：①在海关监管现场被查获的；②以虚假申报方式走私，申报行为实施完毕的；③以保税货物或者特定减税、免税进口的货物、物品为对象走私，在境内销售的，或者申请核销行为实施完毕的。

6. 罪数问题

（1）武装掩护走私的，从重处罚。

（2）混合走私。在一次走私活动中，既走私普通货物、物品，又走私毒品、假币等物品的，应当认定行为人实施了数次走私行为，不能理解为想象竞合，而应数罪并罚。

（3）以暴力、威胁方法抗拒缉私的，须与妨害公务罪数罪并罚（不含走私毒品罪）。如果妨害公务行为造成国家机关工作人员重伤，则根据想象竞合，从一重罪论处，以故意伤害罪论，然后再与走私罪数罪并罚。例如，黄某、王某二人从境外走私入境假币150余万元。运载假币的渔船刚一到岸，即被海关缉私人员发现，黄某、王某手持铁棍、匕首将缉私人员打成重伤后携带假币逃走。这就应该以走私假币罪和故意伤害罪实施数罪并罚。

7. 认识错误

关于走私罪，要注意主客观相统一原则的运用。首先，如果主观上想实施特殊的走私罪，而客观上实施的是普通的走私罪，由于特殊和普通在普通的范围内重合，故成立走私普通货物、物品罪的既遂。其次，如果行为人主观上想实施某种特殊的走私罪（如想实施走私假币），而客观上实施了另外一种特殊的走私罪（如走私武器），由于这两种特定物品（如假币和武器）无法在各自的构成要件内重合，并且成立走私普通货物、物品罪需要有逃税的要求，但假币和武器没有侵犯税收制度，故只能在禁止进出口的货物、物品的范围内重合，成立走私国家禁止进出口的货物、物品罪。

？想一想

行为人主观上想走私武器，客观上走私了弹药，这如何处理？行为人主观上想走私伪造的货币，客观上走私了变造的货币，这又如何处理?[2]

---

[1] 不构成走私文物罪，但构成走私国家禁止进出口的货物、物品罪。

[2] 第一个案件属于选择重合，构成走私弹药罪。第二个案件属于普通与特殊在普通法中的重合，构成走私国家禁止进出口的货物、物品罪，因为走私假币罪仅限于伪造的货币，不包括变造的货币，而变造的货币没有逃税金额一说。

妨害对公司、企业的管理秩序罪

一、非国家工作人员受贿罪

第 163 条 ［非国家工作人员受贿罪］　公司、企业或者其他单位的工作人员，利用职务上的便利，索取他人财物或者非法收受他人财物，为他人谋取利益，数额较大的，处 3 年以下有期徒刑或者拘役，并处罚金；数额巨大或者有其他严重情节的，处 3 年以上 10 年以下有期徒刑，并处罚金；数额特别巨大或者有其他特别严重情节的，处 10 年以上有期徒刑或者无期徒刑，并处罚金。

公司、企业或者其他单位的工作人员在经济往来中，利用职务上的便利，违反国家规定，收受各种名义的回扣、手续费，归个人所有的，依照前款的规定处罚。

［受贿罪］　国有公司、企业或者其他国有单位中从事公务的人员和国有公司、企业或者其他国有单位委派到非国有公司、企业以及其他单位从事公务的人员有前两款行为的，依照本法第 385 条、第 386 条的规定定罪处罚。

本罪是指公司、企业或者其他单位的工作人员利用职务上的便利，索取他人财物或者非法收受他人财物，为他人谋取利益，数额较大的行为。

（一）犯罪构成

1. 客观构成。本罪包括索贿、收受贿赂和单纯受贿三种方式。

索贿和收受贿赂都必须要为他人谋取利益，这是本罪与《刑法》第 385 条规定的受贿罪的重大区别，在后罪中，只有收受贿赂需要为人谋取利益，索贿行为无需为人谋取利益。

单纯受贿是指在经济往来中，违反国家规定，收受各种名义的回扣、手续费，归个人所有。

2. 主体。本罪的主体为所有除国家工作人员以外的单位成员。公司、企业以外的其他单位，既包括事业单位、社会团体、村民委员会、居民委员会、村民小组等常设性小组，也包括为组织体育赛事、文艺演出或者其他正当活动而成立的组委会、筹委会、工程承包队等临时性的组织。例如，张某在担任村主任期间，多次收受他人较大财物，为他人租赁村集体所属的门面房提供方便，此行为就构成本罪。

《刑法修正案（十一）》提高了本罪的法定刑，最高可判无期徒刑。

（二）认定

本罪与受贿罪的最大的区别在于主体不同。本罪的主体是非国家工作人员，而受贿罪的主体是国家工作人员。对于主体的性质要从是否行使公权进行实质判断。

［例 1］　公立医院的医生利用开处方的便利，收取医药产品销售方回扣或者其他利益的行为构成本罪。普通医生开处方，这只是一种技术性的公共服务活动，没有利用公权，

数额较大的，只能以非国家工作人员受贿罪论处。

［例2］ 如果是医院科室主任等担任领导职务的人员接受请托，向医院推荐或者建议采购该医药产品，则属于公务范畴内行使公权，应按照受贿罪定罪量刑。

二、对非国家工作人员行贿罪

第164条 ［对非国家工作人员行贿罪］ 为谋取不正当利益，给予公司、企业或者其他单位的工作人员以财物，数额较大的，处3年以下有期徒刑或者拘役，并处罚金；数额巨大的，处3年以上10年以下有期徒刑，并处罚金。

［对外国公职人员、国际公共组织官员行贿罪］ 为谋取不正当商业利益，给予外国公职人员或者国际公共组织官员以财物的，依照前款的规定处罚。

单位犯前两款罪的，对单位判处罚金，并对其直接负责的主管人员和其他直接责任人员，依照第1款的规定处罚。

行贿人在被追诉前主动交待行贿行为的，可以减轻处罚或者免除处罚。

本罪是指为谋取不正当利益，给予公司、企业或者其他单位的工作人员以财物，数额较大的行为。构成本罪必须谋取的是不正当利益。

不正当利益包括实体不正当和程序不正当，前者是指行贿人谋取违反法律、法规、规章或者政策规定的利益，后者是指行贿人要求对方违反法律、法规、规章、政策、行业规范的规定提供帮助或者方便条件。在招标投标、政府采购等商业活动中，违背公平原则，给予相关人员财物以谋取竞争优势的，属于"谋取不正当利益"。

为了与国际公约相协调，《刑法修正案（八）》增加了一种情形，即"为谋取不正当商业利益，给予外国公职人员或者国际公共组织官员以财物的"，构成犯罪，从而将海外贿赂纳入刑法打击范围，扩大了我国刑法的适用范围，也使我国刑法与国际上的反腐法律接轨。

需要说明的是，海外行贿所谋取的利益并非"不正当利益"，而是"不正当商业利益"。因此，构成此类行贿必须为了谋取不正当的商业利益，在商业活动以外的其他活动中给予外国公职人员或者国际公共组织官员财物的，一般不构成此罪。

行贿人在被追诉前主动交待行贿行为的，可以减轻处罚或者免除处罚。

三、签订、履行合同失职被骗罪

第167条 ［签订、履行合同失职被骗罪］ 国有公司、企业、事业单位直接负责的主管人员，在签订、履行合同过程中，因严重不负责任被诈骗，致使国家利益遭受重大损失的，处3年以下有期徒刑或者拘役；致使国家利益遭受特别重大损失的，处3年以上7年以下有期徒刑。

本罪是指国有公司、企业、事业单位直接负责的主管人员，在签订、履行合同过程中，因严重不负责任被诈骗，致使国家利益遭受重大损失的行为。

1. 客观构成

在签订、履行合同过程中，因严重不负责任被诈骗，致使国家利益遭受重大损失。这里的严重不负责任，即玩忽职守，因不认真审查对方的合同主体资格、资信情况、履约能力、货源、合同标的的数量、质量等情况，导致被骗。金融机构、从事对外贸易经营活动的公司、企业的工作人员严重不负责任，造成大量外汇被骗购或者逃汇，致使国家利益遭受重大损失的，以本罪论处。本罪是对向犯，故其成立应当以对方当事人涉嫌诈骗、行为构成犯罪为前提。

2. 主体

签订、履行合同失职被骗罪的主体是国有公司、企业、事业单位直接负责的主管人员。如果是国家机关工作人员，则属于渎职罪。

3. 主观罪责

本罪由过失构成，行为人应当预见签订、履行合同可能被骗，因为疏忽大意而没有预见，或者已经预见而轻信能够避免，以致国家利益遭受重大损失。

 想一想

国有医院张医生通过开高价药处方，收取医药代表李四大量回扣。后张医生升任医院院长时，更是长期接受李四财物。后李四利用张医生的信任，与该医院签订价值 500 万元医疗器械合同，故意将已被淘汰的器械当作进口医疗器械卖给该医院。张医生在签订合同时亦未认真审查合同、查验样品，给医院造成重大损失。后李四携款逃往境外。张医生的行为构成何罪？[1]

专题 59

货币犯罪和票证犯罪

一、货币犯罪

高频考点

15.4

货币犯罪的认定

"货币"是指流通的以下货币：①人民币（含普通纪念币、贵金属纪念币）、港元、澳门元、新台币；②其他国家及地区的法定货币。贵金属纪念币的面额以中国人民银行授权中国金币总公司的初始发售价格为准。

 小提醒

境外的法定货币，即便在中国境内无法兑换或流通，也构成本罪对象。所以，伪造缅甸货币也构成伪造货币罪。

（一）伪造货币罪

第 170 条［伪造货币罪］ 伪造货币的，处 3 年以上 10 年以下有期徒刑，并处罚金；有下列情形之一的，处 10 年以上有期徒刑或者无期徒刑，并处罚金或者没收财产：

---

［1］ 国有医院的医生是否属于国家工作人员要看其利用的权力是技术性权力还是公共事务管理的权力。在本题中，张医生开处方利用的是技术性权力，所以构成非国家工作人员受贿罪。但张医生利用担任院长的职务来收受贿赂，利用的则是公共事务管理的权力，所以还构成受贿罪。同时，张医生严重不负责任，还构成签订、履行合同失职被骗罪。

（一）伪造货币集团的首要分子；

（二）伪造货币数额特别巨大的；

（三）有其他特别严重情节的。

1. 犯罪构成

（1）法益。本罪所侵害的法益是货币的公共信用，即人们对于货币作为一般等价物的信心。因此，如果所伪造的货币没有侵害货币的公共信用，如伪造银元、伪造不能流通的货币，就不应以本罪定罪，但可能构成诈骗罪。

❓想一想

甲伪造了大量硬币（纪念币）并置入流通，在国家不能分辨真伪，不得不承认其所伪造的硬币也有效时，甲的行为构成伪造货币罪吗？[1]

（2）行为构成。仿照真货币的图案、形状、色彩等特征非法制造假币，冒充真币的行为，应当认定为"伪造货币"。货币包括国内市场流通或者兑换的人民币和境外货币。

（3）行为主体。本罪只能由自然人构成，单位不构成本罪及其他妨害货币犯罪。但是单位可以构成走私假币罪。

（4）主观罪责。本罪为故意犯罪，但非目的犯，不需要以营利为目的。

2. 伪造和变造的区别

《刑法》第173条规定了变造货币罪，对真货币采用剪贴、挖补、揭层、涂改、移位、重印等方法加工处理，改变真币形态、价值的行为，应当认定为"变造货币"。

由于伪造货币不包括变造货币的行为，因此包括走私假币罪在内的其他货币犯罪，都不包括变造的货币。变造货币必须在真币的基础上进行。对于伪造的货币进行"变造"，或者在作废的货币上"变造"，均非变造，而应理解为伪造。但是，变造并不一定要求以少增多，同时并非所有对真币的加工都属于变造。对于真币进行的加工，在没有伤害其同一性的限度内，为变造；如果已经丧失了与真币的同一性，则为伪造。同一性应当符合两个特征：①必须是币种同一。例如，将人民币变造成美元则不属于变造，而是伪造。②必须在真币的基础上加工，不能将真币彻底毁掉后重造。例如，将金属货币融化后，以此为原料，加工成其他货币，则非变造，而是伪造。同时采用伪造和变造手段，制造真伪拼凑货币的行为，以伪造货币罪定罪处罚。

💡 小提醒

1. 变造货币并不一定需要以少增多。

2. 根本性重造属于伪造。

❓想一想

甲偶然翻动造纸厂内的碎纸堆时，发现纸堆下面有碎币（后查实属报废的货币碎片），拿回家后将货币碎片粘贴成残币10元、50元、100元若干张，合计5000余元，并以该钱被老鼠

---

[1] 这导致民众对货币的真实性产生疑问，构成伪造货币罪。

咬破为由将粘贴的残币带到某银行兑换。甲的行为如何定性?[1]

3. 共同犯罪

行为人制造货币版样或者与他人事先通谋，为他人伪造货币提供版样的，以伪造货币罪论。

4. 罪数：伪造货币并出售或运输伪造的货币，以伪造货币罪从重处罚。

5. 处罚：伪造货币罪不再有死刑。

（二）出售、购买、运输假币罪

本罪是指出售、购买伪造的货币，或者明知是伪造的货币而运输，数额较大的行为。

本罪是故意犯罪，无论刑法是否有"明知"的表述，都必须对假币存在明知。

出售和购买假币这两种行为属于对向犯，没有出售就不存在购买。同样，离开购买，出售也不复存在。出售者向未达刑事责任年龄之人出售假币，购买者由于缺乏刑事责任能力而不构成犯罪，但这并不妨碍出售者构成出售假币罪。

一般说来，出售是指将本人持有的假币有偿地转让给他人的行为，这种转让只要求支付财产对价即可；购买则是指支付对价获得假币的行为。因此，将假币无偿赠与他人的行为不属于出售行为，而是使用行为，受赠人也不成立购买假币罪，但可能构成持有假币罪。

［例］姚某欠李某 10 万元，姚某无力还款。在李某的一再追索下，姚某提出其存有一些假币，如果李某愿意，他同意按 1∶4 的比例给李某抵债。李某考虑到假币非常逼真，觉得要让姚某还清货款，也不是一年半载的事，于是收受了这 40 万元假币。姚某构成出售假币罪，李某构成购买假币罪。

（三）持有、使用假币罪

1. 持有与使用

持有是行为人明知是假币而将其置于自己支配之下，使用是行为人将假币投入普遍流通领域充当货币的行为。无论是在合法活动中，还是非法活动中，都存在使用假币的行为。一般说来，常见的假币使用方式有支付、存储、汇兑、以大换小、用作提供保证金、赠与他人等。如果行为人无意将假币置于普遍流通领域，则不构成使用假币罪。当然，如果行为人的使用行为并非货币的通常使用方式，则一般也不构成使用假币罪。

［例 1］在谈恋爱过程中，向女方显示假币证明自己有钱。

［例 2］在签订经济合同时，为显示自己的经济实力，将假币冒充真币出示给对方看。

由于这些使用行为并未使假币进入流通领域，因此不构成使用假币罪，但可能构成持有假币罪。

❓ 想一想

都某组织三名妇女在某市大街上招揽嫖客，然后带至都某事先布置好的出租房内从事卖淫嫖娼活动，都某则趁机潜入室内用假币调换嫖客衣服内的现金。都某以此手段组织上述卖淫妇女多次进行卖淫活动，调换嫖客真币 5000 余元，得款后都某与卖淫女平分赃款。都某的行为构

---

［1］甲的行为构成伪造货币罪。

成使用假币罪吗?[1]

2. 认定

（1）与出售、购买假币罪的区别。使用假币的前提一般具有诈骗性质，通常以对方不知道货币是伪造的为前提。如果对方知道货币是伪造的，则可能构成其他犯罪。

[例1] 甲欠乙1800元人民币，经乙多次催讨，甲提议用其购得的（无法查证）假人民币8000元偿还，乙表示同意并收下。在此案中，双方都知道是假人民币，这其实是债权与假币的对价交易关系，甲应以出售假币罪定罪，而乙构成购买假币罪。

[例2] 甲拿出假美元，乙信以为真，以略低于银行汇率的价格向甲购买了5万美元。甲的行为构成使用假币罪。

一般说来，购买者是否明知是假币，是使用假币罪与出售、购买假币罪的重要区别。但是，也有个别的使用假币行为无需具备诈骗性质。例如，赠与假币，即便接受人知道是假币，赠与人也构成使用假币罪。

💡 **小提醒**

使用假币不一定都有诈骗性质。把假币送人，无论对方是否知情，都不符合诈骗罪的构成要件，但都构成使用假币罪。

（2）与金融工作人员购买假币、以假币换取货币罪的区别。银行或者其他金融机构的工作人员购买伪造的货币或者利用职务上的便利，以伪造的货币换取货币的行为，其实是一种特殊的购买假币和使用假币行为，但被独立成罪。需要注意的是，金融工作人员购买假币不需要利用职务便利，而以假币换取货币，需要利用职务便利。

（四）罪数

1. 选择罪名无论对象同一还是不同一，都不数罪并罚。

2. 行为人伪造货币又出售、购买、运输、持有、使用他人所伪造的货币的，数罪并罚。

3. 出售、运输假币构成犯罪，同时又有使用假币行为的，数罪并罚。

二、伪造、变造金融票证罪

金融票证是指票据（汇票、支票、本票）、金融凭证（委托收款凭证、汇款凭证、银行存单及其他结算凭证）、信用证（或附随单据）、信用卡等。信用卡的行为方式是伪造，其他金融票证的行为方式是伪造、变造。

本罪关键是要注意它与金融诈骗罪的牵连关系。一般说来，伪造、变造金融票证后再实施金融诈骗的，属牵连犯，由于这种牵连是一种高度牵连，故应该从一重罪论处。

---

[1] 这是一种调包行为，并非通常的使用方式，不构成使用假币罪，构成盗窃罪。

贷款犯罪和洗钱罪

一、贷款犯罪

（一）高利转贷罪

本罪是指以转贷牟利为目的，套取金融机构信贷资金高利转贷他人，违法所得数额较大的行为。本罪主观方面是直接故意，而且具有高利转贷他人牟利的目的。目的产生在贷款之前。如果贷款之后再产生转贷的目的，则不构成本罪。

（二）贷款诈骗罪

本罪是以非法占有为目的，采用虚构事实、隐瞒真相的方法，诈骗银行或者其他金融机构的贷款，数额较大的行为。

1. 客观表现

刑法列举了五种贷款诈骗的表现方式：①编造引进资金、项目等虚假理由；②使用虚假的经济合同；③使用虚假的证明文件；④使用虚假的产权证明作担保或者超出抵押物价值重复担保；⑤以其他方法诈骗贷款。

2. 行为主体

本罪是自然人犯罪，对于单位实施的贷款诈骗行为，不能以贷款诈骗罪定罪处罚，但可以以贷款诈骗罪追究直接负责的主管人员和其他直接责任人员的刑事责任。

3. 主观罪责

本罪是故意犯罪，必须有非法占有贷款的目的。非法占有的目的应当产生于贷款之前，如果在合法贷款之后，由于情势变化产生犯罪目的，并实施转移、隐匿贷款行为，不构成本罪。

（三）骗取贷款、票据承兑、金融票证罪

本罪是指以欺骗手段取得银行或者其他金融机构贷款、票据承兑、信用证、保函等，给银行或者其他金融机构造成重大损失的行为。《刑法修正案（十一）》删除了具有其他严重情节也可以入罪的条款。

本罪与贷款诈骗罪最大的区别在于是否有"非法占有"的目的。如果采用欺骗手段骗取银行贷款，主观上想归还，但客观上无法归还，给银行造成重大损失，则不构成贷款诈骗罪。

（四）违法发放贷款罪

本罪是指银行或者其他金融机构的工作人员违反国家规定发放贷款，数额巨大或者造成重大损失的行为。凡是不符合国家规定的贷款条件却发放贷款的，均属于违反国家规定发放贷款。

[例1] 张某为了买房，通过伪造相关材料，以欺骗手段获取银行贷款300万元，后无法归还银行本息。张某构成骗取贷款罪，不构成贷款诈骗罪。

[例2] 李某因公司发展需要，向银行申请抵押贷款1000万元，后因公司经营不善，李某便将贷款以更高的利息，转贷给了其他公司。李某不构成犯罪（高利转贷罪必须先有高利转贷目的）。

[例3] 赵某是某国有银行行长，其在收受甲公司50万元好处费后，明知甲公司不符合贷款条件，仍然向甲公司发放贷款3000万元，导致银行遭受重大损失。甲公司构成单位行贿罪，赵某构成受贿罪、违法发放贷款罪，数罪并罚。

二、洗钱罪

第191条 [洗钱罪] 为掩饰、隐瞒毒品犯罪、黑社会性质的组织犯罪、恐怖活动犯罪、走私犯罪、贪污贿赂犯罪、破坏金融管理秩序犯罪、金融诈骗犯罪的所得及其产生的收益的来源和性质，有下列行为之一的，没收实施以上犯罪的所得及其产生的收益，处5年以下有期徒刑或者拘役，并处或者单处罚金；情节严重的，处5年以上10年以下有期徒刑，并处罚金：

（一）提供资金帐户的；

（二）将财产转换为现金、金融票据、有价证券的；

（三）通过转帐或者其他支付结算方式转移资金的；

（四）跨境转移资产的；

（五）以其他方法掩饰、隐瞒犯罪所得及其收益的来源和性质的。

单位犯前款罪的，对单位判处罚金，并对其直接负责的主管人员和其他直接责任人员，依照前款的规定处罚。

本罪是指明知是毒品、黑社会性质的组织、恐怖活动、走私、贪污贿赂、破坏金融管理秩序、金融诈骗犯罪的所得及其产生的收益，而掩饰、隐瞒其来源和性质的行为。

1. 犯罪构成

（1）客观行为。本罪是为七种上游犯罪掩饰、隐瞒其犯罪所得及其产生的收益的来源和性质的行为。这七种犯罪是毒品、黑社会性质的组织、走私、恐怖活动、贪污贿赂、破坏金融管理秩序、金融诈骗犯罪。犯罪所得包括犯罪行为的直接所得和间接所得，还包括犯罪行为所取得的报酬。例如，参加黑社会性质组织并实施财产犯罪，如敲诈勒索所获得的财产，也属于洗钱罪的对象。

构成洗钱罪，应当以上游犯罪事实成立为认定前提。上游犯罪尚未依法裁判，但查证属实的，不影响本罪的认定。上游犯罪事实可以确认，因行为人死亡等原因依法不予追究刑事责任的，不影响本罪的认定。上游犯罪事实可以确认，依法以其他罪名定罪处罚的，也不影响本罪的认定。

洗钱有五种行为模式：①提供资金账户；②将财产转为现金或金融票据、有价证券；③通过转账或者其他支付结算方式转移资金；④跨境转移资产；⑤以其他方法掩饰、隐瞒犯罪所得及其收益的来源和性质。

2009年11月4日最高人民法院《关于审理洗钱等刑事案件具体应用法律若干问题的解释》第2条规定，具有下列情形之一的，可以认定为"以其他方法掩饰、隐瞒犯罪所得及其收益的来源和性质"：①通过典当、租赁、买卖、投资等方式，协助转移、转换犯罪所得及其收益的；②通过与商场、饭店、娱乐场所等现金密集型场所的经营收入相混合的方式，协助转移、转换犯罪所得及其收益的；③通过虚构交易、虚设债权债务、虚假担保、虚报收入等方式，协助将犯罪所得及其收益转换为"合法"财物的；④通过买卖彩票、奖券等方式，协助转换犯罪所得及其收益的；⑤通过赌博方式，协助将犯罪所得及其收益转换为赌博收益的；⑥协助将犯罪所得及其收益携带、运输或者邮寄出入境的；⑦通过前述规定以外的方式协助转移、转换犯罪所得及其收益的。

 小提醒

比较常见的洗钱方法有：汇款式洗钱；混业经营式洗钱；赌博式洗钱；越境式洗钱。

（2）主观罪责。本罪是故意犯罪，必须存在明知，即知道在为七种上游犯罪的犯罪分子进行洗钱。"明知"应当结合被告人的认知能力，接触他人犯罪所得及其收益的情况，犯罪所得及其收益的种类、数额，犯罪所得及其收益的转换、转移方式以及被告人的供述等主、客观因素进行认定。

司法解释规定，具有下列情形之一的，可以认定被告人明知系犯罪所得及其收益，但有证据证明确实不知道的除外：①知道他人从事犯罪活动，协助转换或者转移财物的；②没有正当理由，通过非法途径协助转换或者转移财物的；③没有正当理由，以明显低于市场的价格收购财物的；④没有正当理由，协助转换或者转移财物，收取明显高于市场的"手续费"的；⑤没有正当理由，协助他人将巨额现金散存于多个银行账户或者在不同银行账户之间频繁划转的；⑥协助近亲属或者其他关系密切的人转换或者转移与其职业或者财产状况明显不符的财物的；⑦其他可以认定行为人明知的情形。

被告人将《刑法》第 191 条规定的某一上游犯罪的犯罪所得及其收益误认为《刑法》第 191 条规定的上游犯罪范围内的其他犯罪所得及其收益的，不影响《刑法》第 191 条规定的"明知"的认定。例如，主观上认为是在为毒贩洗钱，但客观上却是在为贪污罪犯洗钱，这依然构成洗钱罪。

小提醒

"明知"按照一般人的观念进行推定。

（3）行为主体。洗钱罪的主体可以是单位。《刑法修正案（十一）》删除"协助"一词，"自洗钱"也可以构成本罪。例如，贩卖毒品之后自己洗钱，洗钱行为不再属于不可罚之事后行为，构成洗钱罪，应当数罪并罚。

2. 认定

（1）与上游犯罪共同犯罪的区别

事前有通谋，为上游犯罪人实施洗钱的，应当按照共同犯罪处罚；事前无通谋，虽然在事后知道了其来源的非法性，但是不构成共同犯罪，而应当按照洗钱罪的规定定罪处罚。例如，《刑法》第 156 条规定，与走私罪犯通谋，为其提供贷款、资金、帐号、发票、证明，或者为其提供运输、保管、邮寄或者其他方便的，以走私罪的共犯论处。

（2）与其他犯罪的区别

本罪与《刑法》第312条规定的掩饰、隐瞒犯罪所得、犯罪所得收益罪，《刑法》第349条规定的窝藏、转移、隐瞒毒品、毒赃罪存在竞合关系。司法解释规定，明知是犯罪所得及其产生的收益而予以掩饰、隐瞒，构成《刑法》第312条规定的犯罪，同时又构成《刑法》第191条或者第349条规定的犯罪的，依照处罚较重的规定定罪处罚。

掩饰、隐瞒犯罪所得、犯罪所得收益罪与洗钱罪是普通法和特别法的关系，为洗钱罪中七种上游犯罪以外的其他犯罪洗钱的行为，不构成洗钱罪，但可能构成掩饰、隐瞒犯罪所得、犯罪所得收益罪。

窝藏、转移、隐瞒毒品、毒赃罪与洗钱罪的最大区别在于：前者一般不具备使赃款表面合法化的特征，它只是改变赃款的空间位置或者存在状态，对其进行隐匿或转移，逃避司法机关的追查；而后者是通过金融机构等方式使赃款表面合法化。

💡 **小提醒**

洗钱罪是把黑钱漂白，转移毒赃罪是黑钱的空间转移，一般并未漂白。但是如果将毒赃带至境外，则既构成洗钱罪，又构成转移毒赃罪，应当从一重罪论处。

❓ **想一想**

1. 刘某伪造货币，获利颇丰，并告诉丙此钱是盗窃所得，让丙帮其投资，掩饰犯罪所得。丙构成何罪？[1]

2. 张三是电信诈骗犯罪分子，让李四为其洗钱。两人应该如何定性？[2]

3. 国家工作人员甲收受乙行贿的一套房屋，丙知情却仍然用一幅价值800万元的名画与甲交换了房屋，这构成洗钱罪吗？[3]

专题 **61**

非法集资犯罪

高频考点

15.6

非法集资犯罪的认定

刑法中涉及非法集资犯罪的罪名共有七个，分别是《刑法》第160条规定的欺诈发行证券罪，第174条第1款规定的擅自设立金融机构罪，第176条规定的非法吸收公众存款罪，第179条规定的擅自发行股票、公司、企业债券罪，第192条的集资诈骗罪，第224条之一规定的组织、领导传销活动罪以及第225条规定的非法经营罪。其中，擅自设立金融机构可以视为非法

---

〔1〕丙主观上想掩饰、隐瞒犯罪所得，客观上在洗钱，在普通法掩饰、隐瞒犯罪所得罪的范围内重合，故成立掩饰、隐瞒犯罪所得罪的既遂。同时，刘某构成伪造货币罪和洗钱罪（间接正犯）。

〔2〕电信诈骗应当以诈骗罪论处，因其不属于洗钱罪的上游犯罪，故张三只构成诈骗罪，不构成掩饰、隐瞒犯罪所得罪，而李四则构成掩饰、隐瞒犯罪所得罪。

〔3〕倘若认为洗钱罪的保护法益是或者主要是金融管理秩序，就难以认为丙的行为构成洗钱罪，但可以构成掩饰、隐瞒犯罪所得罪。

集资的准备行为，或者说是广义上的非法集资行为。非法吸收公众存款罪，欺诈发行证券罪，擅自发行股票、公司、企业债券罪，组织、领导传销活动罪，非法经营罪五个罪名属于刑法上处理非法集资犯罪的主体罪名。在这五个罪名中，非法吸收公众存款罪具有基础性意义，属于非法集资犯罪的一般法规定，其他四个罪名则属于特别法规定。集资诈骗罪是非法集资犯罪的加重罪名。

 小 提 醒

只需要掌握非法吸收公众存款罪、非法经营罪、集资诈骗罪。

一、非法吸收公众存款罪

本罪是指违反金融管理法规，非法吸收公众存款或者变相吸收公众存款，扰乱金融秩序的行为。

（一）客观方面

根据司法解释的规定，违反国家金融管理法律规定，向社会公众（包括单位和个人）吸收资金的行为，同时具备下列四个条件的，除《刑法》另有规定的以外，应当认定为《刑法》第 176 条规定的"非法吸收公众存款或者变相吸收公众存款"：

1. 未经有关部门依法许可或者借用合法经营的形式吸收资金。（非法性）

 想一想

银行可能构成本罪吗？[1]

2. 通过网络、媒体、推介会、传单、手机信息等途径向社会公开宣传。（公开性）
3. 承诺在一定期限内以货币、实物、股权等方式还本付息或者给付回报。（利诱性）
4. 向社会公众即社会不特定对象吸收资金。未向社会公开宣传，在亲友或者单位内部针对特定对象吸收资金的，不属于非法吸收或者变相吸收公众存款。社会公众包括单位和个人。（社会性）

需要注意的是，根据规范性文件的规定，对于特定性要作一定的限制：①在向亲友或者单位内部人员吸收资金的过程中，明知亲友或者单位内部人员向不特定对象吸收资金而予以放任的；②以吸收资金为目的，将社会人员吸收为单位内部人员，并向其吸收资金的。这两种情况依然符合社会性。

司法解释将下列行为认定为非法吸收公众存款的行为：①不具有房产销售的真实内容或者不以房产销售为主要目的，以返本销售、售后包租、约定回购、销售房产份额等方式非法吸收资金的；②以转让林权并代为管护等方式非法吸收资金的；③以代种植（养殖）、租种植（养殖）、联合种植（养殖）等方式非法吸收资金的；④不具有销售商品、提供服务的真实内容或者不以销售商品、提供服务为主要目的，以商品回购、寄存代售等方式非法吸收资金的；⑤不具有发行股票、债券的真实内容，以虚假转让股权、发售虚构债券等

---

[1] 当然可以。它可以借用合法经营形式吸收资金。

方式非法吸收资金的；⑥不具有募集基金的真实内容，以假借境外基金、发售虚构基金等方式非法吸收资金的；⑦不具有销售保险的真实内容，以假冒保险公司、伪造保险单据等方式非法吸收资金的；⑧以网络借贷、投资入股、虚拟币交易等方式非法吸收资金的；⑨以委托理财、融资租赁等方式非法吸收资金的；⑩以提供"养老服务"、投资"养老项目"、销售"老年产品"等方式非法吸收资金的；⑪利用民间"会""社"等组织非法吸收资金的；⑫其他非法吸收资金的行为。

💡 小 提 醒

此十二种情况，不需要记忆，理解即可，只要符合非法性、公开性、利诱性和社会性，均构成非法吸收公众存款。

[例1] 被告人高某以高额"尾息"（即利息）为诱饵，利用"经济互助会"的形式，采取"会书"承诺的方法，先后"邀会"41组，其中5万元1组，3万元2组，2万元5组，1万元22组，5000元2组，2000元5组，1000元3组，500元1组。非法集资总金额共为3404.285万元，放出会款总金额为3222.6万元，扣除"放会"款，高某共获得他人"上会"款181.685万元。

[例2] 张三以办理美容院会员卡可以打折为名，向顾客集资，筹集大量会员费，用于投资理财。张三不构成非法吸收公众存款罪，因为打折并非利诱性。

（二）主观方面

本罪的主观方面出于故意，不需要有非法占有的目的，如果有非法占有之目的，则可能成立集资诈骗罪。

（三）处罚

非法吸收或者变相吸收公众存款的数额，以行为人所吸收的资金全额计算。在提起公诉前积极退赃退赔，减少损害结果发生的，可以从轻或者减轻处罚；在提起公诉后退赃退赔的，可以作为量刑情节酌情考虑。

非法吸收或者变相吸收公众存款，主要用于正常的生产经营活动，能够在提起公诉之前清退所吸收的资金的，可以免予刑事处罚；情节显著轻微危害不大的，不作为犯罪处理。

《刑法修正案（十一）》增设了退赃退赔从宽条款，在提起公诉前积极退赃退赔，减少损害结果发生的，可以从轻或者减轻处罚；同时增加了一个加重情节，可处10年以上有期徒刑。

二、集资诈骗罪

本罪是指以非法占有为目的，使用诈骗方法非法集资，数额较大的行为。

1. 客观构成

本罪的客观行为与非法吸收或者变相吸收公众存款相同，必须符合非法吸收公众存款罪的四个入罪条件。

在司法实践中，常见的欺骗方法主要有：虚构客观上不存在的公司、企业非法集资；

伪造金融机构印章，假冒金融机构集资；利用多层次传销方式集资；利用虚假的证券交易形式集资；等等。

2. 主观责任

本罪是直接故意犯罪，且存在非法占有的目的。

司法解释规定，使用诈骗方法非法集资，具有下列情形之一的，可以认定为"以非法占有为目的"：①集资后不用于生产经营活动或者用于生产经营活动与筹集资金规模明显不成比例，致使集资款不能返还的；②肆意挥霍集资款，致使集资款不能返还的；③携带集资款逃匿的；④将集资款用于违法犯罪活动的；⑤抽逃、转移资金、隐匿财产，逃避返还资金的；⑥隐匿、销毁账目，或者搞假破产、假倒闭，逃避返还资金的；⑦拒不交代资金去向，逃避返还资金的；⑧其他可以认定非法占有目的的情形。

3. 认定

集资诈骗罪中的非法占有目的，应当区分情形进行具体认定。行为人部分非法集资行为具有非法占有目的的，对该部分非法集资行为所涉集资款以集资诈骗罪定罪处罚；非法集资共同犯罪中部分行为人具有非法占有目的，其他行为人没有非法占有集资款的共同故意和行为的，对具有非法占有目的的行为人以集资诈骗罪定罪处罚。

集资诈骗的数额以行为人实际骗取的数额计算，在案发前已归还的数额应予扣除。行为人为实施集资诈骗活动而支付的广告费、中介费、手续费、回扣，或者用于行贿、赠与等费用，不予扣除。行为人为实施集资诈骗活动而支付的利息，除本金未归还可予折抵本金以外，应当计入诈骗数额。

小提醒

1. 依据部分犯罪共同说，集资诈骗罪和非法吸收公众存款罪在非法吸收公众存款罪的范围内重合，在重合部分可以成立共同犯罪。
2. 案发前已归还的数额应当从集资诈骗罪的数额中扣除。

---

4. 处罚

本罪的死刑条款被取消。

《刑法修正案（十一）》调整了法定刑档次，同时取消对罚金数额的限定。另外，《刑法修正案（十一）》也对单位犯罪的处罚进行了修订，使单位犯罪处罚与自然人保持一致。

想一想

沈某伙同刘某等人，在敦煌市注册成立国泰公司，对外声称该公司由深圳的置银信公司提供通道，是香港证券公司的远程大户室，利用闭路电视线与山东卫视视频连接制造虚假模拟恒生指数交易，由置银信公司通过电话提供虚假交易信息，诱骗期货交易人入场交易，共吸纳资金200多万元，后获得资金130多万元，其中大部分被沈某以假名祝石峰收取并挥霍。沈某的行为应该如何定性？[1]

---

〔1〕 主观上有非法占有目的，客观上属于非法吸收公众存款，故成立集资诈骗罪。

三、非法集资型的非法经营罪

这主要涉及的是《刑法》第 225 条第 3 项 "未经国家有关主管部门批准非法经营证券、期货、保险业务的，或者非法从事资金支付结算业务的"。

1. 私募基金

有关司法解释规定，违反国家规定，未经依法核准擅自发行基金份额募集基金，情节严重的，以非法经营罪定罪处罚。

2. 非法从事资金支付结算业务的认定

《刑法修正案（七）》增加的 "非法从事资金支付结算业务的"，针对的是 "地下钱庄"，即在金融机构以外，非法从事金融业务的组织或个人的俗称。从目前查处的情况来看，地下钱庄主要包括以下金融活动：①非法买卖外汇，跨境汇兑；②非法吸收存款、放贷；③非法从事境内资金转移、分散、提取现金等活动。

> **小提醒**
>
> 构成这类非法经营罪，客观上亦是非法吸收公众存款，符合非法性、公开性、利诱性和社会性四个特征。如果主观上同时有非法占有目的，则构成集资诈骗罪。

专题 62

金融诈骗罪

金融诈骗罪，是指在金融活动中，采用虚构事实或者隐瞒真相的方法，骗取数额较大的公私财物的行为。刑法中涉及金融诈骗犯罪的罪名共有 8 个。

一、金融诈骗罪的基本知识

1. 法益

本专题犯罪侵犯的主要法益是金融管理秩序，同时还侵犯财产权利。

2. 客观行为

金融诈骗罪是特殊的诈骗罪，它与诈骗罪在客观方面是相同的，都是行为人实施欺骗行为，导致被害人陷入认识错误，被害人基于认识错误处分财产，最后行为人因此获得财产。

3. 行为主体

在金融诈骗罪中，贷款诈骗罪、信用卡诈骗罪、有价证券诈骗罪无单位犯罪，其他都有单位犯罪。

> **小提醒**
>
> 单位贷款诈骗的，对单位可以合同诈骗罪定罪。

4. 主观罪责

作为诈骗罪的特殊类型，无论法条是否明确规定，在主观上，本专题犯罪都必须有非法占有的目的。在司法实践中，认定是否具有非法占有的目的，应当坚持主客观相一致的原则，既要避免单纯根据损失结果客观归罪，也不能仅凭被告人自己的供述，而应当根据案件具体情况具体分析。根据司法解释的规定，对于行为人通过诈骗的方法非法获取资金，造成数额较大资金不能归还，并具有下列情形之一的，可以认定为具有非法占有的目的：①明知没有归还能力而大量骗取资金的；②非法获取资金后逃跑的；③肆意挥霍骗取资金的；④使用骗取的资金进行违法犯罪活动的；⑤抽逃、转移资金、隐匿财产，以逃避返还资金的；⑥隐匿、销毁账目，或者搞假破产、假倒闭，以逃避返还资金的；⑦其他非法占有资金、拒不返还的行为。但是，在处理具体案件的时候，对于有证据证明行为人不具有非法占有目的的，不能单纯以财产不能归还就按金融诈骗罪处罚。

5. 处罚

本专题犯罪均不再有死刑。

二、票据诈骗罪

本罪是指以非法占有为目的，进行金融票据诈骗活动，数额较大的行为。

本罪包括五种行为方式：

1. 明知是伪造、变造的汇票、本票、支票而使用的。

2. 明知是作废的汇票、本票、支票而使用的。

3. 冒用他人的汇票、本票、支票的。

4. 签发空头支票或者与其预留印鉴不符的支票，骗取财物的。

5. 汇票、本票的出票人签发无资金保证的汇票、本票或者在出票时作虚假记载，骗取财物的。

三、金融凭证诈骗罪

本罪是指使用伪造、变造的委托收款凭证、汇款凭证、银行存单等其他银行结算凭证的行为。需要注意的是，冒用他人的银行存单取钱的，不构成此罪，也不构成其他金融诈骗罪，而应以诈骗罪论处。

 小 提 醒

存单是金融凭证，而不是金融票据。

四、信用证诈骗罪

本罪是金融诈骗罪中唯一一个抽象危险犯，其行为方式包括：

1. 使用伪造、变造的信用证或者附随的单据、文件的。

2. 使用作废的信用证的。

3. 骗取信用证的。

4. 以其他方法进行信用证诈骗活动的。

五、信用卡诈骗罪

高频考点

15.7

信用卡诈骗罪
的认定

第196条 ［信用卡诈骗罪］ 有下列情形之一，进行信用卡诈骗活动，数额较大的，处5年以下有期徒刑或者拘役，并处2万元以上20万元以下罚金；数额巨大或者有其他严重情节的，处5年以上10年以下有期徒刑，并处5万元以上50万元以下罚金；数额特别巨大或者有其他特别严重情节的，处10年以上有期徒刑或者无期徒刑，并处5万元以上50万元以下罚金或者没收财产：

（一）使用伪造的信用卡，或者使用以虚假的身份证明骗领的信用卡的；

（二）使用作废的信用卡的；

（三）冒用他人信用卡的；

（四）恶意透支的。

前款所称恶意透支，是指持卡人以非法占有为目的，超过规定限额或者规定期限透支，并且经发卡银行催收后仍不归还的行为。

［盗窃罪］ 盗窃信用卡并使用的，依照本法第264条的规定定罪处罚。

本罪是指以非法占有为目的，进行信用卡诈骗活动，数额较大的行为。

（一）客观构成

1. 犯罪对象

根据立法解释的规定，信用卡是指由商业银行或者其他金融机构发行的具有消费支付、信用贷款、转账结算、存取现金等全部功能或者部分功能的电子支付卡。因此，它既包括可以透支的贷记卡，也包括不能透支的借记卡。

💡 **小提醒**

借记卡也属于"信用卡"。

---

2. 行为方式

信用卡诈骗的行为方式有四种：

（1）使用伪造的信用卡，或者使用以虚假的身份证明骗领的信用卡。

❓**想一想**

使用变造的信用卡，应当如何处理？[1]

（2）使用作废的信用卡。

（3）冒用他人信用卡。根据2018年修正的最高人民法院、最高人民检察院《关于办理妨害信用卡管理刑事案件具体应用法律若干问题的解释》第5条第2款的规定，下列情形属于"冒用他人信用卡"：①拾得他人信用卡并使用的；②骗取他人信用卡并使用的；③窃取、收买、骗取或者以其他非法方式获取他人信用卡信息资料，并通过互联网、通讯终端等使用的；④其他冒用他人信用卡的情形。

---

［1］ 此处的伪造包括变造，故也构成信用卡诈骗罪。

（4）恶意透支。根据司法解释的规定，持卡人以非法占有为目的，超过规定限额或者规定期限透支，经发卡银行两次有效催收后超过 3 个月仍不归还的，应当认定为"恶意透支"。

对于是否以非法占有为目的，应当综合考虑，进行合理推定，不能客观归罪，不能单纯依据持卡人未按规定还款的事实就认定存在非法占有目的。

司法解释规定了一些具体的推定情形：具有以下情形之一的，应当认定为《刑法》第 196 条第 2 款规定的"以非法占有为目的"，但有证据证明持卡人确实不具有非法占有目的的除外：①明知没有还款能力而大量透支，无法归还的；②使用虚假资信证明申领信用卡后透支，无法归还的；③透支后通过逃匿、改变联系方式等手段，逃避银行催收的；④抽逃、转移资金，隐匿财产，逃避还款的；⑤使用透支的资金进行犯罪活动的；⑥其他非法占有资金，拒不归还的情形。[1]

> 💡 **小提醒**
>
> 1. 构成恶意透支型信用卡诈骗的，必须在透支前就有非法占有的目的，同时主体必须是法律上的持卡人。
> 2. 非法占有目的不能客观归罪，但可以根据一般人的经验进行推定，如使用透支的资金进行犯罪活动。

（二）认定

1. 机器能否被骗

原则上机器不能被骗，但要注意法律和司法解释的例外规定。

（1）拾得他人信用卡并在自动柜员机（ATM 机）上使用的行为，根据司法解释的规定，属于"冒用他人信用卡"的情形，构成犯罪的，以信用卡诈骗罪追究刑事责任；

（2）盗窃信用卡并使用，依照盗窃罪定罪处罚，无需区分对机器和对人；

（3）抢劫信用卡并使用，依照抢劫罪定罪处罚，无需区分对机器和对人。

2. 盗窃信用卡并使用

《刑法》第 196 条第 3 款规定，盗窃信用卡并使用的，依照《刑法》第 264 条（盗窃罪）的规定定罪处罚。由于存在法律的特别规定，因此盗窃信用卡后使用的，一律以盗窃罪定罪。

"盗窃信用卡并使用"是一种特殊的盗窃罪，它包括两个步骤：

（1）盗窃信用卡。这不包括盗窃伪造的信用卡并使用，也不包括盗窃信用卡信息资料，在网上银行和电话银行使用，这两种情况都应以信用卡诈骗罪论处。

> 💡 **小提醒**
>
> 窃取他人手机银行的信用卡信息并使用的，构成信用卡诈骗罪（同时还触犯《刑法》第 177 条之一第 2 款规定的窃取信用卡信息罪）。但是盗窃手机，使用手机中的支

---

　〔1〕　2018 年 11 月 28 日最高人民法院、最高人民检察院《关于办理妨害信用卡管理刑事案件具体应用法律若干问题的解释》。

付宝、微信银行的，由于没有侵犯信用卡管理秩序，故只构成盗窃罪。当然，如果是窃取或骗取他人的借记卡信息资料，通过支付宝关联到该银行卡信息，将卡内钱款占为己有的行为，则构成信用卡诈骗罪。

（2）使用该盗窃的信用卡。"使用"必须按照信用卡的通常用途使用。

［例1］盗窃信用卡后克隆新卡再用的，不属于使用，而是"使用伪造的信用卡"，构成信用卡诈骗罪。

［例2］盗窃信用卡，在ATM机中存假币，在另外的机器中取真币的，由于存取现金是信用卡的通常用途，所以属于使用，构成盗窃罪（和使用假币罪）。

明知他人盗窃信用卡，并帮助其使用的，属于盗窃罪的共同犯罪；如果误认为他人盗窃的信用卡为拾捡的信用卡而使用，则不属于盗窃信用卡后使用，应当以信用卡诈骗罪论处。例如，张某窃得同事一张银行借记卡及身份证，向丈夫何某谎称路上所拾。张某与何某根据身份证号码试出了借记卡密码，持卡消费5000元。张某构成盗窃罪，何某构成信用卡诈骗罪。

💡 小提醒

盗窃信用卡并使用构成盗窃罪，包括盗窃信用卡和使用信用卡两个步骤，在任何一个步骤加入的，都可以成立共同犯罪。但在犯罪结束之后加入的，则不能成立共同犯罪。

［例1］张某窃得同事一张银行借记卡及身份证，告诉丈夫何某实情。张某与何某根据身份证号码试出了借记卡密码，持卡消费5000元。张某和何某构成盗窃罪的共同犯罪。

［例2］张某窃得钱包，包内有3000元钱和一张银行借记卡及身份证。张某让丈夫何某将钱收好，但将借记卡扔掉。丈夫同意，但私下根据身份证号码试出了借记卡密码，持卡消费5000元。张某构成盗窃罪（3000元），何某的行为不属于盗窃信用卡并使用，而是单纯地使用被盗窃的信用卡，构成信用卡诈骗罪。

3. 抢劫信用卡并使用

根据司法解释的规定，抢劫信用卡并使用或者抢劫手机使用手机银行等电子支付，依照抢劫罪定罪处罚，无需区分对机器和对人。

4. 信用卡套现的定性

使用销售点终端机具（POS机）等方法，以虚构交易、虚开价格、现金退货等方式向信用卡持卡人直接支付现金，情节严重的，可构成非法经营罪。

套现者一般不构成犯罪，但如果属于恶意透支，则可以信用卡诈骗罪论处。

5. 骗领信用卡并使用

使用虚假的身份证明领取信用卡，《刑法修正案（五）》第1条将此规定为妨害信用卡管理罪。《刑法修正案（五）》第2条还将使用以虚假的身份证明骗领的信用卡的行为补充规定为信用卡诈骗罪的行为方式之一。因此，骗领信用卡并使用的行为，属于妨害信用卡管理罪与信用卡诈骗罪的牵连犯，应当从一重罪论处。

6. 其他方式获取信用卡并使用

采取其他方式如拾捡、骗取等方式获得信用卡再使用的，构成信用卡诈骗罪。根据相关司法解释的规定，信用卡犯罪首先取决于行为人如何获得信用卡，即首先看是否为盗窃与抢劫所得，若是，则属于盗窃罪、抢劫罪的问题；若不是盗窃或抢劫所得，而是拾捡、骗取、伪造、非法购买等所得之后并使用，则属于信用卡诈骗罪。

当然，信用卡诈骗属于三角诈骗，被骗人和被害人是不一致的，如果并非三角关系，则也不是信用卡诈骗罪。

💡 **小 提 醒**

关于信用卡犯罪，首先看是否属于盗窃或抢劫信用卡并使用，否则，具有三角诈骗性质的一般都是信用卡诈骗。

［例1］ 甲盗窃了乙的借记卡与身份证，记下了借记卡的卡号后将借记卡偷偷放回原处。随后，甲持乙的身份证并冒充乙向银行挂失。由于甲能向银行工作人员准确提供借记卡的持卡人姓名、卡号与密码，使银行工作人员信以为真。但甲并没有要求银行工作人员为其补办新的借记卡，而是让银行工作人员将乙借记卡中的 7000 余元全部转入自己的另一借记卡。甲并未使用所盗窃的信用卡，所以不属于盗窃信用卡并使用。故甲的行为构成信用卡诈骗罪（系使用以虚假的身份证明骗领的信用卡）。

［例2］ 捡拾信用卡的特约商户职员丙（非国家工作人员）接收到发卡银行止付通知后，假冒他人签名，在自己所在商场"购物"。在本案中，并非三角诈骗，银行没有被骗，受害人也并非持卡人，而是商场，故应认定为职务侵占罪。

六、保险诈骗罪

第 198 条 ［保险诈骗罪］ 有下列情形之一，进行保险诈骗活动，数额较大的，处 5 年以下有期徒刑或者拘役，并处 1 万元以上 10 万元以下罚金；数额巨大或者有其他严重情节的，处 5 年以上 10 年以下有期徒刑，并处 2 万元以上 20 万元以下罚金；数额特别巨大或者有其他特别严重情节的，处 10 年以上有期徒刑，并处 2 万元以上 20 万元以下罚金或者没收财产：

（一）投保人故意虚构保险标的，骗取保险金的；

（二）投保人、被保险人或者受益人对发生的保险事故编造虚假的原因或者夸大损失的程度，骗取保险金的；

（三）投保人、被保险人或者受益人编造未曾发生的保险事故，骗取保险金的；

（四）投保人、被保险人故意造成财产损失的保险事故，骗取保险金的；

（五）投保人、受益人故意造成被保险人死亡、伤残或者疾病，骗取保险金的。

有前款第 4 项、第 5 项所列行为，同时构成其他犯罪的，依照数罪并罚的规定处罚。

单位犯第 1 款罪的，对单位判处罚金，并对其直接负责的主管人员和其他直接责任人员，处 5 年以下有期徒刑或者拘役；数额巨大或者有其他严重情节的，处 5 年以上 10 年以下有期徒刑；数额特别巨大或者有其他特别严重情节的，处 10 年以上有期徒刑。

保险事故的鉴定人、证明人、财产评估人故意提供虚假的证明文件，为他人诈骗提供条件的，以保险诈骗的共犯论处。

本罪是指以非法占有为目的，进行保险诈骗活动，骗取保险金，数额较大的行为。

（一）构成要件

1. 客观行为

本罪的行为方式有五种，都是行为人虚构事实，欺骗保险公司，让保险公司陷入认识错误支付保险赔偿。

？想一想

投保人故意杀害被保险人的替身，而进行骗保的，构成保险诈骗罪吗？[1]

2. 行为主体

本罪的行为主体是特殊主体，为投保人、被保险人、受益人。其他人不能单独成立此罪，但可构成本罪的共同犯罪。同时，不具备特殊身份的人也不能构成此罪的间接正犯。若行为主体是保险方，则根据是否为国家工作人员，分别定性为贪污罪或职务侵占罪。

[例1] 个体户甲开办的汽车修理厂系某保险公司指定的汽车修理厂家。甲在为他人修理汽车时，多次夸大汽车毁损程度，向保险公司多报汽车修理费用，从保险公司骗取12万余元。甲不构成保险诈骗罪，只能以诈骗罪论处。

[例2] 个体户甲开办的汽车修理厂系某保险公司指定的汽车修理厂家。甲在为他人修理汽车时，请求被保险人夸大汽车毁损程度，向保险公司多报汽车修理费用，从保险公司骗取12万余元，然后给予被保险人提成。甲与被保险人构成保险诈骗罪的共同犯罪。

[例3] 某公司给甲配车，因甲赌博，车被他人拿走。甲遂对单位领导说此车被盗，单位领导信以为真，安排他人去保险公司理赔。甲构成诈骗罪的间接正犯。

（二）着手标准

本罪的着手标准是具备侵犯保险人的财产法益的现实危险。因此，如果投保人故意杀害被保险人，还没有前往保险公司骗保，则只属于保险诈骗的犯罪预备；只有开始向保险公司提出索赔请求，才属于着手。

（三）认定

1. 罪数

投保人、被保险人或者受益人编造未曾发生的保险事故，投保人、被保险人故意造成财产损失的保险事故，同时构成其他犯罪的，如放火罪、故意伤害罪、故意杀人罪等，依照数罪并罚的规定处罚。

需要说明的是，实施数罪并罚必须建立在2个犯罪实行行为的基础上，如果投保人故意杀害被保险人，还没有前往保险公司骗保，则只有故意杀人一个实行行为，保险诈骗只是犯罪预备，故只能以故意杀人罪和保险诈骗罪（犯罪预备）从一重罪论处，而不能数罪并罚。

2. 共同犯罪

保险事故的鉴定人、证明人、财产评估人故意提供虚假的证明文件，为他人诈骗提供

---

〔1〕 当然构成。虽然不构成第五种保险诈骗罪（投保人、受益人故意造成被保险人死亡、伤残或者疾病，骗取保险金的），但构成第三种保险诈骗罪。

条件的，以保险诈骗罪的共犯论处，不构成提供虚假证明文件罪。

3. 此罪与彼罪

保险公司的工作人员利用职务上的便利，故意编造未曾发生的保险事故进行虚假理赔，骗取保险金归自己所有的，以职务侵占罪定罪处罚。国有保险公司工作人员和国有保险公司委派到非国有公司从事公务的人员实施上述行为的，以贪污罪定罪处罚。

保险诈骗与合同诈骗也可能存在竞合关系。

危害税收征管罪

一、逃税罪

第 201 条 ［逃税罪］ 纳税人采取欺骗、隐瞒手段进行虚假纳税申报或者不申报，逃避缴纳税款数额较大并且占应纳税额 10% 以上的，处 3 年以下有期徒刑或者拘役，并处罚金；数额巨大并且占应纳税额 30% 以上的，处 3 年以上 7 年以下有期徒刑，并处罚金。

扣缴义务人采取前款所列手段，不缴或者少缴已扣、已收税款，数额较大的，依照前款的规定处罚。

对多次实施前两款行为，未经处理的，按照累计数额计算。

有第 1 款行为，经税务机关依法下达追缴通知后，补缴应纳税款，缴纳滞纳金，已受行政处罚的，不予追究刑事责任；但是，5 年内因逃避缴纳税款受过刑事处罚或者被税务机关给予 2 次以上行政处罚的除外。

本罪是指纳税人采取欺骗、隐瞒手段进行虚假纳税申报或者不申报，逃避缴纳税款数额较大并且占应纳税额 10% 以上，或者扣缴义务人采取欺骗、隐瞒手段，不缴或者少缴已扣、已收税款，数额较大的行为。

（一）犯罪构成

1. 客观行为

纳税人采取各种欺骗、隐瞒手段进行虚假纳税申报或者不申报，逃避缴纳税款数额较大的行为。

这包括两种逃税类型：一类是"采取欺骗、隐瞒手段进行虚假纳税申报"；一类是"不申报"，即不向税务机关进行纳税申报，主要表现为已经领取工商营业执照的法人实体不到税务机关办理税务登记，或者已经办理税务登记的法人实体虽然有经营活动，却不向税务机关申报，或者经税务机关通知申报而拒不申报的行为等。

2. 行为主体

特殊主体，由纳税人和扣缴义务人构成。无照经营的不免除其纳税义务，也可构成逃税罪。

（二）初犯不予追究刑事责任

满足三个条件可不追究刑事责任：

1. 在税务机关依法下达追缴通知后，补缴应纳税款。

2. 缴纳滞纳金。按照《税收征收管理法》第 32 条的规定，按日加收滞纳税款万分之五的滞纳金。

3. 已受到税务机关行政处罚。《税收征收管理法》规定，对于逃税的，税务机关可以处以 1 倍以上 5 倍以下的罚款。

需要特别指出的是，"不予追究刑事责任"的规定不适用于扣缴义务人，后者不缴或者少缴已扣、已收税款的行为虽然也属于违反税收征管规定的行为，但在性质上和偷逃税款还有所不同，《刑法修正案（七）》对此类行为没有作大的调整，基本延续了原来刑法的做法。

另外，"5 年内因逃避缴纳税款受过刑事处罚或者被税务机关给予 2 次以上行政处罚的除外"。当然，逃税受过 2 次处罚，到第 3 次受行政处罚时，仍需达到逃税数额比例标准，才构成犯罪。

二、骗取出口退税罪

本罪是指以假报出口或者其他欺骗手段，骗取国家出口退税款，数额较大的行为。

1. 骗税与逃税的区别

行为人如果根本没有纳税，而是捏造纳税，并编造出口的事实，骗取出口退税，则属于骗税；如果缴纳税款之后，采取假报出口，骗取所缴纳税款，则属于逃税。

2. 数罪并罚

根据《刑法》第 204 条第 2 款的规定，纳税人缴纳税款后，采取假报出口等欺骗方法，骗取所缴纳的税款的，依照逃税罪定罪处罚；骗取税款超过所缴纳的税款部分，则应认定为骗取出口退税罪，与逃税罪实行并罚。例如，某外贸公司在缴纳了 100 万元的税款后，采取假报出口的手段，骗得税务机关退税 180 万元，后被查获，对其中的 100 万元按逃税罪处理，余下的 80 万元按骗取出口退税罪处理。

三、抗税罪

本罪是指以暴力、威胁方法拒不缴纳税款的行为。

1. 主体只能是自然人，不能由单位构成。其他的税收犯罪可由单位构成。

2. 实施抗税行为故意致人重伤、死亡的，属于想象竞合，应以故意伤害罪、故意杀人罪定罪处罚。

3. 与纳税人或者扣缴义务人共同实施抗税行为的，以抗税罪的共犯依法处罚。

四、逃避追缴欠税罪

本罪是指纳税人欠缴应纳税款，采取转移或者隐匿财产的手段，致使税务机关无法追缴欠缴的税款的行为。

五、发票犯罪

根据不同的行为方式和行为对象，可以组合成十种罪名：①虚开增值税专用发票、用于骗取出口退税、抵扣税款发票罪；②伪造、出售伪造的增值税专用发票罪；③非法出售增值税专用发票罪；④非法购买增值税专用发票、购买伪造的增值税专用发票罪；⑤非法制造、出售非法制造的用于骗取出口退税、抵扣税款发票罪；⑥非法制造、出售非法制造的发票罪；⑦非法出售用于骗取出口退税、抵扣税款发票罪；⑧非法出售发票罪；⑨虚开发票罪；⑩持有伪造的发票罪。需要注意如下几个问题：

1. 共同对合与片面对合。增值税专用发票是共同对合，伪造、出售（真或假）、购买（真或假）行为均构成犯罪。但其他发票（含出口退税发票）是片面对合，不惩罚单纯的购买（真或假）行为。

2. 虚开表现为为他人虚开、为自己虚开、让他人为自己虚开、介绍他人虚开四种行为之一。《刑法修正案（八）》规定，虚开普通发票也构成犯罪。

3. 非法购买增值税专用发票或者购买伪造的增值税专用发票又虚开或者出售的，属于吸收犯，分别依照虚开增值税专用发票罪、出售伪造的增值税专用发票罪、非法出售增值税专用发票罪定罪处罚。

4. 盗窃（或诈骗）得到增值税专用发票或者可以用于骗取出口退税、抵扣税款的其他发票的，定盗窃罪（或诈骗罪）。

5. 实施骗取出口退税犯罪，同时构成虚开增值税专用发票罪等其他犯罪的，依照处罚较重的规定定罪处罚。

6. 《刑法修正案（八）》增加了持有伪造的发票罪，即明知是伪造的发票而持有，数量较大的行为。这里的发票包括增值税专用发票，用于出口退税、抵扣税款的发票和其他发票。单位也可构成本罪。

7. 如果没有侵犯税收利益，则不构成发票犯罪。例如，不具有骗取国家税款的目的，未造成国家税款损失，其行为不构成虚开增值税专用发票罪。

六、税务机关追缴税款优先原则

犯税收之罪，被判处罚金、没收财产的，在执行前，应当先由税务机关追缴税款和所骗取的出口退税款。

专题 64

---- 侵犯知识产权罪 ----

一、假冒注册商标罪

第 213 条 [假冒注册商标罪] 　未经注册商标所有人许可，在同一种商品、服务上使用与其注册商标相同的商标，情节严重的，处 3 年以下有期徒刑，并处或者单处罚金；情节特别严重的，处 3 年以上 10 年以下有期徒刑，并处罚金。

第 214 条 ［销售假冒注册商标的商品罪］ 销售明知是假冒注册商标的商品，违法所得数额较大或者有其他严重情节的，处 3 年以下有期徒刑，并处或者单处罚金；违法所得数额巨大或者有其他特别严重情节的，处 3 年以上 10 年以下有期徒刑，并处罚金。

本罪是指未经注册商标所有人许可，在同一种商品或服务上使用与其注册商标相同的商标，情节严重的行为。

1. 相同商标的认定

相同商标是指与被假冒的注册商标完全相同，或者与被假冒的注册商标在视觉上基本无差别、足以对公众产生误导的商标。因此，假冒注册商标罪中的商标并不一定与真商标完全相同，只要足以使消费者产生误解即可视为相同。

2. 认定

（1）想象竞合犯。在生产、销售伪劣产品罪中又有假冒注册商标行为的，只能从一重罪论处，不实行数罪并罚。

（2）吸收犯。犯本罪又销售该假冒注册商标的商品的，只定本罪，不另定销售假冒注册商标的商品罪；但如果销售的是明知是他人的假冒注册商标的商品，则应数罪并罚。

二、侵犯著作权罪

高频考点

15.8

侵犯著作权罪的认定

第 217 条 ［侵犯著作权罪］ 以营利为目的，有下列侵犯著作权或者与著作权有关的权利的情形之一，违法所得数额较大或者有其他严重情节的，处 3 年以下有期徒刑，并处或者单处罚金；违法所得数额巨大或者有其他特别严重情节的，处 3 年以上 10 年以下有期徒刑，并处罚金：

（一）未经著作权人许可，复制发行、通过信息网络向公众传播其文字作品、音乐、美术、视听作品、计算机软件及法律、行政法规规定的其他作品的；

（二）出版他人享有专有出版权的图书的；

（三）未经录音录像制作者许可，复制发行、通过信息网络向公众传播其制作的录音录像的；

（四）未经表演者许可，复制发行录有其表演的录音录像制品，或者通过信息网络向公众传播其表演的；

（五）制作、出售假冒他人署名的美术作品的；

（六）未经著作权人或者与著作权有关的权利人许可，故意避开或者破坏权利人为其作品、录音录像制品等采取的保护著作权或者与著作权有关的权利的技术措施的。

第 218 条 ［销售侵权复制品罪］ 以营利为目的，销售明知是本法第 217 条规定的侵权复制品，违法所得数额巨大或者有其他严重情节的，处 5 年以下有期徒刑，并处或者单处罚金。

本罪是指以营利为目的，侵犯他人著作权或者与著作权有关的权利，违法所得数额较大或者有其他严重情节的行为。

（一）犯罪构成

1. 客观构成

本罪的行为方式有六种，犯罪对象为著作权或者与著作权有关的权利。

（1）未经著作权人许可，复制发行、通过信息网络向公众传播其文字作品、音乐、美术、视听作品、计算机软件及法律、行政法规规定的其他作品的。《刑法修正案（十一）》增加了通过信息网络向公众传播的手段，同时也增加了美术、视听作品两种作品形式。

根据 2007 年 4 月 5 日最高人民法院、最高人民检察院《关于办理侵犯知识产权刑事案件具体应用法律若干问题的解释（二）》第 2 条第 1 款的规定，复制发行包括复制、发行或者既复制又发行的行为。

💡 **小 提 醒**

相当于在"复制发行"中加一个顿号。

"发行"，包括总发行、批发、零售、通过信息网络传播以及出租、展销等活动。侵权产品的持有人通过广告、征订等方式推销侵权产品的，属于"发行"。

需要说明的是，如果行为人仅持有侵权产品，没有准备销售的证据，存在行为人为人保管或者其他可能，难以认定行为人构成此罪；如果仅有行为人通过广告、征订等方式宣传的证据，没有查获侵权产品，这也难以认定被告人侵犯了著作权。但如果行为人持有侵权产品，同时又通过广告、征订等方式推销侵权产品，在两方面证据都存在的情形下，按照该解释，可以理解为"发行"。[1]

💡 **小 提 醒**

只发行不复制必须要持有侵权产品。

［例 1］ 丙将盗版光盘予以出租，获利颇丰，这构成侵犯著作权罪。

［例 2］ 某视频网站有大量网友粘贴的侵权视频，其他人点播观看该视频需要向网站付费，这也构成侵犯著作权罪。

［例 3］ 丁将盗版光盘予以出售，获利颇丰，这直接构成销售侵权复制品罪。

❓ **想一想**

KTV 播放盗版歌曲，该行为是否属于"发行"，从而构成侵犯著作权罪？[2]

（2）出版他人享有专有出版权的图书的。

（3）未经录音录像制作者许可，复制发行、通过信息网络向公众传播其制作的录音录像的。

（4）未经表演者许可，复制发行录有其表演的录音录像制品，或者通过信息网络向公众传播其表演的。

（5）制作、出售假冒他人署名的美术作品的。

（6）未经著作权人或者与著作权有关的权利人许可，故意避开或者破坏权利人为其作品、录音录像制品等采取的保护著作权或者与著作权有关的权利的技术措施的。例如，游

---

［1］ 李洪江："《关于办理侵犯知识产权刑事案件具体应用法律若干问题的解释（二）》的理解和适用"，载《中国刑事审判指导案例》（第 2 册），法律出版社 2010 年版，第 572 页。

［2］ 不属于发行，不构成犯罪。

戏外挂程序，就属于此类情况，不再构成非法经营罪。

2. 主观罪责

本罪是目的犯，必须以营利为目的。根据司法解释的规定，以刊登收费广告等方式直接或者间接收取费用的情形，属于"以营利为目的"。

（二）认定

1. 与非法经营罪的区别

2011年1月10日最高人民法院、最高人民检察院、公安部《关于办理侵犯知识产权刑事案件适用法律若干问题的意见》指出："非法出版、复制、发行他人作品，侵犯著作权构成犯罪的，按照侵犯著作权罪定罪处罚，不认定为非法经营罪等其他犯罪。"对于非法出版、复制、发行他人作品，侵犯著作权构成犯罪的，不能再认定为非法经营罪，只能以侵犯著作权罪论处。

2. 与诈骗罪的区别

制作、出售假冒他人署名的美术作品的，这种诈骗行为已经为法律特别规定为侵犯著作权罪，不再定诈骗罪。但如果所假冒他人署名的美术作品超过著作权所保护的期限，或者所假冒他人署名的美术作品根本不存在著作权主体，那么由于这些行为没有侵犯著作权，只可能构成诈骗罪。

[例1] 赵某多次临摹某著名国画大师的一幅名画，然后署上该国画大师姓名并加盖伪造印鉴，谎称真迹，售得6万元。赵某的行为构成侵犯著作权罪。

[例2] 丁经常在自己的书画作品上，署某高级领导之名，获利颇丰。经查，该领导不好文墨，并无任何书画作品问世。丁某的行为构成诈骗罪。

3. 罪数

实施侵犯著作权犯罪，又销售该侵权复制品，构成犯罪的，应当以侵犯著作权罪定罪处罚，不能数罪并罚。但实施侵犯著作权犯罪，又销售明知是他人的侵权复制品，构成犯罪的，应当数罪并罚。

三、侵犯商业秘密罪

第219条 [侵犯商业秘密罪] 有下列侵犯商业秘密行为之一，情节严重的，处3年以下有期徒刑，并处或者单处罚金；情节特别严重的，处3年以上10年以下有期徒刑，并处罚金：

（一）以盗窃、贿赂、欺诈、胁迫、电子侵入或者其他不正当手段获取权利人的商业秘密的；

（二）披露、使用或者允许他人使用以前项手段获取的权利人的商业秘密的；

（三）违反保密义务或者违反权利人有关保守商业秘密的要求，披露、使用或者允许他人使用其所掌握的商业秘密的。

明知前款所列行为，获取、披露、使用或者允许他人使用该商业秘密的，以侵犯商业秘密论。

本条所称权利人，是指商业秘密的所有人和经商业秘密所有人许可的商业秘密使用人。

本罪是指采取盗窃、贿赂、欺诈、胁迫、电子侵入、擅自使用等不正当手段，侵犯商业秘密，情节严重的行为。

本罪的行为方式有四种：

1. 以盗窃、贿赂、欺诈、胁迫、电子侵入或者其他不正当手段获取权利人的商业秘密的。采取非法复制、未经授权或者超越授权使用计算机信息系统等方式窃取商业秘密的，应当认定为此处的"盗窃"。

其他不正当手段应当与盗窃、贿赂、欺诈、胁迫具有<u>等价值性</u>，如抢夺。捡拾商业秘密资料的行为本身，不属于以不正当手段获取权利人的商业秘密，因为<u>捡拾行为本身并非不正当手段</u>，故不能把捡拾商业秘密资料的行为本身与捡拾后不归还他人的行为混为一谈。例如，捡拾他人钱包的行为本身，并非属于不正当手段；只有捡拾钱包后不归还他人的行为，才属于不正当行为。

2. 披露、使用或者允许他人使用以前一种手段获取的权利人的商业秘密的。

3. 违反保密义务或者违反权利人有关保守商业秘密的要求，披露、使用或者允许他人使用其所掌握的商业秘密的。《刑法修正案（十一）》将原《刑法》的"约定"改为了更为清晰的"保密义务"的表述。

4. 明知上述所列行为，获取、披露、使用或者允许他人使用该商业秘密的。

商业秘密，是指不为公众所知悉、具有商业价值并经权利人采取相应保密措施的技术信息、经营信息等商业信息。

四、为境外窃取、刺探、收买、非法提供商业秘密罪

第 219 条之一 ［为境外窃取、刺探、收买、非法提供商业秘密罪］ 为境外的机构、组织、人员窃取、刺探、收买、非法提供商业秘密的，处 5 年以下有期徒刑，并处或者单处罚金；情节严重的，处 5 年以上有期徒刑，并处罚金。

本罪是《刑法修正案（十一）》的新增罪名。为了打击商业间谍，按照这个规定，无论为境外窃取、刺探、收买、非法提供国家秘密，还是商业秘密，都构成犯罪。如果是国家秘密，构成为境外窃取、刺探、收买、非法提供国家秘密罪，这是危害国家安全罪；但如果是商业秘密，则构成为境外窃取、刺探、收买、非法提供商业秘密罪；如果商业秘密同时还是国家秘密，则属于想象竞合，从一重罪论处。

专题65
扰乱市场秩序罪

一、合同诈骗罪

第 224 条 ［合同诈骗罪］ 有下列情形之一，以非法占有为目的，在签订、履行合同过程中，骗取对方当事人财物，数额较大的，处 3 年以下有期徒刑或者拘役，并处或者单处罚金；数额巨大或者有其他严重情节的，处 3 年以上 10 年以下有期徒刑，并处罚金；数额特别巨大或者有其他特别严重情节的，处 10 年以上有期徒刑或者无期徒刑，并处罚金或者没收财产：

（一）以虚构的单位或者冒用他人名义签订合同的；

（二）以伪造、变造、作废的票据或者其他虚假的产权证明作担保的；

（三）没有实际履行能力，以先履行小额合同或者部分履行合同的方法，诱骗对方当事人继续签订和履行合同的；

（四）收受对方当事人给付的货物、货款、预付款或者担保财产后逃匿的；

（五）以其他方法骗取对方当事人财物的。

本罪是指以非法占有为目的，在签订、履行合同过程中，虚构事实或隐瞒真相，骗取对方当事人财物，数额较大的行为。

（一）主观罪责

本罪是故意犯罪，必须具备非法占有的目的。非法占有目的可以产生于合同签订前，也可以产生于合同履行过程中。

（二）认定

1. 合同诈骗罪与民事欺诈的区分

首先，在客观上，两者都有欺诈行为，但欺骗的内容与程度有本质的区别。在合同诈骗中，行为人虚构或隐瞒的事实在基本方面都是虚假的，被害人因此陷入认识错误而处分财物；在民事欺诈中，行为人虽然也有虚构事实或者隐瞒真相的行为，但行为人只是对其履约能力或者服务的质量、性质有所夸大或虚构，其中仍然有真实的民事内容，行为人通过民事活动取得经济利益，并不是完全依靠欺诈行为骗取对方财物。

其次，在主观上，合同诈骗罪的行为人具备非法占有的目的；民事欺诈的行为人不具备非法占有的目的，其是为了经营，行为人有履约的诚意和一定的履约能力。[1]

? 想一想

甲得知乙公司要发展代理商的信息，便找到与乙公司有长期合作的李某，李某信誓旦旦，说没有问题，并让甲对外宣称已与乙公司取得合作，以免错过商机。后甲与丙公司签订合同，丙公司向甲购买乙公司生产的机器设备，甲在合同文本上亦宣称自己是乙公司的独家代理商。合同签订后，丙公司向甲支付了300万元货款，但其后，甲与乙公司没有达成合作事宜。甲由于经济困难，最后只能归还丙公司200万元。对于甲的行为，是否构成合同诈骗罪？[2]

2. 合同诈骗罪与金融诈骗罪的竞合

行为人实施金融诈骗罪，经常会采取经济合同的形式。例如，保险诈骗罪会采取保险合同，贷款诈骗罪会采取贷款合同。因此，这存在竞合，原则上适用金融诈骗罪，但是在诈骗数额特别巨大，以合同诈骗罪处罚可能会更重的情况下，则可以适用合同诈骗罪。

但是，如果表面上进行金融诈骗，但没有侵犯金融秩序，则只能以合同诈骗罪论处。例如，骗取他人担保申请贷款，由于行为人无法偿付贷款时，银行并无财产损失，只有担保人的财产才会遭到损失，因此只能以合同诈骗罪论处。当然，如果行为人提供虚假担保或者重复担保，骗取银行或者其他金融机构贷款，则构成贷款诈骗罪。

---

[1] 参见曲新久：《刑法学原理》，高等教育出版社2009年版，第325页。

[2] 因为没有非法占有的目的，所以不构成合同诈骗罪。

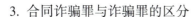

3. 合同诈骗罪与诈骗罪的区分

（1）在客体上，合同诈骗罪属于扰乱市场经济秩序罪，因此不仅要侵犯他人的财产权，还要侵犯社会主义市场经济秩序，合同诈骗罪中的"合同"必须与市场秩序有关。与市场秩序无关的合同（例如，不具有交易性质的赠与合同以及婚姻、监护、收养等有关身份关系的合同，劳动合同，行政合同等），一般不属于合同诈骗罪中的"合同"。

（2）在客观方面上，合同诈骗罪中的"合同"在诈骗中起关键作用。如果合同仅仅是一个幌子，则应认定为诈骗罪。

二、非法经营罪

第 225 条 ［非法经营罪］ 违反国家规定，有下列非法经营行为之一，扰乱市场秩序，情节严重的，处 5 年以下有期徒刑或者拘役，并处或者单处违法所得 1 倍以上 5 倍以下罚金；情节特别严重的，处 5 年以上有期徒刑，并处违法所得 1 倍以上 5 倍以下罚金或者没收财产：

高频考点

15.9

非法经营罪的认定

（一）未经许可经营法律、行政法规规定的专营、专卖物品或者其他限制买卖的物品的；

（二）买卖进出口许可证、进出口原产地证明以及其他法律、行政法规规定的经营许可证或者批准文件的；

（三）未经国家有关主管部门批准非法经营证券、期货、保险业务的，或者非法从事资金支付结算业务的；

（四）其他严重扰乱市场秩序的非法经营行为。

本罪是指违反国家规定，非法经营，扰乱市场秩序，情节严重的行为。

（一）行为方式

本罪的行为方式包括：①未经许可经营法律、行政法规规定的专营、专卖物品或者其他限制买卖的物品的；②买卖进出口许可证、进出口原产地证明以及其他法律、行政法规规定的经营许可证或者批准文件的；③未经国家有关主管部门批准非法经营证券、期货、保险业务的，或者非法从事资金支付结算业务的；④其他严重扰乱市场秩序的非法经营行为。

（二）认定

1. 其他非法经营行为。由于本罪第 4 项的规定非常不明确，导致本罪成为一个名副其实的口袋罪，最高司法机关已通过司法解释将本罪扩张了数次。例如，非法出版物的经营行为，非法经营电信业务的行为，生产、销售"瘦肉精"的行为，非法经营食盐的行为，特定时期哄抬物价、牟取暴利的行为，非法经营网吧的行为，擅自发行销售彩票的行为，私设生猪屠宰厂（场），从事生猪屠宰、销售等经营活动的行为，都属于非法经营行为。

2. 非法从事资金支付结算业务的认定。《刑法修正案（七）》增加的"非法从事资金支付结算业务的"针对的是"地下钱庄"。另外，使用销售点终端机具（POS 机）等方法，以虚构交易、虚开价格、现金退货等方式向信用卡持卡人直接支付现金，情节严重的，也可构成非法经营罪。

3. 私募基金。有关司法解释规定，违反国家规定，未经依法核准擅自发行基金份额募集基金，情节严重的，以非法经营罪定罪处罚。

> 💡 **小提醒**
>
> "地下钱庄"和"私募基金"构成非法经营罪必须要在客观上属于非法吸收公众存款的行为，符合该行为的四个特征。如果同时在主观上具备非法占有的目的，则构成集资诈骗罪。

4. 严重的高利贷行为。新的司法解释认为，严重的放高利贷行为构成非法经营罪。根据 2019 年 10 月 21 日实施的最高人民法院、最高人民检察院、公安部、司法部《关于办理非法放贷刑事案件若干问题的意见》第 1 条第 1、2 款，第 2 条第 1 款的规定，违反国家规定，未经监管部门批准，或者超越经营范围，以营利为目的，经常性地向社会不特定对象发放贷款，扰乱金融市场秩序，情节严重的，以非法经营罪定罪处罚。前款规定中的"经常性地向社会不特定对象发放贷款"，是指 2 年内向不特定多人（包括单位和个人）以借款或其他名义出借资金 10 次以上。其中高利贷需超过 36% 的实际年利率，个人非法放贷数额累计在 200 万元以上的，单位非法放贷数额累计在 1000 万元以上的，才达到入罪标准。2019 年 10 月 21 日之前的放高利贷行为不构成非法经营罪。

5. 违反国家规定。这是指违反全国人民代表大会及其常务委员会制定的法律和决定，国务院制定的行政法规、规定的行政措施、发布的决定和命令，不包括部门规章和地方性法规。

三、强迫交易罪

第 226 条 [强迫交易罪] 以暴力、威胁手段，实施下列行为之一，情节严重的，处 3 年以下有期徒刑或者拘役，并处或者单处罚金；情节特别严重的，处 3 年以上 7 年以下有期徒刑，并处罚金：

（一）强买强卖商品的；
（二）强迫他人提供或者接受服务的；
（三）强迫他人参与或者退出投标、拍卖的；
（四）强迫他人转让或者收购公司、企业的股份、债券或者其他资产的；
（五）强迫他人参与或者退出特定的经营活动的。

本罪是指以暴力、威胁手段强迫他人交易，情节严重的行为。注意，法律中没有将"其他手段"作为兜底条款。

强迫交易罪是对市场交易秩序的侵犯，因此这里的交易行为都必须与市场行为有关，如果是与市场交易无关的"交易"，那么即便有强迫行为，也不构成本罪。

[例1] 强迫他人放弃继承权，不构成强迫交易罪。
[例2] 强迫他人放弃诉权，不构成强迫交易罪。
[例3] 强迫乞讨等行为，不构成强迫交易罪。
[例4] 偷拍他人裸照，以向公众曝光威胁让他人转让股权，构成强迫交易罪。

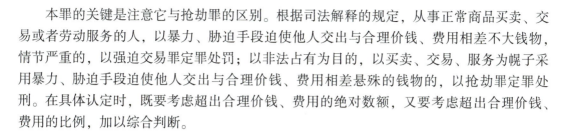

本罪的关键是注意它与抢劫罪的区别。根据司法解释的规定，从事正常商品买卖、交易或者劳动服务的人，以暴力、胁迫手段迫使他人交出与合理价钱、费用相差不大钱物，情节严重的，以强迫交易罪定罪处罚；以非法占有为目的，以买卖、交易、服务为幌子采用暴力、胁迫手段迫使他人交出与合理价钱、费用相差悬殊的钱物的，以抢劫罪定罪处刑。在具体认定时，既要考虑超出合理价钱、费用的绝对数额，又要考虑超出合理价钱、费用的比例，加以综合判断。

四、提供虚假证明文件罪

第 229 条第 1、2 款 [提供虚假证明文件罪] 承担资产评估、验资、验证、会计、审计、法律服务、保荐、安全评价、环境影响评价、环境监测等职责的中介组织的人员故意提供虚假证明文件，情节严重的，处 5 年以下有期徒刑或者拘役，并处罚金；有下列情形之一的，处 5 年以上 10 年以下有期徒刑，并处罚金：

（一）提供与证券发行相关的虚假的资产评估、会计、审计、法律服务、保荐等证明文件，情节特别严重的；

（二）提供与重大资产交易相关的虚假的资产评估、会计、审计等证明文件，情节特别严重的；

（三）在涉及公共安全的重大工程、项目中提供虚假的安全评价、环境影响评价等证明文件[1]，致使公共财产、国家和人民利益遭受特别重大损失的。

有前款行为，同时索取他人财物或者非法收受他人财物构成犯罪的，依照处罚较重的规定定罪处罚。

本罪是指承担资产评估、验资、验证、会计、审计、法律服务、保荐、安全评价、环境影响评价、环境监测等职责的中介组织的人员故意提供虚假证明文件的行为。

1. 本罪是特殊主体，即承担资产评估、验资、验证、会计、审计、法律服务、保荐、安全评价、环境影响评价、环境监测等职责的中介组织中的工作人员。

2. 本罪是故意犯罪。司法解释规定，生产经营单位提供虚假材料、影响评价结论，承担安全评价职责的中介组织的人员对评价结论与实际情况不符无主观故意的，不属于《刑法》第 229 条第 1 款规定的"故意提供虚假证明文件"。

3. 索取他人财物或非法收受他人财物，不再属于情节加重犯。如果同时构成提供虚假证明文件罪和受贿罪、非国家工作人员受贿罪，则依照处罚较重的规定定罪处罚。

4. 承担环境影响评价、环境监测、温室气体排放检验检测、排放报告编制或者核查等职责的中介组织的人员故意提供虚假证明文件，"情节严重"[2]的，构成本罪。

---

〔1〕 相关司法解释规定，承担安全评价职责的中介组织的人员提供的证明文件有下列情形之一的，属于《刑法》第 229 条第 1 款规定的"虚假证明文件"：①故意伪造的；②在周边环境、主要建（构）筑物、工艺、装置、设备设施等重要内容上弄虚作假，导致与评价期间实际情况不符，影响评价结论的；③隐瞒生产经营单位重大事故隐患及整改落实情况、主要灾害等级等情况，影响评价结论的；④伪造、篡改生产经营单位相关信息、数据、技术报告或者结论等内容，影响评价结论的；⑤故意采用存疑的第三方证明材料、监测检验报告，影响评价结论的；⑥有其他弄虚作假行为，影响评价结论的情形。

〔2〕 2023 年 8 月 15 日最高人民法院、最高人民检察院《关于办理环境污染刑事案件适用法律若干问题的解释》第 10 条第 1 款规定，承担环境影响评价、环境监测、温室气体排放检验检测、排放报告编制或者核查等职责的中介组

5. 本罪可能经常和诈骗罪、贪污罪、职务侵占罪等罪的帮助犯发生想象竞合关系。例如，在房屋拆迁过程中，中介人员受拆迁户指使，虚报拆迁面积，多骗补偿款，中介人员就构成诈骗罪的帮助犯，但同时也构成本罪，属于想象竞合。又如，药品注册申请单位的工作人员和药物非临床研究机构、药物临床试验机构、合同研究组织的工作人员共同实施（提供虚假药物非临床研究报告、药物临床试验报告及相关材料的）行为，骗取药品批准证明文件生产、销售药品，同时构成提供虚假证明文件罪和生产、销售假药罪的，依照处罚较重的规定定罪处罚。

💡 **小提醒**

本罪是不纯正的非实行行为（帮助犯）的实行化，并未完全排除总则的适用。

🏛 **模拟展望**

1. 张三系火腿厂厂长，员工向其反映该厂生产的一批火腿可能是病死猪肉所制，其置之不理，该火腿流向市场，销售金额达 20 万元。后经鉴定，该火腿确系病死猪肉所制。下列哪些说法是正确的？（多选）[1]

A. 该火腿厂成立单位犯罪

B. 此行为可附加罚金

C. 张三触犯生产、销售有毒、有害食品罪和生产、销售伪劣产品罪，依照处罚较重的规定处理

D. 张三触犯生产、销售不符合安全标准的食品罪和生产、销售伪劣产品罪，依照处罚较重的规定处理

2. 下列选项中不构成走私普通货物、物品罪的是：（单选）[2]

A. 甲进口自行车，在海关通关时谎报进口数额，偷逃应缴关税 20 万元

B. 乙未经许可，擅自将批准进口的来料加工的保税原材料，在境内销售牟利，未缴应缴税额 30 万元

C. 丙直接向走私人非法收购走私进口的手机，数额较大

D. 玩具生产商丁在缴纳增值税 10 万元后，在没有任何出口的情况下伪造单据假报出口，骗得出口退税款 8 万元

织的人员故意提供虚假证明文件，具有下列情形之一的，应当认定为《刑法》第 229 条第 1 款规定的"情节严重"：①违法所得 30 万元以上的；②2 年内曾因提供虚假证明文件受过 2 次以上行政处罚，又提供虚假证明文件的；③其他情节严重的情形。

[1] ABD。火腿厂并非以犯罪为主营业务，属于单位犯罪，A 项正确。对于贪利性犯罪，都可以附加罚金刑，B 项正确。病死猪肉不属于有毒、有害物质，属于不符合安全标准的食品，C 项错误。张三的行为构成生产、销售不符合安全标准的食品罪和生产、销售伪劣产品罪，依照处罚较重的规定处理，D 项正确。

[2] D。A 项属于典型的走私普通货物、物品罪。B 项属于后续走私，法律规定，未经海关许可并且未补缴应缴税额，擅自将特定减税、免税进口的货物、物品，在境内销售牟利的，构成走私普通货物、物品罪。C 项属于间接走私，明知是走私物而收购的，构成走私普通货物、物品罪。D 项不构成走私普通货物、物品罪，因为这种行为属于骗取出口退税。

3. 关于货币犯罪，下列说法正确的有：(多选)[1]

    A. 甲伪造大量货币后，又使用的，应以伪造货币罪一罪论处

    B. 乙运输伪造的货币，又大量使用的，应以运输假币罪一罪论处

    C. 丙为银行职员，没有利用职权便利，购买了大量假币，应以购买假币罪论处

    D. 丁走私伪造的货币后，又持有的，应以走私假币罪一罪论处

---

〔1〕 AD。甲伪造货币又使用的，这属于吸收犯，应以伪造货币罪一罪论处，A 项正确。最高人民法院《关于审理伪造货币等案件具体应用法律若干问题的解释》第 2 条第 2 款规定："行为人出售、运输假币构成犯罪，同时有使用假币行为的，依照刑法第 171 条、第 172 条的规定，实行数罪并罚。"B 项错误。《刑法》第 171 条第 2 款规定："银行或者其他金融机构的工作人员购买伪造的货币或者利用职务上的便利，以伪造的货币换取货币的，处 3 年以上 10 年以下有期徒刑……"因此，丙的行为构成金融工作人员购买假币罪，C 项错误。丁走私假币之后又持有，这也是吸收犯，应当以走私假币罪一罪论处，D 项正确。

第16讲 ◀◀◀
侵犯公民人身权利、民主权利罪

应试指导

复习提要

　　本讲讲授人身犯罪，主要掌握下列问题：引起他人自杀问题，故意杀人罪和故意伤害罪的转化，故意杀人罪、故意伤害罪与组织出卖人体器官罪的区别，强奸罪、强制猥亵、侮辱罪与侮辱罪的区别，非法拘禁罪的结果加重犯和转化犯，绑架罪，拐卖妇女、儿童罪的认定，收买被拐卖的妇女、儿童罪的罪数问题，诬告陷害罪与诽谤罪的区别，刑讯逼供罪与暴力取证罪的转化犯，遗弃罪与故意杀人罪的区别，强迫劳动罪与非法拘禁罪的区别，拐骗儿童罪与拐卖儿童罪的区别。

知识框架

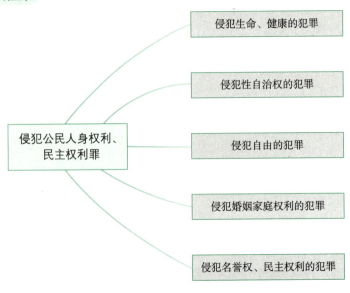

本讲犯罪所侵犯的法益是公民的人身权利和民主权利，包括侵犯生命、健康的犯罪，侵犯性自治权的犯罪，侵犯人身自由的犯罪，侵犯名誉的犯罪，侵犯民主权利的犯罪，妨害婚姻的犯罪。这些权利表面上属于个人利益，但在抽象上与公共利益有很大关系。例如，故意杀人罪不仅侵犯了生命权，还侵犯了作为人类整体的利益。因此，个人能否自由处分这些权利，在法律上就有很大争议。例如，授权他人杀害自己，授权丈夫重婚，授权他人侮辱自己，是否构成犯罪？一般认为，比较重要的个人利益（如生命权、重大的身体健康权），以及明显带有公共利益属性的个人利益（如民主权利、婚姻权利），个人是不能自由处分的，但相对次要的个人利益（如名誉权），一般可以自由处分。

专题 66
侵犯生命、健康的犯罪

一、故意杀人罪

第 232 条 ［故意杀人罪］ 故意杀人的，处死刑、无期徒刑或者 10 年以上有期徒刑；情节较轻的，处 3 年以上 10 年以下有期徒刑。

（一）客观构成

本罪在客观构成上表现为非法剥夺他人生命的行为，犯罪对象应当限制解释为"他人"，自杀行为不构成犯罪。

胎儿和尸体不是本罪之对象。

本人堕胎不是犯罪；故意造成妇女堕胎，损害妇女身体健康的，可以构成故意伤害罪。

损坏尸体的行为，也不构成本罪，但误认尸体为活人而加以杀害的，属于对象不能犯。

（二）与放火、爆炸等危害公共安全犯罪的区别

本罪与放火、爆炸等罪（采取放火、爆炸等手段杀人）存在竞合关系，这里的区别点在于是否危害了公共安全。

如果危害了公共安全，则应该以放火、爆炸等罪定性；如果没有危害公共安全，则应该以故意杀人罪定性。如果故意杀人之后，为了掩盖犯罪痕迹又实施放火、爆炸等危害公共安全的行为，则应数罪并罚。

（三）与刑法中规定的暴力犯罪致人死亡的关系

在刑法中，有多个暴力性犯罪规定了致人死亡的结果。对此要注意区分两种情况：

1. 如果该罪名规定致人死亡并不包括故意杀人的内容，而行为人却在实施这种犯罪时出于故意将人杀死，则属于想象竞合犯，应该从一重罪论处。例如，《刑法》第 257 条第 2 款规定的暴力干涉婚姻自由罪（以暴力干涉他人婚姻自由……致使被害人死亡的，处 2 年以上 7 年以下有期徒刑），如果行为人在实施暴力干涉婚姻自由行为时，出于故意将被害人杀死，则应以重罪故意杀人罪论处。但是如果行为人在暴力犯罪结束后又故意杀死被害人，则应该数罪并罚。

小 提 醒

故意杀人罪和很多犯罪（甚至非暴力犯罪）都可能出现竞合现象。

[例1] 甲盗窃严重心脏病患者随身携带的进口救心丸（价值达到数额较大标准），且明知患者的心脏病发作后如不及时吃救心丸就会死亡。患者心脏病发作时，因为没有救心丸而死亡。甲仅实施了一个行为，但该行为既触犯了盗窃罪，也触犯了故意杀人罪，应从一重罪（故意杀人罪）论处。

[例2] 法官乙明知甲犯故意伤害罪（轻伤），但因为徇私情，通过伪造证据等手段以故意杀人罪判处甲死刑，导致甲被执行死刑。乙的行为同时触犯了徇私枉法罪与故意杀人罪（间接正犯），应以故意杀人罪论处。

---

2. 某些暴力性犯罪，故意杀人的情节被吸收，不再单独论罪，而直接以该种暴力犯罪一罪处罚。例如，抢劫致人死亡、强奸致人死亡、劫持航空器致人死亡等。但是如果行为人在实施了上述暴力性犯罪之后，为了灭口、逃避侦查等将被害人杀害，应按照故意杀人罪和有关的暴力性犯罪进行并罚。

（四）转化犯的规定

根据《刑法》第238、247、248、289、292条的规定，对非法拘禁使用暴力致人死亡的，刑讯逼供或暴力取证致人死亡的，虐待被监管人致人死亡的，聚众"打砸抢"致人死亡的，聚众斗殴致人死亡的，应以故意杀人罪论处。

 小 提 醒

这些转化犯都是拟制规定。

（五）并罚的情况

在某些犯罪中，如果又实施了故意杀人行为，则应数罪并罚，比较重要的有如下几点：

1. 组织他人偷越国（边）境、运送他人偷越国（边）境中，对被组织人、被运送人、检查人员有杀害行为的。

2. 在拐卖妇女、儿童过程中，对被害人进行故意杀害的。

3. 实施保险诈骗，投保人、受益人故意造成被保险人死亡的。

4. 实施组织、领导、参加恐怖组织、黑社会性质组织，并实施杀人犯罪的。

（六）对引起他人自杀案件的处理

高频考点

16.1

引人自杀案件
的处理

1. 行为人实施的行为不具有违法性或是有轻微的违法性但并未达到犯罪的程度，引起他人自杀的，不存在刑事责任问题。

2. 行为人实施了某种犯罪行为，如非法拘禁、侮辱、诽谤等，而引起被害人自杀的，应当对他人自杀的结果承担刑事责任，但不能以故意杀人罪论处，而应以上述相关的犯罪定罪，将引起他人自杀作为从重情节。个别犯罪引起自杀可以以结果加重犯论处，如暴力干涉婚姻自由罪和虐待罪。

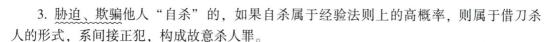

3. 胁迫、欺骗他人"自杀"的，如果自杀属于经验法则上的高概率，则属于借刀杀人的形式，系间接正犯，构成故意杀人罪。

[例 1] 丁欺骗就医的李某说其患上绝症，只有 2 个月的寿命，而且会非常痛苦地死去，但实际上李某非常健康。李某不忍连累家人，自杀身亡。丁构成故意杀人罪的间接正犯。

[例 2] 两人相约自杀，一方真心实意，另一方设下圈套，其真实意图在于剥夺对方生命。对后者应定故意杀人罪（间接正犯）。

[例 3] 组织和利用邪教组织制造、散布迷信邪说，指使、胁迫其成员或者其他人实施自杀行为的，应以故意杀人罪论处。

小 提 醒

1. 注意本罪与《刑法》第 300 条第 2 款规定的组织、利用会道门、邪教组织、利用迷信致人死亡罪的区别。此罪其实也是一种欺骗自杀的行为，但刑法将其独立成罪，它仅指组织和利用会道门、邪教组织或者利用迷信制作、散布迷信邪说，蒙骗其成员或者其他人实施绝食、自残、自虐等行为，或者阻止病人进行正常治疗，致人死亡的行为。如果采用胁迫手段，则仍然构成故意杀人罪。同时，《刑法修正案（九）》在第 300 条还增加了组织、利用会道门、邪教组织、利用迷信致人重伤罪，这采取的也是蒙骗手段，如果采取胁迫手段致人重伤，则也构成故意伤害罪。

2. 相约自杀有三种情况，除了上述例 2 的欺骗自杀外，还有：
   （1）相约自杀，各自实施自杀行为的，对自杀未遂者不能追究刑事责任。
   （2）两人相约自杀，由甲先将乙杀死再自杀，甲杀死乙后，无论由何种原因未死，均应追究刑事责任。这是故意杀人的实行行为，应认定为故意杀人罪。

4. 教唆或帮助自杀

教唆或帮助正常成年人自杀，一般不构成犯罪；若教唆、帮助无理解能力之人自杀，则属于故意杀人罪之间接正犯。

5. 得到被害人承诺的杀人

请求他人杀害自己，无论是安乐死还是其他方式，都不再是帮助自杀，而是故意杀人罪的实行行为。由于被害人对于生命没有承诺权，所以这种行为依然构成故意杀人罪。

附：利用自杀案件的处理

利用自杀类型	是否实行行为	正常成年人	精神病人或未成年人	特殊规定
胁迫、欺骗自杀	非实行行为	高概率导致自杀才构成间接正犯	故意杀人罪的间接正犯	（1）组织和利用邪教组织蒙骗他人，致人重伤、死亡罪，这是欺骗型自杀的特殊规定 （2）如果属于胁迫型，仍可能系故意杀人罪的间接正犯
		非高概率导致自杀不构成犯罪		
帮助、教唆自杀		一般不构成犯罪		

续表

利用自杀类型	是否实行行为	正常成年人	精神病人或 未成年人	特殊规定
得到被害人 承诺的杀人	实行行为	构成故意杀人罪的实行犯		——

？想一想

丈夫病重卧床，让妻子帮其购买毒药自杀。妻子将毒药买来后递给丈夫，丈夫服用数小时后死亡。妻子构成犯罪吗？[1]

（七）刑罚

故意杀人的，应该处死刑、无期徒刑或者 10 年以上有期徒刑；情节较轻的，处 3 年以上 10 年以下有期徒刑。情节较轻的故意杀人主要有：当场基于义愤的杀人、因长期受被害人迫害的杀人、基于被害人请求的杀人（如安乐死）以及"大义灭亲"的杀人等。

二、故意伤害罪

第 234 条［故意伤害罪］ 故意伤害他人身体的，处 3 年以下有期徒刑、拘役或者管制。

犯前款罪，致人重伤的，处 3 年以上 10 年以下有期徒刑；致人死亡或者以特别残忍手段致人重伤造成严重残疾的，处 10 年以上有期徒刑、无期徒刑或者死刑。本法另有规定的，依照规定。

故意伤害是指非法损害他人身体健康的行为，以伤害后果为标准，伤害可分为轻伤、重伤、伤害致人死亡三种情形。

（一）犯罪构成

1. 客观构成

本罪在客观上表现为非法损害他人身体健康的行为。因执行职务、正当防卫等合法行为造成他人伤害的，属于合法行为，不构成犯罪。伤害自己身体的一般不构成犯罪，但如果自残行为妨害了他人利益或公共利益，则构成犯罪。例如，战争期间，军人自残逃避军事义务的，构成战时自伤罪。损害他人身体健康包括损害他人身体组织的完整性和人体器官正常功能两种情况。伤害行为所造成的结果有轻伤、重伤、伤害致死三种，故意伤害致人轻微伤不构成犯罪。

？想一想

教唆或帮助他人自伤，构成犯罪吗？[2]

2. 主体

相对刑事责任年龄人对故意伤害（轻伤）罪不承担刑事责任，只对故意伤害致人重伤

---

[1] 构成。即便认为帮助自杀不构成犯罪，但此案中妻子有救助义务，其没有履行救助义务的行为属于不作为（实行行为），可以看成得到被害人承诺的（不作为）杀人，这也构成故意杀人罪。参见刘祖枝故意杀人案，载《刑事审判参考》（第 746 号指导案例）。

[2] 故意伤害的对象是他人，所以自伤本身不符合构成要件，教唆或帮助自伤不构成犯罪。但是，如果以间接正犯的方式利用他人自伤，则当然构成故意伤害罪。同时，在战时教唆他人自伤，也构成战时自伤罪的教唆犯。

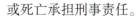

或死亡承担刑事责任。

（二）同时伤害

同时伤害是指 2 人以上没有意思联络而同时伤害他人的情形。同时伤害不属于共同伤害。在同时伤害的情况下，如果能够确定各自的伤害程度，那么定罪处罚自然不存在问题。关键问题在于伤害结果不知是何人所为，对此情况，如果是轻伤，则不追究任何人的刑事责任；如果是重伤，则对各行为人分别追究故意伤害未遂的刑事责任。

（三）转化犯

根据《刑法》第 238、247、248、289、292、333 条的规定，对非法拘禁使用暴力致人伤残的，刑讯逼供或暴力取证致人伤残的，虐待被监管人致人伤残的，聚众"打砸抢"致人伤残的，聚众斗殴致人重伤的，非法组织或以暴力、威胁方法强迫他人出卖血液造成伤害的，应以故意伤害罪论处。

> 这些转化犯都是拟制规定。

（四）结果加重犯

本罪的基本犯罪构成是造成轻伤，如果造成重伤或者死亡，则属于结果加重犯，要加重其法定刑。这里要特别注意故意伤害致人死亡。

首先，在客观上，伤害与死亡之间要存在因果关系。例如，将人打伤，被害人被救护车送往医院，在路途中遭遇车祸罹难而死，这就不属于故意伤害致人死亡。

其次，在主观上，行为人对死亡结果要有过失。换言之，行为人对于伤害行为是故意，而对伤害致死的结果是过失，如果行为人对死亡结果持故意心态，则是故意杀人，而非故意伤害。

（五）与故意杀人罪的区别

故意伤害的既遂与故意杀人的未遂，故意伤害致人死亡与故意杀人的既遂都会存在模糊地带。一般认为，故意伤害与故意杀人并非对立关系，而是补充包容关系。在无法查明是故意杀人还是故意伤害时，可以认定为故意伤害。

[例1] 甲想杀人，乙想伤害，二人共同攻击丙，可以在故意伤害范围内成立共同犯罪。行为人先以伤害故意，后以杀人故意对他人实施暴力，无法判断是前行为还是后行为致人死亡，可以直接认定为故意伤害致人死亡。

[例2] 甲、乙共谋伤害丙，在甲、乙二人下手之机，乙却拔出短刀猛地向丙的心脏部位刺去，丙躲闪，但仍受重伤。甲构成故意伤害罪（致人重伤），乙构成故意杀人罪未遂。

如果认为故意伤害与故意杀人是对立关系，那么故意伤害与故意杀人就不可能形成共犯关系。从而在例 1 中，由于无法认定为故意杀人罪，也无法认定为故意伤害罪，甲无法成立任何犯罪的既遂。在例 2 中，由于两人无法在故意伤害罪范围内成立共犯，因此甲对重伤结果不承担责任。这显然不公平。

（六）与过失致人重伤罪、过失致人死亡罪的区别

故意伤害罪与过失致人重伤罪的区别在于主观心态，前者对重伤结果持故意心态，而后者对重伤结果持过失心态。过失致人轻伤不构成犯罪。

故意伤害罪（致人死亡）与过失致人死亡罪，两罪对死亡结果都持过失心态，但前者有伤害的故意，而后者没有伤害的故意。例如，在住宅区的路人挥舞球棒，击中骑自行车的妇女，致其死亡，这就属于过失致人死亡。

> 💡 **小 提 醒**
>
> 这两个过失犯罪都是一般过失喔。

（七）并罚的情况

与故意杀人罪一样，在某些犯罪中实施故意伤害行为，也要和这些犯罪进行数罪并罚，主要有：①组织他人偷越国（边）境、运送他人偷越国（边）境中，对被组织人、被运送人和检查人员有伤害行为的；②在拐卖妇女、儿童过程中，对被害人进行故意伤害的；③实施保险诈骗，投保人、受益人故意造成被保险人重伤的；④实施组织、领导、参加恐怖组织、黑社会性质组织并实施故意伤害犯罪的。

（八）处罚

犯本罪的，处3年以下有期徒刑、拘役或者管制；致人重伤的，处3年以上10年以下有期徒刑；致人死亡或者以特别残忍手段致人重伤造成严重残疾的，处10年以上有期徒刑、无期徒刑或者死刑。

根据《刑法》第95条的规定，重伤是指有下列情形之一的伤害：①使人肢体残废或者毁人容貌的；②使人丧失听觉、视觉或者其他器官机能的；③其他对于人身健康有重大伤害的。

犯故意伤害罪而致人死亡或者以特别残忍手段致人重伤造成严重残疾的，是本罪的特别加重处罚事由。这里的特别残忍手段，是指采取朝人面部泼镪水、用刀划伤面部等方法毁人容貌，挖人眼睛，砍掉双脚等。

三、组织出卖人体器官罪

高频考点

16.2

组织出卖人体器官罪的认定

第 234 条之一 ［组织出卖人体器官罪］ 组织他人出卖人体器官的，处5年以下有期徒刑，并处罚金；情节严重的，处5年以上有期徒刑，并处罚金或者没收财产。

［故意伤害罪；故意杀人罪］ 未经本人同意摘取其器官，或者摘取不满18周岁的人的器官，或者强迫、欺骗他人捐献器官的，依照本法第234条、第232条的规定定罪处罚。

［盗窃、侮辱、故意毁坏尸体、尸骨、骨灰罪］ 违背本人生前意愿摘取其尸体器官，或者本人生前未表示同意，违反国家规定，违背其近亲属意愿摘取其尸体器官的，依照本法第302条的规定定罪处罚。

（一）构成要件

组织是指行为人实施领导、策划、控制他人出卖人体器官的行为。组织者往往以给器官捐献者支付报酬为诱饵，拉拢他人进行器官出卖，这种出卖行为得到了受害人的同意。

如果违背他人意愿，摘取他人器官，则不构成组织他人出卖人体器官罪，而应按照故意伤害罪或故意杀人罪处理。

—— 💡 小提醒 ——

被组织者不要求是多人。

（二）认定

1. 违背他人意愿摘取器官的处理

《刑法修正案（八）》规定，未经本人同意摘取其器官，或者摘取不满 18 周岁的人的器官，或者强迫、欺骗他人捐献器官的，依照故意伤害罪、故意杀人罪的规定定罪处罚。

按照修正案的规定，违背他人意愿摘取器官，应该构成故意伤害罪或者故意杀人罪。违背他人意愿摘取器官是对器官提供者自主决定权的侵犯，这种自主决定权包括提供者的知情同意权、拒绝权、临时放弃权等。由于提供者并未同意摘取自己的器官或者同意无效，因此这种摘取行为侵害了提供者的身体健康权甚至生命权。对此，要注意如下几点：

（1）只有完全行为能力人才可以作出自主决定。无行为能力人、限制行为能力人无权决定，其监护人、法定代理人也无权代理处分。

（2）不满 18 周岁的未成年人的处分行为是无效的。未成年人由于心智发育并不完全，他可能并不理解器官摘除的真正后果，因此摘取不满 18 周岁的未成年人的器官，即便未成年人同意，这种同意也是无效的，摘取行为构成故意伤害罪或故意杀人罪。同样，未成年人的监护人、法定代理人的代理处分行为也是无效的。

❓想一想

在同意无效的情况下，行为人主观上需要明知他人不满 18 周岁吗？如果他人自愿出卖器官，行为人误认为他人已满 18 周岁，但客观上他人不满 18 周岁，则应该如何定性呢？[1]

（3）强迫、欺骗他人捐献器官。强迫是指使用暴力、胁迫或其他方法足以压制一般人的反抗，使他人器官被迫摘除。例如，采用麻醉手段摘除他人器官。欺骗是指虚构事实、隐瞒真相，使他人陷入认识错误，进而处分自己的器官，这种处分行为是无效的。例如，医师不履行告知义务，谎称器官病变需要摘除。

—— 💡 小提醒 ——

只有实质性欺骗才否定同意，实质性欺骗是在规范上高概率导致法益处分的欺骗。组织者出卖一个肾脏获 15 万元，欺骗提供者说只卖了 5 万元的，应认定为组织出卖人

---

〔1〕 根据主客观相统一学说，只有当行为人明知（含推定明知）他人不满 18 周岁，仍然摘取他人器官，才否定同意，从而不构成组织出卖人体器官罪，而构成故意伤害罪。如果主观上误认为未成年人已满 18 周岁，则在对方同意的情况下，仍只能构成组织出卖人体器官罪。

体器官罪。交易过程中，对于价格的欺骗一般都不宜认为是实质性欺骗。因此，此处欺骗并不会导致同意无效。组织者不构成故意伤害罪，而应该构成组织出卖人体器官罪。当然，提供者将代为保管的他人财物10万元据为己有，是可以构成侵占罪的，故对其应以组织出卖人体器官罪和侵占罪数罪并罚。

（4）故意伤害与故意杀人的区分。违背他人意愿摘取器官是构成故意杀人罪还是故意伤害罪，关键看摘取人是否具有剥夺他人生命的故意。如果摘除他人的重要器官足以导致他人死亡，则一般应认定为故意杀人罪。例如，摘除他人的心脏、全部的肝脏等；再如，行为人摘取他人器官后将其抛弃在隐蔽地带使他人无法发现，或者摘取器官后未进行有效的医疗处理。

2. 非法摘取尸体器官的处理

《刑法修正案（八）》规定，违背本人生前意愿摘取其尸体器官，或者本人生前未表示同意，违反国家规定，违背其近亲属意愿摘取其尸体器官的，依照《刑法》第302条规定的盗窃、侮辱、故意毁坏尸体罪定罪处罚。这包括两种情况：

（1）受害者本人生前曾拒绝捐献器官。受害者本人生前明确表示拒绝捐献器官，而其他人在其死后将其尸体器官摘取的，只要其生前明确拒绝捐献器官，其死后其近亲属、医师、单位等均不能行使捐献器官的决定权。

（2）本人生前未明示是否愿意捐献器官，死后其家属也未明确表示是否愿意捐献该人的尸体器官。受害者本人在生前如果未曾明确表示是否捐献器官，则近亲属有权决定是否捐献死者器官。倘若近亲属也未曾表示是否捐献器官，那么摘取死者器官的行为就侵犯了遗属的尊严，构成盗窃、侮辱、故意毁坏尸体罪。

专题67

侵犯性自治权的犯罪

一、强奸罪

高频考点

16.3

侵犯性自治权的犯罪

第236条 ［强奸罪］ 以暴力、胁迫或者其他手段强奸妇女的，处3年以上10年以下有期徒刑。

奸淫不满14周岁的幼女的，以强奸论，从重处罚。

强奸妇女、奸淫幼女，有下列情形之一的，处10年以上有期徒刑、无期徒刑或者死刑：

（一）强奸妇女、奸淫幼女情节恶劣的；

（二）强奸妇女、奸淫幼女多人的；

（三）在公共场所当众强奸妇女、奸淫幼女的；

（四）2人以上轮奸的；

（五）奸淫不满 10 周岁的幼女或者造成幼女伤害的；

（六）致使被害人重伤、死亡或者造成其他严重后果的。

本罪是指以暴力、胁迫或者其他手段，违背妇女意志，强行与其性交或奸淫幼女的行为。

（一）犯罪构成

1. 客观构成

违背妇女意志，采用暴力、胁迫或者其他手段，强行与妇女性交。暴力、胁迫或其他手段都必须足以压制一般妇女的反抗，使其不能反抗、不敢反抗或不知反抗。

? 想一想

以自杀相威胁要求与女方发生关系，是否构成强奸罪？[1]

其他方法主要包括：

（1）偷奸。例如，利用酒醉、熟睡、患重病等特殊状况强奸妇女。

（2）骗奸。例如，冒充妇女的丈夫进行强奸；以治病名义强奸妇女；组织和利用会道门、邪教组织或者利用迷信奸淫妇女。

（3）利用特殊地位

利用教养关系、从属关系、职务权利等，违背妇女意愿与妇女发生性关系，都可以成立强奸。

奸淫幼女不是独立罪名，而是强奸罪的一种特殊情况。幼女无同意能力，奸淫不满 14 周岁的幼女的，不论行为人采用什么手段，也不论幼女是否同意，都以强奸罪从重处罚。

小提醒

《刑法修正案（九）》取消了嫖宿幼女罪，嫖宿幼女的，以奸淫幼女处理，按照强奸罪从重处罚。（不是加重喔！）

---

2. 行为主体

行为主体是已满 14 周岁的，具有辨认、控制能力的自然人，通常是男性。女性可以成为强奸罪的共犯和间接正犯。

3. 主观罪责

本罪是故意犯罪，行为人必须具备明知是强奸妇女或者奸淫幼女的行为而有意实施的主观心理状态。在奸淫幼女型的强奸罪中，行为人主观上必须明知对方是不满 14 周岁的幼女。规范性文件指出：对于不满 12 周岁的被害人实施奸淫等性侵害行为的，应当认定行为人"明知"对方是幼女。对于已满 12 周岁不满 14 周岁的被害人，从其身体发育状况、言谈举止、衣着特征、生活作息规律等观察可能是幼女，而实施奸淫等性侵害行为的，应当认定行为人"明知"对方是幼女。

---

〔1〕 由于不足以压制一般妇女的反抗，故不构成强奸罪。

小提醒

规范性文件采取的是推定明知。行为人与不满12周岁的幼女发生关系，一律推定存在明知，构成强奸；与12周岁以上不满14周岁的幼女发生关系，则根据一般人的生活经验推定是否存在明知。

（二）强奸罪的免责事由

已满14周岁不满16周岁的人在幼女同意的情况下，偶尔与幼女发生性关系，情节轻微、未造成严重后果的，不认为是犯罪。

（三）强奸罪的认定

1. 强奸的既未遂标准

当强奸的对象是妇女，采取性器官"结合说"；如果是幼女，采取"接触说"。

2. 奸淫精神病人

精神病人也无同意能力，因此只要明知对方是精神病人，与其发生性交，不论妇女是否"同意"，均构成强奸。当然，在间歇性精神病妇女精神正常时，经其同意与之性交的，不构成强奸。

3. 婚内强奸

婚内强奸行为是否构成强奸罪存在很大争议。从文理解释来看，认定其成立强奸罪没有问题。但在司法实践中，一般认为婚内强奸不构成强奸罪，只有在婚姻关系非正常存续期间，例如，起诉离婚，一审判决离婚，男方提起上诉，在二审期间对妻子强奸的，婚内强奸才构成强奸罪。

4. 强奸罪的罪数问题

这是各类考试中经常出现的考点，提醒读者高度重视。

（1）以强奸罪论处的情形

《刑法》第259条第2款规定的利用职权、从属关系，以胁迫手段奸淫现役军人的妻子的，依照强奸罪定罪处罚；《刑法》第300条第3款规定的组织、利用会道门、邪教组织，以迷信邪说引诱、胁迫、欺骗或者其他手段，奸淫妇女、幼女的，依照强奸罪定罪处罚（组织、利用会道门、邪教组织、利用迷信破坏法律实施罪与强奸罪并罚）；《刑法》第241条第2款规定的收买被拐卖的妇女，强行与其发生性关系的，依照强奸罪定罪处罚（收买被拐卖妇女罪与强奸罪并罚）；《刑法》第318、321条规定的在组织他人偷越国（边）境或运送他人偷越国（边）境过程中又有强奸行为的，应与强奸罪数罪并罚。

小提醒

这些规定均是注意规定。

（2）强奸罪被包容的情形

在拐卖妇女的犯罪过程中，强奸被拐卖的妇女的，仍直接以拐卖妇女罪一罪论处。根据《刑法修正案（九）》的规定，在强迫他人卖淫的犯罪过程中，强奸后迫使其卖淫的，不再以强迫卖淫罪一罪论处，而应数罪并罚。

（四）强奸罪的加重情节

强奸罪的基本刑是 3 年以上 10 年以下有期徒刑，但有六种加重情节，可以处 10 年以上有期徒刑、无期徒刑或者死刑，分别是：

1. 强奸妇女、奸淫幼女情节恶劣的。[1] 情节恶劣，是指强奸手段残酷或者强奸孕妇等。

2. 强奸妇女、奸淫幼女多人的。多人，一般指 3 人以上。

3. 在公共场所当众强奸妇女、奸淫幼女的。当众强奸，是指在公众场所以使不特定人可以看到、听到的方式强奸妇女。规范性文件认为，在校园、游泳馆、儿童游乐场等公共场所对未成年人实施强奸犯罪，只要有其他多人在场，不论在场人员是否实际看到，均认定为在公共场所"当众"强奸妇女或奸淫幼女。

4. 2 人以上轮奸的。轮奸必须有 2 人以上实施了强奸罪的奸淫行为。只要数人在客观上有轮奸行为，即便其中的参与人无刑事责任能力，也仍然属于轮奸，有刑事责任能力的人要承担轮奸的罪责。

轮奸采取 2 人奸淫成立主义，也即要有 2 人以上实施了强奸的实行行为，才成立轮奸，因此轮奸很难出现中止的现象。

［例 1］ 甲、乙、丙三人试图迷奸李四，在李四的饮料中下药，李四昏迷后，三人将李四带至宾馆，在脱李四衣服时，李四突然大喊："你们这样做，会遭报应的。"三人非常害怕，遂离开宾馆。三人的行为不成立轮奸，属于普通型强奸的犯罪中止。

［例 2］ 甲、乙、丙三人试图迷奸李四，甲、乙实施奸淫时，丙望风，甲、乙奸淫后，丙开始实施，但其发现李四是自己的同学，遂放弃，并送李四回家。丙成立轮奸的既遂，不过系从犯。

? 想一想

例 1 中的中止是造成损害的中止，还是未造成损害的中止？[2]

—— **小提醒** ——

在下列三种情况下，加重犯的未完成形态是不存在的：

1.《刑法》第 115 条第 1 款规定的五种故意的危险方法类犯罪加重犯的未遂应当按照基本犯的既遂论处。

---

〔1〕 2023 年 5 月 24 日最高人民法院、最高人民检察院《关于办理强奸、猥亵未成年人刑事案件适用法律若干问题的解释》第 2 条规定，强奸已满 14 周岁的未成年女性或者奸淫幼女，具有下列情形之一的，应当认定为《刑法》第 236 条第 3 款第 1 项规定的"强奸妇女、奸淫幼女情节恶劣"：①负有特殊职责的人员多次实施强奸、奸淫的；②有严重摧残、凌辱行为的；③非法拘禁或者利用毒品诱骗、控制被害人的；④多次利用其他未成年人诱骗、介绍、胁迫被害人的；⑤长期实施强奸、奸淫的；⑥奸淫精神发育迟滞的被害人致使怀孕的；⑦对强奸、奸淫过程或者被害人身体隐私部位制作视频、照片等影像资料，以此胁迫对被害人实施强奸、奸淫，或者致使影像资料向多人传播，暴露被害人身份的；⑧其他情节恶劣的情形。

〔2〕 如果前行为已经达到了强制猥亵罪的入罪条件，则属于造成损害结果的中止。

2. 《刑法》第119条第1款规定的四种故意的破坏设施类犯罪加重犯的未遂应当按照基本犯的既遂论处。

3. 轮奸一般无犯罪中止。

5. 奸淫不满10周岁的幼女或者造成幼女伤害的。这是《刑法修正案（十一）》增加的一种加重情节，只要和不满10周岁的幼女发生关系，就可以适用此档刑罚。司法解释规定，奸淫幼女，具有下列情形之一的，应当认定为《刑法》第236条第3款第5项规定的"造成幼女伤害"：①致使幼女轻伤的；②致使幼女患梅毒、淋病等严重性病的；③对幼女身心健康造成其他伤害的情形。

6. 致使被害人重伤、死亡或者造成其他严重后果的。"致使被害人重伤、死亡"是指强奸、奸淫幼女行为导致被害人性器官严重损伤或者造成其他严重伤害，甚至当场死亡或者经治疗无效死亡。对于行为人出于报复、灭口等动机，在实施强奸的过程中或者强奸后，杀死或伤害被害人的，应分别认定为强奸罪、故意杀人罪或故意伤害罪，实行数罪并罚。另外，如果出于奸淫以外的目的致人重伤，也不能评价为结果加重犯。例如，甲（男）为强奸乙（女）对其实施暴力行为，练过散打的乙将甲制服后欲将其扭送至公安机关。甲为逃跑掏出弹簧刀将乙捅成重伤。这应该评价为强奸罪的未遂和故意伤害致人重伤。"造成其他严重后果"包括因强奸引起被害人自杀或者精神失常，或者造成被害人怀孕分娩或者堕胎等其他严重危害被害人身心健康的严重后果。司法解释规定，强奸已满14周岁的未成年女性或者奸淫幼女，致使其感染艾滋病病毒的，应当认定为《刑法》第236条第3款第6项规定的"致使被害人重伤"。[1]

［例1］甲将某女强暴后，女方害怕再次被强暴，跳入河中逃生。由于水性不好，大呼救命，甲任由女方淹死。甲构成强奸罪和（不作为）故意杀人罪，应当数罪并罚。

［例2］丙男将同学强奸后害怕其报警，遂将其推入河中溺毙。丙男的行为构成强奸罪和故意杀人罪，应当数罪并罚。

［例3］李振国得知同村女青年李某独自在家，遂产生强奸念头。当日19时许，李振国打开李某家的大门后进入，李某发现李振国后喊叫。李振国将李某摔倒，并用石块、手电筒、拳头击打其头部，后掐其颈部，致其昏迷。随即，李振国将李某抱至堂屋床上强奸。后李振国发现李某已死亡，遂将其尸体藏于现场地窖内。经鉴定，李某系被他人用质地较硬的钝器击打头部致严重颅脑损伤而死亡。权威判例认为，采取足以致人伤亡的暴力手段实施强奸，并最终导致被害人死亡的，属于强奸致人死亡，以强奸罪一罪论处。李振国后被判处死缓，限制减刑。[2]

二、负有照护职责人员性侵罪

第236条之一 [负有照护职责人员性侵罪] 对已满14周岁不满16周岁的未成年女性负有监护、收养、看护、教育、医疗等特殊职责的人员，与该未成年女性发生性关系的，处3年以

---

〔1〕 曹占宝强奸案，载《刑事审判参考》（第228号指导案例）。

〔2〕 李振国强奸案，载《刑事审判参考》（第946号指导案例）。

下有期徒刑；情节恶劣的，处 3 年以上 10 年以下有期徒刑。

有前款行为，同时又构成本法第 236 条规定之罪的，依照处罚较重的规定定罪处罚。

本罪是《刑法修正案（十一）》增加的罪名。已满 14 周岁不满 16 周岁的未成年女性，虽然她们在身体上可能发育成熟，但是性心理可能发育仍不充分，她们非常容易成为具有信任地位者性剥削的对象，因此，法律要通过限制她们的自由来保护她们，这是缓和的家长主义立法。

1. 本罪的主体必须是负有监护、收养、看护、教育、医疗等特殊职责的人员，包括与未成年人具有共同生活关系且事实上负有照顾、保护等职责的人员。

2. 被害人是已满 14 周岁不满 16 周岁的未成年女性。行为方式是性关系，既包括奸淫，又包括猥亵。

3. 如果同时符合强奸罪的构成要件，如行为人采取暴力、胁迫等方法强行与未成年少女发生关系，应当从一重罪论处。司法解释规定，对已满 14 周岁的未成年女性负有特殊职责的人员，利用优势地位或者被害人孤立无援的境地，迫使被害人与其发生性关系的，依照《刑法》第 236 条的规定，以强奸罪定罪处罚。

附：未成年人性自由保护总结

年　　龄	年龄认识错误	奸淫女性	猥亵女性	猥亵男性
不满 10 周岁	无	强奸罪加重情节	猥亵儿童罪	猥亵儿童罪
已满 10 周岁不满 12 周岁	无	强奸罪	猥亵儿童罪	猥亵儿童罪
已满 12 周岁不满 14 周岁	有	强奸罪	猥亵儿童罪	猥亵儿童罪
已满 14 周岁不满 16 周岁	有	负有照护职责人员性侵罪	负有照护职责人员性侵罪	强制猥亵罪

三、强制猥亵、侮辱罪

第 237 条 [强制猥亵、侮辱罪]　以暴力、胁迫或者其他方法强制猥亵他人或者侮辱妇女的，处 5 年以下有期徒刑或者拘役。

聚众或者在公共场所当众犯前款罪的，或者有其他恶劣情节的，处 5 年以上有期徒刑。

[猥亵儿童罪]　猥亵儿童的，处 5 年以下有期徒刑；有下列情形之一的，处 5 年以上有期徒刑：

（一）猥亵儿童多人或者多次的；

（二）聚众猥亵儿童的，或者在公共场所当众猥亵儿童，情节恶劣的；

（三）造成儿童伤害或者其他严重后果的；

（四）猥亵手段恶劣或者有其他恶劣情节的。

本罪是指以暴力、胁迫或者其他方法强制猥亵他人或者侮辱妇女的行为。妇女可单独构成本罪的实行犯。

（一）犯罪构成

本罪必须采取暴力、胁迫或者其他足以压制一般人反抗的方式进行猥亵他人、侮辱妇女。猥亵是指以刺激、满足性欲为目的，使用性交以外的方法对他人实施的性侵犯行为。

《刑法修正案（九）》把猥亵的对象从妇女扩大为他人，故男性也可成为本罪的被害人。

💡 小提醒

强制猥亵男性造成伤害的，属于强制猥亵罪和故意伤害罪的想象竞合，从一重罪论处。

侮辱与猥亵具有同一性，其被害人仍然只能是女性，它是直接损害女性性自治权的具有猥亵性质的行为。例如，强迫女性观看他人的猥亵行为，或者强迫妇女自己实施猥亵行为的情形。

聚众或者在公共场所当众犯本罪的，或者有其他恶劣情节的，属于本罪的加重情节，处5年以上有期徒刑。

（二）与猥亵儿童罪的区别

本罪的犯罪对象是14周岁以上的人，必须是在对方不同意的情况下实施的。如果猥亵的是不满14周岁的儿童（男童和女童），无论对方是否同意，也无论是否使用强制手段，都应以猥亵儿童罪定罪。

《刑法修正案（十一）》对本罪的加重情节进行了明确，它包括四种情况：

1. 猥亵儿童多人或者多次的。

2. 聚众猥亵儿童的，或者在公共场所当众猥亵儿童，情节恶劣的。

3. 造成儿童伤害或者其他严重后果的。司法解释规定了三种情形：①致使儿童轻伤以上的；②致使儿童自残、自杀的；③对儿童身心健康造成其他伤害或者严重后果的情形。

4. 猥亵手段恶劣或者有其他恶劣情节的。司法解释规定了四种情形：①以生殖器侵入肛门、口腔或者以生殖器以外的身体部位、物品侵入被害人生殖器、肛门等方式实施猥亵的；②有严重摧残、凌辱行为的；③对猥亵过程或者被害人身体隐私部位制作视频、照片等影像资料，以此胁迫对被害人实施猥亵，或者致使影像资料向多人传播，暴露被害人身份的；④采取其他恶劣手段实施猥亵或者有其他恶劣情节的情形。

💡 小提醒

1. 强制猥亵、侮辱罪必须采取强制手段，对象是14周岁以上的人，但猥亵儿童罪可以采取平和手段（也可以采取强制手段），对象是不满14周岁的儿童。

2. 强制猥亵的对象可以是男性，但是强制侮辱的对象只能是女性。

❓ 想一想

成年女性与不满14周岁的男童"自愿"性交的，该当何罪？[1]

对于网络猥亵行为，司法解释规定，胁迫、诱骗未成年人通过网络视频聊天或者发送

---

[1] 儿童的同意无效，性交可以解释为猥亵，女方构成猥亵儿童罪。

视频、照片等方式，暴露身体隐私部位或者实施淫秽行为，符合《刑法》第 237 条规定的，以强制猥亵罪或者猥亵儿童罪定罪处罚。胁迫、诱骗未成年人通过网络直播方式实施前款行为，同时符合《刑法》第 237、365 条的规定，构成强制猥亵罪、猥亵儿童罪、组织淫秽表演罪的，依照处罚较重的规定定罪处罚。

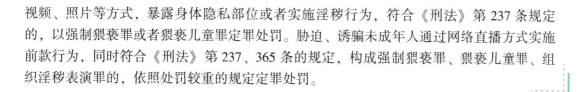

侵犯自由的犯罪

一、非法拘禁罪

第 238 条　[非法拘禁罪]　非法拘禁他人或者以其他方法非法剥夺他人人身自由的，处 3 年以下有期徒刑、拘役、管制或者剥夺政治权利。具有殴打、侮辱情节的，从重处罚。

[故意伤害罪；故意杀人罪]　犯前款罪，致人重伤的，处 3 年以上 10 年以下有期徒刑；致人死亡的，处 10 年以上有期徒刑。使用暴力致人伤残、死亡的，依照本法第 234 条、第 232 条的规定定罪处罚。

为索取债务非法扣押、拘禁他人的，依照前两款的规定处罚。

国家机关工作人员利用职权犯前三款罪的，依照前三款的规定从重处罚。

本罪是指以拘押、禁闭或者其他强制方法，非法剥夺他人人身自由的行为。

高频考点
16.4
非法拘禁罪的认定

（一）犯罪构成

1. 法益

本罪所侵犯的法益是他人人身活动的自由，这种自由的剥夺必须以被害人认识到为必要。例如，甲趁乙酒醉将其反锁在家，次日早开门，但乙一直不知，则不构成非法拘禁罪。

 想一想

精神病人和能够行动的幼儿，可以成为非法拘禁罪的对象吗？[1]

2. 客观构成

本罪所实施的是以拘押、禁闭或其他强制方法非法剥夺他人人身自由的行为。这里的强制方法还可以是利用他人的恐惧、羞耻心理使其无法离开，而在事实上失去行动自由。例如，在他人家门口放置毒蛇、狼狗，让人无法离开；将洗澡的女生衣服拿走，让女方不敢离开。非法拘禁是一种继续犯，因此拘禁行为必须要在一定时间内处于继续状态，具有时间上的不间断性。[2]

---

〔1〕　两者具有活动的自由，可以成为非法拘禁罪的对象。

〔2〕　参见曲新久：《刑法学原理》，高等教育出版社 2009 年版，第 340 页。

（二）认定

1. 索债拘禁

以索债（不论是合法债务，还是非法债务）为目的非法扣押、拘禁他人的，定本罪，而不是绑架罪。此处的他人不限于债务人，还包括与债务人有利害关系的人，如债务人的近亲属。

索债型的非法拘禁与索财型的绑架的区别主要体现在是否存在债务关系。前者存在特定的债务关系，被害人有过错，属于"事出有因"，这种债务关系有可能是合法债务，也可能是非法债务。后者一般没有债务关系，被害人一般无过错。如果债务只是一个幌子，而以此为名绑架他人，那么仍可以以绑架罪论处。

2. 具有殴打、侮辱情节的，从重处罚

《刑法》第238条的第1款是一项基本规定。这个从重规定，对第2款同样适用，但是要受到一事不再罚原理的限制。具体而言：

（1）在结果加重犯的情况下，如果行为人有殴打、侮辱情节，则应当在非法拘禁的加重量刑幅度内从重处罚。

（2）在转化犯的情况下，要注意两种情况：①在行为人非法拘禁他人，使用暴力致人伤残、死亡的情况下，不能再适用"具有殴打……情节的，从重处罚"的规定。②在行为人非法拘禁他人，使用暴力致人伤残、死亡的情况下，是否适用"具有……侮辱情节的，从重处罚"的规定，应具体分析。如果侮辱行为表现为暴力侮辱，则不能再适用"具有……侮辱情节的，从重处罚"的规定，否则违反了禁止重复评价的原则；如果侮辱行为表现为暴力以外的方式，则应适用"具有……侮辱情节的，从重处罚"的规定。

3. 结果加重犯和转化犯

《刑法》第238条第2款规定，非法拘禁致人重伤的，处3年以上10年以下有期徒刑；致人死亡的，处10年以上有期徒刑。这是非法拘禁罪的结果加重犯，对于死亡结果和重伤结果应该限定在过失的范围内。该款还规定，使用暴力致人伤残、死亡的，依照故意伤害罪、故意杀人罪定罪处罚。此条款应当理解为拟制规定，具体而言：

（1）非法拘禁使用暴力超出拘禁行为所需范围致人死亡，而没有杀人故意的（以对死亡具有预见可能性为前提），适用《刑法》第238条第2款后段的规定，认定为故意杀人罪；

（2）非法拘禁致人死亡，但没有使用超出拘禁行为所需范围的暴力的，仍然适用《刑法》第238条第2款前段的规定，以非法拘禁罪的结果加重犯论处；

（3）在非法拘禁的过程中，故意实施伤害行为过失导致被害人死亡的（也就是故意伤害致人死亡），适用《刑法》第238条第2款后段的规定，认定为故意杀人罪；

（4）在非法拘禁过程中，故意杀人的，应当数罪并罚。

［例1］甲非法拘禁李四，由于捆绑过紧导致李四血液不流通而死。甲构成非法拘禁致人死亡。

［例2］甲非法拘禁李四，由于李四辱骂甲，甲非常生气，用脚踢李四肚子，李四脾脏破裂而死。这种暴力超出了非法拘禁行为的暴力范围，转化为故意杀人罪。

［例3］甲非法拘禁李四，捆绑李四，李四反抗，甲拼命摁住李四，导致李四窒息而

死。这属于非法拘禁过程中，故意伤害致人死亡（对死亡结果系过失），转化为故意杀人罪。

[例4] 甲非法拘禁李四，用胶带捆住李四口鼻，致李四窒息而死。甲对死亡结果存在放任，构成非法拘禁罪和故意杀人罪，应当数罪并罚。

[例5] 甲非法拘禁李四，用车搭载李四去往他处。途中，甲超速驾驶发生事故，李四从车窗中飞出死亡。甲构成非法拘禁罪和交通肇事罪，应当数罪并罚。

4. 国家机关工作人员利用职权实施非法拘禁的，从重处罚。

5. 收买被拐卖妇女、儿童又有非法拘禁行为的，应数罪并罚。

二、绑架罪

第 239 条 ［绑架罪］ 以勒索财物为目的绑架他人的，或者绑架他人作为人质的，处 10 年以上有期徒刑或者无期徒刑，并处罚金或者没收财产；情节较轻的，处 5 年以上 10 年以下有期徒刑，并处罚金。

犯前款罪，杀害被绑架人的，或者故意伤害被绑架人，致人重伤、死亡的，处无期徒刑或者死刑，并处没收财产。

以勒索财物为目的偷盗婴幼儿的，依照前两款的规定处罚。

> **高频考点**
>
> 16.5
> 绑架罪的认定

本罪是指以勒索财物以及其他非法要求为目的，采取暴力、胁迫或其他方法，绑架他人为人质的行为。

（一）犯罪构成

1. 客观构成。本罪的行为方式包括两种类型：

（1）索财型绑架

即行为人利用被绑架者的近亲属等人对被绑架者的安危担忧，迫使其在一定时间内交付赎金。这种绑架具有索财的目的。该行为的基本步骤是：第一步，绑架被害人；第二步，向被绑架人的近亲属等人要求支付财物；第三步，被绑架人的近亲属等人因被害人被绑架而被动交付财物。因此，如果行为人直接向被绑架人索取财物，则应该以抢劫罪，而非绑架罪定性。

（2）人质型绑架

通过绑架人质要求某种非法利益或者提出非法要求，但不包括偿还债务。例如，恐怖组织要求释放同伙。这种绑架不需要以索财为目的，行为人可能具有财物以外的其他目的。例如，政治目的等。行为人既可以向被绑架人，也可以向其他组织或个人提出这种非法利益或要求。非法利益是财物以外的其他利益。

？想一想

索财型绑架和人质型绑架有什么区别？[1]

2. 主观罪责

本罪是一种故意犯罪，都具备"勒索"的目的，或者是勒索财物，或者是勒索财物以

―――――――――――――

[1] 区别就在于目的不同，前者以索要财物为目的，后者不以索要财物为目的。

外的其他非法利益，目的是否实现不影响本罪的成立。

（二）既未遂标准

索财型绑架只要将被绑架人置于行为人或第三人控制之下，或者向被绑架人的近亲属等人发出要求支付财物的意思，就成立既遂，不需要财物被实际支付。人质型绑架只要实际控制人质，就成立既遂。

（三）共同犯罪

本罪是继续犯，在绑架既遂之后，不法行为与不法状态还在继续中，行为人加入的，属于承继的共同犯罪。例如，甲实施绑架行为，将被绑架人置于自己控制之下，乙发现有利可图，于是提出加入，并帮助甲向被害人家属打电话索要财物，甲、乙就成立绑架罪的共同犯罪。

（四）认定

1. 以勒索财物为目的偷盗婴幼儿的，构成本罪。

2. 杀害被绑架人的，或者故意伤害被绑架人，致人重伤、死亡的，处无期徒刑或者死刑，并处没收财产，不另定罪。

《刑法修正案（九）》取消了绑架致人死亡这种结果加重犯，同时增加了故意伤害情节，因此导致绑架罪适用的一系列变化。

（1）如果绑架行为本身致人死亡，则不再是结果加重犯，可以按照绑架罪和过失致人死亡罪想象竞合，从一重罪论处。

（2）如果在绑架过程中故意杀人，但未达既遂，那么一般认为，这可以认定为普通绑架罪和故意杀人罪的未遂，数罪并罚；但若未遂造成了重伤结果，则应该直接适用"杀害被绑架人的……致人重伤"这个条款。

（3）如果在绑架过程中故意伤害，但只造成了轻伤结果，则可以普通绑架罪和故意伤害罪（轻伤）数罪并罚；若造成重伤或死亡结果，则直接适用此加重情节条款。

3. 如果在绑架过程中，实施了强奸行为，则以绑架罪和强奸罪实行数罪并罚；实施的是抢劫行为，则从一重罪论处。但是，如果在抢劫之后实施绑架，则应该数罪并罚。

4. 绑架与非法拘禁的关系

以索债为目的绑架他人，不构成绑架罪，而构成非法拘禁罪。例如，甲欲绑架丙，欺骗乙说丙欠其债务，乙信以为真，帮甲将丙绑来。两人在非法拘禁的范围内成立共同犯罪，但甲单独构成绑架罪。

5. 绑架与敲诈勒索的关系

如果没有绑架，但谎称他人被绑架而向他人家属索要财物，则成立敲诈勒索罪（和诈骗罪的想象竞合）。例如，甲为了报仇而杀害了乙，杀人之后又临时起意，给乙的家属打电话，谎称乙在自己手中，让乙的家属拿钱赎人。甲不构成绑架罪，成立故意杀人罪、敲诈勒索罪（与诈骗罪的想象竞合）。

如果实施绑架行为，但因撕票以外的其他原因致被绑架人死亡，谎称人质活着向家属索要财物，则成立绑架罪、敲诈勒索罪（与诈骗罪的想象竞合）。

三、拐卖妇女、儿童罪

第 240 条 ［拐卖妇女、儿童罪］ 拐卖妇女、儿童的，处 5 年以上 10 年以下有期徒刑，并处罚金；有下列情形之一的，处 10 年以上有期徒刑或者无期徒刑，并处罚金或者没收财产；情节特别严重的，处死刑，并处没收财产：

高频考点

16.6

拐卖犯罪
的认定

（一）拐卖妇女、儿童集团的首要分子；

（二）拐卖妇女、儿童 3 人以上的；

（三）奸淫被拐卖的妇女的；

（四）诱骗、强迫被拐卖的妇女卖淫或者将被拐卖的妇女卖给他人迫使其卖淫的；

（五）以出卖为目的，使用暴力、胁迫或者麻醉方法绑架妇女、儿童的；

（六）以出卖为目的，偷盗婴幼儿的；

（七）造成被拐卖的妇女、儿童或者其亲属重伤、死亡或者其他严重后果的；

（八）将妇女、儿童卖往境外的。

拐卖妇女、儿童是指以出卖为目的，有拐骗、绑架、收买、贩卖、接送、中转妇女、儿童的行为之一的。

本罪是指以出卖为目的，拐骗、绑架、收买、贩卖、接送、中转妇女、儿童的行为。行为人只要具有上述行为之一，就构成本罪。儿童是指不满 14 周岁的人。其中，不满 1 周岁的为婴儿，1 周岁以上不满 6 周岁的为幼儿。

（一）主观罪责

主观上具有出卖的目的，如果没有出卖之目的，只是拐骗儿童脱离家庭，则构成拐骗儿童罪。以勒索财物为目的，诱拐妇女、儿童的，构成绑架罪。

（二）既未遂标准

本罪是抽象危险犯，不以实际出卖为必要，只要以出卖为目的，实施了拐骗、绑架、收买、贩卖、接送、中转妇女、儿童行为之一的，就属于既遂。例如，李某以出卖为目的偷盗一名男童，得手后因未找到买主，就产生了自己抚养的想法。在抚养过程中，因男童日夜啼哭，李某便将男童送回家中。由于李某偷盗儿童已经得手，犯罪行为已经完成，故构成犯罪既遂，其将男童送回家的行为不能再成立犯罪中止。

同时，本罪也是继续犯，行为人既遂后，他人在不法行为继续过程中加入的，仍可成立共同犯罪。

（三）加重情节

本罪的基本刑罚幅度是 5 年以上 10 年以下有期徒刑，并处罚金。本罪还有八种加重情节，其刑罚可以是 10 年以上有期徒刑或者无期徒刑，并处罚金或者没收财产；情节特别严重的，处死刑，并处没收财产。

 **小 提 醒**

这又是一个绝对确定的死刑条款喔。

1. 拐卖妇女、儿童集团的首要分子。

2. 拐卖妇女、儿童 3 人以上的。

3. 奸淫被拐卖的妇女的。此种情况无需再定强奸罪，此处的奸淫不包括猥亵行为。

4. 诱骗、强迫被拐卖的妇女卖淫或者将被拐卖的妇女卖给他人迫使其卖淫的。此种情况无需再定强迫卖淫罪。

5. 以出卖为目的，使用暴力、胁迫或者麻醉方法绑架妇女、儿童的。

6. 以出卖为目的，偷盗婴幼儿的。这是指秘密偷盗不满 1 周岁的婴儿或不满 6 岁的幼儿。根据 2016 年 12 月 21 日最高人民法院《关于审理拐卖妇女儿童犯罪案件具体应用法律若干问题的解释》（以下简称《拐卖解释》）第 1 条的规定，对婴幼儿采取欺骗、利诱等手段使其脱离监护人或者看护人的，视为《刑法》第 240 条第 1 款第 6 项规定的"偷盗婴幼儿"。

> **小提醒**
>
> 针对婴幼儿进行欺骗使其脱离监护人，可以解释为"偷盗婴幼儿"这个加重条款。

7. 造成被拐卖的妇女、儿童或者其亲属重伤、死亡或者其他严重后果的。这是指拐卖行为直接或间接地造成被拐妇女、儿童或者其亲属重伤、死亡或者其他严重后果。例如，采取捆绑、虐待手段导致严重结果；拐卖行为导致被害人或者其亲属自杀或精神失常。如果在拐卖妇女、儿童过程中，对被害人进行故意杀害、重伤，则应认定为数罪，将故意杀人罪、故意伤害罪与拐卖妇女、儿童罪实行并罚。

认定结果加重犯还是数罪并罚的关键在于行为是否是拐卖本身所伴随的。

[例1] 甲欲绑架女大学生乙卖往外地，乙强烈反抗，甲将乙打成重伤，并多次对乙实施强制猥亵行为。甲除了构成强制猥亵、侮辱罪以外，还构成拐卖妇女罪，属于拐卖妇女罪的加重情节，因为这是拐卖本身所伴随的暴力。

[例2] 甲在拐卖儿童过程中，将孩子的母亲杀死，抢走孩子。甲的行为构成拐卖儿童罪和故意杀人罪，数罪并罚。

8. 将妇女、儿童卖往境外的。

(四) 认定

1. 与拐骗儿童罪的区别

拐骗儿童罪是指采用蒙骗、利诱或其他方法，使不满 14 周岁的未成年人，脱离家庭或者监护人的行为。本罪与拐卖儿童罪的区别在于是否以出卖为目的。如果拐骗行为的目的在于出卖，显然应以拐卖儿童罪定罪；如果其目的不是出卖，而是收养或使唤、奴役等，则应以拐骗儿童罪定罪。

2. 介绍婚姻、介绍收养的定性

《拐卖解释》第 3 条规定，以介绍婚姻为名，采取非法扣押身份证件、限制人身自由等方式，或者利用妇女人地生疏、语言不通、孤立无援等境况，违背妇女意志，将其出卖给他人的，应当以拐卖妇女罪追究刑事责任。以介绍婚姻为名，与被介绍妇女串通骗取他人钱财，数额较大的，应当以诈骗罪追究刑事责任。

3. 出卖自己子女或亲属的定性

以非法获利为目的，出卖亲生子女的，应当以拐卖妇女、儿童罪论处。要严格区分借送养之名出卖亲生子女与民间送养行为的界限。区分的关键在于行为人是否具有非法获利的目的。应当通过审查将子女"送"人的背景和原因、有无收取钱财及收取钱财的多少、对方是否具有抚养目的及有无抚养能力等事实，综合判断行为人是否具有非法获利的目的。

不是出于非法获利目的，而是迫于生活困难，或者受重男轻女思想影响，私自将没有独立生活能力的子女送给他人抚养，包括收取少量"营养费""感谢费"的，属于民间送养行为，不能以拐卖妇女、儿童罪论处。对私自送养导致子女身心健康受到严重损害，或者具有其他恶劣情节，符合遗弃罪特征的，可以遗弃罪论处；情节显著轻微危害不大的，可由公安机关依法予以行政处罚。

💡 **小提醒**

以非法获利为目的，出卖亲生子女的，构成拐卖妇女、儿童罪。

❓**想一想**

抢劫儿童，该当何罪？以出卖为目的抢劫儿童，属于何种加重情节？[1]

4. 单位拐卖

《拐卖解释》第 2 条规定，医疗机构、社会福利机构等单位的工作人员以非法获利为目的，将所诊疗、护理、抚养的儿童出卖给他人的，以拐卖儿童罪论处。

💡 **小提醒**

虽然单位不能构成拐卖儿童罪，但可以追究自然人的刑事责任。

5. 一罪与数罪[2]

（1）拐卖妇女、儿童，又奸淫被拐卖的妇女、儿童，或者诱骗、强迫被拐卖的妇女、儿童卖淫的，以拐卖妇女、儿童罪处罚；

（2）拐卖妇女、儿童，又对被拐卖的妇女、儿童实施故意杀害、伤害、猥亵、侮辱等行为，构成其他犯罪的，依照数罪并罚的规定处罚；

（3）拐卖妇女、儿童或者收买被拐卖的妇女、儿童，又组织、教唆被拐卖、收买的妇女、儿童进行犯罪的，以拐卖妇女、儿童罪或者收买被拐卖的妇女、儿童罪与其所组织、教唆的罪数罪并罚。

---

[1] 根据不同的目的，抢劫儿童的性质也不相同：以收养为目的抢劫儿童的，构成拐骗儿童罪；以勒索为目的抢劫儿童的，构成绑架罪；以出卖为目的抢劫儿童的，构成拐卖儿童罪，同时属于"以出卖为目的，使用暴力、胁迫或者麻醉方法绑架妇女、儿童的"这款加重情节。

以出卖为目的强抢儿童，或者捡拾儿童后予以出卖，符合《刑法》第 240 条第 2 款规定的，应当以拐卖儿童罪论处。以抚养为目的偷盗婴幼儿或者拐骗儿童，之后予以出卖的，以拐卖儿童罪论处。

[2] 2010 年 3 月 15 日最高人民法院、最高人民检察院、公安部、司法部《关于依法惩治拐卖妇女儿童犯罪的意见》第 24~26 条。

四、收买被拐卖的妇女、儿童罪

第 241 条 [收买被拐卖的妇女、儿童罪] 收买被拐卖的妇女、儿童的，处 3 年以下有期徒刑、拘役或者管制。

[强奸罪] 收买被拐卖的妇女，强行与其发生性关系的，依照本法第 236 条的规定定罪处罚。

[非法拘禁罪；故意伤害罪；侮辱罪] 收买被拐卖的妇女、儿童，非法剥夺、限制其人身自由或者有伤害、侮辱等犯罪行为的，依照本法的有关规定定罪处罚。

[收买被拐卖的妇女、儿童罪与相关罪的数罪并罚] 收买被拐卖的妇女、儿童，并有第 2 款、第 3 款规定的犯罪行为的，依照数罪并罚的规定处罚。

[拐卖妇女、儿童罪] 收买被拐卖的妇女、儿童又出卖的，依照本法第 240 条的规定定罪处罚。

收买被拐卖的妇女、儿童，对被买儿童没有虐待行为，不阻碍对其进行解救的，<u>可以从轻处罚</u>；按照被买妇女的意愿，<u>不阻碍其返回原居住地的，可以从轻或者减轻处罚</u>。

本罪是指明知是被拐卖的妇女、儿童而予以收买的行为。

（一）罪数问题

1. 收买被拐卖的妇女、儿童，并有强奸、非法拘禁、故意伤害、侮辱等犯罪行为的，依照数罪并罚的规定处罚。

2. 收买被拐卖的妇女、儿童又出卖的，依拐卖妇女、儿童罪定罪处罚。

3. 收买被拐卖的妇女、儿童，并有强奸行为，后又出卖的，应当以拐卖妇女、儿童罪的加重情节论处，无需数罪并罚。

（二）从宽情节

收买被拐卖的妇女、儿童，对被买儿童没有虐待行为，不阻碍对其进行解救的，可以从轻处罚；按照被买妇女的意愿，不阻碍其返回原居住地的，可以从轻或者减轻处罚。

本条款由《刑法修正案（九）》修改，将以前的免责条款修改为从宽条款。

根据《拐卖解释》第 5 条的规定，收买被拐卖的妇女，业已形成稳定的婚姻家庭关系，解救时被买妇女自愿继续留在当地共同生活的，可以视为"按照被买妇女的意愿，不阻碍其返回原居住地"。

（三）共同犯罪

本罪与拐卖妇女、儿童罪是对向犯，拐卖行为与收买行为被立法者规定为不同的罪名，因此不能将收买行为视为拐卖行为的帮助犯。例如，甲得知乙一直在拐卖妇女，便对乙说："我的表弟丙没有老婆，你有合适的就告诉我一下。"不久，乙将拐骗的两名妇女带到甲家，甲与丙将其中一名妇女买下给丙做妻子。在此案中，甲只是对丙进行帮助，只能认定为收买被拐卖的妇女罪的共犯。

根据《拐卖解释》第 8 条的规定，出于结婚目的收买被拐卖的妇女，或者出于抚养目的收买被拐卖的儿童，涉及多名家庭成员、亲友参与的，对其中起主要作用的人员应当依法追究刑事责任。

（四）罪数

《拐卖解释》第 6 条规定，收买被拐卖的妇女、儿童后又组织、强迫卖淫或者组织乞讨、进行违反治安管理活动等构成其他犯罪的，依照数罪并罚的规定处罚。

五、诬告陷害罪

第 243 条［诬告陷害罪］ 捏造事实诬告陷害他人，意图使他人受刑事追究，情节严重的，处 3 年以下有期徒刑、拘役或者管制；造成严重后果的，处 3 年以上 10 年以下有期徒刑。

国家机关工作人员犯前款罪的，从重处罚。

不是有意诬陷，而是错告，或者检举失实的，不适用前两款的规定。

本罪是指捏造犯罪事实，向国家机关或者有关单位作虚假告发，意图使他人受到错误的刑事追究的行为。

（一）犯罪构成

1. 客观构成

（1）诬告陷害罪必须是捏造犯罪事实，向国家机关或者有关单位作虚假告发，意图使他人受到错误的刑事追究。如果捏造的不是犯罪事实，而是卖淫嫖娼、包养情人等违法事实，则不构成本罪，情节严重，可以成立诽谤罪。

（2）捏造犯罪事实之后，还必须作虚假告发。例如，丙捏造同事贾某受贿 10 万元的事实，并写成 500 份传单在县城的大街小巷张贴。在本案中，丙虽然捏造犯罪事实，但并没有作虚假告发，而是写成传单加以张贴，故不构成诬告陷害罪。

 小 提 醒

这里所说的犯罪事实并不要求行为人具备责任年龄。例如，诬告 15 岁的孩子抢夺，这也构成诬告陷害罪。

（3）告发必须是自动告发，而非被动告发。如果在司法机关调查取证时作虚假告发，则是被动告发，属于伪证行为，构成伪证罪，而非诬告陷害罪。

❓想一想

诬告陷害后又作伪证的，应当如何处理?[1]

2. 主观责任

本罪是故意犯罪，而且具有意图使他人受到错误刑事追究的目的。

（二）认定

1. 错告或检举失实，不构成本罪。

❓想一想

张三东西被李四所偷，但谎称被李四所抢，这是诬告陷害吗?[2]

---

［1］ 诬告陷害和伪证具有高度伴随性，诬告陷害后又作伪证的，应当以诬告陷害罪和伪证罪从一重罪论处。

［2］ 受害人容易夸大事实，所以不属于诬告陷害。

2. 国家机关工作人员犯本罪的，从重处罚。

3. 本罪与报复陷害罪的区别。报复陷害罪是指国家机关工作人员滥用职权、假公济私，对控告人、申诉人、批评人、举报人实行报复陷害的行为。两罪的区别如下：

（1）报复陷害罪的主体是国家机关工作人员；而本罪的主体是一般主体，国家机关工作人员诬告陷害从重处罚。

（2）在报复陷害罪中，国家机关工作人员的报复陷害行为需要与其职权有联系；而诬告陷害行为与职权没有关系。

（3）报复陷害的目的是陷害他人，并不限于让被害人受到刑事处罚；而诬告陷害必须具有让被害人受到刑事追诉的目的。

（4）报复陷害罪的犯罪对象是特定的，只限于控告人、申诉人、批评人和举报人；而本罪的犯罪对象没有限定。

六、刑讯逼供罪

第 247 条［刑讯逼供罪；暴力取证罪］ 司法工作人员对犯罪嫌疑人、被告人实行刑讯逼供或者使用暴力逼取证人证言的，处 3 年以下有期徒刑或者拘役。致人伤残、死亡的，依照本法第 234 条、第 232 条的规定定罪从重处罚。

本罪是指司法工作人员对犯罪嫌疑人或者被告人使用肉刑或者变相肉刑，逼取口供的行为。

（一）犯罪构成

1. 行为构成

本罪的行为是使用肉刑或者变相肉刑，逼取口供。这里的肉刑，是指进行捆绑、吊打、非法使用刑具等使犯罪嫌疑人或者被告人的身体器官或者肌肤遭受痛苦的摧残手段。变相肉刑，是指长时间罚冻、罚站、罚饿等不直接伤害身体但造成痛苦的折磨手段。

> **小 提 醒**
>
> 司法工作人员的诱供不构成本罪。

2. 行为主体

本罪的主体是司法工作人员。

（二）本罪与暴力取证罪和虐待被监管人罪的共性问题

1. 犯罪主体都是司法机关工作人员（特殊的国家机关工作人员）。除此以外，非法剥夺公民宗教信仰自由罪、侵犯少数民族风俗习惯罪、报复陷害罪的主体也都是国家机关工作人员。需要注意的是，如果非司法工作人员私设公堂，使用暴力"审问"他人，由于不具备司法工作人员的身份，故不能定本罪，而要根据具体情况，以非法拘禁罪、故意伤害罪定罪处罚。

2. 这三个犯罪都存在转化犯规定，即致人伤残、死亡的，都转化为故意伤害罪或故意杀人罪。此处的致人伤残、死亡既包括过失致人伤残、死亡，又包括故意致人伤残、死亡。

3. 三罪的区别

本罪是司法工作人员对犯罪嫌疑人、被告人实行刑讯逼供；暴力取证罪是对证人用暴力逼取证言；虐待被监管人罪则是监管机构的司法工作人员（监狱、拘留所、看守所等监管机构的监管人员）对被监管人进行殴打或者体罚、虐待。

 小提醒

注意三者在犯罪对象上存在区别。

想一想

警察采用暴力拘禁并强迫卖淫女交待嫖客的名单，好进行罚款，警察构成何罪？[1]

七、强迫劳动罪

第 244 条 ［强迫劳动罪］　以暴力、威胁或者限制人身自由的方法强迫他人劳动的，处 3 年以下有期徒刑或者拘役，并处罚金；情节严重的，处 3 年以上 10 年以下有期徒刑，并处罚金。

明知他人实施前款行为，为其招募、运送人员或者有其他协助强迫他人劳动行为的，依照前款的规定处罚。

单位犯前两款罪的，对单位判处罚金，并对其直接负责的主管人员和其他直接责任人员，依照第 1 款的规定处罚。

★**第 244 条之一** ［雇用童工从事危重劳动罪］　违反劳动管理法规，雇用未满 16 周岁的未成年人从事超强度体力劳动的，或者从事高空、井下作业的，或者在爆炸性、易燃性、放射性、毒害性等危险环境下从事劳动，情节严重的，对直接责任人员，处 3 年以下有期徒刑或者拘役，并处罚金；情节特别严重的，处 3 年以上 7 年以下有期徒刑，并处罚金。

有前款行为，造成事故，又构成其他犯罪的，依照数罪并罚的规定处罚。

本罪是指以暴力、威胁或者限制人身自由的方法强迫他人劳动的行为。

（一）客观构成

客观构成表现为以暴力、威胁或者限制人身自由的方法强迫他人劳动的行为。

根据《刑法》第 244 条第 2 款的规定，明知他人强迫劳动，为其招募、运送人员或者有其他协助强迫他人劳动行为的，依照强迫劳动罪的规定处罚。

想一想

《刑法》第 244 条第 2 款的规定是注意规定，还是拟制规定？[2]

单位可以构成本罪。单位犯本罪的，对单位判处罚金，并对其直接负责的主管人员和其他直接责任人员，依照《刑法》第 244 条第 1 款的规定处罚。

---

〔1〕　卖淫嫖娼是治安案件，所以卖淫女不是犯罪嫌疑人、被告人，也不是证人，更不是被监管人员，不构成刑讯逼供罪、暴力取证罪和虐待被监管人罪三个犯罪，符合条件可以构成非法拘禁罪或滥用职权罪。

〔2〕　这是注意规定，即便不规定此条文，帮助他人强迫劳动也构成强迫劳动罪。因此，如果实行犯未强迫劳动，那么这种单纯的协助强迫行为是不构成强迫劳动罪的。

小 提 醒

本罪属于贩奴罪的范畴，故为国际犯罪。但仅有本罪有单位犯罪，其他的贩奴罪无单位犯罪。

（二）与非法拘禁罪的区别

本罪采取的方式是限制人身自由，如果采取剥夺人身自由的方法强迫劳动，则成立非法拘禁罪与强迫劳动罪的想象竞合。

（三）与雇用童工从事危重劳动罪的关系

《刑法修正案（四）》规定了雇用童工从事危重劳动罪，这是指违反劳动管理法规，雇用未满16周岁的未成年人从事超强度体力劳动的，或者从事高空、井下作业的，或者在爆炸性、易燃性、放射性、毒害性等危险环境下从事劳动，情节严重的行为。如果在强迫从事危重劳动的职工中不仅有成年人，还有未满16周岁的未成年人，则应以强迫劳动罪和雇用童工从事危重劳动罪数罪并罚。另外，非法雇用童工造成事故，又构成其他犯罪的，数罪并罚。

专题 69 —— 侵犯婚姻家庭权利的犯罪 ——

一、暴力干涉婚姻自由罪

本罪是指以暴力干涉他人婚姻自由的行为。婚姻自由既包括结婚自由，也包括离婚自由。

本罪是亲告罪，不告不理。另外，本罪的结果加重犯是致使被害人死亡，如果致使被害人重伤，则不属于结果加重犯，有结果加重情节，不再为亲告罪。如果采取故意杀人、故意伤害（重伤）的行为来干涉婚姻自由，则不能认定为暴力干涉婚姻自由罪，应以故意杀人罪、故意伤害罪定罪处罚。

《刑法》第257条第1、2款规定，以暴力干涉他人婚姻自由的，处2年以下有期徒刑或者拘役。犯前款罪，致使被害人死亡的，处2年以上7年以下有期徒刑。

小 提 醒

导致被害人自杀，属于本罪的结果加重犯。

二、重婚罪

重婚罪是指有配偶而重婚的，或者明知他人有配偶而与之结婚的行为。根据司法解释的规定，在法律婚之后又有法律婚或事实婚（公开以夫妻名义长期生活在一起）的，应以重婚罪定罪处罚。

破坏军婚罪是一种特殊的重婚，被独立成罪，它是指明知是现役军人的配偶而与之同居或者结婚的行为。同居不是事实婚姻，它是以两性关系为基础，同时还有经济上或其他生活上的特殊关系，包括公开同居与秘密同居两种。破坏军婚与重婚罪是法条竞合关系，如果与现役军人配偶重婚，则应以特别法破坏军婚罪定罪处罚。

如果利用职权、从属关系，以胁迫手段奸淫现役军人的妻子，则应以强奸罪定罪处罚。

犯本罪，处 2 年以下有期徒刑或者拘役。

三、虐待罪

第 260 条 ［虐待罪］ 虐待家庭成员，情节恶劣的，处 2 年以下有期徒刑、拘役或者管制。

犯前款罪，致使被害人重伤、死亡的，处 2 年以上 7 年以下有期徒刑。

第 1 款罪，告诉的才处理，但被害人没有能力告诉，或者因受到强制、威吓无法告诉的除外。

第 260 条之一 ［虐待被监护、看护人罪］ 对未成年人、老年人、患病的人、残疾人等负有监护、看护职责的人虐待被监护、看护的人，情节恶劣的，处 3 年以下有期徒刑或者拘役。

单位犯前款罪的，对单位判处罚金，并对其直接负责的主管人员和其他直接责任人员，依照前款的规定处罚。

有第 1 款行为，同时构成其他犯罪的，依照处罚较重的规定定罪处罚。

本罪是指对共同生活的家庭成员经常以打骂、捆绑、冻饿、强迫过度劳动、有病不给治病或者其他方法进行摧残折磨，情节恶劣的行为。

1. 虐待行为要求具有经常性且情节恶劣。

2. 本罪是亲告罪，但有两个例外：①造成重伤、死亡的；②被害人没有能力告诉，或者因受到强制、威吓无法告诉的。这都不再属于告诉才处理。后者是《刑法修正案（九）》增加的例外。

 小提醒

根据司法解释的规定，上述修改可以溯及既往。

3. 本罪犯罪对象是共同生活的家庭成员。

想一想

家庭成员包括保姆吗？[1]

4. 虐待行为致被害人重伤、死亡的，仍定虐待罪，属于虐待罪的结果加重犯。"致人重伤"是指因经常受虐待或有病得不到及时有效的治疗而逐渐形成的重伤。"致人死亡"是指因被害人经常受虐待逐渐导致不正常死亡或引起被害人自杀死亡。行为人在虐待过程中，出于故意，一次暴力行为而造成被害人重伤或死亡的，应当区别情况，分别以故意伤害罪或故意杀人罪论处；如果前面的虐待行为已经构成犯罪，则应数罪并罚。

---

［1］ 如果是长期在家中干活的保姆，可以扩张解释为家庭成员。

> ### 💡 小提醒
>
> 导致被害人自杀，属于本罪的结果加重犯。

5. 虐待被监护、看护人罪。《刑法修正案（九）》增加了虐待被监护、看护人罪。它是指对未成年人、老年人、患病的人、残疾人等负有监护、看护职责的人虐待被监护、看护的人，情节恶劣的行为。犯本罪的，处3年以下有期徒刑或者拘役。单位可以构成本罪。单位犯本罪的，实行双罚制。但是单位不能构成虐待罪。虐待被监护人、看护人，又同时构成其他犯罪的，依照处罚较重的规定定罪处罚。

> ### 💡 小提醒
>
> 单位可以构成虐待被监护、看护人罪，但不构成虐待罪。

司法解释规定，对未成年人、残疾人负有监护、看护职责的人组织未成年人、残疾人在体育运动中非法使用兴奋剂，情节恶劣的，以虐待被监护、看护人罪定罪处罚。

四、遗弃罪

第 261 条 ［遗弃罪］ 对于年老、年幼、患病或者其他没有独立生活能力的人，负有扶养义务而拒绝扶养，情节恶劣的，处5年以下有期徒刑、拘役或者管制。

本罪是指对于年老、年幼、患病或者其他没有独立生活能力的人，负有扶养义务而拒绝扶养，情节恶劣的行为。

1. 本罪的主体是有扶养义务且有扶养能力的人。单位不构成本罪，但孤儿院、养老院、精神病医院的管理人员，由于对所收留的孤儿、老人、患者等具有法定的扶养义务，故可以自然人身份构成本罪。

2. 本罪的行为方式是对于年老、年幼、患病或者其他没有独立生活能力的人，负有扶养义务而拒绝扶养，这是典型的纯正不作为犯。

3. 如果行为人对被遗弃对象有放任或希望其死亡的心态，则属于故意杀人罪与遗弃罪的想象竞合。例如，张三不给刚出生的婴儿喂奶，以惩罚出轨的丈夫，导致孩子死亡。这构成遗弃罪和故意杀人罪的想象竞合。

> ### 💡 小提醒
>
> 遗弃罪也有可能处罚会更重喔，情节较轻的故意杀人罪是可以处3~10年有期徒刑的，而遗弃罪最高可以判5年有期徒刑。

4. 遗弃罪不是亲告罪，也不存在结果加重犯。遗弃罪致人死亡或者重伤，可以理解为遗弃罪与过失致人死亡罪或过失致人重伤罪的想象竞合。

五、拐骗儿童罪

本罪是指使用蒙骗、利诱或者其他方法，使不满14周岁的未成年人脱离家庭或者监护人的行为。拐骗的手段主要是蒙骗或利诱，使用盗窃、抢劫儿童等方法，也可构成本罪。犯本罪的，处 5 年以下有期徒刑或者拘役。

六、其他犯罪

本专题还有组织残疾人、儿童乞讨罪，组织未成年人进行违反治安管理活动罪。

组织残疾人、儿童乞讨罪是指以暴力、胁迫手段组织残疾人或者不满 14 周岁的未成年人乞讨的行为。这是《刑法修正案（六）》规定的新罪。如果采取诱骗手段组织残疾人、儿童乞讨，则不构成本罪。如果将人打残之后再组织行乞，则应该以故意伤害罪与此罪数罪并罚。

采取诱骗手段组织残疾人或儿童乞讨的，不构成本罪。

组织未成年人进行违反治安管理活动罪是《刑法修正案（七）》规定的新罪，它是指组织未成年人进行盗窃、诈骗、抢夺、敲诈勒索等违反治安管理活动的行为。

专题 70
—— 侵犯名誉权、民主权利的犯罪 ——

一、侮辱罪与诽谤罪

第 246 条 [侮辱罪；诽谤罪]　以暴力或者其他方法公然侮辱他人或者捏造事实诽谤他人，情节严重的，处 3 年以下有期徒刑、拘役、管制或者剥夺政治权利。

前款罪，告诉的才处理，但是严重危害社会秩序和国家利益的除外。

通过信息网络实施第 1 款规定的行为，被害人向人民法院告诉，但提供证据确有困难的，人民法院可以要求公安机关提供协助。

侮辱罪，是指使用暴力或者其他方法公然贬低、损害他人人格、名誉的行为。

诽谤罪，是指捏造并散布虚构的事实，以损害他人人格、名誉的行为。

对于这两个犯罪，要注意：这两个罪都是告诉才处理，但是严重危害社会秩序和国家利益的除外。同时，两罪都没有结果加重犯的规定。

1. 诽谤罪与侮辱罪的区别

（1）诽谤罪只能采取口头或者文字的方法，不可能是暴力方法；而侮辱罪既可以采取口头、文字的方法，也可以采用暴力方法。

（2）诽谤罪必须有捏造并散布有损他人名誉的虚假事实的行为；而侮辱罪既可以用真实事实损害他人名誉，也可以不用具体事实，只要公然侮辱即可。

（3）诽谤罪的实施可以是当众或者当第三者的面进行，也可以当着被害人的面进行；而侮辱罪的实施往往是当着被害人的面进行的。

［例1］ 在网上贴人裸照，情节严重的，构成侮辱罪。

［例2］ 虚构事实，在网上发帖说他人是性工作者的，构成诽谤罪。

［例3］ 为报复妇女，在大街上边打妇女边骂"狐狸精"，情节严重的，构成侮辱罪。

2. 侮辱罪与损害商业信誉、商品声誉罪的区别

侮辱罪的对象是自然人，其目的在于损害自然人的名誉；而损害商业信誉、商品声誉罪的对象还包括单位，其目的在于损害他人或者单位的商业信誉。

3. 侮辱罪的罪数

（1）采用暴力手段侮辱有可能造成伤害结果，如果未达轻伤，只应以侮辱罪定性；如果侮辱行为造成了轻伤以上结果，则属于想象竞合犯，应以故意伤害罪定性。

（2）在公然强奸，强制猥亵、侮辱行为中，也存在侮辱行为，但由于这属于强奸罪和强制猥亵、侮辱罪的加重情节，故应根据想象竞合的原理来处理。

（3）在收买被拐卖妇女过程中，又有侮辱行为，构成犯罪的，应该数罪并罚。

4. 网络诽谤

对于网络诽谤或侮辱的，告诉才处理，鉴于被害人很难收集相关证据，《刑法修正案（九）》规定，通过信息网络实施《刑法》第246条第1款规定的行为，被害人向人民法院告诉，但提供证据确有困难的，人民法院可以要求公安机关提供协助。

—— 💡 小提醒 ——

根据司法解释的规定，上述修改条款可以溯及既往。

二、侵犯通信自由罪和私自开拆、隐匿、毁弃邮件、电报罪

《刑法》第252条、第253条第1款分别规定了这两个罪名，要注意如下问题：

1. 侵犯通信自由罪，是指隐匿、毁弃或者非法开拆他人信件，侵犯公民通信自由权利，情节严重的行为。根据相关法律的规定，非法截获、篡改、删除他人电子邮件或者其他数据资料，侵犯公民通信自由和通信秘密构成犯罪的，也以本罪定性。

2. 私自开拆、隐匿、毁弃邮件、电报罪是邮政工作人员所实施的，如果在实施此行为时，窃取财物的，则应以盗窃罪从重处罚。

三、侵犯公民个人信息罪

第253条之一 ［侵犯公民个人信息罪］ 违反国家有关规定，向他人出售或者提供公民个人信息，情节严重的，处3年以下有期徒刑或者拘役，并处或者单处罚金；情节特别严重的，处3年以上7年以下有期徒刑，并处罚金。

违反国家有关规定，将在履行职责或者提供服务过程中获得的公民个人信息，出售或者提供给他人的，依照前款的规定从重处罚。

窃取或者以其他方法非法获取公民个人信息的，依照第1款的规定处罚。

单位犯前三款罪的，对单位判处罚金，并对其直接负责的主管人员和其他直接责任人员，依照各该款的规定处罚。

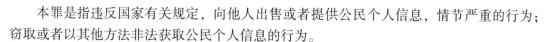

本罪是指违反国家有关规定，向他人出售或者提供公民个人信息，情节严重的行为；窃取或者以其他方法非法获取公民个人信息的行为。

根据《刑法修正案（九）》的修改，本罪不再是特殊主体，而是一般主体。特殊主体犯本罪的，从重处罚。"违反国家有关规定，将在履行职责或者提供服务过程中获得的公民个人信息，出售或者提供给他人的，依照前款的规定从重处罚。"

本罪有单位犯罪，单位犯本罪的，对单位判处罚金，并对其直接负责的主管人员和其他直接责任人员，依照各该款的规定处罚。

2017 年 5 月 8 日最高人民法院、最高人民检察院《关于办理侵犯公民个人信息刑事案件适用法律若干问题的解释》（以下简称《信息解释》）非常重要，根据该解释的规定，下列内容值得关注：

1. 公民可以解释为自然人，包括外国人和无国籍人，但不包括单位和死者。

2. 明确了"公民个人信息"的范围。

个人信息不是单纯的隐私信息，而是与特定自然人相关联的可识别性信息。根据《信息解释》第 1 条的规定，"公民个人信息"包括身份识别信息和活动情况信息，即以电子或者其他方式记录的能够单独或者与其他信息结合识别特定自然人身份或者反映特定自然人活动情况的各种信息，包括姓名、身份证件号码、通信通讯联系方式、住址、账号密码、财产状况、行踪轨迹等。例如，开房记录、身体健康状况、电子邮箱等。

根据司法解释的规定，人脸信息属于"生物识别信息"，也属于身份识别信息的一种。

💡 **小提醒**

个人信息包括身份识别信息和活动情况信息。与特定自然人关联的账号密码属于"公民个人信息"；经过处理无法识别特定个人且不能复原的信息，虽然也可能反映自然人活动情况，但与特定自然人无直接关联，不能成为公民个人信息的范畴。最高人民法院、最高人民检察院、公安部《关于办理电信网络诈骗等刑事案件适用法律若干问题的意见（二）》第 5 条第 1 款规定，非法获取、出售、提供具有信息发布、即时通讯、支付结算等功能的互联网账号密码、个人生物识别信息，符合《刑法》第 253 条之一规定的，以侵犯公民个人信息罪追究刑事责任。

［例 1］ 甲长期用高倍望远镜偷窥邻居的日常生活。

［例 2］ 甲将收藏的多封年代古老的信封（上有收件人姓名、单位或住址等信息）高价转让他人。

这都不属于此处的个人信息。

---

3. 人肉搜索的定性

通过信息网络或者其他途径予以发布，实际是向不特定多数人提供公民个人信息，由于向特定人提供公民个人信息的行为属于"提供"，因此，基于"举轻明重"的法理，前者更应当认定为"提供"。根据《信息解释》第 3 条第 1 款的规定，向特定人提供公民个人信息，以及通过信息网络或者其他途径发布公民个人信息的，应当认定为"提供公民个人信息"。

4. 同类解释规则的突破

对于"购买公民个人信息"是否属于"以其他方法非法获取公民个人信息",存在不同认识。有意见认为,"其他方法"应当限于与"窃取"危害性相当的方式(如抢夺),不宜将"购买"包括在内。但《信息解释》在制定时,主流观点认为：①《刑法》第253条之一第3款并未明确排除"购买"方法,且非法购买公民个人信息当然属于非法获取公民个人信息的情形；②从实践来看,当前非法获取公民个人信息的方式主要表现为非法购买,如排除此种方式,则会大幅限缩侵犯公民个人信息罪的适用范围；③不少侵犯公民个人信息犯罪案件表明,购买往往是后续出售、提供的前端环节,没有购买就没有后续的出售、提供。因此,《信息解释》第4条明确规定："违反国家有关规定,通过购买、收受、交换等方式获取公民个人信息,或者在履行职责、提供服务过程中收集公民个人信息的,属于刑法第253条之一第3款规定的'以其他方法非法获取公民个人信息'。"这可以看成是对同类解释规则的一种突破。

💡 小提醒

购买可以解释为"其他方法"。

5. 与网络犯罪的关系

《信息解释》第8条规定："设立用于实施非法获取、出售或者提供公民个人信息违法犯罪活动的网站、通讯群组,情节严重的,应当依照刑法第287条之一的规定,以非法利用信息网络罪定罪处罚；同时构成侵犯公民个人信息罪的,依照侵犯公民个人信息罪定罪处罚。"

📋 模拟展望

1. 关于强奸罪及相关犯罪的判断,下列哪一选项是正确的？(单选)[1]

A. 甲欲强奸某妇女遭到激烈反抗,一怒之下卡住该妇女喉咙,致其死亡后实施奸淫行为。甲的行为构成强奸罪的结果加重犯

B. 乙系某小学校长,与1名女生(不满14周岁)谈恋爱,经常以给女生糖果、书包为名,与女生发生性行为。乙的行为属于强奸罪的加重情节

C. 丙在收买妇女的过程中,强行与女方发生了性行为。丙的行为属于收买被拐卖妇女罪的加重情节

D. 丁采用麻醉手段奸淫妇女。丁构成强奸罪,但不属于情节加重犯

2. 某校高中女生张某因为恋爱问题,伙同多人强行将同学王某(女)的衣服剥下,拍下全裸视频,发在微信朋友圈中。王某因此精神失常。张某的行为符合下列哪项犯罪构成？(单选)[2]

A. 强制猥亵、侮辱罪　　　　　　　　　　B. 虐待罪

---

〔1〕 D。A项构成强奸罪的未遂和故意杀人罪,同时构成侮辱尸体罪,故A项错误。B项构成强奸罪,应当从重处罚,并非加重情节,故B项错误。C项应当以收买被拐卖的妇女罪和强奸罪实施数罪并罚,故C项错误。D项构成强奸罪,但不属于情节加重犯,故D项正确。

〔2〕 A。这种行为侵犯了女方的性羞耻心,构成强制猥亵、侮辱罪。A项当选。

C. 故意伤害罪   D. 过失致人重伤罪

3. 关于绑架罪，以下说法正确的是：（单选）[1]

A. 甲为了向乙讨要赌债而将乙扣押，在骑摩托车把乙带向关押地点的途中，乙为了脱逃从高速行驶的摩托车上跳下来，结果当场摔死。甲构成绑架罪，但对死亡结果不承担责任

B. 甲为了报仇而杀害了乙，杀人之后又临时起意，给乙的家属打电话，谎称乙在自己手中，让乙的家属拿钱赎人。甲构成绑架罪（杀害被绑架人）

C. 甲为了勒赎而偷盗了婴儿乙，未来得及向乙的家属勒赎即被警察抓获。甲构成绑架罪，系犯罪既遂

D. 甲拘禁乙后向乙家人勒赎未果，而将乙杀害。甲构成非法拘禁罪、绑架罪、故意杀人罪，应当数罪并罚

 来道 不 考 的题目

　　洛克在《人类理智论》中讲过一个这样的故事，北欧某国公使告诉暹罗（现泰国）国王，说他们当地有人在冬天可以在水面（结冰）上行走，国王无法相信，认为公使在愚弄他。这个故事告诉我们：[2]

　　A. 人类的理性是有限的

　　B. 人类的理性可以为万物立法

　　C. 对于我们无法理解的事情，我们永远不应该相信

　　D. 我们无法理解的事情，不一定就是错误的

---

〔1〕 C。A 项属于索取赌债，不构成绑架罪，构成非法拘禁罪，对死亡结果不承担责任，故 A 项错误。B 项是杀人后产生索取财物的目的，成立故意杀人罪和敲诈勒索罪，故 B 项错误。C 项中，绑架罪只要控制了被绑架人就成立既遂，故 C 项正确。D 项构成绑架罪一罪，在绑架过程中杀害被绑架人的，成立绑架罪的加重犯，故 D 项错误。

〔2〕 AD。人类的理性是有限的，亲爱的同学们，当你学习法律理论时，千万不要过分神化一种理论，所有的理论都是有局限性的。

第 17 讲
侵犯财产罪

📁 **复习提要**

　　本讲是法考的绝对重点,主要掌握非法占有的认定,抢劫、抢夺、盗窃、诈骗、敲诈、侵占罪的认定和区别。

👤 **知识框架**

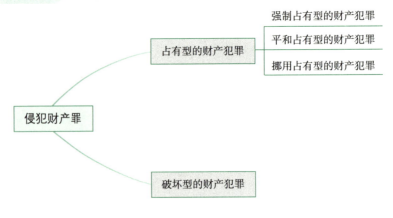

侵犯财产罪所侵犯的法益是财产权，财产权既包括所有权，也包括占有权。例如，甲将摩托车借给乙后，晚上又潜入乙家将摩托车偷回。甲侵犯了乙的占有权，故成立盗窃罪。

财产包括动产与不动产。对于盗窃、抢劫等夺取型犯罪，显然其对象不包括不动产，但不动产上可分离的附着物，可以成为这些犯罪的对象。有体物和无体物，如水、电、煤气，都可以成为侵犯财产罪的对象。违禁物品也是侵犯财产罪之对象，盗窃他人的毒品同样构成盗窃罪。债权凭证一旦丧失，就会失去凭证所记载的财产，其也可属于财产犯罪的对象。例如，将自己的借条强行抢回，可成立抢劫罪。

按照行为人是否在乎财物的使用价值，财产犯罪可以分为占有型和破坏型两种。前者是非法占有财物的犯罪。所谓非法占有，是指排除权利人而将其合法占有的财物当作自己的所有物，并按财物的本来用途进行利用或处分的意思。后者则是毁坏财物的使用价值的犯罪。

> **高频考点**
>
> **17.1**
>
> 非法占有的认定

[例 1] 将他人饲养的名贵小鸟从鸟笼中放走，不属于非法占有，而只能认定为故意毁坏财物罪。

[例 2] 嫉妒他人有电脑，将其拿走扔到厕所的，只能认定为故意毁坏财物罪。

[例 3] 把他人的高档自行车骑到外地扔掉，具有非法占有的目的，构成盗窃罪。

根据行为方式的不同，占有型的财产犯罪又可以分为强制占有型的财产犯罪（如抢劫罪、抢夺罪）、平和占有型的财产犯罪和挪用占有型的财产犯罪。占有型的财产犯罪在财产犯罪中占中心地位。

 小 提 醒

占有型的财产犯罪指的是"非法占有"，而非"非法所有"喔。因此，所有权人盗窃归他人合法占有的财物，也可以构成盗窃罪喔。

专题 71
强制占有型的财产犯罪

一、抢劫罪

第 263 条 ［抢劫罪］ 以暴力、胁迫或者其他方法抢劫公私财物的，处 3 年以上 10 年以下有期徒刑，并处罚金；有下列情形之一的，处 10 年以上有期徒刑、无期徒刑或者死刑，并处罚金或者没收财产：

（一）入户抢劫的；

（二）在公共交通工具上抢劫的；

（三）抢劫银行或者其他金融机构的；

（四）多次抢劫或者抢劫数额巨大的；

（五）抢劫致人重伤、死亡的；

（六）冒充军警人员抢劫的；

（七）持枪抢劫的；

（八）抢劫军用物资或者抢险、救灾、救济物资的。

本罪是指以非法占有为目的，当场使用暴力、胁迫或者其他方法，强行劫取财物的行为。

（一）犯罪构成

1. 法益

本罪侵害的法益是复杂法益，既有人身权利又有财产权利，因此，抢劫行为只要出现劫取财物或造成轻伤结果之一，就可成立本罪的既遂。

本罪的犯罪对象是他人所有的、保管的或占有的财物。不管他人对财物的拥有是否合法，也不论这种财物是否是违禁物品，只要是他人所拥有的财物，都可以成为抢劫罪的对象。以毒品、假币、淫秽物品等违禁品为对象，实施抢劫的，以本罪定罪；抢劫的违禁品数量作为量刑情节予以考虑。抢劫违禁品后又以违禁品实施其他犯罪的，由于又侵害了新的法益，所以不属于不罚之后行为，应以本罪与具体实施的其他犯罪实行数罪并罚。

2. 行为构成

本罪必须当场使用暴力等强制手段，当场获得财物，且强制手段与获得财物必须存在因果关系，处于同一个时空场合。

（1）强制手段

"强制手段"包括暴力、胁迫或者其他方法，这些方法必须足以压制一般人反抗，使被害人不能反抗、不知反抗或不敢反抗。

"暴力方法"是指对财物的所有人、保管人、占有人不法使用有形力，使被害人不敢反抗。例如，殴打、捆绑、禁闭等。

"胁迫方法"是指以当场立即使用暴力相威胁，使被害人产生恐惧心理而不敢反抗。这种胁迫必须具有当场可实施性，如果胁迫在当场无法实施，如行为人对被害人称"不给钱，3天之后杀你全家"，就不属于抢劫，而是敲诈勒索。

"其他方法"是指除暴力、胁迫以外压制被害人反抗的手段。

💡 小 提 醒

抢劫罪所要求的强制手段必须达到足以压制一般人反抗的程度，是一种程度最高的强制。

[例1] 周某对冯某的一块欧米茄表垂涎已久，一日，周某骗冯某说要给其介绍对象，让冯某请自己喝酒，趁机将冯某灌醉，并在送冯某回家途中走到一僻静胡同时，将其手表捋下拿走。这属于迷醉型抢劫，是典型的抢劫。

[例2] 向被害人眼部泼洒面粉，让对方暂时失去反抗能力，从而夺取财物，也成立抢劫。

[例3] 甲去一餐馆吃晚饭，时值该餐馆打烊，服务员已下班离去，只有老板乙在清账。在甲再三要求之下，乙无奈亲自下厨准备饭菜。甲趁机将厨房门反锁，致乙欲出不

能，只能从递菜窗口眼看着甲打开柜台抽屉取出 1000 余元离去。甲的拘禁行为导致乙不能反抗，构成抢劫罪。

？想一想

甲经常引诱乙的老婆去其家中打麻将。某天，乙知道此事后非常生气，打了甲两个耳光，并威胁甲："你必须赔我 5000 元，否则，我打烂你家里的所有东西。"甲遂给了乙 5000 元。乙的行为成立抢劫罪吗？[1]

（2）获得财物

强制手段是获得财物的原因，以强制手段压制被害人的反抗，被害人因此交付财物，强制手段与获得财物必须存在因果关系。

[例 1] 甲以暴力威胁乙，让乙给其财物，乙并不害怕，但出于对甲的怜悯，把钱给了甲。在此案中，强制手段与获得财物并无因果关系，对甲只能以抢劫罪的未遂论处。

[例 2] 甲为抢劫而殴打章某，章某逃跑，甲随后追赶。章某在逃跑时钱包不慎从身上掉下，甲拾得钱包后离开。显然，甲获得财物并非出于章某的反抗能力被压制，因此，甲的行为成立抢劫罪的未遂。[2]

[例 3] 行为人为窃取财物而暗中对被害人实施暴力，待被害人外出寻医时，趁机拿走被害人经管的财物，由于不是被害人基于暴力而当场主动交付财物，暴力行为不是转移占有的手段，所以，行为人只成立盗窃罪而不成立抢劫罪。

[例 4] 甲看中一辆电动自行车（车主在旁边上厕所），以为是自行车旁边抽烟的乙之车，于是将乙打伤，将车骑走，但此车与乙没有任何关系。这并非具体事实错误，而是抽象事实错误，甲不成立抢劫罪的既遂。

获得财产既包括积极财产的增加，也包括消极财产的减少。例如，勒住出租车驾驶员的脖子而获准免交车费的，也成立抢劫罪。

（3）时间和空间

本罪必须当场施加强制行为，同时还要求当场获得财物，强制手段与获得财物都必须发生在同一个时空场合。如果是事后取财，则不成立抢劫罪。这里需要注意的是，对于"当场"的理解不能过于狭窄，即使强制行为与取财行为的发生地不属于同一场所，只要从整体上看行为并无间断，也属于当场取财。

[例] 甲、乙二人于某日晚上将私营业主丙从工厂绑架至市郊的一空房内，并将丙的双手铐在窗户铁栏杆上，强迫丙答应交付 30 万元的要求。约 2 小时后，甲、乙强行将丙带回工厂，丙从保险柜取出仅有的 1.7 万元交给甲、乙。在本案中，取财行为与强制行为并未割裂，在整体上没有间断，因此，甲、乙成立抢劫罪。

3. 行为主体

本罪的主体是一般自然人，14 周岁以上的人就可承担刑事责任。但是，按照 2006 年 1 月 11 日最高人民法院《关于审理未成年人刑事案件具体应用法律若干问题的解释》第 10 条第 1 款的规定，已满 14 周岁不满 16 周岁的人不是《刑法》第 269 条规定的转化型抢

---

〔1〕 不成立。乙的行为没有达到足以压制一般人反抗的程度；符合条件的，可以成立敲诈勒索罪。

〔2〕 参见〔日〕西田典之：《日本刑法各论》，刘明祥、王昭武译，中国人民大学出版社 2007 年版，第 134 页。

劫的主体。

4. 主观罪责

本罪是故意犯罪，并且行为人具有非法占有的目的。为了索取合法债务而使用暴力的，按照《两抢意见》的观点，一般不成立抢劫罪，根据具体情况，可成立故意伤害罪、非法拘禁罪、非法侵入住宅罪。

《两抢意见》第7条第2款指出，抢劫赌资、犯罪所得的赃款赃物的，以抢劫罪定罪，但行为人仅以其所输赌资或所赢赌债为抢劫对象，一般不以抢劫罪定罪处罚。构成其他犯罪的，依照刑法的相关规定处罚。

?想一想

甲深夜到乙家中行窃，乙突然醒来，看到了甲在屋中行窃。但乙非常害怕，仍装作睡着了，甲对此一无所知，获取了大量财物后离开了乙家。甲的行为如何定性？[1]

（二）八种加重抢劫情节

高频考点

17.2

加重型抢劫的认定

本罪的基本刑罚是3年以上10年以下有期徒刑，并处罚金。同时，抢劫有下列八种情节之一的，应处10年以上有期徒刑、无期徒刑或者死刑，并处罚金或者没收财产：

1. 入户抢劫的

入户抢劫侵害的是他人的住宅安宁权。根据最高人民法院《关于审理抢劫案件具体应用法律若干问题的解释》第1条的规定，认定"入户抢劫"时，应当注意主客观两个方面：

（1）在客观上，要同时具备形式特征和实质特征。

❶形式特征。"户"在这里是指住所，其特征表现为供他人家庭生活和与外界相对隔离两个方面，前者为功能特征，后者为场所特征。一般情况下，集体宿舍、旅店宾馆、临时搭建工棚等不应认定为"户"，但在特定情况下，如果确实具有上述两个特征，也可以认定为"户"。

当然，暴力或者暴力胁迫行为必须发生在户内。入户实施盗窃被发现，行为人为窝藏赃物、抗拒抓捕或者毁灭罪证而当场使用暴力或者以暴力相威胁的，如果暴力或者暴力胁迫行为发生在户内，可以认定为"入户抢劫"；如果发生在户外，不能认定为"入户抢劫"。例如，甲、乙预谋抢劫，甲将被害人展某骗出后，乙进入展某家中。甲用事先准备好的溶有"三唑仑"药物的巧克力糖将展某麻醉后，抢走其皮夹克一件；乙进入展某家后，获取了财物2万元。甲、乙的行为不属于入户抢劫。

❷实质特征。入户抢劫侵犯了住宅安宁权，故"户"还包括封闭的院落、牧民的帐篷、渔民作为家庭生活场所的渔船、为生活租用的房屋等。

对于"前店后家"的抢劫，《抢劫意见》第2条第1款第2项规定，对于部分时间从事经营、部分时间用于生活起居的场所，行为人在非营业时间强行入内抢劫或者以购物等为名骗开房门入内抢劫的，应认定为"入户抢劫"。对于部分用于经营、部分用于生活且

---

〔1〕 甲的行为构成盗窃罪。甲主观上想盗窃，客观上是抢劫，在盗窃的范围内主客观相统一，成立盗窃罪。

之间有明确隔离的场所，行为人进入生活场所实施抢劫的，应认定为"入户抢劫"；如场所之间没有明确隔离，行为人在营业时间入内实施抢劫的，不认定为"入户抢劫"，但在非营业时间入内实施抢劫的，应认定为"入户抢劫"。

💡 **小提醒**

"前店后家"一般采取营业时间说，同时以隔断区分说为补充。

（2）在主观上，"入户"目的具有非法性。进入他人住所须以实施抢劫等犯罪为目的。抢劫行为虽然发生在户内，但行为人不是以实施抢劫等犯罪为目的的进入他人住所，而是在户内临时起意实施抢劫的，不属于"入户抢劫"。

《抢劫意见》第 2 条第 1 款第 1 项规定，认定"入户抢劫"，要注重审查行为人"入户"的目的，将"入户抢劫"与"在户内抢劫"区别开来。以侵害户内人员的人身、财产为目的，入户后实施抢劫，包括入户实施盗窃、诈骗等犯罪而转化为抢劫的，应当认定为"入户抢劫"。因访友办事等原因经户内人员允许入户后，临时起意实施抢劫，或者临时起意实施盗窃、诈骗等犯罪而转化为抢劫的，不应认定为"入户抢劫"。

❓ **想一想**

行为人想去某女家对其实施性侵，但进入户内后，发现某女非常富有，遂放弃性侵，而实施了抢劫。对此，可认定为入户抢劫吗?[1]

2. 在公共交通工具上抢劫的

公共交通工具承载的旅客具有不特定多数人的特点。根据最高人民法院《关于审理抢劫案件具体应用法律若干问题的解释》第 2 条的规定，"在公共交通工具上抢劫"主要是指在从事旅客运输的各种公共汽车，大、中型出租车，火车，船只，飞机等正在运营中的机动公共交通工具上对旅客、司售、乘务人员实施的抢劫。在未运营中的大、中型公共交通工具上针对司售、乘务人员抢劫的，或者在小型出租车上抢劫的，不属于"在公共交通工具上抢劫"。[2] 另外，对运行途中的机动公共交通工具加以拦截后，对公共交通工具上的人员实施的抢劫也属于"在公共交通工具上抢劫"。[3]

《抢劫意见》第 2 条第 2 款规定，"公共交通工具"，包括从事旅客运输的各种公共汽车，大、中型出租车，火车，地铁，轻轨，轮船，飞机等，不含小型出租车。对于虽不具有商业营运执照，但实际从事旅客运输的大、中型交通工具，可认定为"公共交通工具"。接送职工的单位班车、接送师生的校车等大、中型交通工具，视为"公共交通工具"。

"在公共交通工具上抢劫"，既包括在处于运营状态的公共交通工具上对旅客及司售、乘务人员实施抢劫，也包括拦截运营途中的公共交通工具对旅客及司售、乘务人员实施抢劫，但不包括在未运营的公共交通工具上针对司售、乘务人员实施抢劫。以暴力、胁迫或者麻醉等手段对公共交通工具上的特定人员实施抢劫的，一般应认定为"在公共交通工

---

〔1〕 可以。同时，行为人还成立强奸罪的中止。

〔2〕 《两抢意见》第 2 条。

〔3〕 最高人民法院《关于审理抢劫案件具体应用法律若干问题的解释》第 2 条。

上抢劫"。

小提醒

本条款要求行为人在客观上必须侵害公共交通运输安全，且在主观上要具有公然性，因此，不包括在小型出租车或未运营的交通工具上抢劫。

***

3. 抢劫银行或者其他金融机构的

这是指抢劫银行或者其他金融机构的经营资金、有价证券和客户的资金等。抢劫银行或其他金融机构的电脑、文件等办公用品不属于此类抢劫。客户的资金是指已交付给银行或者其他金融机构工作人员的资金，行为人在银行营业大厅抢劫等候办理业务的客户所携带的资金，不属于本加重情节。抢劫正在使用中的银行或者其他金融机构的运钞车的，视为"抢劫银行或者其他金融机构"。

4. 多次抢劫或者抢劫数额巨大的

"多次抢劫"是指抢劫 3 次以上。对于"多次"的认定，应以行为人实施的每一次抢劫行为均已构成犯罪为前提，综合考虑犯罪故意的产生、犯罪行为实施的时间、地点等因素，客观分析、认定。对于行为人基于一个犯意实施犯罪的，如在同一地点同时对在场的多人实施抢劫的，或基于同一犯意在同一地点实施连续抢劫犯罪的，如在同一地点连续地对途经此地的多人进行抢劫的，或在一次犯罪中对一栋居民楼房中的几户居民连续实施入户抢劫的，一般应认定为一次犯罪。

"抢劫数额巨大"的认定标准，参照各地确定的盗窃罪数额巨大的认定标准执行。根据最高人民法院、最高人民检察院《关于办理盗窃刑事案件适用法律若干问题的解释》第 1 条第 1 款的规定，盗窃罪数额巨大的认定标准为 3 万元至 10 万元以上。

根据《抢劫意见》第 2 条第 3 款第 1 项的规定，抢劫数额以实际抢劫到的财物数额为依据。对以数额巨大的财物为明确目标，由于意志以外的原因，未能抢到财物或实际抢得的财物数额不大的，应同时认定"抢劫数额巨大"和犯罪未遂的情节，根据刑法有关规定，结合未遂犯的处理原则量刑。

5. 抢劫致人重伤、死亡的

抢劫与重伤或死亡之间必须存在因果关系。如果没有因果关系，则不属于此种情节。

[例 1] 甲抢劫乙，乙逃跑，路上被车撞死。甲的行为属于普通的抢劫，而非抢劫致人死亡。

[例 2] 甲潜入被害人家中（10 楼）行抢，被害人跑出屋外，甲在后面追赶，被害人慌不择路，从楼梯上摔下死亡，甲从被害人身上将手机和钱包拿走。甲的行为属于抢劫致人死亡。

[例 3] 张三在抢劫后的逃跑过程中把路人李四踩死，不构成抢劫致人死亡。

抢劫包括使用强制手段与获得财物两种行为，因此，只要是使用强制手段或者获得财物中任何一种行为导致他人死亡，都属于抢劫致人死亡。例如，债务人胁迫债权人自杀，从而达到免除自己债务的目的，也属于抢劫致人死亡。

"致人重伤、死亡"中的"人"既包括财产受损的被害人，也包括第三人。"抢劫致人重伤、死亡"既包括行为人的暴力等行为过失致人重伤、死亡，也包括行为人为劫取财物而预谋故意杀人，或者在劫取财物过程中，为制服被害人反抗而故意杀人[1]。

因果关系的错误不影响定性。例如，魏某杀人取财，并放火烧"尸"，但后来查明，被害人系颅脑损伤后吸入一氧化碳窒息死亡。对于本案，仍应认定为抢劫致人死亡。

打击错误也不影响本情节的成立。例如，甲为劫财对乙实施暴力，却误打中丙，致其死亡。无论按照法定符合说，还是具体符合说，甲都成立抢劫致人死亡。

6. 冒充军警人员抢劫的

这是指冒充军人或警察抢劫。军人冒充警察抢劫，或警察冒充军人抢劫，可以此种情节论处。《抢劫意见》第 2 条第 4 款规定，认定"冒充军警人员抢劫"，要注重对行为人是否穿着军警制服、携带枪支、是否出示军警证件等情节进行综合审查，判断是否足以使他人误以为是军警人员。对于行为人仅穿着类似军警的服装或仅以言语宣称系军警人员但未携带枪支、也未出示军警证件而实施抢劫的，要结合抢劫地点、时间、暴力或威胁的具体情形，依照常人判断标准，确定是否认定为"冒充军警人员抢劫"。军警人员利用自身的真实身份实施抢劫的，不认定为"冒充军警人员抢劫"，应依法从重处罚。

 小提醒

真警察抢劫不属于"冒充军警人员抢劫"。

7. 持枪抢劫的

"持枪抢劫"，是指行为人使用枪支或者向被害人显示持有、佩带的枪支进行抢劫的行为。"枪支"的概念和范围，适用《枪支管理法》的规定。因此，此处的枪不包括假枪。

8. 抢劫军用物资或者抢险、救灾、救济物资的

此处的军用物资仅限于武装部队（包括武装警察）使用的物资，不包括公安警察使用的物资。

（三）三种特殊的抢劫罪

在刑法中，有三种特殊的抢劫：

1. 聚众"打砸抢"，毁坏或抢走公私财物的，对首要分子定抢劫罪。（《刑法》第 289 条）成立这种抢劫罪，不需要非法占有的目的。

2. 携带凶器抢夺的，以抢劫罪定罪处罚。（《刑法》第 267 条第 2 款）

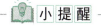 小提醒

这两种抢劫涉及的刑法条款都是典型的拟制规定。

根据《两抢意见》第 4 条的规定，认定"携带凶器抢夺"要注意以下两点：

（1）在主观上，行为人携带"凶器"是为了犯罪。如果"凶器"是枪支、爆炸物、管制刀具等国家禁止个人携带的器械，携带行为本身就可推定为为了犯罪；如果随身携带

---

〔1〕 2001 年 5 月 23 日最高人民法院《关于抢劫过程中故意杀人案件如何定罪问题的批复》。

国家禁止个人携带的器械以外的其他器械抢夺，但有证据证明该器械确实不是为了实施犯罪准备的，不以抢劫罪定罪。

（2）在客观上，携带凶器不需要显露。行为人将随身携带的凶器有意加以显示、能为被害人察觉到的，直接适用抢劫罪的规定定罪处罚。携带包括直接携带，也包括间接携带。只要凶器处于随时可支配范围之内，即便没有贴身携带，也可理解为携带。例如，甲欲抢夺丙的财物，让乙手持凶器与自己同行，计划在被害人丙反抗时，使用乙手中的凶器。若甲最终抢夺了丙的财物，应认定甲的行为是携带凶器抢夺。

3. 转化型抢劫

犯盗窃、诈骗、抢夺罪，为窝藏赃物、抗拒抓捕或者毁灭罪证而当场使用暴力或者以暴力相威胁的，依照抢劫罪的规定定罪处罚。

高频考点

17.3

转化型抢劫的认定

（1）起因条件。行为人必须触犯了盗窃、诈骗、抢夺罪。这里所说的罪，一般需要达到犯罪标准，但在特殊情况下，即便未达到犯罪标准，也可成立转化型抢劫。《两抢意见》第5条规定，行为人实施盗窃、诈骗、抢夺行为，未达到"数额较大"，为窝藏赃物、抗拒抓捕或者毁灭罪证当场使用暴力或者以暴力相威胁，情节较轻、危害不大的，一般不以犯罪论处；但具有下列情节之一的，可依照《刑法》第269条的规定，以抢劫罪定罪处罚：①盗窃、诈骗、抢夺接近"数额较大"标准的；②入户或在公共交通工具上盗窃、诈骗、抢夺后在户外或交通工具外实施上述行为的；③使用暴力致人轻微伤以上后果的；④使用凶器或以凶器相威胁的；⑤具有其他严重情节的。

> **💡 小提醒**
>
> 转化型抢劫中的"犯盗窃、诈骗、抢夺罪"应当达到犯罪标准，如果没有达到犯罪标准，应符合《两抢意见》第5条所规定的五种情节。

《刑法》第269条规定的转化型抢劫罪是一种拟制规定，对条文所说的"犯盗窃、诈骗、抢夺罪"应该作狭义理解，其不包括没有财产内容的特殊盗窃、诈骗、抢夺行为。例如，盗窃枪支后抗拒抓捕致人重伤的，应以盗窃枪支罪和故意伤害罪数罪并罚，而不能转化为抢劫罪。但如果盗伐林木后抗拒抓捕，就可以转化为抢劫罪。

📚试一试

甲、乙预谋修车后以假币骗付。某日，甲、乙在某汽修厂修车后应付款4850元，按照预谋甲将4900元假币递给乙清点后交给修理厂职工丙，乙说："修得不错，零钱不用找了。"甲、乙随即上车。丙发现货币有假，大叫"别走"，甲迅即启动车驶向厂门，丙扑向甲车前风挡，抓住雨刮器。乙对甲说："太危险，快停车。"甲仍然加速，致丙摔成重伤。甲的行为如何定性？（2010/2/91）[1]

（2）时间条件。必须当场使用暴力或者以暴力相威胁。"当场"是指行为人实施盗窃等行为的现场以及被人追捕的整个过程和现场。例如，东西被盗窃，次日才发现，失主前

---

[1] 构成使用假币罪和故意伤害罪。

去主张权利，被盗窃犯打伤，盗窃犯的行为就不能构成转化型抢劫。

（3）强制程度。此处的暴力或暴力威胁必须达到足以压制一般人反抗的程度。例如，盗窃之后，以自杀相威胁来抗拒抓捕的，显然不构成抢劫罪。

《抢劫意见》第 3 条第 2 款规定，对于以摆脱的方式逃脱抓捕，暴力强度较小，未造成轻伤以上后果的，可不认定为"使用暴力"，不以抢劫罪论处。

💡 **小提醒**

《抢劫意见》第 3 条第 2 款所规定的是被动摆脱，如果采取主动的胁迫手段，即便没有出现任何伤害后果，只要足以压制一般人反抗，就属于抢劫。总之，对强制手段的判断标准仍然是是否足以压制一般人反抗。

（4）主观目的。使用暴力或者以暴力相威胁的目的是窝藏赃物、抗拒抓捕或者毁灭罪证。窝藏赃物，是指保护已经取得的赃物不被恢复到应有状态；抗拒抓捕，是指拒绝司法人员的拘留、逮捕和一般公民的扭送；毁灭罪证，是指毁坏、消灭本人的犯罪证据。

刑法中的目的犯，目的并不需要实际实现。例如，在绑架罪中，即便行为人没有实际勒索成功，也不影响绑架罪既遂的认定。同样，在转化型抢劫罪中，如果行为人有抗拒抓捕等目的，但此目的没有实现，如误将与案件无关的第三人当成抓捕者而把其打伤，也不影响抢劫罪的成立。

［例1］ 甲在丙家盗窃了财物后离去，出门时遇到了乙，甲以为乙是失主，为抗拒抓捕对乙实施了暴力。尽管乙不是失主，且其既没有认识到甲的盗窃行为，也没有抓捕甲的想法与行为，对甲的行为也应认定为抢劫。（转化型抢劫之误踢主人案）

［例2］ 甲在丙家盗窃了财物后逃走，丙追赶，甲朝丙开枪，但误打中丁。甲具备抗拒抓捕的目的，所以成立抢劫罪，同时还构成抢劫致人死亡。

❓ **想一想**

上述两例中行为人分别构成什么认识错误？对此，具体符合说和法定符合说的处理结论是否不同？[1]

关于转化型抢劫，还有几点值得注意：

（1）主体问题。已满 14 周岁不满 16 周岁的人不可以成立转化型抢劫，其盗窃、诈骗、抢夺他人财物，为窝藏赃物、抗拒抓捕或者毁灭罪证，当场使用暴力，故意伤害致人重伤或者死亡，或者故意杀人的，应当分别以故意伤害罪或者故意杀人罪定罪处罚。已满 16 周岁不满 18 周岁的人可以成立转化型抢劫，但情节轻微的，可不以抢劫罪定罪处罚。

（2）转化型抢劫与一般抢劫的区别。转化型抢劫是一种事后抢劫，它与一般抢劫的区别主要体现在暴力、胁迫等强制手段的使用时间。转化型抢劫是在获得财产之后使用强制手段，而一般抢劫是在获得财产之前或之中使用强制手段。例如，小偷在入户行窃时，被主人发现，遂用刀威逼主人让其无法反抗，进而取得财物后离开。这属于在获得财产之中

---

[1] 例 1 是对象错误，例 2 是打击错误。在这两个案件中，具体符合说和法定符合说的处理结论是一致的。

使用强制手段，系一般抢劫，而非转化型抢劫。

> 💡 **小提醒**
>
> 一般抢劫的对象错误和转化型抢劫的对象错误的处理结论是不一样的。
>
> [例] 甲欲进王某家盗窃，正撬门时，路人李某经过。甲误以为李某是王某，会阻止自己盗窃，遂将李某打晕，再从王某家窃走财物。这是在取财过程中，也即一般抢劫中的对象错误，甲的主观目的显然并非窝藏赃物、抗拒抓捕或者毁灭罪证，故甲的行为不是转化型抢劫，而属于普通型抢劫。但由于抢劫罪的对象必须是财物的占有人，所以甲构成抽象事实错误，其主观上想抢劫，但客观上是盗窃，不成立抢劫罪的既遂（属于抢劫未遂与盗窃既遂的想象竞合）。
>
> 但是在上述转化型抢劫之误踢主人案中，行为人的对象错误不影响转化型抢劫的成立。

（3）转化型抢劫与抢劫加重情节的竞合。《抢劫意见》第3条第3款规定，入户或者在公共交通工具上盗窃、诈骗、抢夺后，为了窝藏赃物、抗拒抓捕或者毁灭罪证，在户内或者公共交通工具上当场使用暴力或者以暴力相威胁的，构成"入户抢劫"或者"在公共交通工具上抢劫"。

> 💡 **小提醒**
>
> 在公交车上扒窃，可能直接升格为加重型抢劫。

另外，在转化型抢劫过程中致人死亡，也可以抢劫致人死亡论之。当然，必须是转化型抢劫本身导致的死亡才属于抢劫致人死亡。例如，甲盗窃结束后，被他人追赶，甲在驾驶摩托车逃跑过程中将路人撞死。这就不属于抢劫致人死亡。

（4）共同犯罪。《抢劫意见》第3条第4款规定，2人以上共同实施盗窃、诈骗、抢夺犯罪，其中部分行为人为窝藏赃物、抗拒抓捕或者毁灭罪证而当场使用暴力或者以暴力相威胁的，对于其余行为人是否以抢劫罪共犯论处，主要看其对实施暴力或者以暴力相威胁的行为人是否形成共同犯意、提供帮助。基于一定意思联络，对实施暴力或者以暴力相威胁的行为人提供帮助或实际成为帮凶的，可以抢劫共犯论处。

❓ **想一想**

1. 甲、乙共同实施盗窃，甲负责望风。乙在盗窃结束后，为抗拒抓捕，将被害人打伤。甲、乙是否构成转化型抢劫？

2. 甲实施盗窃后逃跑，知道真相的乙在甲的授意下，对被害人实施暴力，以帮助甲逃跑。甲、乙是否成立转化型抢劫？

3. 甲实施盗窃后，在逃跑过程中向被害人投掷石块。知道真相的乙在甲不知情的情况下，用石块将被害人砸伤，以帮助甲逃跑。甲以为是自己砸中的被害人。甲、乙是否成立转化型抢劫？

4. 甲实施盗窃后逃跑，知道真相的乙在甲不知情的情况下，对被害人实施暴力（致人重伤），以帮助甲逃跑。甲、乙是否成立转化型抢劫?[1]

(四) 本罪的既未遂标准

本罪侵犯的是复杂客体，既侵犯财产权利又侵犯人身权利，具备劫取财物或者造成他人轻伤以上后果两者之一的，均属抢劫既遂；既未劫取财物，又未造成他人人身伤害后果的，属抢劫未遂。

据此，《刑法》第 263 条规定的八种处罚情节中除"抢劫致人重伤、死亡的"这一结果加重情节之外，其余七种处罚情节同样存在既遂、未遂问题，其中属抢劫未遂的，应当根据刑法关于加重情节的法定刑规定，结合未遂犯的处理原则量刑。也就是说，只要抢劫中出现了致人重伤、死亡的结果，即使未抢劫到财物，也应以加重抢劫的既遂论处，因为它已经侵害了人身权利，不存在未遂问题。但在其他七种加重抢劫罪中，存在加重抢劫的未遂。例如，在入户抢劫中既没有伤人，又未获取财物，就应该在加重抢劫罪的刑罚幅度内从轻或减轻处罚。

💡 **小提醒**

抢劫致人重伤、死亡不存在未遂问题。

1. 在抢劫过程中杀人，但未杀死，造成重伤的，构成抢劫致人重伤；造成轻伤的，构成抢劫罪和故意杀人罪的未遂。

2. 在一般抢劫中产生对象错误：例如，张三将一名贵摩托车停靠在厕所旁，李四在摩托车旁打量，王五以为摩托车是李四的，遂将李四杀死，骑着摩托车就跑。王五主观上想抢劫杀人，但客观上是盗窃杀人。所以，首先，杀人可以实现主客观统一，王五成立故意杀人罪的既遂；其次，主观抢劫而客观盗窃，王五成立（普通）抢劫罪未遂和盗窃罪既遂的竞合犯。

(五) 抢劫犯罪数额的计算

《两抢意见》第 6 条第 1 款规定，抢劫信用卡后使用、消费的，其实际使用、消费的数额为抢劫数额；抢劫信用卡后未实际使用、消费的，不计数额，根据情节轻重量刑。所抢信用卡数额巨大，但未实际使用、消费或者实际使用、消费的数额未达到巨大标准的，不适用"抢劫数额巨大"的法定刑。

《抢劫意见》第 2 条第 3 款第 2 项规定，根据《两抢意见》第 6 条第 1 款规定，抢劫信用卡后使用、消费的，以行为人实际使用、消费的数额为抢劫数额。由于行为人意志以外的原因无法实际使用、消费的部分，虽不计入抢劫数额，但应作为量刑情节考虑。通过

---

[1] 转化型抢劫是一种复合行为，分为前行为（盗窃、诈骗、抢夺）和后行为（强制手段）。无论在哪个阶段加入，只有当双方具有窝藏赃物、抗拒抓捕或者毁灭罪证的犯意联络时，才可以成立共同犯罪。

在案例 1 中，甲不成立抢劫罪，只有乙成立。

在案例 2 中，甲、乙都成立转化型抢劫。

在案例 3 中，甲、乙都成立转化型抢劫。其中，甲有抗拒抓捕的目的，而目的是一种主观超过要素，并不需要相匹配的客观内容；乙属于转化型抢劫的片面帮助犯。

在案例 4 中，甲、乙都不成立转化型抢劫。乙构成故意伤害罪和窝藏罪的想象竞合。

银行转账或者电子支付、手机银行等支付平台获取抢劫财物的，以行为人实际获取的财物为抢劫数额。

💡 **小提醒**

抢劫信用卡并使用的，构成抢劫罪。

《两抢意见》第6条第2款规定，为抢劫其他财物，劫取机动车辆当作犯罪工具或者逃跑工具使用的，被劫取机动车辆的价值计入抢劫数额；为实施抢劫以外的其他犯罪劫取机动车辆的，以抢劫罪和实施的其他犯罪实行数罪并罚。

💡 **小提醒**

在他人车上抢劫，并开车逃跑，后将车辆抛弃的，车辆的价值也计入抢劫数额。

（六）认定

1. 本罪与故意杀人罪的区别

最高人民法院《关于抢劫过程中故意杀人案件如何定罪问题的批复》规定："行为人为劫取财物而预谋故意杀人，或者在劫取财物过程中，为制服被害人反抗而故意杀人的，以抢劫罪定罪处罚。"因此，只要行为人以非法占有为目的，无论是其强制手段还是取财行为故意导致他人死亡，对其都应以抢劫罪一罪论处。

［例1］行为人以抢劫财物为目的，以故意杀人为手段，将被害人杀死的，对其仍以抢劫罪一罪定罪处罚。

［例2］在抢劫财物之后，为了逃避侦查、审判等而伤害或杀害被害人的，应以抢劫罪与故意伤害罪或故意杀人罪实行并罚。

［例3］本无抢劫之意，基于其他动机故意伤害或杀死他人后，临时起意，顺手牵羊拿走他人财物的，应以故意伤害罪或故意杀人罪与盗窃罪实行并罚。

对于杀人免债行为应当如何处理，有一定的争议。首先，债务人抢劫欠条的，可以直接构成抢劫罪。其次，直接将债权人杀死，以期免除其债务的，通说认为，这构成故意杀人罪。当然，对他人财物有拒不归还行为的，还同时构成侵占罪。[1]

2. 本罪与绑架罪的区别

根据《两抢意见》第9条第3款第1项的规定，绑架罪是侵害他人人身自由权利的犯罪，其与本罪的区别在于：

（1）主观方面不尽相同。本罪中，行为人一般出于非法占有他人财物的故意实施抢劫行为；绑架罪中，行为人既可能为勒索他人财物而实施绑架行为，也可能出于其他非经济目的实施绑架行为。

（2）行为手段不尽相同。本罪表现为行为人劫取财物一般应在同一时间、同一地点，具有"当场性"；绑架罪表现为行为人以杀害、伤害等方式向被绑架人的亲属、其他人或

---

[1] 但也有观点认为，既然抢劫的对象可以包括财产性利益，那么这种行为可以直接构成抢劫罪。这在2016年曾经作为开放性试题考查过。

单位发出威胁，索取赎金或提出其他非法要求，劫取财物一般不具有"当场性"。如果行为人直接向被绑架人索取财物，应该以本罪而非绑架罪定性。

据此，可以发现，绑架罪与本罪的区别非常细微。一般说来，绑架罪发生在三方当事人之间，存在绑架人、被绑架人、被勒索人，被绑架人与被勒索人是不同的。而本罪发生在双方当事人之间，财物给付人与被抢人具有同一性。对同一性的判断有时只能从主观出发，即看主观上是否具有涉及第三人的目的。具体说来，绑架罪必须有向第三人勒索财物的目的，而本罪不具有涉及第三人的目的。绑架人的这种目的是一种主观超过要素，不需要有客观要素与之对应。换言之，只要行为人具有勒索第三人的目的，即便被勒索人没有感觉到受到了勒索，也可成立绑架；行为人没有针对第三人的目的，即便财物实际是第三人交付的，也只能认为被抢人与交付财物人具有同一性，而成立抢劫。

通过以下三个案件，笔者将对此进一步说明：

[例1] 甲使用暴力将乙扣押在某废弃的建筑物内，强行从乙身上搜出现金3000元和1张只有少量金额的信用卡。甲逼迫乙向该信用卡中打入人民币10万元，乙便给妻子打电话，谎称自己开车撞伤他人，让其立即向自己的信用卡中打入10万元以救治伤员并赔偿。乙妻信以为真，向乙的信用卡中打入了10万元，被甲取走，甲在得款后将乙释放。

[例2] 甲持刀将乙逼入山中，让乙通知其母送钱赎人。乙担心其心脏病发作，遂谎称开车撞人，需付5万元治疗费，其母信以为真。

[例3] 甲抱着乙的孩子，对乙说不立即给钱，就把孩子掐死。

在例1中，虽然客观上有三方当事人，但是甲主观上只是针对乙，并不存在勒索第三人乙妻的目的，被抢人与财物给付人具有同一性，故甲成立抢劫罪；在例2中，甲主观上有针对第三人乙母的勒索意图，虽然乙母没有感觉到被勒索，但甲仍具有涉及第三人的目的，故被绑架人与被勒索人不具有同一性，甲成立绑架罪；在例3中，根据《两抢意见》的规定，直接认定抢劫罪即可。

3. 本罪与故意伤害罪、强奸罪的关系

行为人实施伤害、强奸等犯罪行为，在被害人未失去知觉时，利用被害人不能反抗、不敢反抗的处境，临时起意劫取他人财物的，应以此前所实施的具体犯罪与本罪实行数罪并罚；在被害人失去知觉或者没有发觉的情形下，以及实施故意杀人犯罪行为之后，临时起意拿走他人财物的，应以此前所实施的具体犯罪与盗窃罪实行数罪并罚。

4. 为个人使用，以暴力、胁迫等手段取得家庭成员或近亲属财产的，一般不以本罪定罪处罚，构成其他犯罪的，依照刑法的相关规定处理；教唆或者伙同他人采取暴力、胁迫等手段劫取家庭成员或近亲属财产的，可以本罪定罪处罚。

二、抢夺罪

第267条 [抢夺罪] 抢夺公私财物，数额较大的，或者多次抢夺的，处3年以下有期徒刑、拘役或者管制，并处或者单处罚金；数额巨大或者有其他严重情节的，处3年以上10年以下有期徒刑，并处罚金；数额特别巨大或者有其他特别严重情节的，处10年以上有期徒刑或者无期徒刑，并处罚金或者没收财产。

[抢劫罪] 携带凶器抢夺的，依照本法第263条的规定定罪处罚。

高频考点

17.4

抢夺罪的认定

本罪是指以非法占有为目的，公然夺取数额较大的公私财物或者多次抢夺的行为。

（一）犯罪构成

本罪的客观构成表现为公然对财物行使有形力，使他人来不及抗拒而取得数额较大的财物。

1. 本质是"公然夺取"。一般认为，"乘人不备"不是必备要素。例如，甲见乙迎面走来，担心自己的手提包被乙夺走，便紧抓手提包。乙见甲紧抓手提包，猜想包中有贵重物品，在与甲擦肩而过时，当面用力夺走甲的手提包。乙的行为构成抢夺罪。

2. 对物的强制。抢夺罪是一种强制型犯罪，故它必须有对物的强制，这种强制在间接上有可能造成他人的伤亡。

3. 多次抢夺。《刑法修正案（九）》增加了这种无需数额较大即可入罪的抢夺。

（二）认定

1. 与抢劫罪的区别

抢夺行为只是直接对物使用强制，并不是直接对被害人行使强制，而抢劫罪必须是实施了足以压制对方反抗的强制手段。行为人实施抢夺行为时，被害人是来不及抗拒，而不是被强制压制不能抗拒，也不是受胁迫不敢抗拒。

2. 与盗窃罪的区别

传统的观点认为，盗窃罪与本罪的区别在于，前者是秘密窃取，后者是公然夺取。例如，张三见李四摔伤在地，当面将其财物取走，此行为构成抢夺罪而非盗窃罪。但现在有一种有力的见解认为，盗窃罪与本罪的区别并非秘密性对公然性，而是平和性对暴力性，盗窃罪是平和型犯罪，而本罪则是一种对物的暴力型犯罪，在间接上有致人伤亡的危险，按照这种观点，前例则应以盗窃罪论处。

> 💡 **小提醒**
>
> 关于盗窃罪与抢夺罪的区别的两种观点都应该掌握，考过多次喔。

罪 名	强制对象	强制等级	其 他	
抢 劫	对人的暴力	有直接致人伤亡的危险		
抢 夺	对物的暴力	有间接致人伤亡的危险	观点一：公然取财	观点二：暴力取财
盗 窃	无暴力	无暴力	观点一：秘密取财	观点二：平和取财

3. 抢夺致人死亡

本罪并未规定致人死亡的结果加重犯，行为人夺取财物的行为使被害人跌倒摔伤或者死亡的，不成立抢劫，而应以抢夺罪和过失致人重伤罪或过失致人死亡罪的想象竞合犯，依照处罚较重的规定处理。按照司法解释的规定，致人死亡可以抢夺罪的情节加重犯论处（其他特别严重情节）。[1]

---

[1] 最高人民法院、最高人民检察院《关于办理抢夺刑事案件适用法律若干问题的解释》第4条第1项。

4. 飞车抢夺的定性

《两抢意见》第 11 条规定，对于驾驶机动车、非机动车（以下简称"驾驶车辆"）夺取他人财物的，一般以抢夺罪从重处罚。但具有下列情形之一，应当以抢劫罪定罪处罚：①驾驶车辆，逼挤、撞击或强行逼倒他人以排除他人反抗，乘机夺取财物的；②驾驶车辆强抢财物时，因被害人不放手而采取强拉硬拽方法劫取财物的；③行为人明知其驾驶车辆强行夺取他人财物的手段会造成他人伤亡的后果，仍然强行夺取并放任造成财物持有人轻伤以上后果的。例如，甲在下雪天驾驶摩托车抢夺行人李老太（90 岁）的财物，导致李老太摔成重伤。甲的行为应认为抢劫致人重伤。

三、敲诈勒索罪

第 274 条　[敲诈勒索罪]　敲诈勒索公私财物，数额较大或者多次敲诈勒索的，处 3 年以下有期徒刑、拘役或者管制，并处或者单处罚金；数额巨大或者有其他严重情节的，处 3 年以上 10 年以下有期徒刑，并处罚金；数额特别巨大或者有其他特别严重情节的，处 10 年以上有期徒刑，并处罚金。

本罪是指以非法占有为目的，对被害人实施威胁或者要挟的方法，强行索取财物，数额较大或者多次敲诈勒索的行为。

（一）犯罪构成

本罪中的"威胁"，一般是指以施加杀害、伤害等暴力相胁迫使对方产生恐惧而交付财物。与抢劫罪不同的是，本罪的威胁内容如果是暴力，则不具有当场的可实施性。

 **小提醒**

只要是让人产生恐惧或不便的行为，都可以成为敲诈勒索中的"威胁"方法。

本罪中的"要挟"，是指以揭发隐私、告发犯罪、毁坏名誉等非暴力方法使对方产生恐惧而交付财物。

被害人交付财物可以在威胁或要挟的当场交付，也可以在事后交付。例如，甲将某领导和裸女 PS 在一起，并给领导寄去，告知其若不支付 5000 元，就要把照片交给纪委。领导虽知道自己没有不端行为，但因在提拔考察期间，担心此事导致节外生枝，遂向甲如数付款。甲构成敲诈勒索罪（和诈骗罪未遂的想象竞合）。

根据《刑法修正案（八）》的修改，本罪不再是单纯的数额犯。有两种情况可以构成本罪：①敲诈勒索，数额较大的。按照司法解释的规定，其标准是 2000 元至 5000 元以上。[1]　②多次敲诈勒索的。"多次"是指 2 年内敲诈勒索 3 次以上。[2]

 **小提醒**

多次抢夺、多次敲诈、多次盗窃都是入罪情节，但多次抢劫是加重情节。

---

〔1〕 最高人民法院、最高人民检察院《关于办理敲诈勒索刑事案件适用法律若干问题的解释》第 1 条第 1 款。

〔2〕 最高人民法院、最高人民检察院《关于办理敲诈勒索刑事案件适用法律若干问题的解释》第 3 条。

（二）与抢劫罪的区别

1. 抢劫罪只能是以暴力侵害相威胁，而本罪对威胁或要挟的内容基本上没有限制。

2. 抢劫罪只能是当场进行威胁，不可能通过第三者进行威胁；而本罪既可以当场威胁，也可以通过第三者进行威胁。

3. 抢劫罪是如果不满足行为人的要求，严重的暴力威胁内容就会当场实现；而本罪是如果不满足行为人的要求，威胁内容会在将来的某个时间实现或者当场实现非严重暴力的威胁。例如，行为人对被害人称："不给钱，3天后杀你全家。"由于此处的暴力威胁不具有当场可实现性，故行为人构成的是敲诈勒索罪。

4. 抢劫罪是当场取得财物，不是事后取得财物；而本罪既可以当场也可以事后取得财物。一般说来，抢劫罪不可能针对不动产，而本罪有可能针对不动产。

（三）与绑架罪的区别

区别的关键在于是否实施了绑架行为。索取财物型的绑架实际上是采用非法拘禁的方式勒索财物。没有采用非法剥夺他人人身自由的方式勒索财物的，应为本罪。例如，将小孩带去吃麦当劳，但对其家长谎称绑架了孩子，要求"赎金"。此行为就不能以绑架罪论处，而是构成敲诈勒索罪和诈骗罪的想象竞合。

（四）既遂与未遂的标准

开始实施敲诈行为，为本罪之着手。行为人或者与之有关的第三人占有被害人财物时，为本罪的既遂。如果被害人出于同情而非恐惧提供财物，则只构成本罪的未遂。

（五）与正当行使权利的区别

如果行为人索取债权有正当的权利基础，或者行使权利并不违背社会通常观念，就不属于敲诈勒索；反之，如果没有正当的权利基础而借故要挟，或者行使权利明显违背社会通常观念，则为敲诈勒索。以下列三个案例进行说明：

［例1］甲在乙的餐馆吃饭时，在食物中发现了一只苍蝇，遂以向消费者协会投诉进行威胁，向乙索要精神损失费300万元。乙报警。

［例2］甲在乙的餐馆吃饭时，偷偷在食物中投放了一只事先准备好的苍蝇，然后以砸烂桌椅进行威胁，向乙索要精神损失费3000元。乙迫于无奈，付给甲3000元。

［例3］甲以揭发乙的犯罪为要挟向乙索取财物。

在例1中，行为人有正当的权利基础，且索赔请求并不违背社会通常观念，虽然是天价索赔，也不构成犯罪；在例2中，行为人并无此权利基础，因此，其前行为不构成犯罪，而后行为构成本罪；在例3中，行为人虽然有告诉的权利，但这种以此权利获得财物的方式明显违背社会一般观念，故构成本罪。

（六）处罚

行为人主观上试图敲诈数额特别巨大的财物，但客观上敲诈了数额较大的财物，对其法定刑的适用和犯罪形态，通说认为，行为人既构成本罪的基本犯罪构成，又构成本罪的加重犯罪构成（数额特别巨大）的未遂，应当从一重罪论处。这是司法实践中的主流立场。

对于盗窃罪、诈骗罪也存在类似问题。按照司法解释的规定，盗窃或诈骗既有既遂，又有未遂，分别达到不同量刑幅度的，依照处罚较重的规定处罚；达到同一量刑幅度的，以盗窃罪或诈骗罪既遂处罚。[1]

另一种观点认为，本罪的数额特别巨大不是加重犯罪构成，而是量刑规则。因此，只要客观上没有达到数额特别巨大，就不得适用数额特别巨大的法定刑，而只能按照数额较大型的敲诈勒索对待，即本罪的基本犯罪构成之刑罚选择法定刑，未遂事实作为量刑情节对待。这在 2016 年司考卷四曾作为观点展示类试题考查过。

四、聚众哄抢罪

本罪是指以非法占有为目的，聚集多人公然夺取公私财物，数额较大或者情节严重的行为。本罪只处罚首要分子和积极参加者，不处罚一般参加者。

题考72
平和占有型的财产犯罪

一、盗窃罪

第 264 条 ［盗窃罪］ 盗窃公私财物，数额较大的，或者多次盗窃、入户盗窃、携带凶器盗窃、扒窃的，处 3 年以下有期徒刑、拘役或者管制，并处或者单处罚金；数额巨大或者有其他严重情节的，处 3 年以上 10 年以下有期徒刑，并处罚金；数额特别巨大或者有其他特别严重情节的，处 10 年以上有期徒刑或者无期徒刑，并处罚金或者没收财产。

高频考点

17.5

盗窃罪的认定

本罪是指以非法占有为目的，窃取数额较大的公私财物或者多次盗窃、入户盗窃、携带凶器盗窃、扒窃公私财物的行为。

（一）犯罪构成

1. 犯罪对象

本罪的对象是他人占有的财物。占有既包括事实上的占有，也包括社会观念上的占有。前者即他人物理支配范围内的财物，如家中的财物；后者即在社会观念上可以推知他人有支配状态的财物，如停放在公共场所的他人没有锁的自行车。

对社会观念意义上的占有，要注意下列情况：

（1）处于他人的事实性支配领域之内的财物，即便并未被持有或守护，也属于该人占

---

〔1〕 参见 2016 年 12 月 19 日最高人民法院、最高人民检察院、公安部《关于办理电信网络诈骗等刑事案件适用法律若干问题的意见》第 2 条。另外，最高人民法院指导案例第 62 号"王新明合同诈骗案"的裁判要旨认为：在数额犯中，犯罪既遂部分与未遂部分分别对应不同法定刑幅度的，应当先决定对未遂部分是否减轻处罚，确定未遂部分对应的法定刑幅度，再与既遂部分对应的法定刑幅度进行比较，选择适用处罚较重的法定刑幅度，并酌情从重处罚；二者在同一量刑幅度的，以犯罪既遂酌情从重处罚。

有。例如，他人住宅内的财物，即使主人忘记了该财物的所有，也仍然存在对财物的占有。

（2）即便处于他人的支配领域之外，但在社会观念上可以推定为他人的事实性支配，也可以认定存在占有。例如，在家门口马路上未锁的汽车；又如，他人所饲养的宠物，具有回到主人身边的习性；再如，主人暂时离开，马上回来，也属于事实性支配的延伸。

如果主人就在现场，或者马上能够返回，一般推定该物归主人占有。

[例1] 甲路过某自行车修理店，见有一辆名牌电动自行车（价值1万元）停在门口，欲据为己有。甲见店内货架上无自行车锁便谎称要购买，催促店主去50米之外的库房拿货。店主临走时对甲说："我去拿锁，你帮我看一下店。"店主离店后，甲骑走电动自行车。在此案中，店主只是暂时离开，马上就会返回，在社会一般观念中可以推定电动自行车归店主占有。

[例2] 甲坐出租车回家，下车拿行李时，手机无意中从口袋中滑落，司机乙从反光镜中看见甲的手机掉在出租车后座上，但并未声张。甲取下行李后关上车门，刚往前走了1米，突然想起手机忘在车上了，转身回去找，发现司机乙飞快地开着出租车驶离现场。司机乙成立盗窃罪。

（3）即便他人失去对财物的占有，但如该财物转移至管理者或第三人无因保管，则可认为其属于管理者或第三人占有，也存在占有，如旅客遗忘在宾馆房间的钱包。但是，如果财物被遗忘在流通性强的公共场所，如地铁、公交车上，由于这种遗忘发生在一般人可以自由出入的场所，管理者的事实性支配在社会观念上难以延伸至此，则可以否定占有，如被遗忘在公用电话亭的钱包。[1]

❓ **想一想**

拿走他人掉在高铁座位上的手机，构成何罪？拿走他人掉在飞机座位上的手机呢？[2]

（4）死者的占有。人死亡后，是否还存在对财物的占有权？这在理论界也存在重大争议。在社会一般观念看来，对于死者生前的财物，在其死后的短时间内，认为死者对财物仍有占有权，是可以接受的。因此，《两抢意见》第8条规定，实施故意杀人犯罪行为之后，临时起意拿走他人财物的，应以此前所实施的具体犯罪与盗窃罪实行数罪并罚。然而，如果死者死亡时间较长，一般可否定死者的占有。

2. 窃取的含义

窃取，是指违反占有人的意思，将他人所占有的财物转移至自己或第三人占有的行为。传统行为理论认为，窃取必须秘密进行。但近年来，这种观点有所动摇，有观点认为，公然实施也可构成盗窃罪。如果承认公然盗窃，就可以很好地区分本罪与抢夺罪，本罪是平和占有型犯罪，而抢夺罪是强制占有型犯罪。那么，如果没有采取强制手段，公然夺取财物的行为，就属于本罪，而非抢夺罪。

（二）既未遂标准

对于本罪的既遂标准，在学说上有行为人控制说、被害人失去控制说以及结合说，现

---

[1] 参见［日］西田典之：《日本刑法各论》，刘明祥、王昭武译，中国人民大学出版社2007年版，第113页。
[2] 前者流动性强，所以构成侵占；后者流动性不强，所以构成盗窃。

在多数意见采取行为人控制说，这种控制只要建立了新的占有关系，就视为控制。一般说来，如果盗窃的是像现金、首饰这类的小件物品，只要装进衣袋或提包里就可以成立既遂；如果盗窃的是大件物品，通常以搬出户外或者院外为既遂；如果是在公共场所扒窃，只要行为人将财物窃到手，就构成既遂。例如，在开架超市盗窃商品，只要走出收银台就成立既遂；在不开架的商店窃取财物，通常以将财物偷拿出货柜为既遂。

（三）认定

1. 罪与非罪的标准

本罪要窃取公私财物的数额较大或者多次盗窃、入户盗窃、携带凶器盗窃、扒窃公私财物才构成犯罪。《刑法修正案（八）》增加了几种新的无需达到"数额较大"标准即可构成本罪的盗窃行为，它们分别是入户盗窃、携带凶器盗窃、扒窃，这三种盗窃都应该理解为结果犯，必须窃取有价值的财物，才构成犯罪。

（1）"数额较大"的标准是人民币 1000 元至 3000 元以上。"数额较大"是认定盗窃罪的一个重要根据，但不是唯一根据。根据司法解释的规定，盗窃公私财物，具有下列情形之一的，"数额较大"的标准可以按照上述规定标准的 50% 确定：①曾因盗窃受过刑事处罚的；②1 年内曾因盗窃受过行政处罚的；③组织、控制未成年人盗窃的；④自然灾害、事故灾害、社会安全事件等突发事件期间，在事件发生地盗窃的；⑤盗窃残疾人、孤寡老人、丧失劳动能力人的财物的；⑥在医院盗窃病人或者其亲友财物的；⑦盗窃救灾、抢险、防汛、优抚、扶贫、移民、救济款物的；⑧因盗窃造成严重后果的。[1]

（2）多次盗窃，是指 2 年内盗窃 3 次以上的行为。

💡 **小提醒**

1998 年司法解释[2]规定的是 1 年内盗窃 3 次以上属于多次盗窃，但 2013 年司法解释[3]改为 2 年内盗窃 3 次以上属于多次盗窃，孰重孰轻？如果甲 2010 年盗窃 2 次（每次 50 元）、2011 年盗窃 2 次（每次 75 元），2014 年其盗窃行为被发现，他构成盗窃罪吗？[4]

（3）入户盗窃，是指非法进入供他人家庭生活，与外界相对隔离的住所盗窃的行为。

（4）携带凶器盗窃，是指携带枪支、爆炸物、管制刀具等国家禁止个人携带的器械盗窃，或者为了实施违法犯罪携带其他足以危害他人人身安全的器械盗窃的行为。

行为人携带凶器盗窃，在现场被人发现，进而公然夺取的，应当以《刑法》第 267 条第 2 款规定的携带凶器型抢劫罪论处；直接以暴力强行劫取的，应当以《刑法》第 263 条规定的抢劫罪论处；使用凶器或以凶器相威胁的，应当以《刑法》第 269 条规定的转化型

---

〔1〕 2013 年 4 月 2 日最高人民法院、最高人民检察院《关于办理盗窃刑事案件适用法律若干问题的解释》第 2 条。

〔2〕 1998 年 3 月 17 日最高人民法院《关于审理盗窃案件具体应用法律若干问题的解释》（现已失效）第 4 条。

〔3〕 2013 年 4 月 2 日最高人民法院、最高人民检察院《关于办理盗窃刑事案件适用法律若干问题的解释》第 3 条第 1 款。

〔4〕 显然新的司法解释对行为人不利，故适用旧的司法解释，甲不构成盗窃罪。对于新的司法解释实施前发生的行为，行为时已有相关司法解释，依照行为时的司法解释办理，但适用新的司法解释对犯罪嫌疑人、被告人有利的，适用新的司法解释。

抢劫罪论处。

（5）扒窃，是指在公共场所或者公共交通工具上盗窃他人随身携带的财物的行为。一般认为，"随身携带"应该理解为一种实际的支配或者控制的占有状态。随身携带的财物包括被害人带在身上与其有身体接触的财物，以及虽未依附于身体，但置于被害人身边，可用身体随时直接触摸、检查的财物。例如，对餐厅顾客放在座位上的包袋内的财物，或是挂在座位椅背上的衣服口袋内的财物，如果行为人趁顾客短暂离开座位时行窃，一般可认定为普通盗窃行为。

> **小提醒**
>
> 扒窃需具备两个特征：公然性和随身性（不是贴身）。另外，所有的盗窃都是结果犯。除了盗窃数额较大型财物以外，其余的盗窃都要求窃取有价值的财物方成立既遂。

？想一想

甲乘火车时，趁邻座的乘客熟睡，将其放在火车行李架上的行李拿走。经鉴定，该行李价值900元。甲的行为成立盗窃罪的既遂吗？[1]

（6）偷拿家庭成员或者近亲属的财物，获得谅解的，一般可不认为是犯罪；追究刑事责任的，应当酌情从宽。

（7）盗窃未遂，具有下列情形之一的，应当依法追究刑事责任：①以数额巨大的财物为盗窃目标的；②以珍贵文物为盗窃目标的；③其他情节严重的情形。

[例1] 盗窃他人财物，结果偷得1万元假币，构成盗窃罪。根据司法解释的规定，盗窃毒品等违禁品，应当按照盗窃罪处理的，根据情节轻重量刑。

[例2] 在教室盗窃，偷得250元财物，不构成犯罪。

[例3] 在公共汽车盗窃，偷得250元财物，构成盗窃罪（扒窃）既遂。

[例4] 在单位财务室盗窃，偷得250元财物，构成盗窃罪未遂，属于司法解释所说的以数额巨大的财物为盗窃目标。

（8）自救行为。财物所有人将财物从盗窃者手中窃回，表面上也侵犯了对方的占有权，但这种行为属于自救行为，是一种违法阻却事由，故不构成犯罪。

2. 三种特殊的盗窃

（1）《刑法》第196条第3款规定，盗窃信用卡并使用的，依照盗窃罪的规定定罪处罚。

（2）《刑法》第210条第1款规定，盗窃增值税专用发票或者可以用于骗取出口退税、抵扣税款的其他发票的，依照盗窃罪的规定定罪处罚。

（3）《刑法》第265条规定，以牟利为目的，盗接他人通信线路、复制他人电信码号或者明知是盗接、复制的电信设备、设施而使用的，依照盗窃罪的规定定罪处罚。这里的"以牟利为目的"，是指出售、出租、自用、转让等谋取经济利益的目的。另外，将电信卡非法充值后使用，造成电信资费损失数额较大的，以及盗用他人公共信息网络上网账号、

---

[1] 成立。甲的行为是扒窃。

密码上网，造成他人电信资费损失数额较大的，都以盗窃罪定罪。[1] 司法解释规定，盗接他人通信线路、复制他人电信码号出售的，按照销赃数额认定盗窃数额。盗窃行为给失主造成的损失大于盗窃数额的，损失数额可以作为量刑情节考虑。[2]

［例］拾得他人手机，用该手机打电话，消耗话费数额较大的，针对电话费用，构成盗窃罪。

（四）罪数

1. 偷开他人机动车的认定

（1）偷开机动车，导致车辆丢失的，以盗窃罪定罪处罚。

（2）为盗窃其他财物，偷开机动车作为犯罪工具使用后非法占有车辆，或者将车辆遗弃导致丢失的，被盗车辆的价值计入盗窃数额。

（3）为实施其他犯罪，偷开机动车作为犯罪工具使用后非法占有车辆，或者将车辆遗弃导致丢失的，以盗窃罪和其他犯罪数罪并罚；将车辆送回未造成丢失的，按照其所实施的其他犯罪从重处罚。

2. 在盗掘古文化遗址、古墓葬时，从中盗取了珍贵文物或者严重破坏珍贵文物的，应当作为盗掘古文化遗址、古墓葬罪的加重构成处理，不再认定为盗窃罪。

（五）盗窃有价票证

盗窃有价支付凭证、有价证券、有价票证的，按照下列方法认定盗窃数额：①盗窃不记名、不挂失的有价支付凭证、有价证券、有价票证的，应当按票面数额和盗窃时应得的孳息、奖金或者奖品等可得收益一并计算盗窃数额。②盗窃记名的有价支付凭证、有价证券、有价票证，已经兑现的，按照兑现部分的财物价值计算盗窃数额；没有兑现，但失主无法通过挂失、补领、补办手续等方式避免损失的，按照给失主造成的实际损失计算盗窃数额。

💡 **小 提 醒**

盗窃不记名的有价证券，按照票面数额计算盗窃数额；盗窃记名的有价证券，按照实际损失计算盗窃数额。

（六）对数额的认识错误

在盗窃等财产犯罪中，经常会出现对数额的认识错误。这种认识错误属于对规范性构成要件要素的认识错误，应当根据一般人的标准来判断行为人是否存在对"数额较大"的认识。

二、诈骗罪

第 266 条 ［诈骗罪］ 诈骗公私财物，数额较大的，处 3 年以下有期徒刑、拘役或者管制，并处或者单处罚金；数额巨大或者有其他严重情节的，处 3 年以上 10 年以下有期徒刑，并处

---

［1］ 2000 年 5 月 12 日最高人民法院《关于审理扰乱电信市场管理秩序案件具体应用法律若干问题的解释》第 7、8 条。

［2］ 2013 年 4 月 2 日最高人民法院、最高人民检察院《关于办理盗窃刑事案件适用法律若干问题的解释》第 4 条。

罚金; 数额特别巨大或者有其他特别严重情节的, 处10年以上有期徒刑或者无期徒刑, 并处罚金或者没收财产。本法另有规定的, 依照规定。

本罪是指以非法占有为目的, 使用虚构事实或者隐瞒真相的方法, 骗取数额较大的公私财物的行为。

(一) 犯罪构成

1. 客观构成

一个完整的诈骗行为包括五个阶段: 欺骗行为、陷入认识错误、作出处分、取得财产和造成财产损失。上述五个阶段之间都有因果关系。缺乏任何一个环节, 都可能导致不构成诈骗罪或诈骗既遂。

(1) 欺骗行为。即所谓的虚构事实, 隐瞒真相。如果交易方知道真实情况, 便不会作出处分行为。需要注意的是, 这里的欺骗应当是一种实质性欺骗, 如果行为人的欺骗行为是社会生活所允许的, 如在一般的商品交易中一定程度的夸张和讨价还价, 则不成立诈骗。欺骗包括以现在发生的事实相欺骗, 也包括以将来发生的事实相欺骗, 算命诈骗就是一种典型的以将来事实进行的欺骗。

(2) 陷入认识错误。欺骗行为必须使被害人陷入认识错误。这里需要注意的是, 机器不能被骗, 无处分能力之人也不能被骗。例如, 在自动售货机中投入铁片获得商品, 以及用糖果引诱孩子把家里的戒指拿来换糖, 都应以盗窃定罪。但是, 在信用卡诈骗罪中, 由于司法解释有特别规定, 不适用机器不能被骗这个原理。

(3) 作出处分。首先, 这里的处分必须和认识错误有因果关系, 如果不存在这种因果关系, 则不构成诈骗罪的既遂。例如, 某人行骗, 被害人明知是谎言, 但并未揭穿, 且出于同情交付财物。这就只能以诈骗罪的未遂论处。其次, 处分必须是有处分权的人的行为, 所有权人和占有权人都有处分权。如果是无权处分人因认识错误而处分, 则不构成诈骗罪。另外, 被骗人在主观上应当有交付占有的意思, 如果没有这种意思, 也不成立诈骗。例如, 实践中常见的调包案, 由于被害人并没有交付占有的意思, 因此, 行为人不构成诈骗罪, 而是构成盗窃罪。

(4) 取得财物。取得财物的主体可以是行为人或行为人指派的第三人, 如果没有取得财物, 就不能成立诈骗罪既遂。例如, 甲冒充警察, 骗乙说某文物是赃物, 要没收, 乙信以为真, 甲遂对乙说次日安排他人去取。次日, 甲指示不知情的丙从乙处取得了文物。虽然丙不知情, 但他其实属于甲实施诈骗的工具, 因此, 从丙取得文物时起, 甲就成立犯罪既遂。

取得财物的效果包括两种: ①积极财产的增加。②消极财产的减少。例如, 伪造军牌, 骗免数额较大的养路费、通行费等。

(5) 造成财产损失。诈骗罪是一种财产犯罪, 如果被害人没有遭受财产损失, 自然行为人也就不构成诈骗罪。但是, 财产损失应该是社会规范所认可的损失。

[例1] 行为人出卖的羊毛衫是混纺的, 真实价格为300元一件, 但行为人对购买者谎称羊毛衫由纯羊毛制造, 仍以每件300元的价格销售。行为人不构成诈骗罪。

[例2] 某市医院的几名医生打着肝病专家免费义诊的旗号, 私自到某乡为群众义诊, 在不到2天的时间里该乡先后有100名群众接受了义诊。结果有80人被查出患有乙肝。其

中绝大多数人根据医生的意见购买了医生带来的 500 多元一盒的"肝得治"。后经调查，只有 3 人患有肝病。这几名医生构成诈骗罪。

2. 行为对象

本罪的行为对象包括有体物和无体物。财产性利益也是本罪的对象。例如，《刑法》第 210 条第 2 款规定，使用欺骗手段骗取增值税专用发票或者可以用于骗取出口退税、抵扣税款的其他发票的，以诈骗罪定罪；司法解释规定，以虚假、冒用的身份证件办理入网手续并使用移动电话，造成电信资费损失数额较大的，以诈骗罪定罪[1]。

3. 数额较大

司法实践中，个人诈骗 3000~10 000 元以上，属于数额较大。

（二）特殊诈骗

1. 三角诈骗

一般的诈骗中只有行为人与被害人，但如果被害人与被骗人不一致，则可能出现三角诈骗的情况。

[例 1]　行为人谎称是洗衣店的员工，敲开甲家的门，对其保姆说来取要洗的西装，保姆信以为真，将西装交给行为人。本案中，被骗人是保姆，但被害人却是西装的所有者甲，行为人也可构成诈骗罪。这里需要说明的是，在诈骗罪中，虽然被骗人与被害人可以不同，但是被骗人与处分权人必须是同一人，当然这里的处分权只要是在社会观念上具有处分权即可，不要求一定是所有权人，如保姆在社会观念上就可以将西装交付给洗衣店员工。

[例 2]　甲欺骗乙，称院子里晒的衣服是自己的，让乙帮忙取来。在本案中，乙在社会观念上并不具有衣服的处分权，因此甲只能成立盗窃罪（间接正犯）。（让人取衣案）

[例 3]　甲用乙的某购物网站的账号和密码购物，并用自己的银行卡付款，填的自己的地址，但是购物网站为确认地址把电话打给了乙，乙遂改成了自己的地址。在本案中，乙在获得财物之前并没有占有该财物，购物网站被骗致甲遭受财物损失，乙因此成立诈骗罪。

2. 诉讼诈骗

诉讼诈骗，是指通过伪造证据等方式来欺骗法院，获得对方当事人财物的行为，本质是一种典型的三角诈骗。由于《刑法修正案（九）》增加了虚假诉讼罪，因此，这种行为应当以虚假诉讼罪和诈骗罪从一重罪处断。

（三）本罪的认定

1. 与盗窃罪的区别[2]

本罪与盗窃罪的区别体现在以下两个方面：

（1）客观上，被骗人是否有处分能力。所有权人与占有权人都有处分权，如果是无处分能力人实施处分行为，则行为人不构成诈骗罪，但有可能成立盗窃罪。例如，上文提及的让人取衣案，被骗人并无处分能力，故行为人不

> **高频考点**
>
> 17.6
>
> 诈骗罪与
> 其他罪的区别

---

〔1〕　2000 年 5 月 12 日最高人民法院《关于审理扰乱电信市场管理秩序案件具体应用法律若干问题的解释》第 9 条。

〔2〕　参见最高人民法院指导案例第 27 号"臧进泉等盗窃、诈骗案"的裁判要点：行为人利用信息网络，诱骗他人点击虚假链接而实际通过预先植入的计算机程序窃取财物构成犯罪的，以盗窃罪定罪处罚；虚构可供交易的商品或者服务，欺骗他人点击付款链接而骗取财物构成犯罪的，以诈骗罪定罪处罚。

构成诈骗罪。又如，甲发现乙将电脑放置在商场一层维修部维修后，趁天尚未亮前往商场门口，对清洁工丙称电脑是自己的。丙将电脑交给甲。丙没有处分权，甲构成盗窃罪。

（2）主观上，被骗人是否有处分的意图。如果有，则成立诈骗；否则，可能成立盗窃。这里的处分意图即交付占有，占有必须是具有社会观念意义上的占有，而非单纯的控制。以下列两个案例进行说明：

[例1] 乙（女）听说甲（男）能将10元变成100元，便将家里的2000元现金交给甲，让甲当场将2000元变成2万元。甲用红纸包装着2000元钱，随后"变"来"变"去，趁机调换了红纸包，然后将调换过来的红纸包交给乙，让乙2小时后再打开看。乙2小时后打开，发现红纸包里面装的是餐巾纸。本案中，乙并没有转移占有的意图，在乙将2000元交给甲时，甲不过是单纯地控制了财物，而在社会观念上，这2000元仍然归乙所占有，故甲构成盗窃罪。

[例2] 乙（女）听说甲（男）能将10元变成100元，便将家里的2000元现金交给甲，让甲变成2万元。甲说着急回家，乙便同意甲拿回家去变。次日，乙去取钱时，发现甲已不知所踪。本案中，乙具有转移占有的意图，当甲将钱拿回家时，在社会观念上，钱已经归甲占有，故甲构成诈骗罪。

不妨再看电信诈骗与电信盗窃的区别：

最高人民法院《关于审理扰乱电信市场管理秩序案件具体应用法律若干问题的解释》第9条规定，以虚假、冒用的身份证件办理入网手续并使用移动电话，造成电信资费损失数额较大的，以诈骗罪定罪处罚。（电信诈骗）

《刑法》第265条规定，以牟利为目的，盗接他人通信线路、复制他人电信码号或者明知是盗接、复制的电信设备、设施而使用的，依照盗窃罪定罪处罚。（电信盗窃）

在电信诈骗中，被害人是电信公司，其受到了欺骗，有让加害人使用电信服务的处分意图；而在电信盗窃中，被害人是电信码号的使用者或电信公司，其并没有被骗，也没有处分行为，故行为人构成盗窃罪。

[例1] 甲打电话欺骗在家休息的老人："您的女儿在前面马路上出车祸了，您赶快去。"老人连门也没有锁便急忙赶到马路边，甲趁机取走了老人的财物。甲的行为构成盗窃罪。

[例2] 甲将庭院中的石头卖给乙，乙对甲说次日请工人运走石头。丙得知此事后，装成乙雇请的工人来运石头，甲看到丙运石头，以为其是乙雇请的工人，便予以默认。丙构成诈骗罪而非盗窃罪。

[例3] 甲与乙网上聊天后，约在某咖啡厅见面。见面聊了几句后，甲声称忘了带手机，借乙的手机打电话。甲接过手机后装作打电话的模样，接着声称信号不好而走出门外，趁机逃走。甲的行为构成盗窃罪。

[例4] 郑某获悉金某的建设银行网银账户内有305 000元存款且无每日支付限额，遂以尚未看到金某付款成功的记录为由，发送给金某一个交易金额标注为1元而实际植入了支付305 000元的计算机程序的虚假链接，谎称金某点击该1元支付链接后，其即可查看到付款成功的记录。金某在诱导下点击了该虚假链接，其建设银行网银账户中的305 000元随即进入郑某账户。郑某的行为构成盗窃罪。

[例5] 甲以虚假身份开设无货可供的淘宝网店铺，并以低价吸引买家。甲事先在某网游网站注册一账户，并对该账户预设充值程序，充值金额为买家欲支付的金额，后将该充值程序代码植入到一个虚假淘宝网链接中。与买家商谈好商品价格后，甲以方便买家购物为由，将该虚假淘宝网链接通过阿里旺旺聊天工具发送给买家。买家误以为是淘宝网链接而点击该链接进行购物、付款，并以为所付货款会汇入支付宝公司为担保交易而设立的公用账户，但该货款实际通过预设程序先转入某网游网站在支付宝公司的私人账户，再转入甲事先在某网游网站注册的充值账户中。甲的行为构成诈骗罪。[1]

[例6] 张三购买苹果手机后，将改装后的旧主板装入新手机内，利用商家"14 天内无条件免费退货"政策向苹果手机专营店申请退货退款，并将替换的新主板出售牟利。对于主板，商家系自愿交付，故张三构成诈骗罪。

关于处分意思，在学说上有抽象处分说和具体处分说的争论。前者认为处分者只需对财产的属性有抽象的认识即可，而后者认为处分者必须对财产的性质、种类、数量、价值有具体的认识。

[例1] 甲在商场购物时，在一方便面箱子中装入一台照相机，最后以买一箱方便面的钱获得了一台照相机。

[例2] 甲在商场购物时，在一个照相机的盒子中装入两台照相机，用购买一台照相机的价钱买了两台照相机。

[例3] 甲在商场购物时，在一台 3 万元的照相机上贴上了 3000 元的条形码，最后以 3000 元买了原本价值 3 万元的照相机。

在例 1 中，无论是按照抽象处分说，还是具体处分说，被害人都无处分意图，对甲都应以盗窃罪论处，这没有争议。但在例 2 和例 3 中，按照抽象处分说，被害人知道自己在处分照相机，具备处分意图，甲的行为属于诈骗；而按照具体处分说，被害人由于缺乏对财物照相机数量、价值的认识，故无处分意图，甲的行为构成盗窃罪，而非诈骗罪。

2. 与敲诈勒索罪的区别

本罪与敲诈勒索罪可能存在混淆，要注意以下三个方面：

(1) 行为同时具有诈骗与恐吓性质，对方也同时陷入认识错误与恐惧心理的，属于本罪与敲诈勒索罪的想象竞合犯，应从一重罪论处。例如，甲将王某杀害后，又以王某被绑架为由，向其亲属索要钱财。甲除构成故意杀人罪外，还构成敲诈勒索罪与诈骗罪的想象竞合犯。

小提醒

判断行为人有无实施恐吓行为，关键是看被害人认为行为人是好人还是坏人。

(2) 行为人仅实施欺骗行为，使被害人陷入认识错误并产生恐惧心理的，只能定本罪。

[1] 例4和例5参见最高人民法院第 27 号指导案例"臧进泉等盗窃、诈骗案"的裁判要点：行为人利用信息网络，诱骗他人点击虚假链接而实际通过预先植入的计算机程序窃取财物构成犯罪的，以盗窃罪定罪处罚；虚构可供交易的商品或者服务，欺骗他人点击付款链接而骗取财物构成犯罪的，以诈骗罪定罪处罚。

[例1] 乙与丙因某事发生口角，甲得知此事后，找到乙，谎称自己受丙所托带口信给乙：如果乙不拿出 2000 元给丙，丙将派人来打乙。乙害怕被打，就托甲将 2000 元带给丙。甲将钱占为己有。由于甲谎称的是丙要打乙，而非自己要打乙，所以这只是一种欺骗，而非恐吓，虽然被害人既被骗又被吓，但对甲只能定诈骗罪。

[例2] 甲因投资失败急需用钱，遂借其岳父岳母疼爱外孙的心理，假称孩子被绑架，要求赎金 20 万元。其岳父岳母无奈，将 20 万元交与甲，让其交与"绑匪"，并嘱其不要报警。甲的行为构成诈骗罪。

（3）行为人实施了欺骗行为和恐吓行为，被害人虽然陷入一定的认识错误，但完全或主要因为恐惧而交付财物，宜认定为敲诈勒索罪，而不能认定为本罪与敲诈勒索罪的想象竞合犯。例如，甲对乙说，如果不给钱，就让他当黑社会大哥的兄弟教训乙，乙因害怕交付财物。但甲实际上并没有在黑社会当大哥的兄弟。在本案中，被害人乙虽然陷于认识错误，但甲的欺骗行为——"有黑社会的兄弟"并非乙交付财物的原因，而是"甲会让人教训乙"这种恐吓行为导致了财物的交付，因此，甲的行为构成敲诈勒索罪。[1]

3. 无权处分案件的处理

无权处分行为可能涉及两个被害人：①财产的所有人；②受让人。如果无权处分行为导致多方的法益受到损害，则可能存在诈骗罪与其他财产犯罪的竞合。

[例] 杨某见有几个外地人来本地买树，便萌生了盗卖别人家树的念头。经过观察，杨某发现同村的杨卫国家的梨树长得好，能卖出好价钱，而且地处偏僻，刨树的时候不易被人发现，便带着买树人前去验货。后买树人砍下这些梨树，并将价款交付杨某。在本案中，如果认为受让人有财产损失，显然杨某的行为对受让人（买树人）成立诈骗罪，对所有权人成立盗窃罪，应认定为想象竞合犯，择一重罪处罚；但如果认为受让人没有财产损失，则杨某只构成盗窃罪一罪。

关于如何理解上述的财产损失，有法律损失说和事实损失说两种观点：

法律损失说认为，刑法和民法关于财产损失的理解应当保持一致。那么只有当所有权人（树主人）对受让人（买树人）在民法上对财物有返还请求权，才能认定受让人遭受了财产损失。根据本学说，由于盗赃物不适用善意取得，树主人有返还请求权，买树人遭受了财物损失，无权处分是无效的，因而杨某对受让人构成诈骗罪。

事实损失说认为，刑法和民法关于财产损失的理解可以不一致，只有受让人事实上遭受了财产损失，才属于刑法上的财产损失。根据本学说，无权处分是有效的，梨树事实上在买树人手上，故财物的受让人没有遭受财物损失，杨某对受让人不构成诈骗罪。

> 💡 **小提醒**
>
> 如果甲盗窃了一部 3000 元的手机，并将该手机放置在 iPhone 15 的盒子中，卖了 1 万元，则没有任何争议，甲构成盗窃罪和诈骗罪。

---

[1] 参见张明楷：《诈骗罪与金融诈骗罪研究》，清华大学出版社 2006 年版，第 121~122 页。

4. 电信诈骗

为依法惩治电信网络诈骗等犯罪活动，2016 年 12 月 19 日，最高人民法院、最高人民检察院、公安部发布了《关于办理电信网络诈骗等刑事案件适用法律若干问题的意见》。该意见第 2 条对诈骗罪的既未遂作出了比较特别的规定：实施电信网络诈骗犯罪，犯罪嫌疑人、被告人实际骗得财物的，以诈骗罪（既遂）定罪处罚。诈骗数额难以查证，但具有下列情形之一的，应当认定为《刑法》第 266 条规定的"其他严重情节"，以诈骗罪（未遂）定罪处罚：①发送诈骗信息 5000 条以上的，或者拨打诈骗电话 500 人次以上的；②在互联网上发布诈骗信息，页面浏览量累计 5000 次以上的。具有上述情形，数量达到相应标准 10 倍以上的，应当认定为《刑法》第 266 条规定的"其他特别严重情节"（诈骗罪的加重犯），以诈骗罪（未遂）定罪处罚。

上述"拨打诈骗电话"，包括拨出诈骗电话和接听被害人回拨电话。反复拨打、接听同一电话号码，以及反复向同一被害人发送诈骗信息的，拨打、接听电话次数、发送信息条数累计计算。因犯罪嫌疑人、被告人故意隐匿、毁灭证据等原因，致拨打电话次数、发送信息条数的证据难以收集的，可以根据经查证属实的日拨打人次数、日发送信息条数，结合犯罪嫌疑人、被告人实施犯罪的时间，犯罪嫌疑人、被告人的供述等相关证据，综合予以认定。

 小提醒

诈骗数额难以查证时，发送诈骗信息 5000 条以上或者拨打诈骗电话 500 人次以上的，在互联网上发布诈骗信息，页面浏览量累计 5000 次以上的，不是诈骗罪的预备，而构成诈骗罪未遂，同时，还触犯了非法利用信息网络罪。

5. 一房二卖

这是指房屋产权人将一处房产分别卖给两位买受人，获取两份房屋价款的行为。由于房屋产权人无法同时向两位买受人履行交房义务，最终会导致至少一位买受人支付了房款却无法获得房产。关于此行为的定性，主要是看被害人是否遭受了财物损失，以及行为人何时产生的非法占有的目的。

［例 1］甲将房屋卖给李四后，收受了购房首付款 50 万元，但还未办理过户手续。后甲又将该房卖给王五，收取了 200 万元房款。由于王五没有遭受财物损失，所以，甲不构成对王五的诈骗罪。如果可以证明甲在卖房之前就对李四的购房款有非法占有的目的，则甲对李四构成诈骗罪。

［例 2］甲将房屋卖给李四后，收受了购房款 200 万元，在办理完过户手续后，甲又将该房卖给王五，收取了首付款 50 万元。甲对王五构成诈骗罪。

6. "套路贷"[1]

"套路贷"，是对以非法占有为目的，假借民间借贷之名，诱使或迫使被害人签订"借贷"或变相"借贷""抵押""担保"等相关协议，通过虚增借贷金额、恶意制造违约、

---

［1］参见 2019 年 2 月 28 日最高人民法院、最高人民检察院、公安部、司法部《关于办理"套路贷"刑事案件若干问题的意见》。

肆意认定违约、毁匿还款证据等方式形成虚假债权债务，并借助诉讼、仲裁、公证或者采用暴力、威胁以及其他手段非法占有被害人财物的相关违法犯罪活动的概括性称谓。

"套路贷"与平等主体之间基于意思自治而形成的民事借贷关系存在本质区别，民间借贷的出借人是为了到期按照协议约定的内容收回本金并获取利息，不具有非法占有他人财物的目的，也不会在签订、履行借贷协议过程中实施虚增借贷金额、制造虚假给付痕迹、恶意制造违约、肆意认定违约、毁匿还款证据等行为。

在认定"套路贷"犯罪数额时，应当与民间借贷相区别，从整体上予以否定性评价，"虚高债务"和以"利息""保证金""中介费""服务费""违约金"等名目被犯罪嫌疑人、被告人非法占有的财物，均应计入犯罪数额。犯罪嫌疑人、被告人实际给付被害人的本金数额，不计入犯罪数额。

"套路贷"不是一种独立的犯罪构成，只有当"套路贷"符合本罪、敲诈勒索等罪的构成要件时，才能认为"套路贷"行为构成本罪或敲诈勒索等罪，而不能因为行为属于"套路贷"，直接认定为本罪或敲诈勒索等罪。

三、侵占罪

第270条［侵占罪］将代为保管的他人财物非法占为己有，数额较大，拒不退还的，处2年以下有期徒刑、拘役或者罚金；数额巨大或者有其他严重情节的，处2年以上5年以下有期徒刑，并处罚金。

将他人的遗忘物或者埋藏物非法占为己有，数额较大，拒不交出的，依照前款的规定处罚。

本条罪，告诉的才处理。

本罪是指将代为保管的他人财物或他人的遗忘物、埋藏物非法占为己有，拒不交还，数额较大的行为。本罪是亲告罪。

（一）犯罪构成

1. 客观构成

本罪可以分为两种：①保管物侵占；②脱离物侵占。

（1）保管物侵占

这是指将代为保管的他人财物占为己有的行为。需要注意以下两点：

❶包装物的区分说。一般认为，行为人受委托保管包装物，并不同时占有包装物内的财物。如果行为人将包装物打开，将里面的财物占为己有，则成立盗窃。

［例］甲、乙二人在给他人运送变压器时，发现变压器中有许多冷却油，便想将这些冷却油抽出来卖掉，但需要通过专业技术拧开变压器的螺丝才能将冷却油抽出来。甲、乙便找到有电动油泵的丙，丙帮助甲、乙将该油抽了出来。后甲、乙、丙三人将抽出来的油卖掉，各得赃款5000元。甲、乙、丙三人均构成盗窃罪。

❷辅助占有人将财物据为己有，不成立侵占。辅助占有人只是在表面上控制财物，但在社会观念上并不具备财物的占有权，当占有人将财物交由辅助占有人"占有"时，在社会观念上该财物并非为辅助占有人占有，因此，辅助占有人将财物占为己有的行为成立盗窃。

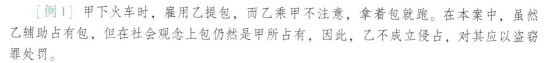

[例1] 甲下火车时，雇用乙提包，而乙乘甲不注意，拿着包就跑。在本案中，虽然乙辅助占有包，但在社会观念上包仍然是甲所占有，因此，乙不成立侵占，对其应以盗窃罪处罚。

[例2] 甲与乙骑乙的摩托车出去玩，路不好，乙说推过去，甲说自己来骑，然后甲骑着车跑了。甲是辅助占有人，构成盗窃罪。

（2）脱离物侵占

脱离物包括遗忘物和埋藏物。在刑法中，遗忘物还包括遗失物。这里需要注意的是，如果某物在社会观念上仍然为他人所占有，就不属于遗忘物，对这种物品的非法占有，就不成立侵占。例如，甲掉在宾馆的钱包，对于甲而言，似乎是遗忘物，但对于宾馆而言，该钱包已经属于无因保管之物，归其占有。因此，将该钱包窃走的，成立盗窃；如将该钱包骗走，则成立诈骗，而不成立侵占。

埋藏物是指埋藏于地下，所有人不明或应由国家所有的财物。他人有意埋藏于某地的财物，或者在社会观念上推定归他人占有之物，都属于他人占有之物，非埋藏物。例如，甲家墙内藏有祖上遗留的 3 根金条，但甲毫不知情。后甲雇乙为其装空调，乙穿墙打洞时发现金条并将其秘密拿走。在甲家的财物在社会观念中归甲占有，故乙的行为成立盗窃。

如果行为人发生认识错误，将他人占有之物误认为没有占有人，将其取走，属于事实上的认识错误，虽不成立盗窃，但可以成立侵占。

（3）"占为己有"与"拒不退还"的关系

"拒不退还"只是"占为己有"的证明要件，并非实体条件，它只是说明"占为己有"的客观存在。因此，只要行为人非法将他人财物占为己有，就可以成立侵占，而不能理解为在占为己有后，还必须经他人请求拒不退还才构成犯罪。

2. 主观罪责

本罪是故意犯罪，且行为人有非法占有的目的，这种目的是意图使"占有"变成"非法所有"。本罪的行为人是在占有他人财物后产生的犯罪目的。

（二）认定

本罪的本质是意图使"占有"变成"非法所有"，行为人是在占有他人财物后产生的非法所有的目的，这是本罪和盗窃、诈骗等罪的最大区别。

高频考点

17.7

侵占罪与其他罪的区别

1. 与盗窃罪的区别

在保管物侵占中，盗窃和侵占比较好区别（但要注意封缄物的区分说）；但在脱离物侵占中，两者经常有可能产生混淆，这里区别的关键就在于看财物的属性是遗忘物还是他人占有之物（尤其要注意他人无因保管的占有），如果是前者就成立侵占，如果是后者就成立盗窃。

[例] 甲在给自己的手机充值时，不小心将 1 万元话费充到了乙的手机上，乙明知有人往自己手机里误充了 1 万元，仍然多次拨打国际长途电话，迅速用完了这笔话费。乙的行为构成侵占罪。

在分期付款购物中，一般认为，在付清款项前，商品的所有权归卖方，但购买方享有占有权。

[例] 甲以分期付款的方式向乙购买钢琴，约定款项付清前钢琴由甲使用，所有权归乙。

（1）如果甲在款项付清前将钢琴另售他人，则构成侵占罪；

（2）如果乙在甲付清款项前，又把该钢琴偷回，则构成盗窃罪。

如果行为人发生认识错误，误认为他人占有之物为遗忘物，根据主客观相统一原则，行为人主观上并不知道该财物是他人占有之物，其心态为侵占，客观上，财物也发生了转移，因此，对其应以侵占罪的既遂论处。

> **💡 小提醒**
>
> 还记得前面讲过的评价的错误不影响定性吧？

2. 与诈骗罪的区别

这也需要正确理解"他人占有"的含义，比较容易引起混淆的是无因保管占有的情况。例如，某人的包丢在宾馆，后被他人冒领，这就属于诈骗，而非侵占。另外，行为人非法占有代为保管的他人财物、遗忘物、埋藏物，并隐瞒真相、虚构事实拒不归还的，事后的欺骗行为属于为了确保占有对同一被害人的侵占物而实施的不可罚的事后行为，只能认定为侵占罪。

> **❓ 想一想**
>
> 甲进入地铁车厢后，发现自己的座位边上有一个钱包（价值3万元），于是问身边的乙："这是您的钱包吗？"尽管钱包不是乙的，但乙却说："是的，谢谢！"于是甲将钱包递给了乙。乙的行为如何定性？[1]

3. 财物损失的认定

和诈骗罪一样，对如何认定本罪中的财物损失也有一定的争议。如果认为刑法和民法关于财物损失的理解应当保持一致，那么被害人必须在民法上对财物有返还请求权，才能认定存在财物损失，从而成立侵占；如果认为刑法和民法关于财物损失的理解可以不一致，即便被害人对财物在民法上没有返还请求权，只要在事实上有财物损失，就属于刑法上的财物损失，就可以成立侵占。例如，甲、乙两人盗窃，约好五五分成，但最后甲独吞了所窃之财物。按照第一种观点，乙对财物没有民法上的返还请求权，故甲不成立侵占罪；而按照第二种观点，乙遭受了事实上的财物损失，故甲成立侵占罪。

四、职务侵占罪

第271条 ［职务侵占罪］ 公司、企业或者其他单位的工作人员，利用职务上的便利，将本单位财物非法占为己有，数额较大的，处3年以下有期徒刑或者拘役，并处罚金；数额巨大的，处3年以上10年以下有期徒刑，并处罚金；数额特别巨大的，处10年以上有期徒刑或者无期徒刑，并处罚金。

［贪污罪］ 国有公司、企业或者其他国有单位中从事公务的人员和国有公司、企业或者其他国有单位委派到非国有公司、企业以及其他单位从事公务的人员有前款行为的，依照本法第

---

[1] 甲没有处分权，所以乙不构成诈骗。本案的本质是在地铁上获取了他人遗忘的财物，由于地铁是公共领域，所以乙成立侵占罪。

382 条、第 383 条的规定定罪处罚。

本罪是指行为人利用职务上的便利,侵占本单位财物,数额较大的行为。

（一）犯罪构成

1. 客观构成

（1）利用职务便利,侵占本单位财物。利用职务便利是指利用自己主管、经手、负责单位财物的便利条件。职务便利通常是指行为人具有对财物的管理权限,如厂长、经理、会计、出纳、保管员等,不包括"纯劳务性"的工作便利。

[例 1] 搬运工利用接触生产资料、劳动工具的便利,将财物占为己有,不构成职务侵占罪。

[例 2] 甲系某私营速递公司的卸货员,主要工作任务是将公司收取的货物从汽车上卸下,再按送达地重新装车。某晚,乘公司监督人员上厕所之机,甲将客户托运的一台价值 1 万元的摄像机夹带出公司大院,藏在门外沟渠里,并伪造被盗现场。在本案中,按照社会一般观念,公司监督人员是财物的占有人,他上厕所马上会返回,不能否定他对财物的占有现状。因此,甲的行为构成盗窃罪。卸货只是一种纯粹的劳务,并非职务行为,故甲不构成职务侵占罪。

[例 3] 邮政快递员把快递站点传送带上不属于自己配送范围的快递件取走后,打开该快递,拿走里面的东西,构成盗窃罪。

[例 4] 司法解释规定,行为人与油气企业人员勾结共同盗窃油气,没有利用油气企业人员职务便利,仅仅是利用其易于接近油气设备、熟悉环境等方便条件的,以盗窃罪的共同犯罪论处。[1]

> **小提醒**
>
> 职务侵占罪的本质就是利用职务之便盗窃、诈骗或侵占本单位财物,造成本单位财物损失。

（2）单位必须有财物损失。如果单位并没有财物损失,则不能构成本罪。例如,银行工作人员在检查 ATM 机时发现了一张他人没有取出的信用卡,遂从中取钱。由于银行的财物并未受损,故对该工作人员不能认定为本罪。

（3）数额较大。按照司法解释的规定,一般以 6 万元为起点。[1]

2. 主体

本罪的主体是公司、企业或其他单位的工作人员。如果是国家工作人员,则定贪污罪。

（二）认定

1. 根据《刑法》第 183 条第 1 款的规定,（非国有）保险公司的工作人员利用职务上

---

〔1〕 2018 年 9 月 28 日最高人民法院、最高人民检察院、公安部《关于办理盗窃油气、破坏油气设备等刑事案件适用法律若干问题的意见》第 4 条第 1 款。

〔1〕 2016 年 4 月 18 日最高人民法院、最高人民检察院《关于办理贪污贿赂刑事案件适用法律若干问题的解释》第 11 条第 1 款。

的便利，故意编造未曾发生的保险事故进行虚假理赔，骗取保险金归自己所有的，以本罪定罪处罚。

2. 村民小组组长利用职务上的便利，将村民小组集体财产非法占为己有，数额较大的，以本罪论处。

3. 在国有资本控股、参股的股份有限公司中从事管理工作的人员，除受国家机关、国有公司、企业、事业单位委派从事公务的以外，不属于国家工作人员。其利用职务上的便利，将本单位财物非法占为己有，数额较大的，以本罪论处。

4. 共同犯罪。行为人与公司、企业或者其他单位的工作人员勾结，利用公司、企业或者其他单位的工作人员的职务便利，共同将该单位财物非法占为己有，数额较大的，以本罪的共犯论处。

公司、企业或者其他单位中，不具有国家工作人员身份的人与国家工作人员勾结，分别利用各自的职务便利，共同将本单位财物非法占为己有的，按照主犯的犯罪性质定罪。

专题73 挪用占有型的财产犯罪

一、挪用资金罪

第272条 ［挪用资金罪］ 公司、企业或者其他单位的工作人员，利用职务上的便利，挪用本单位资金归个人使用或者借贷给他人，数额较大、超过3个月未还的，或者虽未超过3个月，但数额较大、进行营利活动的，或者进行非法活动的，处3年以下有期徒刑或者拘役；挪用本单位资金数额巨大的，处3年以上7年以下有期徒刑；数额特别巨大的，处7年以上有期徒刑。

［挪用公款罪］ 国有公司、企业或者其他国有单位中从事公务的人员和国有公司、企业或者其他国有单位委派到非国有公司、企业以及其他单位从事公务的人员有前款行为的，依照本法第384条的规定定罪处罚。

有第1款行为，在提起公诉前将挪用的资金退还的，可以从轻或者减轻处罚。其中，犯罪较轻的，可以减轻或者免除处罚。

本罪是指利用职务上的便利，挪用本单位资金归个人使用或借贷给他人使用的行为。

（一）犯罪构成

1. 客观构成

本罪的客观构成有三种表现：

（1）超期未还型。其指挪用本单位资金归个人使用或借贷给他人使用，数额较大、超过3个月未还。根据司法解释的规定，挪用本单位资金归个人使用或借贷给他人，是指公司、企业或者其他单位的非国家工作人员，利用职务上的便利，挪用本单位资金归本人或者其他自然人使用，或者挪用人以个人名义将所挪用的资金借给其他自然人和单位。[1]

（2）营利型。挪用资金数额较大、进行营利活动的，不管挪用的时间长短，均构成本罪。

（3）非法活动型。挪用资金进行非法活动的，不管挪用的资金多少、时间长短，一律构成本罪。

2. 主体

本罪的主体是公司、企业或其他单位的工作人员。如果是国家工作人员，则构成挪用公款罪。

（二）认定

1. 根据《刑法》第 185 条第 1 款的规定，商业银行、证券交易所、期货交易所、证券公司、期货经纪公司、保险公司或者其他金融机构的工作人员利用职务上的便利，挪用本单位或者客户资金的，依照本罪定罪处罚。

2. 挪用单位资金进行非法活动构成其他犯罪的，应实行数罪并罚。

3. 对于受国家机关、国有公司、企业、事业单位、人民团体委托，管理、经营国有财产的非国家工作人员，利用职务上的便利，挪用国有资金归个人使用构成犯罪的，以本罪定罪处罚。

4. 从宽条款。《刑法修正案（十一）》提高了本罪的法定刑，同时又增加了从宽条款：在提起公诉前将挪用的资金退还的，可以从轻或者减轻处罚。其中，犯罪较轻的，可以减轻或者免除处罚。

二、挪用特定款物罪

本罪是指挪用国家用于救灾、抢险、防汛、优抚、扶贫、移民、救济款物的行为，要求情节严重，造成重大损害。

本罪的主体是掌管国家救灾等七项款物的会计人员、发放人员以及有关领导人员，并不限于具有国家工作人员身份的人。

本罪是结果犯。同时，本罪是将特定款物擅自挪用于其他公共用途，如挪用特定款物归个人使用，则应以挪用公款罪从重处罚。

—— 破坏型的财产犯罪 ——

一、故意毁坏财物罪

第 275 条 [故意毁坏财物罪]　故意毁坏公私财物，数额较大或者有其他严重情节的，处

---

〔1〕　2000 年 7 月 20 日最高人民法院《关于如何理解刑法第二百七十二条规定的"挪用本单位资金归个人使用或者借贷给他人"问题的批复》。

3年以下有期徒刑、拘役或者罚金；数额巨大或者有其他特别严重情节的，处3年以上7年以下有期徒刑。

本罪是指故意毁坏公私财物，数额较大或者有其他严重情节的行为。

1. 犯罪目的是将公私财物毁坏，而没有非法占有公私财物的目的。

2. 偷开机动车辆造成车辆损坏的，按照本罪的规定定罪处罚。

3. 刑法另有规定的，应依其规定处理。例如，故意毁坏正在使用中的交通工具、广播电视设施、公用电信设施、军事设施、耕地等，应成立其他犯罪，而不构成本罪。

4. 本罪与其他财产犯罪的关系。本罪是一种破坏型犯罪，行为人没有非法占有的目的。这里尤其要注意本罪与盗窃罪的罪数关系。盗窃公私财物并造成财物损毁的，按照下列规定处理：

（1）采用破坏性手段盗窃公私财物，造成其他财物损毁的，以盗窃罪从重处罚；同时构成盗窃罪和其他犯罪的，择一重罪从重处罚。例如，甲在某证券交易大厅偷窥获得在该营业部开户的乙的资金账号及交易密码后，通过电话委托等方式在乙的资金账号上高吃低抛某一只股票，同时通过自己在证券交易部的资金账号低吃高抛同一只股票，造成乙损失30万元，而甲从中获利20万元。对甲应以盗窃罪从重处罚。

（2）实施盗窃犯罪后，为掩盖罪行或者报复等，故意毁坏其他财物构成犯罪的，以盗窃罪和构成的其他犯罪数罪并罚。

（3）盗窃行为未构成犯罪，但损毁财物构成其他犯罪的，以其他犯罪定罪处罚。

 小提醒

如果毁坏的是所窃取之物，毁坏行为属于不可罚之后行为。

二、破坏生产经营罪

本罪是指由于泄愤报复或者其他个人目的，毁坏机器设备、残害耕畜或者以其他方法破坏生产经营的行为。本罪是一种特殊的毁损财物犯罪。既破坏生产经营，又毁损财物的，按照特别法优于普通法的原则，应以本罪论处。

三、拒不支付劳动报酬罪

本罪是指以转移财产、逃匿等方法逃避支付劳动者的劳动报酬或者有能力支付而不支付劳动者的劳动报酬，数额较大，经政府有关部门责令支付仍不支付的行为。[1]

1. 犯罪构成

本罪是纯正的不作为犯，是指负有劳动报酬支付义务的人采取转移财产、逃匿等多种方法拒不支付劳动报酬，数额较大的行为。如果行为人确实没有支付能力，则不得以本罪

---

[1] 参见最高人民法院第28号指导案例"胡克金拒不支付劳动报酬案"的裁判要点：①不具备用工主体资格的单位或者个人（包工头），违法用工且拒不支付劳动者报酬，数额较大，经政府有关部门责令支付仍不支付的，应当以拒不支付劳动报酬罪追究其刑事责任；②不具备用工主体资格的单位或者个人（包工头）拒不支付劳动报酬，即使其他单位或者个人在刑事立案前为其垫付了劳动报酬的，也不影响追究该用工单位或者个人（包工头）拒不支付劳动报酬罪的刑事责任。

论处。

单位可以构成本罪。单位犯本罪的，对单位判处罚金，并对其直接负责的主管人员和其他直接责任人员依照自然人犯罪的规定处理。

2. 行政处理前置程序

构成本罪必须先经过行政处理程序，只有经政府有关部门责令支付仍不支付的，才可构成犯罪。

3. 从宽情节

拒不支付劳动报酬，尚未造成严重后果，在提起公诉前支付劳动者的劳动报酬，并依法承担相应赔偿责任的，可以减轻或者免除处罚。

附：几种主要的财产犯罪的区别

罪　名 犯罪构成	是否存在暴力等强制	是否有非法占有的意图	被害人是否处分财物	是否有数额要求	其他特征
抢　劫	对人强制，压制一般人反抗	占有前产生	无	无（多次抢劫是加重情节）	当场施加强制，当场取财
抢　夺	对物强制，间接上可能导致伤亡	占有前产生	无	数额较大或多次抢夺	公然夺取
敲诈勒索	暴力强制不能当场兑现	占有前产生	无	数额较大或多次敲诈	恶害相逼
盗　窃	平和，非强制	占有前产生	无	数额较大或多次盗窃及其他	秘密窃取或公然获取
诈　骗	平和，非强制	占有前产生	是	数额较大	认识错误
侵　占	平和，非强制	占有后产生	是（保管物侵占，被害人转移了占有权）	数额较大	占有转为非法所有

 模拟展望

1. 下列说法正确的有：（多选）[1]

A. 甲盗窃了乙的手提包，内有现金若干，购物券 5000 元。甲觉得购物券没有什么用，遂把购物券烧毁。购物券的金额仍然应认定为甲的盗窃数额

B. 甲大摇大摆地开车进入某工地，运载一车建筑材料而去。甲是利用了人们误以为其是合法运输的情况进行盗窃，其行为成立盗窃罪

C. 甲盗窃了他人的赝品（价值 5000 元），事后冒充真品出售给张某，得款 50 万元。甲的行为成立盗窃罪与诈骗罪，应数罪并罚

---

〔1〕　ABCD。A 项正确，盗窃数额以实际给被害人造成的损失为准。B 项正确，行为人自认为没有被被害人发现就是窃取。C 项正确，后续的欺骗行为侵犯了新的法益，应数罪并罚。D 项正确，侵犯了新的法益，应数罪并罚。

D. 实施盗窃犯罪后，为掩盖罪行或者报复等，故意毁坏其他财物构成犯罪的，以盗窃罪和构成的其他犯罪数罪并罚

2. 王某因生意失败想从舅舅李某家弄点钱，于是伙同吴某谋划向李某索要钱财。某日，王某将其表妹小慧（李某之女）从实验小学接出，带至郊区游玩，后让吴某给李某家中打电话，索要人民币 1.8 万元，并称小慧已被绑架，如不给钱，就将小慧卖到外地。李某无奈之下，按照吴某的要求将钱放至约定地点。后王某和吴某两人被抓获。关于本案，下列哪些犯罪是可以排除的？（多选）[1]

A. 绑架罪

B. 敲诈勒索罪

C. 抢劫罪

D. 非法拘禁罪

3. 下列哪些说法是正确的？（多选）[2]

A. 甲在修理某自行车时，见一提包被遗忘在车筐内，内有价值 5000 元左右的钱物，遂拿走包藏了起来。后车主陈某返回寻包时，甲回答"没看见"。甲的行为构成盗窃罪

B. 乙听朋友张某说自己丢失了一个钱包，正好当晚在电视上看见有包的失物招领，于是以张某名义将包领回，包内有 5000 元财物。乙的行为构成侵占罪

C. 丙驾驶摩托车趁李某不备之际，抓夺李某的手提包，李某紧抓包不放，丙加大油门，将李某拉跑至十几米后，李某摔倒在地，又被拖出五六米远才被迫松手。丙的行为构成抢劫罪

D. 某村将 4000 棵树木的采伐权进行投标，李某中标，并办理了林木采伐许可证。丁伙同江某等四人，组织、指挥众多村民将李某已采伐的 2000 棵树木哄抢一空。丁的行为构成抢劫罪

---

[1] ACD。王某和吴某采取了虚构事实和恐吓相结合的手段，被害人李某也同时陷入认识错误与恐惧心理，故王某和吴某的行为属于诈骗罪与敲诈勒索罪的想象竞合犯，应从一重罪论处。故 ACD 项当选。

[2] AC。根据《刑法》第 264 条的规定，盗窃罪是指以非法占有为目的，窃取数额较大的公私财物或者多次盗窃公私财物的行为。盗窃罪的对象是他人占有的财物。占有既包括事实上的占有，也包括社会观念上的占有。前者即在他人物理支配范围内的财物，如家中的财物；后者即在社会观念上可以推知他人有支配状态的财物，A 项即属于这种情况。甲的行为构成盗窃罪，故 A 项正确。根据《刑法》第 266 条的规定，诈骗罪是指以非法占有为目的，使用虚构事实或者隐瞒真相的方法，骗取数额较大的公私财物的行为。B 项中的乙以某某名义将失物领回，构成诈骗罪，故 B 项错误。根据《两抢意见》第 11 条第 2 项的规定，"驾驶车辆强抢财物时，因被害人不放手而采取强拉硬拽方法劫取财物的"，构成抢劫罪。丙的行为即属此种情况，故 C 项正确。根据《刑法》第 268 条的规定，聚众哄抢罪是指组织、策划、指挥众人公然夺取公私财物或者积极参与聚众公然夺取公私财物，数额较大或情节严重的行为。D 项中的丁构成聚众哄抢罪，故 D 项错误。

第**18**讲 妨害社会管理秩序罪

📁 复习提要

　　本讲罪名繁多，主要掌握下列问题：妨害公务罪的罪数关系，招摇撞骗罪与诈骗罪的关系，考试舞弊犯罪，黑社会性质组织的含义，网络犯罪，虚假诉讼罪，伪证罪，辩护人、诉讼代理人妨害作证罪，窝藏、包庇罪，包庇罪的法条竞合，掩饰、隐瞒犯罪所得、犯罪所得收益罪，走私、贩卖、运输、制造毒品罪的认定，非法持有毒品罪，毒品再犯问题。

👨‍💼 知识框架

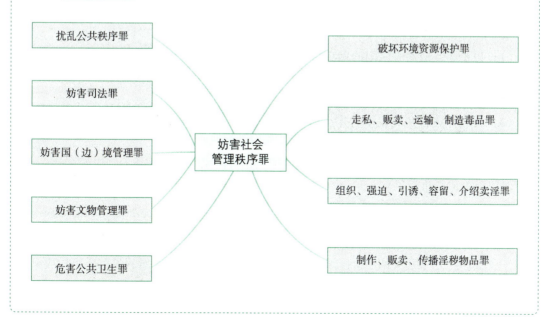

扰乱公共秩序罪

一、妨害公务罪

第277条 ［妨害公务罪］ 以暴力、威胁方法阻碍国家机关工作人员依法执行职务的，处3年以下有期徒刑、拘役、管制或者罚金。

以暴力、威胁方法阻碍全国人民代表大会和地方各级人民代表大会代表依法执行代表职务的，依照前款的规定处罚。

在自然灾害和突发事件中，以暴力、威胁方法阻碍红十字会工作人员依法履行职责的，依照第1款的规定处罚。

故意阻碍国家安全机关、公安机关依法执行国家安全工作任务，未使用暴力、威胁方法，造成严重后果的，依照第1款的规定处罚。

［袭警罪］ 暴力袭击正在依法执行职务的人民警察的，处3年以下有期徒刑、拘役或者管制；使用枪支、管制刀具，或者以驾驶机动车撞击等手段，严重危及其人身安全的，处3年以上7年以下有期徒刑。

（一）犯罪构成

1. 法益

本罪侵害的法益是国家机关工作人员执行职务的活动。职务活动必须具有合法性，妨害非法职务活动，不构成本罪。需要注意的是，公权力的执行者执行的职务在程序上有细微的瑕疵的，不属于非法职务活动。

2. 客观行为

本罪的行为方式有四种：

（1）以暴力、威胁方法阻碍国家机关工作人员依法执行职务；

（2）以暴力、威胁方法阻碍全国人民代表大会和地方各级人民代表大会代表依法执行代表职务；

（3）在自然灾害和突发事件中，以暴力、威胁方法阻碍红十字会工作人员依法履行职责；

（4）故意阻碍国家安全机关、公安机关依法执行国家安全工作任务，未使用暴力、威胁方法，但造成严重后果。

> 💡 **小提醒**
>
> 1. 构成第4种妨害公务罪必须要造成严重后果，以暴力、威胁方法阻碍国家安全机关、公安机关依法执行国家安全工作任务，没有造成严重后果的，可构成第1种妨害公务罪。

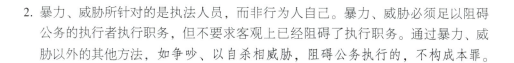

2. 暴力、威胁所针对的是执法人员，而非行为人自己。暴力、威胁必须足以阻碍公务的执行者执行职务，但不要求客观上已经阻碍了执行职务。通过暴力、威胁以外的其他方法，如争吵、以自杀相威胁，阻碍公务执行的，不构成本罪。

3. 主观罪责

本罪是故意犯罪，必须明知是有关人员在执行公务。如果不知对方是在执行公务，则不构成本罪，但有可能属于假想防卫。

（二）认定

1. 想象竞合问题。本罪的暴力行为如果触犯了其他罪名（例如，暴力行为致人重伤、死亡，抢夺依法执行职务的司法工作人员的枪支等），应视为想象竞合犯，原则上从一重罪论处。

2. 数罪并罚问题。触犯走私、贩卖、运输、制造毒品罪，组织、运送他人偷越国（边）境罪后，又使用暴力抗拒检查的，属于这些罪的加重情节。除此以外，对于其他所有犯罪，如果犯罪后又抗拒检查，均应以各该罪与本罪实行数罪并罚。例如，生产、销售伪劣产品后，又暴力抗拒市场监督管理部门工作人员的检查，应以生产、销售伪劣产品罪和本罪实行数罪并罚。

3. 以暴力、威胁方法阻碍国有事业单位人员依照法律、行政法规的规定执行行政执法职务的，或者以暴力、威胁方法阻碍国家机关中受委托从事行政执法活动的事业编制人员执行行政执法职务的，也以本罪论处。

4. 袭警罪。《刑法修正案（十一）》增加了袭警罪，暴力袭警不再是本罪的从重情节。暴力袭击正在依法执行职务的人民警察的，构成袭警罪。妨害公务罪中的暴力包括直接暴力与间接暴力，而袭警罪中的暴力仅限于直接暴力。在暴力袭警过程中，使用枪支、管制刀具，或者以驾驶机动车撞击等手段，严重危及其人身安全的，属于袭警罪的加重情节。

二、招摇撞骗罪

本罪是指冒充国家机关工作人员进行招摇撞骗活动，损害国家机关的形象、威信和正常活动，扰乱社会公共秩序的行为。

1. 必须是冒充国家机关工作人员（立法机关、司法机关、行政机关、中国共产党的各级机关、中国人民政治协商会议各级机关中从事公务的人员）进行招摇撞骗活动。"冒充"可以是非国家机关工作人员冒充国家机关工作人员，也可以是下级国家机关工作人员冒充上级国家机关工作人员，如果冒充的不是国家机关工作人员，而是他们的亲戚，则不构成本罪。

2. 本罪的目的在于获取各种非法利益，不限于财产。但由于其刑罚可能低于诈骗罪，因此，当行为人冒充国家机关工作人员的身份骗取数额较大财物时，对其择一重罪处罚。

3. 冒充人民警察招摇撞骗的，从重处罚。

4. 冒充军人招摇撞骗的，依《刑法》第 372 条的规定，定冒充军人招摇撞骗罪。

三、伪造文书的犯罪

刑法中有伪造、变造、买卖国家机关公文、证件、印章罪，盗窃、抢夺、毁灭国家机关公文、证件、印章罪，伪造公司、企业、事业单位、人民团体印章罪，伪造、变造、买卖身份证件罪。另外，刑法分则第七章危害国防利益罪还规定了伪造、变造、买卖武装部队公文、证件、印章罪和盗窃、抢夺武装部队公文、证件、印章罪。

1. 共同对合与片面对合。买卖国家机关公文、证件、印章罪是共同对向犯，购买者和出售者都构成犯罪，且罪名都是本罪。伪造公司、企业、事业单位、人民团体印章罪则是片面对向犯，单纯购买伪造的公司、企业、事业单位、人民团体印章的行为，一般不能视为本罪的共犯。

《刑法修正案（九）》将伪造、变造居民身份证罪修改为伪造、变造、买卖身份证件罪。修改亮点体现在：①犯罪对象不再限于居民身份证，还包括护照、社会保障卡、驾驶证等依法可以用于证明身份的证件；②将以往的片面对向犯修改为共同对向犯，买卖身份证件的双方都构成犯罪。

2. 犯罪对象。伪造、变造、买卖国家机关公文、证件、印章罪的犯罪对象是公文、证件和印章，而伪造公司、企业、事业单位、人民团体印章罪的犯罪对象仅是印章。因此，伪造公司、企业的文件，不构成犯罪；只有伪造公司的印章，才构成犯罪。

3. 对于伪造高等院校印章制作学历、学位证明的行为，以伪造事业单位印章罪定罪处罚。明知是伪造的高等院校印章制作的学历、学位证明而贩卖的，以伪造事业单位印章罪的共犯论处。

4. 使用虚假身份证件罪。这是《刑法修正案（九）》增加的罪名，是指在依照国家规定应当提供身份证明的活动中，使用伪造、变造的或者盗用他人的居民身份证、护照、社会保障卡、驾驶证等依法可以用于证明身份的证件，情节严重的行为。本罪处拘役或者管制，并处或者单处罚金。使用虚假身份证件，同时构成其他犯罪的，依照处罚较重的规定定罪处罚。

四、考试舞弊犯罪与冒名顶替罪

第 284 条之一 ［组织考试作弊罪］ 在法律规定的国家考试中，组织作弊的，处 3 年以下有期徒刑或者拘役，并处或者单处罚金；情节严重的，处 3 年以上 7 年以下有期徒刑，并处罚金。

为他人实施前款犯罪提供作弊器材或者其他帮助的，依照前款的规定处罚。

［非法出售、提供试题、答案罪］ 为实施考试作弊行为，向他人非法出售或者提供第 1 款规定的考试的试题、答案的，依照第 1 款的规定处罚。

［代替考试罪］ 代替他人或者让他人代替自己参加第 1 款规定的考试的，处拘役或者管制，并处或者单处罚金。

第 280 条之二 ［冒名顶替罪］ 盗用、冒用他人身份，顶替他人取得的高等学历教育入学资格、公务员录用资格、就业安置待遇的，处 3 年以下有期徒刑、拘役或者管制，并处罚金。

组织、指使他人实施前款行为的，依照前款的规定从重处罚。

国家工作人员有前两款行为，又构成其他犯罪的，依照数罪并罚的规定处罚。

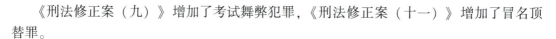

《刑法修正案（九）》增加了考试舞弊犯罪，《刑法修正案（十一）》增加了冒名顶替罪。

（一）组织考试作弊罪

关于本罪，需要注意的是对"法律规定的国家考试"的理解。

根据司法解释[1]的规定，下列考试属于"法律规定的国家考试"：

高频考点
18.1
考试舞弊犯罪
的处理

1. 普通高等学校招生考试、研究生招生考试、高等教育自学考试、成人高等学校招生考试等国家教育考试。

2. 中央和地方公务员录用考试。

3. 国家统一法律职业资格考试、国家教师资格考试、注册会计师全国统一考试、会计专业技术资格考试、资产评估师资格考试、医师资格考试、执业药师职业资格考试、注册建筑师考试、建造师执业资格考试等专业技术资格考试。

4. 其他依照法律由中央或者地方主管部门以及行业组织的国家考试。

上述规定的考试涉及的特殊类型招生、特殊技能测试、面试等考试，也属于"法律规定的国家考试"。司法解释规定，在普通高等学校招生、公务员录用等法律规定的国家考试涉及的体育、体能测试等体育运动中，组织考生非法使用兴奋剂的，应当以组织考试作弊罪定罪处罚。[2]

组织考试作弊，在考试开始之前被查获，但已经非法获取考试试题、答案或者具有其他严重扰乱考试秩序情形的，应当认定为组织考试作弊罪既遂。

（二）非法出售、提供试题、答案罪

本罪是指为实施考试作弊行为，向他人非法出售或者提供法律规定的国家考试的试题、答案的行为。

为实施考试作弊行为，向他人非法出售或者提供法律规定的国家考试的试题、答案，试题不完整或者答案与标准答案不完全一致的，不影响非法出售、提供试题、答案罪的认定。

（三）代替考试罪

对于法律规定的国家考试，代替他人或者让他人代替自己参加考试的，处拘役或者管制，并处或者单处罚金。

本罪是典型的罪名相同的共同对向犯。

（四）冒名顶替罪

盗用、冒用他人身份，顶替他人取得的高等学历教育入学资格、公务员录用资格、就业安置待遇的，构成本罪。

组织、指使他人实施上述行为的，属于本罪的从重情节，依照本罪从重处罚。

国家工作人员实施上述两种行为，又构成其他犯罪的，依照数罪并罚的规定处罚。

---

[1] 2019年9月2日最高人民法院、最高人民检察院《关于办理组织考试作弊等刑事案件适用法律若干问题的解释》第1条第2、3款。

[2] 2019年11月18日最高人民法院《关于审理走私、非法经营、非法使用兴奋剂刑事案件适用法律若干问题的解释》第4条第1款。

五、聚众犯罪

（一）聚众斗殴罪

本罪是指故意组织、策划、指挥或者积极参加聚众斗殴的行为。

本罪有四种加重情节：①多次聚众斗殴的；②聚众斗殴人数多，规模大，社会影响恶劣的；③在公共场所或者交通要道聚众斗殴，造成社会秩序严重混乱的；④持械聚众斗殴的。

聚众斗殴，致人重伤、死亡的，依照故意伤害罪或故意杀人罪定罪处罚。

成立本罪，可以事出有因，也可以事出无因。

犯本罪的，对首要分子和其他积极参加的，处3年以下有期徒刑、拘役或者管制。有上述四种加重情节之一的，对首要分子和其他积极参加的，处3年以上10年以下有期徒刑。

（二）聚众犯罪的处理

高频考点

18.2

聚众犯罪的处理

除聚众斗殴罪，本讲的聚众犯罪还有聚众扰乱社会秩序罪，聚众冲击国家机关罪，聚众扰乱公共场所秩序、交通秩序罪，聚众淫乱罪，引诱未成年人聚众淫乱罪。除此以外，在刑法的其他章节中，还有一些聚众犯罪。关于聚众犯罪，最值得注意的是刑事责任的承担范围问题，其有四种模式：

1. 所有参与聚众犯罪活动的人均构成犯罪，即《刑法》第317条规定的组织越狱罪、暴动越狱罪、聚众持械劫狱罪。

2. 聚众进行犯罪活动的首要分子和积极参加者构成犯罪，一般参加者不构成犯罪，即《刑法》第268条规定的聚众哄抢罪，第290条第1、2款规定的聚众扰乱社会秩序罪、聚众冲击国家机关罪，第292条第1款规定的聚众斗殴罪。

3. 首要分子和多次参加者构成犯罪，即《刑法》第301条第1款规定的聚众淫乱罪。

4. 只有首要分子才构成犯罪，其他参加者不构成犯罪，即《刑法》第291条规定的聚众扰乱公共场所秩序、交通秩序罪，第242条第2款规定的聚众阻碍解救被收买的妇女、儿童罪，第289条规定的聚众"打砸抢"行为抢走财物或者毁坏财物的（以抢劫罪定罪）。

? 想一想

组织越狱罪中的首要分子一定是主犯吗？[1]

六、组织、领导、参加黑社会性质组织罪

本罪是指组织、领导或者参加以暴力、威胁或者其他手段，有组织地多次进行违法犯罪活动，称霸一方，为非作恶，欺压、残害群众，严重破坏经济、社会生活秩序的黑社会性质组织的行为。

（一）黑社会性质组织的特征

1. 组织性。形成较稳定的犯罪组织，人数较多，有明确的组织者、领导者，骨干成员

---

〔1〕 一定是主犯。因为这种聚众犯罪可以成立总则中的共同犯罪。

基本固定。

2. 经济性。有组织地通过违法犯罪活动或者其他手段获取经济利益，具有一定的经济实力，以支持该组织的活动。其追求经济利益可以通过走私、贩毒、绑架、抢劫等违法犯罪活动，也可以通过开设公司、企业等正常的经济活动。

3. 破坏性。以暴力、威胁或者其他手段，有组织地多次进行违法犯罪活动，为非作恶，欺压、残害群众。"暴力、威胁"是黑社会性质组织通常采取的犯罪手段。根据实际情况，黑社会性质组织的犯罪多以暴力或者威胁为主要手段，或者以暴力手段为后盾，同时也存在使用欺骗、金钱收买等较为缓和的手段，但是当某种利益以较为缓和的手段不能取得时，他们往往会毫不犹豫地诉诸暴力。

4. 对抗性。通常有"黑保护伞"，通过实施违法犯罪活动，或者利用国家工作人员的包庇或者纵容，称霸一方，在一定区域或者行业内，形成非法控制或者重大影响，严重破坏经济、社会生活秩序。这是黑社会性质组织非法对抗社会的特征，是黑社会性质组织的最本质的特征。

是否有国家工作人员充当"保护伞"，不影响对黑社会性质组织的认定。"黑保护伞"不是必备要件。

（二）认定

1. 国家机关工作人员组织、领导、参加黑社会性质组织的，从重处罚。

2. 组织、领导、参加黑社会性质组织又有其他犯罪行为的，依照数罪并罚的规定处罚。

3. 国家机关工作人员包庇黑社会性质的组织，或者纵容黑社会性质的组织进行违法犯罪活动的，构成包庇、纵容黑社会性质组织罪。

小提醒

非国家机关工作人员包庇黑社会性质的组织的，只构成包庇罪。

4. 对于参加黑社会性质的组织，没有实施其他违法犯罪活动的，或者受蒙蔽、胁迫参加黑社会性质的组织，情节轻微的，可以不作为犯罪处理。[1]

5. 对于黑社会性质组织的组织者、领导者，应当按照其所组织、领导的黑社会性质组织所犯的全部罪行处罚。所谓黑社会性质组织所犯的全部罪行，是指组织所犯的全部罪行，而非组织中的成员所犯的全部罪行。换言之，组织所犯的罪行，是指组织者、领导者所组织、领导、发动的罪行。组织者、领导者仍需对罪行具有概括性故意。

七、赌博罪

第 303 条 ［赌博罪］ 以营利为目的，聚众赌博或者以赌博为业的，处 3 年以下有期徒刑、

---

〔1〕 2000 年 12 月 5 日最高人民法院《关于审理黑社会性质组织犯罪的案件具体应用法律若干问题的解释》第 3 条第 2 款。

拘役或者管制，并处罚金。

[开设赌场罪] 开设赌场的，处5年以下有期徒刑、拘役或者管制，并处罚金；情节严重的，处5年以上10年以下有期徒刑，并处罚金。

[组织参与国（境）外赌博罪] 组织中华人民共和国公民参与国（境）外赌博，数额巨大或者有其他严重情节的，依照前款的规定处罚。

本罪是指以营利为目的，聚众赌博或者以赌博为业的行为。本罪是营业犯，必须以营利为目的，反复多次实施赌博，才构成犯罪。

1. 开设赌场不再构成本罪，它被独立为"开设赌场罪"，是指以营利为目的，设立、承包、租赁专门用于赌博活动的场所，提供赌博用具的行为。

2. 不以营利为目的，进行带有少量财物输赢的娱乐活动，以及提供棋牌室等娱乐场所只收取正常的场所和服务费用的经营行为等，不以赌博论处。

3. 聚众赌博所要惩罚的是组织者、召集者，对于其他参加者不应以犯罪论处。

4. 行为人在赌博中打架斗殴而致人重伤、死亡或者杀人的，应以本罪和故意伤害罪或故意杀人罪并罚。因赌博输钱而盗窃、贪污、挪用公款的，也应实行数罪并罚。赌徒用暴力、胁迫手段抢走他人赌资，或者经预谋而抢劫赌场的，按照抢劫罪处理。

5. 中华人民共和国公民在我国领域外周边地区聚众赌博、开设赌场，以吸引中华人民共和国公民为主要客源，构成本罪的，可以依照刑法规定追究刑事责任。

6. 明知他人实施赌博犯罪活动，而为其提供资金、计算机网络、通讯、费用结算等直接帮助的，以本罪的共犯论处。

7. 未经国家批准擅自发行、销售彩票，构成犯罪的，以非法经营罪定罪处罚。

8. 通过赌博或者为国家工作人员赌博提供资金的形式实施行贿、受贿行为，构成犯罪的，依照刑法关于贿赂犯罪的规定定罪处罚。[1]

9. 《刑法修正案（十一）》增加了组织参与国（境）外赌博罪的独立条款：组织中华人民共和国公民参与国（境）外赌博，数额巨大或者有其他严重情节的，依照开设赌场罪的规定处罚。

八、计算机和网络犯罪

（一）非法侵入计算机信息系统罪

本罪是指违反国家规定，侵入国家事务、国防建设、尖端科学技术领域的计算机信息系统的行为。

1. 本罪必须是故意犯罪。无意中进入计算机信息系统，经警示仍不退出的，应视为故意非法侵入。

2. 侵入国家重点保护的计算机信息系统窃取国家秘密或实施其他犯罪的，从一重罪论处。

3. 违反国家规定，侵入国防建设、尖端科学技术领域的军事通信计算机信息系统，尚

---

〔1〕 2005年5月11日最高人民法院、最高人民检察院《关于办理赌博刑事案件具体应用法律若干问题的解释》第7条。

未对军事通信造成破坏的，依照本罪定罪处罚；对军事通信造成破坏的，以本罪和破坏军事通信罪从一重罪论处。

[例] 甲与乙合谋，由甲负责收集驾驶员违章情况，乙负责删除违章记录数据，并收取相关费用。后乙设法了解到交警综合业务管理系统的部分程序，进入交警总队计算机网络，删除了甲收集的违章驾驶员 448 人次的违章记录数据，获利人民币 11 万余元。甲、乙的行为构成本罪。

（二）破坏计算机信息系统罪

本罪包括三种情况：①违反国家规定，对计算机信息系统功能进行删除、修改、增加、干扰，造成计算机信息系统不能正常运行，后果严重；②违反国家规定，对计算机信息系统中存储、处理或者传输的数据和应用程序进行删除、修改、增加的操作，后果严重；③故意制作、传播计算机病毒等破坏性程序，影响计算机系统正常运行，后果严重。

对军事通信造成破坏，同时构成非法侵入计算机信息系统罪、破坏计算机信息系统罪、破坏军事通信罪的，依照处罚较重的规定定罪处罚。

最高人民检察院第九批指导性案例认为：①以修改域名解析服务器指向的方式劫持域名，造成计算机信息系统不能正常运行，是破坏计算机信息系统的行为。②冒用购物网站买家身份进入网站内部评价系统删改购物评价，属于对计算机信息系统内存储数据进行修改操作，应当认定为破坏计算机信息系统的行为。③智能手机终端，应当认定为刑法保护的计算机信息系统。锁定智能手机导致不能使用的行为，可认定为破坏计算机信息系统。

（三）拒不履行信息网络安全管理义务罪

高频考点

18.3
网络犯罪的处理

《刑法》第 286 条之一规定："网络服务提供者不履行法律、行政法规规定的信息网络安全管理义务，经监管部门责令采取改正措施而拒不改正，有下列情形之一的，处 3 年以下有期徒刑、拘役或者管制，并处或者单处罚金：①致使违法信息大量传播的；②致使用户信息泄露，造成严重后果的；③致使刑事案件证据灭失，情节严重的；④有其他严重情节的。单位犯前款罪的，对单位判处罚金，并对其直接负责的主管人员和其他直接责任人员，依照前款的规定处罚。有前两款行为，同时构成其他犯罪的，依照处罚较重的规定定罪处罚。"

根据司法解释[1]的规定：

1. 提供下列服务的单位和个人，应当认定为《刑法》第 286 条之一第 1 款规定的"网络服务提供者"：①网络接入、域名注册解析等信息网络接入、计算、存储、传输服务；②信息发布、搜索引擎、即时通讯、网络支付、网络预约、网络购物、网络游戏、网络直播、网站建设、安全防护、广告推广、应用商店等信息网络应用服务；③利用信息网络提供的电子政务、通信、能源、交通、水利、金融、教育、医疗等公共服务。

2. 《刑法》第 286 条之一第 1 款规定的"监管部门责令采取改正措施"，是指网信、电信、公安等依照法律、行政法规的规定承担信息网络安全监管职责的部门，以责令整改

---

〔1〕 2019 年 10 月 21 日最高人民法院、最高人民检察院《关于办理非法利用信息网络、帮助信息网络犯罪活动等刑事案件适用法律若干问题的解释》（以下简称《网络犯罪解释》）第 1、2 条。

通知书或者其他文书形式，责令网络服务提供者采取改正措施。

认定"经监管部门责令采取改正措施而拒不改正"，应当综合考虑监管部门责令改正是否具有法律、行政法规依据，改正措施及期限要求是否明确、合理，网络服务提供者是否具有按照要求采取改正措施的能力等因素进行判断。

（四）非法利用信息网络罪

利用信息网络实施下列行为之一，情节严重的，处3年以下有期徒刑或者拘役，并处或者单处罚金：①设立用于实施诈骗、传授犯罪方法、制作或者销售违禁物品、管制物品等违法犯罪活动的网站、通讯群组的。根据司法解释的规定，这是指以实施违法犯罪活动为目的而设立或者设立后主要用于实施违法犯罪活动的网站、通讯群组的行为。[1] ②发布有关制作或者销售毒品、枪支、淫秽物品等违禁物品、管制物品或者其他违法犯罪信息的。③为实施诈骗等违法犯罪活动发布信息的。根据司法解释的规定，利用信息网络提供信息的链接、截屏、二维码、访问账号密码及其他指引访问服务的，属于此处的"发布信息"。[2]

《刑法》第287条之一第1款第2、3项都属于犯罪预备行为的实行化。司法解释规定，《刑法》第287条之一规定的"违法犯罪"，包括犯罪行为和属于刑法分则规定的行为类型但尚未构成犯罪的违法行为。[3] 因此，单纯的发布违法信息，不构成本罪。例如，卖淫女发布招嫖信息，由于卖淫本身不是犯罪类型，故不成立犯罪。

同时构成其他犯罪的，依照处罚较重的规定定罪处罚。2017年7月21日最高人民法院、最高人民检察院《关于办理组织、强迫、引诱、容留、介绍卖淫刑事案件适用法律若干问题的解释》（以下简称《卖淫解释》）第8条第2款规定，利用信息网络发布招嫖违法信息，情节严重的，依照《刑法》第287条之一的规定，以非法利用信息网络罪定罪处罚。同时构成介绍卖淫罪的，依照处罚较重的规定定罪处罚。

（五）帮助信息网络犯罪活动罪

本罪是指明知他人利用信息网络实施犯罪，为其犯罪提供互联网接入、服务器托管、网络存储、通讯传输等技术支持，或者提供广告推广、支付结算等帮助，情节严重的行为。

同时构成其他犯罪的，依照处罚较重的规定定罪处罚。

司法解释规定，被帮助对象实施的犯罪行为可以确认，但尚未到案、尚未依法裁判或者因未达到刑事责任年龄等原因依法未予追究刑事责任的，不影响帮助信息网络犯罪活动罪的认定。[4]

 小提醒

网络犯罪是一种不纯正的非实行行为的实行化，它并未完全排除总则的适用。

---

〔1〕《网络犯罪解释》第8条。
〔2〕《网络犯罪解释》第9条。
〔3〕《网络犯罪解释》第7条。
〔4〕《网络犯罪解释》第13条。

《关于办理电信网络诈骗等刑事案件适用法律若干问题的意见（二）》第 7 条规定，为他人利用信息网络实施犯罪而实施下列行为，可以认定为《刑法》第 287 条之二规定的"帮助"行为：①收购、出售、出租信用卡、银行账户、非银行支付账户、具有支付结算功能的互联网账号密码、网络支付接口、网上银行数字证书的；②收购、出售、出租他人手机卡、流量卡、物联网卡的。

[例] 甲为乙等人的网络诈骗提供支付结算帮助，使得乙等人骗取了多名被害人数百余万元的金钱。此时，甲不仅构成本罪，而且构成诈骗罪的从犯。

《关于办理电信网络诈骗等刑事案件适用法律若干问题的意见（二）》第 10 条规定，电商平台预付卡、虚拟货币、手机充值卡、游戏点卡、游戏装备等经销商，在公安机关调查案件过程中，被明确告知其交易对象涉嫌电信网络诈骗犯罪，仍与其继续交易，符合《刑法》第 287 条之二规定的，以帮助信息网络犯罪活动罪追究刑事责任。同时构成其他犯罪（如诈骗罪）的，依照处罚较重的规定定罪处罚。

（六）利用计算机实施犯罪的提示性规定

利用计算机实施金融诈骗、盗窃、贪污、挪用公款、窃取国家秘密或者其他犯罪的，依照相关犯罪的规定定罪处罚。

[例] 章某和赵某合谋，章某先以 195 元的价格购买一张一人次的梦幻谷原始电子门票卡，由赵某侵入检售票系统，根据卡号将人数修改为 6~8 人，再由章某组织客源进入景区。章某以每人 170 元的价格出售名额给游客，两人获利 40 余万元。章某和赵某的行为同时符合破坏计算机信息系统罪和盗窃罪的犯罪构成，从一重罪论处。

九、虚假信息犯罪

（一）投放虚假危险物质罪和编造、故意传播虚假恐怖信息罪

投放虚假危险物质罪，是指投放虚假的爆炸性、毒害性、放射性、传染病病原体等物质，严重扰乱社会秩序的行为。

编造、故意传播虚假恐怖信息罪，是指编造爆炸威胁、生化威胁、放射威胁等恐怖信息，或者明知是编造的恐怖信息而故意传播，严重扰乱社会秩序的行为。

（二）编造、故意传播虚假信息罪

根据《刑法修正案（九）》的规定，本罪是指编造虚假的险情、疫情、灾情、警情，在信息网络或者其他媒体上传播，或者明知是上述虚假信息，故意在信息网络或者其他媒体上传播，严重扰乱社会秩序的行为。

十、寻衅滋事罪

本罪是指寻衅滋事，扰乱公共秩序的行为。其客观表现为下列四种行为之一：

1. 随意殴打他人，情节恶劣的。
2. 追逐、拦截、辱骂、恐吓他人，情节恶劣的。
3. 强拿硬要或者任意损毁、占用公私财物，情节严重的。
4. 在公共场所起哄闹事，造成公共场所秩序严重混乱的。

💡 小提醒

恐吓被规定为犯罪。

实施寻衅滋事行为，同时符合寻衅滋事罪和故意杀人罪、故意伤害罪、故意毁坏财物罪、敲诈勒索罪、抢夺罪、抢劫罪等罪的构成要件的，依照处罚较重的犯罪定罪处罚。

十一、传授犯罪方法罪

本罪是指用语言、文字、动作或者其他方法把具体犯罪方法传授给他人的行为。

1. 本罪是独立罪名，无论行为人传授了多少种不同的犯罪方法，实施了几次传授行为，都只能认定为本罪一罪；而教唆犯罪则不同，根据行为人教唆的罪名的不同而构成不同的犯罪，无论行为人教唆的对象是一人还是多人，都应当依据数罪并罚原则处罚。

2. 在传授犯罪方法的犯罪行为与教唆行为并存的情况下，应区分情况，分别处理：

（1）行为人以不同的犯罪内容，对不同对象或同一对象实施了传授或教唆行为的，传授行为、教唆行为各自独立，应以本罪与所教唆的犯罪实行数罪并罚；

（2）行为人以同一犯罪内容，对一人或数人同时实施传授行为和教唆行为的，应择一重罪处罚。

十二、盗窃、侮辱、故意毁坏尸体、尸骨、骨灰罪

《刑法修正案（九）》把盗窃、侮辱尸体罪修改为本罪，将尸骨、骨灰纳入保护范围。

十三、侮辱国旗、国徽、国歌罪

《刑法修正案（十）》把侮辱国旗、国徽罪修改为本罪，将国歌纳入保护范围。

十四、《刑法修正案（十一）》增加的其他新罪

第291条之二 ［高空抛物罪］ 从建筑物或者其他高空抛掷物品，情节严重的，处1年以下有期徒刑、拘役或者管制，并处或者单处罚金。

有前款行为，同时构成其他犯罪的，依照处罚较重的规定定罪处罚。

第293条之一 ［催收非法债务罪］ 有下列情形之一，催收高利放贷等产生的非法债务，情节严重的，处3年以下有期徒刑、拘役或者管制，并处或者单处罚金：

（一）使用暴力、胁迫方法的；

（二）限制他人人身自由或者侵入他人住宅的；

（三）恐吓、跟踪、骚扰他人的。

第299条之一 ［侵害英雄烈士名誉、荣誉罪］ 侮辱、诽谤或者以其他方式侵害英雄烈士的名誉、荣誉，损害社会公共利益，情节严重的，处3年以下有期徒刑、拘役、管制或者剥夺政治权利。

1. 高空抛物罪。从建筑物或者其他高空抛掷物品，情节严重的，构成本罪。

（1）本罪是抽象危险犯，无需达到危害公共安全的程度。

（2）故意从高空抛物，严重危害公共安全的，构成本罪和以危险方法危害公共安全罪的想象竞合。例如，张三朝楼下跳广场舞的人群扔了一个暖水瓶，或者扔了一个烧红的蜂窝煤，弄伤多人。这就构成以危险方法危害公共安全罪和本罪的想象竞合，从一重罪论处，应当以以危险方法危害公共安全罪论处。

（3）如果以杀人的故意针对特定对象进行抛物，则构成故意伤害罪或故意杀人罪。例如，张三朝楼下经过的仇人扔了一个哑铃，砸死了仇人。这构成故意杀人罪。

（4）过失导致物品从高空坠落，致人死亡、重伤，符合《刑法》第 233、235 条规定的，依照过失致人死亡罪、过失致人重伤罪定罪处罚。

在生产、作业中违反有关安全管理规定，从高空坠落物品，发生重大伤亡事故或者造成其他严重后果的，依照《刑法》第 134 条第 1 款的规定，以重大责任事故罪定罪处罚。

2. 催收非法债务罪。本罪打击的是职业催债行为，行为方式有三种：

（1）使用暴力、胁迫方法的。

（2）限制他人人身自由或者侵入他人住宅的。如果采取剥夺人身自由的方法，则同时触犯非法拘禁罪。

（3）恐吓、跟踪、骚扰他人的。

3. 侵害英雄烈士名誉、荣誉罪。成立本罪，必须达到损害社会公共利益，情节严重的程度。

上述三种犯罪，无需再评价为寻衅滋事罪。

妨害司法罪

一、伪证罪

高频考点

18.4

主要的妨害司法罪的区别

第 305 条 ［伪证罪］ 在刑事诉讼中，证人、鉴定人、记录人、翻译人对与案件有重要关系的情节，故意作虚假证明、鉴定、记录、翻译，意图陷害他人或者隐匿罪证的，处 3 年以下有期徒刑或者拘役；情节严重的，处 3 年以上 7 年以下有期徒刑。

（一）犯罪构成

1. 法益

本罪侵犯的法益是司法机关的公正审判秩序。

2. 客观方面

（1）虚假的证明、鉴定、记录、翻译。作虚假的证明包括两种：

❶陷害，包括证无罪为有罪，也包括证轻罪为重罪；

❷隐匿，包括证有罪为无罪，也包括证重罪为轻罪。

（2）与案件有重要关系的情节。与案件有重要关系的情节，是指对案件结论有影响的情节，即对是否构成犯罪、犯罪的性质、罪行的轻重、量刑的轻重具有重要关系的情节。

（3）时间。本罪只可能发生在刑事诉讼中。所谓刑事诉讼中，是指在立案侦查后、审判终结前的过程中。在诉讼前作假证明包庇犯罪人的，构成包庇罪；在诉讼前作虚假告发，意图使他人受刑事追究的，构成诬告陷害罪。

💡 **小提醒**

在民事诉讼中作伪证的，不构成伪证罪。但民事诉讼中的证人毁灭证据的，构成帮助毁灭证据罪。民事诉讼中，当事人采取暴力、威胁、贿买等方法阻止证人作证或者指使他人作伪证的，构成妨害作证罪。

---

3. 行为主体

本罪的主体是证人、鉴定人、记录人、翻译人。此处的证人应当作扩张解释，包括被害人。一般认为，犯罪嫌疑人、被告人不能构成本罪，也不能构成本罪的教唆犯、帮助犯，其理论依据为期待可能性。

4. 主观罪责

本罪是直接故意犯罪，行为人在主观上要有意图陷害他人或者隐匿罪证的目的。

（二）认定

1. 本罪是抽象危险犯，只要实施了上述伪证行为，即可构成本罪。

2. 本罪与诬告陷害罪的区别

（1）本罪的主体是特殊主体，诬告陷害罪的主体是一般主体；

（2）本罪只是在与案件有重要关系的个别情节上提供伪证，诬告陷害罪是捏造整个犯罪事实；

（3）本罪的行为发生在整个刑事诉讼中，诬告陷害罪的行为则是在立案侦查之前实行的，并且是引起案件侦查的原因；

（4）本罪的犯罪目的可以是陷害他人，也可以是包庇罪犯，诬告陷害罪的犯罪目的只能是陷害他人。

行为人诬告他人犯罪，引起了司法机关的追诉活动后，在刑事诉讼中又作伪证的，从一重罪处罚。

二、辩护人、诉讼代理人毁灭证据、伪造证据、妨害作证罪

第306条 ［辩护人、诉讼代理人毁灭证据、伪造证据、妨害作证罪］ 在刑事诉讼中，辩护人、诉讼代理人毁灭、伪造证据，帮助当事人毁灭、伪造证据，威胁、引诱证人违背事实改变证言或者作伪证的，处3年以下有期徒刑或者拘役；情节严重的，处3年以上7年以下有期徒刑。

辩护人、诉讼代理人提供、出示、引用的证人证言或者其他证据失实，不是有意伪造的，不属于伪造证据。

本罪是指在刑事诉讼中，辩护人、诉讼代理人毁灭、伪造证据，帮助当事人毁灭、伪造证据，威胁、引诱证人违背事实改变证言或者作伪证的行为。

1. 本罪是在刑事诉讼中实施了如下三种行为：

（1）毁灭、伪造证据；

（2）帮助当事人毁灭、伪造证据；

（3）威胁、引诱证人作伪证。

2. 本罪的主体是刑事诉讼辩护人、诉讼代理人。由于本罪主要由律师构成，所以司法实践中，又被称为"律师伪证罪"。2010 年初，在重庆"打黑"风暴中，辩护律师李庄就因本罪入狱。鉴于本罪很容易成为打击报复律师的工具，所以《刑事诉讼法》第 44 条规定："辩护人或者其他任何人，不得帮助犯罪嫌疑人、被告人隐匿、毁灭、伪造证据或者串供，不得威胁、引诱证人作伪证以及进行其他干扰司法机关诉讼活动的行为。违反前款规定的，应当依法追究法律责任，辩护人涉嫌犯罪的，应当由办理辩护人所承办案件的侦查机关以外的侦查机关办理。辩护人是律师的，应当及时通知其所在的律师事务所或者所属的律师协会。"

3. 辩护人、诉讼代理人提供、出示、引用的证人证言或者其他证据失实，不是有意伪造的，不属于伪造证据。

⑦ **想一想**

《刑法》第 306 条第 2 款是拟制规定，还是注意规定？[1]

三、妨害作证罪

第 307 条［妨害作证罪］ 以暴力、威胁、贿买等方法阻止证人作证或者指使他人作伪证的，处 3 年以下有期徒刑或者拘役；情节严重的，处 3 年以上 7 年以下有期徒刑。

［帮助毁灭、伪造证据罪］ 帮助当事人毁灭、伪造证据，情节严重的，处 3 年以下有期徒刑或者拘役。

司法工作人员犯前两款罪的，从重处罚。

本罪是指采用暴力、威胁、贿买等方法阻止证人作证或者指使他人作伪证的行为。

（一）犯罪构成

1. 客观行为

本罪不限于刑事诉讼，在民事、行政诉讼中，也可成立本罪。在刑事诉讼中，犯罪嫌疑人或被告人采用暴力、威胁、贿买等方法阻止证人作证或者指使他人作伪证的，不构成伪证罪的共犯，但可以本罪论处。当然，如果犯罪嫌疑人或被告人采用的只是嘱托、请求、劝诱等一般的方式阻止证人作证或者指使他人作伪证，则不构成犯罪。

2. 行为主体

本罪所谓的证人不限于狭义的证人，还包括被害人和鉴定人，但不包括翻译人和记录人。

（二）认定

1. 司法工作人员犯本罪的，从重处罚。

---

［1］ 注意规定。

2. 法条竞合

（1）本罪与伪证罪

本罪并不限于刑事诉讼，它是指采用暴力、威胁、贿买等方法阻止证人作证或者指使他人作伪证的行为。如果在刑事诉讼中采用暴力、威胁、贿买等方法指使他人作伪证，不以伪证罪（共犯）论处，而应直接论之以本罪。这其实是将伪证罪的部分严重的教唆行为独立成罪。如果辩护人、诉讼代理人在刑事诉讼中指使他人作伪证，依特殊法，应以辩护人、诉讼代理人妨害作证罪定罪。

💡 小提醒

妨害作证罪和辩护人妨害作证罪都是典型的非实行行为的实行化，不再以教唆犯论处。

（2）本罪与辩护人、诉讼代理人妨害作证罪

辩护人、诉讼代理人妨害作证罪是本罪的特别情况。辩护人、诉讼代理人在刑事诉讼中，实施威胁、引诱证人违背事实改变证言或者作伪证的妨害作证行为，无须再定本罪。

［例］王某担任辩护人时，编造了一份隐匿罪证的虚假证言，交给被告人的父亲陈某，让其劝说证人李某背熟后向法庭陈述，并给李某 5000 元好处费。陈某照办。李某收受 5000 元后，向法庭作了伪证，致使被告人被无罪释放。王某构成辩护人妨害作证罪，陈某构成妨害作证罪，两人在妨害作证罪中成立共同犯罪。

四、帮助毁灭、伪造证据罪

本罪是指行为人帮助当事人毁灭、伪造证据，情节严重的行为。

（一）犯罪构成

1. 客观行为

本罪的客观行为是帮助当事人毁灭、伪造证据，情节严重的行为。此处的当事人应当作扩张解释，不限于刑事诉讼中的当事人。

2. 行为主体

本罪的行为人不包括当事人本人。刑事案件的当事人为了逃避法律追究，毁灭、伪造证据的，由于缺乏期待可能性，不构成本罪。民事、行政案件的当事人为了避免不利影响，毁灭、伪造证据的，在现行法律中，也不构成犯罪。

（二）认定

1. 辩护人、诉讼代理人在刑事诉讼中帮助当事人毁灭、伪造证据的，应以辩护人、诉讼代理人毁灭证据、伪造证据罪定罪。在刑事诉讼中，辩护人、诉讼代理人指使他人帮助当事人毁灭、伪造证据，或者与他人共同帮助当事人毁灭、伪造证据的，辩护人、诉讼代理人成立辩护人、诉讼代理人毁灭证据、伪造证据罪，他人则成立本罪，二者在本罪的范围内成立共同犯罪。

2. 司法工作人员犯本罪的，从重处罚。

3. 共同犯罪人毁灭同案犯的证据，一般不构成本罪。

附：伪证罪和其他妨害司法犯罪

罪 名	行为主体	阶 段	行为方式	竞合关系
伪证罪	证人、鉴定人、记录人、翻译人（证人可作扩张解释，包括被害人）	刑事诉讼（立案后）	对与案件有重要关系的情节，故意作虚假证明、鉴定、记录、翻译，意图陷害他人或者隐匿罪证	被告人教唆他人作伪证的，不成立本罪的共犯
辩护人、诉讼代理人毁灭证据、伪造证据、妨害作证罪	辩护人、诉讼代理人	刑事诉讼	毁灭、伪造证据；帮助当事人毁灭、伪造证据；威胁、引诱证人作伪证	辩护人、诉讼代理人在刑事诉讼中教唆他人作伪证的，构成本罪；被教唆人作伪证的，构成伪证罪
妨害作证罪	一般人，包括被告人自己	刑事诉讼和其他诉讼	采用暴力、威胁、贿买等方法阻止证人作证或者指使他人作伪证（证人可以扩张解释为包括被害人和鉴定人）	（1）被告人在刑事诉讼中采取暴力、威胁、贿买等方法教唆他人作伪证的，不成立伪证罪的教唆犯，但构成本罪 （2）辩护人、诉讼代理人若在刑事诉讼中妨害作证，构成辩护人、诉讼代理人妨害作证罪
帮助毁灭、伪造证据罪	一般人，不包括被告人	刑事诉讼和其他诉讼	帮助当事人毁灭、伪造证据，情节严重	辩护人、诉讼代理人若帮助毁灭、伪造证据，构成辩护人、诉讼代理人毁灭证据、伪造证据罪

五、虚假诉讼罪

第 307 条之一　[虚假诉讼罪]　以捏造的事实提起民事诉讼，妨害司法秩序或者严重侵害他人合法权益的，处 3 年以下有期徒刑、拘役或者管制，并处或者单处罚金；情节严重的，处 3 年以上 7 年以下有期徒刑，并处罚金。

单位犯前款罪的，对单位判处罚金，并对其直接负责的主管人员和其他直接责任人员，依照前款的规定处罚。

有第 1 款行为，非法占有他人财产或者逃避合法债务，又构成其他犯罪的，依照处罚较重的规定定罪从重处罚。

司法工作人员利用职权，与他人共同实施前三款行为的，从重处罚；同时构成其他犯罪的，依照处罚较重的规定定罪从重处罚。

下列问题值得注意：

1. 本罪限于"无中生有型"虚假诉讼行为。"部分篡改型"虚假诉讼行为，即民事法律关系和民事纠纷客观存在，行为人只是对具体的诉讼标的额、履行方式等部分事实作夸大或者隐瞒的，不属于刑法规定的虚假诉讼罪的范畴。同时，被告的伪造证据行为，不构成本罪，但可能构成其他犯罪。

2. "以捏造的事实提起民事诉讼"包括特定"隐瞒真相"的行为。最高人民法院、最高人民检察院《关于办理虚假诉讼刑事案件适用法律若干问题的解释》第1条第2款明确规定，隐瞒债务已经全部清偿的事实，向人民法院提起民事诉讼，要求他人履行债务的，以"以捏造的事实提起民事诉讼"论。

3. 本罪包括"单方欺诈"和"双方串通"两种类型。前者是指一方当事人提起虚假诉讼，侵害另一方当事人合法权益，双方当事人之间存在实质的利益对抗关系；后者是指双方当事人恶意串通进行虚假诉讼，侵害案外第三人合法权益，损害国家、公共利益，或者逃避履行法定义务，规避相关管理义务，双方当事人之间不存在实质的利益对抗关系。

[例] 洪某欠吴某赌债20万元。吴某获悉洪某的房屋已被洪某协议卖与他人，便与洪某恶意串通伪造借条，多写借款金额，并指使洪某书写虚假的借款原因，以便日后起诉时骗取人民法院的裁判文书，待该房屋被拍卖后可多参与分配。后吴某持伪造的借条以洪某因生意经营向其借款20万元不予归还为由，向人民法院提起民事诉讼，请求洪某归还借款，洪某配合作虚假陈述。人民法院作出民事调解书，确认洪某应当偿还吴某借款及利息共计20万元。吴某向人民法院申请执行，人民法院作出执行裁定书，将洪某的房屋及土地使用权予以查封。洪某和吴某构成本罪的共同犯罪。

4. 本罪与诈骗罪的关系

本罪与诈骗罪的关系，可能是考试的重点。一般说来，这包括三种情况：

(1) 同时构成本罪和诈骗罪。这属于想象竞合，应当以本罪和诈骗罪从一重罪论处。

[例] 甲伪造欠条，到法院起诉乙，法院上当，判乙还钱。甲同时构成本罪和诈骗罪，从一重罪论处。

(2) 只构成本罪，不构成诈骗罪。

[例] 甲知道丈夫在国外，但欺骗法院以获得宣告其死亡的判决文书。

(3) 只构成诈骗罪，不构成本罪。

[例] 乙向甲借款100万元，到期后一直未能归还。甲以乙出具的真实欠条作为证据向法院提起民事诉讼，请求乙归还欠款。乙伪造甲的收款凭证应诉，使法院信以为真。由于乙没有提起虚假的民事诉讼，所以不构成本罪，但其构成诈骗罪（三角诈骗）。

5. 妨害司法秩序类型的本罪，以法院受理作为既遂标准；行为人虽然以捏造的事实提起民事诉讼，但法院并未受理的，则是未遂。

六、窝藏、包庇罪

高频考点

18.5

窝藏、包庇罪的认定

第310条 [窝藏、包庇罪] 明知是犯罪的人而为其提供隐藏处所、财物，帮助其逃匿或者作假证明包庇的，处3年以下有期徒刑、拘役或者管制；情节严重的，处3年以上10年以下有期徒刑。

犯前款罪，事前通谋的，以共同犯罪论处。

本罪是指为犯罪人提供隐藏处所、财物，帮助其逃匿（窝藏），或作假证明掩盖其犯罪事实（包庇）的行为。

（一）犯罪构成

1. 客观行为

本罪有两种表现：

（1）窝藏行为，即为犯罪人提供隐藏处所、财物，帮助犯罪人逃匿。窝藏行为包括让犯罪人化装、为犯罪人提供脱逃资金等提供物理性帮助的行为。精神性窝藏不构成窝藏罪。例如，劝说他人逃跑，不构成窝藏罪。

 小提醒

鼓励逃跑等精神性窝藏行为在我国不构成犯罪。

最新司法解释规定，明知是犯罪的人，为帮助其逃匿，实施下列行为之一的，应当依照《刑法》第 310 条第 1 款的规定，以窝藏罪定罪处罚：①为犯罪的人提供房屋或者其他可以用于隐藏的处所的；②为犯罪的人提供车辆、船只、航空器等交通工具，或者提供手机等通讯工具的；③为犯罪的人提供金钱的；④其他为犯罪的人提供隐藏处所、财物，帮助其逃匿的情形。[1] 同时，司法解释还对保证人作出了特别规定：保证人在犯罪的人取保候审期间，协助其逃匿，或者明知犯罪的人的藏匿地点、联系方式，但拒绝向司法机关提供的，应当依照《刑法》第 310 条第 1 款的规定，对保证人以窝藏罪定罪处罚。[2]

（2）包庇行为，即作假证明包庇犯罪人。这里的作假证明包庇，是指向司法机关提供虚假的证明材料使犯罪分子逃避刑事追究。

司法解释规定，明知是犯罪的人，为帮助其逃避刑事追究，或者帮助其获得从宽处罚，实施下列行为之一的，应当依照《刑法》第 310 条第 1 款的规定，以包庇罪定罪处罚：①故意顶替犯罪的人欺骗司法机关的；②故意向司法机关作虚假陈述或者提供虚假证明，以证明犯罪的人没有实施犯罪行为，或者犯罪的人所实施行为不构成犯罪的；③故意向司法机关提供虚假证明，以证明犯罪的人具有法定从轻、减轻、免除处罚情节的；④其他作假证明包庇的行为。[3]

 小提醒

冒名顶罪是典型的包庇行为。

窝藏、包庇的对象是犯罪人。这里的犯罪人可作扩大解释，包括判决前的犯罪嫌疑人和判决后的犯罪人。被窝藏、包庇的人实施的犯罪事实清楚，证据确实、充分，但尚未到案、尚未依法裁判或者因不具有刑事责任能力依法未予追究刑事责任的，不影响窝藏、包庇罪的认定。但是，被窝藏、包庇的人归案后被宣告无罪的，应当依照法定程序宣告窝藏、包庇行为人无罪。

---

[1] 2021 年 8 月 9 日最高人民法院、最高人民检察院《关于办理窝藏、包庇刑事案件适用法律若干问题的解释》（以下简称《窝藏包庇解释》）第 1 条第 1 款。
[2] 《窝藏包庇解释》第 1 条第 2 款。
[3] 《窝藏包庇解释》第 2 条。

本罪是抽象危险犯,只要行为人有窝藏、包庇行为,即便司法人员知道犯罪人被藏匿的地点,行为人也构成本罪。

2. 主观罪责

本罪是故意犯罪,要求明知是犯罪的人而予以窝藏、包庇。如果确实不知,则不构成本罪。司法解释规定,虽然为犯罪的人提供隐藏处所、财物,但不是出于帮助犯罪的人逃匿的目的,不以窝藏罪定罪处罚。认定《刑法》第310条第1款规定的"明知",应当根据案件的客观事实,结合行为人的认知能力,接触被窝藏、包庇的犯罪人的情况,以及行为人和犯罪人的供述等主、客观因素进行认定。行为人将犯罪的人所犯之罪误认为其他犯罪的,不影响《刑法》第310条第1款规定的"明知"的认定。行为人虽然实施了提供隐藏处所、财物等行为,但现有证据不能证明行为人知道犯罪的人实施了犯罪行为的,不能认定为《刑法》第310条第1款规定的"明知"。[1]

(二)认定

1. 本罪与事前有通谋的共同犯罪的区别就在于是否事前有通谋。《刑法》第310条第1款规定了窝藏、包庇罪,第2款则规定:"犯前款罪,事前通谋的,以共同犯罪论处。"此规定是典型的注意规定。

2. 本罪与伪证罪的区别

伪证罪的主体是特殊主体,而本罪的主体是一般主体。伪证罪只能在刑事诉讼过程中发生,而包庇罪既可以在刑事诉讼过程中实施,也可以在此之前实施。因此,特定主体在刑事诉讼过程中作伪证以包庇犯罪分子的,构成伪证罪;其他人在刑事诉讼之前或之中提供假证明包庇犯罪分子的,构成包庇罪。本罪与伪证罪也可能出现竞合,如证人作假证明的行为就可能构成伪证罪和包庇罪的想象竞合犯。

3. 本罪与帮助毁灭、伪造证据罪的区别

(1)发生的场合不同。包庇罪限于在刑事诉讼中为犯罪分子作假证明;而帮助毁灭、伪造证据罪可以在任何诉讼中伪造任何证据(包括假证明)。

(2)对象不同。本罪的对象只能是犯罪分子;而帮助毁灭、伪造证据罪的对象可以是犯罪分子,也可以是民事、行政诉讼的当事人。

(3)行为方式不同。两者最关键的区别在于是否提供假证明欺骗司法机关。单纯毁灭有罪、重罪证据的行为本身仅成立帮助毁灭证据罪,但伪造无罪、罪轻的证据并向司法机关出示的行为,则相当于作出了足以包庇犯罪人的证明,符合"作假证明包庇"的要件,同时触犯了包庇罪与帮助伪造证据罪,直接以包庇罪论处。

司法解释规定,为帮助同一个犯罪的人逃避刑事处罚,实施窝藏、包庇行为,又实施洗钱行为,或者掩饰、隐瞒犯罪所得及其收益行为,或者帮助毁灭证据行为,或者伪证行为的,依照处罚较重的犯罪定罪,并从重处罚,不实行数罪并罚。[2]

4. 单纯的知情不举行为一般不构成犯罪,但是刑法有明确规定的除外,如《刑法》第311条规定的拒绝提供间谍犯罪、恐怖主义犯罪、极端主义犯罪证据罪。

---

[1]《窝藏包庇解释》第1条第3款、第5条。
[2]《窝藏包庇解释》第7条。

5. 特殊包庇

旅馆业、饮食服务业、文化娱乐业、出租汽车业等单位的人员，在公安机关查处卖淫、嫖娼活动时，为违法犯罪分子通风报信，情节严重的，按包庇罪定罪处罚。这是一种典型的拟制规定。

6. 法条竞合

两种包庇犯罪的行为被规定为独立的犯罪，分别为：《刑法》第294条第3款规定的包庇、纵容黑社会性质组织罪，即国家机关工作人员包庇、纵容黑社会性质的组织的行为；《刑法》第349条规定的包庇毒品犯罪分子罪，即包庇走私、贩卖、运输、制造毒品的犯罪分子的行为。

七、掩饰、隐瞒犯罪所得、犯罪所得收益罪

本罪是指明知是犯罪所得及其产生的收益而予以窝藏、转移、收购、代为销售或者以其他方法掩饰、隐瞒的行为。

（一）犯罪构成

1. 客观行为

本罪客观上表现为窝藏、转移、收购、代为销售或者以其他方法掩饰、隐瞒犯罪所得及其收益的行为。

（1）窝藏，是指将犯罪所得及其产生的收益放置在特定场所保管。

（2）转移，是指他人犯罪行为终了后，将犯罪所得及其产生的收益由一个地方搬运到另一个地方。犯罪行为还未实施终了的，可能成立其他犯罪的事中共犯。另外，如果通过金融机构将赃款转移，则是一种洗钱行为，应以洗钱罪定罪。

（3）收购，是指有偿取得赃物，一般表现为大量购买赃物或重复购买某一类赃物。根据司法解释的规定，明知是赃车而购买，以本罪定罪处罚。[1]

（4）代为销售，不仅指帮助罪犯把赃物卖给他人，还指代为销售者低价收买赃物，再高价出售。居间买卖赃物的，视为代为销售赃物。以代为销售方式犯本罪的，以赃物售出为既遂；而以收购方式犯本罪的，只需收购行为完成即为既遂。

认定本罪，以上游犯罪事实成立为前提。上游犯罪尚未依法裁判，但查证属实的，不影响本罪的认定。上游犯罪事实经查证属实，但因行为人未达到刑事责任年龄等原因依法不予追究刑事责任的，不影响本罪的认定。[2]

根据2021年4月13日最高人民法院《关于修改〈关于审理掩饰、隐瞒犯罪所得、犯罪所得收益刑事案件适用法律若干问题的解释〉的决定》的规定，本罪的数额标准（收益价值3000~1万元以上）不再适用。人民法院审理掩饰、隐瞒犯罪所得、犯罪所得收益刑事案件，应综合考虑上游犯罪的性质、掩饰、隐瞒犯罪所得及其收益的情节、后果及社会危害程度等，依法定罪处罚。

---

〔1〕 1998年5月8日最高人民法院、最高人民检察院、公安部、国家工商行政管理局《关于依法查处盗窃、抢劫机动车案件的规定》第5条第2款。

〔2〕 2021年4月13日最高人民法院《关于审理掩饰、隐瞒犯罪所得、犯罪所得收益刑事案件适用法律若干问题的解释》第8条。

2. 行为主体。本罪主体包括自然人和单位。单位犯罪的，实行双罚制。

3. 主观罪责

本罪的主观要素是故意，必须明知是犯罪所得及其产生的收益。在司法实践中，明知包括事实性明知和推定性明知。

（1）事实性明知，即明知是犯罪所得而予以窝藏、转移、收购或者代为销售的。

（2）推定性明知。这是根据司法经验，对主观心态进行推定。例如，司法解释对于盗窃、抢劫机动车的犯罪有类似规定："有下列情形之一的，可视为应当知道，但有证据证明属被蒙骗的除外：①在非法的机动车交易场所和销售单位购买的；②机动车证件手续不全或者明显违反规定的；③机动车发动机号或者车架号有更改痕迹，没有合法证明的；④以明显低于市场价格购买机动车的。"[1]

（二）共同犯罪

1. 事先有通谋，事后为犯罪人窝藏、转移、收购或者代为销售的，应当以前罪的共同犯罪论处，而不能论以本罪。

2. 明知是赃车而介绍买卖的，以本罪的共犯论处。

（三）法条竞合

四种赃物犯罪的行为被规定为独立的犯罪，不再以本罪论处，这些犯罪包括：《刑法》第191条规定的洗钱罪，第341条第1款规定的危害珍贵、濒危野生动物罪，第345条第3款规定的非法收购、运输盗伐、滥伐的林木罪，第349条第1款规定的窝藏、转移、隐瞒毒品、毒赃罪。

八、脱逃罪

本罪是指依法被关押的罪犯、被告人、犯罪嫌疑人脱逃的行为。

1. 客观构成。本罪的行为是从羁押场所脱逃，可以是从监狱、看守所逃离，也可以是从押解途中逃离。

2. 主体。本罪的主体是依法被关押的罪犯、被告人、犯罪嫌疑人。被错误羁押的人，不能成为本罪的主体。管制犯、缓刑犯也都不能构成本罪。

 小提醒

组织越狱罪、暴动越狱罪、聚众持械劫狱罪是严重的特殊脱逃罪，被独立成罪。

九、拒不执行判决、裁定罪

本罪是指对人民法院的判决、裁定有能力执行而拒不执行，情节严重的行为。

1. 客观构成

（1）判决、裁定的含义。根据全国人民代表大会常务委员会《关于〈中华人民共和国

---

[1] 1998年5月8日最高人民法院、最高人民检察院、公安部、国家工商行政管理局《关于依法查处盗窃、抢劫机动车案件的规定》第17条。

刑法〉第三百一十三条的解释》的规定，《刑法》第 313 条规定的 "人民法院的判决、裁定"，是指人民法院依法作出的具有执行内容并已发生法律效力的判决、裁定。人民法院为依法执行支付令、生效的调解书、仲裁裁决、公证债权文书等所作的裁定属于该条规定的裁定。

（2）行为方式。本罪是纯正的不作为犯。不作为犯的行为从应当履行作为义务时起计算。[1]

2. 主体

本罪的主体包括被执行人、担保人和协助执行义务人。本罪也存在单位犯罪。

妨害国（边）境管理罪

本专题涉及的犯罪除了骗取出境证件罪有单位犯罪外，其他都是自然人犯罪。

一、组织他人偷越国（边）境罪

本罪是指领导、策划、指挥他人偷越国（边）境或者在首要分子的指挥下，实施拉拢、引诱、介绍他人偷越国（边）境的行为。

本罪有七种加重处罚情节，包容了非法拘禁、妨害公务等罪：①组织他人偷越国（边）境集团的首要分子；②多次组织他人偷越国（边）境或者组织他人偷越国（边）境人数众多的；③造成被组织人重伤、死亡的（过失）；④剥夺或者限制被组织人人身自由的；⑤以暴力、威胁方法抗拒检查的；⑥违法所得数额巨大的；⑦有其他特别严重情节的。

犯本罪，对被组织人有杀害、伤害、强奸、拐卖等犯罪行为，或者对检查人员有杀害、伤害等犯罪行为的，依照数罪并罚的规定处罚。

二、运送他人偷越国（边）境罪

本罪是指使用车船等交通工具或者徒步将偷越者接入或送出国（边）境的行为。对于本罪，也要注意其四种加重处罚情节以及两种更为加重处罚情节：

1. 四种加重处罚情节

（1）多次实施运送行为或者运送人数众多的；

（2）所使用的船只、车辆等交通工具不具备必要的安全条件，足以造成严重后果的；

（3）违法所得数额巨大的；

（4）有其他特别严重情节的。

---

〔1〕 参见最高人民法院指导案例第 71 号 "毛建文拒不执行判决、裁定案" 的裁判要点：有能力执行而拒不执行判决、裁定的时间从判决、裁定发生法律效力时起算。具有执行内容的判决、裁定发生法律效力后，负有执行义务的人有隐藏、转移、故意毁损财产等拒不执行行为，致使判决、裁定无法执行，情节严重的，应当以拒不执行判决、裁定罪定罪处罚。

2. 两种更为加重处罚情节

（1）造成被运送人重伤、死亡的（过失）；

（2）以暴力、威胁方法抗拒检查的。

犯本罪，对被运送人有杀害、伤害、强奸、拐卖等犯罪行为，或者对检查人员有杀害、伤害等犯罪行为的，依照数罪并罚的规定处罚。

三、偷越国（边）境罪

本罪是指违反国（边）境管理法规，偷越国（边）境，情节严重的行为。同时，《刑法修正案（九）》规定，为参加恐怖活动组织、接受恐怖活动培训或者实施恐怖活动，偷越国（边）境的，也构成本罪。

妨害文物管理罪

本专题涉及的犯罪所侵犯的客体是文物的管理秩序，犯罪对象是文物。根据有关立法解释的规定，《刑法》有关文物的规定，适用于具有科学价值的古脊椎动物化石、古人类化石。[1]

一、倒卖文物罪

本罪是指以牟利为目的，倒卖国家禁止经营的文物，情节严重的行为。

1. 本罪的主体可以是单位，也可以是自然人。

2. 盗窃文物后再出售的，应当以盗窃罪或盗掘古文化遗址、古墓葬罪或盗掘古人类化石、古脊椎动物化石罪与本罪数罪并罚。

二、盗掘古文化遗址、古墓葬罪与盗掘古人类化石、古脊椎动物化石罪

在盗掘古文化遗址、古墓葬时，从中盗取了珍贵文物或者严重破坏珍贵文物的，应当作为盗掘古文化遗址、古墓葬罪的加重构成处理，不再认定为盗窃罪或故意损毁文物罪。但在盗掘过程中或者在盗掘事后，故意破坏古文化遗址、古墓葬中的珍贵文物等，则应数罪并罚。

另外，盗掘是指未经国家文物主管部门或有关部门批准，私自挖掘古文化遗址、古墓葬、古人类化石、古脊椎动物化石的行为。因此，如果是已经被有关部门等机构发掘出来的珍贵文物或化石，就不存在盗"掘"的问题，也就不属于此两罪的对象，但可以成为盗窃罪的对象。

盗掘古人类化石、古脊椎动物化石罪的处罚同盗掘古文化遗址、古墓葬罪。根据《刑

---

〔1〕 2005 年 12 月 29 日全国人民代表大会常务委员会《关于〈中华人民共和国刑法〉有关文物的规定适用于具有科学价值的古脊椎动物化石、古人类化石的解释》。

法修正案（八）》的修改，这两个犯罪都不再有死刑。

三、故意损毁文物罪与故意损毁名胜古迹罪

故意损毁文物罪，是指故意损毁国家保护的珍贵文物或者被确定为全国重点文物保护单位、省级文物保护单位的文物的行为。

故意损毁名胜古迹罪，是指故意损毁国家保护的名胜古迹，情节严重的行为。

1. 符合这两个罪的行为，不再另定故意毁坏财物罪。盗窃珍贵文物，仅属窃取的，应定盗窃罪；在盗窃过程中破坏珍贵文物、名胜古迹的，应选择盗窃罪或者故意损毁文物罪、故意损毁名胜古迹罪中的一重罪从重处罚。

［例］甲晚上潜入一古寺，将寺内古墓室中有珍贵文物编号的金佛的头用钢锯锯下，销赃后获赃款 10 万元。（2004/2/19-单）对甲首先应以盗窃罪和故意损毁文物罪从一重罪论处，则以盗窃罪追究其刑事责任；其次，甲事后的销赃行为由于侵害了新的法益，不属于不可罚之事后行为，故其构成倒卖文物罪。综上，对甲应以盗窃罪与倒卖文物罪数罪并罚。

2. 前罪有过失犯罪（过失损毁文物罪），但后罪没有。

四、非法向外国人出售、赠送珍贵文物罪与非法出售、私赠文物藏品罪

非法向外国人出售、赠送珍贵文物罪，是指违反文物保护法规，将收藏的国家禁止出口的珍贵文物私自出售或者私自赠送给外国人的行为。

非法出售、私赠文物藏品罪，是指违反文物保护法规，国有博物馆、图书馆等单位将国家保护的文物藏品出售或者私自送给非国有单位或者个人的行为。

文物在中国是限制流通物。中国强调对本国文物的独占感，故私自让珍贵文物脱离本国人控制，即便是文物所有人赠送珍贵文物给外国人，也可能构成犯罪。这与绝大多数国家不同。

前罪可由单位构成，也可由自然人构成。后罪的主体只能是单位，而且是特殊主体，包括国有博物馆、图书馆等。如果个人利用职务便利，将国有文物藏品私赠给他人，应以贪污罪定罪。后罪的对象只限于国内的非国有单位或个人，如果将文物藏品出售或者私赠给外国机构、组织或个人，则成立前罪。

危害公共卫生罪

一、医疗事故罪

本罪是指医务人员由于严重不负责任，造成就诊人死亡或者严重损害就诊人身体健康的行为。

1. 本罪只能由医务人员构成。所谓医务人员，包括从事诊疗、护理的人员，还包括

药剂人员及经批准的个体行医人员。

2. 本罪是业务过失，一般要通过违反医疗规章制度和诊疗、护理常规表现出来。例如，护士给孩子打青霉素前，忘了做皮试，导致孩子因青霉素过敏而死亡。

二、非法行医罪

本罪是指未取得医生执业资格的人非法行医，情节严重的行为。

（一）犯罪构成

1. 客观构成

非法行医是指非法从事诊断、治疗、医务护理等工作。本罪是职业犯，必须以非法行医为职业。一次非法行医造成严重事故的，不能以本罪论处，但可以过失致人死亡罪或过失致人重伤罪处罚。例如，某医院护士甲没有医生执业资格，却答应同事乙的请求，商定以 1500 元为乙之子丙戒除毒瘾。甲在没有对丙进行必要的体格检查和并不了解其毒瘾程度的情况下，便照搬自己利用工作之便抄录的戒毒处方为丙戒毒。在甲对丙使用大剂量药品时，丙出现不良反应，后经送医院抢救无效死亡。甲不成立非法行医罪，仅成立过失致人死亡罪。

非法行医必须情节严重方才构成犯罪。根据司法解释[1]的规定，具有下列情节之一的，应认定为"情节严重"：

（1）造成就诊人轻度残疾、器官组织损伤导致一般功能障碍的；

（2）造成甲类传染病传播、流行或者有传播、流行危险的；

（3）使用假药、劣药或不符合国家规定标准的卫生材料、医疗器械，足以严重危害人体健康的；

（4）非法行医被卫生行政部门行政处罚 2 次以后，再次非法行医的；

（5）其他情节严重的情形。

2. 主体

本罪的主体是未取得医生执业资格的自然人。

根据上述司法解释的规定，合法行医一般应同时具备医师资格证书和医师执业证书。仅具有执业医师资格，未取得医师执业证书，进行行医活动的，也构成本罪。但是，考虑到中国的现状，该司法解释也给出了例外规定。例如，乡村医生只要取得执业证书即可。家庭接生员不必取得资格证书或执业证书，也可接生。但家庭接生员实施家庭接生以外的医疗行为的，构成本罪。

另外，原司法解释规定的非法行医的方式之一"个人未取得《医疗机构执业许可证》开办医疗机构的"，被 2016 年底修正的新司法解释所取消，所以，此行为不再构成非法行医罪。

💡 小提醒

无执照的黑诊所，如果行医的大夫有执照，不构成犯罪。

---

[1] 2016 年 12 月 16 日最高人民法院《关于审理非法行医刑事案件具体应用法律若干问题的解释》第 2 条。

3. 主观罪过

本罪是故意犯罪，必须明知自己无资格而行医。

（二）认定

1. 与医疗事故罪的区别

（1）两者的主体不同，医疗事故罪必须由医务人员构成；

（2）本罪是故意犯罪，而医疗事故罪是过失犯罪。

2. 与其他犯罪的区别

非法行医是运用医学知识与技能实施的非法职业活动。运用生活常识、民间偏方、迷信等方式给人治疗的，如食疗、足疗、气功治疗等，不构成本罪；但通过虚构事实，隐瞒真相，骗取他人财物的，可构成诈骗罪。

3. 实施非法行医犯罪，同时构成生产、销售假药罪，生产、销售劣药罪，诈骗罪等其他犯罪的，依照刑法处罚较重的规定定罪处罚。[1]

三、非法采集人类遗传资源、走私人类遗传资源材料罪和非法植入基因编辑、克隆胚胎罪

第 334 条之一 ［非法采集人类遗传资源、走私人类遗传资源材料罪］ 违反国家有关规定，非法采集我国人类遗传资源或者非法运送、邮寄、携带我国人类遗传资源材料出境，危害公众健康或者社会公共利益，情节严重的，处 3 年以下有期徒刑、拘役或者管制，并处或者单处罚金；情节特别严重的，处 3 年以上 7 年以下有期徒刑，并处罚金。

第 336 条之一 ［非法植入基因编辑、克隆胚胎罪］ 将基因编辑、克隆的人类胚胎植入人体或者动物体内，或者将基因编辑、克隆的动物胚胎植入人体内，情节严重的，处 3 年以下有期徒刑或者拘役，并处罚金；情节特别严重的，处 3 年以上 7 年以下有期徒刑，并处罚金。

《刑法修正案（十一）》增加了两种新罪：①非法采集人类遗传资源、走私人类遗传资源材料罪；②非法植入基因编辑、克隆胚胎罪。类似贺剑奎编辑人类基因的行为不宜再以非法行医罪论处。

破坏环境资源保护罪

本专题涉及的犯罪都有单位犯罪。单位犯罪的，对单位判处罚金，并对其直接负责的主管人员和其他直接责任人员，依照自然人犯罪的规定处罚。

一、污染环境罪

第 338 条 ［污染环境罪］ 违反国家规定，排放、倾倒或者处置有放射性的废物、含传染

---

〔1〕 2016 年 12 月 16 日最高人民法院《关于审理非法行医刑事案件具体应用法律若干问题的解释》第 5 条。

病病原体的废物、有毒物质或者其他有害物质，严重污染环境的，处3年以下有期徒刑或者拘役，并处或者单处罚金；情节严重的，处3年以上7年以下有期徒刑，并处罚金；有下列情形之一的，处7年以上有期徒刑，并处罚金：

（一）在饮用水水源保护区、自然保护地核心保护区等依法确定的重点保护区域排放、倾倒、处置有放射性的废物、含传染病病原体的废物、有毒物质，情节特别严重的；

（二）向国家确定的重要江河、湖泊水域排放、倾倒、处置有放射性的废物、含传染病病原体的废物、有毒物质，情节特别严重的；

（三）致使大量永久基本农田基本功能丧失或者遭受永久性破坏的；

（四）致使多人重伤、严重疾病，或者致人严重残疾、死亡的。

有前款行为，同时构成其他犯罪的，依照处罚较重的规定定罪处罚。

（一）犯罪构成

本罪是指违反国家规定，排放、倾倒或者处置有放射性的废物、含传染病病原体的废物、有毒物质或者其他有害物质，严重污染环境的行为。

1. 根据《刑法修正案（八）》的修改，本罪的对象不再限于土地、水体和大气三种环境对象，给其他环境对象造成污染的，也可以构成本罪。

2. 本罪"排放、倾倒"的是"有害物质"。"有害物质"的范围要比"危险废物"广。

3. 只要行为人造成了严重污染环境的后果，无论其是否致使公私财产遭受重大损失或者造成他人人身伤亡，均不影响定罪。

4. 《刑法修正案（十一）》给本罪增加了四种加重处罚情节，并明确了想象竞合的处罚规则。

5. 本罪是故意犯罪，因此存在共同犯罪。司法解释[1]规定，明知他人无危险废物经营许可证，向其提供或者委托其收集、贮存、利用、处置危险废物，严重污染环境的，以共同犯罪论处。

（二）认定

1. 违反国家规定，排放、倾倒、处置含有毒害性、放射性、传染病病原体等物质的污染物，同时构成本罪、非法处置进口的固体废物罪、投放危险物质罪等犯罪的，依照处罚较重的犯罪定罪处罚。例如，龙某开设小造纸厂，偷偷进行化学制浆造纸，并将废水通过暗沟排入一条排水沟中。该排水沟经过一所学校以及多个单位的宿舍楼，并与宿舍楼的多个地下水孔相连，最终排入河流。某晚，该造纸厂加大规模排放含硫化氢的废水，废水经过下水道溢入学生宿舍区，造成多人中毒。龙某的行为构成本罪和投放危险物质罪，从一重罪论处。

2. 环境影响评价机构或其人员，故意提供虚假环境影响评价文件，情节严重的，或者严重不负责任，出具的环境影响评价文件存在重大失实，造成严重后果的，应当依照《刑法》第229条第1、3款的规定，以提供虚假证明文件罪或者出具证明文件重大失实罪定罪处罚。

---

[1] 2023年8月8日最高人民法院、最高人民检察院《关于办理环境污染刑事案件适用法律若干问题的解释》第8条。

3. 违反国家规定，针对环境质量监测系统实施下列行为，或者强令、指使、授意他人实施下列行为，后果严重的，应当依照《刑法》第286条的规定，以破坏计算机信息系统罪定罪处罚：①修改系统参数或者系统中存储、处理、传输的监测数据的；②干扰系统采样，致使监测数据因系统不能正常运行而严重失真的；③其他破坏环境质量监测系统的行为。重点排污单位、实行排污许可重点管理的单位篡改、伪造自动监测数据或者干扰自动监测设施，排放化学需氧量、氨氮、二氧化硫、氮氧化物等污染物，同时构成污染环境罪和破坏计算机信息系统罪的，依照处罚较重的规定定罪处罚。[1]

二、危害野生动物及环境的犯罪

第 341 条 ［危害珍贵、濒危野生动物罪］ 非法猎捕、杀害国家重点保护的珍贵、濒危野生动物的，或者非法收购、运输、出售国家重点保护的珍贵、濒危野生动物及其制品的，处5年以下有期徒刑或者拘役，并处罚金；情节严重的，处5年以上10年以下有期徒刑，并处罚金；情节特别严重的，处10年以上有期徒刑，并处罚金或者没收财产。

［非法狩猎罪］ 违反狩猎法规，在禁猎区、禁猎期或者使用禁用的工具、方法进行狩猎，破坏野生动物资源，情节严重的，处3年以下有期徒刑、拘役、管制或者罚金。

［非法猎捕、收购、运输、出售陆生野生动物罪］ 违反野生动物保护管理法规，以食用为目的非法猎捕、收购、运输、出售第1款规定以外的在野外环境自然生长繁殖的陆生野生动物，情节严重的，依照前款的规定处罚。

第 342 条之一 ［破坏自然保护地罪］ 违反自然保护地管理法规，在国家公园、国家级自然保护区进行开垦、开发活动或者修建建筑物，造成严重后果或者有其他恶劣情节的，处5年以下有期徒刑或者拘役，并处或者单处罚金。

有前款行为，同时构成其他犯罪的，依照处罚较重的规定定罪处罚。

第 344 条之一 ［非法引进、释放、丢弃外来入侵物种罪］ 违反国家规定，非法引进、释放或者丢弃外来入侵物种，情节严重的，处3年以下有期徒刑或者拘役，并处或者单处罚金。

（一）危害珍贵、濒危野生动物罪

本罪是指违反国家有关野生动物保护法规，猎捕、杀害国家重点保护的珍贵、濒危野生动物或者非法收购、运输、出售国家重点保护的珍贵、濒危野生动物及其制品的行为。

1. 客观构成

本罪的犯罪对象是国家重点保护的珍贵、濒危野生动物。根据司法解释的规定，这里的"国家重点保护的珍贵、濒危野生动物"，包括：①列入《国家重点保护野生动物名录》的野生动物；②经国务院野生动物保护主管部门核准按照国家重点保护的野生动物管理的野生动物（也就是列入《濒危野生动植物种国际贸易公约》附录一、附录二的野生动物以及部分人工驯养繁殖的上述物种）。

根据最新司法解释的规定，人工驯养繁殖的上述动物不再一律认为属于本罪的犯罪对象。涉案动物系人工繁育，具有下列情形之一的，对所涉案件一般不作为犯罪处理；需要

---

〔1〕 2023年8月8日最高人民法院、最高人民检察院《关于办理环境污染刑事案件适用法律若干问题的解释》第11条第1、2款。

追究刑事责任的，应当依法从宽处理：①列入人工繁育国家重点保护野生动物名录的；②人工繁育技术成熟、已成规模，作为宠物买卖、运输的。

本罪的行为方式有猎捕和杀害两种方式，单纯的伤害不构成本罪。

2. 主观罪责

本罪由故意构成，即明知是国家重点保护的珍贵、濒危野生动物而予以猎捕、杀害或者明知是国家重点保护的珍贵、濒危野生动物及其制品而予以非法收购、运输、出售。

（二）非法狩猎罪

本罪是指违反狩猎法规，在禁猎区、禁猎期或者使用禁用的工具、方法进行狩猎，破坏野生动物资源，情节严重的行为。

本罪所狩猎的对象是国家重点保护的珍贵、濒危野生动物以外的其他野生动物。

（三）非法猎捕、收购、运输、出售陆生野生动物罪

本罪是指违反野生动物保护管理法规，以食用为目的非法猎捕、收购、运输、出售国家重点保护的珍贵、濒危野生动物以外的在野外环境自然生长繁殖的陆生野生动物，情节严重的行为。

本罪的对象是国家重点保护的珍贵、濒危野生动物以外的其他陆生野生动物，不包括水生野生动物，也不包括人工繁育的野生动物。

本罪必须出于食用目的，至于目的是否实现，不影响本罪的成立。

如果收购行为同时构成掩饰、隐瞒犯罪所得罪，则属于想象竞合现象。

（四）其他

《刑法修正案（十一）》还增加了破坏自然保护地罪和非法引进、释放、丢弃外来入侵物种罪。

三、盗伐林木罪

本罪是指以非法占有为目的，盗伐国家、集体所有的森林或者其他林木，以及盗伐他人自留山上的成片林木，数量较大，破坏森林资源的行为。

（一）犯罪构成

1. 客观构成

本罪的行为方式有三种：①擅自砍伐国家、集体、他人所有或者他人承包经营管理的森林或者其他林木的；②擅自砍伐本单位或者本人承包经营管理的森林或者其他林木的；③在林木采伐许可证规定的地点以外采伐国家、集体、他人所有或者他人承包经营管理的森林或者其他林木的。

2. 主体

本罪的主体可以是自然人也可以是单位，这也是本罪与盗窃罪的区别所在，盗窃罪没有单位犯罪。

3. 主观罪责

本罪是故意犯罪，且必须有非法占有的目的。如果没有非法占有的目的（如单纯地毁坏树木），可能构成故意毁坏财物罪。司法解释规定，以非法占有为目的，具有下列情形

之一的，应当认定为《刑法》第 345 条第 1 款规定的"盗伐森林或者其他林木"：①未取得采伐许可证，擅自采伐国家、集体或者他人所有的林木的；②违反《森林法》第 56 条第 3 款的规定，擅自采伐国家、集体或者他人所有的林木的；③在采伐许可证规定的地点以外采伐国家、集体或者他人所有的林木的。[1] 不以非法占有为目的，违反《森林法》的规定，进行开垦、采石、采砂、采土或者其他活动，造成国家、集体或者他人所有的林木毁坏，符合《刑法》第 275 条规定的，以故意毁坏财物罪定罪处罚。

（二）认定

1. 盗窃国家、集体或者他人所有并已经伐倒的树木的，或者偷砍他人在自留地或者房前屋后种植的零星树木的，以盗窃罪定罪处罚。

非法实施采种、采脂、掘根、剥树皮等行为，符合《刑法》第 264 条规定的，以盗窃罪论处。在决定应否追究刑事责任和裁量刑罚时，应当综合考虑对涉案林木资源的损害程度以及行为人获利数额、行为动机、前科情况等情节；认为情节显著轻微危害不大的，不作为犯罪处理。

2. 实施盗伐林木的行为，所涉林木系风倒、火烧、水毁或者林业有害生物等自然原因死亡或者严重毁损的，在决定应否追究刑事责任和裁量刑罚时，应当从严把握；情节显著轻微危害不大的，不作为犯罪处理。

四、滥伐林木罪

本罪是指违反森林法规，未经林业行政主管部门等许可并核发采伐许可证，或者虽持有采伐许可证，但违反采伐许可证规定的时间、数量、树种、方式，任意采伐本单位所有或管理的林木，以及本人自留山上的森林或者其他林木（成片的，而非零星的），数量较大的行为。本罪也可成立单位犯罪。

（一）犯罪构成[2]

滥伐林木有三种情形：

1. 未取得采伐许可证，或者违反采伐许可证规定的时间、地点、数量、树种、方式，任意采伐本单位或者本人所有的林木的。

2. 违反《森林法》第 56 条第 3 款的规定，任意采伐本单位或者本人所有的林木的。

3. 在采伐许可证规定的地点，超过规定的数量采伐国家、集体或者他人所有的林木的。林木权属存在争议，一方未取得采伐许可证擅自砍伐的，以滥伐林木论处。

（二）认定

本罪与盗伐林木罪的区别。本罪仅破坏了林业资源保护，盗伐林木罪还侵犯了财产权；本罪可能包括自己所有的林木，盗伐林木罪不包括自己所有的林木；本罪是不按要求任意砍伐的行为，盗伐林木罪是盗伐的行为；本罪不具有非法占有的目的，而盗伐林木罪具有。

---

〔1〕 2023 年 8 月 13 日最高人民法院《关于审理破坏森林资源刑事案件适用法律若干问题的解释》第 3 条第 1 款。
〔2〕 2023 年 8 月 13 日最高人民法院《关于审理破坏森林资源刑事案件适用法律若干问题的解释》第 5 条。

💡 小提醒

无论是盗伐林木罪，还是本罪，都侵犯了森林资源。因此，如果盗伐或滥伐的是已经枯死的树木，自然不构成犯罪[1]；如果盗伐少量树木，但由于其盗伐方式特别，导致大量林业资源毁损，当然也可构成犯罪。

专题 **81**

走私、贩卖、运输、制造毒品罪

高频考点

18.6

主要的毒品
犯罪的认定

一、走私、贩卖、运输、制造毒品罪

本罪是指明知是毒品而故意走私、贩卖、运输、制造的行为。

（一）犯罪构成

1. 客观构成

本罪的犯罪对象是毒品。毒品是指鸦片、海洛因、甲基苯丙胺（冰毒）、吗啡、大麻、可卡因以及国家规定管制的其他能够使人形成瘾癖的麻醉药品和精神药品。

本罪的行为方式有四种：

（1）走私，即违反海关法规，非法运输、携带、邮寄国家禁止进出口的毒品进出国（边）境，逃避海关监管。此外，直接向走私人非法收购走私进口的毒品，或者在内海、领海运输、收购、贩卖毒品的，也属于走私毒品的行为。

（2）贩卖，即在境内非法转手倒卖或者销售自行制造的毒品。

（3）运输，即自身或者利用他人携带或者伪装后以合法形式交邮政、交通部门邮寄、托运毒品。运输毒品只限于国内范围的某地向另一地的转移，而走私毒品是由境内向境外输出毒品，或者由境外向境内输入毒品。

（4）制造，即非法从毒品原植物中提炼毒品，或者用化学合成方法加工、配制毒品。分装毒品为制造毒品的一个环节，视为制造毒品。

2. 主体

单位可以构成本罪。单位犯罪的，实行双罚制。

3. 主观罪责

本罪是故意犯罪，即明知是毒品而进行走私、贩卖、运输、制造。构成本罪只要求行为人认识到是毒品，不需要认识到毒品的具体名称、化学性能等具体性质。故意贩卖假毒品牟利的，按诈骗罪处理，不构成贩卖毒品罪。如果行为人以为自己所使用的原料与配料能够制造出毒品，但在事实上没有制造出毒品，或者如果在客观上有制造出毒品的可能性，

---

[1] 司法解释规定，实施滥伐林木的行为，所涉林木系风倒、火烧、水毁或者林业有害生物等自然原因死亡或者严重毁损的，一般不以犯罪论处；确有必要追究刑事责任的，应当从宽处理。

但是由于方法或配量不当等原因没有制造成，属于制造毒品罪的未遂；如果根本就不可能制造出毒品，则属于迷信犯，不构成犯罪。

（二）加重犯罪构成

本罪有五种加重情节，其刑罚是 15 年有期徒刑、无期徒刑或者死刑，并处没收财产：

1. 走私、贩卖、运输、制造鸦片 1000 克以上、海洛因或者甲基苯丙胺 50 克以上或者其他毒品数量大的。

2. 走私、贩卖、运输、制造毒品集团的首要分子。

3. 武装掩护走私、贩卖、运输、制造毒品的。

4. 以暴力抗拒检查、拘留、逮捕，情节严重的。

5. 参与有组织的国际贩毒活动的。

这里需要注意的是，第 4 种情节不应与妨害公务罪数罪并罚，第 5 种情节的行为人参与的是"有组织的"国际贩毒活动，而并非单纯的国际贩毒活动。

根据 2016 年 4 月 6 日最高人民法院《关于审理毒品犯罪案件适用法律若干问题的解释》第 3 条的规定，在实施走私、贩卖、运输、制造毒品犯罪的过程中，携带枪支、弹药或者爆炸物用于掩护的，应当认定为《刑法》第 347 条第 2 款第 3 项规定的"武装掩护走私、贩卖、运输、制造毒品"。在实施走私、贩卖、运输、制造毒品犯罪的过程中，以暴力抗拒检查、拘留、逮捕，造成执法人员死亡、重伤、多人轻伤或者具有其他严重情节的，应当认定为《刑法》第 347 条第 2 款第 4 项规定的"以暴力抗拒检查、拘留、逮捕，情节严重"。

（三）认定

1. 数量问题

走私、贩卖、运输、制造毒品，无论数量多少，都应当追究刑事责任。数量不影响本罪的成立，但影响量刑的轻重。对多次走私、贩卖、运输、制造毒品，未经处理的，毒品数量累计计算。

2. 含量问题

毒品的数量以查证属实的走私、贩卖、运输、制造、非法持有毒品的数量计算，不以纯度折算。但是，为掩护运输而将毒品融入其他物品中，不应将其他物品计入毒品的数量。另外，对可能判处被告人死刑的毒品犯罪案件，应当根据 2007 年 12 月 18 日最高人民法院、最高人民检察院、公安部颁布的《办理毒品犯罪案件适用法律若干问题的意见》第 4 条的规定，作出毒品含量鉴定。对涉案毒品可能大量掺假或者系成分复杂的新类型毒品的，亦应当作出毒品含量鉴定。

3. 共同犯罪问题

对于居间介绍买卖毒品行为，应当准确认定，并与居中倒卖毒品行为相区别。居间介绍者在毒品交易中处于中间人地位，发挥介绍联络作用，通常与交易一方构成共同犯罪，但不以牟利为要件。受购毒者或者贩毒者委托，为其提供交易信息、介绍交易对象、居中协调交易数量、价格，或者提供其他帮助，促成毒品交易的，属于居间介绍买卖毒品。居中倒卖者则属于毒品交易主体，与前后环节的交易对象是上下家关系，直接与上家、下家联系，自主决定交易毒品的数量、价格并赚取差价。

受贩毒者委托，为其居间介绍贩卖毒品的，与贩毒者构成贩卖毒品共同犯罪。明知购毒者以贩卖为目的购买毒品，受委托为其介绍联络贩毒者的，与购毒者构成贩卖毒品罪的共同犯罪。受以吸食为目的的购毒者委托，为其提供购毒信息或者介绍联络贩毒者，毒品数量达到《刑法》第348条规定的最低数量标准的，一般与购毒者构成非法持有毒品罪的共同犯罪；同时与贩毒者、购毒者共谋，联络促成双方交易的，与贩毒者构成贩卖毒品罪的共同犯罪。

受雇于同一雇主同行运输毒品，但受雇者之间没有共同犯罪故意，或者虽然明知他人受雇运输毒品，但各自的运输行为相对独立，既没有实施配合、掩护他人运输毒品的行为，又分别按照各自运输的毒品数量领取报酬的，不认定为共同犯罪，受雇者对各自运输的毒品承担刑事责任。受雇于同一雇主分段运输同一宗毒品，但受雇者之间没有犯罪共谋的，也不认定为共同犯罪。雇用他人运输毒品的雇主，及其他对受雇者起到一定组织、指挥作用的人员，与各受雇者分别构成运输毒品罪的共同犯罪，对运输的全部毒品数量承担刑事责任。

4. 未完成罪问题

贩卖毒品罪以毒品实际交付转移为既遂标准。为了贩毒而购买毒品，还未出售的，属于预备犯。制造毒品罪的既遂与未遂，应以被告人是否制造出毒品为判断标准。

5. 制造毒品的认定与处罚问题

2023年《全国法院毒品案件审判工作会议纪要》规定，制造毒品，除传统、典型的非法利用毒品原植物直接提炼和用化学方法加工、配制毒品的行为以外，还包括以改变毒品的成分和效用为目的的用物理方法加工、配制毒品的行为。为欺骗购毒者或者逃避查缉等，对毒品掺杂使假，通过物理方法使毒品溶解、混合、吸附于某种物质，或者以自用为目的对少量毒品添加其他物质、改变形态的，不认定为制造毒品。

—— 💡 小提醒 ——

制造毒品既包括化学制毒，也包括物理制毒。

6. 关于涉麻醉药品、精神药品行为

走私、贩卖、运输、制造国家规定管制的、没有医疗等合法用途的麻醉药品、精神药品的，一般以走私、贩卖、运输、制造毒品罪定罪处罚。

确有证据证明出于治疗疾病等相关目的，违反药品管理法规，未取得药品相关批准证明文件，生产国家规定管制的麻醉药品、精神药品，进口在境外也未合法上市的国家规定管制的麻醉药品、精神药品，或者明知是上述未经批准生产、进口的国家规定管制的麻醉药品、精神药品而予以销售，构成妨害药品管理罪的，依法定罪处罚。

明知是走私、贩卖毒品的犯罪分子或者吸毒人员，而向其贩卖国家规定管制的、具有医疗等合法用途的麻醉药品、精神药品的，以贩卖毒品罪定罪处罚。依法从事生产、运输、管理、使用国家规定管制的麻醉药品、精神药品的人员，实施《刑法》第355条规定的行为的，区分不同情形，分别以非法提供麻醉药品、精神药品罪或者贩卖毒品罪定罪处罚。

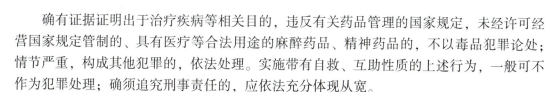

确有证据证明出于治疗疾病等相关目的，违反有关药品管理的国家规定，未经许可经营国家规定管制的、具有医疗等合法用途的麻醉药品、精神药品的，不以毒品犯罪论处；情节严重，构成其他犯罪的，依法处理。实施带有自救、互助性质的上述行为，一般可不作为犯罪处理；确须追究刑事责任的，应依法充分体现从宽。

因治疗疾病需要，在自用、合理数量范围内携带、寄递国家规定管制的、具有医疗等合法用途的麻醉药品、精神药品进出境的，不构成犯罪。

明知他人利用麻醉药品、精神药品实施抢劫、强奸等犯罪，仍向其贩卖，同时构成贩卖毒品罪和抢劫罪、强奸罪等犯罪的，依照处罚较重的规定定罪处罚。案件存在其他情形，符合数罪并罚条件的，依法定罪处罚。

7. 毒品再犯问题

2023 年《全国法院毒品案件审判工作会议纪要》规定，根据刑法规定，因走私、贩卖、运输、制造、非法持有毒品罪被判过刑的被告人，无论是在刑罚执行完毕或者赦免后，还是在缓刑、假释、暂予监外执行期间或者缓刑考验期满后，又犯刑法分则第六章第七节规定之罪的，均应认定为毒品再犯。对于上述在前罪缓刑、假释或者暂予监外执行期间又犯罪的被告人，应当对其所犯新的毒品犯罪依法从重处罚后，再与前罪依法并罚。对于同时构成累犯和毒品再犯的被告人，在裁判文书中应当同时引用刑法关于累犯和毒品再犯的条款。对于因同一毒品犯罪前科同时构成累犯和毒品再犯的，量刑时不得重复从重处罚。对于因不同犯罪前科分别构成累犯和毒品再犯的，从重处罚幅度一般应大于上述情形。对于因不同现行犯罪分别构成累犯和毒品再犯的，应当对其所犯各罪分别予以从重处罚。

显然，根据规范性文件的规定，如果行为人同时符合累犯和毒品再犯的规定，不得适用假释和缓刑，同时还要从重处罚。如果因不同现行犯罪分别构成累犯和毒品再犯，应当对其所犯各罪分别予以从重处罚。例如，张三因为走私毒品罪被判处有期徒刑 10 年，刑满释放后第 4 年又犯故意杀人罪，第 6 年犯贩卖毒品罪，那么对于故意杀人罪属于累犯，应该从重处罚，贩卖毒品罪属于毒品再犯，也应该从重处罚。

二、非法持有毒品罪

本罪是指明知是毒品而无合法理由持有数量较大毒品的行为。

（一）犯罪构成

持有不限于直接持有，也包括间接持有，即可以由本人亲自控制自己所有的毒品，也可以由他人代为保管本人所有的毒品。

本罪的立法目的在于，惩罚那些被查获，虽非法持有数量较大的毒品，但又没有足够证据证明其犯有其他毒品犯罪的行为人。相反，如果确有足够证据证明被查获的毒品持有人具有其他毒品犯罪的目的，则应认定其构成其他相关毒品罪。例如：①如果行为人非法持有毒品是为了本人或帮助他人走私、贩卖、运输、制造毒品，应认定为走私、贩卖、运输、制造毒品罪（包括共犯），而不是本罪；②如果行为人非法持有毒品的目的是为他人转移、藏匿毒品，应认定为转移、窝藏毒品罪，而不是本罪。

（二）认定

1. 数量标准

非法持有毒品必须达到法定数量才构成犯罪，其标准为鸦片200克以上、海洛因或者甲基苯丙胺10克以上或者其他毒品数量较大的。

2. 吸收犯问题

走私、贩卖、运输、制造毒品后又持有的，持有行为被吸收，不另行定罪。只有当行为人不是为了进行其他毒品犯罪而持有毒品时，才能认定为本罪。总之，非法持有毒品达到犯罪数量标准，没有证据证明实施了走私、贩卖、运输、制造毒品等犯罪行为的，才能以本罪定罪。

3. 盗窃、抢劫毒品的定罪问题

盗窃、抢劫毒品的，应当分别以盗窃罪或者抢劫罪定罪，但不计犯罪数额，根据情节轻重予以定罪量刑。盗窃、抢夺、抢劫毒品后又实施其他毒品犯罪的，对盗窃罪、抢夺罪、抢劫罪和所犯的具体毒品犯罪分别定罪，依法数罪并罚。走私毒品，又走私其他物品构成犯罪的，以走私毒品罪和其所犯的其他走私罪分别定罪，依法数罪并罚。

4. 贩毒者住所查获毒品的定性

2023年《全国法院毒品案件审判工作会议纪要》规定，对于从贩毒人员住所、车辆等处查获的毒品，一般应认定为其贩卖的毒品。确有证据证明查获的毒品并非贩毒人员用于贩卖，其行为另构成非法持有毒品罪、窝藏毒品罪等其他犯罪的，依法定罪处罚。

5. 交换毒品的定性

2023年《全国法院毒品案件审判工作会议纪要》规定，用毒品支付劳务报酬、偿还债务或者换取其他财产性利益的，以贩卖毒品罪定罪处罚。用毒品向他人换取毒品用于贩卖的，以贩卖毒品罪定罪处罚；双方以吸食为目的互换毒品，构成非法持有毒品罪等其他犯罪的，依法定罪处罚。

6. 吸毒者实施毒品犯罪的定罪问题

吸毒者因购买、存储毒品被查获，没有证据证明其有实施贩卖毒品等其他犯罪的故意，毒品数量达到《刑法》第348条规定的最低数量标准的，以非法持有毒品罪定罪处罚。吸毒者因运输毒品被查获，没有证据证明其有实施贩卖毒品等其他犯罪的故意，毒品数量达到上述最低数量标准的，一般以运输毒品罪定罪处罚。

7. 购毒者的行为定性问题

购毒者接收贩毒者通过物流寄递方式交付的毒品，没有证据证明其有实施贩卖毒品等其他犯罪的故意，毒品数量达到《刑法》第348条规定的最低数量标准的，一般以非法持有毒品罪定罪处罚。代收者明知物流寄递的是毒品而代购毒者接收，没有证据证明其与购毒者有实施贩卖毒品等其他犯罪的共同故意，毒品数量达到上述最低数量标准的，对代收者一般以非法持有毒品罪定罪处罚。

8. 代购者的行为定性问题

明知他人实施毒品犯罪而为其代购毒品，未从中牟利的，以相关毒品犯罪的共犯论处。

代购者加价或者变相加价从中牟利的，以贩卖毒品罪定罪处罚。代购者收取、私自截留部分购毒款、毒品，或者通过在交通、食宿等开销外收取"介绍费""劳务费"等方式从中牟利的，属于变相加价。代购者从托购者事先联系的贩毒者处，为托购者购买仅用于吸食的毒品，并收取、私自截留少量毒品供自己吸食的，一般不以贩卖毒品罪论处。

没有证据证明代购者明知他人实施毒品犯罪而为其代购毒品，代购者亦未从中牟利，代购毒品数量达到《刑法》第 348 条规定的最低数量标准，代购者因购买、存储毒品被查获的，以非法持有毒品罪定罪处罚；因运输毒品被查获的，一般以运输毒品罪定罪处罚。

对于辩称系代购毒品者，应当全面审查其所辩称的托购者、贩毒者身份、购毒目的、毒品价格及其实际获利等情况，综合判断其行为是否属于代购，并依照前述规定处理。向购毒者收取毒资并提供毒品，但购毒者无明确的托购意思表示，又没有其他证据证明存在代购行为的，一般以贩卖毒品罪定罪处罚。

三、包庇毒品犯罪分子罪与窝藏、转移、隐瞒毒品、毒赃罪

包庇毒品犯罪分子罪，是指明知是走私、贩卖、运输、制造毒品的犯罪分子，而向司法机关作虚假证明掩盖其罪行，以使其逃避法律制裁的行为。

窝藏、转移、隐瞒毒品、毒赃罪，是指明知是毒品或者毒品犯罪所得财物而为犯罪分子窝藏、转移、隐瞒的行为。

1. 包庇毒品犯罪分子罪只是针对走私、贩卖、运输、制造毒品的犯罪分子的包庇行为，对其他毒品犯罪的犯罪分子进行包庇的，应以包庇罪论处。

2. 事先与毒品犯罪分子通谋，事后包庇或窝藏毒赃等的，应以毒品犯罪的共同犯罪论处。

3. 缉毒人员或者其他国家机关工作人员掩护、包庇走私、贩卖、运输、制造毒品的犯罪分子的，从重处罚。

4. 利用金融工具、金融手段通过转账、结算、协助将毒赃汇往境外等方式掩饰、隐瞒毒品犯罪所得及收益的，构成洗钱罪，而不能定窝藏、转移、隐瞒毒品、毒赃罪。

四、非法提供麻醉药品、精神药品罪

第 355 条第 1 款 ［非法提供麻醉药品、精神药品罪］ 依法从事生产、运输、管理、使用国家管制的麻醉药品、精神药品的人员，违反国家规定，向吸食、注射毒品的人提供国家规定管制的能够使人形成瘾癖的麻醉药品、精神药品的，处 3 年以下有期徒刑或者拘役，并处罚金；情节严重的，处 3 年以上 7 年以下有期徒刑，并处罚金。向走私、贩卖毒品的犯罪分子或者以牟利为目的，向吸食、注射毒品的人提供国家规定管制的能够使人形成瘾癖的麻醉药品、精神药品的，依照本法第 347 条的规定定罪处罚。

第 355 条之一 ［妨害兴奋剂管理罪］ 引诱、教唆、欺骗运动员使用兴奋剂参加国内、国际重大体育竞赛，或者明知运动员参加上述竞赛而向其提供兴奋剂，情节严重的，处 3 年以下有期徒刑或者拘役，并处罚金。

组织、强迫运动员使用兴奋剂参加国内、国际重大体育竞赛的，依照前款的规定从重处罚。

本罪是指依法从事生产、运输、管理、使用国家规定管制的麻醉药品、精神药品的人

员，违反国家规定，向吸食、注射毒品的人提供国家管制的能够使人形成瘾癖的麻醉药品、精神药品的行为。

向走私、贩卖毒品的犯罪分子或者以牟利为目的，向吸食、注射毒品的人提供国家规定管制的能够使人形成瘾癖的麻醉药品、精神药品的，以贩卖毒品罪定罪处罚。

五、其他

本专题还有非法生产、买卖、运输制毒物品、走私制毒物品罪，非法种植毒品原植物罪，非法买卖、运输、携带、持有毒品原植物种子、幼苗罪，引诱、教唆、欺骗他人吸毒罪，强迫他人吸毒罪，容留他人吸毒罪。注意以下问题：

1. 在毒品犯罪中，除走私、贩卖、运输、制造毒品罪，非法生产、买卖、运输制毒物品、走私制毒物品罪，非法提供麻醉药品、精神药品罪外，其他犯罪都无单位犯罪。

2. 非法种植罂粟或者其他毒品原植物，在收获前自动铲除的，可以免除处罚。

3. 引诱、教唆、欺骗或者强迫未成年人吸食、注射毒品的，从重处罚。在食品中掺用罂粟壳的，应以欺骗他人吸毒罪处理。

4. 2016年4月6日最高人民法院《关于审理毒品犯罪案件适用法律若干问题的解释》第12条第2、3款规定："向他人贩卖毒品后又容留其吸食、注射毒品，或者容留他人吸食、注射毒品并向其贩卖毒品，符合前款规定的容留他人吸毒罪的定罪条件的，以贩卖毒品罪和容留他人吸毒罪数罪并罚。容留近亲属吸食、注射毒品，情节显著轻微危害不大的，不作为犯罪处理；需要追究刑事责任的，可以酌情从宽处罚。"

5. 《刑法修正案（十一）》还规定了两种妨害兴奋剂管理的犯罪行为：①引诱、教唆、欺骗运动员使用兴奋剂参加国内、国际重大体育竞赛，或者明知运动员参加上述竞赛而向其提供兴奋剂，情节严重的；②组织、强迫运动员使用兴奋剂参加国内、国际重大体育竞赛的。之前司法解释的相关条款仍然有效：在普通高等学校招生、公务员录用等法律规定的国家考试涉及的体育、体能测试等体育运动中，组织考生非法使用兴奋剂的，应当以组织考试作弊罪定罪处罚。[1]

专题82
────── 组织、强迫、引诱、容留、介绍卖淫罪 ──────

一、组织卖淫罪与强迫卖淫罪

（一）组织卖淫罪

本罪是指以招募、雇用、强迫、引诱、容留等手段，管理或控制多人从事卖淫活动的行为。

---

〔1〕 2019年11月18日最高人民法院《关于审理走私、非法经营、非法使用兴奋剂刑事案件适用法律若干问题的解释》第4条第1款。

1. 犯罪构成

（1）客观构成

本罪的行为是组织他人卖淫。《卖淫解释》第 1 条第 1 款规定："以招募、雇佣、纠集等手段，管理或者控制他人卖淫，卖淫人员在 3 人以上的，应当认定为刑法第 358 条规定的'组织他人卖淫'。"

组织卖淫可以有固定的卖淫场所，也可以没有固定的卖淫场所。例如，在网络上控制卖淫人员，向他人卖淫。

何谓"卖淫"，刑法和司法解释对此并无规定。一般认为，卖淫是指以营利为目的，与不特定人发生性行为，既包括异性之间的性交易，也包括同性之间的性交易。

（2）主体。本罪的主体必须是卖淫的组织者，可以是一人，也可是数人。

（3）主观方面。本罪是故意犯罪，虽然一般具有营利的目的，但这并非法定目的。

2. 罪数

组织他人卖淫，又引诱、容留、介绍被组织的人卖淫的，由于引诱、容留、介绍都视为组织行为的组成部分，因此，只构成本罪。如果这些行为是组织者以外的其他人实施的，仍应分别定罪，实行数罪并罚。

（二）强迫卖淫罪

本罪是指使用暴力、威胁、虐待等强制方法迫使他人卖淫的行为。

（三）罪数问题

1. 组织、强迫未成年人卖淫的，从重处罚。

2. 组织、强迫卖淫，并有杀害、伤害、强奸、绑架等犯罪行为的，依照数罪并罚的规定处罚。

根据《刑法修正案（九）》的规定，在组织、强迫卖淫过程中有强奸行为的，不再属于包容犯，而应以组织卖淫罪、强迫卖淫罪和强奸罪数罪并罚。同时，两罪的死刑条款被废除。

二、引诱、容留、介绍卖淫罪

本罪是指以金钱、物质等手段，诱使他人卖淫，或者为他人卖淫提供场所，或者为卖淫的人与嫖客牵线搭桥的行为。引诱，是指他人本无卖淫意图，而勾引、引诱使之从事卖淫。容留，是指允许他人在自己管理的场所卖淫或者为他人卖淫提供场所。介绍，是指在嫖客和卖淫者之间牵线搭桥，沟通撮合，使卖淫得以实现。嫖客向他人单纯的"介绍""推荐"卖淫场所或卖淫者，与卖淫场所或卖淫者并无直接联系的，不能认定为刑法中的介绍卖淫。

三、协助组织卖淫罪

按照《刑法修正案（八）》的修改，本罪是指为组织卖淫的人招募、运送人员或者有其他协助组织他人卖淫的行为。其他协助组织他人卖淫的行为，是指各种为他人组织卖淫的行为提供帮助、创造条件的行为，如为组织者充当保镖、管账人、打手等。

本罪属于非实行行为的实行化，已被独立成罪，不再另定组织卖淫罪的共犯。《卖淫解释》第4条第1款规定："明知他人实施组织卖淫犯罪活动而为其招募、运送人员或者充当保镖、打手、管账人等的，依照刑法第358条第4款的规定，以协助组织卖淫罪定罪处罚，不以组织卖淫罪的从犯论处。"

 小提醒

本罪是纯正的非实行行为的实行化喔。

日常生活意义上的帮助不能认定为协助。《卖淫解释》第4条第2款规定："在具有营业执照的会所、洗浴中心等经营场所担任保洁员、收银员、保安员等，从事一般服务性、劳务性工作，仅领取正常薪酬，且无前款所列协助组织卖淫行为的，不认定为协助组织卖淫罪。"

四、引诱幼女卖淫罪

本罪是指引诱不满14周岁的幼女卖淫的行为。既引诱幼女又引诱成年人卖淫的，应当以本罪和引诱卖淫罪实行数罪并罚。

五、传播性病罪

本罪是指明知自己患有梅毒、淋病等严重性病而卖淫、嫖娼的行为。如果不知自己有性病，则不构成本罪。本罪的明知包括推定性明知。具有下列情形之一的，可以推定为"明知"：①有证据证明曾到医院就医，被诊断为患有严重性病的；②根据本人的知识和经验，能够知道自己患有严重性病的；③通过其他方法能够证明被告人是"明知"的。

至于实际是否造成他人染上性病的结果，不影响本罪的成立。

本罪必须发生在卖淫、嫖娼过程中，行为人通过其他方式（如通奸等）将性病传播给他人的，不构成本罪，但有可能构成故意伤害罪。

根据《卖淫解释》第12条的规定，明知自己患有艾滋病或者感染艾滋病病毒而卖淫、嫖娼的，以传播性病罪定罪，从重处罚。但是，明知自己感染艾滋病病毒而卖淫、嫖娼，致使他人感染艾滋病病毒的，或者明知自己感染艾滋病病毒，故意不采取防范措施而与他人发生性关系，致使他人感染艾滋病病毒的，应认定为《刑法》第95条第3项"其他对于人身健康有重大伤害"所指的"重伤"，以故意伤害罪定罪处罚。

 小提醒

在卖淫、嫖娼过程中，传播艾滋病病毒，导致他人感染的，构成故意伤害罪；没有受害人感染的，构成本罪。在卖淫、嫖娼以外的活动中，传播艾滋病病毒，导致他人感染，也构成故意伤害罪。

六、本专题的特殊规定

1. 旅馆业、饮食服务业、文化娱乐业、出租汽车业等单位的人员，利用本单位的条件，组织、强迫、引诱、容留、介绍他人卖淫的，依照组织卖淫罪，强迫卖淫罪，协助组织卖淫罪，引诱、容留、介绍卖淫罪，引诱幼女卖淫罪定罪处罚。这些单位的主要负责人，犯这些罪的，从重处罚。需要注意的是，这并非单位犯罪的规定，仍是自然人犯罪的规定。

2. 旅馆业、饮食服务业、文化娱乐业、出租汽车业等单位的人员，在公安机关查处卖淫、嫖娼活动时，为违法犯罪分子通风报信，情节严重的，依照包庇罪的规定定罪处罚。

制作、贩卖、传播淫秽物品罪

一、制作、复制、出版、贩卖、传播淫秽物品牟利罪

本罪是指以牟利为目的，制作、复制、出版、贩卖、传播淫秽物品的行为。

（一）犯罪构成

1. 客观构成

根据《刑法》第 367 条的规定，淫秽物品，是指具体描绘性行为或者露骨宣扬色情的诲淫性的书刊、影片、录像带、录音带、图片及其他淫秽物品。有关人体生理、医学知识的科学著作不是淫秽物品。包含有色情内容的有艺术价值的文学、艺术作品不视为淫秽物品。

淫秽物品可以扩张解释为淫秽信息，因此，本罪的行为方式也包括利用互联网、移动通讯终端、聊天室、论坛、即时通信软件、电子邮件、声讯台等方式制作、复制、出版、贩卖、传播淫秽电子信息的行为。

以牟利为目的，利用网络云盘制作、复制、贩卖、传播淫秽电子信息的行为，也构成本罪。[1]

2. 主观罪责

本罪是故意犯罪，且必须以牟利为目的。

3. 主体

本罪的主体包括网站建立者、直接负责的管理者、电信业务经营者、互联网信息服务提供者。[2]

（二）共同犯罪

明知他人实施本罪，为其提供互联网接入、服务器托管、网络存储空间、通讯传输通

---

〔1〕 2017 年 11 月 22 日最高人民法院、最高人民检察院《关于利用网络云盘制作、复制、贩卖、传播淫秽电子信息牟利行为定罪量刑问题的批复》。

〔2〕 2010 年 2 月 2 日最高人民法院、最高人民检察院《关于办理利用互联网、移动通讯终端、声讯台制作、复制、出版、贩卖、传播淫秽电子信息刑事案件具体应用法律若干问题的解释（二）》第 4~6 条。

道、费用结算等帮助的，对直接负责的主管人员和其他直接责任人员，以共同犯罪论处。[1] 同时，行为人还可能构成帮助信息网络犯罪活动罪，应当从一重罪论处。

二、为他人提供书号出版淫秽书刊罪

本罪是指为他人提供书号，出版淫秽书刊的行为。

1. 本罪的主体是特殊主体，一般是新闻出版部门的管理人员或单位。

2. 本罪在主观方面是过失。行为人明知他人用于出版淫秽书刊而提供书号的，依《刑法》第363条第1款规定的出版淫秽物品牟利罪定罪处罚。

3. 根据最高人民法院《关于审理非法出版物刑事案件具体应用法律若干问题的解释》第9条第1、2款的规定，为他人提供书号、刊号，出版淫秽书刊的，或者为他人提供版号，出版淫秽音像制品的，应以《刑法》第363条第2款规定的为他人提供书号出版淫秽书刊罪定罪处罚。因此，本罪中的"书号"包括"刊号"和"版号"。

三、传播淫秽物品罪

本罪是指传播淫秽的书刊、影片、音像、图片或者其他淫秽物品，情节严重的行为。本罪不以牟利为目的，其行为方式也包括利用互联网、移动通讯终端、聊天室、论坛、即时通信软件、电子邮件、声讯台等方式制作、复制、出版、贩卖、传播淫秽电子信息的行为。

🔒 模拟展望

1. 许某为承揽某市场的卷帘门业务，先后4次向时任市监局局长的杨某行贿共计8万元。后检察院就杨某受贿一案向许某调查取证时，许某证实其送钱事实。但在法院公开开庭审理杨某受贿一案时，许某却对此事实全部否认。对于许某的行为，下列哪些说法是正确的？（多选）[2]

A. 构成伪证罪   B. 构成妨害作证罪

C. 构成行贿罪   D. 构成帮助毁灭证据罪

2. 甲参加聚众斗殴时持械致丁重伤，公安机关对甲进行立案。甲的表哥乙在当地公安机关做警察，刚好侦办此案，在工作中得知此事后通知甲逃走。甲逃走被抓获后，甲的父亲丙找到丁，给了丁100万元，让丁改变证言，向警察谎称是自己跌倒才致重伤的。关于甲、乙、丙、丁四人的行为，以下说法正确的是：（单选）[3]

A. 甲构成聚众斗殴罪   B. 乙构成窝藏、包庇罪

C. 丙构成伪证罪的教唆犯   D. 丁构成伪证罪

---

[1] 2004年9月3日最高人民法院、最高人民检察院《关于办理利用互联网、移动通讯终端、声讯台制作、复制、出版、贩卖、传播淫秽电子信息刑事案件具体应用法律若干问题的解释（一）》第7条。

[2] AC。根据《刑法》第389条第1款的规定，行贿罪，是指为谋取不正当利益，给予国家工作人员以财物的行为。许某为承揽某市场的卷帘门业务，给市监局局长行贿8万元的行为构成行贿罪。故C选项正确。根据《刑法》第305条的规定，伪证罪，是指在刑事诉讼中，证人、鉴定人、记录人、翻译人对与案件有重要关系的情节，故意作虚假证明、鉴定、记录、翻译，意图陷害他人或者隐匿罪证的行为。许某在法庭审判杨某受贿一案时，作为重要证人对于行贿的事实完全否认，构成伪证罪。故A项正确。

[3] D。甲的行为转化为故意伤害罪；乙的行为属于渎职犯罪，构成徇私枉法罪，而不构成窝藏、包庇罪；丙的行为是一种用金钱贿买证人的行为，构成妨害作证罪。所以，只有D项是正确的。

3. 林某利用单位的互联网对某市的公众信息网站进行攻击，删除了该网站几乎全部的用户数据，并将该网站的主页替换，致使该网站被迫关闭。经鉴定，该网站因此次受攻击而遭受的直接经济损失为人民币40万余元。对于林某的行为，应当如何处理？（单选）[1]

A. 应定故意毁坏财物罪

B. 应定破坏生产经营罪

C. 应定非法侵入计算机信息系统罪

D. 应定破坏计算机信息系统罪

 来道 不 考 的题目

　　哲学家奥古斯丁在地中海沿岸踱步沉思时，见到一个小男孩不断地用他的小手将海水掬起，然后捧到他在沙滩上挖好的小坑里。对此，奥古斯丁深感困惑，问小男孩到底在干什么。小男孩说他要将整个大海都装到那个小坑里！奥古斯丁大笑，小男孩却对奥古斯丁说，听说有一个叫作奥古斯丁的哲学家，想要把人类一切的奥秘都用自己伟大的头脑书写出来。听后，奥古斯丁非常羞愧。这个故事告诉我们：[2]

A. 人的理性无所不能

B. 人的理性虽然有限制，但应该学习小男孩愚公移山的精神，人有多大胆，学问就有多深

C. 人的理性是有限的，我们应该认识到任何人造的理论都是有缺陷的

D. 一个聪明的头脑足以撬动世界

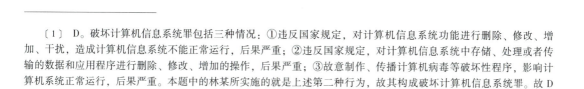

---

　　[1]　D。破坏计算机信息系统罪包括三种情况：①违反国家规定，对计算机信息系统功能进行删除、修改、增加、干扰，造成计算机信息系统不能正常运行，后果严重；②违反国家规定，对计算机信息系统中存储、处理或者传输的数据和应用程序进行删除、修改、增加的操作，后果严重；③故意制作、传播计算机病毒等破坏性程序，影响计算机系统正常运行，后果严重。本题中的林某所实施的就是上述第二种行为，故其构成破坏计算机信息系统罪。故 D 项当选。

　　[2]　我选 C，你选什么呢？

第 **19** 讲 ◀◀◀
贪污贿赂罪

应 试 指 导

复习提要

本讲讲授贪污贿赂罪，主要掌握国家工作人员的含义、贪污罪的认定、受贿罪的认定、挪用公款罪的认定、利用影响力受贿罪与受贿罪的区别。

知识框架

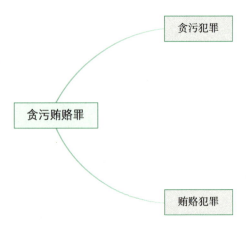

贪污贿赂罪是一类与公务活动有密切关系的犯罪，这类犯罪侵犯了公务活动的廉洁性，还危害了国有单位的正常活动。贪污贿赂罪包括贪污和贿赂两类犯罪。贪污贿赂罪都是故意犯罪，犯罪主体一般具有国家工作人员的身份，离退休的国家工作人员、特定关系人也可构成相应的贿赂犯罪，另外，少数犯罪可以由无国家工作人员身份的一般人构成，如行贿罪。

按照实质解释观，是否属于刑法中的国家工作人员应当看行为人在实质上是否从事公务，是否具备公务活动所赋予的职权。如果行为人具备这种职权，即便在形式上不具备国家工作人员的资格，在实质上也应解释为国家工作人员。

高频考点

19.1

**国家工作人员
的认定**

[例1] 村主任表面上不是国家工作人员，但其如果代行公务，也可解释为国家工作人员。

[例2] 国家机关非正式在编的人员，由于可行使公务，也属于国家工作人员。

从事公务，是指代表国家机关、国有公司、企业、事业单位、人民团体等履行组织、领导、监督、管理等职责。公务主要表现为与职权相联系的公共事务以及监督、管理国有财产的职务活动。例如，国家机关工作人员依法履行职责，国有公司的董事、经理、监事、会计、出纳人员等管理、监督国有财产等活动，属于从事公务。那些不具备职权内容的劳务活动、技术服务工作，如售货员、售票员等所从事的工作，一般不认为是公务。[1]具体而言，国家工作人员包括四类人：

1. 国家机关工作人员。国家机关工作人员，是指在国家机关中从事公务的人员，包括在各级国家权力机关、行政机关、司法机关和军事机关中从事公务的人员，也就是通常所谓的公务员。根据有关立法解释的规定，在依照法律、法规规定行使国家行政管理职权的组织中从事公务的人员，或者在受国家机关委托代表国家机关行使职权的组织中从事公务的人员，或者虽未列入国家机关人员编制但在国家机关中从事公务的人员，视为国家机关工作人员。在乡（镇）以上中国共产党机关、人民政协机关中从事公务的人员，司法实践中也应当视为国家机关工作人员。

2. 国有公司、企业、事业单位、人民团体中从事公务的人员。国有公司、企业，是指国家独资的公司、企业。国有资本控股或者参股的股份有限公司中从事管理工作的人员，不能一律认定为国家工作人员。

3. 国家机关、国有公司、企业、事业单位委派到非国有公司、企业、事业单位、社会团体从事公务的人员。

4. 其他依照法律从事公务的人员。《刑法》第93条第2款规定的"其他依照法律从事公务的人员"应当具有两个特征：①在特定条件下行使国家管理职能；②依照法律规定从事公务。其具体包括：①依法履行职责的各级人民代表大会代表；②依法履行审判职责的人民陪审员；③协助乡镇人民政府、街道办事处从事行政管理工作的村民委员会、居民委员会等农村和城市基层组织人员；④其他由法律授权从事公务的人员。

---

[1] 2003年11月13日《全国法院审理经济犯罪案件工作座谈会纪要》。

根据立法解释的规定，村民委员会等村基层组织人员协助人民政府从事下列行政管理工作，属于"其他依照法律从事公务的人员"：①救灾、抢险、防汛、优抚、扶贫、移民、救济款物的管理；②社会捐助公益事业款物的管理；③国有土地的经营和管理；④土地征收、征用补偿费用的管理；⑤代征、代缴税款；⑥有关计划生育、户籍、征兵工作；⑦协助人民政府从事的其他行政管理工作。[1]

—— 小 提 醒 ——

只要实质上拥有公共事务管理的权力，一律可以解释为国家工作人员。

❓ 想一想

公立小学老师借排座为名收受财物，数额较大，该当何罪？[2]

专题 84

贪污犯罪

一、贪污罪

第382条［贪污罪］ 国家工作人员利用职务上的便利，侵吞、窃取、骗取或者以其他手段非法占有公共财物的，是贪污罪。

受国家机关、国有公司、企业、事业单位、人民团体委托管理、经营国有财产的人员，利用职务上的便利，侵吞、窃取、骗取或者以其他手段非法占有国有财物的，以贪污论。

与前两款所列人员勾结，伙同贪污的，以共犯论处。

本罪是指国家工作人员利用职务上的便利，侵吞、窃取、骗取或者以其他手段非法占有公共财产的行为。

（一）犯罪构成

1. 法益

本罪的客体是职务行为的廉洁性以及公共财产的所有权。

贪污的对象是公共财产，包括：①国有财产；②劳动群众集体所有的财产；③用于扶贫和其他公益事业的社会捐助或者专项基金的财产。在国家机关、国有公司、企业、集体企业和人民团体管理、使用或者运输中的私人财产，以公共财产论。

2. 客观行为

本罪在客观上表现为利用职务便利，侵吞、窃取、骗取或者以其他手段非法占有公共财产。

---

〔1〕 2009年8月27日全国人民代表大会常务委员会《关于〈中华人民共和国刑法〉第九十三条第二款的解释》。

〔2〕 其利用的是技术性权利，故构成非国家工作人员受贿罪。

（1）利用职务便利。这是指利用职务权力与地位所形成的主管、管理、经营、经手公共财产的便利条件。行为人利用自己熟悉单位情况、获得某些消息的便利等，不属于利用职务上的便利。是否利用职务便利，应看行为人非法占有公共财产与职务是否有因果关系。如果存在这种因果关系，就可认定为利用职务便利。例如，某国有公司出纳甲意图非法占有本人保管的公共财产，但其不使用自己手中的钥匙和所知道的密码，而是使用铁棍将自己保管的保险柜打开并取走现金 3 万元。之后，甲伪造作案现场，声称失窃。在本案中，甲虽然表面上实施了窃取行为，但出纳对公司财产有占有控制的便利，因此，其职务行为与取得财物之间存在因果关系。故甲的行为构成贪污罪。

（2）行为方式有侵吞、窃取、骗取或其他方法。

❶侵吞，即利用职务便利将暂时由自己控制的财产据为自己或第三人所有。《刑法》第 394 条规定，国家工作人员在国内公务活动或者对外交往中接受礼物，依照国家规定应当交公而不交公，数额较大的，以贪污罪及其处罚规定定罪处罚。

❷窃取，即"监守自盗"。例如，国有银行的柜台营业员盗窃自己所经手的存款。

❸骗取，即采用诈骗方法非法占有公共财产。

❹其他手段，即上述三种方法以外的利用职务之便，非法占有公共财产的行为。

（3）本单位财产遭受损失。如果本单位没有遭受财产损失，那行为人就不构成贪污罪，但可能构成其他财产犯罪。例如，土地管理部门的工作人员乙，为某农民多报青苗数，使其从房地产开发商处多领取了 20 万元补偿款，自己分得了 10 万元。由于土地管理部门没有遭受财产损失，故乙的行为构成诈骗罪。财产损失也包括财产性利益[1]的损失，如可期待性利益的丧失。

3. 行为主体

本罪的主体是国家工作人员和受委托管理国有财产的人员。后者是指受国家机关、国有公司、企业、事业单位、人民团体委托管理、经营国有财产的人员，如因承包、租赁、临时聘用等管理、经营国有财产的人。

受委托管理国有财产的人员本来不属于国家工作人员，但由于法律的特别规定而成为贪污罪的主体，此为拟制规定，故此类主体不能成为受贿、挪用公款等犯罪的主体。

❓想一想

受委托管理国有财产的人员挪用公款的，构成何罪？[2]

4. 主观罪责

本罪是故意犯罪，而且必须具有非法占有公共财产的目的。如果由于工作失误而造成账目收支不平衡，则不能以本罪论处。非法占有的目的是本罪与挪用公款罪的主要区别所在。

---

〔1〕 参考最高人民法院指导案例第 11 号"杨延虎等贪污案"的裁判要点：①贪污罪中的"利用职务上的便利"，是指利用职务上主管、管理、经手公共财物的权力及方便条件，既包括利用本人职务上主管、管理公共财物的职务便利，也包括利用职务上有隶属关系的其他国家工作人员的职务便利；②土地使用权具有财产性利益，属于《刑法》第 382 条第 1 款规定中的"公共财物"，可以成为贪污的对象。

〔2〕 构成挪用资金罪。

💡小 提 醒

还记得什么叫作非法占有吗？它要有排除意思和利用意思。

❓想一想

用公款去送人、去行贿，构成贪污吗？[1]

（二）认定

1. 罪与非罪

《刑法修正案（九）》规定："贪污数额较大或者有其他较重情节的，处 3 年以下有期徒刑或者拘役，并处罚金。"因此，本罪不再是单纯的数额犯。

根据《贪污贿赂解释》第 1 条第 1、2 款的规定，贪污数额在 3 万元以上不满 20 万元的，应当认定为"数额较大"；贪污数额在 1 万元以上不满 3 万元，具有严重情形的，也构成犯罪。

2. 本罪既遂与未遂的认定

本罪是一种以非法占有为目的的财产性职务犯罪，应当以行为人是否实际控制财物作为区分本罪既遂与未遂的标准。对于行为人利用职务上的便利，实施了虚假平账等贪污行为，但公共财物尚未实际转移，或者尚未被行为人控制就被查获的，应当认定为贪污未遂。行为人控制公共财物后，是否将财物据为己有，不影响贪污既遂的认定。

3. 本罪与职务侵占罪的区别

两罪的关键区别是主体不同。本罪的主体是国家工作人员和受委托管理国有财产的人员，而职务侵占罪的主体是本罪主体以外的公司、企业或者其他单位人员。例如，根据《刑法》第 183 条的规定，保险公司的工作人员利用职务上的便利，故意编造未曾发生的保险事故进行虚假理赔，骗取保险金归自己所有的，以职务侵占罪定罪处罚。但国有保险公司工作人员和国有保险公司委派到非国有保险公司从事公务的人员利用职务上的便利，故意编造未曾发生的保险事故进行虚假理赔，骗取保险金归自己所有的，以贪污罪及其处罚规定论处。

4. 本罪与盗窃罪的区别

这里最复杂的是对国家工作人员从事盗窃的认定问题，这主要看行为人是利用了职务之便还是单纯利用工作方便。国家工作人员没有利用职务便利，仅仅是利用在单位工作、熟悉环境、了解情况、进出方便等与职务没有直接关系的便利条件而窃取财物的，只能以盗窃罪定罪。

（三）共同犯罪

1. 行为人与国家工作人员或受委托管理国有财产的人员勾结，伙同贪污的，以共犯论处。

2. 对于在公司、企业或者其他单位中，非国家工作人员与国家工作人员勾结，分别利

---

[1] 当然构成。这属于贪污罪和行贿罪的数罪。

用各自的职务便利, 共同将本单位财物非法占有的, 应当尽量区分主从犯, 按照主犯的犯罪性质定罪。

💡 **小提醒**

各共同犯罪人在共同犯罪中的地位、作用相当, 难以区分主从犯的, 可以按照想象竞合的原理, 以本罪定罪处罚。

---

3. 共同贪污犯罪中 "个人贪污数额" 的认定

个人贪污数额, 在共同贪污犯罪案件中应理解为个人所参与或者组织、指挥共同贪污的数额, 不能只按个人实际分得的赃款数额来认定。对共同贪污犯罪中的从犯, 应当按照其所参与的共同贪污的数额确定量刑幅度, 并依照《刑法》第 27 条第 2 款的规定, 从轻、减轻处罚或者免除处罚。

💡 **小提醒**

这是部分行为之整体责任喔。

(四) 处罚

第 383 条 [贪污罪的处罚规定]　对犯贪污罪的, 根据情节轻重, 分别依照下列规定处罚:

(一) 贪污数额较大或者有其他较重情节的, 处 3 年以下有期徒刑或者拘役, 并处罚金。

(二) 贪污数额巨大或者有其他严重情节的, 处 3 年以上 10 年以下有期徒刑, 并处罚金或者没收财产。

(三) 贪污数额特别巨大或者有其他特别严重情节的, 处 10 年以上有期徒刑或者无期徒刑, 并处罚金或者没收财产; 数额特别巨大, 并使国家和人民利益遭受特别重大损失的, 处无期徒刑或者死刑, 并处没收财产。

对多次贪污未经处理的, 按照累计贪污数额处罚。

犯第 1 款罪, 在提起公诉前如实供述自己罪行、真诚悔罪、积极退赃, 避免、减少损害结果的发生, 有第 1 项规定情形的, 可以从轻、减轻或者免除处罚; 有第 2 项、第 3 项规定情形的, 可以从轻处罚。

犯第 1 款罪, 有第 3 项规定情形被判处死刑缓期执行的, 人民法院根据犯罪情节等情况可以同时决定在其死刑缓期执行二年期满依法减为无期徒刑后, 终身监禁, 不得减刑、假释。

关于这个规定,《刑法修正案 (九)》的三处重要修改:

1. 修改了贪污 (受贿) 罪的定罪量刑标准, 取消了以往对贪污 (受贿) 罪定罪量刑的具体数额标准, 而采用了数额加情节的标准, 同时增加了罚金刑。

2. 进一步明确、严格了对贪污 (受贿) 罪从轻、减轻、免除处罚的条件: 适用从宽情节的核心是积极退赃。

3. 增加了终身监禁条款。对犯贪污 (受贿), 被判处死刑缓期执行的, 人民法院根据犯罪情节等情况可以同时决定在其死刑缓期执行二年期满依法减为无期徒刑后, 终身监禁, 不得减刑、假释。

关于这个终身监禁条款，要说明的是：终身监禁不是独立的刑种，它是对罪该处死的贪腐罪犯的一种不执行死刑的刑罚执行措施，是死刑的一种替代性措施。它不同于无期徒刑，因为无期徒刑符合条件是可以减刑和假释的，而它是不得减刑和假释的。

同时，并非所有被判处死缓的贪污（受贿）罪犯罪分子都要被"终身监禁"，是否被"终身监禁"应由人民法院根据犯罪情节等情况来决定。

并且，人民法院是在判处死缓的同时决定终身监禁，而不是在死缓执行二年期满以后减刑的"同时"。

另外，按照《刑事诉讼法》第265条第1、2款的规定，死缓犯是不得暂予监外执行的。被判处无期徒刑的犯罪分子，如果是怀孕或者正在哺乳自己婴儿的妇女，或者在减刑为有期徒刑后，患有严重疾病需要保外就医或者生活不能自理，适用暂予监外执行不致危害社会才可暂予监外执行。因此，对被终身监禁的罪犯，既不得减刑、假释，也不得暂予监外执行。

💡 **小提醒**

通俗地说，终身监禁的本质就是把牢底坐穿。另外，这个条款可以溯及既往喔。

二、挪用公款罪

高频考点

19.2

挪用公款罪的认定

第384条 [挪用公款罪] 国家工作人员利用职务上的便利，挪用公款归个人使用，进行非法活动的，或者挪用公款数额较大、进行营利活动的，或者挪用公款数额较大、超过3个月未还的，是挪用公款罪，处5年以下有期徒刑或者拘役；情节严重的，处5年以上有期徒刑。挪用公款数额巨大不退还的，处10年以上有期徒刑或者无期徒刑。

挪用用于救灾、抢险、防汛、优抚、扶贫、移民、救济款物归个人使用的，从重处罚。

本罪是指国家工作人员利用职务上的便利，挪用公款归个人使用，进行非法活动，或者挪用公款数额较大、进行营利活动，或者挪用公款数额较大、超过3个月未还的行为。

（一）犯罪构成

1. 主体

本罪的主体是国家工作人员，不包括受委托管理国有财产的人员。受委托管理国有财产的人员挪用公款的，不构成本罪，但可能构成挪用资金罪。

本罪是自然人犯罪，单位不能构成本罪。

单位挪用公款的，既不能对单位定本罪，也不能对自然人以本罪论处。规范性文件指出："经单位领导集体研究决定将公款给个人使用，或者单位负责人为了单位的利益，决定将公款给个人使用的，不以挪用公款罪定罪处罚。上述行为致使单位遭受重大损失，构成其他犯罪的，依照刑法的有关规定对责任人员定罪处罚。"[1] 如果单位挪用公款的责任

---

〔1〕 2003年11月13日《全国法院审理经济犯罪案件工作座谈会纪要》。

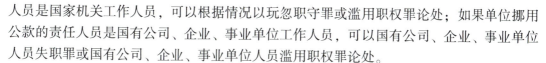

人员是国家机关工作人员，可以根据情况以玩忽职守罪或滥用职权罪论处；如果单位挪用公款的责任人员是国有公司、企业、事业单位工作人员，可以国有公司、企业、事业单位人员失职罪或国有公司、企业、事业单位人员滥用职权罪论处。

　　[例1]　国家机关工作人员甲，以个人名义将公款借给其原工作过的国有企业使用。

　　[例2]　某县市场监督管理局局长甲，以单位名义将公款借给某公司使用。

　　[例3]　某国有公司总经理甲，擅自决定以本公司名义将公款借给某国有事业单位使用，以安排其子在该单位就业。

　　只有例2不是挪用公款行为，不构成本罪；例1、例3都是追逐个人利益，故构成本罪。

💡 小提醒

　　挪用公款必须追求个人利益。根据举重以明轻的解释原理，挪用资金罪也应当做同样理解。

---

　　2. 客观行为

　　本罪客观表现为利用职务上的便利，挪用公款归个人使用的行为。公款不包括公物，但可以将国库券、金融凭证解释为公款。

　　根据立法解释的规定，[1] "归个人使用" 是指：

　　（1）将公款供本人、亲友或者其他自然人使用的。

　　（2）以个人名义将公款供其他单位使用的。在这种情况下，行为人实际上对公款进行了控制和支配，是利用单位的钱为自己做人情，使借钱的单位欠自己个人的人情，实质上属于行为人自己使用了公款。另外，不再区分借钱的单位的所有制性质，无论是将公款供国有单位还是非国有单位使用，都可成立本罪。

　　（3）个人决定以单位名义将公款供其他单位使用，谋取个人利益的。这包括行为人在职权范围内将公款借给其他单位，也包括行为人超越职权，擅自将公款借给其他单位。谋取的 "个人利益" 既包括物质利益，也包括非物质利益，既包括合法利益，也包括非法利益。这种情况表面上类似于单位之间的拆借，但实质上是行为人为谋私利，将公款作为自己谋取利益的工具，仍属公款私用。[2]

💡 小提醒

　　重要的事情再说一遍，总之，一句话，挪用公款必须追求个人利益。追求个人利益的效果，既包括行为人与使用人事先约定谋取个人利益而实际未获取的情况，也包括虽未事先约定但实际已获取了个人利益的情况。

---

　　[1]　2002年4月28日全国人民代表大会常务委员会《关于〈中华人民共和国刑法〉第三百八十四条第一款的解释》。

　　[2]　王尚新、王宁："全国人大常委会关于对《刑法》第294条第1款和第384条第1款立法解释的理解与适用"，载熊选国主编：《中国刑事审判指导案例》（第5卷），法律出版社2010年版，第214页。

本罪的行为方式有三种不同情况：

类　　型	目的要素	数额要素	时间要素
超期未还型	归个人使用	数额较大	超过 3 个月未还
营利活动型	营利活动	数额较大	无
非法活动型	非法活动	无（立法无，但司法解释有）	无

（1）超期未还型。这有三个要素：挪用公款归个人使用、数额较大、超过 3 个月未还。数额较大的起点是 5 万元。当然，挪用公款所生的利息不能计算在数额之内，但可作为非法所得予以追缴。

（2）营利活动型。这有两个要素：数额较大、进行营利活动。进行营利活动，是指进行法律法规允许的牟利活动，如开公司、炒股等。

（3）非法活动型。只要挪用公款进行非法活动（如贩毒、赌博等），就可构成本罪。从刑法的谦抑性出发，非法活动型挪用公款，虽然法律并没有数额限制，但在司法实践中，以 3 万元以上为追究刑事责任的起点。

这三类挪用可能发生竞合现象。

［例 1］甲挪用公款 10 万元从事营利活动，4 个月后归还。这既属于超期未还型挪用公款，也属于营利活动型挪用公款，可以从一重罪处理。

［例 2］甲挪用公款 2 万元从事非法活动，挪用公款 8 万元归个人使用，4 个月后归还。由于非法活动型挪用公款在司法实践中的入罪标准需要达到 3 万元，所以对甲可以直接以超期未还型（10 万元）挪用公款追究刑事责任。

3. 主观罪责

本罪是故意犯罪，且须具有非法使用公款的目的。

（二）认定

1. 挪用公款归还个人欠款的行为性质的认定

挪用公款归还个人欠款的，应当根据产生欠款的原因，分别认定属于挪用公款的何种情形。归还个人进行非法活动或者进行营利活动产生的欠款，应当认定为挪用公款进行非法活动或者进行营利活动。

2. 挪用公款后尚未投入实际使用的行为性质的认定

挪用公款后尚未投入实际使用的，只要同时具备"数额较大"和"超过 3 个月未还"的构成要件，应当认定为挪用公款罪，但可以酌情从轻处罚。

 小 提 醒

对公款挪而不用也是挪用。

3. 挪用公款转化为贪污的认定

本罪与贪污罪的主要区别在于行为人主观上是否具有非法占有公款的目的。挪用公款是否转化为贪污，应当按照主客观相一致的原则，具体判断和认定行为人主观上是否具有非法占有公款的目的。在司法实践中，具有以下情形之一的，可以认定行为人具有非法占有公款的目的：

（1）行为人"携带挪用的公款潜逃的"，对其携带挪用的公款部分，以贪污罪定罪处罚；

（2）行为人挪用公款后采取虚假发票平账、销毁有关账目等手段，使所挪用的公款已难以在单位财务账目上反映出来，且没有归还行为的，应当以贪污罪定罪处罚；

（3）行为人截取单位收入不入账，非法占有，使所占有的公款难以在单位财务账目上反映出来，且没有归还行为的，应当以贪污罪定罪处罚；

（4）有证据证明行为人有能力归还所挪用的公款而拒不归还，并隐瞒挪用的公款去向的，应当以贪污罪定罪处罚。

4. 与挪用特定款物罪的界限

挪用公款是挪作私用，而挪用特定款物是挪作公用，后者是结果犯。挪用特定款物罪的对象既包括款，又包括物，而本罪的对象只包括公款，不包括公物。但是有一个例外，根据《刑法》第 384 条第 2 款的规定，挪用特定款物（用于救灾、抢险、防汛、优抚、扶贫、移民、救济款物）归个人使用的，应以本罪从重处罚。

 小提醒

这既是注意规定（针对"款"），又是拟制规定（针对"物"）。

（三）罪数

1. 挪用公款进行非法活动构成其他犯罪的，依照数罪并罚的规定处罚。

2. 因挪用公款索取、收受贿赂构成犯罪的，依照数罪并罚的规定处罚。

（四）共同犯罪

挪用公款给他人使用，使用人与挪用人共谋，指使或者参与策划取得挪用款的，以本罪的共犯定罪处罚。

本罪的共犯与认识错误也是一个值得注意的问题。

[例 1] 甲以购房自住为由劝乙挪用公款，乙同意，但让甲在 3 个月内归还。甲实际并未购房，而是炒股，但在 3 个月内还了钱。乙主观上没有挪用公款进行营利活动的意图，也无超期未还的故意，故不构成本罪。

[例 2] 甲以炒股赚钱为由劝乙挪用公款，乙同意，挪用了大额钱款给甲。但甲实际从事贩毒。本案客观上是非法活动型的挪用，但乙主观上只有营利活动型的意图。非法活动型挪用在法益侵害上可以涵盖营利活动型挪用的法益侵害，故主客观在营利活动型的挪用公款范围内可以统一，则乙构成本罪，甲成立本罪的共同犯罪。

（五）追诉时效

挪用公款归个人使用，进行非法活动的，或者挪用公款数额较大、进行营利活动的，犯罪的追诉期限从挪用行为实施完毕之日起计算；挪用公款数额较大、超过 3 个月未还的，犯罪的追诉期限从本罪成立之日起计算。挪用公款行为有连续状态的，犯罪的追诉期限应当从最后一次挪用行为实施完毕之日或者犯罪成立之日起计算。

小提醒

连续犯的追诉时效从行为终了之日起计算。

三、私分国有资产罪

本罪是指国家机关、国有公司、企业、事业单位、人民团体，违反国家规定，以单位名义将国有资产集体私分给个人，数额较大的行为。

本罪是单位犯罪，但实施单罚制。

本罪与贪污罪的区别主要体现为：①主体不同。本罪是单位犯罪，必须是经单位集体研究决定，将财物分配给单位的所有成员或者多数人；贪污罪是自然人犯罪，因此，如果私自分给少数成员，应认定为共同贪污。②公开程度不同。私分一般采用公开的方式，而贪污一般采用秘密的方式。故私分一般会如实做账，而贪污不会做账，即便做账，也是做假账。

根据2010年11月26日最高人民法院、最高人民检察院《关于办理国家出资企业中职务犯罪案件具体应用法律若干问题的意见》的规定：

1. 国家工作人员或者受国家机关、国有公司、企业、事业单位、人民团体委托管理、经营国有财产的人员利用职务上的便利，在国家出资企业改制过程中故意通过低估资产、隐瞒债权、虚设债务、虚构产权交易等方式隐匿公司、企业财产，转为本人持有股份的改制后公司、企业所有，应当依法追究刑事责任的，依照《刑法》第382条、第383条的规定，以贪污罪定罪处罚。贪污数额一般应当以所隐匿财产全额计算；改制后公司、企业仍有国有股份的，按股份比例扣除归于国有的部分。

2. 国有公司、企业违反国家规定，在改制过程中隐匿公司、企业财产，转为职工集体持股的改制后公司、企业所有的，对其直接负责的主管人员和其他直接责任人员，依照《刑法》第396条第1款的规定，以本罪定罪处罚。

小提醒

企业改制时隐匿财产，领导独吞的，构成贪污罪；企业职工利益均沾的，构成本罪。

四、巨额财产来源不明罪

本罪是指国家工作人员的财产、支出明显超过合法收入，差额巨大，本人不能说明其合法来源的行为。本人不能说明来源的，差额部分以非法所得论。本罪采取举证责任倒置原则，国家工作人员负有说明财产来源的义务，但是公诉机关也有一定的证明责任，那就是必须证明行为人的财产、支出明显超过其合法收入。

《刑法》第395条第1款规定的"不能说明"，包括以下情况：①行为人拒不说明财产来源；②行为人无法说明财产的具体来源；③行为人所说的财产来源经司法机关查证并不属实；④行为人所说的财产来源因线索不具体等原因，司法机关无法查实，但能排除存在来源合法的可能性和合理性的。

本罪是一种补充性罪行，只有在没有证据证明行为人所拥有的巨额财产是其他犯罪所得时，才以本罪处罚。如果查明财产的来源是贪污、受贿所得，应当以贪污、受贿罪追究刑事责任。如果查明部分财产是贪污、受贿所得，部分财产来源不明且数额巨大，应当实行数罪并罚。

行为人因为拒不交待贪污、受贿行为而以本罪论处，在服刑期间查明其贪污、受贿事实的，属于刑罚执行期间发现漏罪，应当按照先并后减的原则实行数罪并罚。

《刑法修正案（七）》对本罪进行了修改，主要是提高了本罪的法定刑，最高法定刑提高到 10 年有期徒刑。

贿 赂 犯 罪

一、受贿罪

第 385 条 ［受贿罪］　国家工作人员利用职务上的便利，索取他人财物的，或者非法收受他人财物，为他人谋取利益的，是受贿罪。

国家工作人员在经济往来中，违反国家规定，收受各种名义的回扣、手续费，归个人所有的，以受贿论处。

第 388 条 ［斡旋受贿犯罪］　国家工作人员利用本人职权或者地位形成的便利条件，通过其他国家工作人员职务上的行为，为请托人谋取不正当利益，索取请托人财物或者收受请托人财物的，以受贿论处。

高频考点
19.3
贿赂犯罪的认定

本罪是指国家工作人员利用职务上的便利，索取他人财物，或者非法收受他人财物，为他人谋取利益的行为。

（一）犯罪构成

1. 法益

本罪的客体是职务行为的廉洁性。受贿的本质是权力寻租，以权力的作为或不作为获得财物对价，即权钱交易。只要存在职务行为与财物的对价关系，均可认定本罪成立。

本罪的行为对象是他人财物。贿赂犯罪中的"财物"，包括货币、物品和财产性利益。财产性利益，包括可以折算为货币的物质性利益，如房屋装修、债务免除等，以及需要支付货币的其他利益，如会员服务、旅游等。后者的犯罪数额，以实际支付或者应当支付的数额计算。总之，财物既包括有形的可用金钱计量的财物，也包括无形的可用金钱计量的物质性利益，如债权的设立、债务的免除等，但不包括提升职务、迁移户口、升学就业、提供女色等非物质性利益。

 小 提 醒

非物质性利益如果无法体现为财物对价关系，则不能成为贿赂犯罪的对象。

2. 客观行为

本罪在客观方面表现为利用职务上的便利索贿，或非法收受他人财物，为他人谋取利益的行为。

利用职务上的便利，既包括利用本人职务上主管、负责、承办某项公共事务的职权，也包括利用职务上有隶属、制约关系的其他国家工作人员的职权。担任单位领导职务的国家工作人员通过不属自己主管的下级部门的国家工作人员的职务为他人谋取利益的，应当认定为"利用职务上的便利"为他人谋取利益。

索取或收受贿赂，并不限于行为人将贿赂直接据为己有，还包括指使请托人向第三人提供贿赂的情形。例如，国家工作人员利用职务上的便利为请托人谋取利益，要求或者接受请托人以给特定关系人安排工作为名，使特定关系人不实际工作却获取所谓薪酬的，属于权钱交易，应以受贿论处；国家工作人员利用职务上的便利为请托人谋取利益，授意请托人将有关财物给予特定关系人的，也系权钱交易，应以受贿论处。

？想一想

丙为某税务局局长，刘某因企业漏税被查，找丙疏通关系，并交给丙2万元现金，被丙婉拒。两人寒暄一二，丙问刘某能否帮其安插情妇王女到企业工作，刘某答应。次日，刘某聘任并无会计资格的王女为企业财务副总监，但王女从未来上班，而刘某仍按月支付其万元工资。丙构成受贿罪吗？[1]

具体而言，本罪的行为方式表现如下：

（1）索贿

这是指利用职务便利，以明示或暗示的方式主动向他人索取财物的行为。索贿的，无需为他人谋取利益，就可构成本罪。

？想一想

官员刘某对求他在办公楼租售中"行方便"的吴某谎称，自己的外甥准备出国留学。吴某于是将20万元打入刘某指定的银行卡账户。刘某主动"骗贿"，该当何罪？[2]

（2）收受贿赂

这是指在行贿人主动行贿的情况下，非法收受他人财物的行为。成立此种受贿，必须要"为他人谋取利益"，这种利益可以是正当利益，也可以是不正当利益。

为他人谋取利益包括承诺、实施和实现三个阶段的行为。这三个阶段的行为都让行贿者感觉职务行为可以被收买，侵犯了职务行为的廉洁性。只要具有其中一个阶段的行为，就属于权钱交易。例如，国家工作人员收受他人财物时，根据他人提出的具体请托事项，承诺为他人谋取利益的，就具备了为他人谋取利益的要件。另外，承诺包括明示承诺和默示承诺。明知他人有具体请托事项而收受其财物的，构成一种默示承诺。

《贪污贿赂解释》第13条第1款规定："具有下列情形之一的，应当认定为'为他人谋取利益'，构成犯罪的，应当依照刑法关于受贿犯罪的规定定罪处罚：①实际或者承诺为

---

〔1〕 构成。这在实质上是一种财物对价关系。

〔2〕 利用职务之便的主动索贿。

他人谋取利益的；②明知他人有具体请托事项的；③履职时未被请托，但事后基于该履职事由收受他人财物的。"

（3）单纯受贿（经济受贿）

《刑法》第 385 条第 2 款规定："国家工作人员在经济往来中，违反国家规定，收受各种名义的回扣、手续费，归个人所有的，以受贿论处。"这是一种法律特别规定的受贿，无需为人谋利，但仅限于经济往来中。

但是，在非经济往来中，如果没有为他人谋利，单纯受贿，是不构成犯罪的。例如，某商人逢年过节给领导送钱，但从没有谋利请求。不过，《贪污贿赂解释》第 13 条第 2 款规定："国家工作人员索取、收受具有上下级关系的下属或者具有行政管理关系的被管理人员的财物价值 3 万元以上，可能影响职权行使的，视为承诺为他人谋取利益。"因此，收受财物价值 3 万元以上，只要双方有上下级关系或者具有行政管理关系，即便在客观上没有为人谋利或者没有为人谋利的意思表示，也可以推定为具有谋利的目的，从而构成本罪。

（4）斡旋受贿

这是《刑法》第 388 条规定的特殊受贿，即国家工作人员利用本人职权或者地位形成的便利条件，通过其他国家工作人员职务上的行为，为请托人谋取不正当利益，索取请托人财物或者收受请托人财物的，以受贿论处。

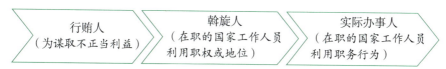

行贿人（为谋取不正当利益）　　斡旋人（在职的国家工作人员利用职权或地位）　　实际办事人（在职的国家工作人员利用职务行为）

构成斡旋受贿必须符合以下四个条件：

❶斡旋受贿的行为人必须是国家工作人员，不包括离退休人员，也不包括单位。例如，李四是离休老干部，某组织部长是其在位期间所提拔上来的干部。王五想谋取官职，遂给李四 100 万元，让其帮忙，李四遂让组织部长予以帮忙，王五后被提拔。李四的行为

不属于斡旋受贿。（离休老干部案）

❷利用本人**职权**或者地位形成的便利条件。这是指虽然行为人与被其利用的国家工作人员在职务上没有隶属、制约关系，但是行为人利用了本人职权或者地位产生的影响和一定的工作联系。例如，单位内不同部门的国家工作人员之间，上下级单位没有职务上隶属、制约关系的国家工作人员之间，有工作联系的不同单位的国家工作人员之间等。这是一种事实职权。如果所利用的是纯粹的同学、亲友关系，则并非利用职权之便，不属于斡旋受贿。例如，国家工作人员甲接受请托人财物，让千里之外担任公安局长的同学乙将被逮捕的犯罪嫌疑人放出。甲不构成斡旋受贿。（同学捞人案）

❸通过他人的职务行为。斡旋人利用的是职权或地位的便利，而实际办事人（被斡旋人）办事则是通过"职务行为"，也即法律职权。

［例1］孩子想上名校，找公安局长办事，这涉及事实职权（职权行为）。

［例2］朋友被抓，找公安局长捞人，这涉及法律职权（职务之便）。

💡 **小提醒**

斡旋人利用的是公职身份在事实上的影响力（事实职权），而实际办事人办事通过的却是法律上的权力（法律职权之职务之便）。因此，利用职务上有隶属、制约关系的其他国家工作人员的职权办事，或者担任单位领导职务的国家工作人员通过不属于自己主管的下级部门的国家工作人员的职务为他人谋取利益的，都是"利用职务上的便利"（法律职权）为他人谋取利益，属于《刑法》第385条第1款规定的普通受贿罪（可谋取正当利益，也可谋取不正当利益），而不是斡旋受贿型的受贿罪（仅限于谋取不正当利益）。

比较复杂的是连环斡旋，见下例：

［例］周某想私自非法获取土地征收款，欲找县国土局局长张某帮忙，遂送给县工商局局长李某10万元，托其找张某说情。李某与张某不熟，送5万元给县财政局局长胡某，让胡某找张某。胡某找到张某后，张某碍于情面，违心答应，但并未付诸行动。（2017/2/90 改编）

本案流程图如下：

本案中，一方面，李某收受周某的财物，构成斡旋受贿型受贿罪；周某则构成行贿罪。另一方面，李某给予胡某财物，构成对胡某的行贿罪；由于胡某并未通过职务办事，而是利用事实职权来找张某办事，所以胡某也属于斡旋受贿型受贿；张某则构成普通的受贿罪（收受贿赂）。

❹无论是索贿还是收受财物，都必须是为了谋取不正当利益。如果谋取的是正当利益，自然不属于斡旋受贿。

💡 小 提 醒

如果斡旋人利用了职务之便（法律职权），则属于普通的受贿罪，既可以谋取正当利益，又可以谋取不正当利益。

（5）事后受贿

根据《贪污贿赂解释》第 13 条第 1 款第 3 项的规定，履职时未被请托，但事后基于该履职事由收受他人财物的，也可以构成受贿。换言之，在职人员只要有权钱交易的事实，即便履行职务时没有收受贿赂的想法，办事之后基于该履职行为收受贿赂的，一律以本罪论处。但是，这里有一个例外，那就是离退休人员离退休之后收受财物，必须要在在职期间有事后受贿的约定。根据 2007 年司法解释的规定，国家工作人员在离退休之前与请托人约定，在离退休后收受财物，并在离职后收受的，由于这也属于一种公职行为的被收买，故构成受贿。国家工作人员利用职务上的便利为请托人谋取利益，离职前后连续收受请托人财物的，离职前后收受部分均应计入受贿数额。[1] 这个司法解释仍然有效。实际上，由于必须证明约定的存在，导致此类受贿很难打击。

💡 小 提 醒

在职人员事后受贿构成犯罪，而离退休人员事后受贿构成犯罪的前提是必须在在职期间有约定。

---

3. 主观罪责

本罪是故意犯罪，行为人必须存在权钱交易的主观认识，即认识到自己在利用职务上的便利索取他人财物或者收受他人财物，为他人谋取利益。

本罪是目的犯。索取财物不需要为人谋取利益；但收受财物构成的受贿罪必须存在为他人谋取利益的目的，该目的并不一定要实际兑现，只要行为人主观上具有该目的就具备本罪的主观要件。例如，收受财物，承诺为他人谋取利益的，即使最后未能实现他人所求，也可成立受贿罪。

（二）认定

1. 本罪的既未遂标准

本罪的既遂以收取财物为标准。无论财物是否被处分，也无论是否为他人谋利，只要行为人或行为人所指示的第三人收取财物，就成立犯罪既遂。对于收受银行卡的案件，一般认为，只要收受银行卡就构成既遂，即便没有使用。收受数额为银行卡内的全部数额。

2. 本罪与诈骗罪的区别

国家工作人员以为他人谋利为名获取财物，只要请托人所托办之事在其职权范围内，

---

〔1〕 2007 年 7 月 8 日最高人民法院、最高人民检察院《关于办理受贿刑事案件适用法律若干问题的意见》第 10 条。

即便其根本不想为请托人办事，也构成本罪，而不得以诈骗罪论处。仅当行为人知道自己根本无法办成托办之事，但仍然收受财物时，才可以诈骗罪论处。

3. 本罪与敲诈勒索罪的区别

国家工作人员利用职务上的便利，趁他人有求于己时，用要挟等手段勒索财物，是索贿行为，定本罪。国家工作人员以威胁的方法勒索财物，没有利用职务上的便利的，应定敲诈勒索罪。

4. 本罪与非国家工作人员受贿罪的区别

两者区别的关键是看主体的身份。本罪由国家工作人员构成，而非国家工作人员受贿罪由非国家工作人员构成。但是，关于身份的认定，应当采取实质说，而非形式说。具体而言，关键要看行为人是否从事公务，如果没有从事公务，即便行为人在形式上具备国家工作人员的身份，也不能论之以本罪。

5. 受贿与贪污的区别

（1）单纯受贿罪与贪污罪的区别

单纯受贿，即《刑法》第385条第2款规定的国家工作人员在经济往来中，违反国家规定，收受各种名义的回扣、手续费，归个人所有的行为。

回扣、手续费本是给予单位，但被国家工作人员据为己有的，构成贪污罪。

［例1］ 国有公司工作人员甲经单位同意以明显高于市场的价格向自己的亲友乙经营管理的单位采购商品，但事前约定货款中的一部分必须返还给国有公司作小金库收入。如甲将返还款非法占为己有，则构成贪污罪。

［例2］ 行为人利用职务之便，在事先得到对方答应给单位回扣的情况下才用单位公款付给对方某项赞助费，对方在收到财物之后依约送给行为人回扣。行为人构成贪污罪。

（2）单纯受贿与收受礼物型的贪污的区别

收受礼物型贪污，即《刑法》第394条规定的国家工作人员在国内公务活动或者对外交往中接受礼物，依照国家规定应当交公而不交公，数额较大的行为。

单纯受贿仅限于经济往来中，所收取的回扣或手续费在本质上属于他人财物而非行为人所在单位的财物，故非公共财物。而收受礼物型贪污限于国内公务活动或对外交往中，在此活动中所收受的礼物，按照相关规定，应当归国家所有，故属于公共财物。

（3）普通的受贿与贪污的区别

一般说来，贪污必须是本单位遭受了财物损失，而受贿则是权钱交易。但是两者有时也很难区别。例如，企业为某个项目向政府部门申请50万元项目补贴时，该政府部门领导要求该企业申请100万元补贴，然后将50万元给自己。100万元补贴到位后，该企业将其中的50万元交给该政府部门领导。该政府部门领导构成贪污罪。又如，某年的一道主观题：国有化工厂车间主任甲与副厂长乙（均为国家工作人员）共谋，在车间的某贵重零件仍能使用时，利用职务之便，制造该零件报废、需向五金厂（非国有企业）购买（该零件价值26万元）的假象，以便非法占有货款。甲将实情告知五金厂负责人丙，嘱咐丙接到订单后，只向化工厂寄出供货单、发票而不需要实际供货，等五金厂收到化工厂的货款后，丙再将26万元货款汇至乙的个人账户。丙为使五金厂能长期向化工厂供货，便提前将五金厂的 26 万元现金汇至乙的个人账户。乙随即让事后知情的妻子丁去银行取出 26 万元现金，并让丁将其中的 13 万元送给甲。3 天后，化工厂会计准备按照乙的指示将 26 万元汇给五金厂时，因被人举报而未能汇出。在本案中，甲、乙试图损公肥私，意图让化工厂遭受财物损失，这并非权钱交易，行贿方预支的钱会被补上，所以成立贪污罪。但是，由于化工厂的钱没有实际汇出，所以成立贪污罪的未遂。

6. 关于收受财物后退还或者上交问题

国家工作人员收受请托人财物后及时退还或者上交的，不是受贿。国家工作人员受贿后，因自身或者与其受贿有关联的人、事被查处，为掩饰犯罪而退还或者上交的，不影响认定受贿罪。

 小提醒

要遵循主客观相统一原则，只有基于受贿的意思收钱才构成受贿罪。如果碍于情面收受财物，事后马上上交，不构成犯罪。

7. 将赃款赃物用于公共、公益事业的，不影响本罪的成立。

《贪污贿赂解释》第 16 条第 1 款规定："国家工作人员出于贪污、受贿的故意，非法占有公共财物、收受他人财物之后，将赃款赃物用于单位公务支出或者社会捐赠的，不影响贪污罪、受贿罪的认定，但量刑时可以酌情考虑。"

（三）罪数与共同犯罪

1. 因为受贿而构成其他犯罪的，如挪用公款罪、渎职罪，一般都应实行数罪并罚，除非法律有特别规定。例如，行为人通过伪造国家机关公文、证件担任国家工作人员职务以后，又利用职务上的便利实施侵占本单位财物、收受贿赂、挪用本单位资金等行为，构成犯罪的，应当分别以伪造国家机关公文、证件罪和相应的贪污罪、受贿罪、挪用公款罪等追究刑事责任，实行数罪并罚。

这里的例外就是《刑法》第 399 条第 4 款的规定：司法工作人员收受贿赂，犯徇私枉法罪或民事、行政枉法裁判罪，执行判决、裁定失职罪，执行判决、裁定滥用职权罪，同时又构成本罪的，依照处罚较重的规定定罪处罚。

《贪污贿赂解释》第 17 条也重申，国家工作人员利用职务上的便利，收受他人财物，为他人谋取利益，同时构成本罪和刑法分则第三章第三节、第九章规定的渎职犯罪的，除刑法另有规定外，以本罪和渎职犯罪数罪并罚。

2. 根据刑法关于共同犯罪的规定，非国家工作人员与国家工作人员勾结，伙同受贿的，应当以本罪的共犯追究刑事责任。非国家工作人员是否构成本罪的共犯，取决于双方有无共同受贿的故意和行为。

《贪污贿赂解释》第 16 条第 2 款规定："特定关系人索取、收受他人财物，国家工作人员知道后未退还或者上交的，应当认定国家工作人员具有受贿故意。""特定关系人"，是指与国家工作人员有近亲属、情妇（夫）以及其他共同利益关系的人。例如，妻子打着官员丈夫的名义收钱，丈夫知道后无动于衷的，丈夫和妻子成立本罪的共同犯罪。

（四）处罚

本罪的处罚和贪污罪相同。索贿的，从重处罚。

二、行贿罪

第389条［行贿罪］ 为谋取不正当利益，给予国家工作人员以财物的，是行贿罪。

在经济往来中，违反国家规定，给予国家工作人员以财物，数额较大的，或者违反国家规定，给予国家工作人员以各种名义的回扣、手续费的，以行贿论处。

因被勒索给予国家工作人员以财物，没有获得不正当利益的，不是行贿。

本罪是指为谋取不正当利益，给予国家工作人员以财物的行为。

（一）犯罪构成

1. 客观构成

行贿对象是国家工作人员。如果是非国有公司、企业或者其他单位的人员，则构成对非国家工作人员行贿罪。

2. 主体

本罪的主体是自然人。如果是单位，则构成单位行贿罪。

3. 主观罪责

本罪是故意犯罪，且须具有谋取不正当利益的目的。谋取不正当利益包括两种情况：①利益本身不正当（实体不正当），即行贿人谋取违反法律、法规、规章或者政策规定的利益；②谋取利益的手段不正当（程序不正当），即要求对方违反法律、法规、规章、政策、行业规范的规定提供帮助或者方便条件。在招标投标、政府采购等商业活动中，违背公平原则，给予相关人员财物以谋取竞争优势的，属于"谋取不正当利益"。[1] 总之，只要在法律中有操作空间，请求国家工作人员予以方便，都属于"谋取不正当利益"；如果在法律中没有任何操作空间，则不属于"谋取不正当利益"。

［例1］ 甲向某国有公司负责人米某送2万元，希望能承包该公司正在发包的一项建筑工程。

［例2］ 乙向某高校招生人员刘某送2万元，希望刘某在招生时对其已经进入该高校投档线的女儿优先录取。

［例3］ 丙向某医院药剂科科长程某送2万元，希望程某在质量、价格相同的条件下优先采购自己所在单位生产的药品。

［例4］ 丁向某法院国家赔偿委员会委员高某送2万元，希望高某按照《国家赔偿法》的规定处理自己的赔偿申请。

除例4外，其他行为人均构成行贿罪。

（二）认定

1. 免责事由

因被勒索给予国家工作人员以财物，没有获得不正当利益的，不是行贿。

---

〔1〕 2008年11月20日最高人民法院、最高人民检察院《关于办理商业贿赂刑事案件适用法律若干问题的意见》第9条第2款。

想一想

这是注意规定，还是拟制规定？[1]

2. 特殊行贿

在经济往来中，违反国家规定，给予国家工作人员或者其他从事公务的人员以回扣、手续费的，以行贿罪论处。

3. 从宽条款

《刑法修正案（九）》对本罪增加了罚金刑。同时，其对本罪的从宽处罚情节规定了严格的标准："行贿人在被追诉前主动交待行贿行为的，可以从轻或者减轻处罚。其中，犯罪较轻的，对侦破重大案件起关键作用的，或者有重大立功表现的，可以减轻或者免除处罚。"由于刑法分则对本罪的自首和立功情况已经独立规定处理办法，故不再适用刑法总则有关自首和立功的规定。

行贿人揭发受贿人与其行贿无关的其他犯罪行为，查证属实的，依照《刑法》第 68 条关于立功的规定，可以从轻、减轻或者免除处罚。

4. 罪数

因行贿而进行违法活动构成其他犯罪的，如因行贿而进行走私等违法犯罪活动，应分别定罪，实行数罪并罚。

三、利用影响力受贿罪

第 388 条之一 ［利用影响力受贿罪］ 国家工作人员的近亲属或者其他与该国家工作人员关系密切的人，通过该国家工作人员职务上的行为，或者利用该国家工作人员职权或者地位形成的便利条件，通过其他国家工作人员职务上的行为，为请托人谋取不正当利益，索取请托人财物或者收受请托人财物，数额较大或者有其他较重情节的，处 3 年以下有期徒刑或者拘役，并处罚金；数额巨大或者有其他严重情节的，处 3 年以上 7 年以下有期徒刑，并处罚金；数额特别巨大或者有其他特别严重情节的，处 7 年以上有期徒刑，并处罚金或者没收财产。

离职的国家工作人员或者其近亲属以及其他与其关系密切的人，利用该离职的国家工作人员原职权或者地位形成的便利条件实施前款行为的，依照前款的规定定罪处罚。

本罪是针对受贿罪的一种堵截性罪名，即在行为人无法构成受贿罪共犯的情况下，可以本罪论处。

1. 本罪的主体包括国家工作人员的近亲属或者其他与该国家工作人员关系密切的人、离职的国家工作人员或者其近亲属以及其他与其关系密切的人，不局限于国家工作人员。

2. 影响力交易犯罪是行为人在国家工作人员不知情的情况下实施的犯罪行为。非国家工作人员与国家工作人员勾结，伙同受贿的，应当以受贿罪的共犯追究刑事责任。

3. 关系密切的人可以作扩张解释，它可以包括各种对国家工作人员有影响力的人，如保姆、秘书、情妇等。

---

［1］ 针对普通行贿是注意规定，针对特殊行贿则是拟制规定。

4. 与受贿罪共犯的区别

一般的受贿都存在权钱交易，行为人在主观上有权钱交易的认识，在客观上有权钱交易的事实。本罪虽然客观上也存在权钱交易，他人利用国家工作人员的权力进行获利，但国家工作人员本人缺乏对这种权钱交易的主观认识。如果国家工作人员明知他人利用自己的权力谋利，仍然提供便利，那应以受贿罪的共犯论处。

本罪是受贿罪的兜底罪。他人利用国家工作人员的职权，谋取不正当利益，收受请托人财物，如果国家工作人员同谋，则成立受贿罪的共犯；如果没有证据证明国家工作人员同谋，则可以本罪兜底。

《贪污贿赂解释》第16条第2款规定，特定关系人索取、收受他人财物，国家工作人员知道后未退还或者上交的，应当认定国家工作人员具有受贿故意。根据司法解释的规定，"特定关系人"，是指与国家工作人员有近亲属、情妇（夫）以及其他共同利益关系的人。[1] 因此，特定关系人收受财物的，国家工作人员知情后只要不退还，一律以受贿罪论处。例如，一个人为谋取不正当利益给领导妻子送了10万元，妻子收了后向领导说及此事，领导让妻子把钱退回，妻子说这钱咱家已经花了，领导遂无可奈何。在此情况下，领导和妻子成立受贿罪的共同犯罪（妻子还触犯本罪）。但若领导让妻子退还，妻子骗领导说已退，领导信以为真，妻子单独构成本罪。又如，甲欲对国家工作人员刘某行贿，苦于不认识刘某，于是找到刘某的妻子乙（非国家工作人员）。甲谎称与刘某协商好了，让乙把20万元转交刘某。乙把这笔钱交给刘某时，被刘某一顿批评并让其退回。乙并未退回，而是私下购买奢侈品花掉了。乙主观上想帮助刘某受贿，具备受贿的帮助故意，但由于刘某不构成受贿罪，所以乙也不可能构成受贿罪的帮助犯。同时，乙主观上也没有利用影响力受贿的故意，所以乙既不构成受贿罪，又不构成本罪，但是甲可能构成行贿罪的未遂。

试举若干例，来区分受贿罪（含斡旋受贿）和本罪：

[例1] 国家工作人员甲接受请托人丁财物，让千里之外担任公安局长的同学乙将被逮捕的犯罪嫌疑人放出。（同学捞人案）

[例2] 甲是离休老干部，某组织部长乙是其在位期间所提拔上来的干部。丁想谋取官职，送给甲100万元，让其帮忙。甲遂让乙予以帮忙，丁后被提拔。（离休老干部案）

[例3] 张三承包某公立学校工程，工程按质按量完工后，学校一直拖欠工程款。张三遂送给甲（公安局局长）5万元，请求甲帮忙。甲于是让校长乙帮忙解决，乙遂将工程款付给张三。（请公安局局长索要工程款案）

[例4] 张三承包某公立学校工程，工程按质按量完工后，学校一直拖欠工程款。张三遂送给甲（教育局局长）5万元，请求甲帮忙。甲于是让校长乙帮忙解决，乙遂将工程款付给张三。（请教育局局长索要工程款案）

[例5] 刘某是教育局局长甲的情人，宋某给刘某20万元，希望刘某可以帮助自己的孩子上名校。刘某向甲提及此事，甲遂帮助宋某的孩子解决了上学问题。（情妇收钱案）

---

[1] 2007年7月8日最高人民法院、最高人民检察院《关于办理受贿刑事案件适用法律若干问题的意见》第11条。

在例 1 中，由于甲没有利用本人职权或者地位形成的便利条件，故不能构成斡旋受贿型受贿罪。

在例 2 中，离休老干部非在职国家工作人员，故也不能构成斡旋受贿型受贿罪。

同时，在例 1、2 中，如果甲收钱后独吞，甲构成本罪，丁构成对有影响力的人行贿罪。但如果甲将一部分钱款给乙，则甲既构成本罪，又构成行贿罪，应当数罪并罚；同时，乙也构成受贿罪。

在例 3 中，由于张三所谋取的是正当利益，故张三不构成行贿罪；甲利用的是事实职权，而非职务之便，所以不构成犯罪。

在例 4 中，由于张三所谋取的是正当利益，故张三不构成行贿罪；甲利用的是对下属有制约关系的职务之便，所以构成普通的受贿罪。

在例 5 中，刘某属于甲的特定关系人，如果无法证明甲知道刘某收受财物，刘某构成本罪；如果可以证明甲知情，但未要求刘某退还财物，甲和刘某成立受贿罪的共同犯罪（刘某还触犯本罪）。宋某如果对局长知情持放任态度，则既构成对有影响力的人行贿罪，又构成行贿罪，从一重罪论处；宋某如果不可能知道局长会知情，则只构成对有影响力的人行贿罪。

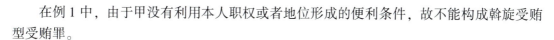

小提醒

事实职权包括公职身份的影响力和公职身份以外的影响力，前者如"名校案"中公安局局长找教育局局长解决某人上学问题，后者如"同学捞人案"中甲利用同学关系（非公职身份）让乙办事。如果利用公职身份的影响力，谋取不正当利益，则可能构成斡旋受贿；但如果利用非公职身份的影响力，谋取不正当利益，则可能构成本罪。如果利用人是被利用人的特定关系人，被利用人只要知情，又未要求退还财物，就视为同谋，双方应以受贿罪共同犯罪论处（无论谋取的是正当利益还是不正当利益）。

5. 对有影响力的人行贿罪

本罪是《刑法修正案（九）》增加的罪名，将利用影响力受贿罪的对向犯规定为犯罪。

本罪是指为谋取不正当利益，向国家工作人员的近亲属或者其他与该国家工作人员关系密切的人，或者向离职的国家工作人员或者其近亲属以及其他与其关系密切的人行贿的行为。

单位也可构成本罪。

四、其他贿赂犯罪

根据主体和对象的不同，贿赂犯罪还有单位受贿罪、对单位行贿罪、单位行贿罪、介绍贿赂罪。

1. 单位受贿罪，是指国家机关、国有公司、企业、事业单位、人民团体，索取、非法收受他人财物，为他人谋取利益，情节严重的行为。上述主体在经济往来中，在账外暗中收受各种名义的回扣、手续费的，以单位受贿罪论。单位斡旋受贿的，不成立单位受贿罪。

单位受贿罪的对向犯是对单位行贿罪。对单位行贿罪，是指自然人或单位为谋取不正当利益，给予国家机关、国有公司、企业、事业单位、人民团体以财物，或者在经济往来中，违反国家规定，给予各种名义的回扣、手续费的行为。

2. 单位行贿罪，是指单位（国有和非国有单位）为谋取不正当利益而行贿，或者违反国家规定，给予国家工作人员以回扣、手续费，情节严重的行为。其对向犯是受贿罪。换言之，受贿罪有两个对向犯：如果行贿人是自然人，构成行贿罪；如果行贿人是单位，构成单位行贿罪。

3. 介绍贿赂罪，是指向国家工作人员介绍贿赂，情节严重的行为。这里需要注意的是，由于介绍贿赂的刑罚很低，因此，介绍人只有在单纯穿针引线时才构成本罪；如果非国家工作人员对国家工作人员获得财物起到了实质的帮助作用，如帮助收受财物或转交财物，无论介绍人是否收受财物，都应以受贿罪的共犯论处。

介绍贿赂人在被追诉前主动交待介绍贿赂行为的，可以减轻处罚或者免除处罚。

🏛 模拟展望

1. 2001 年 1 月，周某因自己所办的木板厂急需用钱，遂通过尤某从其单位小金库中借出 3 万元现金，并打了一张欠条给尤某入账。2001 年 10 月，上级检查组到尤某单位检查工作，周某找尤某商量对策，尤某把欠条交与周某，周某当场撕毁。尤某后用支出单据将小金库的账冲平，周某也未再归还。关于本案，下列哪些说法是正确的？（多选）[1]

   A. 尤某构成挪用公款罪　　　　　　B. 尤某构成贪污罪
   C. 周某构成挪用公款罪　　　　　　D. 周某构成贪污罪

2. 某建筑公司（不具有建设隧道的资质）老板张某找到同学王某，请求王某向其父（某城建局长）说说情，把隧道工程发包给自己，并给了王某价值 50 万元的去韩国整容的贵宾卡及往返机票。王某向父亲说了此事，其父将工程发包给了张某。关于本案，下列哪一说法是正确的？（单选）[2]

   A. 如果王某的父亲对王某收受财物不知情，王某的行为构成受贿罪
   B. 不管王某的父亲对王某收受财物是否知情，王某的行为都构成受贿罪
   C. 如果王某的父亲对王某收受财物知情，王某的行为构成利用影响力受贿罪
   D. 不管王某的父亲对王某收受财物是否知情，张某给予王某财物的行为都构成犯罪

3. 关于贿赂犯罪，下列说法不正确的是：（单选）[3]

---

〔1〕 BD。行为人挪用公款后采取虚假发票平账、销毁有关账目等手段，使所挪用的公款已难以在单位财务账目上反映出来，且没有归还行为的，应当以贪污罪定罪处罚。尤某用支出单据将账冲平，其行为已经构成贪污罪，周某则构成贪污罪的共同犯罪。故 BD 项正确。

〔2〕 D。如果王某的父亲对王某收受财物不知情，王某的行为构成利用影响力受贿罪；如果王某的父亲知情，王某的行为则构成受贿罪。所以 ABC 项都错误。如果王某的父亲知情，王某与父亲成立受贿罪的共同犯罪，故张某构成行贿罪；如果王某的父亲不知情，王某构成利用影响力受贿罪，故张某构成对有影响力的人行贿罪。所以 D 项正确。

〔3〕 A。A 项错误，当选，监狱构成单位受贿罪，张某构成对单位行贿罪。B 项正确，不当选，如果甲对收钱之事不知情，甲构成利用影响力受贿罪。C 项正确，不当选，乙并不知道甲的权钱交易事实，故不成立受贿罪的共同犯罪。D 项正确，不当选，这属于事后受贿。根据司法解释的规定，履职时未被请托，但事后基于该履职事由收受他人财物的，属于为他人谋取利益，成立受贿罪。

A. 甲为某监狱领导，监狱暖气设备供暖不足，但由于经费紧张，无钱大修。后服刑人员张某托人找到甲，希望帮助监狱无偿改进暖气设备，甲表示同意。张某于是出资 30 万元帮监狱改造供暖设备。后该监狱决定以重大立功为由为张某向法院申请减刑。甲的行为不构成受贿罪，张某的行为构成行贿罪

B. 甲系某税务局局长之子，甲让其父对其朋友公司的逃税行为置之不理，作为答谢，朋友赠甲一辆价值 12 万元的轿车。甲的行为可能构成利用影响力受贿罪

C. 丙为了使儿子能够在高考中被优先录取，遂找到高招办主任甲，向甲说明来意后，即向甲掏出价值 5 万元的翡翠。甲同意在提档时给予关照，但让丙把翡翠交给乙。丙以祝贺生日为由，将翡翠送给了乙，乙欣然接受，但乙并不知道丙所提供的财物与甲的职务行为有关联。乙的行为不构成受贿罪

D. 林某在任市长期间，曾帮助李四解决了工作。因为李四业务突出，林某爱惜人才，故并无收钱办事之意。2 年后，林某调离原岗位，李四前来看望，送其 5 万元，声称此款是对当时解决工作一事的感谢，林某没有拒绝。林某的行为构成受贿罪

第**20**讲 ◀◀◀
渎职罪和其他

■ **复习提要**

本讲讲授渎职罪，主要掌握渎职罪与受贿罪的关系、徇私枉法罪的认定、滥用职权罪与玩忽职守罪的区分。

■ **知识框架**

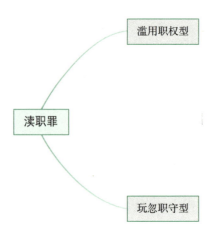

除故意泄露国家秘密罪、过失泄露国家秘密罪可由非国家机关工作人员构成外，其余渎职犯罪的主体都必须是国家机关工作人员。国家机关工作人员包括在各级国家权力机关、行政机关、司法机关、监察机关和军事机关中从事公务的人员。

［例 1］ 未被公安机关正式录用的人员、不负监管职责的狱医，受委托履行监管职责，由于严重不负责任，致使在押人员脱逃，造成严重后果的，也可构成《刑法》第 400 条第 2 款规定的失职致使在押人员脱逃罪。

［例 2］ 大学生村干部代行行政事务管理，滥用职权的，构成滥用职权罪的实行犯。

🔖 小提醒

我国在身份犯问题上采实质说，只要在实质上拥有法律赋予的等同于国家机关工作人员的公权力，都可以解释为国家机关工作人员。

本讲中有大量的徇私舞弊型渎职犯罪，徇私舞弊并非独立犯罪，"徇私"应理解为徇个人私情、私利。国家机关工作人员为了本单位的利益，实施滥用职权、玩忽职守行为，构成犯罪的，依照《刑法》第 397 条第 1 款规定的滥用职权罪、玩忽职守罪处理。

另外，指使他人渎职和"集体研究"不是渎职犯罪的挡箭牌。司法解释规定，国家机关负责人员违法决定，或者指使、授意、强令其他国家机关工作人员违法履行职务或者不履行职务，构成刑法分则第九章规定的渎职犯罪的，应当依法追究刑事责任。以"集体研究"形式实施的渎职犯罪，应当依照刑法分则第九章的规定追究国家机关负有责任的人员的刑事责任。对于具体执行人员，应当在综合认定其行为性质、是否提出反对意见、危害结果大小等情节的基础上决定是否追究刑事责任和应当判处的刑罚。[1]

最后，还要注意本讲罪与受贿罪的罪数关系，除了《刑法》第 399 条第 1~3 款规定的犯罪与受贿罪发生牵连关系应当从一重罪论处外，其余的受贿后再渎职的犯罪，均应实行数罪并罚。

专题 86
滥用职权罪和玩忽职守罪

第 397 条 ［滥用职权罪；玩忽职守罪］ 国家机关工作人员滥用职权或者玩忽职守，致使公共财产、国家和人民利益遭受重大损失的，处 3 年以下有期徒刑或者拘役；情节特别严重的，处 3 年以上 7 年以下有期徒刑。本法另有规定的，依照规定。

国家机关工作人员徇私舞弊，犯前款罪的，处 5 年以下有期徒刑或者拘役；情节特别严重的，处 5 年以上 10 年以下有期徒刑。本法另有规定的，依照规定。

---

［1］ 2012 年 12 月 7 日最高人民法院、最高人民检察院《关于办理渎职刑事案件适用法律若干问题的解释（一）》第 5 条。

一、滥用职权罪

本罪是指国家机关工作人员滥用职权，致使公共财产、国家和人民利益遭受重大损失的行为。

（一）犯罪构成

1. 客观构成

滥用职权在客观方面表现为不法行使职务上的权限，违背职务行为的宗旨，致使公共财产、国家和人民利益遭受重大损失。

其主要情况有：①超越职权，擅自处理没有处理权限的事务；②玩弄职权，随心所欲地对事项作出决定；③故意不履行应当履行的职责；④以权谋私、假公济私，不正确地履行职责。例如，派出所所长陈某在"追逃"专项斗争中，为得到表彰，在网上通缉了7名仅违反《治安管理处罚法》且已受过治安处罚的人员。虽然陈某通知本派出所人员不要"抓获"这7人，但仍有5人被外地公安机关"抓获"后关押。陈某的行为就是一种典型的假公济私的不正确履行职权的滥用职权行为。

？想一想

如果上例中陈某明确指示"抓获"这7人来顶罪立功，这构成何罪呢？[1]

2. 主观罪责

本罪在主观方面是故意，行为人对自己的滥权行为本身须存在故意，对滥权行为导致的结果有可能是故意，也有可能是过失。

（二）法条竞合

本罪与本讲中的很多犯罪有法条竞合关系，如徇私枉法罪，私放在押人员罪，徇私舞弊不征、少征税款罪，这些犯罪都属于特别法规定，应以特别法论处。另外，要注意法条竞合的兜底作用。国家机关工作人员滥用职权，符合《刑法》第九章所规定的特殊渎职罪构成要件的，按照该特殊规定追究刑事责任；主体不符合《刑法》第九章所规定的特殊渎职罪的主体要件，但符合《刑法》第397条所规定的滥用职权构成要件的，按照《刑法》第397条的规定以本罪追究刑事责任。

二、玩忽职守罪

本罪是指国家机关工作人员玩忽职守，致使公共财产、国家和人民利益遭受重大损失的行为。

（一）犯罪构成

1. 客观构成

玩忽职守，是指行为人严重不负责任，工作中马虎草率，不履行或不正确履行公职。例如，110接警员不接报警电话，造成报警人被杀死。

---

[1] 构成徇私枉法罪。这是一种特殊的滥用职权行为。

2. 主观罪责

本罪在主观上是过失，对于自己玩忽职守的行为可能导致的严重后果，行为人或者是应当预见而没有预见，或者是已经预见但轻信能够避免。

（二）法条竞合

本罪与本讲中的很多犯罪也有法条竞合关系，也要按照特别法优于普通法的原则排除本罪的适用。例如，负有环境保护监督管理职责的国家机关工作人员严重不负责任，导致发生重大环境污染事故，造成人身伤亡的严重后果的，就应以《刑法》第 408 条规定的环境监管失职罪论处，而不能以本罪定罪。当然，国家机关工作人员玩忽职守，符合《刑法》第九章所规定的特殊渎职罪构成要件的，按照该特殊规定追究刑事责任；主体不符合《刑法》第九章所规定的特殊渎职罪的主体要件，但符合《刑法》第 397 条所规定的玩忽职守构成要件的，按照《刑法》第 397 条的规定以本罪追究刑事责任。

（三）滥用职权罪与本罪的区别

滥用职权罪是故意犯罪，表现为积极利用、违背职责的行为；而本罪是过失犯罪，表现为疏忽、不认真履行职责的行为。

专题 87

其他渎职罪

一、徇私枉法罪

第 399 条 [徇私枉法罪] 司法工作人员徇私枉法、徇情枉法，对明知是无罪的人而使他受追诉、对明知是有罪的人而故意包庇不使他受追诉，或者在刑事审判活动中故意违背事实和法律作枉法裁判的，处 5 年以下有期徒刑或者拘役；情节严重的，处 5 年以上 10 年以下有期徒刑；情节特别严重的，处 10 年以上有期徒刑。

[民事、行政枉法裁判罪] 在民事、行政审判活动中故意违背事实和法律作枉法裁判，情节严重的，处 5 年以下有期徒刑或者拘役；情节特别严重的，处 5 年以上 10 年以下有期徒刑。

[执行判决、裁定失职罪；执行判决、裁定滥用职权罪] 在执行判决、裁定活动中，严重不负责任或者滥用职权，不依法采取诉讼保全措施、不履行法定执行职责，或者违法采取诉讼保全措施、强制执行措施，致使当事人或者其他人的利益遭受重大损失的，处 5 年以下有期徒刑或者拘役；致使当事人或者其他人的利益遭受特别重大损失的，处 5 年以上 10 年以下有期徒刑。

司法工作人员收受贿赂，有前三款行为的，同时又构成本法第 385 条规定之罪的，依照处罚较重的规定定罪处罚。

高频考点

20.1

徇私枉法罪
的认定

（一）犯罪构成

1. 客观行为

本罪在客观上表现为在刑事诉讼活动中，违背事实和法律作枉法裁判的行为。徇私枉法行为有两种情况：

（1）对明知是无罪的人而使他受追诉或者对明知是有罪的人而故意包庇不使他受追诉；

（2）在刑事审判活动中故意违背事实和法律作枉法裁判，包括把有罪的人判为无罪、把无罪的人判为有罪、轻罪重判或者重罪轻判。

［例1］施某为司法工作人员，为了使朋友武某不受刑事追究，给了武某2万元，助其逃往国外。施某没有利用职权之便，所以不构成本罪，而构成窝藏罪。

［例2］法官贾某明知胡某是无罪的人，但因胡某想入狱体验，故判决胡某有罪，判处其拘役6个月。贾某成立本罪。

刑事审判活动包括附带民事审判活动，但不包括执行期间的审判。例如，在减刑、假释、暂予监外执行活动中徇私枉法的，构成《刑法》第401条规定的徇私舞弊减刑、假释、暂予监外执行罪。

2. 行为主体

本罪的主体是司法工作人员，即有侦查、检察、审判、监管职责的工作人员。

3. 主观罪责

本罪是故意犯罪。对于由于认识水平不高、工作能力有限而造成错案的，不能以犯罪论处。由于隶属关系，不得不执行上级错误指令，造成错案，如果不具有共同犯罪的故意和行为，对下级司法工作人员不宜以犯罪论处；但上级司法工作人员构成犯罪的，应依法追究刑事责任。

（二）认定

1. 与诬告陷害罪的区别

本罪是司法机关工作人员所实施的，而诬告陷害罪的主体是一般主体；本罪中的使无罪的人受追诉是指直接追诉无罪的人的情况，而诬告陷害罪是利用司法机关追诉无罪的人的情况；本罪一般是利用承办刑事案件的便利条件徇私枉法，而诬告陷害罪是捏造犯罪事实向有关机关告发。

2. 与包庇罪的区别

如果司法机关工作人员包庇罪犯，则关键要看其是否利用了职务便利。本罪必须利用职务便利，而包庇罪与职务权限无关；同时，本罪发生在侦查、起诉、审判过程中，而包庇罪没有时间上的限制。另外，如果司法工作人员利用职务之便包庇，则属于本罪和包庇罪的想象竞合。

3. 与徇私舞弊不移交刑事案件罪的区别

徇私舞弊不移交刑事案件罪，是指行政执法人员徇私舞弊，对依法应当移交司法机关追究刑事责任的不移交，情节严重的，处3年以下有期徒刑或者拘役；造成严重后果的，处3年以上7年以下有期徒刑。

徇私舞弊不移交刑事案件罪的主体是行政执法人员，而非司法机关工作人员。例如，工商局执法人员发现有人买伪劣商品，可能涉嫌生产、销售伪劣产品罪，但仅以罚款了事，不移交司法机关，就可能构成此罪。这里特别注意公安机关工作人员，其中既有行政执法人员，又有司法工作人员。如果是前者，构成徇私舞弊不移交刑事案件罪；如果是后者，则构成徇私枉法罪。

4. 犯本罪，又构成受贿罪的，从一重罪论处。

[例1] 甲想缓刑，让律师想办法。律师遂向法官行贿10万元，希望法官行个方便。法官收钱后违反规定判决甲缓刑。法官构成受贿罪和本罪，从一重罪论处。律师一方面构成行贿罪，另一方面构成本罪的教唆犯，但因为只有一个行为，所以也只能从一重罪论处。

[例2] 甲想缓刑，让律师想办法。律师找到朋友王某，给了王某10万元，请求王某帮忙。王某和法官是大学同学，王某请求法官行个方便，法官违反规定判决甲缓刑。王某构成利用影响力受贿罪和本罪的教唆犯，应当数罪并罚。

[例3] 甲想保外就医，让律师想办法。律师遂向法官行贿10万元，希望法官行个方便。法官收钱后违反规定判决甲保外就医。法官构成受贿罪和徇私舞弊暂予监外执行罪，应当数罪并罚。

[例4] 公安人员在执行《治安管理处罚法》的过程中，明知行为已构成犯罪，应当移交公安机关的侦查部门进行侦查，但因为收受贿赂5万元遂仅给予治安处罚的，公安人员构成受贿罪和徇私舞弊不移交刑事案件罪，应当数罪并罚。

二、私放在押人员罪

本罪是指司法工作人员私放在押的犯罪嫌疑人、被告人或者罪犯的行为。

1. 私放，是指违反法律规定，擅自将在押人员释放，使其脱离监管机关的监控范围。本罪的犯罪对象是在押人员，包括犯罪嫌疑人、被告人和罪犯。

2. 本罪的主体是司法工作人员。根据2001年3月2日最高人民检察院《关于工人等非监管机关在编监管人员私放在押人员行为和失职致使在押人员脱逃行为适用法律问题的解释》的规定，工人等非监管机关在编监管人员被监管机关聘用受委托履行监管职责的，也可以成为本罪的主体。根据立法解释的规定，上述人员当然包括在私放在押人员罪的主体范围内。

3. 本罪是故意犯罪，动机大多出于徇私、徇情。如果是过失致使在押人员脱逃，则构成失职致使在押人员脱逃罪。

三、食品、药品监管渎职罪

第408条之一 [食品、药品监管渎职罪] 负有食品药品安全监督管理职责的国家机关工作人员，滥用职权或者玩忽职守，有下列情形之一，造成严重后果或者有其他严重情节的，处5年以下有期徒刑或者拘役；造成特别严重后果或者有其他特别严重情节的，处5年以上10年以下有期徒刑：

（一）瞒报、谎报食品安全事故、药品安全事件的；

（二）对发现的严重食品药品安全违法行为未按规定查处的；

（三）在药品和特殊食品审批审评过程中，对不符合条件的申请准予许可的；

（四）依法应当移交司法机关追究刑事责任不移交的；

（五）有其他滥用职权或者玩忽职守行为的。

徇私舞弊犯前款罪的，从重处罚。

为了加大对食品安全犯罪的打击力度，《刑法修正案（八）》增加了本罪；《刑法修正案（十一）》又对本罪进行了扩张，并对加重情节进行了明确。

本罪是指负有食品药品安全监督管理职责的国家机关工作人员，滥用职权或者玩忽职守，导致发生重大食品药品安全事故或者造成其他严重后果的行为。

本罪在客观构成方面，包括滥用职权和玩忽职守两种形式；本罪的主体是负有食品药品安全监督管理职责的国家机关工作人员；本罪既可以由故意构成，也可以由过失构成。

徇私舞弊犯本罪的，从重处罚。

四、军人违反职责罪

本类犯罪只能由军人构成。根据《刑法》第450条的规定，军人是指中国人民解放军的现役军官、文职干部、士兵及具有军籍的学员和中国人民武装警察部队的现役警官、文职干部、士兵及具有军籍的学员以及文职人员、执行军事任务的预备役人员和其他人员。

需要说明的是，一般的预备役人员不能构成本类犯罪，必须是执行军事任务的预备役人员才可构成。

本类犯罪中有些犯罪必须发生在"战时"。所谓"战时"，是指国家宣布进入战争状态、部队受领作战任务或者遭敌突然袭击时。部队执行戒严任务或者处置突发性暴力事件时，以战时论。

1. 战时自伤罪

本罪是指军人战时自伤身体，逃避军事义务的行为。

2. 战时缓刑

在战时，对被判处3年以下有期徒刑没有现实危险宣告缓刑的犯罪军人，允许其戴罪立功，确有立功表现时，可以撤销原判刑罚，不以犯罪论处。

📖 模拟展望

关于司法工作人员的渎职犯罪，下列认识正确的是：（单选）[1]

A. 某司法工作人员甲收受家属的贿赂而私放了在押人员乙。甲构成受贿罪与私放在押人员罪，实行数罪并罚

B. 某司法工作人员甲在同关押犯乙接触的过程中，感情日渐深厚，遂决定主动私放在押人员。甲构成私放在押人员罪，被释放的在押人员乙成立脱逃罪与私放在押人员罪（共犯）的想象竞合犯

---

[1] A。除了触犯《刑法》第399条第1~3款规定的渎职犯罪（徇私枉法等罪）以外，受贿又渎职的，都应数罪并罚，故A项正确。B项中，乙不构成脱逃罪，他并未主动逃离，故B项错误。C项中，刑事附带民事诉讼属于刑事诉讼，故乙的行为构成徇私枉法罪，故C项错误。D项属于徇私枉法行为，故D项错误。

C. 法官乙在审理一起刑事附带民事诉讼案件时，被告人原本应承担 50% 的损害赔偿责任，因乙接受了被害人家属的吃请，遂判决确认被告人承担 80% 的责任。乙构成民事枉法裁判罪

D. 侦查、检察、审判人员，对明知是正在且应继续羁押的犯罪嫌疑人、被告人，枉法采取取保候审措施的，成立私放在押人员罪

 来道 不 考 的题目

　　本书一开始提到了一个叫作以赛亚·伯林的人，大家还记得吗？他将思想家分为刺猬与狐狸两种：刺猬之道，一以贯之，是为一元主义；而狐狸则圆滑狡诈，可谓是多元主义。一元主义，黑白分明，立场鲜明，试图以一个理论一个体系囊括世间万象。下列思想家，哪些属于刺猬？[1]

　　A. 黑格尔　　　　　　　　B. 尼采
　　C. 费尔巴哈　　　　　　　D. 洛克

---

〔1〕　ABC。德国人有一元化的传统，这与英美思想家有很大的不同。我们必须要承认人类理性的有限性，虽然我们费尽心机建构体系化的刑法理论，但是我们必须承认任何体系都是有缺陷的。亲爱的同学们，你们认为呢？

重要知识点的多种学说

　　最近几年，鉴于刑法学理论的发展，在法考案例分析题中经常要求考生对于一些重要的理论问题在掌握通说的前提下了解多种学说。本书在相应的知识点上对此有过详细的介绍，此处再简单列举一下，考生可以参考相应的讲或专题。

💡 小提醒

首先要掌握通说喔，如果没有通说，那就多种学说都要掌握。

一、事前故意

- 相当因果关系说（<u>通说</u>）
- 区分说

[例] 甲杀"死"乙后将乙扔入湖中，乙后溺毙。按照通说，甲成立故意杀人罪既遂；但按照区分说，甲成立故意杀人罪未遂和过失致人死亡罪。

[拓展考点 1] 假想防卫中的事前故意

　　甲以为李四攻击自己，误将李四杀"死"，而李四实际昏迷。甲非常害怕，将"尸体"扔入河中，李四后溺毙。甲在构成要件中成立故意杀人罪，事前故意按照通说不影响故意的成立；但在责任论中，出现假想防卫事由，排除故意，故甲只成立过失致人死亡罪。如果按照区分说，则甲在构成要件中成立故意杀人罪未遂和过失致人死亡罪，由于假想防卫导致前段故意杀人罪未遂中的故意被排除，前段过失致人死亡不惩罚未遂，故甲只成立后段的过失致人死亡罪。

[拓展考点 2] 结果加重犯中的事前故意

　　甲在绑架过程中杀"死"了王五，并将"尸体"扔入河中。后查明王五系溺水而亡。按照通说，甲成立绑架罪的加重犯（绑架中故意杀害被绑架人）；但按照区分说，甲则成立绑架罪、故意杀人罪未遂以及过失致人死亡罪。

二、构成要件的提前实现

[例] 甲欲杀乙，遂给乙投放安眠药，并趁其"昏迷"将其扔入河中。但乙实际死于安眠药中毒。

- 通说认为甲成立故意杀人罪既遂
- 如果认为投放安眠药并无足以致死的危险，则甲成立过失致人死亡罪和故意杀人罪未遂（不能犯）

三、认识错误

- 法定符合说（通说）
- 具体符合说

[说明] 对于具体的事实认识错误，在学说上，一直存在具体符合说与法定符合说的争论。具体符合说认为，只要行为人主观所认识的犯罪事实和客观发生的犯罪事实不具体一致，其对于实际发生的犯罪事实就不成立故意。法定符合说认为，只要行为人所认识到的犯罪事实和现实发生的犯罪事实在构成要件上一致，其就成立故意。

[拓展考点1] 正当防卫中的打击错误1

在正当防卫过程中，如果出现打击错误，导致不法侵害人以外的第三人伤亡，该如何处理？在刑法理论中对此有很大争议，大致有三种观点：①认定为正当防卫；②认定为假想防卫；③认定为紧急避险。

第一、二种观点遵循的是法定符合说的立场。

法定符合说认为不同的具体人在人的本质上可以等价，因此，不法侵害人与第三人之间在价值上具有等同性，既然对不法侵害人的攻击进行防卫成立正当防卫，那么由于打击错误对第三人进行防卫也可成立正当防卫。（攻击好人等同于攻击坏人，"正对不正"，自然是正当防卫，此乃第一种观点）

另外，法定符合说认为对象错误与打击错误的处理结论是一致的，则根据法定符合说，防卫人出现对象错误，误认为第三者是不法侵害人而进行所谓防卫的，属于假想防卫，那么，在打击错误的情况下，也宜认定为假想防卫。（法定符合说不区分打击错误和对象错误，所以把打击错误等同于对象错误，也即误认好人为坏人，自然系假想防卫，此乃第二种观点）

如果采取具体符合说的立场，即人身专属的法益不能等价，只有非人身专属的法益才可以等价，那么，第三种观点是恰当的。防卫人的行为并非针对不法侵害人的侵犯，而是对与此无关的第三人的攻击，这完全符合紧急避险的条件。（具体符合说认为好人和坏人是不同的人，行为人攻击好人属于"正对正"，故为紧急避险，此乃第三种观点）

[拓展考点2] 正当防卫中的打击错误2

甲、乙共同盗窃，乙攻击主人，主人朝乙扔石头，误把甲砸成重伤，但主人并不知道甲在偷东西。

法定符合说采取抽象防卫说，认为主人主观上想打坏人客观上也打了坏人，所以是正当防卫。

具体符合说采取具体防卫说，认为主人主观上想打乙而客观上打了甲，但甲客观上也是坏人，所以是偶然防卫。

[拓展考点3] 教唆中的打击错误

甲教唆乙杀人，乙产生对象错误，将丙杀害。甲是打击错误，对丙按照法定符合说，成立故意杀人罪教唆既遂；按照具体符合说，成立故意杀人罪教唆未遂。

甲教唆乙杀丙，乙产生打击错误，没有打中丙，反而误杀丁。甲依然是打击错误，按照法定符合说，成立故意杀人罪教唆既遂；但按照具体符合说，甲对丙成立故意杀人罪教唆未遂，而对丁不成立犯罪，因为过失犯罪没有教唆犯。

[拓展考点4] 间接正犯与片面共犯的区别

甲在乙骑摩托车必经的偏僻路段精心设置路障，欲让乙摔死。丙得知甲的杀人计划后，诱骗仇人丁骑车经过该路段，丁果真摔死。

甲是对象错误。按照法定符合说，丙在帮助甲杀害抽象的人，丙属于片面帮助犯；但按照具体符合说，甲想杀具体的人，而丙在利用甲杀害丁，所以丙是间接正犯，两人不成立共同犯罪。

[提醒] 注意对片面实行犯和片面教唆犯的处理：通说认为二者可以降格为片面帮助犯，但肯定说认为片面实行犯和片面教唆犯就是实行犯和教唆犯，否定说则认为二者成立间接正犯。

四、偶然防卫

- 防卫意识必要说
- 防卫意识不要说

[说明] 前者认为成立正当防卫需要具备防卫意识，故偶然防卫不是正当防卫；而后者认为成立正当防卫无需防卫意识，故偶然防卫属于正当防卫。

五、不能犯

- 抽象危险说（传统观点）

[说明] 该说以行为人认识的情况为基础，如果行为人认识的情况是真实的，是否对法秩序有侵犯的危险根据社会上一般人的认识来判断：一般人认为行为人的行为有可能实现犯罪意图的，成立未遂犯（相对不能犯）；反之，没有可能实现犯罪的，成立不可罚的不能犯（绝对不能犯）。

- 具体危险说（当前通说）

[说明] 该说以行为人认识的情况为基础，根据行为时社会上一般人的认识来判断是否有侵犯法秩序的危险：有危险的，成立未遂犯（相对不能犯）；无危险的，成立不可罚的不能犯（绝对不能犯）。

- 客观危险说

[说明] 该说的宗旨主要是在行为发生后，也即事后，再通过科学的因果法则，由社会上一般人针对当时的情况，去客观评价行为人的行为是否具有法益侵害的危险性：有危险性的，成立未遂犯（相对不能犯）；无危险性的，成立不可罚的不能犯（绝对不能犯）。

六、教唆未遂

- 教唆从属说
- 教唆独立说

［说明］《刑法》第29条第2款规定，如果被教唆的人没有犯被教唆的罪，对于教唆犯，可以从轻或者减轻处罚。这种情况属于教唆未遂。

对于教唆未遂的处理，刑法理论有两种观点：①教唆从属说。即非实行犯（教唆犯、帮助犯）必须从属于实行犯，只有实行犯进入实行阶段（着手后），对于非实行犯才可以进行处罚。②教唆独立说。即教唆犯是共犯从属说的例外，具有独立性，只要行为人实施教唆行为，被教唆者未达到所教唆罪的既遂，一律认定为教唆未遂，也即教唆本身没有成功。我国传统的观点采教唆独立说。例如：①张三教唆李四杀人，但李四在预备阶段中止犯罪；②张三教唆李四杀人，但李四拒绝；③张三教唆李四杀人，但李四却实施了盗窃。按照教唆独立说，三例中的张三均成立教唆未遂；但按照教唆从属说，三例中的张三均不构成犯罪。

上述两种观点都认为：①甲教唆乙杀人，乙着手实行犯罪，但最终未达既遂，可以适用教唆未遂的从宽条款；②甲教唆乙实施A罪，但乙实施了B罪，如果A、B两罪有重合部分，甲可以在重合部分成立教唆既遂。

［拓展考点1］ 共谋杀夫案

王男、周女共谋杀周女的丈夫，周女自己买来毒药后，左思右想后放弃。周女成立预备阶段的中止，王男成立犯罪预备，阶段具有一致性。

［拓展考点2］ 教唆杀夫案

王男教唆周女杀夫，周女自己买来毒药后，左思右想后放弃。周女成立预备阶段的中止。王男按照教唆从属说，不构成犯罪；按照教唆独立说，构成故意杀人罪教唆未遂。

［拓展考点3］ 犯意转化

王某教唆李四杀丙，李四在杀丙时和张三发生口角，将张三杀害。李四属于犯意转化，成立对丙的故意杀人预备和对张三的故意杀人既遂。王某的教唆失败，是否构成教唆，根据教唆独立说和教唆从属说结论不同。

［拓展考点4］ 非实行行为的实行化

甲卖给乙迷奸药品时，传授乙下药技术。乙对某女下药前感到害怕，遂将药倒掉。乙构成强奸罪的犯罪中止（预备阶段）。甲构成传授犯罪方法罪既遂，同时构成强奸罪教唆未遂（教唆独立说），从一重罪论处；但按照教唆从属说，甲不构成强奸罪，只构成传授犯罪方法罪。

七、杀人免债

- 故意杀人罪（通说）
- 抢劫罪

［说明］ 对于杀人免债行为，应当如何处理，有一定的争议。

首先，债务人抢劫欠条的，可以直接认定为抢劫罪，这没有争议。

其次，直接将债权人杀死，以期免除债务的，通说认为，构成故意杀人罪。当然，对他人财物有拒不归还行为的，还同时构成侵占罪，侵占罪是亲告罪。

但另一种观点认为杀人免债属于抢劫财产性利益，构成抢劫罪，可以没收财产。

八、抢夺罪与盗窃罪的区别

- 公然和秘密区分说
- 暴力和平和区分说

[说明] 传统的观点认为，盗窃罪与抢夺罪的区别在于，前者是秘密窃取，后者是公然夺取。因此，张三见李四摔伤在地，当面将其财物取走的行为构成抢夺罪，而非盗窃罪。但现在有一种有力的见解认为，盗窃罪与抢夺罪的区别并非秘密性对公然性，而是平和性对暴力性，盗窃罪是平和型犯罪，而抢夺罪是一种对物的暴力型犯罪，在间接上有致人伤亡的危险。按照这种观点，前案则应以盗窃罪论处。

九、财产犯罪的加重刑罚

- 构成要件说（通说）
- 量刑条件说

[说明] 在数额犯中，当行为人同时有既遂部分和未遂部分时：

通说认为，数额是构成要件，因此，犯罪既遂部分与未遂部分分别对应不同法定刑幅度的，应当先决定对未遂部分是否减轻处罚，确定未遂部分对应的法定刑幅度，再与既遂部分对应的法定刑幅度进行比较，选择适用处罚较重的法定刑幅度，并酌情从重处罚；二者在同一量刑幅度的，以犯罪既遂酌情从重处罚。

另一种观点认为，数额特别巨大不是加重犯罪构成，而是量刑规则。因此，只要客观上没有达到数额特别巨大，就不得适用数额特别巨大的法定刑，而只能按照数额较大型的犯罪论处，即用基本犯罪构成之刑罚选择法定刑，未遂事实作为量刑情节对待。这在2016年司考卷四曾作为观点展示类试题考查过。

十、死者的占有

- 肯定说
- 否定说
- 区分说（通说）

[说明] 人死亡后，是否还存在对财物的占有权？这有肯定说和否定说两种观点。我国的通说是区别说，即在社会一般观念看来，对于死者生前的财物，在其死后的短时间内，认为死者对财物仍有占有权，是可以接受的。因此，《两抢意见》第8条指出，实施故意杀人犯罪行为之后，临时起意拿走他人财物的，应以此前所实施的具体犯罪与盗窃罪实行数罪并罚。然而，如果死者死亡时间较长，一般可否定死者的占有。

[拓展考点1] 抢劫杀人取得信用卡并使用

这无需再区分死者是否还对财物存在占有，直接评价为抢劫罪。

[拓展考点2] 抢劫杀人取得手机后使用手机银行

这也无需区分死者是否还对财物存在占有，直接认定为抢劫罪。

十一、诈骗中的处分意思

- 抽象处分说
- 具体处分说

[说明] 抽象处分说认为处分者只需对财产的属性有抽象的认识即可，而具体处分说认为处分者必须对财产的性质、种类、数量、价值有具体的认识。例如，甲在商场购物时，在一方便面箱子中装上一台照相机，最后以买一箱方便面的钱获得了一台照相机。在本案中，无论是按照抽象处分说，还是具体处分说，被害人都无处分意图，对行为人都应以盗窃罪论处，这没有争议。

但如果甲在商场购物时，在一个照相机的盒子中装入两台照相机，用购买一台照相机的价钱买了两台照相机，按照抽象处分说，被害人知道自己在处分照相机，具备处分意图，甲的行为构成诈骗罪；而按照具体处分说，被害人由于缺乏对照相机具体数量的认识，故无处分意图，甲的行为构成盗窃罪，而非诈骗罪。

十二、财产损失

- 法律损失说
- 事实损失说

[说明] 法律损失说认为无权处分是无效的，故财物的买受人遭受了财产损失，行为人对买受人构成诈骗罪；事实损失说认为无权处分是有效的，故财物的买受人没有遭受财产损失，行为人对买受人不构成诈骗罪。

同时，法律损失说还认为，被害人必须在民法上对财物有返还请求权，才能认定存在财产损失。所以，盗窃犯罪人分赃不均，按照法律损失说，不构成侵占罪；但按照事实损失说，构成侵占罪。

十三、合同诈骗罪中的非法占有

- 非法占有的意思产生在签订合同前
- 非法占有的意思产生在履行合同过程中

[说明] 甲在签订合同之后产生了非法占有的意思：按照第一种观点，甲可能构成侵占罪；而按照第二种观点，甲可能构成合同诈骗罪。

十四、逃避缴纳费用

- 盗窃说
- 不构成盗窃说

[说明] 对于逃单行为，如顾客在餐厅用餐或者在酒店住宿之后，偷偷溜走、逃避交纳费用的行为，或者开车闯关逃避交纳高速通行费的行为，有如下两种观点：

一种观点认为构成盗窃罪。

另一种观点认为在逃避交纳费用的场合，财产性利益（债权）并没有转移，因而不符合盗窃罪的行为特征。

十五、电信诈骗中的取款行为

- 事实占有说
- 规范占有说

[说明] 甲将卡卖给电信诈骗犯罪分子，被害人将钱打到了甲卡上，甲到银行办理了挂失手续，把卡上的钱取走。本案中，如果甲和电信诈骗犯罪分子有诈骗的通谋，当然构成诈骗罪的共同犯罪，同时，甲还构成帮助信息网络犯罪活动罪；但如果没有通谋，甲收到短信发现卡上有人打钱，遂到银行将钱取走，首先构成帮助信息网络犯罪活动罪，其次，关于取款行为本身如何定性，存在争议：

第一种观点认为，钱打到甲卡上，甲在事实上占有了该钱款。故甲可能构成侵占罪。

第二种观点认为，钱打到甲卡上，甲在法律上并未占有该钱款。银行职员如果知道持卡人银行卡内的资金属于不法所得，不会向持卡人支付现金。所以甲欺骗了银行，构成对银行的诈骗罪。

第三种观点认为，财物归电信诈骗犯罪分子占有。所以甲的行为构成盗窃罪。

任何一个问题，至少都有三种观点，即正说、反说、折衷说。因此，如果出现了上述归纳观点以外的其他观点展示，不用慌张，先写出通说的观点（或者你认为的通说观点），然后再写出对立观点即可，所谓折衷说则是两种对立观点的中间缓和观点。

一般说来，对立观点可以从如下七个方面把握：

1. 事实与规范。法律人对于所有的事实问题都会进行价值判断，纯粹的事实把握就是一种事实描述，但一旦在事实问题上进行价值判断，就是规范分析。例如，事实因果关系和法律因果关系，纯粹的条件说就是事实描述，而相当因果关系说则是规范判断。又如，张三嫖娼不给钱，从事实描述的角度来说，给性工作者造成了财产损失，张三构成诈骗罪；但是从价值判断的角度来说，这种财产利益不受法律保护，所以，张三不构成诈骗罪。

2. 抽象与具体。这是哲学思维在刑法中的运用。例如，法定符合说和具体符合说、抽象处分说和具体处分说都是这种分析方式的运用。又如，张三嫖娼，要求性工作者必须毕业于985名校。性工作者李四没有上过大学，但是欺骗张三称自己是211本科、985硕士、常青藤博士。张三听了很高兴，事后给了李四5万元。李四是否构成诈骗罪呢？从抽象的角度来看，只要李四是女性，提供了性服务，张三抽象意义上的交易目的没有落空，李四就不构成诈骗罪；但是从具体的角度来看，张三要求的是毕业于985名校的性工作者，其具体意义上的交易目的落空了，因此，李四构成诈骗罪。

3. 合并与区分。这也是法律中经常使用的一种分析方法。例如，事前故意中的合并评价与区分评价。又如，正当防卫是否会导致作为义务，也有合并和区分两种评价方法。再如，张三为了抢走李四的手表，欲将李四杀死，但李四命大，最后只受轻伤。如果按照合并说，张三的行为可直接评价为抢劫致人死亡的未遂；而如果按照区

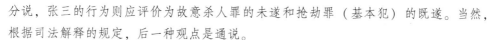

分说，张三的行为则应评价为故意杀人罪的未遂和抢劫罪（基本犯）的既遂。当然，根据司法解释的规定，后一种观点是通说。

4. 行为公正（行为无价值）与结果功利（结果无价值）。前者强调行为本身是否违反伦理道德，后者关注结果是否侵犯法益。例如偶然防卫，从行为本身来看，其并不正当，且有违伦理规范，所以不成立正当防卫；但是从结果来看，其是对不法侵害进行的反击，所以成立正当防卫。当然，折衷的立场是结果功利（法益）作为入罪的基础，行为公正（伦理）作为出罪的依据。又如受虐妇女综合症，妻子经常被虐待，每次被虐待之后，丈夫都向妻子表达悔意，经过一次一次殴打、一次一次后悔，妻子最终患上受虐妇女综合症。如果妻子在被丈夫殴打的过程中把丈夫打伤，自然成立正当防卫。如果妻子趁丈夫熟睡，把丈夫捆绑在床，逃离家庭，则可以成立紧急避险。但如果妻子趁丈夫喝醉，直接把丈夫给杀了，则既不成立正当防卫，又不成立紧急避险。从结果考量，妻子的行为侵害了法益，自然无法出罪，这也是通说的观点（可能属于避险过当，可以从宽处罚）；但从行为考量，这种行为具有一定的社会相当性，则可能属于超法规的责任阻却事由，缺乏期待可能性，可以免责。

5. 主观与客观。这是刑法中最常见的一对概念，通说当然是主客观相统一学说。但是也有例外，如主观超过要素，该学说认为只需要考虑主观，无需考虑客观。又如，张三盗窃后逃跑，表哥看到张三，和张三打招呼。张三以为是财物主人，飞起一脚，把表哥踢伤。如果认为转化型抢劫中的抗拒抓捕是一种主观超过要素，那么张三构成抢劫罪；但如果认为这并非主观超过要素，那就需要遵循主客观相统一学说，张三不构成抢劫罪，只构成盗窃罪和故意伤害罪。

6. 扩张与缩小。这也是刑法中最常见的分析方法。例如，婚内强奸，按照文理解释，构成强奸罪；但按照缩小解释，只有在婚姻关系不正常的情况下，婚内强奸才可能构成强奸罪。又如，中学老师在学生同意的情况下，猥亵 15 岁的学生。如果认为负有照护职责人员性侵罪中的性关系包括猥亵，那么老师就构成该罪，这是扩张说；而按照缩小说，这里的性关系应该理解为奸淫，那么老师就不构成该罪；但是折衷说则认为，这里的性关系应该和奸淫具有等价值性，不能包括一般的猥亵，因此，单纯的亲吻就不构成犯罪。

7. 普通与特别。这个也很常见。例如，非法拘禁中的转化犯规定，有人认为这是提示性规定，属于普通规定，因此，在非法拘禁过程中故意杀人才能构成故意杀人罪；但也有人认为这是例外规则，属于特别规定，因此，在非法拘禁过程中故意伤害致人死亡就可以转化为故意杀人罪。

总之，对任何问题，先掌握通说。如果让你进行观点展示，就按照上述七个方面的观点进行分析即可。不用太害怕，简单化的思维才能在浅海区游泳，复杂化的思维可能使人陷入理论的迷宫，继而在深海区被淹死。

愿我们在法考的课堂中不再相见

涉足法律考试辅导，已有十七个年头。每年在辅导班上都能看到一些熟悉的面孔，有的甚至见过七八年。

令人悲哀的是，总有一些老学员不断重复过去的错误，随着年日渐长，法考之路越发艰难。他们中间虽然有些人后来通过了考试，但还有一些人最终选择了放弃。

更让人心痛的是，每年都有一些新的学员继续着前人的失败之路。

作为老师，我有义务规劝学员，避免他们重蹈覆辙，虽然很少有人能够存谦卑受教之心，真正接受这些建议。很多时候，人们只有亲自走过坎坷之路，才能吸取血泪教训。

一、备考大忌

如果你具备下列三个特征，估计明年我们还会在法考课堂相遇：

（一）贪多求全，不懂舍弃

法考的内容极其繁多，没有谁能够全部掌握，因此，必须要有全局观，懂得舍弃。

有的同学不停地看书，不停地听课，就怕有知识不懂。然而，法考值得考的内容其实不多，重点恒重。法考考查的永远是一个法科学生最应该掌握的知识。任何培训老师都会告诉学员哪些知识是重点、难点，哪些只是点缀。但是有的学员就是放心不下，不愿相信老师，宁愿相信自己的感觉。这就像一个愚蠢的渔夫，遍地撒网，费尽千辛万苦，却往往无功而返，因为他根本不愿听从他人的建议——在鱼群密集处撒网。

（二）习惯争辩，好钻牛角尖

法考是标准化的测试，应当尽可能地回避争议知识。对于确有争议的重点知识，法考即使考查，也只会采取开放性的出题方式。但是，许多考生总是过分地关注一些存在重大争议的理论问题，在这方面耗费了大量的时间。甚至很多学员连基本知识都没有掌握，就开始琢磨某个问题的诸多学说。丢西瓜、捡芝麻的现象在这类学员身上屡见不鲜。

其实，对于有重大争议的理论问题，智慧的做法就是回避，或者随便采取一个与自己知识体系没有冲突的观点。试想，在学者中都存在极大争议的问题，会成为标准化试题的重点内容吗？

还有一些学员非常好钻牛角尖，硬要去揣摩出题人字里行间的背后意思，把简单问题复杂化。当题目说，一个人准备去犯罪，因肚子疼无奈放弃时，这分明考查的是意志以外的原因导致未能着手，成立犯罪预备。但有些学员硬要分析行为人肚子疼到何种程度，是很痛还是轻微不适。本着这种解题思路，几乎没有试题可以答对。事实上，对于任何标准

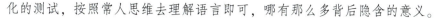

化的测试，按照常人思维去理解语言即可，哪有那么多背后隐含的意义。

（三）自以为是，评教专家

骄傲是七宗罪之首，在我们每个人身上或多或少都有所体现，而在有些学员身上则体现得淋漓尽致。作为学生，本应该承认因为自己的知识缺乏，所以需要接受系统的培训，但他们却总习惯按照自己的思路来安排复习策略。老师让他们往东走，他们偏要往西行。老师告诉他们争议知识回避即可，他们却偏要钻研；老师告诉他们某个问题应该这么处理，他们却反过来告诉老师，现在的出题人又有了新的观点。

这类学员几乎是以评教专家的面目出现的，他们可以如数家珍地告诉大家，哪个老师讲得好，哪个老师讲得糟糕，哪个老师语速太快，哪个老师说话有口音。从他们所提及的老师数量就可以判断，他们得上了多少年的课，才能具有如此的"专业评教水平"。

有一个非常有趣的现象，那就是法律小白反而比法律专业的学生更容易通过考试。因为小白什么都不懂，所以他们完全信任授课老师，完全按照老师的建议来安排复习，结果反而能够在最短时间内弯道超车，通过考试。相反，那些自以为什么都懂的学生，总是带着挑剔的心态来对待他们所听到的一切，半桶水晃来晃去也就漏光了。难怪箴言有说："骄傲在败坏以先，狂心在跌倒之前。"

我有一个很好的朋友，多年前突然决定参加司考。在那之前，她从来没有学过法律，因为在生意场上被人欺骗，所以决定学习法律。零基础参加考试，当年却顺利通过了。秘诀就在于她没有任何法律基础，所以她只能完全相信授课的老师。她向我分享她第一次听司考讲座的经历：当老师说到要高度重视法条时，她居然问旁边的同学"什么是法条"。

无论你现在基础如何，复习进展到何种程度，只要合理地规划复习的时间，依然可能通过今年的法考。（当然，如果你具备我刚才所说的三个特征并执意坚持的话，那就没有必要继续听我下面的建议了，因为你的复习时间非常充裕，至少还有 400 天，甚至更多）

二、备考建议

如果你不想 400 天以后再参加法考，我有如下建议：

（一）相信老师，只看讲义或书本中的重点内容

我相信法考领域的任何一位学科老师，只要具备基本的专业素养和敬业精神，都可以轻松地归纳出本学科的重点知识。所以，我建议你完全相信你所选择的机构、你所选择的老师，只看老师为你指明的重点，不要道听途说，不停地换机构、换老师。

（二）勿重复听课，而应反复练习

对于大部分同学来说，第一轮复习结束后就没有必要再重复听课。无论你之前的授课老师讲得有多好多烂，都没有必要再重听、另听。

你应该把重心放在做题上。我的建议是，5 年内的真题至少做 3 遍。准备一个错题本，把 5 年内的空白真题打印出来，在上面标出做错的题目和掌握不牢固的选项，争取把真题彻底搞透。

另外，任何一个大型的培训机构，都会配发一些相应练习题（如果是授课老师精选的

试题则更佳），你需要去反复做这些练习题（至少3遍）。在做之前多复印几份，在空白的试题上标出错题，反复研究错题。我的经验是，一次错了，第二、三次还会在原地跌倒，只有反复训练，才能避免在原地摔跤，牢牢掌握难点和重点。

我曾在一个地方上课，给学生配发了我出的120道试题，几乎所有的试题都是上课讲过的例子，但是大部分学生连1/4都做不对。究其原因，就是练得太少，老师讲的时候，你感觉懂了，但是没过多久，你又忘得干干净净。想想看，如果老师上课的案例原封不动地在今年的真题中出现，你记得讲过，但却不会做，这得让你多么懊恼，多么严重影响你继续答题的心情。（事实上，在当年的考试中这些题目的确大量出现了）

因此，一定要反复训练，多做真题，多做好题。最好能够经常摸底，随时掌握自己的复习状态，根据自己的薄弱环节调整复习策略，既不要盲目自信，也不要妄自菲薄。

（三）及早训练主观题

很多同学认为，既然主观题和客观题分别来考，那就没有必要先行准备主观题。但事实上，一年两考的本质依然是一年一考。通过客观题的同学应当一鼓作气，顺利拿下主观题考试。如果你观察每年的主观题试题，你会发现许多题目在客观题的真题中出现过；而你观察每年的客观题试题，你也会发现它在以往的主观题真题中也有端倪。因此，主客虽分离，但必须进行一体化的复习。复习客观题的同时也应该看看主观题的真题，主观题真题的知识点在客观题的考试中也会出现。

同时，可以提早训练一下论述题，每个学科都应该准备一道论述题。每个学科都有一些基本的理念性原则作为论述题的切入点，比如刑法，几乎所有的论述题都可以从罪刑法定原则切入。有兴趣的话，我建议你以性贿赂或者卖卵、代孕等为素材写一篇文章。

至于案例分析题，也应该进行训练。基本的答题模式是定性后面一定要跟着后果，如回答了自首，就一定要写上自首的法律后果（可以从轻或减轻处罚；情节较轻，可以免除处罚）。

法考主观卷中刑法案例分析题通常有两种考查方法：一是综合式（试根据所学刑法知识，全面分析本案）；二是列举式，分好几个问题来向考生提问。后一种考法有时还会出现观点展示类试题（如问考生某个问题有几种观点）。这两种考查方法其实都有应对诀窍，对于第一种考法，关键是树立刑法的体系性知识；对于第二种考法，主要是注意总结一些重要问题的观点展示。当然，本书对此都有总结，最多半个小时就可以搞定。

絮絮叨叨这些文字，如果冒犯了一些同学，我感到非常抱歉。但是作为教师，说出这些肺腑之言，是我的本分。希望本文能够对大家有切实的帮助，愿我们下次见面，不是在法考的课堂。

虚心的人是有福的！

罗　翔

2023年10月

图书在版编目（ＣＩＰ）数据

刑法 87 专题. 理论卷/罗翔编著. —北京：中国政法大学出版社，2023.10
ISBN 978-7-5764-1131-7

Ⅰ.①刑… Ⅱ.①罗… Ⅲ.①刑法－中国－资格考试－自学参考资料 Ⅳ.①D924.04

中国国家版本馆 CIP 数据核字(2023)第 192389 号

出　版　者	中国政法大学出版社
地　　　址	北京市海淀区西土城路 25 号
邮寄地址	北京 100088 信箱 8034 分箱　邮编 100088
网　　　址	http://www.cuplpress.com (网络实名：中国政法大学出版社)
电　　　话	010-58908285(总编室) 58908433 （编辑部） 58908334(邮购部)
承　　印	三河市华润印刷有限公司
开　　本	787mm×1092mm　1/16
印　　张	30
字　　数	720 千字
版　　次	2023 年 10 月第 1 版
印　　次	2023 年 10 月第 1 次印刷
定　　价	89.00 元

厚大法考 2024 年师资团队简介

民法主讲老师

张翔	民法萌叔，西北政法大学民商法学院院长，教授，博士生导师。法考培训授课教师，授课经验丰富。倡导"理论、法条、实例"三位一体的教学方法。授课条理清晰、深入浅出、重点明确、分析透彻。
杨烁	中山大学法学博士。具有深厚的民法理论功底、丰富的教学与实践经验，首创"法考三杯茶"理论，将枯燥的民法法条融会贯通于茶与案例之中，深入浅出。游刃于民法原理与实务案例之间，逻辑清晰、层层递进，其课堂有润物细无声的效果，让考生分析案件时才思泉涌，顺利通关！
崔红玉	厚大新锐讲师。武汉大学民商法学专业出身，法律功底扎实，拥有多年教学实践经验，对民法有独特的感悟。擅长体系化和启发式教学，帮助学生用逻辑将琐碎的知识点串成整体，让学生知其所以然。
李　妍	厚大新锐讲师。长期负责一线带班工作，了解学生痛点，授课针对性强；善于运用生活中的鲜活案例帮助学生更快、更深地理解知识点。

刑法主讲老师

罗翔	北京大学法学博士，中国政法大学教授、刑法学研究所所长。入选 2008 年以来中国政法大学历届"最受本科生欢迎的十位老师"，曾参与司法部司考题库设计和供题。授课幽默、妙趣横生、深入浅出、重点清晰，使考生迅速理解和掌握刑法的艰深理论。
张宇琛	刑法学博士，法考培训名师，有多年的高校教学经验和刑法学培训经验。讲义编排错落有致、一目了然，讲课条理清晰。擅长归纳总结和分析，既帮助考生建立刑法学的宏观体系，又能够针对具体考点条分缕析，将深邃的刑法学理论化为润物细无声的春雨，融入考生心田并转化为准确解题的能力。
陈橙	厚大新锐讲师。本、硕、博分别就读华东政法大学、北京大学、清华大学，从事法考培训多年。善于概括总结知识点，将繁琐的知识点简单化，方便学生记忆；善于把握真题和最新试题动向；注重与学生互动，语言幽默。
卢杨	厚大新锐讲师。刑事法学研究生毕业，理论功底扎实。对命题趋势把握得当，条理清晰。有着丰富的授课经验，擅长将抽象的刑法学理论具体化为生活中的案例，课堂氛围非常好，深受考生喜爱。

行政法主讲老师

魏建新	中国政法大学法学博士，政治学博士后，天津师范大学教授。人大立法咨询专家、政府法律顾问、仲裁员。以案释法，让行政法易懂好记，实现通俗化行政法；以最简练的表格建立最完整的知识体系，让行政法易背好记，实现图表化行政法；深谙命题风格和思路，一切从考试出发，归纳重点、突破难点，让行政法易学好用，实现应试化行政法。
兰燕卓	中国政法大学法学博士，政治学博士后。具有丰富的法考培训经验，考点把握精准，擅长将繁杂考点系统化、明晰化，有效挖掘考点的关联性；授课重点突出，知识体系清晰，课堂气氛轻松活跃，有效提高备考效率。
李年清	中国政法大学法学博士，福州大学法学院硕士生导师，厚大法考行政法授课教师。首创"相声法考"，听他的课犹如听相声，"说学逗唱"说来就来。他的基础精讲课，不带片纸，一个话筒、全程游走、脱稿授课。授课逻辑分明，直击考点，欢乐有趣。
张燕	厚大新锐讲师。宪法与行政法专业研究生毕业，对行政法重难点把握得当，授课逻辑清晰严谨，帮助学生将琐碎的知识点串联成体系化的知识框架，迅速带领学生将专业知识转化为应试能力。

民诉法主讲老师

刘鹏飞	民诉法专业博士。专注民诉法学研究，从事司法考试和法律职业资格考试培训近十年。授课经验丰富，学术功底扎实。授课化繁为简、去粗取精，多年来形成独特风格：用法理重新解读繁杂法条且条理清晰；编写的案例贴近实践，简明易懂且语言风趣。
郭翔	清华大学法学博士，北京师范大学副教授。具有多年法考培训经验，深知命题规律，了解解题技巧，对考试内容把握准确，授课重点明确、层次分明、条理清晰，将法条法理与案例有机融合，强调综合，深入浅出。
张佳	厚大新锐讲师。华东政法大学毕业，法学理论功底扎实。授课思路清晰，逻辑性强。富有激情，从应试的角度帮助学员夯实基础，梳理框架。

| 杨洋 | 中国政法大学诉讼法学博士，西北政法大学副教授，法考辅导专家，从业10年。深谙法考诉讼法学科的命题特点和规律，精通民诉与刑诉两大学科。授课富有激情，讲解明晰透彻。授课风格自带加速，使得学生能够迅速把握做题技巧，提升得分能力。 |

刑诉法主讲老师

向高甲	有15年刑诉法应试培训经验，对于刑事诉讼法的教学有自己独特的方式和技巧，其独创的"口诀记忆法"，让法条记忆不再枯燥。授课幽默、富有活力，其清晰的讲义和通俗易懂的解读让人印象深刻。善于把握出题思路，对于出题者的陷阱解读有自己独特的技巧，让考生能在听课后迅速提高解题技能。向老师目前也是一位执业律师，其丰富的实务经验使授课内容更符合当下法考案例化的考试要求。
李辞	中国政法大学博士，高校副教授、硕士生导师。深谙法考重视综合性、理论性考查的命题趋势，善于搭建刑诉法学科体系架构，阐释法条背后的原理、立法背景与法条间的逻辑关系，通过对知识点的对比串联强化记忆。
赵嫚	厚大新锐讲师。多年一线辅导及授课经验，了解学生在刑诉法备考过程中的痛点、难点、易错点。授课方面注重刑诉法学科的框架体系和背后法理，应试性强。注重对学生学习方法的培养，授人以渔。
柳子亮	厚大新锐讲师。熟悉刑诉法学科的法考命题规律和解题技巧。授课条理清晰，强调应试，直击重点。在教学实践中以耐心、细致、负责的态度深受学员喜爱。

商经知主讲老师

鄢梦萱	西南政法大学经济法学博士，知名司考（法考）辅导专家。自2002年开始讲授司法考试商经法，从未间断。在21年教学中积累了丰富的经验，熟悉每一个考点、每一道真题，掌控每一个阶段、每一项计划。不仅授课节奏感强、循序渐进，课程体系完备、考点尽收囊中，而且专业功底深厚，对复杂疑难问题的讲解清清楚楚、明明白白，犹如打通任督二脉，更重要的是熟悉命题规律，考前冲刺直击考点，口碑爆棚。
赵海洋	中国人民大学法学博士，法学博士后，商经法新锐名师。"命题人视角"授课理念的提倡者，"考生中心主义"讲授模式的践行者。授课语言诙谐，却暗蕴法理，让复杂难懂的商经法"接地气"。注重法理与实务相结合，避免"纯应试型"授课，确保考生所学必有所用。独创"盲目自信法"和"赵氏科学蒙猜法"，真正做到"商经跟着海洋走，应试实务不用愁"。
文君	厚大新锐讲师。多年一线辅导及授课经验，熟悉法考考试重点以及命题规律，深知考生学习中的痛点和难点。授课逻辑清晰，帮助考生准确理解考点，提升记忆速度，协助考生将知识点转化为具体的做题能力。
吕延秀	厚大新锐讲师。民商法学研究生毕业，理论功底扎实，授课思路清晰、逻辑性强。善于概括总结知识点，从应试的角度帮助学员将繁琐的商经法知识点体系化，方便学员理解记忆。

三国法主讲老师

| 殷敏 | 上海政法学院教授，法学博士后，硕士生导师；美国休斯顿大学访问学者、中国人民大学访问学者；中国国际法学会理事、中国国际私法学会理事、中国国际经济法学会理事；入选2019年度上海市浦江人才计划。从事三国法司法考试（法考）培训十余年，对考点把握极其精准，深受广大学员喜爱。 |

理论法主讲老师

白斌	中央财经大学副教授，法考理论法名师，法学博士。对理论法学的难点、重点、考点把握准确，独创的授课方式将枯燥的理论法学转化为简单记忆的方法，使得广大考生在法考考试复习中不再惧怕理论法学。授课生动幽默、深入浅出，对知识的归纳、总结清楚、细致，便于记忆，深得广大考生的赞誉。
高晖云（廖峻）	成都大学法学院副教授，中南财经政法大学法学博士，中央电视台CCTV-12"法律讲堂"主讲人。自2004年起执教高校，讲授法理学、宪法学、中外法律史等多门课程，授课幽默风趣，风格轻松流畅，善于以扎实的理论功底打通理论法学脉络，独创"抠字眼、讲逻辑"六字真言，让考生穿透题面，直击考点，斩获高分。
李宏勃	法学教授，硕士生导师。讲课深入浅出、条理清晰，能够将抽象的法学原理、宪法条文与鲜活的社会生活相结合。在传授法律知识与应试技巧的同时，强调培养学员的法律思维与法治理念。
赵逸凡	人称"安扣赵""赵宝库""赵小娟"。中国人民大学法学硕士，复旦大学法学博士，主讲法考理论法、法硕法学综合，独创"风火轮"高速带背。

厚大法考（北京）2024 年客观题面授教学计划

班次名称		授课时间	标准学费（元）	阶段优惠(元)				备注
				11.10 前	12.10 前	1.10 前	2.10 前	
尊享系列	九五至尊班	3.21～主观题	168000	主客一体，协议保障，终身免费重读。私人订制，建立学习档案，专属辅导，高强度、多轮次、高效率系统学习；强力打造学习氛围，定期家访，联合督学，备考无忧。				本班次配套图书及随堂内部讲义
	尊享荣耀班	3.21～主观题	69800	主客一体，协议保障。全程享受 VIP 高端服务，量身打造个性化学习方案，让备考更科学、复习更高效、提分更轻松，全方位"轰炸式"学习，环环相扣不留死角。2024 年客观题成绩合格，凭成绩单读主观题短训班；2024 年客观题未通过，退费 30000 元；2024 年主观题未通过，退费 20000 元。				
高端系列	大成 VIP 主客一体班	3.21～主观题	39800	主客一体，无优惠。定期纠偏、抽背，布置课后作业。2024 年客观题成绩合格，凭成绩单读主观题短训班；2024 年客观题未通过，退费 20000 元。				
	大成 VIP 班	3.21～8.31	39800	26800	27800	28800	29800	
	大成特训主客一体班	4.9～主观题	35800	主客一体，无优惠。定期纠偏、抽背，布置课后作业。2024 年客观题成绩合格，凭成绩单读主观题短训班；2024 年客观题未通过，退费 18000 元。				
	大成特训班	4.9～8.31	35800	22800	23800	24800	25800	
	大成集训主客一体班	5.8～主观题	29800	主客一体，无优惠。定期纠偏、抽背，布置课后作业。2024 年客观题成绩合格，凭成绩单读主观题短训班；2024 年客观题未通过，退费 15000 元。				
	大成集训班	5.8～8.31	29800	16800	17800	18800	19800	
暑期系列	暑期主客一体班	7.5～主观题	15800	主客一体，无优惠。2024 年客观题成绩合格，凭成绩单读主观题短训班；2024 年客观题未通过，全额退费。				
	暑期全程班	7.5～8.31	13800	7300	7800	8300	8800	
冲刺系列	考前密训班 A 班	8.12～8.31	8800	2024 年客观题成绩合格，凭成绩单读主观题密训班；2024 年客观题未通过，退 8000 元。				
	考前密训班 B 班	8.12～8.31	6980		4300		4500	

其他优惠：

1. 多人报名可在优惠价格基础上再享团报优惠：2 人（含）以上报名，每人优惠 200 元；3 人（含）以上报名，每人优惠 300 元。

2. 厚大老学员在阶段优惠基础上再优惠 500 元，不再享受其他优惠，密训班和协议班除外。

【总部及北京分校】北京市海淀区花园东路 15 号旷怡大厦 10 层　　免费咨询电话：4009-900-600-1-1

厚大法考服务号

扫码咨询客服
免费领取 2024 年备考资料

厚大法考（上海）2024 年客观题面授教学计划

班次名称		授课时间	标准学费（元）	阶段优惠（元）			备注
				11.10 前	12.10 前	1.10 前	
至尊系列	至尊私塾班	全年招生，随报随学	199000	自报名之日至通关之时，报名后专业讲师一对一私教，学员全程、全方位享受厚大专业服务，导师全程规划，私人定制、小组辅导、大班面授、专属自习室，多轮次、高效率系统学习，主客一体，签订协议，让你法考无忧。			专属 10 人自习室，小组辅导，量身打造个性化学习方案
	至尊主客一体班	3.22～主观题考前	69800	主客一体，签订协议，无优惠。2024 年客观成绩合格，凭客观成绩单上 2024 年主观决胜 VIP 班；2024 年客观题意外未通过，退 30000 元；2024 年主观题意外未通过，退 20000 元。			
	至尊班	3.22～9.5	59800	40000		45000	
大成系列	大成长训主客一体班	3.22～主观题考前	32800	主客一体，签订协议，无优惠。2024 年客观成绩合格，凭客观成绩单上 2024 年主观题决胜班；2024 年客观题意外未通过，退 10000 元。			本班配套图书及内部资料
	大成长训班	3.22～9.5	32800	23800	24800	25800	
	大成特训班	4.18～9.5	28800	18800	19800	20800	
	大成集训主客一体班	5.15～主观题考前	25800	主客一体，签订协议，无优惠。2024 年客观成绩合格，凭客观成绩单上 2024 年主观题决胜班；2024 年客观题意外未通过，退 15000 元。			
	大成集训班	5.15～9.5	25800	15800	16800	17800	
	轩成集训班	6.10～9.5	18800	12800	13800	14800	
暑期系列	暑期主客一体尊享班	7.9～主观题考前	18800	主客一体，签订协议，无优惠。专业班主任跟踪辅导，个性学习规划。2024 年客观成绩合格，凭客观成绩单上 2024 年主观题决胜班（赠送专属辅导，一对一批阅）；2024 年客观题意外未通过，退 10000 元。			
	暑期主客一体班	7.9～主观题考前	13800	主客一体，签订协议，无优惠。2024 年客观成绩合格，凭客观成绩单上 2024 年主观题决胜班；2024 年客观题意外未通过，退 8000 元。			
	暑期全程班	7.9～9.5	11800	6480	6980	7480	
	暑期特训班	8.11～9.5	7980	4980	5480	5980	
	大二长训班	7.9～9.5(2024 年)	15800	7480	7980	8480	一年学费读 2 年，本班次只针对在校法本大二学生
		7.9～9.5(2025 年)					
周末系列	周末主客一体班	3.16～主观题考前	13800	主客一体，签订协议，无优惠。2024 年客观成绩合格，凭客观题成绩单上 2024 年主观题决胜班；2024 年客观题意外未通过，退 6000 元。			本班配套图书及内部资料
	周末 VIP 班	3.16～9.5	16800	VIP 模式无优惠，座位前三排，专业班主任跟踪辅导，个性学习规划。			
	周末全程班	3.16～9.5	11800	6480	6980	7480	
	周末精英班	3.16～8.18	7980	4980	5480	5980	
	周末强化班	3.16～6.16	5980	3280	3580	3880	
	周末特训班	6.24～9.5	7980	4180	4580	4980	
	周末长训班	3.16～6.16(周末)	15800	7980	8480	8980	
		7.9～9.5(脱产)					
冲刺系列	点睛冲刺班	8.26～9.5	4580		2980		本班内部资料

其他优惠：

1. 多人报名可在优惠价格基础上再享团报优惠（协议班次除外）：3 人（含）以上报名，每人优惠 200 元；5 人（含）以上报名，每人优惠 300 元；8 人（含）以上报名，每人优惠 500 元。
2. 厚大面授老学员报名（2024 年 3 月 10 日前）再享 9 折优惠（VIP 班次和协议班次除外）。

备注：面授教室按照学员报名先后顺序安排座位。部分面授班次时间将根据 2024 年司法部公布的考试时间进行微调。

【松江教学基地】上海市松江大学城文汇路 1128 弄双创集聚区三楼 301 室　咨询热线：021-67663517

【市区办公室】上海市静安区汉中路 158 号汉中广场 1204 室　咨询热线：021-60730859

厚大法考 APP　　厚大法考官博　　上海厚大法考官博　上海厚大法考官微

厚大法考（广州、深圳）2024年客观题面授教学计划

班次名称		授课时间	标准学费（元）	阶段优惠（元）11.10前	12.10前	1.10前	2.10前	3.10前	配套资料
至尊系列（全日制）	主客一体至尊私塾班	随报随学直至通关	177000	协议班次，无优惠；自报名之日至通关之时，学员全程、全方位享受厚大专业服务，私人定制、讲师私教、课前一对一专属辅导课、大班面授；多轮次、高效率系统学习，主客一体；送住宿二人间；当年通过法考，奖励2万元。					理论卷8本真题卷8本法考特训集随堂讲义等
	主客一体至尊VIP班	4.10~9.1	157000	协议班次，无优惠；享至尊班专属辅导。若未通过2024年客观题，学费全退；若通过2024年主观题，学费退一半。					
	至尊班	4.10~9.1	76800		50000		55000	60000	
				若未通过2024年客观题，免学费重读第二年客观题大成长训班；若通过2024年客观题，赠送2024年主观题短训班。					
大成系列（全日制）	大成长训班	4.10~9.1	38800	24800	25800	26800	28800	30800	理论卷8本真题卷8本随堂讲义
	主客一体长训班	4.10~9.1	38800	若未通过2024年客观题，免学费重读2025年客观题大成集训班；若通过2024年客观题，赠送2024年主观题短训班。					
	大成集训班	5.18~9.1	28800	17800	18800	19800	20800	21800	
	主客一体集训班	5.18~9.1	28800	若未通过2024年客观题，免学费重读2025年客观题大成集训班；若通过2024年客观题，赠送2024年主观题衔接班。					
暑期系列	大三先锋班	3.25~6.30	15800	3~6月每周一至周五，晚上线上授课，厚大内部精品课程，内部讲义。					
		7.8~9.1		8200	8500	8800	9300	9800	
	暑期全程班	7.8~9.1	13800	7500	7700	8000	8300	8500	
	暑期主客一体冲关班	7.8~9.1	16800	若未通过2024年客观题，免学费重读2025年客观题暑期全程班；若通过2024年客观题，赠送2024年主观题密训营。					
				14300	14800	15300	15800	16300	
	私塾班	3.16~6.30	18800	13000	13300	13500	13800	14000	
		7.8~9.1							
周末系列	周末精英班	3.16~8.18	8980	7580	7880	8180	8580	8780	
	周末精英班（深圳）	3.30~8.18	7980	6580	6880	7180	7580	7880	
	周末全程班	3.16~9.1	15800	9300	9600	9800	10200	10500	
	周末全程班（深圳）	3.30~9.5	14800	8300	8600	8800	9300	9800	
	周末主客一体冲关班	3.16~9.1	16800	若未通过2024年客观题，免学费重读2025年客观题周末精英班；若通过2024年客观题，赠送2024年主观题密训营。					
冲刺系列	点睛冲刺班	8.24~9.1	4980	4080					随堂讲义

其他优惠： 详询工作人员

【广州分校】广东省广州市海珠区新港东路1088号中洲交易中心六元素体验天地1207室
　　　　　咨询热线：020-87595663/020-85588201
【深圳分校】广东省深圳市罗湖区滨河路1011号深城投中心7楼717室　　咨询热线：0755-22231961

厚大法考APP

厚大法考官博

广州厚大法考官微

深圳厚大法考官微

厚大法考（郑州）2024年客观题面授教学计划

班次名称		授课模式	授课时间	标准学费（元）	阶段优惠（元）				备注
					11.10前	12.10前	1.10前	2.10前	
尊享系列	尊享一班（180+108）	全日制集训	3.28～主观题	39800	主客一体、协议保障。报班即可享受班主任监督学习服务、教辅答疑服务；正课开始一对一抽背纠偏，知识点梳理讲解，名辅辅导、作业检查，主观化思维训练；心理疏导，定期班会，指纹打卡记录考勤。2024年客观题未通过，退25800元；主观题未通过，退10800元。				本班次配套图书及随堂讲义
	尊享二班（180+108）	全日制集训	5.12～主观题	36800	主客一体、协议保障。报班即可享受班主任监督学习服务、教辅答疑服务；正课开始一对一抽背纠偏，知识点梳理讲解，名辅辅导、作业检查，主观化思维训练；心理疏导，定期班会，指纹打卡记录考勤。2024年客观题未通过，退24800元；主观题未通过，退10800元。				
高端系列	大成VIP班A班（视频+面授）	全日制集训	3.28～主观题	29800	主客一体、协议保障。小组辅导，指纹打卡记录考勤，量身打造个性化学习方案；高强度、多轮次、全方位消除疑难，环环相扣不留死角。2024年客观题成绩合格，凭成绩单上主观题短训班；客观题未通过，退20000元。				
	大成VIP班B班（视频+面授）	全日制集训	3.28～8.31	15800	10300	10800	11300	11800	
	大成集训班A班（视频+面授）	全日制集训	5.12～主观题	28800	主客一体、协议保障。小组辅导，指纹打卡记录考勤，量身打造个性化学习方案；高强度、多轮次、全方位消除疑难，环环相扣不留死角。2024年客观题成绩合格，凭成绩单上主观题短训班；客观题未通过，退20000元。				
	大成集训班B班（视频+面授）	全日制集训	5.12～8.31	14800	9300	9800	10300	10800	
周末系列	周末长训班A班（视频+面授）	周末+暑期集训	3.23～主观题	13800	主客一体、无优惠。2024年客观题成绩合格，凭成绩单上主观题短训班（1月1号前报名）；客观题未通过，退6800元。				
	周末长训班B班（视频+面授）	周末+暑期集训	3.23～8.31	13800	8300	8800	9300	9800	
轩成系列	轩成集训班A班（视频+面授）	全日制集训	6.18～主观题	12800	主客一体、无优惠。2024年客观题成绩合格，凭成绩单上主观题短训班。				
	轩成集训班B班（视频+面授）	全日制集训	6.18～8.31	12800	7800	8300	8800	9300	
暑期系列	暑期主客一体班（面授）	全日制集训	7.10～主观题	11800	主客一体、无优惠。2024年客观题成绩合格，凭成绩单上主观题短训班。				
	暑期全程班A班（面授）	暑期	7.10～主观题	18800	主客一体、无优惠。指纹打卡记录考勤，座位前三排、督促辅导、定期抽背纠偏、心理疏导。2024年客观题成绩合格，凭成绩单上主观题短训班；客观题未通过，退12000元。				
	暑期全程班B班（面授）	暑期	7.10～8.31	11800	7300	7800	8300	8800	
冲刺系列	考前密训冲刺A班	集训	8.22～8.31	6680	2024年客观题成绩合格，凭成绩单上主观题密训班；客观题未通过，退6000元。				
	考前密训冲刺B班	集训	8.22～8.31	4580		3600		4100	

其他优惠：

1. 多人报名可在优惠价格基础上再享团报优惠：2人（含）以上报名，每人优惠200元；3人（含）以上报名，每人优惠300元。

2. 厚大面授老学员在阶段优惠价格基础上再优惠600元（冲刺班次和协议班次除外），不再享受其他优惠。

【郑州分校地址】河南省郑州市龙湖镇（南大学城）泰山路与107国道交叉口向东50米路南厚大教学

咨询电话：杨老师 17303862226 李老师 19939507026

厚大法考APP

厚大法考官微

厚大法考官博

郑州厚大法考QQ服务群

郑州厚大法考面授分校官博

郑州厚大法考面授分校官微

厚大法考（南京）2024年客观题面授教学计划

班次名称		授课时间	标准学费（元）	阶段优惠（元）11.10前	阶段优惠（元）12.10前	阶段优惠（元）1.10前	备注
双考系列	集训联考A班	7.9~9.5(法考客观题)+9.25~12.10(法硕秋季集训班)	32800	22800	23800	24800	本班配套图书及内部资料
	集训联考B班	7.9~主观题考前+10.23~12.10(法硕接力班)	26800	16800	17800	18800	
大成系列	大成集训主客一体班	5.18~主观题考前	25800	主客一体,签订协议,无优惠。2024年客观成绩合格,凭客观题成绩单上2024年主观题决胜班;2024年客观题意外未通过,退15000元。			
	大成集训班	5.18~9.5	25800	13800	14800	15800	
暑期系列	暑期主客一体尊享班	7.9~主观题考前	21800	无优惠,座位前三排,主客一体,签订协议,专属辅导。2024年客观成绩合格,凭客观题成绩单上2024年主观题决胜班(赠送专属辅导,一对一批阅);2024年客观题意外未通过,退10000元;2024年主观题意外未通过,免学费重读2025年主观题决胜班。			
	暑期主客一体班	7.9~主观题考前	13800	主客一体,签订协议,无优惠。2024年客观成绩合格,凭客观题成绩单上2024年主观题决胜班;2024年客观题意外未通过,退8000元。			
	暑期VIP班	7.9~9.5	13800	无优惠,座位前三排,专属辅导。2024年客观题意外未通过,退10000元。			
	暑期全程班	7.9~9.5	11800	5980	6480	6980	
	大二长训班	7.9~9.5（2024年）	15800	8480	8980	9480	一年学费读2年,本班次只针对在校法本大二学生
		7.9~9.5（2025年）					
周末系列	周末通关班	3.30~9.5	15800	协议模式,无优惠。2024年客观题意外未通过,免学费重读2025年客观题周末全程班。			本班配套图书及内部资料
	周末主客一体班	3.30~主观题考前	13800	主客一体,签订协议,无优惠。2024年客观成绩合格,凭成绩单上2024年主观题点睛冲刺班;2024年客观题意外未通过,退6000元。			
	周末全程班	3.30~9.5	11800	5980	6480	6980	
	周末精英班	3.30~8.25	7980	4480	4980	5480	
	周末特训班	7.6~9.5	8980	4180	4580	4980	
	系统强化班	3.30~6.30	5980	3280	3580	3880	
	周末长训班	3.30~6.30(周末)	15800	7480	7980	8480	
		7.9~9.5(脱产)					
	周末长训主客一体班	3.30~6.30(周末)	13800	主客一体,签订协议,无优惠。2024年客观成绩合格,凭成绩单上2024年主观题决胜班。			
		7.9~主观题考前(脱产)					
冲刺系列	点睛冲刺班	8.26~9.5	4580	2980			本班内部资料

其他优惠：

1. 多人报名可在优惠价格基础上再享团报优惠（协议班次除外）；3人（含）以上报名，每人优惠200元；5人（含）以上报名，每人优惠300元；8人（含）以上报名，每人优惠500元。
2. 厚大面授老学员报名（2024年3月10日前）再享9折优惠（VIP班次和协议班次除外）。

备注：面授教室按照学员报名先后顺序安排座位。部分面授班次时间将根据2024年司法部公布的考试时间进行微调。

【南京分校】南京市江宁区宏运大道1890号厚大法考南京教学基地
咨询热线：025-84721211

厚大法考APP

厚大法考官博

南京厚大法考官博

厚大法考（成都）2024 年客观题面授教学计划

班次名称		授课模式	授课时间	标准学费（元）	阶段优惠（元）			配套资料
					11.10 前	12.10 前	1.10 前	
大成系列	尊享班	线下视频+面授	3.30~10.7	28800	主客一体、协议保障；座位优先，全程享受 VIP 高端服务；量身打造个性化学习方案，一对一抽背，学科个性化规划，让备考更科学、复习更高效、提分更轻松。2024 年客观题成绩合格，凭成绩单免学费读主观题短训班；2024 年客观题意外未通过，免学费重读 2025 年大成集训班；2024 年主观题意外未通过，免学费重读 2025 年主观题短训班。限招 10 人！			理论卷 真题卷 随堂内部讲义
	大成集训班	线上直播+面授	5.18~9.1	19800	12080	12280	12580	
	主客一体集训班	线上直播+面授	5.18~10.7	22800	主客一体、协议保障、无优惠。2024 年客观题成绩合格，赠送 2024 年主观题短训班；2024 年客观题意外未通过，免学费重读 2025 年客观题大成集训班。限招 20 人！			
暑期系列	大三先锋班	线上视频+面授	3.25~9.1	15800	3~6 月每周一至周五，晚上线上授课，厚大内部精品课程，内部讲义。			
					7900	8500	8700	
	暑期全程班	面授	7.11~9.1	12800	7280	7580	7780	
	暑期主客一体冲关班	面授	7.11~9.1	15800	主客一体、协议保障、无优惠。2024 年客观题成绩合格，凭成绩单免学费读主观题短训班；2024 年客观题意外未通过，免学费重读 2025 年暑期全程班。限招 30 人！			
			9.19~10.7					
	私塾班	线下视频+面授	3.30~6.30（周末）	14800	8580	8780	8980	
			7.11~9.1（全日制）					
周末系列	周末长训班 A 模式	线下视频+面授	3.30~9.1	11800	7280	7580	7780	
	周末长训班 B 模式	线下视频+面授	3.30~10.7	15800	主客一体、协议保障、无优惠。2024 年客观题成绩合格，凭成绩单免学费读主观题短训班；2024 年客观题意外未通过，免学费重读 2025 年周末长训班 A 模式。限招 30 人！			

其他优惠：

1. 3 人以上报名，每人优惠 200 元；5 人以上报名，每人优惠 300 元；8 人以上报名，每人优惠 400 元。
2. 厚大老学员（直属面授）报名享 9 折优惠，协议班除外；厚大老学员（非直属面授）报名优惠 200 元。
3. 公、检、法工作人员凭工作证报名享阶段性优惠 500 元。

【成都分校地址】 四川省成都市成华区锦绣大道 5547 号梦魔方广场 1 栋 1318 室
咨询热线：028-83533213

厚大法考 APP　　　　　　厚大法考官博　　　　　　成都厚大法考官微

厚大法考(西安)2024年客观题面授教学计划

班次名称			授课模式	授课时间	标准学费(元)	阶段优惠(元)		
						11.10前	12.10前	1.10前
尊享系列	尊享一班(视频+面授)		全日制	4.2～主观题(主客一体)	39800	主客一体、协议保障,全程享受VIP高端服务;座位优先,量身打造个性化学习方案,一对一抽背,学科个性化规划,让备考更科学、复习更高效、提分更轻松。2024年客观题意外未通过,退28800元;主观题意外未通过,退13800元。限招10人!		
	尊享二班(视频+面授)		全日制	5.8～主观题(主客一体)	36800	主客一体、协议保障,全程享受VIP高端服务;座位优先,量身打造个性化学习方案,一对一抽背,学科个性化规划,让备考更科学、复习更高效、提分更轻松。2024年客观题意外未通过,退26800元;主观题意外未通过,退13800元。		
周末系列	周末长训班(视频+面授)	A模式	周末+暑期	3.25～主观题(主客一体)	16800	主客一体、协议保障、无优惠;座位前三排、督促辅导、定期抽背纠偏、心理疏导。2024年客观题成绩合格,凭成绩单上主观题短训班;客观题意外未通过,退10000元。限招10人!		
		B模式	周末+暑期	3.25～主观题(主客一体)	13800	主客一体、协议保障。2024年客观题成绩合格,凭成绩单上主观题短训班。		
		C模式	周末+暑期	3.25～8.31	13800	8380	8880	9380
大成系列	大成VIP班(视频+面授)	A模式	全日制	4.2～主观题(主客一体)	28800	主客一体、协议保障;小组辅导,量身打造个性化学习方案;高强度、多轮次、全方位消除疑难,环环相扣不留死角。2024年客观题成绩合格,凭成绩单上主观题短训班;客观题意外未通过,免学费重读2025年大成VIP班B模式。		
		B模式	全日制	4.2～8.31	16800	10380	10880	11380
	大成集训班(视频+面授)	A模式	全日制	5.8～主观题(主客一体)	26800	主客一体、协议保障;小组辅导,量身打造个性化学习方案;高强度、多轮次、全方位消除疑难,环环相扣不留死角。2024年客观题成绩合格,凭成绩单上主观题短训班;客观题意外未通过,免学费重读2025年大成集训班B模式。		
		B模式	全日制	5.8～8.31	16800	9380	9880	10380
暑期系列	暑期主客一体班(面授)		全日制	7.10～主观题(主客一体)	11800	主客一体、无优惠。2024年客观题成绩合格,凭成绩单上主观短训班。		
	暑期全程班(面授)	A模式	暑期	7.10～8.31	18800	主客一体、协议保障;座位前三排、督促辅导、定期抽背纠偏、心理疏导。2024年客观题成绩合格,凭成绩单上主观题短训班;客观题意外未通过,退12000元。		
		B模式	暑期	7.10～8.31	11800	7380	7880	8380
冲刺系列	考前密训冲刺班		全日制	8.22～8.31	4680		3680	3980

其他优惠:

1. 多人报名可在优惠价格基础上再享团报优惠:3人(含)以上报名,每人优惠180元;5人(含)以上报名,每人优惠280元;8人(含)以上报名,每人优惠380元。

2. 厚大面授老学员在阶段优惠价格基础上再优惠500元(冲刺班次和协议班次除外),不再享受其他优惠。

备注:因不可抗力因素而造成不能进行线下教学而改用线上教学(含录播和直播课)时,线上教学课程等同于线下教学课程。

【西安分校地址】陕西省西安市雁塔区长安南路449号丽融大厦1802室(西北政法大学北校区对面)

联系方式:18691857706 李老师 18066532593 田老师 18192337083 李老师 18192337067 王老师

厚大法考APP

厚大法考官博

西安厚大法考官微

西安厚大法考QQ服务群

西安厚大法考官博

厚大法考（杭州）2024年客观题面授教学计划

班次名称		授课时间	标准学费（元）	阶段优惠（元）			备注
				11.10 前	12.10 前	1.10 前	
大成系列	大成集训班（加密视频+暑期面授）	5.8～8.28	13800	6980	7480	7980	
	大成集训主客一体班（加密视频+面授）	5.8～主观题考前	19800	主客一体,协议保障,无优惠。2024 年客观成绩合格,凭客观题成绩单上 2024 年主观题决胜班;2024 年客观题意外未通过,退 15800 元。			
暑期系列	暑期主客一体尊享班	7.9～主观题考前	19800	无优惠,座位前三排,主客一体,签订协议,专属辅导。2024 年客观成绩合格,凭客观题成绩单上 2024 年主观题决胜班(赠送专属辅导,一对一批阅);2024 年客观题意外未通过,学费全退;2024 年主观题意外未通过,免学费重读 2025 年主观题决胜班。			本班配套图书及内部资料
	暑期主客一体班	7.9～主观题考前	12800	主客一体,签订协议,无优惠。2024 年客观成绩合格,凭客观题成绩单上 2024 年主观题决胜班;2024 年客观题意外未通过,退 8000 元。			
	暑期 VIP 班	7.9～8.28	9800	无优惠,签订协议,专属辅导。2024 年客观题意外未通过,学费全退。			
	暑期全程班	7.9～8.28	9800	4980	5480	5980	
	大二长训班	7.9～8.28(2024 年)	13800	6980	7480	7980	一年学费读 2 年,本班次只针对在校法本大二学生
		7.9～8.28(2025 年)					
周末系列	周末主客一体班（加密视频+点睛面授）	4.4～主观题考前	9800	主客一体,协议保障,无优惠。2024 年客观成绩合格,凭客观题成绩单上 2024 年主观题点睛冲刺班;2024 年客观题意外未通过,退 8000 元。			本班配套图书及内部资料
	周末全程班（加密视频+点睛面授）	4.4～8.28	6980	4080	4380	4680	
	周末精英班（加密视频）	4.4～8.18	4980	2580	2880	3180	
	周末长训班（加密视频+暑期面授）	4.4～6.23(周末)	13800	6980	7480	7980	
		7.9～8.28(脱产)					
冲刺系列	点睛冲刺班	8.19～8.28	4580		2980		本班内部资料

其他优惠：

1.多人报名可在优惠价格基础上再享团报优惠(协议班次除外):3 人(含)以上报名,每人优惠 200 元;5 人(含)以上报名,每人优惠 300 元;8 人(含)以上报名,每人优惠 500 元。

2.厚大面授老学员报名(2024 年 3 月 10 日前)再享 9 折优惠(VIP 班次和协议班次除外)。

备注:面授教室按照学员报名先后顺序安排座位。部分面授班次时间将根据 2024 年司法部公布的考试时间进行微调。

【杭州分校】浙江省杭州市钱塘区二号大街 515 号智慧谷 1009 室　　咨询热线:0571-28187005

厚大法考 APP

厚大法考官博

杭州厚大法考官博

在职周末主客一体直播班

(仅需5980元，不过重读)

 在职考生
体系不完整，没有固定学习时间，做题训练少

 零基础考生
对考试不了解莫名恐惧无从下手，没有方向

 屡考不过
难突破瓶颈、缺乏应试技巧想成功上岸的考生

 全职妈妈
时间碎片化，学习效率低，学习动力欠缺

 初入职场
缺少一纸证书，抓不住心仪的工作机会

 在校学生
毕业事情多，准备多个考试，需要最大化有效备考

课程包含

客观阶段	时间	学习效果
基础导学	报名~3月初	三实两诉夯实基础，细致梳理，让专业的知识通俗化、简单化；专业的指导以及学习习惯的养成，让备考有计划、有底气
系统精讲	3月中旬~7月初	搭建知识框架，名师直播授课与答疑，抽丝剥茧、重点突出；真题训练，即时检测学习成果
刷题强训	7月初~8月中旬	名师亲编黄金模拟题，将知识转化为分数，让你会做题，做对题
点睛押题	8月底~9月初	学院派名师精心打造，考前临门一脚，快速提分50+

主观阶段	时间	学习效果
主观 三位一体阶段	出成绩后2天	主观重要科目考点梳理，帮助考生从客观到主观答题思维与答题方法的转变
主观 考前密训阶段	10月1~10月7日	高质量模拟大案例的讲解，让考生掌握主观考试重点的同时，锻炼主观答题逻辑思维，有效掌握答题技巧
主观 民事融合课程	10月8日	讲授民事融合的高频考点，训练答题技巧，定向突破民法、商法、民诉50多分的案例综合题，有效提高综合性题目得分

课程服务

▇ 入学调查　　▇ 专业答疑　　▇ 学科导学　　▇ 名师直播

▇ 布置任务　　▇ 跟踪督学　　▇ 阶段班会　　▇ 考前抽背

扫码即可报名

2024年主客一体全程班

厚大网授

客观题（普通）、主客一体（普通）、主客一体（重读）
三种模式任你选择

课程阶段　2024年1月中旬～主观题考前

时间充分　十个月计划安排游刃有余,上班学习两不误

实力师资　名师+应试讲师强强联合,专业授课有保障

优质课程　主客一体备考,精品内部课程,最新考点全覆盖

内部资料　授课老师2024年精编讲义,内部专属,无需再购买其他资料

海量习题　供真题+模拟题刷到形成条件反射,学得踏实,练得过硬

模考测试　定期测试,检验每科所学,查漏补缺,效果显著

考前预测　名师精编考前预测资料,以题带点,迅速复盘,应试效果拉满

在线答疑　由专业答疑团队多渠道多平台在线答疑,扫除学习盲点

配套图书　多阶段赠纸质图书大礼包,包邮送到家

课前导学　入学摸底

小灶梳理　学习规划

模考专场　群内答疑

人工批改　定期班会

音频带背　督学回访

客观题普通模式
扫码购买了解详情

主客一体普通模式
扫码购买了解详情

主客一体重读模式
扫码购买了解详情

	班型	课程阶段		学习模式	定价
全程系列	客观题全程班	客观		普通模式	8800
	主客一体全程班	客观	主观	普通模式	10800
	主客一体全程班	客观	主观	重读模式	12800

备注：凡购买重读模式课程的学员,须报名参加2024年度国家法律职业资格客观题部分的考试,且卷一与卷二均不能为0分。若遗憾未能达到2024年度法考客观题考试的合格分数线（放宽地区考生达到该地区合格线即为通过,即B证、C证也算通过）,可申请免费重读2025年客观题在职先锋班。具体重读细则,详见相关协议。

2024年厚大学习包私教课

专为使用学习包+免费课件的考生量身定制

有书有免费课程

但是，不会学、不自律、记不住、做不对

怎么办?

报名私教课

有专人为你制订学习计划+帮你管理时间，让你无负担、高效学

有名师授课+讲师指导，让你听得懂、学得会

有人带你多轮记忆+刷足够的题，让你记得住、做得对

应试有方法、有套路、有人管、有效果

专属化学习规划 谋

可视化时间管理 动

智能化监管平台 监

小班化教学督导 管

主观化思维训练 招

谋定而动
行且坚毅

精准减负
＋
营养增效

听练问记
行之有效

有招有料
核心保障

听 双师融合授课

练 多轮进阶练习

问 学不会随时问

记 抗遗忘反复记

料 课后营养小资料

2023年私教课客观题通过率：全职备考高达88%、在职法学76%、在职非法学65%

2024年课程设置

📖 主客一体学习包私教课

📖 主客一体学习包私教课
（不过退费模式）

📖 客观题学习包私教课

报了班，除了学习，你什么都不用管!

2024赛季我们带你1年，让你成为真正的"过儿"

扫码咨询客服，免费领取2024年备考资料
电话咨询4009-900-600-转1-再转1

厚大法考 2024 年 "客观题学习包" 免费网络课堂课程安排

阶段		教学内容								授课教师	课时	部门法	授课教师	课时	配套资料	上传时间

系统强化阶段
（☆夯实基础——主讲各科主要内容，全面学习和掌握各科知识点）

	教学内容	系统讲解各科目的考试主要内容及核心内容。围绕各学科内容的框架体系，将基本理论进行详细讲解，结合案例分析帮助大家理解并掌握知识。
	教学目标	让学生领悟各学科的精髓，掌握重点难点，具备应试能力。

课程安排	部门法	授课教师	课时		部门法	授课教师	课时	配套资料	上传时间
	民 法	张 翔	8 天		民诉法	刘鹏飞	4 天	理论卷	2023 年 10 月底 开始陆续上传
	刑 法	罗 翔	6 天		刑诉法	向高甲	5 天		
	行政法	魏建新	5 天		三国法	殷 敏	4 天		
	商经知	郡梦莹	6 天		理论法	白 斌	5 天		

真题破译阶段
（☆重者恒重——法考客观题怎么考，通过剖析真题提升客观题真谛）

	教学内容	对历年经典真题进行归类讲解，归纳考试重点，剖析命题解胖，掌握法考方向等，一方面巩固课程内容，另一方面使学生领悟法考真谛。
	教学目标	使学生深刻领悟法考考什么、怎么考，培养法考真题解题技巧，领会命题思路，领悟法考真谛。

课程安排	部门法	授课教师	课时		部门法	授课教师	课时	配套资料	上传时间
	民 法	张 翔	3 天		民诉法	刘鹏飞	2 天	真题卷	2024 年 5 月初 开始陆续上传
	刑 法	罗 翔	2 天		刑诉法	向高甲	2 天		
	行政法	魏建新	2 天		三国法	殷 敏	2 天		
	商经知	郡梦莹	2 天		理论法	白 斌	2 天		

119 必背阶段
（☆浓缩精华——客观题考前必背的精华总结）

	教学内容	临考之前，将各科进行精华总结，提炼各科核心，将"重中之重""2024 年依缩饭必背考点"进行总结提炼。
	教学目标	在考前临考之前，将各科核心内容进行总结，去粗取精，提高核心内容学习效果，提升应试应试能力。

课程安排	部门法	授课教师	课时		部门法	授课教师	课时	配套资料	上传时间
	民 法	张 翔	4 天		民诉法	刘鹏飞	3 天	背诵卷	2024 年 7 月初 开始陆续上传
	刑 法	罗 翔	4 天		刑诉法	向高甲	3 天		
	行政法	魏建新	3 天		三国法	殷 敏	3 天		
	商经知	郡梦莹	4 天		理论法	白 斌	3 天		

冲刺 100 题阶段
（☆模拟训练——考前冲刺，轻松应战客观题）

	教学内容	带领学生进行高仿真模拟训练，以题带点，以点带面，适应法考命题趋势，提升客观题应试应对能力。
	教学目标	迅速对知识查漏补缺，提升做题能力。

课程安排	部门法	授课教师	课时		部门法	授课教师	课时	配套资料	上传时间
	民 法	张 翔	2 天		民诉法	刘鹏飞	1.5 天	金题卷	2024 年 8 月上旬 开始陆续上传
	刑 法	罗 翔	2 天		刑诉法	向高甲	1.5 天		
	行政法	魏建新	1.5 天		三国法	殷 敏	1.5 天		
	商经知	郡梦莹	1.5 天		理论法	白 斌	1.5 天		

2024厚大法考客观题学习包

专属学习平台
学习中心——学情监控,记录你的学习进度

全名师阵容
厚大学院派名师领衔授课,凝聚智慧力量,倾情传授知识

32册图书700+课时
独家精编图书覆盖全程,免费高清视频,教学精准减负,营养增效

专业答疑服务
高分导学师,专业答疑解惑

更多过关学员选择
备受法考小白零基础及在校/在职考生信赖

贴心带学服务
学习包学员专享,全程带学,不负每一位学员

八大名师

民法|张翔

刑法|罗翔

民诉|刘鹏飞

刑诉|向高甲

行政|魏建新

商经|鄢梦萱

三国|殷敏

理论|白斌

全套图书

《理论卷》
8本

《真题卷》
8本

《背诵卷》
8本

《金题卷》
8本

请打开手机淘宝扫一扫
厚大教育旗舰店

扫码下载官方APP
即可立即听课